CEO와 리더에게 요구되는

인사인문학

CEO와 리더에게 요구되는

인사인문학

펴낸날 2016년 3월 15일 1판 1쇄

지은이 이홍민
일러스트 이윤지

펴낸이 강유균
교정교열 이교숙 김아름
디자인 차정아

펴낸곳 리드리드출판(주)
출판등록 제 13-19호(1978년 5월 15일)

주소 경기도 고양시 일산서구 일산대로632번길 60, 405호(일산동, 대우이안)
전화 (02) 719-1424
팩스 (02) 719-1404
이메일 gangibook@naver.com

ISBN 978-89-7277-268-2 (03320)

이 도서의 국립중앙도서관 출판예정도서목록(CIP)은 서지정보유통지원시스템 홈페이지(http://seoji.nl.go.kr)와 국가자료공동목록시스템(http://www.nl.go.kr/kolisnet)에서 이용하실 수 있습니다.
(CIP제어번호: CIP2016002211)

CEO와 리더에게 요구되는

인사인문학

이홍민 지음

리드리드출판

왜 인사인문학인가?

'인사人事가 만사萬事다'라고 한다. 모든 일에는 사람이 가장 중요하다는 의미이다. 인사가 잘 되면 모든 일이 순조롭게 풀려나가 발전의 기틀을 마련하지만, 반대로 잘못되면 발전은커녕 퇴보의 길로 떨어질 수 있다. 인사의 기반은 정치에서부터 우리의 실생활에 이르기까지 대단히 중요한 문제이다. 나라의 중요 직책에 있는 사람이 누구냐에 따라 정치가 달라지고 국민들의 생활이 바뀐다. 공공부문이나 기업조직들을 구성하는 인재들의 역량에 따라 미래의 모습을 달리하게 된다.

오늘날 인적자본관리의 영역인 선발, 성과 및 역량평가, 교육훈련, 승진과 보상, 조직문화 등은 경영전략 달성을 위해 존재하며, 전략의 변화를 예상하고 선도적으로 기능해야 한다. 조직의 핵심역량, 우수인재 영입, 조직문화와 공유가치, 지식학습 등을 통해 조직의 경쟁력을 확보해야 한다. 사람들을 어떻게 처우하고 조직을 어떻게 관리하며, 업무를 어떻게 조정하느냐에 따라서 조직의 생사여탈生死與奪이 좌우된다.

이렇듯 인사란 중요한 문제인데, 과연 현대사회를 살아가는 우리에게 인사에 대한 철학이 있는가? 조직에서 인재를 선발하고, 평가하고, 승진과 보상, 육성하는 데 어떤 기준과 원칙을 가지고 있는가?

정부 조직, 공공기관 조직, 민간기업 조직에 이르기까지 모든 조직에서 인사의 기능은 어떤 형태로든 존재하고 있다. 행정과 경영환경이 복잡해질수록 인사에 대한 난맥상이 나타나고 혼란에 빠질 가능성이 높다. 이런 시대적 상황하에서는 인간의 근본을 다루는 인문학에서 길을 찾아야 할 것이다. 이것이 '인사인문학人事人文學'의 출발이다. 인간의 가치와 관련된 제반 문제를 연구의 영역으로 삼는 인문학이야말로 인사의 문제를 밝히고 방향을 제시할 수 있는 학문이라 할 수 있다.

사람의 문제, 즉 사람을 쓰는 문제는 현대에서만 느끼는 어려움이 아니었다. 인류가 생긴 까마득한 고대부터 공동체조직를 구성한 이래로 인사문제는 존재해왔다. 고대의 사람들은 인사문제를 어떻게 바라보고 어떻게 해결했을까? 이러한 인사에 대한 고민은 이미 3,600여 년 전부터도 시작되었다. 어느 시대나 일정 규모의 조직이나 나라에는 위정자가 존재했으며 인재를 필요로 했다. 한 나라의 흥망성쇠는 사람을 어떻게 쓰느냐에 따라 달라졌고 역사의 발자취를 남겨왔다.

이 책은 조직이나 나라를 다스리는 리더에게 어떤 인사 철학이 존재해왔는지를 '인사인문학'이라는 영역에서 다루고 있다. 인사인문학의 범주는 동서양을 가리지 않지만, 여기서는 동양으로 한정지었다. 고대 중국과 우리 역사 속에서 인사가 어떻게 자리매김해왔는지 들여다볼 수 있다.

최근 수년간 인문학에 대한 관심이 대세로 부상하고 있다. 세계적인 기업들이 인문학의 중요성을 강조하고 있으며, 우리나라에서도 인문학적 소양을 중시하는 경향이 확대되고 있다. 이는 궁극적으로 사람의 문제를 알기 위함이 아니겠는가? 사람은 홀로 살 수 없고, 어떤 식으로든 조직의 구성원으로서 존속한다. 그러므로 인사문제는 리더나 구성원 모두에게 해당될 것이다.

당태종은 세 가지 거울이 있다고 했다. '구리로 만든 거울은 의관을 단정하게 할 수 있고, 고대 역사를 거울로 삼으면 천하의 흥망성쇠와 왕조교체의 원인을 알 수 있고, 사람을 거울로 삼으면 자신의 득실을 분명히 알 수 있다'는 것이다. 그는 일찍이 이 세 가지 거울을 구비한 덕에 허물을 범하는 것을 방지할 수 있었다고 했다.

이 책은 인적자본관리를 영역별로 인문학과 연계·접목시키고, 재해석을 통하여 현대의 많은 복잡한 인사문제들에 대하여 지혜를 얻고자 했다. 책의 구성은 PART 1 조직의 지속성장을 위한 인적자본관리, PART 2 탁월한 인재선발, PART 3 성과관리와 역량평가, PART 4 승진과 보상, PART 5 핵심역량 인재개발, PART 6 유연하면서 강한 조직문화, PART 7 인적자본관리의 미래, PART 8 인사 철학 사례를 다루었다. 부록에서는 책에 등장하는 나라와 인물들에 대해서 간략히 소개하였다.

이 책을 통해 정치권에서의 공천문제, 정부 고위관료의 임명에서 보여 주었던 인물난, 난맥상 등이나 기업에서의 인재선발과 승진, 성과, 인재양성, 조직문화 등의 인적자본관리의 제반 고민을 인문학적 혜안으로 통찰할 수 있기를 바라는 마음을 담았다.

青巖齊에서

㈜휴먼이퀘이션 대표컨설턴트 경영학박사 이홍민

차례

한비자

손자

이사

안자

PART 2 탁월한 인재선발

PART 3 성과관리와 역량평가

유비

맹상군

강태공

정조

조조

손권

관중

유방

당태종

강희재

공자

위징

세종

제갈량

이순신

소하

PART 8 인사 철학의 사례

PART 1

조직의 지속성장을 위한 인적자본관리

한 시대가 부흥하는 것은 반드시 그 시대에
훌륭한 인재가 있기 때문이요,
한 시대가 쇠퇴하는 것은 반드시 세상을 구제할 만큼
유능하게 보좌할 인재가 없기 때문이다.
[강희맹]

人事人文學

01 인재를 모아라, 조직경쟁력이 확보된다
02 마음을 얻는 지속가능 경영전략
03 인적자본 전략
04 CEO와 인적자본관리
05 인적자본관리 책임자에게 요구되는 역할과 책임

01

인재를 모아라, 조직경쟁력이 확보된다

인재경영의 시대, 인재확보가 조직경쟁력이다

무한 경쟁과 급변하는 경영환경으로 인하여 통찰력과 창의성을 갖춘 인재의 중요성이 갈수록 커지고 있다. 국내외 기업들 또한 미래에 대한 불확실성과 치열한 경쟁, 신기술 출현 등의 빠른 변화 속에서 인재의 중요성을 체감하고 있다.

인재가 조직의 성과에 가장 중요한 요소이며, 인재를 유인하고 선발할 수 있는 역량이 현재와 미래에 조직의 중요한 경쟁력의 원천이 된다.

따라서 앞으로는 인재 영입을 위한 경쟁이 기업 간, 국가 간으로 점점 더 확대 심화될 것이고, 인재를 유인하고 개발하고 보유하는 능력이 기업과 국가의 경쟁력이 될 것이다. 기업에는 사람이 가장 핵심적인 자본이며 성공전략의 주체이다. 그런 의미에서 인재란 조직 내에서 역량이 뛰어난 조직구성원을 의미한다.

이러한 인재의 중요성은 현재뿐만 아니라 아주 오래 전부터 강조되어 왔다. 진秦에 이어 고대 중국의 통일 왕조를 세웠던 한漢나라 유방劉邦의 일화에서도 찾아볼 수 있다. 한 고조 유방은 고작 만리장성을 쌓는 인부 500명을 거느린 신분에서 초패왕 항우項羽를 이기고 천하를 얻은 인물이다. 그가 황제에 즉위하며 신하들에게 말했다.

"내가 천하를 얻은 것은 인재를 적재적소에 잘 기용했기 때문이오. 훌륭한 계책을 세워 천리 밖 싸움의 승리를 이끌어내는 데 있어서 나는 장량張良만 못하오. 백성을 보살피며 나라의 안녕을 도모하고 군수물자를 대주는 데 있어서 나는 소하蕭何만 못하오. 또한 100만 대군을 이끌고 나가 싸워 이기는 데 있어서 나는 한신韓信만 못하오. 이 세 사람은 100년에 한 번 날까 말까 한 인걸들이오. 나는 다만 이들이 자신의 실력을 잘 발휘하도록 도와준 것뿐이오. 항우에게는 범증范增이라는 뛰어난 인재가 있었지만 그를 잘 활용하지 못했고, 한신 또한 그의 수하에 있었지만 항우는 그에게 중책을 맡기지 않았소. 이것이 내가 천하를 얻은 이유이고 항우가 천하를 잃은 이유요."

유방이 천하를 얻은 이유를 스스로도 말했듯이 한초삼걸漢初三傑로 일컬어지는 장량, 소하, 한신이라는 세 인재를 적재적소에 잘 기용했기 때문이다. 타고난 조건으로 보자면 유방은 성장과정부터 항우보다 나은 게 없었다. 항우는 초나라의 명장 가문에서 태어나 유복한 환경에서 부족함 없이 자랐으며 숙부인 항량에게 병법도 배웠다. 그에 반해 유방은 서민 출신으로 글공부에 관심이 없었고, 장사에도 재주가 없었으며, 농사일도 게을렀던 천하의 한량으로 베풀기를 좋아하고 친구들과 주색잡기에 빠져 지내는 날이 많았다. 그럼에도 유방에게 있어 뛰어난 점이 있다면 인재들을 자기편으로 끌어들이는 기술이었다.

항우는 호방한 성격의 소유자로 용맹하면서도 자애로운 인덕을 지니고 있었지만 벼슬을 내리고 장수를 임명하는 일에는 인색했다. 인재들을 잘 중용하지 못했던 것이다. 뛰어난 인재인 범증조차도 의심하며 활용하지를 못했으니 그의 패배는 예정된 것이라 할 수 있었다. 항우와 반대의 성격이었던 유방은 나라를 세우겠다는 큰 뜻을 품고 전쟁에 나섰지만 스스로의 능력으로 할 수 있는 것이 많지 않다는 것을 인정했다. 자신의 능력만 믿고는 단 하나의 성도 함락하려 하지 않았고 직접 전투를 지휘하지도 않았다. 그런 그였지만 책사인 장량을 비롯하여 진평과 한신 등 영웅들이 그의 머리와 손발이 되어주었다. 유방은 전쟁을 수행하는 일은 잘하지 못했지만 대세의 흐름을 잘 파악하고 부하들의 간언諫言을 잘 수용했다. 부하들은 수많은 전투와 대결에서 유방의 목숨을 구해주는 등 한나라 건립에 초석이 되어주었다.

유방은 인재의 중요성을 잘 알고 인재를 다루는 남다른 재주가 있었다. 그는 부하들의 진언에 귀 기울였다. 공격하라면 공격하고 후퇴하라면 후퇴했다. 승리를 거두면 장수들에게 아낌없이 재물을 나누어줬고 부하들을 차별 없이 기용했다. 이것은 그가 한량이자 무뢰배였지만 천하를 얻을 수 있었던 결정적인 이유가 될 수 있었다.

중국 역사에서 유능한 인재를 확보한 자가 천하를 얻는다는 것은 역사 그 자체로도 증명되고 있다. 유비劉備가 제갈량諸葛亮과 함께 하기 위해 삼고초려三顧草廬의 예를 다했던 것도 천하를 얻기 위함이었다. 유비가 살았던 시대는 후한 말기로 왕의 외척과 환관의 권력다툼으로 중앙정치는 혼란에 빠져 있었고 백성들의 삶은 곤궁한 상태였다. 힘 있는 제후들은 각지에서 패주 노릇을 하며 세력을 넓혀가고 있었다.

그중 조조曹操는 중국의 중심지인 황하유역, 즉 중원지역을 통일했다. 이는 그의 뛰어난 정치 감각, 탁월한 지략과 더불어 사람을 볼 줄 아는 눈, 인재를 적재적소에 배치하는 지인선임知人善任의 지혜를 가졌기 때문에 가능한 일이었다. 그는 천하를 다스리기 위해서는 지혜로운 인재를 얻어야 함을 일찍부터 깨닫고 '인재를 얻는 자가 천하를 얻는다'라는 말을 실천하여 중원지역을 제패했다. 그는 제도와 규범에 얽매이지 않고 오직 현명한 인재를 등용하였으며, 발탁한 인재가 자기의 재능을 충분히 발휘할 수 있도록 최적의 환경을 만들어주었다.

오늘날의 기업경영이나 국가경영도 이와 다를 바가 없다. 인재양성은 시대를 초월해 조직의 핵심경쟁력이 되었다. 특히 지식과 창조의 사회, 사람의 중요성이 강조되는 현 시점에서의 인재양성은 더욱 중요하다 할 것이다. 조직혁신과 탁월한 경영성과를 창출하기 위해서는 조직구성원들이 가지고 있는 무한한 잠재능력을 활용해야 한다. 또한 인재의 중요성을 인식하고 공유하며, 체계적인 개발 프로세스를 갖추고 장기적인 안목에서 이를 구현해 나가야 한다. 이것이 바로 한 기업, 더 나아가 업계 전반은 물론 국가운영을 좌우하는 힘이라고 할 수 있다.

인재전쟁, 조직의 미래를 바꾼다

인재의 중요성은 동서고금을 막론하고 강조되어 왔다. 지금도 글로벌 기업들이 인재확보에 나서면서 인재전쟁으로까지 전개되고 있다. 이제는 핵심인재 한 명만이 아니라 보다 많은 인재를 확보하고 적재적소에 배치한 기업이 성장할 수밖에 없다. 그러므로 인재전쟁에서 승리하는 기업이 되려면 경영자는 글로벌 핵심인재 확보에 나서야 한다.

『장자莊子』「외물」편에 임공자任公子라는 이가 나온다. 전설상에 나오는 물고기를 잘 잡았던 사람이다. 그는 굵은 밧줄과 거대한 낚싯대에 소 50마리를 미끼로 삼아 회계산會稽山에 걸터앉아 동해에 낚싯대를 드리웠는데 1년 동안 고기를 한 마리도 잡지 못하다가 드디어 잡게 되었다고 한다. 그 고기는 엄청나게 커서 산 같은 파도를 일으켰고 귀신처럼 울부짖는 소리는 천리 밖에서도 들렸다는 것이다.

장자는 '손으로 들고 잡는 작은 낚싯대를 쳐들고 작은 도랑을 좇아 붕어나 잔고기를 낚으려는 자들은 이런 대어를 낚을 수 없다'면서 '쓸모없는 작은 학설을 좇아 현령 같은 자에게 작은 자리라도 요구하며 다니는 자들은 이처럼 큰 경지에 이를 수 없다'고 했다. 또한 임공자의 풍도를 들어보지 못한 사람은 세상을 크게 경영하지 못하며 대업을 하는 것과는 거리가 멀다고 했다.

즉, 인재를 얻으려거든 세속을 초월한 배포가 있어야 한다. 인재전쟁에 나서면서 남들과 같은 전략으로 임한다면 대어를 낚을 수 없다. 대어를 낚으려면 큰 낚싯대와 미끼, 그리고 인내심이 필요하듯이 인재를 얻기 위해서는 인재를 알아보는 '안목'과 '포용력'이 요구된다.

중국 5호16국 시대에 후조後趙의 창건자인 석륵石勒의 인재관을 살펴보자.

석륵은 흉노의 하위 부족인 갈족 출신으로 전조前趙의 장수로 활약하다가 독립하여 후조를 건국한 인물이다. 석륵은 글을 읽을 줄 몰랐지만 식견이 뛰어났고 인재 모으는 것을 마다하지 않았다. 그는 뛰어난 선비들을 모아 군자영君子營이라는 부대를 만들기도 했다. 이때 등용된 이가 석륵의 제1참모라 할 수 있는 장빈張賓이다.

장빈은 어릴 적부터 학문을 좋아하여 경사經史에 정통했다. 자신을 한나라 장량張良에 비유하며, 유방劉邦에 비견되는 군주 만나기를 원했다. 그러던 중 석륵이 큰일을 할 수 있는 군주라는 것을 알고 스스로 그의 진영을 찾아 부하가 되었다. 처음에 석륵은 장빈을 특별히 여기지 않았지만, 장빈이 여러 차례 진언한 모략이 매번 성공하면서 자신의 모사로 중용하였다.

한번은 석륵이 수춘壽春을 공격하려는데 장마로 인해 위기에 빠졌다. 이때 장빈은 석륵에게 약탈전을 그만두고 하북 일대에 거점을 구축하라고 건의하였다. 석륵은 그의 말대로 하북 일대에 반독립적인 세력을 구축했고 점차 그 일대를 장악할 수 있었다. 장빈은 석륵이 위기에 몰렸을 때 모략으로 그를 구했을 뿐만 아니라 백성들을 다스리기 위한 관제정비, 유민대책 등으로 후조정권의 확립에 지대한 공헌을 하였다. 석륵에게 장빈이라는 인재가 있었기에 그는 전조를 제압하고, 북부의 대부분을 후조의 지배하에 둘 수 있었다.

장빈은 모사로서만 능력이 있었던 것이 아니라 인물 됨됨이도 남달랐다. 성품은 겸허하면서도 신중했고, 공과 사를 구분할 줄 알면서도 백성들을 아끼고 사랑했다. 조정에서도 규칙을 준수했을 뿐만 아니라 예의범절이 몸에 배어 있었다. 만일 석륵이 인재에 대한 식견이 좁았다면 장빈 같은 인물을 만나지 못했을 것이며 후조를 세우는 것도 어려웠을지 모른다. 석륵 자신은 학문이 부족했더라도 능력과 재능이 있는 인물들을 등용하려 했던 점에서 석륵이라는 인물을 높이 평가할 수 있다.

후한後漢의 초대황제였던 광무제光武帝 유수劉秀도 인재전쟁에서 우위를 선점했기에 한 왕조를 재건할 수 있었다. 광무제는 등우鄧禹·오한吳漢·왕패王覇·풍이馮異 등의 운대28장雲臺二十八將으로 불리는 인재들을 모았다.

특히 등우는 운대28장의 첫 번째 공신으로 인물을 꿰뚫어 보는 힘이 탁월하여 광무제로 하여금 수많은 인재를 얻게 했다. 그는 광무제에게 백성이 명군 생각하기를 갓난아이가 자애로운 어머니를 그리워하는 것과 같아야 한다면서 덕으로 다스릴 것을 간언했다. 광무제는 등우의 간언대로 덕의 정치를 펼쳤다. 등우뿐만 아니라 전쟁에서 평정심을 잃지 않고 직책을 맡으면 반드시 공을 이루고 임무를 끝마치는 오한이나, 전공을 논의할 때면 홀로 앉아 대책을 궁리해 '대수장군大樹將軍'이란 별호를 얻은 풍이 등 28명의 인재들이 하나같이 버릴 것이 없었다.

인재를 얻은 리더와 인재를 얻지 못한 리더는 조직을 운영하는 데 있어서 차이가 날 수밖에 없다. 수많은 제후의 경쟁 속에서 얼마나 많은 인재를 보유하고 있느냐에 따라 창업과 수성의 성패가 결정되었으니 인재전쟁이 얼마나 치열했는지 오랜 역사를 통해서 알 수 있다.

유능한 인재를 놓치지 마라

'삼고초려'는 유비劉備가 제갈량諸葛亮을 얻기 위해 제갈량의 초가집을 세 번이나 찾았다는 이야기다. 조조曹操가 북방에서 원소袁紹의 잔여세력을 소탕하며 세력을 키워가고 있을 때 유비는 형주의 유표劉表에게 의탁하여 정치적 포부를 실현시킬 준비를 하고 있었다. 그 준비란 인재를 모으는 일이었다. 그는 서서徐庶를 맞아 군사로 임명했다. 마침 서서는 유비에게 융중이라는 곳에 사는 와룡 제갈량을 추천했다. 유비는 관우關羽와 장비張飛를 데리고 융중으로 직접 가서 제갈량을 맞아들이려 했다. 처음 제갈량의 초가집을 찾았을 때 그는 부재중이었다. 두 번째 방문은 추운 겨울날이었는데, 그때도 제갈량은 친구들과 나가고 없었고, 세 번째 방문에서야 제갈량을 만날 수 있었다.

그런데 이제야 만나나 싶었는데 제갈량은 초당에서 잠들어 있었다. 유비는 특유의 인내심으로 그가 깰 때까지 자세도 흐트러뜨리지 않은 채 기다렸다. 오랜 기다림을 확인한 제갈량은 마음이 움직였고, 유비를 주군으로 삼을 만하다고 여겼다. 제갈량은 정세와 정치를 오랫동안 연구해서 얻은 정치적 견해와 천하를 통일할 전략 방침을 이야기했다. 그것이 그 유명한 '천하삼분지계天下三分之計'이다. 한마디로 조조나 손권孫權에 비해 세력이 없으니 천하를 셋으로 갈라 후일을 도모하자는 의견이었다. 그것으로 제갈량은 자신을 세 번이나 찾은 유비에 대한 답을 한 것이다.

유비가 제갈량을 삼고초려로 자기 사람으로 만들 수 있었던 것은 결국 '감동'을 주었기 때문이다. 추운 날씨도 마다하지 않고 제갈량을 찾아가는 진정성을 보인 것이다. 한 사람을 얻기 위해 세 번이나 찾아갔다는 것은 단지 제갈량만이 아니라 더 많은 인재를 얻을 수 있는 효과가 있다. 이는 유비가 인재를 얻기 위해서 정성을 다한다는 것을 보여준 것이다. 그리고 유비의 인품이나 인재관까지 엿볼 수 있게 한다. 그가 얼마나 인재를 소중하게 대하는지 보여줌으로써 조직의 정책을 보여주는 결과까지 이끌어냈다.

조조나 손권에 비해 세력이 절대적으로 부족했던 유비가 제갈량을 얻은 것은 천군만마를 얻은 것과 다름없었다. 세 번 찾아가서 이런 훌륭한 인재를 구할 수 있다면 가만히 있을 사람이 누가 있겠는가. 유비가 촉을 세울 수 있었던 것도 제갈량을 비롯한 유능한 인재가 있었기에 가능했다.

유비가 상대의 마음을 움직여 인재를 얻었다면, 조조는 능력만 있으변 부조건 등용했다. 전적이나 출신, 배경 등을 전혀 고려하지 않고 등용한다는 원칙을 세워놓자 무수히 많은 인재들이 알아서 찾아왔다. 원소 휘하에 있던 순욱荀彧·순유荀攸·곽가郭嘉·허유許攸 등은 스스로 찾아와 조조에게 의탁했다. 조조는 사람의 능력과 잠재력을 정확하게 파악하는 능력을 가지고 있어 비록 적군의 장수라도 재주가 출중하면 과거를 묻지 않고 중용했다. 그래서 조조의 곁에는 늘 탁월한 계책을 세우는 참모, 용맹스러운 장수, 병참이나 행정에 재능이 있는 관료 등 다양한 분야의 인재들이 자리하고 있었다.

이렇듯 삼국시대 인재전쟁에서 조조가 상대적으로 우위를 점할 수 있었던 것은 시쳇말로 '묻지도 따지지도 않고' 능력만 발휘할 수 있다면 등용한 정책 때문이었다고 볼 수 있다. 말 그대로 조조는 쓸 만한 인재라고 판단되면 수단과 방법을 가리지 않았다.

유능한 인재를 얻기 위해 조조가 적군의 장수도 받아들였듯이 당唐나라 태종太宗 이세민李世民 역시 적을 도왔던 위징魏徵을 발탁했다. 위징은 황제의 잘못을 소신껏 간언한 인물이다. 태종은 그런 것을 개의치 않았기에 정관의 치를 이룰 수 있었다. 태종은 『정관정요貞觀政要』를 통해 법에 의한 통치로 국가의 혼란을 일시적으로 잠재울 수 있었지만 쇠락의 길도 그만큼 빠르다는 사실을 인식하고, 인의와 신의로서 나라를 다스려야 국운이 융성하므로 덕망과 재능 있는 인재등용이 필요하다고 강조했다.

청淸나라 강희제康熙帝 역시 인재등용의 이치로 민족적 편견을 버리고 국가의 부국강병과 백성의 편안함을 실천할 수 있는 인재를 발탁하기 위해 노력했기에 옹정제雍正帝, 건륭제乾隆帝로 이어진 '강옹건성세康雍乾盛世'를 이룰 수 있었다.

"옛날부터 밝은 군주는 홀로 다스리지 아니하고 반드시 어진 인재를 얻어서 나라를 다스렸기 때문에 요임금도 순임금을 얻지 못할까를 걱정하였고, 순임금도 우禹와 고요皐陶를 얻지 못할까를 걱정하였으니 임금이 신하에게 맡기는 것은 천지의 도입니다. 다만 맡기는 것에 사私와 정情이 있어서 치란治亂과 안위安危가 여기에 걸려 있습니다. 그러므로 군자에게 맡기면 정사가 다스려져서 태평하고, 소인에게 맡기면 정사가 천단淺短:지식이나 생각 따위가 얕고 짧다되어 위태하며, 군자든 소인이든 모두 맡기지 않으면 정사가 흩어져 어지럽게 되는 것은 당연합니다."

율곡栗谷 이이李珥의 『율곡전서栗谷全書』에 나오는 내용이다. 그는 유능하고 어진 인재를 얻는 것이 중요하다고 강조했다. 어느 시대든지 유능한 인재를 놓치는 것은 조직의 큰 소실로 여겼다. 역사상 태평성대를 누린 나라에는 반드시 유능한 인재들이 있었다.

사람이 희망인 조직을 만들어라

성공하는 조직은 엄격한 규율로 사람을 통제하는 방식의 조직운영을 하는 곳이 아니라 인간존중을 바탕으로 사람을 귀하게 여기는 조직운영을 하는 곳이다. 사람이 희망이라고 여기는 조직은 한 사람이 여러 사람을 변화시킬 수 있고, 조직을 변화시킬 수 있고, 더 나아가 세상을 변화시킬 수 있다고 믿는다. 사람에게서 희망을 찾지 못한 조직이나 기업은 성공에 이르기 어렵다.

법보다 사람을 먼저 생각하고 사람에게서 희망을 찾는 조직과 리더는 그 인간중심의 철학으로 위대한 업적을 남기기도 한다. 우리는 그 예를 조선시대 최고의 성군인 세종世宗에게서 찾아볼 수 있다. 세종의 정치철학은 위민사상爲民思想으로, 백성을 위하는 정치를 하고자 했다. 바로 사람이 먼저였던 것이다. 『세종실록』에도 노인, 죄수, 고아, 노비 등 사회적 약자를 보호하기 위해서 신경을 많이 썼다는 기록을 찾아볼 수 있다. 그는 또한 『맹자』의 「양혜왕장구梁惠王章句」 하편에 실려 있는 '여민동락與民同樂'을 정치목표로 삼았다. 여민동락은 왕이 백성에게는 고통을 주면서 자기만 즐긴다면 백성이 반발하겠지만, 백성과 즐거움을 함께한다면 왕이 즐기는 것을 함께 기뻐할 것이라는 의미이다.

세종은 폭넓게 인재를 썼는데 누구라도 귀히 여기지 않는 법이 없었다. 대표적으로 관노 출신이었던 장영실蔣英實을 등용한 사실에서도 출신에 연연하지 않고 신분의 높낮이에 관계없이 인재를 예우했다는 것을 알 수 있다. 오히려 대신들이 관노에게 벼슬을 내릴 수 없다는 상소를 올려 반대했지만, 세종은 굽히지 않고 태종의 힘을 빌려가면서 장영실에게 종6품의 벼슬을 내렸다. 세종에게는 장영실의 천재성이 꼭 필요했고, 그 믿음은 조선의 과학기술 수준을 높여 놓을 수 있었다.

세종은 인재를 등용하는 데 있어 한쪽으로 편중되지 않고 골고루 등용했다. 허조許稠는 법가, 황희黃喜는 유가, 맹사성孟思誠은 도가, 변계량卞季良은 불가의 사상에 일가견이 있다는 것을 알고 그들을 고루 등용했다. 그는 '인재를 얻어 맡겼으면 의심하지 말고, 의심이 있으면 맡기지 말아야 한다'는 인사 원칙을 가지고 있었다. 그리고 신뢰하던 신하가 잘못을 저지르면 공적으로 허물을 덮게 할 수 있는 기회를 주었다. 허물이 있으니 만회하기 위해서라도 더 열심히 일해 공을 세울 것이라 여겼기 때문이다. 진정으로 사람을 아끼는 마음이 강했으므로 등용한 인재를 보호하는 데도 힘썼다.

우리가 잘 알고 있는 황희, 김종서金宗瑞 등은 도덕성 문제로 언관들에게 집요한 공격을 당했다. 하지만 세종은 그들이 뛰어난 인재이고, 나라에 꼭 필요한 존재라는 것을 확신했기 때문에 모두가 인정할 수밖에 없는 공적을 이룰 때까지 그들을 감쌌다. 그중 황희는 세종이 충녕대군忠寧大君으로 있을 때 양녕대군讓寧大君을 지지하며 충녕대군의 왕위 등극을 반대했던 인물이었다. 세종의 입장에서는 정적이라고 할 수 있었다. 하지만 황희가 판단력이 뛰어나고, 인재를 알아보는 능력이 뛰어나다는 것을 알고 그를 탄핵하는 상소가 끊이지 않았지만 그를 믿고 중용했다.

김하金何의 경우도 크게 다르지 않다. 중국어를 잘해서 통역에 능통하였던 김하는 명나라 사신이 오면 반드시 나가서 접대를 맡고, 여러 차례 명나라를 오가면서 외교에 공을 세웠다. 그런 그가 불법무역으로 적발되기도 하고, 행실이 반듯하지 못해 탄핵의 상소를 받기도 했다. 하지만 김하만한 역관이 없어 크게 벌하지 않았다고 한다.

세종은 사람에 대한 예의를 소중하게 여겼다. 유관柳寬이라는 인물이 있었다. 그는 성품이 소탈하고 청렴결백하여 황희·허조와 함께 세종대의 대표적인 청백리로 꼽혔다. 그가 죽자 세종은 홍인문 밖에 있는 그의 상가에 몸소 문상을 가서 눈물로 그를 보냈다.

세종은 집현전을 통해 사람이 희망인 새로운 조직의 전형을 만들어냈다. 세종에 의해 구상된 조선 초 집현전은 인재를 모아 기르는 인재 육성의 장이었다. 집현전은 세종 2년 1420년에 설치되어 세조 2년 1456년에 폐지될 때까지 37년 동안 운용되었다. 그 기간 동안 집현전에 근무했던 학사와 관원은 100명을 넘었다. 37년 동안 양성되고 배출된 집현전 인재들은 조선 전기의 학문과 정치를 이끌어가는 주역이 될 수 있었다.

집현전에는 기라성 같은 인재들이 모여서 학문에 모든 것을 쏟아 부을 수 있는 발판이 마련되어 있었다. 적당한 수의 노비를 두도록 했고, 학자들의 업무를 지원하는 서리도 배치했다. 특별하게는 요리상은 물론 꿀 따위의 귀한 것도 하사했다. 또한 한적한 사찰에서 독서를 할 수 있는 사가독서 같은 휴가를 주는 등 최상의 여건 속에서 학문 연구를 할 수 있게 했다. 그래서 판서 급의 높은 벼슬아치도 집현전 학자들을 부러워할 정도였다.

이러한 막대한 지원을 아낌없이 해주었으니 우수한 학자들이 집현전을 통하여 많이 나올 수밖에 없지 않겠는가. 집현전의 업적 가운데 가장 두드러진 것은 훈민정음 창제이겠지만, 그밖에도 다양한 서적을 편찬 간행하여 세종 대를 조선 문화사상 황금시대를 이루게 하였다. 세종 대에 장원급제를 했던 강희맹은 '어떻게 하면 인재를 등용하고 육성하고 분별할 수 있겠느냐?'는 책문에 '한 시대가 부흥하는 것은 반드시 그 시대에 인물이 있기 때문이요, 한 시대가 쇠퇴하는 것은 반드시 세상을 구제할 만큼 유능한 보좌가 없기 때문이다'라고 했다. 그것은 세종의 생각과 크게 다르지 않았다. 세종도 사람에게서 희망을 보았던 것이다.

인재를 품은 조직시스템이 경쟁력이다

조직의 지속성장을 원한다면 인적자본관리가 조직시스템으로 구축되어 있어야 한다. 그때그때 필요에 따라 관리되는 것이 아니라 전문성을 가지고 전략적으로 관리되어야 한다.

전국시대 위나라의 군주 위문후魏文侯는 공자孔子의 유명한 제자 자하子夏에게 경예를 배워 학자를 존중하고 학술을 장려한 군주였다. 위문후의 동생 위성魏成이 전자방田子方을 천거하자 그를 불러 친구로 사귀었다. 그리고 단간목段干木이라는 현자가 은거하고 있다는 것을 알게 되었다. 위문후는 한시라도 빨리 단간목을 만나보기 위해 그가 있다는 서하로 갔다. 위문후가 자신을 보러 온다는 사실을 안 단간목은 위문후를 피해 뒷담을 넘어 도망쳐 버렸다. 그 사실을 안 위문후는 그가 기개 높은 선비임을 깨닫고 궁으로 돌아가지 않고 서하에 한 달여를 묵으며 매일 단간목의 집 대문 앞에서 그를 기다렸다. 그리고 자리에 앉지도 않고 서서 수레의 횡목橫木을 잡고 경의를 표하는 식례式禮를 행했다. 단간목은 이런 위문후의 정성에 감복하여 마침내 만남을 허락했다. 위문후는 그를 수레에 태워 안읍으로 모시고 온 후 전자방과 같은 반열에 세워 주빈으로 대우했다. 그리고 그에게 재상을 맡아달라고 부탁했지만 단간목은 끝내 거절했다.

단간목을 극진히 예우했다는 소문을 듣고 천하 사방에서 어진 선비들이 위나라로 몰려들었다. 이극李克·적황翟璜·전문田文·임좌任座 등 기라성 같은 재사들이 조당에 즐비하게 되었다. 진秦나라가 병사를 일으켜 위나라를 공격하려다가 단간목의 현명함과 위문후가 그를 예로써 대우했다는 소식을 듣고 침입하지 못하고 돌아갔다고 한다. 비록 단간목이 재상의 자리를 받아들이지는 않았지만 그를 예우했다는 점만으로도 재사들의 인재 틀이 형성되었고, 주위 여러 나라에서 경쟁력의 우위를 점할 수 있었다.

'정료지광庭燎之光'이라는 말이 있다. 『시경詩經』「소아小雅」편에 나오는 말로 뜰에 횃불을 매달아 밝게 비춘다는 뜻이다. 원래는 밤중에 입궐하는 신하를 위해 대궐 뜰에 피운 화톳불을 의미하지만, 중국 춘추시대 제

齊나라 환공桓公의 인사정책을 설명하는 고사성어가 되었다. 제나라 환공 때 이후부터 뜰에 횃불을 밝히는 이유는 인재를 향해 문을 열어놓겠다는 의미로 통용되었다.

제나라 환공이 어떤 인물인지 알면 정료지광에 나타난 그의 인사정책을 이해할 수 있다. 제환공은 자신을 죽이려 했던 관중管仲을 재상으로 등용한 인물이다. 관중은 제환공이 왕위에 오르기 전, 왕위 다툼으로 적이 된 상황에서 제환공에게 활을 쏘기도 했다. 그래서 제환공은 왕위에 오른 후 그를 죽이려고 했는데, 관중의 친구이자 환공의 스승인 포숙아鮑叔牙가 제환공을 말렸다. 제나라를 다스리는 데 만족하려면 자신으로 족하지만 장차 천하의 패자가 되려면 반드시 관중이 있어야 한다고 설득했다.

결국 제환공은 포숙아의 설득으로 예우까지 하며 관중을 등용했다. 제환공은 관중을 포용함으로써 보다 많은 것을 얻을 수 있었다. 자신을 죽이려 했던 적에게도 예의를 다하여 대부로 임명한 제환공의 인사정책에 내란으로 분열된 제나라가 통합되었고 많은 인재를 얻게 된 것이다.

그런 점에서 제환공이 실시한 정료지광의 인사정책은 의미가 깊다고 하겠다. 정료지광은 일종의 인재등용의 조직시스템이라고 볼 수 있다. 제환공이 정료지광 정책을 내건 후, 1년 동안은 많은 인재가 찾아와 등용되었다. 그런데 1년이 지나자 인재들의 발길이 점점 끊어지기 시작했다. 천하의 맹주를 꿈꾸던 제환공은 그 이유를 알 수가 없었다.

그러던 어느 날 한 노인이 인재를 구한다기에 찾아왔다고 한다. 제환공은 그에게 어떤 재주가 있는지를 물어보았다. 그러자 노인은 구구셈을 할 줄 안다고 했다. 제환공은 그 정도를 재주라고 할 수 있는지 따지듯 물었다. 노인은 환공이 그런 답을 할 줄 알았다는 듯이 인재가 찾아오지 않는 이유에 대해 말했다. 바로 왕의 눈높이가 높아졌기 때문이라는 것이다. 인재들이 왕을 만족시키지 못할까 봐 지레 겁을 먹는다는 것이다. 그래서 자신처럼 구구셈밖에 할 줄 모르는 이를 발탁한다면 앞으로 더 나은 인재들이 찾아올 것이라고 제안했다.

제환공은 노인의 말에 깨달음을 얻고 그를 등용했다. 이로써 정료지광은 제나라의 부국강병을 위해 출신에 구애받지 않고 인재를 구하겠다는 의지와 행동을 나타내는 인사정책이 되었다.

인사를 조직시스템으로 구축하려면 주먹구구식으로 인재를 모아서는 안 된다. 중국 삼국시대의 유비劉備는 제갈량諸葛亮을 등용하기 전까지는 '정과 의리'로 인재를 모았다. 이는 그때까지 유비가 떠돌이 생활을 벗어나지 못한 탓도 있었다. 하지만 제갈량을 등용하고 그가 융중대에서 말한 천하삼분지계가 가동이 되면서부터 유비의 위치가 달라지기 시작했다. 제갈량의 출사로 손권孫權과 연합하여 적벽대전에서 조조曹操에게 승리해 마침내 천하를 삼분하고 형주라는 기반이 생겼다. 이로써 유비는 그동안의 유랑생활을 정리하고 그 근거지를 기반으로 천하 대계를 위한 전략을 하나하나 실현해갈 수 있었다.

그의 인사정책 또한 당연히 달라질 수밖에 없었다. 형주를 기반으로 익주를 취하는 전략을 이루기 위해서는 그곳에 포진된 여러 인재들을 흡수하여 그들이 마음껏 일할 수 있는 환경을 만들어야 한다. 그러려면 정과 의리를 앞세운 그간의 인사정책에 변화를 줘야 했다. 한 무리를 이끄는 리더와 한 나라를 다스리는 리더의 인사정책은 달라야 하지 않겠는가. 유비가 인재들을 적재적소에 배치하고 쓰면서 나라를 세울 기반을 닦을 수 있었던 것은 인재를 품은 조직시스템이 있었기에 가능한 일이었다.

02

마음을 얻는 지속가능 경영전략

윤리경영, 마음을 얻어라

기업이라면 이윤의 극대화를 목적으로 경영을 하겠지만, 시대는 점점 사회적 책임을 바탕으로 하는 윤리경영을 요구하고 있다. 앞으로는 조직이 윤리 의식에 대한 사회적 신뢰를 잃으면 결국 살아남기 힘들 수밖에 없다. 이러한 윤리경영은 현대에 갑자기 등장한 것이 아니라 과거 시대에도 이미 존재해왔다.

전통사회에서 생산자와 소비자 사이에 교환경제가 이루어지도록 중간자 역할을 했던 보부상들은 자신들의 권리를 보장받으면서도 조직의 결속을 다지기 위해 상단을 만들어 활동했다. 그들의 활동에는 일종의 상업정신이 그 바탕이 되었다. 그들은 눈앞의 이익에만 연연하기보다 공동체 의식과 나눔 정신, 신뢰를 바탕으로 한 고객존중, 상부상조, 예의 중시 등을 신조로 활동했는데 이는 그 시대의 윤리경영과 다를 바 없었다.

그중 서울 육의전 상인들의 '도중도道中道'라는 윤리강령인 '오금삼권五禁三勸'도 눈여겨볼 만하다. 오금이란 영세상인의 보호를 위한 금난전禁亂廛, 매점매석을 금하는 금매점禁買占, 싼 가격으로 폭리 취하는 것을 금하는 금낙가禁落價, 남의 단골을 빼앗아가는 것을 금하는 금유객禁誘客, 권력을 이용해 이권 노리는 것을 금하는 금세도禁勢道 등을 이른다. 이는 건전한 상행위를 위한 상도의라고 볼 수 있다.

삼권이란, 상인들이 지켜야 할 세 가지 규범으로, 같은 상인들끼리 가족처럼 지내며 환난을 당할 때 서로 돕고 가난한 백성을 돕는 것을 윤리강령으로 만들어 시행한 것을 말한다. 이러한 건전한 상행위는 물론 오늘날의 윤리경영의 본보기라고 볼 수 있다. 도중도의 윤리강령에는 사회에 대한 일정한 책임감도 포함되어 있다. 당시 상인들은 고객의 마음을 얻는 일이 얼마나 중요한지 알고 있었다.

기업의 사회적 책임이란 사람들의 마음을 얻고 감동을 주는 것을 말한다. 사람의 마음을 얻는다는 것은 무엇일까? '구맹주산狗猛酒酸'이라는 말이 있다. 『한비자韓非子』「외저설우外儲說右」 편에 나온다.

술을 파는 송나라 사람이 있었다. 그는 술 빚는 재주가 뛰어나고 손님들에게도 친절하며 항상 양을 속이지 않고 정직하게 팔았다. 그런데도 웬일인지 그의 술은 다른 집의 술보다 잘 팔리지가 않는 것이었다. 도무지 이유를 알 수 없었던 그는 마을의 어른을 찾아가 물어보았다. 그러자 그 어른은 느닷없이 '자네 집에 개가 사나운가?'라고 되물었다. 그 어른의 말이 사실이기는 했지만 개가 사나운 것과 술이 팔리지 않는 것이 무슨 연관이 있는지 모를 일이었다. 그러자 마을 어른은 그의 집에 술을 사러 갔을 때 개가 사납게 굴어 들어갈 수 없었다고 알려주었다. 만일 어떤 사람이 아이를 시켜 호리병에 술을 받아오라고 했는데 술집 개가 덤벼들어 아이를 문다면 어떻게 되겠는가? 사나운 개로 인해 그 술집을 찾는 이가 점점 줄어들 수밖에 없을 것이다. 그러면 아무리 좋은 술이라도 사 가는 사람이 없고 술을 빚은 기간이 오래되면 시큼해질 수밖에 없다.

한비자는 이 일화를 통해 아무리 옳은 정책을 군주께 아뢰어도 조정 안에 사나운 간신배가 있다면 정책 실현이 불가능하며, 어진 신하라도 기용되지 못함을 비유했다. 조직도 마찬가지다. 사람들의 마음을 감동시킬 좋은 정책과 좋은 이미지가 있어야 사람들이 찾는다. 윤리경영이란 거창한 것이 아니라 결국 사람의 마음을 얻는 데서부터 출발해야 한다는 것이다.

『한비자』「외저설우상」편에 제齊나라 경공景公과 안자晏子의 대화가 나온다.

경공이 안자와 소혜를 유람하며 정자에 올라 제나라를 둘러보며 말했다.

"전망 좋은 이 강산을 다스리는 자가 누구인가?"

"전성씨일 것이옵니다."

"내가 왕인데 어떻게 전성씨가 다스릴 수 있느냐?"

"전성씨가 제나라의 민심을 장악하고 있습니다. 왕은 무거운 세금을 매기지만 전성씨는 백성들에게 은혜를 베풀고 있어 백성들은 하찮은 덕이라도 고마워하며, 장래에는 전성씨가 나라를 다스릴 것이라고 노래합니다."

애석해하는 경공에게 또다시 안자가 말했다.

"백성의 마음을 얻으려거든 현자를 가까이 하고 우매한 자를 멀리 하고, 혼란을 다스리어 형벌을 가볍게 하고, 가난한 자를 구제하며, 고아와 과부를 불쌍히 여기고 은혜를 베풀어야 합니다."

안자가 경공에게 권고한 일은 이미 주周나라에서도 행해진 일이었다. 바로『설원說苑』에 나오는 내용이다.

주나라의 문왕文王은 백성들의 농사일에 적절한 시기를 맞추는 것이 무척 중요하다는 것을 알고 천문학 연구를 장려했다. 그래서 천문대를 지으려고 땅을 파라 지시했는데 그 속에서 사람의 뼈가 나왔다는 것이다. 이 말을 들은 문왕은 직접 그 뼈들을 잘 수습한 후 장례를 치러주라고 명했다. 그러자 옆에 있던 관리가 주인을 찾을 수 없는 뼈인데 그렇게까지 할 필요가 있는지 물었다. 문왕은 천하를 소유한 자는 천하의 주인이며, 나라를 소유한 자는 그 나라의 주인이라고 말하며 자신이 이 나라의 주인인데 뼈의 주인이 따로 있겠냐며 정성들여 장례를 치르도록 했다.

천하의 사람들이 문왕은 어질며 백성을 사랑하는 마음이 마른 뼈에까지도 미치는데 백성들에게는 오죽하겠냐며 칭송했다. 어떤 이는 귀한 보배를 얻고도 나라를 위태롭게 하는데, 문왕은 썩은 뼈를 얻고서도 그 깊은 하늘의 뜻을 깨달아 천하 사람들의 마음을 얻었다고 했다.

맹자孟子도『맹자孟子』「양혜왕장구」 하편에서 문왕의 치세를 칭송했다.

"옛날에 문왕이 기岐를 다스릴 적에 경작자에게는 9분分의 1의 과세를 하고, 벼슬 산 사람에게는 그 녹祿을 대대로 주고, 관문關門과 시장에서는 사정을 살피기는 하나 세를 징수하지 않고, 물고기 잡는 보를 쓰는 것을 금하지 않고, 사람을 처벌하는 데는 당사자의 자식에까지는 미치지 않았다. 늙고 아내 없는 것을 홀아비라 하고, 늙고 남편 없는 것을 과

부라 하고, 늙고 자식 없는 것을 외로운 사람이라 하고, 어리고 아비 없는 것을 고아라고 한다. 이 네 부류의 사람들은 천하의 궁박한 백성들로서 호소할 데가 없는 사람들이다. 문왕은 정치에 착수하여 인정仁政을 베푸는 데에 반드시 이 네 부류의 사람들을 먼저 돌보았던 것이다. 시詩에 '괜찮기는 하다, 부유한 사람들은. 하지만 이 외로운 사람들이 불쌍하구나'라고 하였다."

이를 보면 윤리경영이란, 사람의 마음을 얻는 데서 출발한다는 것을 알 수 있다. 마음을 얻는다는 것은 이해관계자들의 입장에서 무엇을 원하는지 충분히 고려하고 생각해보는 것이라 할 수 있다.

경영에도 도가 있다

사람이 살아가는 데 있어 도道란 무엇일까? 나라나 기업 등 조직 경영에는 어떤 도가 요구되는가?

"덕德으로 정치를 하는 것은 마치 북극성이 제자리에 있고 여러 별들이 그것을 향하여 도는 것과 같다."

〔爲政以德 譬如北辰 居其所而衆星共之.〕

『논어論語』「위정爲政」편에 실린 공자孔子의 말이다. 이 말에서 수신제가치국평천하修身齊家治國平天下라는 유교의 중심논리를 발견할 수 있다. 군주가 신하와 백성을 잘 다스리려면 덕을 가져야 하는데, 그 덕이란 수신을 잘 한 사람이라는 전제가 깔려 있다. 그 수신을 바탕으로 자아를 완성시키고 집안을 다스리며 나라를 다스릴 때 나아가 평천하를 바라볼 수 있다는 것이다.

공자가 말하는 덕은 도이기도 하다. 공자는 「위정」편에서 '법제法制로 이끌고 형벌刑罰로 다스리면 백성들은 형벌은 모면하나 수치심이 없게 되고, 덕으로 이끌고 예禮로 다스리면 수치심을 갖게 되고 또 올바르게 된다'고 했다. 즉, 덕이란 나라를 다스리는 도리인 것이다. 공자가 제창한 유가儒家에서는 나라와 백성을 다스리는 치도에서 가장 중시하는 것이 사람의 마음을 감동시키는 것이다.

"힘으로 남을 복종시키는 것은 진정으로 복종하는 것이 아니라 상대방의 힘이 부족해서다. 덕으로 남을 복종시킨다면, 상대방이 마음속으로 기뻐해서 진정으로 복종하게 되는 것이다."

〔以力服人者 非心服也 力不贍也; 以德服人者 中心悅而誠服也.〕

『맹자孟子』「공손추公孫丑」상편에 나오는 말이다. 이 역시 공자가 「위정」편에서 한 말과 같은 맥락이다. 맹자는 천하를 얻으려면 먼저 백성의 마음부터 얻어야 한다고 했는데, 중국 하夏나라의 걸왕桀王과 상商나라의 주왕紂王이 천하를 잃은 것도 백성들의 마음을 잃었기 때문이라고 한다.

유가와 달리 노자老子는 『도덕경』에서 이렇게 말했다.

"천지는 인자하지 않아 만물을 짚으로 만든 개처럼 여기고, 성인은 인자하지 않아 백성을 짚으로 만든 개처럼 여긴다."

〔天地不仁, 以萬物爲芻狗, 聖人不仁, 以百姓爲芻狗.〕

성인이 어질지 못하면 백성들이 개로 전락하게 된다는 말인데, 성인은 큰 이익을 달성하기 위해 백성들의 작은 이익 따위는 일일이 돌볼 수 없다는 말로 해석할 수도 있다. 확대해서 풀이하자면 인간이 도를 잘못 쓰면 그 결과는 고스란히 인간에게 돌아온다는 것이다. 결국 도란, 하늘의 뜻을 부지런히 살피고, 두려워하여 그 뜻을 좇아 사는 것임을 역설하고 있다.

중국 고대 병학兵學의 최고봉인 『무경칠서武經七書』에 해당하는 『육도六

韜』는 강태공姜太公으로 알려진 태공망太公望이 주 문왕文王에게 치세 등의 깨우침을 주는 책이다.

문왕은 태공망에게 상商나라 주왕紂王이 포악해서 많은 사람을 죽였는데, 자신이 천하의 백성을 구할 수 있는 방법이 무엇인지 물었다. 태공망은 하늘의 이치에 따라 올바른 길로 따라가면 예절을 바로 세우고 싸우지 않고도 이길 수 있다고 했다. 또한 백성들과 함께 아파하고 마음을 나누어야 한다고 했다.

태공망은 문왕과 무왕을 도와 상나라를 멸망시키고 주나라를 일으켜 세울 때 일련의 조치로 인심을 얻었다. 대내적으로 백성들에게 은혜를 베풀고 나라를 부강하게 하는 정책을 실시했다. 더불어 생산을 발전시키고 유능한 인재를 초빙했다. 이로써 백성들이 때를 놓치지 않고 자기 일에 힘쓰게 하고, 형벌은 줄여주고 세금은 가볍게 했다. 위정자는 궁실을 검소하게 꾸미고, 관리들은 너그럽고 깨끗하게 일함으로써 평민과 노예주 귀족 사이의 모순을 완화하고 경제력을 키워나갈 수 있었다.

"천하란 군주 한 사람만의 천하가 아닙니다. 천하란, 모든 사람의 천하이지 그 누구의 것도 아닙니다. 천하를 손에 넣으려면 마치 여러 사람이 들짐승을 사냥하는 것과 같아서, 천하의 모든 사람이 사냥한 고기를 나누어 받을 수 있다는 마음을 가지게 해야 합니다. 또한 한 배를 타고 함께 가는 것과 같아서 일이 잘 이루어지면 함께 그 이익을 나누어 가질 수 있지만, 어그러지면 모두가 손해를 입을 수 있다는 생각을 가지게 해야 합니다. 이처럼 천하의 모든 사람이 이로움과 해로움을 함께 나누면, 모두 함께 일이 이루어지도록 길을 열어줍니다. 단 한 사람이라도 길을 막는 자가 없을 것입니다."

태공망은 『육도』의 「무도」편에서 백성의 마음을 얻고 백성들을 이롭게 하는 것에 대해 문왕에게 진언했다. 백성들의 마음으로 향하는 것이 군주의 도인 것이다. 경영의 도 역시 크게 다르지 않다. 덕을 베풀고 마음을 얻는 것이 도의 기본이 아닐까.

진秦나라 말기 은사隱士이자 군사이론가 황석공黃石公이 저술한 『삼략三略』은 『육도』와 함께 흔히 『육도삼략』으로 불린다. 원문은 겨우 3,800여 자에 불과해 병서로는 매우 얇은 편이지만 짧은 문장에 병법의 요점을 잘 정리해 놓았다.

“왕이 된 자는 도로써 백성을 통제하여 그 마음을 겸손케 하고 그 뜻을 복종케 하며, 법도를 마련하여 후세 정교의 쇠퇴할 세상에 대비하고, 천하 제후들이 조정에 모여 함께 의논하고, 제후들이 천자를 대신하여 행하는 지방의 직무가 황폐되지 않으며, 무장 병력이 구비되어 있더라도 그를 사용하여 싸울 근심이 없고, 군주는 신하를 의심할 것 없고 신하는 군주를 의심할 것 없으며, 나라는 안정되고 군주는 편안하며, 신하가 늙으면 의로써 은퇴하였다. 이것은 삼황오제三皇五帝 시대와는 다르지만 역시 아름다움을 다하여 조금도 해로운 일이 없다. 패자는 권도로써 선비를 제어하고, 신의로써 그들을 결속시키고, 상으로써 사용하였다. 만약 신의가 쇠퇴하면 선비는 멀어지고, 상이 부족하면 군주의 명령을 받들지 않았던 것이다.”

〔王者, 制人之道, 降心服志, 設矩備衰, 四海會同, 王職不廢, 雖有甲兵之備, 而無鬥戰之患. 君無疑于臣, 臣無疑于主 ; 國定主安, 臣以義退, 亦能美而無害. 霸者, 制士以權, 結士以信, 使士以賞. 信衰則士疏, 賞虧則士不用命.〕

『삼략』의 내용에서 알 수 있듯이 황석공은 군주의 도란 나라를 다스리는 통제 수단이자 뜻이며 법도로 보았다. 위엄이 있지만 강압적이지 않는 다스림이다. 군주의 도나 경영의 도는 결국 사람이 살아가는 데 있어서 가지는 도道, 기본에서 벗어나지 않는 것이다.

인문 위에 경영을 세워라

조직의 리더에게 요구되는 능력은 무엇일까? 미래를 내다보는 능력과 통찰력, 인재를 발굴하고 적재적소에 배치하는 직무능력, 소통능력, 창의성, 도덕성, 미래에 대한 비전, 공감능력 등 리더가 갖추어야 하는 능력은 무수히 많다. 물론 이 모든 것을 실행할 수 있는 인재를 얻고 관리하는 능력만 있어도 유능한 리더라 할 수 있다. 그런데 인재를 보는 안목은 그냥 길러지는 것이 아니다.

한 나라든지 기업이든지 잘 운영되는 조직은 리더가 학습을 게을리하지 않는다. 풍부한 인문적 소양을 바탕으로 리더십을 발휘하기 때문이다. 전쟁터에서조차 책을 놓지 않았던 조조曹操와 당태종唐太宗, 강희제康熙帝 등이 대표적 인물이라 할 수 있다. 이들의 당대의 치세가 어떠했는지를 고려한다면 학문에 대한 정진이 리더에게 꼭 필요한 부분임을 알 수 있다.

그중 청淸나라의 4대 황제인 강희제는 중국의 역대 황제 중 재위기간이 61년으로 가장 길게 왕위를 유지한 것으로도 유명하다. 그는 역대 황제들 중 천 년에 한 번 나올 만한 제왕이라는 뜻의 '천고일제千古一帝'란 호칭을 얻었다. 현재 중국을 이끄는 리더들 또한 가장 본받고 싶은 리더로 강희제를 꼽는다.

강희제는 누르하치의 증손자이자 순치제順治帝의 아들로, 8세에 왕위에 올라 14세 되던 해에 직접 친정에 나섰다. 그가 다소 이른 나이에 친정을 펼칠 수 있었던 것은 학문에 정진했기 때문이었다. 왕자시절부터 새벽 네 시에 일어나 책을 읽고 궁의 모든 어른에게 아침 문안 인사를 한 후 다시 오전 여덟 시부터 저녁 여덟 시까지 공부할 정도로 학문에 매진했다. '한 권의 책을 읽으면 곧 한 권의 유익함이 있고, 책을 하루 읽으면 곧 하루의 유익함이 있다'고 말한 그는 틈만 나면 책을 읽었다. 14세에 직접 정사를 보게 되었을 때는 권력을 남용한 권신 오배를 교묘한 지략으로 제거할 수 있었다.

강희제는 중국어문, 만주어문, 몽골어문의 3개 국어에 능통했고, 다양한 학문에 관심을 갖고 있었다. 한족 출신 유학자들로부터 주자학과 유학을 배웠고, 서양 선교사들에게서는 활동의 자유를 보장해주는 대신 그들로부터 천문학·수학·과학을 도입했다. 무엇보다 배움을 중요시 여겨 중심에 두었다.

학문만이 아니라 기마와 궁술까지 단련하여 문무겸전의 성군의 모습을 갖춘 그는 공자와 맹자의 이론을 주축으로 한 '왕도정치王道政治'와 노장사상에 기반을 둔 이른바 '무위지치無爲之治'를 통치 이념으로 정립했다. 무위지치란, 위정자가 다스리는 것을 백성이 느끼지 못할 정도로 다스리는 것을 의미한다. 이는 그의 치세가 지향하는 바였다. 그는 강력한 권력자나 통치자의 위세를 드러내는 권위의 정치가 아니라 제도와 원칙이 확고히 세워지고 그 안에서 자연스럽게 통치가 이루어지는 것을 추구한다. 유가와 도가의 사상을 받아들여 그만의 치세로 나타나게 된 것이다.

강희제는 다양한 분야에서 많은 업적을 남겼는데, 약 4만9000여 자의 한자가 수록된 한자사전인 『강희자전』을 비롯해 수많은 서적과 기록들을 남겼다. 학문적으로도 유학에만 치중하지 않았으며 불교, 예수회까지 아울렀다. 또 자유로운 무역을 보장해주고, 서양 문물을 받아들이는 한편, 새로운 부의 창출까지 도모했다.

강희제의 학문에 대한 열의는 인재발굴에 대한 의지이기도 했다. 그는 세상에는 수많은 인재가 있지만 그 인재를 제대로 알아보고 적재적소에 배치하기 위해서는 인재를 알아보는 통찰력이 있어야 한다고 강조했다. 그러한 안목을 기르기 위해서 그는 일찍부터 배움의 길에 들어서 다양한 지식과 폭넓은 사유를 통해 자신만의 안목을 가질 수 있었던 것이다.

강희제의 위대한 성과는 61년 동안 청나라를 통치하며 안정된 치세를 이룩한 것을 들 수도 있겠지만 만주족과 한족의 진정한 통합에 있다고 할 수 있겠다. 서로 살아온 전통이 다르고 그로 인해 조상신을 숭배하는 방법이 같지 않은 두 민족을 같은 자리에서 같이 음식을 먹게 함으로써 통합을 이루어냈다.

오늘날 중국에서 역사적으로 가장 존경받는 리더로 강희제를 꼽는다면, 우리나라에서는 세종이 위대한 성군으로 지금도 가장 존경받는 인물이라 할 수 있겠다. 학문에 대한 열정이라면 세종 역시 강희제에 뒤지지 않는다. 세종대왕의 독서법은 '독서백편의자현讀書百遍義自見', 즉 책이나 글을 백 번 읽으면 그 뜻이 저절로 이해된다는 뜻으로, 학문을 열심히 탐구하면 뜻한 바를 이룰 수 있음을 의미한다. 어려서부터 책 읽기를 쉬지 않았던 세종에게 공부는 취미이자 특기였으며, 심지어 식사 중에도 책을 보았다. 말년에는 눈이 멀 정도가 될 때까지 독서에 열중했다고 한다. 그래서 세종의 치세 역시 경제, 국방, 교육, 의술 등 미치지 않는 곳이 없었다.

강희제나 세종은 모두 방대한 독서가였고 그들은 신하들과 토론을 즐겨 했다. 청나라 시대에 경연이 강희제에 이르러 전성기를 구가했듯이, 세종 때 경연이 꽃피었다. 세종의 학문적 열정이 워낙 강해 경연관들이 따라가지 못한 적도 있었다고 한다. 이렇듯 나라 경영이 인문학적 바탕 위에서 꽃을 피우듯이 제반 조직 경영도 다르지 않다.

통찰의 눈으로 인재를 바라보라

한 조직을 경영하는 리더라면 모든 것을 내다보는 통찰의 눈을 가져야 한다. 경영이라는 큰 틀을 볼 때도 통찰이 필요하지만 인재를 보는 데도 특히 통찰이 필요하다.

『한비자韓非子』「논난」 편에 위衛나라 영공靈公이 총애했던 미자하 이야기가 나온다. 미자하는 영공의 총애를 믿고 국정을 전담하고 있었는데, 영공은 총명이 흐려져 있어서 통찰할 줄을 몰랐다. 그런데 광대를 만난 후 영공은 신하를 통찰할 수 있는 능력을 갖추게 되었다. 이후 '누가 내 앞을 가리고 서 있다 하더라도 이제 위험한 일은 없게 되었다'라고 말했다.

실제로는 사추史鰌라는 신하에 의해 통찰력을 가지게 되었다는 설이 있다. 영공이 미자하를 총애하자 사추는 여러 번 간언을 올렸지만 영공은 귀담아 듣지 않았다. 사추가 죽자 영공이 문상을 갔는데 사추는 죽기 전에 '살아서 임금을 바르게 이끌지 못했으니 죽어서도 나에게 예를 갖추지 말라'고 하며 시체를 창문 밖으로 내놓고 염도 하지 말라고 했다. 그제야 영공은 사추의 깊은 뜻을 깨닫고 통찰을 할 수 있게 되었다고 한다.

전국시대 제齊나라 맹상군孟嘗君은 개 울음소리, 닭 울음소리를 잘 내는 자들을 휘하에 식객으로 두었는데 그들은 평상시 다른 식객들에게 무시를 당했었다. 하지만 맹상군이 궁지에 몰렸을 때 그들이 가지고 있는 울음소리 능력으로 위험에서 벗어날 수 있었다. 누가 개나 닭의 울음소리를 내는 재주 하나만 가지고 식객으로 거둘 수 있겠는가. 이는 맹상군의 인품뿐만 아니라 통찰력도 엿볼 수 있는 부분이다.

진목공秦穆公이 백리해百里奚를 맞이한 이야기다.

백리해는 우虞나라의 가난한 농부로 궁핍을 벗어나기 위해 벼슬을 구하려고 했다. 그러던 중 제齊나라에 가서 건숙蹇叔을 만나 정세를 알게 되었다. 우나라로 다시 돌아왔을 때 건숙이 친구 궁지기宮之奇에게 백리해를 소개했다. 궁지기는 우나라의 대부로 '순망치한脣亡齒寒'이라는 고사성어의 주인공이다. 순망치한은 『춘추좌씨전春秋左氏傳』에 나오는 말로, '입술이 없으면 이가 시리다'는 말로 서로 떨어질 수 없는 밀접한 관계를 뜻한다.

춘추시대 말엽, 진晉나라 헌공獻公은 괵虢나라를 공격할 야심을 품고 대부 순식荀息에게 귀중한 예물을 준비시킨 뒤에 통과국인 우나라 우공에게 그곳을 지나도록 허락해줄 것을 요청했다. 우나라의 대부 궁지기는 헌공의 속셈을 간파하고 괵나라와 우나라는 한 몸이나 마찬가지라 진헌공이 괵나라를 차지하고 나면, 우나라도 망하게 되니 길을 빌려주지 말라고 우공에게 간언했다. 그러나 진헌공의 보물이 탐났던 우공은 그만 길을 열어주었다. 궁지기는 뒷일이 두려워 가족과 함께 우나라를 떠났다. 결국 괵나라를 정벌한 진헌공에게 궁지기의 예언대로 우나라를 빼앗기고 말았다.

우공은 진나라 포로가 되었는데, 그의 곁을 지킨 이가 궁지기의 추천으로 벼슬을 얻었던 백리해이다. 백리해는 진나라에 시집보내는 백희의 혼수품 정도로 취급되어 신부의 행차를 따라가게 되었다. 자신의 신세를 한탄하던 그는 가던 도중 초楚나라로 도망을 친다. 초나라에서도 백리해의 능력을 알아보지 못하고 나이가 많은 것만 보고 그에게 소를 방목하게 하였다.

한편 진秦목공은 진나라에서 보낸 잉첩媵妾:예전에 귀인에게 시집가는 여인이 데리고 가던 시첩과 신하들의 명단에서 백리해의 이름이 빠진 걸 알고 그를 잡아들이라 명령했다. 진목공은 춘추오패春秋五覇의 한 사람이다. 진시황秦始皇의 중국 통일 업적은 진목공 때 닦은 기반이 있어 가능했다. 그는 탁월한 인재등용으로 진나라를 초강대국으로 키운 인물이기도 하다.

백리해를 자신의 사람으로 삼기 위해 목공은 초나라 왕에게 양가죽 다섯 개를 보내고 백리해를 데려오게 했다. 하지만 백리해를 만난 목공은 그의 나이가 70세라는 것을 알고 실망했다. 백리해는 목공에게 호랑이를 잡기에는 자신이 늙었겠지만 국사를 논의하라고 하면 자신은 강태공보다도 열 살이나 적다고 했다. 과연 백리해는 목공에게 제나라 관중管仲에 못지않은 국가경영의 비전을 제시하며 사흘 밤낮을 침식을 잊으며 담론할 정도로 자신의 능력을 충분히 보여주었다. 이후 백리해는 가장 높은 벼슬인 상경에 임명되어 진나라의 정사를 맡게 되었다. 그는 어려울 때 같이 했던 건숙의 높은 경륜과 능력을 천거하고, 건숙과 함께 진나라의 부국강병을 이끌며 진목공을 도와 패왕의 대업을 이룩하는 데 기여했다.

여기서 진목공의 혜안과 통찰력을 살펴보자.

우왕은 그를 등용은 했지만 그 능력을 알아보지 못했고, 진晉나라는 그를 혼수품 정도로 취급했다. 초楚나라는 그의 비범한 능력을 과소평가하여 소 키우는 일에 방치했다. 그런데 진목공만은 그의 능력을 알아보았을 뿐만 아니라 그가 능력을 펼칠 수 있도록 장을 만들어주었다. 결국 진목공은 인재에 대한 통찰력이 있었기에 진나라의 부국강병을 이룰 수 있었고 춘추오패의 한 사람이 될 수 있었던 것이다.

제齊나라 위왕威王은 9년 동안 정치를 경대부에게 맡기고 음주가무로 놀기만 했다. 주변국들은 호시탐탐 제나라를 노리고 있었고, 제후들은 서로 싸우기만 하고 나라가 제대로 다스려지지 않고 있던 시절이었다. 어느 날 추기鄒忌라는 인물이 음악을 좋아하는 위왕 앞에 거문고를 들고 와서 말했다. 거문고는 수양하는 데 아주 좋으며 거문고의 모양은 마치 천하와 같으며, 거문고의 줄은 군신의 도와 같다는 등 거문고 이야기를 죽 늘어놓았다. 이제 그만 거문고 연주를 하라는 위왕의 재촉에도 불구하고 그는 자신의 말만 늘어놓을 뿐이었다. 급기야 위왕이 화를 내자 추기는 이렇게 말했다.

"그럼 왕께서는 어찌 제나라라는 거문고를 9년 동안이나 연주하지 않고 뜸만 들이고 계십니까?"

위왕은 마치 추기의 직언을 기다리고 있었다는 듯이 추기를 재상으로 발탁하여 개혁 정치에 시동을 걸었다. 만일 위왕이 총명과 통찰력이 없는 왕이었다면 추기는 재상은커녕 죽음을 면치 못했을 것이다. 위왕이 통찰력 있는 군주였다는 것은 자신에게 아부를 하던 대부와 측근에서 좋은 말만 하던 사람들을 모두 삶아 죽였다는 것에서도 알 수 있다.

추기를 재상으로 등용한 위왕은 '위위구조圍魏救趙'와 '증병감조增兵減竈'로 위魏나라의 대군을 세 번이나 패퇴시켰던 명장 전기田忌와 손빈孫臏도 기용했다. 그리고 위왕은 임치臨淄 직하稷下에 학궁學宮을 설치하여 각국의 학자를 초빙해 정치를 논하게 했다. 이처럼 인재를 선발해 적재적소에 기용하자 국력은 나날이 부강해져 갔다.

이때부터 제나라는 20여 년 동안 병화兵禍를 입지 않았고, 차츰 동방의 강국으로 자리하게 되었다. 위왕은 비록 재위 후 9년 동안 무능한 군주로 보였겠지만 통찰의 눈으로 인재들을 찾고 있었던 것이다. 이런 통찰이 재상 추기, 군사軍師 손빈, 명장 전기를 얻을 수 있었다.

소탐대실하지 마라

조직이 윤리경영을 해야 하는 이유는 윤리를 바탕으로 조직 이미지를 제고할 수 있기 때문이다. 당장은 조직의 이윤을 희생하는 것처럼 보이지만 장기적인 안목에서는 오히려 이윤을 극대화할 수 있다. 당장 눈앞의 소소한 이익에 사로잡히다 보면 결국 더 큰 손실을 보게 마련이다. 조직의 경영에서는 소탐대실小貪大失을 경계해야 한다.

중국 전국시대 진秦나라의 혜왕이 촉蜀을 공략하기 위해 소탐대실을 이용했다. 욕심이 많은 촉후에게 황금과 비단 등의 예물을 보낸다고 하자 오로지 그 보물에 탐이 나서 진나라 군사에게 길을 내주고 말았다. 작은 이익에 눈이 어두워 결국 나라를 잃게 되는 어리석음을 저지르게 되었던 것이다.

'당랑박선螳螂搏蟬'이라는 말이 있다. 『장자莊子』「산목편山木篇」에 나오는 말로, 사마귀가 매미를 잡기 위해 정신이 팔려 까치가 자신을 노리고 있음을 알지 못한다는 뜻이다. '당랑규선螳螂窺蟬'과 같은 말로 눈앞의 작은 이익을 탐내다가 정작 자신의 위험은 돌아보지 못한다는 의미이다. 『설원說苑』에는 오왕吳王 부차夫差가 월越의 구천句踐이 재기를 노리는 데도 월나라에서 보내 온 미인 서시西施에 빠져 있는 것을 보고 태자가 비유한 말로 나온다. 눈앞의 안락에 빠지면 결국 부차처럼 나라를 잃기도 한다.

『한비자韓非子』에 나오는 진晉나라 헌공獻公이야기에서도 소탐대실의 교훈을 찾아볼 수 있다. '순망치한脣亡齒寒'의 고사성어가 나오게 되었던 근원이 되는 일화로 앞쪽에서도 잠깐 언급했다.

진나라 헌공이 우虞나라의 길을 빌려 괵虢나라를 정벌하려 했다. 대부 순식荀息이 진에서 나오는 옥과 말을 우공에게 보내 부탁한다면 허락할 것이라고 말했다. 하지만 헌공은 옥은 조상의 보배이고, 말은 자신이 사랑하는 준마인데, 그 선물을 받고도 길을 빌려주지 않을까 염려했다.

순식은 만일 우공이 길을 빌려줄 생각이 없으면 선물을 받지 않을 것이고, 길을 빌려준다면 언젠가는 우를 멸망시켜 옥과 말은 물론 그것을 놓아둘 창고까지 생기는 것이라 간했다. 앞서 언급한 순망치한의 일화에서 알 수 있듯이 우의 궁지기가 진나라의 계책을 읽고 반대했지만 우공은 옥과 말이 탐이 나서 간언을 듣지 않고 진에게 길을 열어주었다. 순식은 괵을 정복하고 다시 삼년 후에 우를 정복하고 말았다. 헌공은 순식의 말대로 우공에게 준 옥과 말을 되찾을 수 있었다. 한비자는 우공의 군대가 패하고 국토가 깎인 것은 사소한 이익에 사로잡혀 나라가 망하는 큰 손해를 생각하지 않았기 때문이라고 강조했다.

경영에 있어서 작은 이익을 탐하지 않고 더 크고 중요한 것에 의미를 두는 '사소취대捨小取大'의 큰 그림을 그릴 줄 알아야 한다. 그러려면 큰 것과 작은 것을 판단할 수 있는 능력을 기르는 것이 중요하다. 바둑을 둘 때도 눈앞의 작은 이득을 탐내지 말고 대세를 보며 크게 움직이라고 한다. 한 판의 바둑에서 하수는 여러 번 승리를 거두지만 최후의 승리는 상수가 쥐게 마련이다. 이를 바둑 용어로 '하수는 소탐대실小貪大失하고, 상수는 사소취대捨小取大한다'고 한다.

한비자는 '그릇이 커야 많이 담긴다'고 했다. 『한비자』 「대체大體」편에서 '위에 서 있는 자가 하늘처럼 큰마음이 되지 않으면 아래에 있는 자가 그 마음속에 포용되지 않으며, 대지와 같은 마음이 되지 않으면 일체의 사물을 실을 수 없다. 태산은 흙이나 바위의 좋고 나쁨을 가리지 않고 받아들이기 때문에 그토록 높이 솟아올라 있는 것이며, 바다는 작은 시냇물을 얼마든지 받아들이기 때문에 저토록 차고 넘치게 있는 것이다'라고 했다. 그래서 큰 인물은 천지의 위대함을 터득하여 만물과 일체가 될 수 있으며, 마음을 산과 바다처럼 높고 광대하게 가지고 있는 까닭에 국가가 번영하는 것이라고 덧붙였다.

리더의 그릇은 사람을 담을 수 있는 범위와 능력이다. 『삼국지三國志』의 저자 진수는 조조曹操에 대해 그릇이 크고 지략이 뛰어나기 때문에 큰 일을 할 수 있었다고 평했다. 또한 조조는 비범한 인물로서 시대를 초월한 영웅이라고 했다. 조조뿐만 아니라 많은 위대한 인물의 그릇이 작은 경우는 거의 없었다.

"나라를 다스리게 할 만한 사람으로 하여금 나라를 다스리게 하고, 관료의 장을 삼을 만한 사람으로 하여금 관료의 장이 되게 하며, 고을을 다스리게 할 만한 사람으로 하여금 고을을 다스리게 한다."

〔可使治國者 使治國 可使長官者 使長官 可使治邑者 使治邑.〕

『묵자墨子』의 「상현중尙賢中」편에 있는 말이다. 저마다 타고난 몫은 다 다르다. 그러므로 그 능력에 맞게 써야 하는데, 리더라면 그 그릇의 크기를 잴 수 있는 안목을 가지는 것이 중요하다.

'욕속부달欲速不達'이라는 말이 있다. 『논어論語』「자로」편에 나오는 말이다. 공자의 제자 자하子夏가 거보莒父라는 곳의 수령이 되자 스승인 공자에게 정치하는 방법에 대해 물었다. 공자는 이렇게 답했다.

"급히 서두르지 말아야 하고, 작은 이익을 탐하지 말아야 한다. 급히 서두르면 목표에 도달하지 못하고, 작은 이익을 탐하면 큰일을 이루지 못한다."

〔無欲速, 無見小利. 欲速則不達, 見小利則大事不成.〕

즉, 욕속부달은 빨리 하려 하면 도달할 수 없다는 말인데, 작은 욕심이 앞서면 빨리 서두르게 마련이다. 공자는 제자 자하가 눈앞에 보이는 빠른 효과와 작은 이익에 집착하는 성격을 가지고 있었기 때문에 이 같은 말을 했다.

작은 이익에 얽매이기보다 높은 곳에서 멀리 볼 줄 알아야 큰 그림을 그릴 수 있고, 사소취대하는 상수의 자리에 앉을 수 있다.

03

인적자본 전략

인적자본관리는 고도의 전략이다

많은 조직이 적합한 인재를 선발하여 적재적소에 배치하는 일에 심혈을 기울인다. 이는 인적자본을 통해 조직이 성장하고 발전한다는 것을 알기 때문이다. 인적자본관리는 인재를 알아보는 데서부터 출발한다. 그리고 인재의 역량을 고려하여 적재적소에 배치함으로써 그들의 역량을 최대한 발휘할 수 있는 기회를 제공할 뿐만 아니라, 그들을 외적 압력으로부터 보호하고 소통할 수 있는 인재관리의 전략을 가질 수 있다.

중국 당·송 팔대가의 한 사람인 한유韓愈는 '세상에는 백락伯樂이 있고, 그런 다음에 천리마가 있다. 천리마는 늘 있지만 백락은 항상 있지는 않다'고 말했다. 백락이 누구인가? 백락은 춘추시대 사람으로 명마를 잘 골라내었던 인물이다. 원래 이름은 손양인데 중국 고대 전설에 나오는 천마를 관장하는 신의 이름을 따서 백락이라고 불렀다. 인재는 언제나 존재하지만 백락의 눈을 가진 리더는 찾기 힘들다. 또한 인재를 알아본다 하더라도 그 인재를 자기 사람으로 만드는 관리가 필요하다.

풍부한 인적자본이 있는 조직이 천하를 얻는다는 것은 고대 중국 역사에서 확연히 알 수 있다. 한漢나라를 세운 유방劉邦이 자신은 장량張良·소하蕭何·한신韓信이라는 걸출한 인재가 있어서 천하를 얻었지만, 항우項羽는 범증范增이라는 인재가 있었음에도 그를 쓰지 않아 결국 패하게 되었다고 했다. 명明나라의 숭정제崇禎帝 역시 사람을 제대로 쓰지 못해 나라가 망했고, 명나라를 무너뜨린 청淸 태종太宗 또한 적장을 죽이지 않고 중용해서 중원을 차지할 수 있었다.

그렇다면 리더들은 어떻게 인재들을 알아보고 자기 사람으로 만들 수 있었을까? 인적자본관리에 리더만의 전략이 있는 것일까?

인재 얻기가 곧 힘의 우위를 차지할 정도로 치열했던 중국 후한後漢 말기 삼국시대에는 인재를 모으는 법도 각기 달랐다. 조조曹操는 능력 위주의 인사였고, 유비劉備는 윤리적인 기준을 중심으로 한 인사였으며, 손권孫權은 용기에 치중된 인사였다.

중원이라 불릴 수 있는 황하유역을 차지한 조조에게는 국가경영에 필요한 온갖 유형의 인재들이 다 모여 있었다. 조조에게는 인재도 많았지만 인재들의 역량을 잘 파악하여 적재적소에 인력을 배치하고 활용함으로써 조직역량을 강화했다. 또한 사람의 잠재력을 재빨리 간파하여 적정한 경력관리를 통해 인재를 육성하는 등 인재활용에도 탁월한 능력을 가지고 있었다. 그는 의심이 많고 냉철한 면도 있었지만 적절한 칭찬으로 부하들을 감동시키는 자질도 타고나서 사람의 마음을 움직이는 인간경영을 할 줄 알았던 인물이었다.

인정, 의리 그리고 인내의 대명사로 알려진 유비에게도 많은 인재가 있었다. 유비는 특유의 부드러움으로 개성 강한 인재들의 충돌을 막으며 부하들을 충성하게 만들었다. 제갈공명諸葛孔明을 자기 사람으로 만드는 삼고초려에서도 알 수 있듯이 훌륭한 인품의 사람이라면 자기 사람으로 만들기 위해 지극한 정성을 다했다.

유비는 제갈공명에게 많은 권한을 맡긴 것 같아 보이지만 최종적인 판단은 늘 자기 자신이 내렸다. 참모들이 좋은 계책을 건의해도 도덕적 원칙에서 벗어나는 경우라 생각되면 수용하지 않았다. 어쩌면 세력이 약한 그에게 '도덕성'이야말로 가장 큰 무기였는지도 모른다. 그는 당장 손해를 보더라도 이상과 원칙을 지키는 배짱과 확고한 의지가 있었다. 결국 유비의 판단이 옳았던 경우가 많았던 것은 상식에서 벗어나지 않았기 때문이었다.

오吳나라의 손권은 수성守城의 리더십으로 유명하다. 그는 아버지와 형 등 전대에서 이룩해 놓은 인적자본을 잘 관리했을 뿐만 아니라 재능 있는 이들을 많이 초빙하고 육성했다. 손권은 합리적이고 실용적인 사고방식의 소유자로 원칙 때문에 손해 보는 일은 절대 하지 않았다. 하지만 실리를 위해서라면 체면에 구애받지 않고 자유롭게 행동했다. 그리고 외교 감각이 탁월해 삼국의 관계에서 항상 최선의 선택을 할 수 있었다.

유비에게 제갈공명이 있었다면 그에게는 육손陸遜이 있었는데, 그는 어린 나이로 뛰어난 지략을 지니고 있었다. 손권은 그런 육손의 위신을 세워주었다. 조금은 편중된 감도 없지 않았으나 자신이 믿는 부하에게 전폭적인 신뢰와 권한을 주어 소신껏 능력을 발휘할 수 있게 했다. 누구보다 처세의 달인이었던 손권은 조조나 유비에 비해 부족한 경험과 카리스마를 나이 든 신하들의 충고로 극복하였다.

보통 조조와 유비를 창업의 리더로, 손권은 수성의 리더로 분류한다. 누구보다 용인술에 뛰어났던 조조는 강력한 카리스마로 최강국을 건설했다. 부드러운 리더십과 어진 인품의 대명사 유비는 인내로 창업을 이루었다. 젊은 패기의 손권은 실리 외교와 인재 관리로 수성에 성공할 수 있었다. 이들은 치열하게 패권다툼을 하면서도 인재 정책의 방향과 도량을 보여주었다. 오늘날에도 인적자본관리의 전략을 이들에게서 배울 수 있을 것이다.

인적자본을 관리하는 맞춤 전략

시대가 요구하는 인적자본을 길러내지 못하면 개인은 물론 조직의 존립까지 영향을 받기 때문에 인적자본에 대한 효율적인 관리와 전략이 무엇보다 필요하다.

세종世宗은 인재경영에 있어 뚜렷한 원칙을 가지고 있었다. 우선 그는 인재에게 일을 맡기는 데 있어서 인재의 성향부터 파악해 업무를 달리했다. 능력을 발휘하는 방식은 사람마다 모두 다르다. 주어진 일을 잘 해내는 유형이 있는가 하면, 창의적이고 주체적인 일에 더 능력을 보이는 유형이 있다. 세종은 전자의 유형에는 구체적이고 명확한 과제를, 후자의 유형에는 개방적인 과제를 주고 간섭은 최소화했다.

세종은 과거에 급제한 이들에게 자기 자신을 알릴 수 있는 기회를 주려고 질문을 던졌다. 그런데 성삼문成三問은 세종의 질문이 그동안 자신이 흠모해왔던 임금의 질문이라고 여겨지지 않았던 모양이다. 그는 세종의 질문에 인물의 됨됨이는 보지 않고 어떤 배경인지를 알고자 한다면 적잖이 실망할 일이라고 거침없이 간했다. 또 자기는 쇠락한 선비가문의 자식이지만 나라를 위해서라면 목숨을 바칠 준비가 되어 있다고 당돌하게 간언했다. 이런 성삼문의 태도에 주변에서 그를 제지하려 했지만 세종은 옳은 말이라며 앞으로도 이러한 직언으로 자기를 도와달라고 했다. 세종이 임금으로서 신하에 대해 예우를 갖추자 성삼문은 이런 군주라면 죽음을 각오하고 충성을 다할 것이라며 다짐했다.

성삼문의 오해와 달리 세종은 즉위하면서부터 인재등용 원칙을 철저하게 지켰다. 왕실의 종친이라고 특혜를 주는 경우도 없었고, 설혹 공신의 자식이라도 특혜를 주는 일은 제한했다. 오히려 나라와 종사에 이익을 주는 작은 재주라도 가진 자라면 그에 합당한 대우를 해주었다. 또한 나라의 녹을 먹는 관리라면 맡은 바 임무를 다해야 한다고 여겨 용의주도한 계획하에서 일을 시켰다.

세종은 인재들의 실력이 향상되도록 선의의 경쟁을 의도적으로 부추겼다. 사육신이었던 성삼문과 수양대군首陽大君을 왕위에 올린 신숙주申叔舟는 원래는 집현전 학자로 그들과 절친한 친구이자 라이벌이었다. 세종은 어느 추운 겨울날 내관에게 집현전을 살피고 오라고 지시했다. 잠시 후 내관은 신숙주가 책을 읽고 있다고 아뢰었다. 첫닭이 울 때까지 책을 읽던 신숙주는 그곳에서 잠이 들었던 것이다. 세종은 수달피 조끼를 벗어 잠든 신숙주에게 덮어 주고 오라고 명했다. 아침이 되어 잠에서 깬 신숙주는 어의를 보고 깜짝 놀라며 세종의 배려에 감동했다. 그 사실이 알려지자 조정 관료들은 모두 세종의 덕을 칭송했다.

이러한 사실을 알게 된 신숙주와 라이벌이었던 성삼문은 어땠을까? 새벽 경연에 참석한 성삼문의 표정은 그리 밝아 보이지가 않았다. 세종은 눈치를 채고 성삼문에게 시샘을 하는지 물었다. 당연히 성삼문은 아니라고 펄쩍 뛰었다. 세종은 신숙주는 마음이 여려 격려가 필요하지만 성삼문은 기개가 뛰어나 스스로 개척하니 아무런 표시를 하지 않는 것이라고 했다. 그리고 더욱 성삼문을 아끼고 높이 평가한다고 하자 성삼문은 감격해했다. 세종은 인재들의 특성에 맞게 두루 살피며 서로 선의의 경쟁을 할 수 있도록 다양한 방식의 격려로 인재를 관리했다.

유비劉備는 자신의 죽음이 머지않았다는 것을 알고 제갈량諸葛亮에게 당신은 나라를 안정시키고 대업을 완성할 수 있는 재능을 가지고 있으니, 내 아들이 보좌할 만한 사람이라 여겨지면 보좌하고, 그렇지 않으면 촉을 취해도 좋다고 일렀다. 과연 제갈량은 유비의 말을 곧이곧대로 받아들였을까? 제갈량은 유비의 본심이 아들을 보좌해주기를 바란다는 것을 모르지 않았다. 그래서 온 힘을 다해 충정의 절개를 죽을 때까지 보이겠다고 아뢰었다. 그러자 유비는 아들 유선劉禪에게 제갈량과 함께 일을 처리하고 그를 아버지처럼 섬기라는 유지를 내렸다. 유비는 자신이 죽고 없을 때를 대비해 제갈량에게 충성을 이끌어낸 것이었다. 유비가 제갈량을 신뢰했기 때문에 할 수 있는 말이기도 했지만 자기 사후에도 인적자본의 관리가 될 수 있도록 한 조치였다.

당태종唐太宗은 사람을 임용하는 일에 무척이나 신중을 기했다. 그런 태종에게 위징魏徵은 인재를 선발하려면 반드시 그들의 품행을 엄격히 살피라고 간했다. 인재도 시대의 상황에 따라 달리 써야 하는데, 천하가 혼란할 때는 오직 재능만을 요구할 뿐이지만 태평성대에는 재능과 덕행이 겸비되어야 한다고 강조했다. 그러므로 인적자본을 관리할 때는 변화하는 시대상황도 함께 살펴야 한다.

인재의 배치, 조직을 바꾼다

"전쟁을 잘하는 자는 승리를 기세氣勢에서 찾고 병사에게 책임을 묻지 않는다. 기세를 잘 조정하는 자는 전쟁을 할 때 병사들을 목석처럼 전환시킨다. 목석의 성격은 편안한 곳에서는 정숙하고, 위태로운 곳에서는 움직인다. 네모난 것은 정지하고 원형의 것은 굴러간다. 고로 기세를 만들어 전쟁을 잘하는 자는 원형의 돌을 천길 높이의 산에서 회전시키는 것과 같으니 이것을 기세라 한다."

〔故善戰者, 求之於勢, 不責於人, 故能擇人而任勢. 任勢者, 其戰人也, 如轉木石, 木石之性, 安則靜, 危則動, 方則止, 圓則行. 故善戰人之勢, 如轉圓石於千仞之山者, 勢也.〕

『손자병법孫子兵法』「병세兵勢」편에 나오는 말이다. 손자는 인재를 선택하여 적재적소에 배치하는 것을 병세에서 우선으로 했다. 즉, 전쟁을 잘하는 사람도 적소에 배치하는 방법으로 유리한 전세를 만들어낸다. 한 조직을 이끄는 사람도 인재를 어떻게 배치하느냐에 따라 조직을 성공적으로 이끌어낼 수 있다.

유비劉備는 일생 동안 수많은 인재를 만났는데 이들을 적재적소에 기용함으로써 정치를 안정시키고 제업을 완성하는 일거양득의 효과를 창출했다. 인재의 배치는 성도 입성入城 이후 두드러졌다. 유비는 유장劉璋을 물리치고 성도를 점령했지만, 인심을 수습해야 하는 어려운 과제가 남아 있었다. 비록 그곳의 정치적 집단은 와해되었지만 유장은 왕실의 종실이었고, 촉을 경영하면서 든든한 관계망을 구축했던 터였다. 더구나 유장이 유비를 촉에 받아들이고 병력과 군량을 지원하는 등 마음을 다한 상태라 오히려 인심을 수습하기 힘들었다. 마치 유비를 침입자처럼 받아들일 수 있는 소지가 다분했기 때문이다. 그래서 유장의 옛 부하들과 원만한 관계를 유지하고, 재능 있는 사람들을 중용해서 그곳 백성들의 지지를 확보해야 했다.

그러나 유장의 주변 인물들은 숫자가 많았을 뿐만 아니라 인물들의 분류도 복잡했다. 어찌 보면 무능한 관리들이 많았지만, 그렇다고 인재가 없던 것도 아니었다. 그중 유장의 부하였던 법정法正이라는 인물은 지모와 계략이 풍부하여 나중에는 유비 집단에서 제갈량諸葛亮에 버금가는 인물로 성장했다. 그래서 성도에 있는 인물들에 대해서도 잘 알고 있었다. 그는 유장이 다스릴 때는 중용되지 못했지만 명망이 있는 허정許靖을 중용한다면 인심을 얻을 수 있을 것이라 간했다. 허정은 자질이 뛰어나고 경험이 많고 명망이 높아 영향력이 대단했다. 법정의 말대로 허정을 중용하자 촉 사람들도 유비에게 호감을 갖게 되었다. 또한 유장 수하에 있던 이엄李嚴이나 오의吳懿 등을 임용해서 기존의 통치 집단의 핵심성원들로부터 지지를 이끌어냈다.

무엇보다 유비가 신경을 썼던 부분은 자신을 격렬하게 반대하는 인물의 배치였는데, 그에게 줄곧 격렬하게 대항하고 그와의 협력을 결사반대했던 유파劉巴의 중용에 신중했다. 그는 성도를 포위하면서 특별히 유파를 해치지 않도록 명령했고, 유파를 찾은 후 매우 기뻐하는 모습을 보여주었다. 그런 정성에 유파는 감동하여 유비에게 몸을 의탁했다고 한다.

유장의 수하였던 장송張松은 못생긴 외모 때문에 성장과정에서 좌절과 상처가 많았다. 조조曹操는 그를 외면했지만 유비는 그를 만나기 위해 마중까지 나가서 영접했다. 유비의 대접에 장송은 감동했고 서촉의 중요 정보를 유비에게 바쳤다.

『한비자韓非子』「외저설좌하」편에 관리등용에 대한 관중管仲의 말이 나온다. 제齊나라 환공桓公이 관중에게 관리등용 문제를 상의하자 관중이 말했다.

"청렴결백하고 사람의 말을 잘 구분하고, 사람의 낌새를 통찰하는 능력에 있어서 저는 현상을 따르지 못합니다. 아무쪼록 그를 발탁하시어 사법관으로 임명하시기 바랍니다. 또 저는 조정에 있으면서 다른 사람에 대한 예의범절에서는 습붕隰朋을 따르지 못합니다. 그를 발탁하시어 의전관으로 임명하시기 바랍니다. 또 저는 황무지를 개간하여 촌락을 이루어 곡물의 생산을 증대하는 일에 있어서 영척寧戚을 따르지 못합니다. 그를 발탁하시어 농정관으로 임명하시기 바랍니다. 또 저는 적국과 대치된 상황에서 병사들의 사기를 높여 죽음을 마치 고향에 돌아가듯 두려워하지 않게 하는 점에 있어서 성부城父를 따르지 못합니다. 그러므로 그를 대장군으로 임명해 주시기 바랍니다. 또 저는 군주의 눈치를 살피지 않고 강직하고 간언하는 점에 있어서 동곽아東郭牙를 따르지 못합니다. 그는 간관에 잘 어울리는 사람입니다. 앞으로 제나라를 다스리는 데 있어서 이 다섯 사람이면 충분합니다. 끝으로 만일 제나라를 천하의 패왕의 위치로 올리고 싶으시다면 그 일익을 담당할 사람으로 제가 여기 있습니다."

다시 말해서 관중은 청렴결백하고 사람에 대한 통찰력이 있는 사람이 사법관을 맡아야 하고, 예의범절이 바르고 손님을 잘 접대하는 사람이 의전관이나 외교관이 되어야 하고, 황무지를 잘 개간하고 곡물 생산에 능력 있는 사람이 농사를 담당하는 책임자가 되어야 하고, 병사들의 사기를 높이고 죽음을 두려워하지 않는 자가 전장의 대장군이 되어야 하고, 마치 당나라의 위징처럼 군주에게 직언을 잘 하는 자를 간관으로 중용해야 한다는 것이다. 그리고 국가 운영의 전체를 볼 줄 아는 사람이 재상을 맡아야 한다는 것이다.

관중이 뛰어난 재상인 것은 자신이 모든 것을 다 하려 하지 않고, 각각의 일에 뛰어난 재능을 지닌 이들을 등용하고 배치했다는 점이다. 적재적소에 필요한 인재가 있어야 조직이 잘 운영되는 법이다. 다양한 인재들을 적절한 위치와 직무에 배치하고 각자의 역량을 발휘할 수 있도록 해야 한다. 예를 들어 균형 감각이 없는 사람이, 사람과 사람이 교류하는 외교를 맡아서는 안 된다. 이렇듯 인재의 성격을 파악해서 장점을 살릴 수 있는 업무에 배치하게 되면 그 효과는 배가 될 것이다.

사람의 유형을 살펴라

'인사가 만사'라고 하는 것은 사람을 잘 쓰면 천하를 얻지만, 사람을 잘못 쓰면 멸망을 재촉할 수 있기 때문이다. 조趙나라는 탁상공론에 빠져 실전 경험 없는 조괄趙括을 크게 기용했다가 망국에 이르렀고, 분서갱유焚書坑儒:서적을 불사르고 유생을 구덩이에 묻는 문화통제정책를 이끈 진秦나라 이사李斯의 탐욕은 진시황秦始皇을 만나 오히려 멸망을 재촉했다. 반대로 태종 이세민李世民은 방현령房玄齡을 기용해 천하를 얻었고, 명나라 태조 주원장朱元璋은 아내 마태후의 지혜 덕에 개국 황제가 됐다. 유비劉備는 제갈량諸葛亮을 얻기 위해 삼고초려를 마다하지 않았고, 허정許靖이나 유파劉巴 등 반대파를 포섭해 지지 세력으로 만들었다.

어떤 인재를 발굴하고 등용하느냐에 따라 조직의 미래가 달라진다.

위魏나라의 유소劉邵는 『인물지人物志』「체별」편에서 사람마다 각기 다른 성정性情의 유형을 열두 가지로 분류하였다. 열두 가지 유형이 흔히 저지르는 잘못을 중심으로 다음과 같이 분류했다.

첫째, 강직한 사람은 지나칠 정도로 고집스러워 다른 사람과 화합하지 못한다. 그런데도 자신으로 인해 일이 막히고 다른 사람과 부딪히는 것을 경계하지 않고, 오히려 상대의 유순한 태도를 무조건 비굴하다고 몰아붙인다. 그러므로 이런 사람은 법을 세우는 데는 장점이 되지만 디테일한 일은 함께하기 어렵다.

둘째, 유순한 사람은 마음이 느슨하고 결단력이 부족하다. 일이 뜻대로 진행되지 않는데도 남에게 상처를 줄까 봐 자기주장도 제대로 못한다. 이런 경우 주어진 일에는 따라갈 수 있지만 결단을 내리는 일을 맡기기는 힘들다.

셋째, 용감하고 사나운 사람은 기세가 강해서 자칫 무모한 경향이 있다. 그래서 더불어 어려움을 극복할 수는 있어도 일상을 도모하기는 쉽지 않다.

넷째, 겁 많고 신중한 사람은 생각이 너무 많아서 어떤 일을 하더라도 망설임이 많다. 안전한 것을 선호하기 때문에 절의節義를 도모하는 일은 어렵다.

다섯째, 지나치게 올곧은 사람은 자기 생각만 옳다고 여기고 아집도 강해서 다른 사람의 의견은 수용하지 못한다. 자신이 인정하는 범위에서 바른 것을 바르다고 할 수 있지만 많은 사람과 함께 하는 일은 어렵다.

여섯째, 말솜씨가 좋고 박식한 사람은 종종 말이 실제를 넘어선다. 말의 무게가 가볍기 때문에 이야기를 나누기는 좋지만 중요한 약속을 하기는 어렵다.

일곱째, 마음이 넓고 사교성이 좋은 사람은 깊이 있는 교제를 하기는 힘들다. 대중을 위로하는 일은 잘하지만 진중한 대화나 약속은 어렵다.

여덟째, 자기 자신은 보존을 하면서 세상일의 좋고 나쁨을 모두 지적하고 비난하는 사람은 대체로 편협하다. 옳은 일은 마땅히 지킬 수 있지만 변화에 대응하기는 어렵다.

아홉째, 행동이 대범하고 진취적인 사람은 차분함보다는 과감함에 가까운 성향이다. 이런 사람은 앞장서서 일을 추진해 나갈 수는 있지만, 뒤에서 일을 받쳐주거나 마무리하는 일이 약하다.

열째, 침착하고 차분한 사람은 생각이 많아 일이 지연되는 경향이 있다. 이런 경우 빨리 판단해야 하는 속성의 일은 함께하기 어렵다.

열한째, 순박하고 진솔한 사람은 가식 없고 순수하지만 때로 경솔하게 보일 수도 있다. 신의를 지키는 일은 가능하지만 기밀을 요하는 일은 함께하기 힘들다.

열두째, 속내를 감추고 남을 잘 속이는 사람은 다른 사람에게 환심은 잘 사지만 진정성이 없다. 그러므로 이런 사람과는 그릇된 일을 바로잡기는 어렵다.

『인물지』의 분석이 잘못에 집중되어 있지만 최악의 경우를 생각하는 배치가 오히려 실보다 득을 가져올 수 있다. 사람을 쓰는 일은 때로 조직의 운명을 좌우하는 일이니만큼 경계해야 할 것은 경계하고 넘어가야 한다.

조유趙蕤의 『반경反經』에는 공자孔子가 사람의 유형을 다섯 가지로 분류한 내용이 나온다. 공자는 '용인庸人, 사인士人, 군자君子, 현인賢人, 성인

聖人'의 이 다섯 가지 유형을 잘 분별할 수 있다면 세상을 다스리는 도가 완성된다고 했다.

'용인庸人'은 말 그대로 흔하게 볼 수 있는 평범한 사람을 이르는 말이다. 특별히 원칙을 가지고 있지도 않고, 그렇다고 가르침이 될 만한 말을 할 만큼 깊이가 쌓이지도 않는다. 몸을 의탁할 만큼 현명하지도 못하고, 스스로 결단을 내릴 만큼 힘을 쏟지도 않는다. 작은 것만 보고 큰 것을 보지 못해서 무엇에 힘써야 할지를 모르고, 물이 흘러가듯 물질을 좇아 정작 붙잡아야 할 바를 모른다.

'사인士人'은 마음에 정한 신념도 있고 원칙도 있는 선비 같은 사람이다. 비록 도道와 술術의 근본을 다 알 수는 없더라도 어느 정도는 터득한 바가 있다. 모든 방면에서 완벽하지는 못하더라도 어느 한 곳에는 쓰임새가 있다. 이런 경우 자신이 확실히 알고 있는 바에 충실하고, 자신이 한 말에 책임을 지며 맡은 일을 성실히 하면 된다. 아는 것을 분명히 알고 말을 실천해 결과를 얻으며 행동에는 타당한 근거가 있다. 즉 본성과 형해形骸가 쉽게 뒤바뀌지 않는 것과 같다. 부귀해져도 큰 이익이 된다고 생각지 않으며, 빈천해져도 큰 손해가 된다고 생각지 않는다.

'군자君子'는 말에 치우침이 없고 행동으로 부합하며, 마음은 너그럽다. 인의仁義가 있어 외적인 대상에 유혹되지 않으며, 사려 깊고 이치에 밝아 언사가 독단적이지 않다. 일관된 행실과 도를 지킴에 변함이 없으며, 심신을 굳건히 하는 데 끊임없이 힘쓴다. 이러한 경지는 일반 사람들이 도달하기 어려운데, 이것이 바로 진정한 군자이다.

'현인賢人'은 덕이 법도를 넘지 않고, 행실이 규범에 들어맞는다. 말이 세상의 모범이 되니 말로써 몸에 재앙을 입지 않고, 도는 백성을 교화하기에 충분해 근본에 벗어나지 않는다. 세상을 풍요롭게 할 뿐 재물을 쌓아두지 않고, 세상 사람들에게 베풀어 병들거나 빈곤하지 않게 한다.

'성인聖人'은 덕이 우주 자연의 법칙에 이르고, 변화에 꿰뚫고 있어 어느 방향이라도 막힘이 없으며, 세상 만물의 처음에서 끝까지 닿아 온갖 사물의 자연적 이치와 화합한다. 대도大道의 운행을 파악하고 그에 따라 자신의 본성과 성품을 이루니, 해와 달을 아우르듯이 밝고, 가르침과 운행이 신령하다. 뭇사람은 그 덕이 어느 정도인지 알지 못할 뿐더러, 보고자 해도 한계가 어디인지를 헤아리지 못한다.

『인물지』에서 말하는 인물의 분류와 『반경』에서 말하는 인물의 분류가 다르지만 사람의 유형을 한 방향에서만 볼 것이 아니라 다양한 각도에서 살핀다면 인적자본관리에 도움이 될 것이다.

인재의 장단점을 파악하라

요즘은 조직들도 다양한 심층면접을 통해 지원자의 장단점을 파악해 인재를 선별한다. 사람마다 타고난 성격이든 환경에 의해 형성된 성격이든 성향의 장단점을 분석해주는 프로그램을 활용하는 조직들이 늘고 있다. 오래 전 중국에서도 인물에 대한 분석을 했다.

유소의 『인물지人物志』에는 인물들의 다양한 성격과 스타일이 분석되어 있다. 이 책에서 사람의 성정은 음양오행陰陽五行의 강도에 의해 결정되는데, 사람의 타고난 성정은 모두 양면성을 지니고 있다고 한다. 그래서 이런 편재들이 갖는 장단점을 두루 이해하여 장점을 쓰라는 것이다. 성품을 다스리는 방법은 모름지기 자신의 장점은 잘 살펴 가늠하고, 단점은 단련하고 강화하는 것이다.

그래서 『인물지』에서는 '총명하고 박식해서 지식에 막힘이 없는 사람은 자신이 지나치게 이상적인 상태에만 머물러 있으려고 하는 것은 아닌지 살피고, 반대로 견문이 얕고 견식이 적은 사람은 자신의 무지를 지혜로 여기는 것을 삼가야 한다. 용맹하고 굳센 사람은 드러나는 성격대로 너무 거칠거나 모질지 않도록 삼가야 하며, 어질고 선량한 사람은 우유부단하지 않도록 삼가야 한다. 성격이 느긋하고 게으른 사람은 시기를 놓치지 않도록 삼가야 하며, 마음이 넓고 호방한 사람은 어떤 일을 소홀히 해서 잊은 것이 없는지 삼가야 한다'라고 했다.

인물의 성격 장단점을 제대로 가리지 못한 예를 중국 삼국시대의 관우關羽와 조선시대의 신립申砬에서 찾아볼 수 있다. 관우는 의리와 용맹의 대명사라 할 수 있는 뛰어난 장수였다. 하지만 용맹이 너무 넘쳐서 그칠 줄을 몰랐고, 자부심이 지나쳐 적을 과소평가했다. 그래서 결국 삼국항쟁의 관건인 형주를 잃고 자신도 죽음을 맞고 말았다. 오히려 그런 관우의 성격을 이용한 쪽은 오吳의 여몽呂蒙이었다. 괄목상대의 주인공인 여몽의 지략에 관우가 당한 것이다. 자존심 강한 성격과 편협심으로 인해 유연성을 발휘할 수 없었기에 결국 부러지고 만 것이다.

조선시대 선조 때의 무장인 신립은 북방의 오랑캐들을 무찌른 공적이 있다. 장수로서 용맹하고 자부심도 있었으나 위기에 대한 심각성을 깨닫지 못했다. 임진왜란을 앞두고 류성룡柳成龍은 다가올 위기를 예상하고 말했지만 그는 일본의 조총을 무시했다. 그는 임진왜란 때 왜군을 물리칠 천혜의 요새라 할 수 있는 조령을 지키지 못하고, 충주 탄금대에 배수진을 치고 왜군을 맞아 싸우다가 패배했다. 장수는 용맹만 있어서는 안 된다. 지략을 가지지 않은 장수가 이끄는 부대는 패배할 수밖에 없다.

관우나 신립 모두 무장으로서 용맹성은 갖추었지만 신중하고 유연한 면이 부족하고 지략을 쓸 줄 모르는 강직한 성격이라 전투에서 패배할 수밖에 없었다. 누군가 이들의 단점을 약화시키고 장점을 이끌어냈다면 전투의 결과가 달라졌을지도 모른다. 리더의 역할은 바로 이럴 때 필요한 것이다.

중국 전국시대 초기 위衛나라 사람이지만 노魯·위魏·초楚에서 벼슬을 하면서 많은 공을 세웠던 장수 오기吳起는 장점과 단점이 확연하게 차이가 나는 사람이었다. 의리와 믿음을 중시했고, 의지가 굳센 편이라서 목적을 이루지 못하면 절대 멈추지 않았다. 그는 용병술이 뛰어났고, 병사들에게 헌신적인 장수로 자리를 굳히게 되었다. 그의 군사적 재능은 노나라에서 약한 군대로 강한 군대를 물리침으로써 충분히 입증되었다. 하지만 노나라 목공은 그를 중용하려고 하지 않았다.

왜냐하면 오기는 고국을 떠나올 때 자신의 팔을 깨물며 노모에게 상경이나 재상 같은 대관이 되어 큰일을 이루지 못한다면 절대 돌아오지 않겠노라 맹세했다. 그래서 노모가 세상을 떠났다는 소식에도 맹세 때문에 돌아가지 않았다. 그런 오기를 증자는 유가의 가르침을 어긴 불효막심한 자라며 자신의 문하생으로 인정하지 않겠다고 했다. 오기는 또 아내가 제齊나라 사람이었는데, 노나라와 제나라의 사이가 나빠지자 자신이 노나라 장수로서 의심을 사게 될까 봐 아내를 죽여 노나라에 대한 충정을 표시했다. 노나라 목공은 오기의 이런 전력 때문에 혁혁한 전공에도 승진은커녕 병권을 회수해버렸다. 노나라 목공의 입장에서는 오기의 성정에서 비롯된 이러한 일들이 단점으로만 보였던 것이다.

하지만 노나라 목공에게는 단점으로만 보인 것이, 위魏나라 문후文侯

에게는 장점으로 작용했다는 사실이다. 문후는 오기의 탁월한 군사재능을 높이 평가해 오기가 위나라로 오자마자 대장군에 임명했다. 오기 역시 진秦나라를 공격해서 다섯 개의 성을 빼앗으며 승승장구로 답을 해주었다. 전국시대 말기의 한비자韓非子는 천하에 병법을 논한 사람 치고 손자와 오기의 병법을 갖고 있지 않은 사람이 없다고 했는데, 그만큼 오기가 장수로서의 능력이 뛰어났다고 할 수 있다.

오기의 예에서 알 수 있듯이 장점이 장점으로만 작용하지 않고, 단점이 단점으로만 그치는 것이 아니다. 군사적으로는 뛰어났지만, 도덕을 바탕으로 한 개인으로 보았을 때는 단점이 있는 인물인 오기의 표본은 현재에도 문제의 인물로 작용하리라 여겨진다.

『반경』에서는 덕표德表라 하여 세상을 다스리는 아홉 가지 원칙을 이야기하는데, 이는 바로 덕을 키우라는 것이다.

첫째, 부귀영화를 누린다고 다른 이를 모욕하지 않는다.

둘째, 권세를 등에 업었다고 제멋대로 하지 않는다.

셋째, 이미 한 약속을 미루지 않는다.

넷째, 오만무례하거나 안하무인하지 않는다.

다섯째, 재능을 뽐내지 않는다.

여섯째, 남을 차별하지 않는다.

일곱째, 미운사람을 보복하지 않는다.

여덟째, 도덕에 어긋난 것을 취하지 않는다.

아홉째, 인의에 어긋나는 것은 접하지 않는다.

군주의 가장 중요한 일은 인재를 얻는 것이라고 한다. 대업을 이루고자 할 때 가장 소중하고 절실한 것은 사람이라고 했다. 그러므로 조선시대 세종世宗처럼 인재의 장단점을 파악하여 인재의 장점을 발견하고 적절하게 배치하여 기용해야 한다.

04

CEO와 인적자본관리

창업만큼 수성도 중요하다

창업과 수성 중 어느 것이 더 어려울까? 이는 당태종唐太宗 이세민李世民이 신하들에게 던진 질문으로 『정관정요貞觀政要』에 실려 있다. 창업은 나라를 세우는 것이고 수성은 창업의 뜻을 계승하여 발전시키는 것이다. 맹자孟子는 창업과 수성은 모두 덕을 쌓아야 한다고 했다.

당나라를 세운 당고조 이연李淵의 뒤를 이어 제위에 오른 태종, 그는 수隋나라 말기에 정국이 혼란해진 틈을 타서 아버지 이연과 함께 군사를 일으켜 당나라를 세우는 데 일조했다. 그는 보위에 오르자 사치를 경계하고 천하통일의 위업을 완수하였으며, 정벌을 통해 국토를 더욱 확장하였다. 국내적으로는 백성들의 생활을 안정시키는 데 주력함과 동시에 인재를 많이 등용하여 학문과 문화를 장려했다. 당나라 태종 연간의 이러한 태평성세를 일컬어 중국에서는 그 연호를 따서 '정관의 치貞觀之

治'라고 했다. 그가 이러한 정치를 펼칠 수 있었던 데는 결단력이 뛰어난 두여회杜如晦, 기획력이 뛰어난 방현령房玄齡, 강직한 위징魏徵 등 뛰어난 인재를 두었기 때문이었다.

어느 날, 태종은 그들과 모인 자리에서 창업과 수성에 관해 어떤 것이 더 힘든지를 물었다.

"창업은 우후죽순雨後竹筍처럼 일어난 군웅 중에 최후의 승자만이 가능하므로 당연히 창업이 어렵습니다."

방현령이 말했다. 그러자 위징이 반대의견을 내었다.

"예로부터 임금 자리는 갖은 고난 속에서 어렵게 얻었다가도 안일함 속에서 쉽사리 잃곤 했습니다. 백성들은 평온한 생활을 바라지만 부역은 그칠 날이 없고, 백성들은 극빈한 생활에 허덕이지만 임금은 자신의 사치와 권세를 위하여 백성들을 힘들게 합니다. 한 나라가 쇠망의 길을 걷는 것도 언제나 이것이 원인으로 작용했습니다. 이런 이유로 수성이 더 어렵다고 생각합니다."

"방현령은 지난 날 짐을 따라 천하를 평정하면서 모든 간난신고艱難辛苦를 몸소 체험했고, 구사일생을 얻어 오늘날에 이르렀다. 그래서 창업이야말로 가장 어려운 일이라고 여기는 것도 백번 당연한 일이다. 위징은 짐과 더불어 천하의 안정을 도모한 사람으로서 이제 여기서 조금이라도 방심하면 반드시 멸망의 길에 들어설지도 모른다고 걱정하고 있다. 그래서 수성이 어렵다고 한 것이다. 이제 창업의 어려움은 끝이 났다. 앞으로는 경들과 더불어 수성의 어려움을 헤쳐 뚫고 나가고 싶다."

두 사람의 이야기를 들은 태종이 이렇게 마무리를 지었다. 태종은 자신의 말대로 당나라의 번성을 위한 기틀을 마련하였으며, 역사상 창업과 수성을 가장 성공적으로 수행한 인물로 평가받고 있다.

삼국시대 오吳의 손권孫權은 수성의 리더로 꼽힌다. 그는 위·촉·오 삼국 중 유일하게 창업의 리더가 아닌 수성의 리더이다. 아버지 손견孫堅이 창업하고 형 손책孫策이 그 뒤를 이었지만 불의의 사고로 사망하면서 손권이 중책을 맡게 되었다. 천하를 삼분해서 그중 하나를 차지했으니 수성을 잘 했다고 볼 수 있을 것이다.

손권은 영민하고 신중한 성격으로 물려받은 인적자본을 잘 관리하고, 많은 인재를 중용하고 키워나갔다. 수하들의 능력을 최대한 드러나게 하며 그들의 능력을 더 계발하도록 격려했다. 장수였던 여몽呂蒙에게 공부를 하라고 권했던 이도 손권이다. 내정은 명망 있는 학자들을 불러 모아 돌보게 했다. 그의 인사 스타일은 일단 결단을 내리고 나면 추후의 진행에 대해서는 신하들에게 전적으로 일임시켜 당사자의 능력을 최대한 이끌어낼 수 있도록 유도하는 것이었다.

일찍이 손책은 자신은 군사를 거느리고 싸움하는 것은 잘 하지만 인재를 쓰면서 나라를 다스리는 일은 손권이 잘 할 거라고 했다. 손권은 밖으로는 주유周瑜를, 안으로는 장소張昭를 쓰면서 수성을 다져 나갔다. 특히 원로대신 장소는 끊임없이 손권에게 잔소리를 했지만 손권은 끝까지 그를 옆에 두고 그의 잔소리를 들었다. 또 강동지역 명문들을 잘 포용하여 그들의 적극적인 협조를 받아냈다. 그는 유비劉備를 견제하고 조조曹操에게 대항하는 기본 방향을 가지면서도 오吳의 이익에 따라 외교를 펼쳤다. 또한 결코 감정 때문에 나라에 손해나는 일을 하지 않았다. 유비와 신경전을 많이 벌이며 전쟁도 치렀지만 항상 현실적 계산 위에서 행동했다.

손권의 수성은 시대를 거듭할수록 빛이 났다. 하지만 후손들의 수성은 형편없었는데, 특히 손권의 손자로 오나라 마지막 황제가 된 손호孫皓는 삼국시대 최악의 폭군으로 꼽힌다. 위징과 당태종의 말처럼 수성을 이루기란 그만큼 어려운 것이다.

중심을 잃지 않는 리더의 균형감각

『손자병법孫子兵法』「구변九變」 편에 '장유오위將有五危'라는 말이 나온다. 이는 장수가 범하기 쉬운 다섯 가지 위험을 말한다.

첫째, 필사가살必死可殺, 죽기를 각오하고 싸우다가는 살해하려는 적의 함정에 빠진다.

둘째, 필생가로必生可虜, 살려고 바동거리면 적의 포로가 된다.

셋째, 분속가모忿速加侮, 화를 잘 내고 조급하면 적의 계략에 수모를 당하게 된다.

넷째, 염결가욕廉潔加辱, 청렴하고 결백한 사람은 오히려 모욕을 당한다.

다섯째, 애민가번愛民可煩, 지나치게 백성을 아끼면 번뇌가 많아 큰일을 못 한다.

손자는 군대를 패배하게 하고 장수를 죽게 만드는 것은 반드시 이 다섯 가지의 위험에서 오는 것이니 신중히 생각하라고 했다. 장유오위에 들어있는 장수의 자세가 그 자체로는 나쁜 것이 아니다. 손자는 '과유불급過猶不及'을 경계하고 균형감각을 갖기를 바라는 것에서 말한 것이다. 이는 전쟁 중의 장수뿐만 아니라 조직을 이끄는 리더라면 생각해볼 문제다. 모든 일을 리더가 다 할 수는 없다. 필요하면 다른 사람에게 일을 위임할 수 있지만 궁극적으로 전체적인 책임을 지는 사람은 리더 자신이다. 이런 점에서 리더의 균형 감각은 매우 중요하다. 균형 감각이란 감정적 요소에 끌리지 않고 건전한 판단에 입각하여 평가하는 능력이다. 리더가 균형 감각을 잃는 순간 치명적인 결과가 나타날 수도 있다.

『삼국지三國志』「선주전」에 나오는 유비劉備와 방통龐統의 이야기를 살펴보자.

유비는 양회와 고패를 참수한 후 군사를 되돌려 성도로 향했는데 지나는 곳마다 번번이 이겨 축하연을 부현에서 대대적으로 열었다. 주연이 무르익을 무렵 술에 거나해진 유비는 방통에게 연회자리가 너무 기분 좋다고 말했다. 그러자 방통은 남의 나라를 치고 즐거워하는 것은 인仁의 군대가 아니라고 아뢰었다. 술에 취해 있던 유비는 그 말에 화를 내며 옛날 무왕도 주를 치고 가무를 즐겼는데 그도 그러면 어진 이가 아니냐며 방통을 연회장에서 쫓아냈다. 잠시 후 술에서 깬 유비는 자신의 처사가 합리적이지 못했다고 깊이 후회하고는 방통에게 되돌아올 것을 청했다. 방통은 돌아와서 사과도 하지 않은 채 아무 일이 없었다는 듯이 먹고 마셨다. 유비는 방통에게 조금 전의 일은 누가 잘못한 것인지 물었다. 방통이 군과 신이 함께 잘못했다 하니 유비는 크게 웃으며 처음처럼 술자리를 즐겼다고 한다.

삼국시대의 리더들 중 가장 군자다움을 내세우던 유비가 축하연 자리에서 평소 그답지 않게 예의에 벗어난 행동을 했다. 방통은 그런 유비의 행동을 지나치지 않았다. 리더는 주위 사람들의 시선을 받는 존재이다. 리더의 말과 행동은 이미지로 굳어져 대중들로부터 평가를 받는다. 방통이 유비에게 어진 사람의 행동이 아니라고 한 것은 나중에 점령한 나라를 다스릴 때 원성을 살지 모를 일을 경계한 것이었다. 그러므로 리더란, 어떤 상황에서라도 감정에 치우쳐 균형을 잃어서는 안 된다.

당태종唐太宗은 리더로서 균형감각을 적절하게 유지했던 사람이다. 그가 정벌에 큰 공을 세웠던 이들에게 포상을 준 후 공정하지 않다면 의견을 제시하라고 했다. 그러자 숙부인 이신통李紳通이 자신은 여러 해를 목숨 걸고 싸웠는데 공로가 적다며 억울하다고 했다. 당태종은 국가 대사는 상벌이 분명해야 하는데, 공을 세운 사람은 반드시 그에 맞게 상을 받아야 하고 공이 없는 자는 스스로 물러나야 하며, 처벌을 받아야 할 사람은 반드시 그 죄에 맞게 처벌을 받아야 비로소 악한 자를 징계할 수 있다고 말했다.

그리고 무엇보다 자신과 가장 가까운 숙부이기에 존경하지만 그래서 다른 공신들과 똑같이 상을 줄 수 없다고 했다. 이신통은 두 번 다시 불평할 엄두를 내지 못했고, 다른 신하들도 당태종이 개인적인 감정 없이 공정하게 처리하는 것을 보며 불만을 품지 않았다. 그는 다양한 사람들의 마음을 안정시키기 위해 언행에도 공정함을 나타냈고, 대신들에게도 공정한 마음으로 자신의 직무에 충실하도록 했다.

당태종의 수하 중 위지경덕尉遲敬德이라는 맹장이 있었다. 그는 전장에서 늘 앞장서 싸워 혁혁한 공을 세웠다. 당태종은 당연히 그 공로를 인정해 요직에 중용했는데 어느 날부터 그가 교만해지기 시작했다. 그런 그에게 태종은 나라의 기강은 오로지 상과 벌로 가리고, 분에 넘치는 은혜는 늘 있는 것이 아니므로 조심하라는 경고를 했다. 아무리 아끼는 공신이라고 해도 잘못을 저지르면 그냥 넘기지 않았던 것이다. 당태종은 나라를 잘 다스리기 위해 공정성을 중시했다. 그것은 그에게 좌우로 치우치지 않은 균형 감각이 있었기에 가능한 일이었다.

사람을 얻는 CEO의 자세와 덕목

리더가 인재를 등용할 때 가져야 할 자세와 덕목은 무엇일까? 물론 시대에 따라 조금은 차이를 보일 수도 있겠지만 본질에서는 크게 다르지 않을 것이다. 그런 측면에서 '선시어외先始於隗'라는 말은 새겨볼 만하다. 이는 춘추전국시대 연燕나라 사람인 곽외郭隗에게서 나온 말이다. 『전국책戰國策』의 「연책燕策 소왕昭王」편에 나오는 이야기다.

연나라 소왕은 세자시절 제齊나라에 멸망당한 나라를 시련 끝에 되찾고 난 후 왕위에 오른 인물이다. 그는 제나라로부터 나라를 되찾고자 인재를 직접 찾아 나섰는데, 곽외라는 인물을 만나게 되었다. 소왕은 그에게 부국강병을 이루고 제나라에 원수를 갚고 잃은 땅을 되찾을 수 있는 인재를 구할 수 있는지 물었다. 곽외는 비유를 들어 이야기를 들려주었다.

"옛날 어떤 왕이 천금을 들여 천리마를 구하려 했지만 3년이 지나도 얻지 못했다. 한 사람이 자신이 구해오겠다고 나서서 그에게 맡겼다. 3개월 후 천리마가 있는 곳을 알아냈지만 말은 이미 죽어 있었다. 그는 죽은 말의 뼈를 5백금을 주고 사서 돌아왔다. 왕은 어찌 산 말도 아니고 죽은 말의 뼈를 사왔으며 거기에 5백금이나 버렸냐고 화를 냈다. 그가 말하기를 죽은 말조차 5백금으로 사들였으니 천하 사람들은 왕이 반드시 말을 사려고 함을 알 것이며 말은 이제 곧 모여들 것이라 했다. 그의 말대로 1년도 지나지 않아 천리마가 세 필이나 모였다."

곽외는 그 이야기 끝에 연나라 소왕이 진정으로 어진 인재를 구하려

한다면 '먼저 저부터 시작하십시오'라고 말했다. 곽외 자신이 연나라에 중용되었다는 소문이 나면 인재들이 모여들 것이라는 의미였다. 연나라 소왕은 그를 스승으로 모셨다. 그러자 위魏나라의 명장 악의樂毅를 비롯하여 추연鄒衍·극신劇辛 등의 인재들이 다투어 찾아와 잃었던 땅도 찾고 제나라에 대한 원한도 설욕했다. 선시어외先始於隗 즉, 구하려는 것을 먼 곳에서 찾을 것이 아니라 먼저 가까이 있는 자부터 구하여 시작하라는 말이다.

연나라 소왕이 자신의 뜻한 바를 이룰 수 있었던 것은 가까운 데서부터 시작한 것도 있지만 인재를 예우하는 자세가 남달랐기 때문이다. 인재를 찾아내는 일은 매우 어렵지만 그 인재를 그 그릇에 따라 대우하는 일도 쉽지 않다. 인재를 중용하는 데 있어서 우선 손익을 계산하지 말고 먼저 정성을 들여야만 원하는 인재들을 찾을 수 있다는 것을 곽외의 말에서 짐작할 수 있다.

『삼국지三國志』에 기록된 장송張松의 용모를 보면 짱구머리에 납작코, 뻐드렁니에 키는 다섯 자도 못 되고 목소리는 종을 깨뜨리는 듯하다고 한다. 하지만 그는 민첩하고 두뇌회전이 빠르고 언변이 뛰어나고 글을 잘하였다. 자기가 모시는 유장劉璋의 그릇이 작다는 것을 안 장송은 익주가 유지되지 못할 것을 간파하고 다른 영웅을 불러들여 나라를 내어 줄 계책을 세웠다. 그런 그의 재주를 알아본 양수楊修가 조조曹操에게 그를 천거했지만 조조는 그의 외모만 보고 대접을 소홀히 하고 받아들이지 않았다.

반면 유비劉備는 그를 맞아들여 점잖게 대해주었다. 조조와 비교해서 훨씬 나은 대우를 받은 그는 감격하여 서천의 지도를 바치고 안에서 협력

할 것을 굳게 약속했다. 유비에게 유장을 습격하라는 편지가 친형에 의해 발각되어 비록 참수를 당했지만 유비로서는 많은 것을 얻을 수 있었다.

인재를 얻으려는 리더라면 자존감이 낮은 인물을 만나기도 한다. 그럴 때 조조처럼 자존심에 상처를 준다면 그 인물을 결코 얻지 못할 것이다. 또한 호감을 주는 인상이 아니더라도 출중한 능력을 가진 인재인 경우도 있기에 자칫 유능한 인재를 놓칠 수 있는 우를 범해서는 안 된다.

『육도六韜』에서 문왕文王은 태공망太公望에게 군주가 나라와 백성을 잃는 까닭을 물었다. 태공망은 군주가 뛰어난 인재와 중요한 사업을 신중하게 선택하지 못했기 때문이라고 했다. 그리고 군주에게는 반드시 지켜야 할 여섯 가지 덕목과 소중히 여겨야 할 세 가지 사업이 있다고 말했다.

여섯 가지 덕목은 인덕·정의·충직·신의·용기·모략이다. 이 덕목을 지킬 수 있는 인재를 잘 살펴야 하는데, 부귀를 누리되 예법을 범하지 않으면 인덕이 있는 사람이고, 벼슬이 높은데도 오만하지 않으면 정의가 있는 사람이며, 중대한 임무를 맡아도 조금도 마음을 바꾸지 않으면 충직한 사람이고, 무슨 일이나 숨김없이 성실히 처리하면 신의가 있는 사람이며, 위험한 처지에 떨어져도 두려워하지 않으면 용기가 있는 사람이고, 어려운 일을 당해도 임기응변으로 지혜롭게 처리하면 모략이 있는 사람이라고 했다.

태공망은 경제에 대한 모든 권한을 신하에게 맡기지 않고 군주가 직접 관장하여, 신하가 군주보다 더 부유하거나 지방도시가 수도보다 더 커지는 일이 없도록 해야 하며, 나라에 여섯 가지 덕목을 잘 지키는 인재가 많아지면 군주의 통치가 번성하고 농업·공업·상업의 세 가지 사업이 온전해지면 나라의 기틀이 안정된다고 했다.

인재를 얻기 위해 리더는 연나라 소왕처럼 가까운 곳에서부터 인재를 찾고 등용할 것이며, 유비처럼 상대방의 입장을 헤아리고 상대방을 위한다는 마음자세를 가지며, 주나라 문왕처럼 군주가 중심을 잡고 통치한다면 성공하는 리더로 발돋움할 수 있을 것이다.

경청하고 포용하라

리더에게 요구되는 가장 중요한 자질 가운데 하나는 '경청傾聽'이다. 때로는 받아들이기 힘든 직언도 포용해야 아랫사람들과 소통할 수 있다. '이청득심以聽得心'이라는 말 그대로 경청만 잘 하더라도 상대방의 마음을 얻을 수 있다는 뜻이다. 경청은 사람의 마음을 얻는 최고의 지혜라 할 수 있다.

반면 리더가 직언을 받아들이지 못한다면 그것은 역린逆鱗이 될 수도 있다. 『한비자韓非子』「세난世難」 편에 '용은 성질이 유순하므로 길들이면 탈 수도 있다. 그러나 턱 밑에 길이가 한 자나 되는 거꾸로 솟은 비늘逆鱗이 있으니, 용을 길들인 사람이라 할지라도 만약 이것을 건드리면 반드시 그를 죽인다. 군주한테도 역린이 있은즉, 군주를 설득하고자 하는 사람은 이 역린을 건드리지 않아야만 성공을 기대할 수 있다'고 했다. 그만큼 리더는 직언을 받아들이기 힘들어한다.

당태종唐太宗에게는 위징魏徵이라는 신하가 있었다. 그런데 위징은 직언을 잘하기로 유명하였다. 아무리 황제라도 잘못된 길을 가는 것을 보면 쓴 소리로 간했다. 재위 기간 동안 치세로 드높았던 태종이라도 직언은 듣기 싫었던 모양이었다. 어느 날 조회를 마친 당태종은 화가 나서 위징을 죽이겠다고 큰소리쳤다. 그러자 당태종의 부인 문덕황후文德皇后

가 태종에게 축하한다고 했다. 군주가 명철하고 신하가 정직하다는 뜻이니 당연히 축하할 일이 아니겠냐고. 그제야 당태종은 깨달음을 얻고 기분이 좋아졌다고 한다.

위징은 직언에 거침이 없는 인물이었다. 그는 태종이 매를 좋아해서 늘 어깨 위에 올려놓고 즐긴다는 것을 알고 있었다. 앉으나 서나 백성만을 생각해야 할 황제가 매나 키우면서 시간을 보내는 것을 그는 못마땅하게 여겼다. 태종도 자신이 매를 좋아하는 것이 문제라는 것을 알았던지 위징을 늘 의식했다. 어느 날 평소처럼 매를 어깨 위에 올려놓고 즐기던 태종은 위징이 오는 것을 보고는 그 매를 품속에 숨겼다. 그 모습을 본 위징은 일부러 오랫동안 나가지 않고 태종와 국사를 논했다. 태종은 애가 탔지만 어쩔 수 없었다. 결국 품속에서 숨을 쉬지 못한 매는 죽고 말았다. 이 이야기를 보면 위징은 존재만으로도 태종을 긴장시킬 정도로 직언을 했다는 것을 알 수 있다.

당태종은 딸 장락공주長樂郡公主를 출가시키려고 관련 부서에 자신의 누이였던 장공주보다 더 많은 예단을 준비하라고 지시했다. 그러자 위징이 글을 올려 간했다. 한명제의 예를 들어 그가 왕자를 포상할 때 선제의 아들과 같은 대우를 받을 수 없다며 절반으로 줄이라고 했다는 말을 했다. 누이와 딸이 차이가 있겠지만 차별을 두어서는 안 되므로 공주의 예단이 장공주를 능가하는 것을 다시 생각해달라고 했다. 당태종은 자신의 공평무사함을 널리 알리기 위해 위징의 비판을 받아들였을 뿐만 아니라 비단 500필을 보상해 자신의 잘못을 지적해 준 것에 대해 감사를 표했다. 당태종의 치세를 '정관의 치'라고 하는 것은 그가 위징을 비롯한 여러 신하의 직언을 경청하고 포용했기 때문이다.

『당서唐書』「배구열전」에 '군주가 직언을 싫어하면 충성이 아첨으로 변한다. 군주가 직언을 즐거워하면 아첨이 충성으로 변한다. 임금은 형체이고 신하는 그림자다. 따라서 형체가 움직이면 그림자가 따라 움직인다는 것을 알 수 있다'는 내용이 나온다. 배구裴矩는 북제北齊·북주北周·수隋·당唐의 4왕조에서 활약하였는데, 그의 직언이 통한 것은 당태종뿐이었다. 결국 직언에 귀 기울이고 수용하는 이가 참 리더인 것이다.

'절함折檻'이라는 말이 있다. 난간을 부러뜨린다는 뜻으로 간언을 의미한다. 한漢나라 성제成帝 때 주운朱雲이라는 이가 있었는데 황제에게 거침없는 간언을 했다. 그는 성제가 스승으로 존경하는 장우張禹라는 인물이 외척 왕씨의 전횡을 보고도 직언하지 못하고 아첨하는 모습을 보고 그냥 지나치지 않았다. 주운은 성제에게 무능한 자의 목을 베게 칼을 달라고 했다. 그가 누구냐는 왕의 물음에 주운은 장우라고 답했다. 자신이 신임하는 정승의 목을 베겠다는 말에 성제는 주운을 끌어내게 했다. 주운은 끌려 나가면서도 전각 난간을 붙잡고 끝까지 장우의 목을 쳐야 한다고 소리쳤다.

그 일은 마무리 되었지만 그만 난간이 부러지고 말았다. 난간을 교체하려 하자 성제는 부러진 난간을 교체하지 말고 그냥 맞춰놓으라고만 했다. 목숨을 걸고 직언한 신하의 충성을 길이 남겨야 한다는 이유였다. 목숨을 걸고 직언을 한 주운도 대단하지만 그것이 자신과 나라를 위한 직언이었다는 것을 알고 가슴에 새기려는 성제도 대단한 인물이다. 성제가 무능한 황제이긴 했지만 처음부터 직언을 구분하지 못할 정도는 아니었던 모양이다.

가장 높은 위치에 있는 리더의 입장에서 직언에 귀 기울이고 수용하기란 쉽지 않다. 한漢나라 문제文帝는 과거시험의 한 과목으로 직언과 극간을 채택해서 바른 말을 잘하는 선비를 관리로 선발했다. 조선시대 최고 성군으로 불리는 세종 역시 많은 사람의 이야기를 경청하고 판단하고 선택하는 일의 연속이었다. 이렇게 직언을 받아들일 줄 아는 군주에게 성군이라고 하는 것이다.

재능과 능력을 분배하라

『한비자』「팔설八說」편에 '군주가 인재를 임용하는 방법을 알지 못하면 반드시 실패한다고 했다. 군주는 대체로 말 잘하는 지자知者이거나 수양을 바탕으로 한 결백한 인물을 임용하려 한다. 이렇듯 군주가 인재를 임용하는 방법을 제대로 터득하지 않고 사람을 쓸 경우, 지자에게서는 기만을 당하고, 수양된 자에게서는 나랏일이 문란해지는 결과를 낳을 수 있다. 군주는 공적의 크고 작음을 가려 상을 주며, 능력의 정도를 가려 나랏일을 맡겨야 하며, 일하는 상황을 잘 살펴 과실의 유무를 간파해야 한다. 과실이 있으면 벌하고, 능력을 보이면 상을 주도록 해야 한다'고 했다.

무왕武王과 태공망太公望의 대화가 담긴 『육도六韜』에 '무릇 군사를 일으켜 용병하려면 장수가 전군에 대한 지휘권을 장악하면 되고, 군대를 부리려면 반드시 임기응변에 능해야 한다'고 했다. 인재 활용을 잘하려면 각자의 능력에 따라 관직을 내려 장점을 발휘하게 하고, 정황에 따라 수시로 조정하는 것을 규율로 삼으라고 했다. 장수에게 있어서 팔다리와 새의 날개 같은 보좌진은 각기 상이한 능력과 기능을 지닌 자들을 모두 포괄해야 한다고 했다. 즉, 인재를 쓰려면 각각의 재능과 능력을 분배해야 모든 일이 순리를 좇아 완비된다는 것이다.

군주의 능력은 인재들을 잘 활용하는 데 있다. 군주의 권한과 일은 신하와 다르다. 군주는 상벌을 주재하는 권한을 가지고 있으므로 각기 다른 인재들을 재능과 능력에 따라 배치할 수 있다. 사람의 능력도 제각기 다르므로 재능과 자질에 따라 부여하되 그 결정 또한 매우 신중해야 한다.

당태종唐太宗은 즉위 초기에 대신들에게 현명하고 유능한 인재를 찾아 조정의 업무를 맡기고 싶다는 뜻을 밝혔다. 대신들은 현명한 인재를 무조건 등용하고 싶어도 모두 재상이나 대신의 친척이거나 벗이라는 말이 들려 등용이 꺼려진다고 하니, 태종은 대신들에게 인재등용에서 반드시 공평무사해야 하므로 그런 말이 들릴지라도 결코 두려워하지는 말라고 했다.

옛 사람들은 인재를 천거할 때 자신의 친척이나 친구도 꺼리지 않았고 심지어 원수진 사람도 능력이 있으면 추천했다. 이는 진정으로 현명한 사람을 천거하기 위함이었으니, 재능 있는 사람을 천거하기 위함이라면 설사 자제나 원수진 사람이라도 상관없다는 뜻이다.

당태종이 막 즉위했을 때 그의 수하에는 대부분 진왕부에 있던 사람들이었다. 당태종 이세민李世民의 형 이건성李建成이 황태자가 되자 이세민은 진왕에 봉해졌다. 진왕부에 있던 이들은 이세민을 따라 전쟁에 나가서 공을 세웠고, 현무문의 변란 때도 이세민을 도와 왕위를 탈취했다. 이세민은 당시 당나라 수도 궁성인 장안성 현무문에서 친형제들을 무참히 참살하고, 아버지까지 몰아내고는 황제 자리에 올랐다. 이세민이 당태종이 되자 많은 이가 자신의 공로를 내세우며 관직을 요구했다. 하지만 이세민은 끝까지 원칙을 지키며 재능에 따라 관직을 부여했다. 그러자 진왕부에 있던 수하들은 불만을 터뜨렸다. 그랬더니 그는 백성을 통치하는 황제는 반드시 공정한 마음으로 천하를 대하는 것이지, 일말의 이기심이나 사사로운 정을 운운해서는 안 된다고 했다.

그는 또 제갈량諸葛亮은 작은 나라의 재상이었지만 자신의 마음은 저울 같아 인위적으로 경중을 나누지 못한다고 말했는데, 이 말의 뜻이 바로 황제의 도리라는 것이다. 세상의 의식은 모두 백성에게서 나오지만, 윗사람의 은택은 아직도 그들에게 미치지 못하고 있다. 그래서 백성들이 좀 더 편안한 생활을 누릴 수 있도록 하기 위해서 현명한 선비를 갈구하는 것이라 했다.

'위인택관자란爲人擇官者亂, 위관택인자치爲官擇人者治'라는 말이 있다. 제갈량이 한 말로「편의십륙책便宜十六策」에 나와 있다. 관직에 맞춰 가장 적합한 사람을 등용하면 나라가 잘 다스려지고, 특정한 인물을 위해 불필요한 관직을 설치하면 사회가 혼란에 빠진다는 뜻이다. 당태종 역시 이와 같은 말을 했고 이 말을 실행하려고 한 것이었다.

그가 생각하는 인재등용은 재능이 있고 없음에 달린 것이지, 다른 무엇이 아니라고 보았다. 그렇다고 그가 오래 사귄 사람을 단번에 잊은 것은 아니며, 다만 안면이 있다는 이유로 함부로 채용할 수 없다는 입장이었다. 재능을 살피지 않고 불평과 원망에만 신경 쓴다면 공정할 수 없다.

태공망은 공을 세운 업적이 탁월해서 그 명성이 이웃나라에까지 들리고, 백성들이 가까이 하고 싶어 하고, 세상을 다스리는 밝은 지혜가 있으며, 앞사람의 위대한 업적을 본받고 위로는 천문에 밝고 아래로는 지리를 알며, 천하의 백성들이 모두 자신의 가족 같다면 이는 영웅의 통솔자이며 천하의 주인이라고 했다. 당태종도 그 반열에 오를 수 있지 않을까 싶다.

05

인적자본관리 책임자에게 요구되는 역할과 책임

지인, 먼저 사람을 알아야 한다

우리 속담에 '열 길 물속은 알아도 한 길 사람 속은 모른다'는 말이 있다. 이는 사람의 마음은 측량하기 어렵다는 의미로 쓰인다. 지인知人, 사람을 알면 적절하게 중용할 수 있으므로 사람을 안다는 것은 사람을 쓰기 위한 기본조건을 갖췄다는 것이다.

『논어論語』「학이」편에서 공자孔子는 '남이 자신을 알아주지 못함을 근심하지 말고, 내가 남을 제대로 알지 못함을 걱정해야 한다'고 말했다. 공자는 '지인'의 중요성을 강조했는데 「안연」 편에서도 찾아볼 수 있다.

번지樊遲가 인仁에 관해서 묻자, 공자는 사람을 사랑하는 것이라 했다. 지혜로운 것에 대하여 묻자 사람을 알아보는 것이라 했다. 번지가 그 뜻을 알아듣지 못하자 공자는 곧은 사람을 등용하여 굽은 사람들 위에 놓으면 못된 사람들을 곧게 만들 수 있다고 했다. 번지가 그 뜻을 이해 못하고 자하子夏에게 묻자, 자하는 순舜 임금이 천하를 다스리며 인재를 선발할 때 고요皐陶를 등용하니 불인不仁한 자들이 멀리 물러나 버렸고, 탕湯 임금이 천하를 다스리며 이윤伊尹을 등용하니 불인한 자들이 멀리 물러나 버렸다는 넓은 뜻을 담고 있다고 말했다. 공자는 사람을 안다는 것은 곧 적절한 인재를 등용하는 일이라고 말하는 것이다.

『사기史記』「관중안영열전」에 나오는 일화를 살펴보자.

안영晏嬰은 춘추시대春秋時代 제齊나라의 명재상이었다. 안영은 재상이 된 후에도 밥상에는 고기반찬을 한 가지 이상 놓지 못하게 하였으며 첩에게 비단옷을 입지 못하게 하였다. 조정에 나가서 왕이 물으면 바르고 신중하게 대답하고, 묻지 않을 때는 몸가짐을 신중하게 하였다. 왕이 나라를 올바르게 다스리면 그 명령에 따랐지만 바르지 않을 때에는 따르지 않았다. 이로 인하여 영공靈公·장공莊公·경공景公 삼대에 걸쳐 제후들 사이에서 이름을 떨쳤다.

어느 날 길을 가던 안영은 월석보越石父라는 어진 사람이 죄인의 몸이 되어 온몸이 오랏줄에 묶인 채 끌려가는 것을 보게 되었다. 안영은 자기 마차를 끄는 왼쪽 말을 풀어 월석보의 속죄금으로 내주고 그를 마차에 태워 집으로 데려왔다. 그런데 그날 이후 안영은 이런저런 바쁜 일 때문에 그에게 전혀 신경을 쓰지 못하고 있었다. 오랜만에 안영의 얼굴을 본 월석보는 안영에게 절교를 하겠다고 하였다. 안영은 깜짝 놀라 그 연유를 물었더니 월석보가 말했다.

"내 듣기로 군자는 자기를 알아주지 않는 자에게는 뜻을 굽히지만 자기를 알아주는 사람에게는 자기 뜻을 펼친다고 하더이다. 내가 죄인들 사이에 있을 때 포졸들은 나를 몰라주었으나, 공께서는 속죄금 내면서 나를 구해 주었으니 나를 안다는 뜻이지요. 하지만 나를 알면서도 무례하게 대한다면 차라리 죄인의 몸으로 돌아가는 편이 낫겠소이다."

이 말에 안영은 깨달은 바가 있어 두 말하지 않고 월석보를 큰 손님으로 대우하였다. 천하의 안영도 한순간 사람 대접을 소홀히 했다가 혼쭐이 난 것이었다. 사람을 안다는 것은 그만한 대우가 필요하다. 인재를 쓰는 일에 있어서도 단순히 인재임을 알아주는 것만으로 끝나서는 안 된다. 알아줬으면 그 사람을 대접하고 필요한 곳에 써야 한다. 자신을 알아주는 사람에게 뜻을 펼친다는 월석보의 말처럼 알았다면 써야 한다.

사람을 안다는 것은 인재를 알아본다는 의미이다. 인재가 인재를 알아보기도 한다. 한신韓信·소하蕭何·장량張良은 유방劉邦이 한나라를 세우는 데 결정적인 공을 세운 '한초삼걸漢初三傑'이라 불린다. 그중 한신은 당대 최고의 명장으로 열세에 몰려 있던 유방이 항우項羽를 꺾고 최후의 승자가 되게 했다. 그러나 한때 한신은 자신을 알아주지 않는 유방 때문에 도망을 쳤다. 그런 한신을 뒤쫓아 데려온 이가 바로 소하이다.

돌아온 두 사람에게 유방은 왜 굳이 한신을 뒤쫓았느냐고 묻자 소하는 장군감은 찾기 쉬워도 능력 있는 장군감은 찾기 힘들다며 한신은 천하에 둘도 없는 인재라고 했다. 만일 유방이 한중漢中에만 둥지를 틀고 있으려면 한신을 기용하지 않아도 무방하겠지만 천하를 얻으려면 한신 없이는 안 된다고 했다.

소하의 강력한 추천으로 한신은 대장군에 임명되었고, 유방이 항우를 물리치는 결정적인 전투는 거의 모두 한신이 지휘하게 되었다. 인재가 인재를 알아본다고 했는데, 진정으로 훌륭한 인재라면 자신보다 뛰어난 능력자를 사심 없이 추천할 줄도 알아야 한다. 인재라고 확신한다면 모든 방법을 동원해서라도 잡아야 하며 그에 걸맞은 대접을 해줘야 한다. 만일 소하가 한신을 데려오지 않았거나 유방에게 강력하게 추천하지 않았다면 역사는 다시 쓰였을지도 모른다. 사람을 안다는 것은 그 능력과 인품까지 알아본다는 뜻이다.

인재경영은 리더십의 첫 시작이다. 인재경영의 핵심은 사람을 아는 것과 사람을 아끼는 것이다. 인재난에 허덕이는 것은 제대로 된 인재를 보는 리더의 눈이 없기 때문이다. 인재를 알아보고, 선발하고, 육성시키는 리더의 노력이 부족한 것이다. 사람을 잘 알아보는 능력이 리더십의 시작이 아니겠는가.

용인, 사람을 쓸 줄 알아야 한다

"어진 사람은 자기가 일어서기 원하면 남을 먼저 일으켜 세우고, 자기가 성공하고자 하면 먼저 남이 성공하도록 돕는다."

〔仁者先難而後獲, 可謂仁矣.〕

『논어論語』「옹야」 편에 나오는 말이다. 진정한 성공이란 다른 사람을 성장하게 하고, 성공하게 하는 것임을 말하고 있다. 결국 사람을 제대로 쓸 줄 아는 리더의 할 일을 말한다. 리더의 능력은 용인用人, 즉 사람을 쓰는 능력으로 가늠할 수 있다. 천하쟁패를 다투었던 수천 년 전부터 지금에 이르기까지 사람을 쓸 줄 아는 자가 결국 천하를 얻었다.

특히 조조曹操는 사람을 쓸 줄 아는 능력이 있었다. 그는 인재를 구하는 '구현령求賢令'을 몇 차례 내려 그만의 인재중용 의지를 알렸다. 진효공秦孝公 때도 구현령을 내려 국적을 따지지 않고 인재를 등용했다. 그래서 진나라로 온 상앙商鞅과 이사李斯 등은 통일 대업의 실질적인 전기를 마련할 수 있었다. 조조 역시 구현령을 통해 후한시대 이후 분열의 시기를 수습하고자 했다.

"천하가 안정되지 않아 인재가 시급한 때이다. 지금은 재능이 있는지 없는지가 중요할 뿐이다. 이것저것 따지다 보면 정작 마땅히 쓸 인재가 없다. 만약 청렴한 선비를 등용의 기준으로 삼는다면 춘추시대의 제齊나라 환공桓公이 어떻게 패자가 될 수 있었겠는가. 주周나라를 도와 상商나라를 멸망시킨 강태공姜太公처럼 삼베옷 입고 맑은 꿈을 품고서 위수의 강가에서 낚시하는 사람이 없겠는가. 또 한나라 유방을 도왔던 진평陳平처럼 형수와 간통하고 뇌물을 받았지만 추천해준 위무지魏無知를 아직 만나지 못한 사람이 없겠는가. 그러므로 설혹 문제가 있는 사람이라도 오직 재능만 보고 추천하면 된다. 그리하여 나로 하여금 그런 사람을 쓸 수 있도록 하라."

조조의 구현령 마지막 부분은 '유재시거唯才是擧'로 신분이나 인품 등 모든 것을 따지지 않고 재능만 보겠다는 것이다. 조조가 예로 든 진평은 유방劉邦을 도와 한漢 왕조를 출범시킨 공을 세운 책략가였다. 그는 상대를 무너뜨리기 위해 이간책도 서슴지 않았는데, 항우項羽와 그의 대부인 범증范增의 사이를 갈라놓은 전략도 그에게서 나왔다. 결국 범증은 항우의 어리석음에 화가 치민 나머지 그를 떠나 낙향하다가 분통이 터져 죽고, 인재도 없이 용맹만 믿고 날뛰던 항우도 자멸했다.

유방은 원래 항우 밑에 있다가 투항한 전력이 있는데다 형수와 간통한 패륜아라는 소문이 따라다니는 진평을 좋게 보지 않았다. 하지만 유방은 그가 자신에 대해 해명할 수 있는 기회를 주었다. 그랬더니 진평은 항우가 공을 세운 자신을 죽이려 했으며, 유방이 사람을 아끼고 잘 쓴다고 해서 귀순했다고 한다. 그러면서 자기가 올린 책략이 쓸 만하다고 여기면 쓰시고 아니면 받은 황금을 돌려주고 떠나겠다고 했다. 유방은 진평의 해명을 흔쾌히 받아들이는 한편, 상을 내리고 특진까지 시켰다. 도덕보다 능력을 중시한다는 점에서 유방과 조조는 닮았다.

중국은 예로부터 덕치와 예치를 강조해왔고, 도덕으로써 모범을 보이면 백성들이 자연스럽게 감화되어 천하가 다스려진다고 여겨왔다. 법치를 강조하는 법가는 관리들의 청렴을 강조했다. 그런데도 조조는 유능한 인재를 선발하고 선점하기 위해 도덕성 문제는 뒤로 밀어두었다. 조조의 입장에서는 중원의 혼전 속에서 인재가 절실히 필요했다. 자신의 통치 구조를 만들어줄 인재가 필요했던 것이다.

허유許攸의 일은 '유재시거'를 잘 설명해주고 있다. 허유는 조조와 친구였지만 원소袁紹의 모사로 있었다. 허유는 원소 휘하의 세력다툼으로 자신의 비리가 드러날 것을 예상하고 군사기밀을 가지고 조조를 찾았다. 결국 허유 덕분에 조조는 관도대전에서 대승을 거두었고 이는 중원을 차지하는 데 밑거름이 되었다.

조조의 구현령에는 문벌의 타파라는 숨은 의지도 들어 있었다. 한나라의 혼란은 문벌에서 출발했다고 볼 수 있는데 두씨·공씨·동씨·원씨 등 몇몇 귀족들이 세력을 형성하여 그 문하에 들지 않으면 관직에 오를 수 없었다. 당시 관직에 오르려면 누군가 추천을 해야 하는데 자신의 가문 사람은 추천하지 못하게 했다. 그래서 이들은 서로 교차 추천하는 방식으로 관직을 독점하고 있었다. 조조는 구현령을 통해 원소 등으로 대표되는 권문세족의 영향력을 약화시키려 했고, 허례허식의 풍조를 바로잡으려 했다. 조조는 능력도 있고 많은 인재를 다스릴 그릇도 있었다.

인재를 모으려면 충분한 기개와 관용이 있어야 하는데 조조는 적장은 물론 자신의 원수까지도 포용했다.

정치적인 면이나 사람을 쓰는 데에 있어서 조조와 반대되는 인물이 유비劉備이다. 유비 스스로도 조조와 반대로 해서 일이 이루어졌다고 할 정도였다. 능력이 있다면 도덕성쯤이야 크게 문제될 것이 없다는 조조의 용인술과 달리 유비는 스스로 도덕성에 매달렸다. 조조의 정예 기병 5000명이 바짝 따라붙는 위기의 순간 속에서도 유비는 그를 따라 나선 백성들을 버리지 않았다. 큰일을 하려면 사람을 근본으로 삼아야 한다는 유비의 정치철학이 사람을 쓰는 데에도 고스란히 드러나는 것을 볼 수 있다.

한 번도 자신의 의지를 꺾지 않고 뜻을 세웠던 유비 곁에는 늘 인재가 많았다. 도원결의로 맺은 관우關羽와 장비張飛, 위대한 정치가 제갈량諸葛亮이 그를 보필했으며 명장 조운趙雲과 방통龐統이 재능을 바쳤다. 그는 일생에서 승리보다 패배가 많아 영웅의 축에 끼지 못할 수도 있었지만, 그에게는 능력이 출중한 인재들이 있었다. 그것으로 그는 충분히 영웅이라 할 수 있다. 리더에게 사람을 쓰는 능력은 그 어떤 능력보다 우위에 있다.

인재판별 능력을 갖춰라

안자晏子라고 부르는 안영晏嬰은 제齊나라 영공靈公·장공莊公·경공景公을 거치면서 관직이 재상에 해당하는 상국에까지 이르렀다. 그는 관중管仲 이후 제나라가 배출한 걸출한 재상의 한 사람으로 무려 57년 동안 제나라를 위해 충성을 다했다. 그는 아부를 모르는 강직한 성품으로 늘 군주의 면전에서 어진 정치를 펴고 형벌을 줄이며 세금을 가볍게 하라고 바른 소리를 했다. 안영을 존경했던 사마천司馬遷은 그가 살아있다면 마부가 되어도 좋다고 칭송할 정도였다.

안영의 언행을 기록한 『안자춘추晏子春秋』에 경공이 안영에게 나라를 잘 다스리고 백성을 잘 다스리려면 어떻게 해야 하는지 묻는 내용이 나온다. 안영은 현명하고 능력 있는 자들을 추천해 그들로 하여금 나라를 다스리게 하고, 인재를 널리 등용하여 백성들을 관리하게 하는 것이 가장 잘 다스리는 방법이며 그렇게 되면 백성들은 편안한 삶을 누릴 수 있다고 했다.

경공은 현명하고 능력 있는 자를 어떻게 알아 볼 수 있는지 물었다. 안영은 현명하고 능력이 있는 사람은 마치 주머니 속의 송곳처럼 그 재능을 감추지 않는다고 했다. 다만 경공이 평소 인재선발을 중시하지 않았기에 그러한 사람들을 알아보지 못한 것이라고 직언했다. 그러자 경공은 현명하고 능력 있는 자를 구하는 방법을 물었다. 안영은 인재를 판별하는 방법에 대해 알려주었다.

"먼저 인재들이 사귀는 방법을 관찰해야 하는데 그들의 언행, 습관, 취미를 분석해야 합니다. 눈에 보이는 감언이설이나 웅변술로 그 품행을 판단해선 안 되며, 타인의 평가나 평판에 기대어 재능의 높고 낮음을 가려서도 안 됩니다. 이렇게 선발한 인재들은 결코 허장성세를 부리지 않을 것이며, 자신의 진실한 속내를 감춘 채 군주의 총애를 받으려 하지도 않을 것입니다. 사람을 알기 위해서는 그가 통달하였을 때 무엇을 주장하고, 궁한 상태가 되었을 때 무엇을 거절하며, 부귀할 때 무엇을 반대하는가를 살펴야 합니다. 상 등급의 선비는 태도를 조심하고 신중히 판단해서 경솔하게 벼슬길에 오르지 않으며, 설사 벼슬길에 올랐다 하더라도 쉽게 물러납니다. 중 등급의 선비는 쉽게 벼슬길에 오르되 쉽게 물러나며, 자질이 낮은 자는 벼슬을 중시해 관직을 탐하며 물러나는 것을 싫어합니다. 그러므로 인재를 뽑을 때는 이러한 점들을 유의해야 합니다."

경공은 또 아첨을 잘하는 신하는 임금을 어떻게 모시는지 물었다. 안영은 임금이 그러한 자들을 물리친다면 그들은 접근하지 않을 것이라며 이렇게 말했다.

"아첨을 잘하는 자들은 자신들의 말솜씨로 자신을 미화하며 사심이 없다고 거짓말을 합니다. 그들은 다른 사람에게 아첨하기 위해 스스로의 욕심을 억제하면서 자신이 임금의 총애를 받고 있음을 과시하기도 합니다. 그리고 임금의 기호에 맞추려고 애쓰며, 임금의 측근 신하들과 결탁하여 꿍꿍이를 꾸미기도 합니다. 그들의 마음속엔 오로지 관직과 봉록의 높고 낮음만 있지, 겉으로는 아닌 듯 언행을 하며 자신의 자세를 낮추어 임금의 측근에게 아부하고 공정한 척합니다. 그들은 임금이 자신들의 의견을 수렴하기를 바라는데, 나라와 백성을 다스리기 위한 것이 아니라 개인의 권력을 얻을 목적에서 나온 것입니다. 이 목적에 도달하기 위해서 일부러 부귀공명에 전혀 관심이 없는 체하지만, 실제로는 더 큰 실속을 차리고자 하는 것입니다. 자신들의 뜻하는 바가 이루어지지 않으면 사직하는 방법까지 쓰는데, 그것 역시 더 중요관직에 오르기 위한 술수입니다. 그들은 이익을 추구하되 베풀기는 싫어하고, 무리 짓기는 좋아하지만 옛 친구는 멀리하고, 다른 사람에게 베푸는 것을 꺼리며, 옛 친구가 가난하면 상종하지 않되, 오직 자신의 이익을 위해서만 앞을 다툽니다. 그들은 교제를 통해서 자신의 지위를 과시하며, 자신의 부유함을 자랑하면서 마치 그것으로 가난한 자들을 구제하러 온 체 행동합니다. 그들은 스스로 아무 일도 하지 않으면서 현실의 모든 일과 사람들을 평가하여 시비를 분분하게 일으킵니다. 그리고 재능이 있는 사람은 모함하고 재능이 없는 자는 혹평하며, 때로는 강경한 모습으로, 때로는 성실한 모습으로 자신의 말을 아주 교묘히 꾸밉니다. 그들의 목적은 임금에 대한 아첨인데, 이것이 바로 영합에 능한 자들의 상투적인 수법입니다. 어진 군주라면 이러한 자들을 꾸짖어 멀리 하지만, 사리에 어둡고 용렬한 군주는 이들에게 기대게 됩니다."

『안자춘추』에 진晉나라의 재상 숙향叔向이 올바른 선비와 사악한 선비의 처세에는 어떠한 차이가 있는지 물었더니 안영이 말했다.

"올바른 선비는 권력을 잡되 모든 사람에게 똑같이 대할 뿐 사사로운 정으로 감싸주지 않고, 항상 나라를 위해 일하면서 부귀영화를 누릴지라도 지나간 과거를 잊지 않습니다. 또 관직의 길이 순조로울 때는 임금을 도와서 백성의 바라는 바를 따르게 하고, 그와 반대의 상황일 때는 아랫사람들을 임금의 의사에 따르도록 교육합니다. 임금을 보좌하고 인의를 지킬 뿐, 개인의 지위나 봉록을 구하지 않습니다. 설사 등용되지 못하더라도 아무런 불평 없이 스스로 떠날 뿐, 정치에 대해서는 개의치 않습니다."

안영은 진정한 정치인의 표상을 이렇게 제시하며 덧붙여 말했다.

"현명한 자는 친구를 사귈 때에도 자신을 깨우쳐 의를 실천하되, 구차스럽게 가까이 지내려 하지 않습니다. 만약 자신이 추구하는 바와 같지 않으면 멀리하는 것을 주저치 않으며, 임금의 앞에서 다른 사람을 헐

뜬지 않으며, 백성을 각박하게 해서 자신의 지위를 높이려 하지 않습니다. 따라서 올바른 선비는 임금에게 등용이 되면 백성들은 안정된 생활을 할 수 있고 임금도 존경받게 됩니다. 또 이러한 이유로 올바른 선비가 민심을 얻어도 임금은 그의 마음을 의심하거나 억측하지 않으며, 그 또한 임금의 중용을 얻어도 인의에 어긋나는 일은 절대로 하지 않습니다. 이러한 사람들은 뜻을 얻어도 자신을 망치는 일이 없고 은퇴할 때도 위태롭지 않습니다."

안영의 말처럼 인물의 나아가고 물러나는 것을 보고도 인재를 판별할 수 있음을 알 수 있다. 또 안영은 올바른 선비와 달리 사악한 선비의 행실을 주의하라고 경고했다.

"사악한 선비는 임금의 신임을 얻으면 백성들을 학대하고, 지위가 낮아지면 불만을 품을 뿐 아니라, 반역하는 일까지 서슴지 않습니다. 임금을 섬김에도 승진과 재물을 탐하기 때문이지 절대로 충의의 마음에서 나온 것이 아닙니다. 또한 그들은 자신의 지위로 남을 누르려 하고 스스로 과시하길 좋아합니다. 이러한 사람은 임금에게 등용되지 못하면 불만을 품고서 요언을 날조하여 퍼뜨리고, 벗을 사귈 때도 진정한 마음을 주지 않고 경솔하게 다른 사람을 헐뜯습니다. 그래서 그들이 나랏일에 등용되면 백성들의 걱정거리가 되고, 지위가 낮아지면 임금의 통치에 위협이 됩니다. 그들이 임금 곁에 있으면 범죄를 모의하고, 그들과 친구를 하면 재난이 멀지 않으며, 그들이 관직에 나서면 치욕을 부르고 법령을 파괴하는 일만 저지르게 됩니다. 그러므로 이러한 것들을 살피면 사악한 선비들을 구분할 수 있습니다."

이것이 바로 안영이 인재를 가려내는 방법이다.

인재기용의 철칙

조직에서 인적자본을 관리함에 있어서는 그 조직만의 인재기용 철칙이 있을 것이다. 중국에는 고대로부터 전해 내려오는 인재기용의 철칙들이 있다. '의인불용疑人不用', 의심스러우면 기용하지 말라는 말이다. '용인불의用人不疑', 기용했으면 의심하지 말라는 말이다. 그리고 원수라도 필요하면 기용하라는 원칙도 있다. '외거불피구外擧不避仇, 내거불피친內擧不避親'으로 밖으로는 원수를 피하지 않고 안으로는 친척을 피하지 않는다는 뜻이다.

『한비자韓非子』「외저설좌하」편에 나오는 이야기를 살펴보자.

진晉나라 중모에 수령 자리가 공석이 되어 평공平公이 조무에게 의견을 물었다.

"중모는 진나라의 두 다리와 같이 믿는 곳이고, 한단은 어깨와 같이 소중한 땅이므로 훌륭한 수령을 배치하고자 하는데 누구를 적임자로 배치하면 좋겠는가?"

조무는 형백자가 적임자라고 했다. 평공은 그가 조무의 적이라는 것을 알고 어떻게 적인 그를 추천하는지 물었다. 조무는 사사로운 일을 조정에까지 끌어들일 생각은 없다고 말했다. 이번에는 평공이 재화를 관장하는 장관은 누가 좋겠는지 묻자 조무는 자기 아들을 추천했다.

한비자는 '이와 같이 정당한 추천이라면 설혹 원수라도 문제가 없으며, 가까운 자를 추천하는 데는 비록 제 자식이라도 상관이 없다. 조무는 인재 추천에 있어서 사사로운 감정을 개입시키지 않았다. 그가 46명이나 추천했는데, 그가 죽자 한 사람도 조문한 사람이 없었다. 이는 조무가 사사로운 은혜를 내세우지 않았기 때문이다'라고 덧붙였다.

이 일화의 뒤를 이어 평공은 숙향叔向에게 여러 신하 중에 누구를 현인이라 칭할 수 있는지 물었다. 그러자 그는 조무라고 망설이지 않고 말했다. 평공이 그가 자기 상관이어서 편을 드는 것이냐고 했더니 숙향이 말했다.

"조무는 서 있는 모양이 빈약하고 의복도 격식에 맞지 않고, 말을 잘하는 것도 아닙니다. 하지만 그가 추천한 많은 사람은 훌륭한 인재들로 열심히 일하고 있습니다. 그래서 조정에서는 그를 신뢰합니다. 조무는 평생 자기 자신을 위해 이익을 도모하지도 않았습니다. 그래서 저는 서슴없이 그를 현인이라고 말한 것입니다."

숙향은 조무야말로 인재기용이 철칙을 잘 지키는 사람이라는 것을 말하고 싶었던 것이다.

『한비자』에 나오는 진晉나라의 고위 관직에 있던 기해祁奚의 이야기다.

기해는 자신의 나이를 고려해서 도공悼公에게 은퇴를 요청했다. 도공이 후임을 추천하라고 하자 자신과 원수지간인 해호解狐를 추천했다. 그런데 임명을 앞두고 해호가 갑자기 병으로 세상을 떠나자 기해는 후임 추천에 자신의 아들인 기오祁午를 추천했다.

'좌전'에는 이 일을 두고 원수라고 모함하지 않고 추천하며, 이것저것 비교하지 않고 자식을 세웠으니 어느 쪽에도 치우치지 않았다 할 것이라고 했고, 사마천司馬遷은 '기해는 당파를 짓지 않고 공평했다. 외부에서 인재를 선발함에 원수라 해서 피하지 않고, 내부에서 인재를 선발함에 자기 아들이라 해서 피하지 않았다'고 평가했다.

『한비자』「외저설좌하」편에는 인재 추천에 관한 이야기도 나온다.

해호는 자기 원수를 간주에게 추천하여 재상에 오르게 했다. 재상이 된 원수는 해호가 자기를 용서해준 것으로 알고 고마운 마음에 인사를 드리러 갔더니 해호는 활을 쏘아 그를 추방하면서 말했다.

"너를 추천한 것은 공무상 그렇게 한 것이다. 네가 적임이라고 믿었기 때문이다. 너를 원수로 생각하는 것은 내 개인 문제이다. 물론 그러한 개인 문제가 있다고 해서 너를 추천하지 않을 수는 없는 것이다. 사사로운 원한을 조정에 끌어들이지 않겠다고 말한 것은 그 때문이다."

중국 역사에서 각 나라마다 자체 인재기용의 철칙을 세워두고 유능한 인재를 기용해 성공한 예는 아주 많다. 어떤 인물이 한 나라에 문제가 있다고 해서 다른 나라에서까지 문제 인물로 낙인을 찍지는 않았다. 각 나라의 인재 운용에 맞게 기용했다. 위문후魏文侯는 오기吳起에게 결함이 있었지만 능력이 뛰어나다는 것을 객관적으로 판단해 추천했고, 춘추시대 제환공齊桓公의 신하 포숙鮑叔은 제환공의 원수의 수하였던 관중管仲을 재상으로 추천했다. 그리고 당태종도 자신의 정적이었던 위징魏徵을 수하로 삼았다.

인사 철학을 가져라

"조정은 인재를 저장하는 창고이며, 모든 냇물이 바다로 모이는 것과 같이 수레에 싣고 말로 계량해야 할 만큼 많은 인재가 모여드는 곳입니다. 진실로 능히 이것을 잘 개발할 수 있다면 나라를 평화롭게 하지 못할 것이 없을 것입니다."

조선시대 학자였던 토정土亭 이지함李之菡이 올린 상소上疏이다. 곳곳에 있는 많은 인재를 적재적소에 써야 한다는 내용이다. 그는 '쥐를 잡아야 하는 자리에 호랑이를 데려다가 앉혀 놓거나, 사슴을 잡아야 하는 자리에 고양이를 데려다가 앉혀 놓으면 그들이 맡은 일을 제대로 할 수 없을 것'이라고 했다. 인재를 널리 구하여 적재적소에 배치하면 나라가 곧 부유해지고 평화로워질 것이라는 인사 철학을 가진 주장이다.

용인술에서 뛰어난 능력을 보였던 조조曹操는 신분과 형식에 얽매이지 않고 능력만 있다면 과감히 발탁해 적재적소에 배치하는 과감한 인재정책을 내세웠다. 조조는 인재를 가능한 포용하고 자기 사람으로 만들었다. 또한 적과 내통한 신하의 명단을 불태워 버리기도 했는데, 이는 명단을 공개하여 힘들게 모은 인재를 참할 수 없었기 때문이다.

조조의 이러한 인사 철학은 어디에서 비롯된 것일까. 그는 전장에서 한시도 책을 놓지 않았던 당대 최고 지식인이자 시인이었다. 또한 걸출한 군사가로서도 이름이 높았는데 조조가 주해한 손자병법 「위무주손자魏武註孫子」 13편이 있다. 그는 인재를 얻고, 인재를 쓰는 지혜가 있었기에 유비劉備와 손권孫權과의 무한경쟁에서 승자가 되었다. 리더란 많은 인재들이 자발적으로 목숨 바쳐 일하도록 만드는 사람이다.

공사를 엄격하게 구분하는 관중管仲의 인사 철학도 눈여겨볼 만하다. 그는 죽는 순간에도 그 원칙을 지키려 했다. 제환공桓公을 보필하면서 제나라를 최강국으로 키웠는데 그가 중병에 걸리자, 환공이 병문안을 와서 후계자를 논의했다. 환공은 그가 절친한 벗인 포숙鮑叔을 추천하리라 예상을 했는데 관중이 습붕隰朋을 추천하는 것이었다. 그러면서 포숙을 추천하지 않는 이유에 대해 성격이 너무 강직하고 고상하여 변통을 잘 모르기 때문이라고 했다. 한 나라의 재상은 도량이 넓어 원만해야 하는데 포숙의 강직한 성격으로는 어렵다는 것이다. 이 말을 전해들은 포숙은 자신이 사람을 잘 보았다고 흐뭇한 미소를 지었다고 한다.

인사가 만사라고 했듯이 사사로운 정보다 냉철한 판단력으로 인재를 볼 줄 알아야 한다. 정치의 요체要諦는 백성을 부유하게 하고, 백성을 가르치며, 신명神明을 공경하도록 하는 세 가지 일이 있는데, 그 중에서도 백성을 부유하게 하는 일이 으뜸이라고 했던 그의 인사 철학은 그의 저작『관자管子』에서도 찾아볼 수 있다.

세종世宗의 인사 철학은 세 가지 면으로 나누어 볼 수 있다.

첫 번째는 마음의 바탕을 살폈다. 자신보다 전체를 우선하려는 마음이 있는지 보았고, 끝마무리를 잘 하는지 살폈다. 두 번째로는 집현전과 성균관 같은 기관에서 집중적으로 인재를 기르는 것이다. 나무를 심고 길러서 큰 목재를 만들어야 집을 지을 수 있는 것처럼, 그 분야에 정통한 인재라야 크게 쓸 수 있다는 것이 세종의 생각이었다. 마지막으로 허물은 공적으로 덮는다는 것이다. 사람에게는 누구나 장단점이 있는데 훌륭한 지도자라면 단점보다는 그 사람의 장점을 발견하고 적합한 위치에 배치해 그 능력을 발휘하게 해야 한다고 여겼다.

"옥은 비록 바탕이 아름답지만 돌 속에 숨어 있어 뛰어난 기술을 가진 장인이 쪼고 갈지 않는다면 기와조각이나 돌덩이와 별다를 것이 없다. 만일 기술이 뛰어난 훌륭한 장인을 만난다면 그 옥은 만세토록 이어지는 보기 드문 보옥이 될 수 있다."

당태종唐太宗이 위징魏徵을 가리켜 한 말이다. 인적자본을 관리하는 주체라면 보옥을 만드는 탁월한 기술자가 되어야 한다. 그리고 그런 마음을 담은 철학이 바탕에 있어야 한다.

PART 2
탁월한 인재선발

평소에는 그가 친한 바를 살피고, 부유할 때는 그가 하는 일을 살피며,
출세했을 때는 그가 천거하는 바를 살피고,
궁지에 몰렸을 때는 그가 하지 않는 바를 살피며,
가난할 때는 그가 취하지 않는 바를 살핀다.
[이극]

人事人文學

01 역량과 역량모델

02 선발의 방법

03 역량평가

04 선발 적용 방안

01

역량과 역량모델

역량모델의 조건

조직에 있어서 인적자본은 경쟁력의 원천이 된다는 것을 앞에서 살펴보았다. 조직이 인적자본을 효과적으로 관리하고 조직성과를 높이기 위해서 핵심 역량모델을 필요로 하게 되었다. 역량Competency이란 성과를 달성하는 데 요구되는 개인이 보유하고 있는 지식·기술·태도를 행동으로 발휘하여 특정의 성과를 내는 것을 말한다. 역량모델은 조직의 모든 구성원에게 요구되는 공통기반역량과, 조직의 리더들에게 요구되는 리더십역량, 부서나 팀의 업무를 수행하는 데 요구되는 직무역량으로 구분되며, 이를 묶은 것을 역량모델이라고 한다.

"공이 없으면서 뽐내는 것은 하등이고, 공이 있어서 자랑하는 것이 중등이며, 공이 크지만 자랑하지 않는 것이 상등이다. 어리석으면서 이기기를 좋아하는 사람은 하등이고, 현명하지만 자기가 남보다 낫다고 자부하는 사람은 중등이며, 현명하지만 능히 겸양하는 사람은 상등이다. 자신에게 관대하고 남에게는 엄한 사람은 하등이고, 자신과 남에게 모두 엄한 사람은 중등이며, 자신에게는 엄하되 남에게는 관대한 사람은 상등이다."

유소의 『인물지人物志』에서는 인재의 등급을 상·중·하로 나누어 진정한 인재란 무엇인지 밝히고 있다. 상 등급의 인재가 되기 위해서는 공을 자랑하지 말라고 한다.

『논어論語』「옹야」편에 나오는 맹지반孟之反의 예를 보자.

"맹지반은 자랑을 하지 않는다. 전쟁에 패배하여 모두들 달아나는데, 그는 위험을 무릅쓰고 행렬의 맨 뒤에 남아 행렬을 보호하고 행군을 독려하다가 막 성문에 들어서려고 할 때에야 그의 말에 채찍질을 하면서 내가 감히 뒤처지려고 해서 남은 것이 아니라 말이 나아가지 않았기 때문이다."

〔孟之反不伐. 奔而殿, 將入門, 策其馬曰: '非敢後也, 馬不進也.〕

노魯나라 대부를 지낸 맹지반이 노 애공哀公 11년에 제齊나라와의 전쟁에서 패전하여 물러날 이야기다. 공자孔子는 겸손과 사양의 마음을 가진 그를 진정한 용사勇士라고 했다. 공이 있어도 자랑하지 않았으니 그는 상 등급의 인재라 할 수 있다.

『인물지』에서는 상 등급의 인재라면 이기기를 좋아하지 않는다고 했다. 소인배라면 이기기를 좋아하는 마음이 있다. 지는 것을 좋아하는 사람은 없을 테지만 상대를 꺾으려고 한다면 그 상대도 반발하게 된다는 것을 알아야 한다. 그런 마음이 자라나서 원망하는 마음이 생기고 결국 싸움이 시작된다.

『사기史記』「위기무안후열전」에는 한漢나라 초기 위기후魏其侯 두영竇嬰, 무안후武安侯 전분田蚡, 관부灌夫 세 사람의 이야기가 실려 있다.

두영과 전분은 사이가 좋지 않았는데 처음부터 나빴던 것은 아니었다. 둘 다 외척의 신분이다 보니 태후의 권세에 따라 그들의 처지도 달라졌던 것이다. 게다가 둘 사이에 관부가 끼어들면서 관계가 나빠지게 되었다. 세 사람은 서로 이기려 하다가 결국 모두 몰락의 파국으로 치달았다. 사마천司馬遷은 이에 대해 '두영과 전분은 모두 외척으로 존귀하게 되었다. 관부는 한 번의 모험으로 이름을 떨쳤다. 그러나 두영은 시운이 변하는 것을 알지 못했고, 관부는 학식이 없어 겸손을 배우지 못했다. 두 사람은 서로 도와가며 환란을 빚었다. 전분은 권세를 좋아했으나 술자리에서 사사로운 일을 모함해 자신의 수명을 당기고 말았다. 후에 사람들이 옹호하지 않으니 나쁜 말을 듣게 되었다. 슬프도다! 재앙은 반드시 그 근원이 있는 것이다'라고 마무리를 지었다.

『인물지』에서 상 등급의 인재가 되기 위해서는 자신에게 엄격하고 타인에게 관대하라고 한다. 군자는 자신에게는 엄격하지만 타인에게는 관용을 보이는 법이다.

'타면자건唾面自乾'이라는 말이 있다. 『십팔사략十八史略』에 나오는 말로, 남이 나의 얼굴에다 침을 뱉을 때 이를 바로 닦으면, 그 사람의 뜻을 거스르는 것이 되므로 저절로 마를 때까지 기다린다는 뜻이다. 이 말은 당唐나라 측천무후則天武后 재위 시 재상을 지냈던 루사덕婁師德의 이야기에서 나온다.

루사덕의 동생이 대주자사에 부임하러 갔을 때였다. 루사덕은 동생에게 형제가 출세하여 남의 시샘을 받는데 그것을 면하기 위해서는 어떤 처신을 해야 하는지 물었다.

"누군가 내 얼굴에 침을 뱉더라도 결코 상관하거나 화내지 않고 잠자코 닦겠습니다. 만사를 이런 식으로 사람을 응대하여 결코 형님에게 걱정이나 누를 끼치지 않도록 하겠습니다."

그런데 이 말을 들은 루사덕은 오히려 고개를 흔들며 말했다.

"그것이 바로 내가 염려하는 바다. 만약 누군가 네게 침을 뱉는다면 그것은 네게 뭔가 크게 화가 났기 때문일 것이다. 그런데 네가 바로 그 자리에서 침을 닦아버린다면 상대의 기분을 거스르게 되어 그는 틀림없이 더 크게 화를 내게 될 것이다. 침 같은 것은 닦지 않아도 그냥 두면 자연히 마르게 되니, 그런 때는 웃으며 그냥 견뎌라."

누군가가 자신의 얼굴에 침을 뱉었는데 그것을 참아내기는 결코 쉽지 않다. 그런데도 웃으며 견디는 것은 보통의 수양에서 나오는 것이 아니다. 아무리 무례한 일을 당해도 그 자세에 흔들림이 없이 항상 똑같았던 루사덕의 성품이 그대로 드러나는 말이다.

『인물지』에서는 겸양의 미덕을 발휘하는 사람을 상 등급의 인재라고 보았다.

"군자는 굽힘으로써 펼칠 수 있음을 알기에, 욕됨을 삼키고 발설하지 않는다. 또 낮추고 양보함으로써 결국 상대를 이길 수 있다는 것을 알기에 상대보다 아래로 자신을 낮추기를 망설이지 않는다. 끝내는 화가 복이 되고, 원수에게 굴복하여 오히려 친구가 되며, 원한을 후손에게 연장시키지 않아서 그 아름다운 이름이 무궁토록 선양한다."

또한 공을 이룬 후에는 물러날 줄 알아야 한다고 했다. 공을 이루고 이름을 떨치고 나면 깨끗이 물러앉아 후진들에게 길을 양보하는 것이

미덕이다. 떠나야 할 때가 언제인가 알고 물러나는 사람이 아름답다고 하지 않는가.

범저范雎는 춘추전국시대 위魏나라에서 억울한 누명을 쓰고 죽을 고비를 넘어서 도망쳐 나와 진나라로 들어가 재상이 되었다. 왕의 신임이 두터워 권세를 떨치고 있었지만 자기가 천거한 부하가 실수를 저질러 마음이 편치 않았다. 마침 그때 채택蔡澤을 만나게 되었는데, 채택이 그에게 물러남의 지혜를 터득하기를 권했다. 범저는 채택을 후임으로 추천하고 물러나서 은둔하며 살다 생을 마쳤다. 채택 역시 재상의 자리에 올라 주周나라를 멸망시켜 천하통일의 기반을 굳히는 공을 세웠다. 그러나 자기를 비판하는 자가 있다는 말이 들리자, 범저가 그랬듯이 아무 미련도 없이 재상의 지위를 버리고 낙향하여 안온한 여생을 보냈다.

"자랑하지 않는 것이 자랑하는 것이고, 명리를 다투지 않는 것이 명리를 얻는 것이다. 상대에게 양보하는 자가 이기고, 상대보다 낮추는 자가 결국 상대 위에 오른다. 군자가 다투는 길의 험난함을 마음 깊이 알아서 홀로 현묘한 길에 높이 오르면, 광채가 빛나고 날로 새로워져 덕성이 성인의 반열에 오를 것이다."

『인물지』의 마지막을 장식하는 말이다. 진정한 인재는 단지 재능과 능력이 뛰어난 사람이 아니라 원만한 대인관계를 통해 조직을 화합으로 이끌 줄 아는 사람이다.

시대가 원하는 역량모델

조선시대의 표본이 되었던 인재상이 현대에 와서도 표본이 될 수는 없다. 그렇듯이 시대마다 요구되는 인재상은 다를 수밖에 없다. 중국 역사에서도 각각 시대마다 원하는 인재가 달랐다. 중국 역사에서 정치적 기반이 되었던 학문을 살펴보면 공자孔子와 맹자孟子는 덕을, 상앙商鞅과 한비자韓非子 그리고 이사李斯는 법을 치국의 도리로 삼았다. 소진蘇秦과 장의張儀는 합종연횡의 외교술을, 노자老子와 장자莊子는 무위와 작은 나라를 정치적 이상으로 삼았고, 묵자墨子는 겸애와 전쟁 반대를 실천하며 살았다. 이러한 학문적 바탕 위에 자신이 추구하는 정치적 방안을 군주에게 유세하여 관직을 얻고 천하의 일을 관장하였다.

중국의 대표되는 사상이 유교이기 때문에 전 역사를 유교가 지배했을 것 같지만 그렇지 않다. 덕德·법法·술術이라는 일종의 통치방식은 춘추전국시대를 거치면서 왕도와 패도 논쟁, 덕치와 법치논쟁 등을 통해 정립된 이론이다. 중국 역사에서는 리더의 편향에 따라 덕·법·술이 유기적으로 사용되었다.

춘추전국시대에는 각각의 제후국이 자신의 땅을 넓히기 위해 고군분투하던 시기라 덕치보다는 법과 술을 치국의 도로 삼았던 이들이 등용되었고, 공자나 맹자는 등용되기 힘들었다. 공자는 오히려 사후에 더 알려지게 되었다.

사마천司馬遷의 『사기史記』「맹자, 순경 열전」에는 그 시대를 살았던 많은 인재가 등장한다. 특히 맹자는 공자의 제자인 자사子思에게서 유학을 배웠는데, 학문에 통달하자 제齊나라 선왕宣王에게 유세를 펼쳤으나 등용되지 못했다. 양혜왕梁惠王에게도 유세했지만 역시 등용되지 못했다. 혜왕은 맹자의 말이 현실과 동떨어져 시대 상황과 맞지 않는다고 여겼다.

당시 진秦나라에서는 상앙商鞅을 등용하여 부국강병에 힘썼고, 초楚나라와 위魏나라는 오기吳起를 등용하여 주변 나라들을 제압하였으며 제나라 위왕威王과 선왕은 손빈孫臏과 전기田忌를 등용해 세력을 넓히고 있던 시기였다. 천하는 합종合縱과 연횡連衡이 대세였고, 적을 공격하고 정벌하는 것이 현명한 일이라 여기던 시대였다. 그런데 요임금과 순임금, 그리고 하夏·상商·주周 시대의 덕으로 천하를 다스려 태평했던 시대에 대해 말하는 맹자의 이야기에 관심을 가질 나라가 없었다. 맹자는 벼슬을 포기하고 공자의 뜻을 저술해 맹자 7편을 펴냈는데 그 뒤로 맹자를 추종하는 이들이 늘어났다. 공자와 맹자로 대표되는 유가사상은 춘추전국시대에는 크게 채택이 되지 않았지만 가장 오랫동안 중국을 대표하는 철학 사상이 되었다.

흥미로운 사실은 천하가 안정된 시기에는 법이나 술보다는 덕치가 이상적 모델로 떠올랐다는 것이다. 특히 진나라의 가혹한 법은 폐해로 나타나 한漢나라가 등장하게 되었으며, 한나라는 유교를 국교로 정했다. 하지만 현실에서 덕치가 이루어지지는 않았다. 덕치는 통치 명분에 지나지 않았고 실제로는 법과 술이 함께 쓰였다.

한나라 유방劉邦은 우수한 인재들을 적극적으로 등용하여 튼튼한 기반시설을 마련하였다. 해하전투에서 항우項羽가 자결하고 유방의 한나라가 승리함으로써 중국대륙은 한나라에 의해서 통일이 되었다. 유방은 탁월한 인재관리 능력을 기반으로 최고 통치자의 자리에까지 오를 수 있었다. 이 시기의 인재들은 한신韓信·소하蕭何·장량張良을 비롯해 진평陳平·육가陸賈·가의賈誼 등이 있었다. 특히 육가와 가의는 덕치를 주장하는 인물들이었다. 전한의 시대가 가고 뒤를 이은 후한後漢에서도 광무제光武帝 주위에 뛰어난 인재들이 많았다. 광무제가 유방과 다른 것은 스스로 유학의 이념을 따른 것이었다. 전한이 진秦을 무너뜨리는 것을 기치로 세웠다면, 후한은 전한을 계승하는 데 있어 유학이 더 필요했던 것이다. 성격이 다른 세 리더와 그들이 이루어낸 위魏·촉蜀·오吳의 삼국시대가 도래하여 덕·법·술이 고루 요구되었다.

삼국의 리더 성향은 확연히 달랐을 뿐만 아니라 인사의 스타일도 확연히 달랐다.

유비劉備의 경우 정情으로 뭉쳐진 작은 조직에서 출발했다. 관우關羽·장비張飛는 물론이고 조운趙雲·방통龐統·법정法正 등 누구 하나라도 정을 바탕으로 하지 않은 관계가 없을 정도였다. 유비가 조조曹操에게 쫓겨 번성을 떠날 때 유비를 따르는 백성들이 10만 정도가 되었다고 하니 이 역시 정이 바탕이 되었다고 볼 수 있다. 유비의 인재 중 최고였던 제갈량諸葛亮 역시 인재 선택기준이 의로움과 청렴이었으니 촉의 경우에는 덕이 바탕이 되었다고 하겠다.

조조의 경우는 앞에서도 언급했듯이 능력 위주의 인사였다. 삼국 중 가장 큰 나라를 다스리고 있어서 그런지 인사 스케일도 그와 같았다. 조조는 능력만 있으면 쓴다는 '구현령'으로 당시 문벌 사족이 지배하던 관리 등용의 관습을 깼던 것이다.

손권孫權의 경우 실속을 바탕으로 한 인사였다. 손권은 지리적 제약 때문에 실리외교를 펼친 만큼 실속파들을 등용했다. 특히 손권은 수성의 전략을 쓰면서 그에 맞는 노숙魯肅·여몽呂蒙·육손陸遜 같은 인물을 등용했다.

삼국시대가 끝나고 위진남북조魏晉南北朝 시대가 오면서 각 나라의 인사는 편협했다. 리더들은 자신과 유사한 인재들만 등용했고, 잘못된 인사로 비극을 만드는 일도 많았다. 더군다나 인재들의 종족이 바뀌면서 인사에 있어서는 혼란스러운 시대였다. 위진 남북조의 분열의 시대를 지나 통일 왕조를 세운 수隋나라는 고구려 침략과 대운하 건설로 3대를 넘기지 못했다. 그나마 치세가 대단했던 수문제隋文帝는 과거제도라는 획기적인 인재등용의 제도를 마련했다. 그러나 수양제隋煬帝의 폭정으로 수나라의 많은 인재가 당唐나라로 넘어가게 되었다. 정관의 치를 보여준 당태종唐太宗은 원칙을 준수하는 인재를 선호했다.

송宋나라에 이르러서는 중앙집권 체제의 확립으로 무인 세력을 억제하고 문인 정치를 채택하는 정책을 추진하여 문인을 이상적인 인재상으로 꼽았다. 글을 잘 쓰고 말을 잘하는 사람이 인재로 대접받았다. 따라서 많은 문인학자가 정치에 참여하여 나름대로의 부국강병책을 제시하였다. 반면 송을 멸망시킨 몽골족은 유자들을 멀리 했다. 원元나라는 자국인 제일주의라는 이념을 가지고 있었기 때문에 몽골인-색목인-화북인-남송인의 계급 순으로 구성된 신분제도를 실시했는데 민족 차별정책이 극심했다.

명明나라의 경우 황실 중심으로 끌어가다 보니 영웅의 출현 자체를 인정하지 않았다. 명나라 초기를 관장한 홍무제洪武帝와 영락제永樂帝는 유례없는 독재적인 공포정치를 실시했기 때문에 이후 명나라의 정치도 동일한 흐름을 가지게 되었다. 황제의 분노를 사면, 그때까지 권세를 부리지 않던 고위 신하도 즉시 죽음을 내리는 일이 허다했다. 명나라의 관리는 항상 주살誅殺의 위협에 시달렸다. 그들은 아침에 가족과 물을 마신 후 죽음을 각오하고 출사한 뒤 저녁에 돌아와 다시 가족과 만나는 것을 매우 기뻐했다고 알려질 정도였다. 명나라의 정치는 황제의 명령에 모든 것이 달려 있어 명군의 시기에는 과감한 선정이 베풀어졌으나, 암군의 시기에는 눈뜨고는 볼 수 없는 비참한 상황이 되었다. 명나라는 명군의 치세는 짧았고 암군의 치세는 길었다.

오히려 중원을 정복한 청淸나라의 인사가 배포가 클 정도였다. '강희제康熙帝 – 옹정제雍正帝 – 건륭제乾隆帝'로 이어지는 133년간의 태평성대인 '강건성세' 시대를 처음 열었던 강희제는 세상에는 수많은 인재가 있지만, 그 인재를 제대로 알아보고 적재적소에 쓰기 위해서는 인재를 알아보는 눈이 있어야 한다고 강조했다. 그래서 그는 다양한 지식과 안목 그리고 폭넓은 사유를 통해 한족과 만주족은 물론이고 서양의 선교사 출신 중에서도 인재를 발굴해 측근에 두고 재주를 펼치게 했다.

이처럼 시대도 변하고 조직도 변하듯이 시대마다 원하는 인재도 달라질 수밖에 없다. 그렇다면 지금 시대가 원하는 인재상은 어떤 모습일까.

현명한 역량모델을 찾아라

『육도六韜』에서 문왕文王은 태공망太公望에게 군주가 현명한 사람을 추천하려고 힘쓰는데도 효과를 거두지 못하고 세상이 어지러워지는 이유에 대해 물었다. 이에 태공망은 '아무리 현명한 사람을 추천한다 해도 제대로 쓰지 못하면 이름만 있을 뿐 효과가 없다'고 했다. 그 까닭은 군주에게 있다고 했는데, 군주가 세간에서 칭찬하는 자만을 좋아하여 등용할 뿐 참으로 현명한 사람을 찾지 못한 데 있기 때문이라는 것이다.

군주가 세상 사람들이 칭찬하는 자를 현명한 사람이라 여기고, 세상 사람들이 나쁘게 말하는 자를 어리석은 인물이라고 여긴다면 어떻게 되겠는가. 그러면 다수 집단은 등용되고 소수 집단은 물러나게 될 것이다. 결과적으로 뭇 간신들이 무리를 지어 현명한 인물을 가려 버리게 된다. 그런 상황이 된다면 충신은 죄 없이 죽게 되고, 간신은 속임수로 칭찬을 조장하여 벼슬을 얻는 상황이 펼쳐지게 된다. 결국 세상은 점점 더 어지러워지고, 나라는 위험한 지경에 빠지게 돼 멸망하게 되는 이치라고 했다.

'삼인성호三人成虎'라는 말이 있다. 『한비자韓非子』「내저설內儲說」편과 『전국책戰國策』「위책 혜왕魏策 惠王」편에 실려 있다.

전국시대 위魏 혜왕惠王은 조趙나라와 강화를 맺는 증표로 태자를 조나라에 볼모로 보내게 되었다. 그리고 태자를 보좌할 신하로 방총龐葱을 함께 보내기로 했다. 조나라로 떠나기 전 방총은 혜왕에게 어떤 사람이 저잣거리에 호랑이가 나타났다고 하면 믿을 것인지 물었다. 왕은 믿지 않겠다고 했다. 방총은 만일 또 한 사람이 같은 말을 하면 믿겠는지 묻자 이번에도 왕은 믿지 않을 것이라 했다. 방총은 세 번째 사람이 똑같은 말을 아뢰면 그때도 믿지 않을 것인지 물었다. 왕은 그때는 믿을 것이라 했다. 방총은 저잣거리에 호랑이가 나타날 수 없다는 것은 삼척동자도 다 알지만 여러 명이 말을 하면 없는 호랑이도 만들어낸다고 말했다. 방총은 자신이 조나라에 가고 없을 때 누군가 자신을 비방해 여럿이 나서면 결국 왕도 자신을 믿지 않을 것이라고 걱정스럽게 말했다. 왕은 절대 그럴 리 없다고 장담하듯 말했지만 자기도 모르게 방총을 비방하는 사람들의 말을 믿게 되었다. 결국 방총은 돌아올 수 없는 신세가 되고 말았다.

태공망이 말하는 것도 군주가 중심을 잡지 못하고 여럿이 하는 말에 현명한 인물을 알아보지 못하는 잘못을 저지르지 말라는 것이다. 태공망은 현명한 인물을 등용하려면 장수와 재상의 직분을 나누고, 벼슬자리의 임무에 따라 딱 맞는 적임자를 등용하고, 벼슬자리의 임무에 맞는 실적을 쌓도록 감독해야 한다고 했다. 그리고 인재를 선발하고 재능을 살펴보아, 실적이 임무에 걸맞게 하고 임무가 실적에 합당하도록 한다면, 현명한 인물을 등용하는 길을 찾게 될 것이라 했다.

무왕武王이 태공망에게 많은 사람 가운데 총명하고 권모술수에 뛰어난 인재를 어떻게 알 수 있는지 물었다. 태공망은 사람의 겉모습과 속내가 딱 들어맞지 못하는 경우가 열다섯 가지가 있다고 했다.

첫째, 겉모습은 근엄하고 현명해 보이지만 속내가 어리석은 경우

둘째, 겉모습은 온화하고 착해 보이지만 속내는 훔치기를 좋아하는 경우

셋째, 겉모습은 공손하고 예의바른 것처럼 보이지만 속내는 게으른 경우

넷째, 겉모습은 청렴하고 조심스러워 보이지만 속내는 전혀 공손하거나 예의바르지 못한 경우

다섯째, 겉모습은 매우 자상하고 찬찬해 보이지만 속내는 전혀 참되지 않은 경우

여섯째, 겉으로는 진실하고 듬직해 보이지만 속으로는 참되지 못한 경우

일곱째, 겉으로는 꾀가 있는 것처럼 보이지만 속으로 결단력이 결핍된 경우

여덟째, 겉보기에는 과감한 것처럼 보이지만 속으로는 무능한 경우

아홉째, 겉보기에는 성실해 보이지만 속으로는 미덥지 못한 경우

열째, 겉보기에는 흐리멍덩하고 애매해 보이면서도 속내는 도리어 충실한 경우

열한째, 겉으로는 과격하고 허튼 소리를 해대는데 속으로는 실속이 있는 경우

열두째, 겉보기에는 용감해 보이지만 실은 겁쟁이인 경우

열셋째, 겉으로는 삼가고 엄숙해 보이지만 속으로는 사람을 깔보는 경우

열넷째, 겉으로는 사납고 가혹하게 보이지만 속으로는 침착하고 성실을 다하는 경우

열다섯째, 겉으로는 위세나 풍채가 매우 허약해 보이지만 일단 임무를 맡고 나라 밖으로 나가면 어느 곳이든 거침없이 나가고 무슨 일이든 완수하지 못하는 일이 없는 경우

모든 사람이 대수롭지 않게 여기며 푸대접하는 사람을 성인만은 도리어 속내를 꿰뚫어보고 귀하게 높여서 쓰는 경우가 있다. 대부분 겉과 속이 다른 사람을 보통 사람이 알기는 어렵다. 크고 뛰어난 지혜를 가진 것이 아니라면 그 경계를 올바르게 가려 볼 수가 없다는 것이다. 통찰력을 가지지 못한 리더라면 파악하기 힘들 수밖에 없다. 그럼에도 겉과 속이 다른 것을 아는 데에는 여덟 가지 방법이 있다고 했다.

첫째, 말로 질문을 던져서 대답이 얼마나 자세한지 살펴본다.

둘째, 집요하게 토론하며 몰아붙여서 몰리는 상황에서 어떻게 임기응변하는지, 그 기지를 살펴본다.

셋째, 아무도 모르게 염탐꾼을 붙여서 혼자 있을 때 얼마나 성실한지를 살펴본다.

넷째, 숨김없이 분명하게 드러내놓고 곧바로 물음을 던져서 덕행을 살펴본다.

다섯째, 재물을 맡겨서 얼마나 청렴한지를 살펴본다.

여섯째, 아름다운 미녀를 안겨주어 얼마나 올곧은지를 살펴본다.

일곱째, 재난이 일어났다고 알려주고 얼마나 용기가 있는지를 살펴본다.

여덟째, 술에 취하게 하여 취중의 태도를 살펴본다.

이상의 여덟 가지 방법으로 찬찬히 관찰해보면 그 사람이 현명한 사람인지 어리석은 사람인지를 확실하게 가려 볼 수 있다.

이렇듯이 현명한 역량모델을 찾기란 쉬운 일이 아니다. 또한 현명한 인재를 얻으려면 남의 말만 듣고 판단할 것이 아니라 다각도로 가려보아서 판단해야 할 것이다.

역량을 조직화하라

역량을 조직화한다는 것은 리더가 조직을 이끌어나가는 데 필요한 힘을 만드는 것이다. 그 힘이란 인재를 얼마나 보유하고 있는지, 그리고 인재를 얼마나 끌어올 수 있는가로 판단할 수 있다. 그동안 역사를 통해 살펴보면 한 나라를 창업하려면, 그만한 역량을 조직해야 함을 알 수 있다. 역량이 부족했을 때 창업은 실패로 돌아갈 수밖에 없었다. 나라의 창업과 같은 거대한 규모의 일이 아니더라도 권력을 추구한다면 반드시 역량을 조직화해야 한다.

유비劉備의 경우 도원결의와 삼고초려로 자신의 역량을 조직화했는데, 그것이 핵심역량의 구성이라고 볼 수 있다. 이러한 역량으로 미약했던 유비가 천하삼분지계의 한 부분을 담당하게 된 것이다. 또한 오吳의 손권孫權과도 동맹을 맺을 수 있었다. 유비 입장에서는 자신의 역량을 확장하기 위해 동맹자를 찾은 것이었다. 손권이 유비를 무시할 수 없었던 것은 대중적인 지지와 인재들 때문이었다. 적벽대전 이후 유비의 역량은 더욱 성장했고, 그를 향한 지지로 인재들이 모여들었다. 문文에는 제갈량諸葛亮·방통龐統, 무武에는 관우關羽·장비張飛·조운趙雲이 있었으니 핵심적인 역량을 구성한 것이다. 미약했던 유비의 지난날과 달리 문무의 인재들을 갖추고 호시탐탐 강동을 위협하고 있어서 손권은 감히 어찌할 수가 없었다.

유비의 역량이 강화된 결정적인 계기는 제갈량을 중용하면서부터였다. 제갈량이 유비 진영에 합류하면서 천하삼분지계라는 전략을 가지고 온 것이다. 제갈량은 고부가가치를 올릴 수 있는 핵심역량이었다. 융중대에서의 천하삼분지계 전략으로 손권과 동맹을 하게 되었고 결국 적벽대전으로 이어졌다. 조조曹操는 적벽에서 패하고 군대를 이끌고 업으로 돌아갔고, 유비는 마침내 강남을 얻었다. 유비는 제갈량을 군사중랑장으로 임명해 영릉·계양·장사 세 군을 감독하게 하고 부세를 거두어 군비에 충당토록 했다고 『삼국지』에 기록되어 있다.

적벽대전 이후 유비에게는 관할할 지역이 생기면서 통치의 기반이 다져지게 되었다. 유비에게 강력한 물질적 기반과 후방보급을 보장해주는 인재와 영토가 생긴 것이다. 무엇보다 제갈량이라는 역량은 삼고초려로 전략계획을 제공했고, 설전군유舌戰群儒를 통해 손권과 연맹을 이끌어냈으며, 세 군을 관할함으로써 안정적인 물질기반을 확보하는 등 이 모든 일을 깔끔하게 수행할 수 있었다.

역량조직화란 핵심역량을 구성하고 서로 다른 역량의 협력과 조화, 적절한 배치와 운용을 말한다. 권력 운용의 어떠한 단계에서도 역량조직화는 절대 빠뜨릴 수 없는 과정이다.

역량조직화에 뛰어난 능력을 가진 이가 바로 한漢나라 유방劉邦이다. 그는 모든 역량을 잘 조직하여 자신의 이익에 맞게 쓰는 데 능했다. 장량張良·소하蕭何·한신韓信, 이 서한삼걸이 그를 황제의 보좌에 오르게 했다. 유방 역시 자신은 이 세 사람을 얻었기 때문에 천하를 얻었노라고 밝혔다. 유방처럼 핵심역량을 구성했다면 상대방의 역량을 이용하는 데도 능해야 한다.

『손자병법』「용간用間 편」에 다섯 가지 용간, 즉 첩자를 부리는 일에 관해 나온다.

"그러므로 간첩을 사용하는 데는 다섯이 있다. 인간因間, 내간內間, 반간反間, 사간死間, 생간生間이 있다. 오간을 모두 일으키면서도 그 움직이는 방법을 적이 알지 못하게 한다. 이를 신기, 즉 귀신의 벼리고기잡는 그물의 코를 꿰어 그물을 잡아당길 수 있게 한 동아줄라고 부르며 군주의 보배가 된다. 인간은 그 지방 사람을 간첩으로 사용하는 것이다. 내간은 그 나라의 관리를 사용하는 것이다. 반간은 그 적국의 간첩을 사용하는 것이다. 사간은 외부에 드러나게 거짓 일을 꾸며 우리나라에 들어온 간첩이 이를 알게 해 적에게 전하는 것이다. 생간은 적국에서 살아 돌아와 알리는 것을 말한다."

〔故用間有五, 有鄕間, 有內間, 有反間, 有死間, 有生間, 五間俱起, 莫知其道, 是謂神紀, 人君之寶也. 鄕間者, 因其鄕人而用之, 內間者, 因其官人而用之, 反間者, 因其敵間而用之. 死間者, 爲광事於外, 令吾聞知之, 而傳於敵間也. 生間者, 反報也.〕

유방은 위험을 무릅쓰고 흉노족을 공격하려 들었다가 흉노족 수령 묵돌선우冒頓單于의 40만 정예기병의 포위에 걸려들어 백등성에 칠일 낮밤을 갇혔다. 성 안에는 군량과 마초가 없고 성 밖에는 지원군이 없으니 그야말로 눈뜬 채로 사면초가의 궁지에 빠졌다. 이때 진평陳平이 비책 하나를 내놓았는데 묵돌 부인을 매수하여 남편과 이간질시키는 방법이었다. 모사들의 말을 잘 듣는 유방은 특사를 뽑아 거금과 미인도 한 폭을 들려주면서 묵돌 부인을 만나게 했다. 특사는 묵돌 부인에게 뇌물을 바치면서 한나라에는 미녀가 많아 묵돌선우에게 바치고자 하니 목전의 포위를 풀어달라고 부탁했다. 묵돌 부인은 한나라가 미녀들을 바치면 남편의 총애를 잃을까 두려웠다. 부인의 질투심을 유발한 계책이었는데, 결국 그녀는 남편에게 강력히 철군을 권했고 그 결과 포위는 곧 풀렸다.

이 일화를 통해 알 수 있듯이 간첩이라고 해서 결코 얕잡아볼 수는 없다. 이들은 상대방의 역량을 이용하기도 하고, 무너뜨리기도 하며 상황에 따라서 천군만마 못지않은 힘을 가질 수도 있다. 손자는 「용간」편 마지막에서 '오직 현명한 군주와 유능한 장수만이 지략이 뛰어난 자를 간첩으로 삼아 반드시 큰 공을 이룰 수 있다'라고 했다. 용간의 경우 나라를 일으킬 때 자주 사용되는 전술로, 상商나라의 이윤伊尹이나 주周나라의 강태공姜太公 역시 용간으로 하夏나라와 상나라를 흔들었다.

역량을 조직화한다는 것은 창업의 힘을 구축하는 것이기도 하며 수성의 제방을 쌓는 것이기도 하다. 이순신李舜臣 장군 역시 전략·전술·행정 등 핵심역량을 갖추고 전쟁에 임했기에 23전 23승을 이룰 수 있었다. 그는 물적 자원이 부족하더라도 구성원의 신뢰를 얻는 동시에 핵심역량을 갖춘 리더였기에 승전고를 울릴 수 있었다.

뛰어난 역량의 소유자들

리더에게 가장 뛰어난 역량은 인재를 쓰는 능력을 갖는 것이다. 역사를 통해 보더라도 위대한 업적을 남긴 이들은 모두 인재를 쓸 줄 아는 뛰어난 역량의 소유자들이었다. 혼자만의 역량으로 성공을 거둔 사람은 없다. 중국 역사에서 유방劉邦이나 유비劉備 등 많은 이가 자신의 수많은 결점을 다른 이의 역량을 빌려서 보완하고 결국 황제에까지 올랐다. 반면 개인의 능력으로 보자면 천하무적이랄 수 있는 항우項羽나 여포呂布 등은 주변 역량을 움직이지 못해 결국 참담한 실패를 맛보았다고 볼 수 있다.

『인물지人物志』에서는 문재文材와 무재武材가 남다르게 뛰어난 이들을 영웅英雄이라고 부른다. 총명한 사람을 영재英材라 하고, 담력이 다른 사람보다 뛰어난 사람을 웅재雄材라 하는데, 영웅이란 이 둘의 재능을 모두 갖춘 사람을 이른다.

한 사람에게는 영재와 웅재가 동등하지 않은데, 능력이 한쪽으로 치우친 인재들이 대부분으로 이들은 신하의 소임에 적합하다. 영재는 재상이 될 만하고 웅재는 장수가 될 만하다. 한 사람이 영재와 웅재를 모두 고루 갖추고 있으면 천하의 우두머리가 될 수 있다.

영재의 자질이 웅재의 자질보다 많은 것은 괜찮지만, 영재의 자질이 적어서는 안 된다고 한다. 영재의 자질이 적으면 지혜로운 자들이 떠나게 되는데 항우가 그랬다. 항우는 기력이 왕성하여 눈앞의 변화에는 능란하게 대처했지만 위기를 타개할 기이한 대책을 듣고도 수용하지 않았다. 그래서 싸움에서 이길 수 있었던 범증范增의 계책도 쓰지 않았다. 리더가 아랫사람의 진정한 계책을 품지 않으면 그들은 존재의 의미를 가지지 못한다. 그래서 진평陳平 같은 항우의 사람들이 모두 유방에게 귀순한 것이라 했다. 결국 영재의 자질이 부족해 인재를 품을 수 없었던 것이다. 반면 유방은 영재의 자질이 많은 까닭에 여러 웅재가 복종하였으며 그에게 귀순하였다. 그래서 진秦나라를 삼키고 초楚나라를 눌러서 한 나라로 천하를 통일할 수 있었던 것이다.

웅재는 웅재를 얻을 수 있지만 영재를 얻을 수는 없고, 영재는 영재를 얻을 수 있지만 웅재를 얻을 수 없다. 뛰어난 제갈량諸葛亮도 명장을 길러내지 못했던 것이 이런 이유라고 하겠다. 따라서 한 사람의 몸에 영재와 웅재의 자질을 모두 갖추고 있어야 마침내 영재와 웅재를 부릴 수 있으며 그런 능력으로 대업을 성취할 수 있다.

유방은 천하를 손에 넣고 싶었지만 그의 실력은 여러 모로 항우에 미치지 못했다. 하지만 그는 나름대로 원칙을 세웠다. 사람을 알아보고 적재적소에 잘 쓰는 것만으로도 충분히 경쟁력이 있다고 여겼다. 그는 오직 능력과 인품만을 보고 사람을 임용했고, 사람을 쓸 때는 그 장점만을 취하며 일단 사람을 쓰면 의심하지 않는다는 인재등용 철학으로 용맹하고 지모가 뛰어난 수많은 인재를 그의 휘하로 불러들였다. 그런 인재들이 있었기에 죽음의 고비를 넘어서 황제의 자리에 오를 수 있었다.

유비는 비록 리더의 위치에 있었지만 전투에 있어서는 관우關羽와 장비張飛만 못했고, 전술전략을 세우는 데 있어서는 제갈공명諸葛孔明만 못했다. 다만 그가 뛰어난 점은 오직 하나 인재들을 잘 쓰는 데 있었다.

조조曹操는 다재다능하고 카리스마 넘치는 리더십으로 전장에서 지휘하면서 휘하 장수를 아꼈고 인재를 목숨처럼 귀히 여겼다. 형식에 얽매이지 않고 사사로움에 연연하지 않는 그의 인재등용은 장료張遼·우금于禁·장합張郃·서황徐晃 등과 같은 훌륭한 인재들을 만들어냈다. 조조는 인재 기용의 중요성을 깊이 인식하고 있었다. 조조가 인재를 판단하는 기준은 오로지 '재능'이었다. 직무에 맞는 개인의 장점과 특징이 가장 중요한 것이지 그 외의 사람됨이나 직무와 직접적으로 관련 없는 단점은 문제되지 않는다는 입장이었다. 조조의 성공은 적절한 인재를 제때 기용한 데 크게 힘입었다.

당태종唐太宗이 위징魏徵이라는 인재를 알아보고 그를 자신의 수하로 삼음으로써 그를 빛나게 할 수 있었던 것 또한 리더의 역량인 것이다. 당태종에게서 위징은 떼려야 뗄 수 없는 존재였다. 태종은 위징을 자신의 거울로 삼을 만큼 아꼈고, 그의 끈질긴 간언을 모두 수용했다. 그런 당태종을 도와서 '정관의 치'를 이룬 사람도 또한 위징이었다. 리더가 뛰어난 역량을 소유하기 위해서는 그만한 노력과 배포가 필요하다.

02

선발의 방법

인재등용의 원칙을 가져라

인재를 등용하는 데 있어서 리더마다 각기 원칙으로 삼는 룰이 있다. 누구에게나 동일한 표준이 되는 인재등용 원칙은 없다. 리더와 그 리더가 이끄는 조직의 특성에 맞는 인재라면 되지 않겠는가. 그러므로 리더의 인재 철학에 따라 인재등용의 원칙에도 차이가 있다.

자주 비교가 되는 중국 삼국시대의 세 사람의 등용 원칙을 살펴보자. 조조曹操는 도덕성보다는 능력을 지닌 자를 우선시했고, 유비劉備는 윤리적 기준에 치우친 인사를 중용했고, 손권孫權은 용기에 치중된 인재를 등용했다. 나름대로 자기 정치 스타일에 맞는 인사로 치국까지는 됐지만, 천하를 다스리지는 못했다는 평이다. 천하의 인재들이 세 군데로 나뉘었으니 어느 하나가 큰 힘을 쓰기에는 부족한 게 당연했을 것이다.

당태종唐太宗 이세민李世民은 보다 배포가 큰 인재등용 원칙을 가지고 있었다. 과거 자신의 적을 도왔을 뿐만 아니라 황제의 잘못을 수시로 직간하는 위징魏徵을 발탁했다. 그는 『정관정요貞觀政要』에서 과거 군주들이 나라를 다스릴 때 법에 의한 통치는 혼란을 일시적으로 무마시킬 수 있었지만 쇠락의 길도 그만큼 빠르다는 사실을 인식했다. 그래서 인의와 신의로써 나라를 다스려야 국운이 융성하므로 덕망과 재능 있는 인재등용이 필요하다고 역설하였다.

청淸나라 강희제康熙帝는 인재등용에 있어서 민족적 편견을 버리고 국가의 부국강병과 백성의 편안함을 실천할 수 있는 인재를 발탁하려고 했다. 그래서 인재의 마음을 얻고〔籠絡人心〕, 덕과 재능을 조화시켜〔德才併顧〕 인재의 장점을 살리는 자리에 임명하는〔知人善任〕 원칙을 세웠다.

원元나라의 증선지曾先之가 지은 중국의 역사책 『십팔사략十八史略』에는 인재등용에 반드시 원칙으로 삼아야 할 것에 대해 나온다. 춘추전국시대 위魏나라 이극李克이 위문후魏文侯가 사람을 살피는 방법에 대해 물었다.

"평소에는 그가 친한 바를 살피고, 부유할 때는 그가 하는 일을 살피며, 출세했을 때는 그가 천거하는 바를 살피고, 궁지에 몰렸을 때는 그가 하지 않는 바를 살피며, 가난할 때는 그가 취하지 않는 바를 살핍니다."

이극은 이 다섯 가지 조건으로 인재를 고른다면 문제가 없을 거라고 답했다. 특히 출세했을 때 천거한 바를 살피라고 한 것은 임용권자가 지연, 학연을 따지고 개인적인 친분으로 자기 사람만을 고른다면 선택의 폭도 좁아지고 일의 효율성도 떨어지기 때문이라고 했다.

"위정자 자신이 올바르면 명령을 내리지 않아도 저절로 시행되고, 자신이 올바르지 않으면 명령을 내려도 시행되지 않는다."

〔其身正, 不令而行; 其身不正, 雖令不從.〕

『논어論語』「자로」 편에 나오는 말이다. 먼저 자신을 닦고 남을 다스려야 하는 '수기치인修己治人'의 자세를 말하고 있다.

『열국지』는 '아아, 자고로 흥하고 망한 나라를 살펴보아라. 모든 원인은 당시에 어진 신하를 등용했느냐, 아니면 간신을 등용했느냐에 따라 판가름이 났도다!'라고 끝을 맺고 있다. 이 구절에서 인재등용이 얼마나 중요한 것인지, 군주가 인재등용의 원칙을 가지고 있는지 생각하게 한다.

관자管子에 나오는 인재등용의 원칙에 대한 제환공齊桓公과 관중管仲의 대화를 살펴보자.

제나라 재상이었던 관중이 병으로 쓰러지자, 환공은 관중에게 다음 재상으로 누구를 등용하면 좋을지 세 사람에 대해 물었다. 그 처음이 역아易牙였다. 역아는 환공의 주방장인데, 환공이 세상의 모든 진귀한 음식을 먹어보았어도 사람고기를 못 먹어봤다고 말하자 자기 아들을 죽여 국을 끓여서 바친 사람이었다. 관중은 역아에 대해 '사람이 갖고 있는 정 중에 자식 사랑만큼 중한 것이 없습니다. 그 자식에게 그처럼 잔인하게 했는데 하물며 주군인들 어찌 잔인하게 대하지 않겠습니까?'라고 평했다. 관중이 인사원칙에서 인지상정을 강조한 것인데, 인지상정이란 사람이라면 누구나 가지는 보통의 인정을 말한다. 그런 기준에서 벗어난 사람은 피도 눈물도 없는 단호한 사람이라는 것이다.

다음으로 개방開方에 대해 물었다. 개방은 본래 천승국千乘國의 태자였으나 부모를 버리고 제나라에 몸을 바쳤던 인물이다. 그는 부모가 죽었을 때도 가보지 않았다고 한다. 관중은 개방에 대해 '사람의 정 중에는 부모 자식 간의 정 만한 것이 없습니다. 그 부모에게조차 잔인한 사람이 어찌 주군인들 잔인하게 대하지 않겠습니까? 또한 천승국의 군주가 되는 것은 누구나 바라는 것일진대 그 자리를 버리고 주군을 따른 것은 천승국보다 훨씬 큰 나라를 바라는 것이니 그를 가까이 두면 안 될 것입니다. 가까이 두신다면 틀림없이 나라를 어지럽힐 것입니다'라고 평했다. 자신의 명예와 실리를 위해 부모를 버리는 자는 인의가 없는 사람이다. 권력에 눈이 멀어 부모의 죽음에도 눈물 흘리지 않았다는 것이다.

마지막으로 수조竪刁에 대해 물었다. 수조는 원래 대단한 호색한이었는데, 환공의 환심을 사기 위해서 스스로 거세를 하고 환관이 된 인물이었다. 관중은 수조에 대해 '사람이 가지고 있는 정 중에 자기 몸에 대한 사상만큼 중요한 것이 없습니다. 그가 자신의 몸을 잔인하게 대했는데, 어찌 주군에겐들 잔인하게 대하지 않으리라고 생각하는 것입니까?'라고 평했다. 수조는 아부와 사리사욕을 위해 자신의 몸도 버릴 정도로 야비한 사람이었다. 한마디로 정의가 없는 사람이었다.

관중의 우려대로 환공이 죽고 나서 역아와 수조는 서로 손을 잡고 공자 무궤를 즉위시켰으며 이때 수많은 대신을 처형하였다. 궁 안에는 공자들 간의 권력투쟁이 계속되어 환공 시체는 침실에 그대로 방치되어 무궤가 즉위하고 나서야 입관이 되었다. 관중은 인재등용에 있어서 인정이 없는 사람, 인의가 없는 사람, 정의가 없는 사람은 피해야 한다는 것을 알려주었다. 이렇듯 리더가 인사에 관한 원칙이 제대로 서 있지 않으면 '인재人才'를 얻는 것이 아니라 '인재人災'를 겪게 된다.

사람을 외형으로 판단하지 마라

『정관정요貞觀政要』에는 당태종唐太宗이 당시 신하였던 위징魏徵·방현령房玄齡·두여회杜如晦 등과 담소를 나눈 내용이 담겨 있다.

태종은 두여회와의 담소에서 '품행에 대해서 알지 못하고 문장을 보고 인재를 선발했다가 나중에 그들의 진면목이 사악하게 드러나면 그때 징벌한다 하더라도 백성들은 이미 해악을 입은 후라는 것이 문제'라고 했다. 그런 점에서 선발된 인재들이 덕과 재능을 겸비한 우수한 인재라고 할 수 있겠냐고 물었다.

두여회는 한漢나라 때 인재선발 과정을 예로 들었다.

"한나라에서는 마을에서 덕행이 뛰어난 사람으로 주나 군의 관원으로부터 추천을 받은 연후에 선발하여 임용했기 때문에 인재들이 훌륭하다고 일컬어졌습니다. 그런데 당나라에서는 해마다 선발하는 인재가 수천 명이나 되었지만, 겉모습이 중후하고 언어가 화려하여 그들을 완전히 알 수가 없었습니다. 인재를 선발하는 관청에서 단지 그들에게 일정한 지위와 등급을 나눠줄 뿐이라 인재를 평가하여 선발하는 이치가 사실상 정밀하지 않는 까닭에 인재를 얻을 수 없었던 것입니다."

태종은 두여회의 대답을 듣고 한나라 대의 관리방식에 따라 각 주나 군에서 불러 추천하도록 했다. 『정관정요』에서는 겉으로 드러나는 모습이나 지식만으로는 훌륭한 인재라 평가할 수 없으므로 내면을 알 수 있는 인재선발의 방법의 필요성을 말하고 있다. 일종의 사전 검증인 셈이다.

『한비자韓非子』「육반六反」편에는 사람들이 모두 잠들어 있으면 그 가운데 장님이 있어도 알지 못하고, 모두가 입을 다물고 있으면 그 가운데 벙어리가 있어도 알지 못한다고 했다. 또 일반적으로 세상 군주는 인재들의 말솜씨에 어리둥절하고, 겉으로 보이는 고상한 풍채에 속아 그들을 예우하게 되지만, 현명한 군주는 신하의 말을 들어본 뒤에는 반드시 그것이 실용적인가 아닌가를 따지고 조사하며, 행위 후에는 반드시 그

실적을 평가한다고 했다. 그래야만 허무맹랑한 탁상공론이 없어질 것이며, 오만이나 허위 따위도 본모습이 드러날 것이라고 했다.

삼국시대의 촉한蜀漢의 장수이자 군사였던 방통龐統의 이야기도 살펴보자. 제갈량諸葛亮을 와룡臥龍에 비유했다면 방통은 봉황의 새끼라는 봉추鳳雛라고 불렀다. 그는 뛰어난 재능으로 삼국의 리더들인 조조曹操·손권孫權·유비劉備 세 사람을 모두 만나게 되었다. 하지만 독특한 외모가 재능을 가렸다. 처음엔 사마휘司馬徽의 추천으로 오吳나라 주유周瑜 휘하에서 공조로 일하게 하였다. 그의 외모 탓에 그의 자질을 알아보는 이가 없었는데, 그 인물됨을 처음으로 알아본 이가 바로 사마휘였다.

손권은 처음 방통을 보았을 때 짙은 눈썹에 들창코요, 시커먼 얼굴에 짧은 수염을 달고 있어 생김새가 괴이하여 마음이 탐탁지 않았다. 손권이 방통에게 어떤 공부를 했는지 묻자 방통은 한 가지에 얽매이거나 고집할 필요 없이 상황에 따라 변화에 대응할 뿐이라고 했다. 그러자 손권이 방통의 재주와 학문이 자신의 수하인 주유周瑜와 비교하면 어떤지 물었다. 방통은 자신이 배운 바는 주유와 크게 다르다고 말했다. 손권은 자신이 평생 좋아하던 주유를 경시하자 방통을 등용할 마음이 사라졌다.

방통은 재주는 있지만 사람들이 좋아하지 않는 전형적인 사람으로 첫인상도 좋지 않았다. 유비 역시 방통에 대한 첫인상이 좋지 않았다. 그는 방통의 재능보다 외모를 보고 판단하여 방통을 지방인 뇌양현의 현령으로 보내버렸다. 방통은 자신이 불공정한 대우를 받고 있다고 생각했다. 본래 방통은 제갈량이 그랬듯이 물고기가 물을 만난 듯 자신을 알아주는 주군을 만나 원대한 포부를 펼칠 것을 기대하며 호방한 마음으로 유비에게 의탁했던 것이다.

조조는 방통에게 공경을 다했지만, 방통 자신이 조조 같은 간웅을 경시해서 유비에게 의탁했던 것이다. 그런데 인재를 아낀다고 알려진 유비의 냉담한 태도가 간상 조조만도 못할 것이라고는 생각지도 못했다. 게다가 유비는 한 술 더 떠서 그가 술을 먹고 일을 그르치는 등 잘못을 저지르자 대노하여 면직을 시켰을 정도였다.

하지만 그의 재능과 가능성을 잘 알고 있던 오나라 노숙魯肅이 유비에게 그를 알맞은 직책에 중용하라고 추천했고, 제갈량 역시 그의 재능은 일개 현령의 직에 맞는 게 아니라며 유비에게 크게 중용할 것을 추천했다. 장비張飛 또한 뇌양현에 갔다가 방통의 재능을 알아보고 유비에게 천거하여 결국 방통은 군사 중랑장軍師中郎將이 되었다. 이후 방통은 뛰어난 책략으로 유비가 익주益州 땅을 얻는 데 일등공신의 역할을 하였다.

인재를 아끼는 것으로 알려진 유비도 인재의 외형만으로 판단하는 우를 범했던 것이다. 사람의 외형만 보고 잘못 판단한 경우가 삼국의 세 인물뿐이겠는가. 공자도 다르지 않았다.

『한비자韓非子』「현학」편에 공자孔子가 '풍채만 보았다가 자우子羽에게 속았고, 웅변만 믿다가 재여宰予에게 속았다'고 한 말이 나온다.

공자의 제자 중 담대자우澹臺子羽가 자유子游의 추천으로 공자의 문하에 들어왔다. 그런데 담대자우의 용모가 하도 추해서 공자는 그를 탐탁잖게 여겼다. 그런데 뒷날 그가 무성武城에서 오吳나라로 이주하여 학문을 가르치자 모여든 제자만도 300여 명이 넘어 천하에 이름을 떨쳤다고 한다. 공자의 또 한 명의 제자 재여는 말씨가 고상하고 세련되어서 공자가 이를 보고 취했다. 그런데 오랫동안 함께 있어 보니 지혜가 그 언변에 미치지 못했다. 공부는 뒷전이고 낮잠만 즐기는 재여에게 공자는 처치가 곤란하다는 '후목분장朽木糞牆: 썩은 나무에 조각하거나 썩은 벽에 고쳐 칠해도 소용이 없다'이라는 말까지 했다고 한다.

한비자는 공자와 같은 견식을 가지고도 진실을 제대로 파악하지 못했다며 겉만 보고 사람을 임용하면 반드시 실패한다는 것이다. 위나라는 맹묘의 웅변에 끌리어 임용했다가 재변을 당했으며, 조趙나라는 조괄趙括의 웅변에 끌리어 임용했다가 재난을 당한 것도 같은 이치이다.

말재주만으로 선발하지 마라

『한비자韓非子』「외저설좌상」 편에 재미있는 비유가 나온다.

초나라 왕이 전구에게 묵자墨子는 현명한 학자인데다 품행이 단정하고 말수가 많은데도 달변이 못 되는 이유에 대해 물었다. 전구는 '진백'과 초나라 사람의 예를 들어 말했다.

"진백이 딸을 진나라 공자에게 시집을 보내면서 몸종을 70명이나 딸려 보낼 정도로 준비를 거창하게 했는데, 정작 공자는 몸종을 첩으로 거느리고 진백 딸은 무시했습니다. 이 일은 첩으로는 잘 보냈다고 할 수 있으나 공자의 아내로는 잘 보냈다고 할 수 없다는 것입니다. 그리고 초나라 사람 중에 정나라에 구슬을 팔러 간 사람이 있었는데 목란 상자를 만들어 그 안에 갖가지 주옥과 비취를 넣어 내놓았습니다. 그런데 정나라 사람은 상자만 샀을 뿐 주옥과 비취는 사지 않았습니다. 이것은 상자 장사를 한 것이지 주옥 장사를 했다고는 볼 수 없습니다."

이 비유 뒤에 전구는 이렇게 덧붙였다.

"근래의 이야기들은 말재간이 좋고, 꾸미기를 잘하므로 군주는 그 화려함에 혹하여 실용성을 잃고 있습니다. 그에 비해 묵자의 언설은 선왕의 도를 전하여 성인의 말씀을 다루므로 널리 사람들을 감동케 합니다. 말이라는 것은 자꾸 꾸미게 되면 듣는 사람은 표현에만 주의를 기울이고 실질을 잊게 됩니다. 이렇게 되면 초나라 사람이 주옥 장사를 하고, 진백이 딸을 시집보냈던 것과 같은 결과를 초래하게 됩니다. 그러므로 묵자의 언설은 말수는 많지만 달변이 아닌 것은 그 실질에 의미를 두고 있기 때문입니다."

『사기史記』「장석지·풍당열전」에 나오는 장석지張釋之라는 인물이 있었다.

한漢나라 문제文帝 때의 인물로 겨우 벼슬은 얻었지만 아무도 알아주는 이가 없어 그는 10년 동안 승진을 하지 못했다. 관직을 그만두고 집으로 돌아가려고 했는데 원앙袁盎이 그의 재능을 눈여겨보다 황제에게 추천했다. 그는 황제를 알현해 진秦나라가 멸망하고 한나라가 흥한 까닭을 쉽게 강론해 높은 지위로 승진할 수 있었다. 장석지는 형벌의 집행이 공정하고 후덕하다는 평을 듣는 인물이었는데 그의 사람됨을 알 수 있는 일화가 있다.

그가 황제를 수행해 동물을 기르는 동산에 갔는데, 동산관리 책임자인 상림위가 황제의 질문에 우물쭈물하며 대답을 제대로 하지 못했다. 그때 옆에 있던 하급관리인 색부가 마치 자신의 능력을 보여주려는 듯 황제의 질문에 상세하게 대답하는 것이었다. 황제는 관리란 색부와 같아야 한다며 색부를 동산의 최고책임자로 삼으려고 했다. 그러자 장석지가 나섰다. 그는 황제에게 강후絳侯 주발周勃을 어떤 인물이라고 생각하는지 물었다. 황제는 덕망 있는 사람이라고 답했다. 또 동양후東陽侯 장상여張相如는 어떤 인물이라 생각하는지 물었다. 황제는 마찬가지로 덕망 있는 사람이라고 했다.

"주발이나 장상여를 덕망 있다 하셨는데, 사실 이 두 사람은 언변이 부족해 말을 잘 못합니다. 그런데 어찌 이 색부의 수다스런 말재주를 뛰어나다고 여기시는 것입니까? 만약에 색부를 파격적으로 승진시킨다면 천하 사람들이 말재주만 배우려 하고 실제적인 일은 멀리 할까 두렵습니다. 그러니 폐하께서는 신중하시기를 간청 드립니다."

장석지의 직언에 황제는 색부를 승진시키려던 명령을 철회하였다고 한다. 사마천司馬遷은 장석지를 큰 인물이라고 하며 그는 말재주로 황제에게 아부하려 하지 않고 오히려 직언과 공정한 법 집행을 주장한다고 했다.

『사기』「중니제자열전」에는 공자의 제자들의 면면이 소개되어 있다. 그중 앞에서도 언급되었던 재여宰予라는 제자가 나오는데, 그는 언변이 우아하고 세련되어 공자가 그 점에 기대를 걸고 제자로 삼았다. 하지만 함께 지내보니 지혜가 그의 말을 따르지 못함을 알게 되었다. 공자는 '나는 용모를 가지고 사람을 판단했다가 자우에게 실수를 하였고, 말하는 것으로 사람을 판단했다가 재여에게 실수를 했다'고 탄식했다.

『공자가어孔子家語』「오제덕」편에 나오는 공자와 재여의 대화가 나온다.

"재여야! 그 큰 업적은 하늘과 같고, 작은 것은 말하는 대로 되었기에 백성들이 지극히 즐거워하였던 것이다. 너는 그래도 그들의 사람됨을 다 알 수는 없다."

재여가 아뢰었다.

"제가 족히 경계하고 조심한다고는 할 수 없지만 정성껏 받들겠습니다."

재여는 공자에게 이렇게 답했지만 다음날 이를 자공에게 말했고 자공은 다시 공자에게 고했다.

"내가 얼굴 생김만 보고 사람을 취한다면 자우를 통해 이를 바꾸어야 할 것이며, 말로써 사람을 취한다면 재아재여를 통해 이를 바꾸어야 할 것이며, 꾸민 용모만 가지고 사람을 취한다면 자장을 통해 이를 바꾸어야 할 것이다."

재여는 공자의 이 말을 자공에게 전해 듣고 두려워 감히 공자를 볼 수 없었다고 한다.

재여는 제齊나라에서 벼슬하여 임치대부가 되었는데, 전상과 난을 일으켜 그 일족이 모두 죽임을 당해 공자는 매우 부끄러워했다. 그리고 공자가 3년 상을 지내도록 한 것에 대해 이의를 제기해 공자로부터 불인不仁하다는 비난을 듣기도 했다.

공자는 재여의 경험으로 말재주로 사람을 판단해서는 안 된다는 것을 강조했다. 『논어論語』「공야장」편에서는 어떤 이가 공자의 제자 중 염옹이 어질기는 하지만 말재주는 없다고 했다. 그러자 공자가 말했다.

"말재주를 어디에다 쓰겠는가. 사람을 대할 때 말재주로만 해결하면 자주 남의 미움을 산다. 그가 어진 것까지는 내가 모르나 어찌 말재주를 거론하랴."

〔焉用佞. 禦人以口給 屢憎於人 不知其仁 焉用佞.〕

공자는 말재주로 다른 사람의 비위를 잘 맞추는 사람 중에는 어진 사람이 드물다고 했다.

시대에 따른 인재선발 방법

시대가 원하는 인재가 다르듯 각 시대마다 인재를 선발하는 방식에도 차이가 있다.

중국 춘추전국시대의 경우 각 나라들이 부국강병에 힘을 쏟을 때여서 유능한 인재를 등용하려 했다. 법·덕·술 등으로 이론을 갖춘 제자백가들은 각 나라를 돌며 자신의 뜻과 능력을 펼쳤다. 이때만 해도 주먹구구식으로 관리를 등용했다. 측근의 인사나 측근을 통한 추천제를 운영했던 것으로 보인다.

중국을 통일한 진시황秦始皇 때는 다른 나라에서 온 인재라고 해서 차별을 두지 않았고, 유능하다면 뽑아서 고위관리로까지 등용한 객경客卿이라는 제도가 있었다. 이러한 제도를 통해 진나라가 번창할 수 있었다. 그러나 기존 토착세력들이 볼 때 객경들은 애국심도 없고, 언제 자신들을 배반할지도 모르니 그들을 축출해야 한다며 반발했는데, 바로 축객逐客이었다. 진시황도 한때 축객으로 마음이 흔들렸는데, 이사李斯를 필두로 한 객경 측에서 '태산불사토양고대泰山不辭土壤故大 하해불택세류고심河海不擇細流故深'라는 주장으로 객경이 유지될 수 있었다.

『사기史記』「이사열전」에 나오는 말로, 태산은 조그만 흙도 사양하지 않아 무릇 크고, 큰 강과 바다는 미미한 물줄기도 가리지 않아 무릇 깊다는 뜻으로, 이는 생각이 다르거나 옳은지 그른지도 구분하지 않고 사람을 포용해야 대업을 이룰 수 있다는 의미가 들어 있다.

한漢고조 유방劉邦은 창업 후에 동성, 이성제후들을 전국에 분봉하였다. 그 후 선발과 천거가 이루어졌는데, 각 지방에서 덕망을 기준으로 중앙에 추천할 인재의 명단을 올리면, 관원으로 선발하는 방식을 취했다. 이는 당시 점점 넓어지는 영토에 소요되는 관원들을 용이하게 수급할 수 있는 방편이었다.

후한後漢은 호족들의 연합정권으로, 왕망王莽이 찬탈한 황위를 호족의 도움을 받아 후한을 세운 광무제光武帝와 그 후손들은 호족에 반하는 정책을 펴기 어려웠다. 결국 외척과 환관의 등장으로 관리 등용제도는 크게 문란해지게 된 것이다.

삼국시대에 이르러 각 나라에 맞는 인재선발이 있었다. 그중 위魏의 조조曹操는 능력과 자신에 대한 충성을 최우선의 기준으로 삼아 인재를 등용했다. 조조는 현실적인 인재등용과 정책으로 화북을 장악할 수 있는 기반을 만들었다. 그의 뒤를 이은 조비曹丕는 아버지의 인재등용방식을 이어받아 '구품중정제'를 실시했다. 각 지방의 주와 군에 중정관을 파견해서 향촌의 평판이 좋은 인물을 골라 중앙 관료로 추천하는 방식이었다. 한나라의 향거리선제는 군 태수 등 지방관이 추천을 했다면, 위나라에서는 인재등용만을 담당하는 중정관이 새로이 설치된 것이 차이라고 할 수 있다. 행정과 사법 등으로 정신이 없었을 태수 등 지방관이 인사업무를 담당하는 것보다 인재발굴만을 담당하는 중정관이 생긴 것은 더욱 발전된 형태인 것이다. 하지만 중정관을 해당 지역의 문벌가문들이 도맡게 되면서, 점차 특정가문의 자제들이 상층품관을 도맡게 되었다. 일례로 위 말기 사마의司馬懿가 중앙권력을 독점하여 지방의 주, 군 중정관들까지 자신이 통제하여 인사를 마음대로 처리했다.

인재선발 방식에 큰 획을 긋게 된 것은 수隋나라 때부터였다. 이때 과거제가 시작되었고 당唐나라에 이르면 율령체제에 기초한 과거제도가 자리 잡게 되었다. 당나라 과거는 1차로 향공으로서 지방의 성시를 치르고, 2차로는 중앙 3성 6부 체제 하의 예부시를 치러 예비관료로서 인정받고, 마지막 이부에서 신언서판身言書判의 면접을 보았다. 이 이부에서 면접을 보는 것은 당 과거제의 한계를 가지고 있었다. 바로 이부 면접에서 집안을 주요한 기준으로 삼으면서, 문벌귀족을 확대 재생산하는 모습을 보인 것이다.

송宋나라는 문벌귀족사회에서 사대부사회로 전환되는 시대였다. 과거제의 방식도 이를 반영하였다. 과거제로 사대부세력이 크게 성장하고 송의 문치주의는 극성하게 되었다. 사대부들의 인식과 수준은 고취되고, 점차 천하공치에 입각한 붕당정치가 발생한다. 중국의 과거제도는 수나라 때 시작되어 청淸나라 광서제光緖帝 때 진사과를 마지막으로 약 1300여 년 동안 시행되었다.

조선시대의 인재정책은 시기마다 약간씩 차이가 있었다. 조선 초기에는 집현전으로 대표되는 인재양성기관에서 다수 인재들에게 학문 연구를 지원하고, 그 성과를 국가의 정책으로 활용했다. 이 시기는 다양한 인재들이 자신의 능력을 발휘하며 새로운 국가의 기틀을 쌓고, 문화를 발전시킨 원동력을 구축했다. 그리고 조선 초기부터 분경금지법奔競禁止法으로 인사 청탁을 막았다. 조선의 헌법인 『경국대전經國大典』에 규정될 만큼 관리의 인사 청탁 부정을 막으려는 의지가 강했다. 이와 더불어 청렴한 관리의 상징인 청백리에 대해서는 국가가 최대한의 예우를 하고, 뇌물을 받은 관리인 장리贓吏의 자손에 대해서는 영원히 과거시험 자격을 박탈하는 등 엄격한 처벌을 가했다.

조선시대는 신분제 사회로 서얼은 기술직 종사자, 관청 서리, 지방 향리와 함께 중인中人의 한 축을 형성했는데, 서얼은 신분적 차별을 받아 아무리 능력이 있어도 자신의 뜻을 펴지 못했다. 정조正祖는 서얼 문제의 심각함을 인식하고 새로운 법을 만들었는데 '서얼 허통 절목'이다. 서얼의 관직 진출을 제도적으로 뒷받침한 법으로, 정조는 최고의 학문기관인 규장각에 능력 있는 서얼들을 대거 등용했다. 정조시대 서얼 출신 학자들은 조선 후기 북학北學 수용과 문화 운동의 주역이 되었다.

그릇의 크기, 사람의 크기

『논어論語』와 『사기史記』에 공자孔子가 자공子貢에게 안회顔回에 대해 묻는 대목이 나온다.

자공과 안회 중에 누가 더 나은지 묻는 공자의 물음에 자공은 자신은 안회보다 못하다고 했다. 안회는 하나를 들으면 열을 알지만 자신은 하나를 들으면 둘을 알 뿐이기 때문이라는 것이다. 어느 날 이번에는 자공이 공자에게 자신은 어떤 사람인지 물었다. 공자는 제사 때 곡식을 담던 귀중한 그릇인 호련이라고 말했다. 안회와 자공은 공자의 제자들이지만 두 사람은 그릇이 다르다고 할 수 있다. 공자는 자공을 호련이라고 했는데 그렇다면 안회는 어떤 그릇일까?

공자가 안회에 대해 한 말들을 살펴보자.

"어질구나, 안회여! 밥 한 그릇과 물 한 바가지로 누추한 뒷골목에서 살고 있으니 다른 사람들은 그것을 견뎌 내지 못할 텐데, 안회는 자기가 즐겨 하는 바를 바꾸지 않는구나!"

"안회는 배울 때 듣고만 있어 어리석은 것 같지만 물러가서 행동에 옮기는 것을 보면 가르친 것을 제대로 실천하고 있었다. 안회는 절대로 어리석지 않구나!"

"벼슬에 나가게 되면 도를 실행하고 물러나면 조용히 도를 즐길 수 있는 사람은 오직 나와 너뿐이구나!"

"안회라는 자는 배우기를 좋아하고 노여움을 남에게 옮기지 않으며 잘못을 거듭하는 일이 없다. 그러나 불행하게도 그는 이 세상에 없다. 지금은 세상에 배우기를 즐기는 사람이 없구나."

어떤 면에서는 공자 자신과 동급으로 평했던 안회다. 그의 그릇에 비하면 호련은 간장종지일지도 모른다. 그럼에도 종묘宗廟 제사에 피와 기장을 담은 제기가 호련이며 존경할 만한 인물이라는 의미를 가지고 있으니, 안회의 그릇이 어느 정도인지 짐작할 수 있을 것이다.

유비劉備에게는 두 종류의 인재가 있었다. 제갈량諸葛亮처럼 큰일이든 작은 일이든 못하는 게 없는 인재와, 방통龐統처럼 자신만의 전문분야가 있어 그 일과 능력이 맞아떨어졌을 때 능력을 발휘하는 인재다. 제갈량은 잡무를 맡겨도 잘하고, 정치·경제·군사 외교를 맡겨도 잘해내고, 큰일이든 작은 일이든, 위에 있든 아래에 있든 잘해낸다. 큰 그림을 볼 줄 알며 세세한 곳까지도 영향력을 미칠 수 있는 제갈량과 같은 인재는 재상의 직임에 맞지만 방통과 같은 유형의 인재는 신경을 써서 안배할 필요가 있다. 그에게 맞지 않는 일을 맡겨서는 능력을 발휘할 수 없다. 유비는 방통에게 뇌양령耒陽令:계양군 뇌양현의 현령을 맡게 해 제대로 능력을 발휘하지 못하게 했다. 오죽하면 오의 장수 노숙魯肅이 방통은 치중종사治中從事의 임무를 맡겨야 비로소 뛰어난 재능을 발휘할 수 있다고 서신을 보냈겠는가.

그릇에 맞지 않는 등용을 비유할 때 '할계언용우도割鷄焉用牛刀'라는 말을 자주 쓴다. '닭을 가르는 데에 소 잡는 큰 칼을 쓸 필요까지는 없다'는 뜻이다. 조그만 일을 처리하는 데에 지나치게 큰 수단을 쓸 필요가 없음을 비유해 이르는 말로 『논어』「양화」편에 나온다.

어느 날 공자는 제자들과 자유子遊가 다스리는 무성이라는 작은 고을에 들렀다. 고을에 들어서자 여기저기서 거문고 같은 현악기에 맞추어 사람들이 노래하는 소리가 들렸다. 공자는 고상한 음악소리를 듣고는 웃으며 말했다.

"닭을 잡는 데 어찌 소 잡는 칼을 쓰느냐?"

그 말에 자유는 공자가 전에 군자가 도를 배우면 아랫사람을 사랑하고, 소인이 도를 배우면 윗사람을 잘 따른다고 해서 예와 음악을 열심히 가르친 것뿐이라며 발끈했다. 공자는 그의 말이 맞다며 그저 농담으로 한 말이라고 했다. 공자는 평소 예와 음악을 정치의 중요한 수단으로 강조했는데, 자유가 다스리는 작은 고을에서 고상한 음악을 듣고 닭 잡는 데는 소 잡는 칼을 쓸 수 없다고 비꼬았던 것이다. 작은 고을에는 상부상조하는 풍속과 노동의 여흥을 노래하는 정도도 충분한데, 자유가 고지식하게 한 나라를 다스리는 데 써야 할 예와 음악을 썼기 때문에 그렇게 말했던 것이다. 그러다 자유가 정색을 하며 평소 선생님의 가르침을 충실히 적용한 것이라고 말하자 공자는 농담이었다고 얼버무리며 자유의 노력을 인정하였다.

주원장朱元璋과 함께 명明나라 창업에 힘썼던 유기劉基는 개국 후 명 태조 주원장으로부터 우승상의 자리를 제안받았다. 그러나 유기는 한 나라의 재상의 자리는 중요한 자리로, 재상을 바꾸는 것은 궁중의 기둥을 바꾸는 것과 같아 큰 재목을 사용해야 한다고 했다. 작은 재목을 썼다가는 부러질 수 있는데 자신은 작은 목재에 불과해 그 자리를 감당할 수 없다고 했다.

그러자 그렇다면 양헌은 재상감으로 어떠한지 물어왔다. 유기는 양헌楊憲에 대해 승상의 재능은 갖추고 있지만 승상의 도량은 없다고 했다.

승상이라면 한쪽으로 치우치거나 고여서는 안 되는데 양헌은 그런 그릇이 되지 못한다고 했다. 왕광양汪廣洋에 대해서는 양헌보다 못한 그릇이라 했고, 호유용胡惟庸에 대해서는 절대로 안 된다고 확고하게 답했다. 호유용은 사사건건 분란을 일으키는 인물이라 수레에 금이 가고 바퀴가 부서지는 형국을 만들고 만다는 것이다.

유기의 우려대로 양헌은 남을 모함하다 죽임을 당했고, 호유용은 이선장李善長과 결탁하여 반란을 일으키려다 발각되어 처형되었다. 그릇에 맞지 않은 역할은 결국 파국에 이르게 한다. 공자가 자유에게 닭 잡는 데 소 잡는 칼을 썼느냐고 한 정도는 웃어넘길 수 있지만, 양헌이나 호유용 같이 닭 잡는 데 쓸 정도밖에 되지 않는 칼로 소를 잡으려 했으니 소를 죽일 수는 없었던 것이다. 오히려 그 칼에 자신이 다친 셈이 되었다.

남송南宋 영종寧宗 때 한평원韓平原 역시 북벌에 실패하고도 재상에까지 오른 것은 닭 잡는 칼로 소 잡는 데 사용한 잘못한 예라 할 수 있다. 한평원은 그를 찾은 친구에게 자신은 얕은 학식과 일천한 재주로 국가의 대권을 맡고 있는데, 사람들이 자신을 어떻게 보는지 궁금하다고 했다. 그러자 친구는 한평원은 물론 가족 전체가 위험한 지경에 있다고 경고했다. 그릇이 되지 않은 그가 재상이 되어 국정을 망치고 있으니 온 백성들이 그를 원망하고 있다고 했다. 친구는 그가 백성들에게 인정받을 방법을 일러주었지만, 받아들이지 않아 결국 죽임을 당했다.

『장자』「지락至樂」편에 나오는 말이다.

"두레박의 줄이 짧으면 깊은 우물의 물을 길을 수 없다."

〔綆短者不可以汲深.〕

부족한 학문으로는 심오한 이치를 깨달을 수 없고, 모자라는 능력으로는 중책을 감당할 수 없다.

공자孔子의 수제자인 안회顏回가 제齊나라 임금과 정치에 대해 토론하려고 떠난 적이 있는데, 안회를 보내고서 공자는 근심에 잠겼다. 이를 본 자공子貢이 그 연유를 물었다.

공자는 옛날 관중管仲의 말에 '주머니가 작으면 큰 것을 넣을 수 없고 두레박줄이 짧으면 깊은 우물의 물을 길을 수 없다고 했는데, 안회가 제나라 임금에게 성왕의 도를 말해서 곤란해질 것을 걱정했다. 제나라 임금이 안회의 말을 이해하지도 못할 것이고 나아가 의심까지 하게 된다면 안회가 다칠 수도 있으니 근심에 잠기지 않을 수 없다'는 것이다.

03

역량평가

가짜 인재와 진짜 인재의 인재감별 방법

당말오대唐末五代 때 풍도馮道라는 인물이 있었다. 5개 왕조후당·후진·요·후한·후주 열한 명의 천자를 섬기면서 30년 동안 고관을 지냈고 재상만도 20년을 지낸 인물이다. 그가 여러 왕조의 많은 천자를 섬기면서도 살아남을 수 있었던 것은 무엇일까. 당唐나라가 멸망하고 오대십국五代十國시대가 열리면서 왕조가 난립한 상황에서 그의 처세는 대단했던 것이라 할 수 있는데 그 비결을 알아보자.

그는 평범한 가정에서 태어났는데 근면하고 성실한 성격의 소유자였다. 문학적 재능이 출중했지만 자신의 능력을 과신하거나 내세우는 법이 없었다. 재상 등 고관으로 있으면서도 한 번도 남과 다투지 않았다. 왕조가 바뀔 때마다 현실정치를 펼쳐 새 왕조를 옹호하였는데 이를 두고 지조가 없는 정치가라고 비난을 받기도 했다. 하지만 풍도는 자신의 저서 『장락로자서長樂老自敍』에서 자신은 황제를 섬긴 것이 아니라 나라를 섬겼다고 했다. 그의 저서에 실린 처세관이다.

"입은 재앙을 불러들이는 문이요, 혀는 몸을 자르는 칼이로다. 입을 닫고 혀를 깊이 감추면 가는 곳마다 몸이 편안하리라."

〔口是禍之門 舌是斬身刀 閉口深藏舌 安身處處宇.〕

그는 인간관계에서 입이 가장 큰 화근임을 알고 평생을 입조심하고 혀를 감추고 말조심을 처세의 근본으로 삼았다. 그 덕분에 혼란의 시기에도 장수 할 수 있었다. 과연 풍도를 유능한 인재라고 말할 수 있을까?

『육도六韜』에서 태공망太公望은 군주는 인재를 등용할 때 현명한 사람은 높은 자리에 임명하고, 현명하지 못한 사람은 낮은 자리에 임명해야 한다고 했다. 진실하고 미더운 사람을 등용하고, 거짓되고 위선적인 사람을 버려야 하고, 난폭하고 질서를 어지럽히는 행동을 막고 사치를 그치게 해야 한디고 했다. 태공망은 진짜 인재와 가짜 인재를 가려서 뽑아야 한다고 여긴 것이다.

또한 군주가 인재등용에 있어서 명심해야 할 것이 여섯 가지 도적과 일곱 가지 해로움이라 했다. 그가 말하는 여섯 가지 도적은 사치와 향락에 빠져있는 신하, 생업에 힘쓰지 않고 법령을 따르지 않는 백성, 붕당의 무리, 군주의 권위를 가볍게 여기는 선비, 벼슬과 작위를 하찮게 여기는 신하, 가난한 사람들을 못살게 굴고 생업을 해치는 호족이라고 했다. 이런 사람을 등용하게 되면 문제가 생길 수 있다는 것이다.

일곱 가지의 해로움으로는 장수에게 신상필벌을 제대로 하지 않는 것, 실력 없이 처세에만 능한 것, 겉으로는 청렴한 척하면서 사실은 명예와 이익을 추구하는 거짓된 무리, 겉모습만 뽐내며 은둔한 채 세상 풍속을 헐뜯는 간사한 무리, 아첨과 모략으로 벼슬을 탐내며 이익에 사로잡힌 간신, 화려한 것을 장식하는 데만 빠져 있는 일, 백성들을 현혹하는 각종 미신 행위를 뽑았다. 사람을 제대로 보지 못하고 등용하게 되면 나라에 득이 될 것이 없는 것이다.

그러면서 인재란 참되고 미덥게 군주를 섬기고, 참마음으로 바른 말을 하고, 공평하고 결백하게 백성을 사랑하고, 나라를 부유하게 하고 군대를 강하게 하며 음양의 이치를 조화롭게 하고, 실력을 갖추어 상과 벌을 분명히 가려서 백성들을 즐겁게 해주어야 한다고 했다. 이것이야말로 진정한 인재의 모습이라 여긴 것이다.

『인물지人物志』에서는 「팔관八觀」이라고 해서 인재를 관찰하는 여덟 가지 방법에 대해 밝혔다. 바로 중심이 되는 성정을 파악하고, 특정 상황에서의 감정변화를 관찰하여 평상시의 태도를 알아내고, 명성을 근거로 자질을 알아내고, 행위의 전후관계나 동기를 관찰하여 진짜 인재인지 아닌지 판별하고, 진실한 태도로 다른 사람과 잘 소통하는지 살피고, 감정의 미세한 움직임을 관찰하여 어진 사람인지 미혹된 사람인지 판별하고, 단점을 관찰하여 장점을 추출하고, 총명한 정도를 파악하여 통달한 바를 알아내는 것이라 했다.

『논어論語』「안연」편에서 자장子張이 공자孔子에게 선비는 어떻게 되면 통달했다고 말하는지를 물었다. 공자는 자장이 생각하는 통달의 의미가 무엇인지 되물었다. 자장은 나랏일을 하게 되어도 반드시 명성이 나고, 대신의 집안일을 하게 되어도 반드시 명성이 나는 것이라 했다. 공자는 이렇게 말했다

"그것은 명성이 나는 것이지 통달한 것은 아니다. 통달했다는 것은

고지식하고 정의를 좋아하며, 남의 말을 살피고 얼굴빛을 헤아리며, 남에게 겸허하기를 생각하는 것이어서, 나랏일을 하게 되어도 반드시 통달하고 대신의 집일을 하게 되어도 반드시 통달하게 되는 것이다."

〔是聞也, 非達也. 夫達也者, 質直而好義, 察言而觀色, 慮以下人. 在邦必達, 在家必達. 夫聞也者, 色取仁而行違, 居之不疑. 在邦必聞, 在家必聞.〕

『인물지』에서 말하는 통달通達과 공자가 말하는 통달의 의미는 크게 다르지 않을 것이다. 장자莊子는 '성인聖人이란 하늘과 땅의 아름다움을 근원으로 삼고 있고 만물의 원리에 통달한 사람'이라고 했다. 그리고 '성인의 도道에 통달한 자는 곤궁하면 그 곤궁을 즐기고, 처지가 뜻대로 되면 그것 또한 즐긴다'고 했다. 통달이란 평범한 수준을 넘어선 것이라 말할 수 있으며, 진정한 인재라면 명성 같은 세속적인 것에 얽매이지 않는다고 말한다. 그렇다면 풍도는 어떻게 평가할 수 있을까? 『논어』「태백」편에서 증자曾子가 한 말이다.

"자신이 유능한 사람이면서도 무능한 사람에게 묻고, 자신이 학식이 많은 사람이면서도 학식이 적은 사람에게 물으며, 가지고 있으면서도 없는 것 같고, 가득 찼으면서도 텅 빈 것 같으며, 다른 사람이 자신의 마음을 거슬러도 따지고 보복하지 않는 일, 이런 일에 옛날 내 친구가 힘을 기울인 적이 있었다."

〔以能問於不能, 以多問於寡; 有若無, 實若虛, 犯而不校, 昔者吾友嘗從事於斯矣〕

여기서 그 친구는 안연顏淵을 말한다. 증자는 안연이야말로 진짜 인재임을 말하고 있다.

인재등용에서 알아야 할 몇 가지 취사선택

인재를 등용하는 데 있어서 선택해야 할 것이 많다. 상황에 따라 취사선택을 잘해야 낭패를 피할 수 있다. 유능한 인재인 줄 알고 등용했는데, 막상 일을 맡겨 보니 무능한 결과물만 내는 사람이라면 당혹스러울 수밖에 없을 것이다.

당唐나라 때 위징魏徵은 시대상황에 따라 인덕과 능력을 취사선택해야 한다고 주장했다. 천하가 안정되지 않았을 때는 인사의 기준에 있어서 능력을 중시해 덕행과 행실에 대한 고려를 줄여야 하지만, 천하가 완전히 평정된 이후에는 재덕을 겸비한 인재들을 중용해야 한다고 했다. 위징이 주장한 인사 원칙에 따라 태종太宗은 안으로 황실 인척의 천거를 기피하지 않았고 밖으로 원수를 중용하는 일도 꺼리지 않았다.

당태종은 위징에게 관리를 임용할 때 경솔하게 함부로 발탁해서는 안 될 것이라고 했다. 군자를 중용하면 수많은 군자가 따라오겠지만 소인배를 중용하면 소인배들이 마구 몰려들기 때문이라고 했다.

유소의 『인물지人物志』에 인물을 품평하고 감정할 때 흔히 범하기 쉬운 일곱 가지 오류가 있다고 한다.

첫째, 인물의 명성을 편파적으로 받아들이는 잘못이다. 명성이 실력의 전부가 될 수는 없으므로 명성만으로 인재를 검증할 수 없다.

둘째, 한 사람만의 판단 기준으로 잘못된 평가를 하는 것이다. 인사권자의 감정에 의해 좌우된다면 기회주의적인 인물을 선발할 수 있다.

셋째, 사람의 심지를 헤아리면서 그 크기의 대소로 형식화시키는 잘못이다. 마음이 신중한 것을 배포가 작다고 형식화하면 오류를 범할 수 있다.

넷째, 인재의 자질을 평가하면서 성취의 빠르고 늦음으로만 판단하는 잘못이다. 대기만성을 이룬 인재들도 많다.

다섯째, 인재의 유형을 식별하면서 자신과의 유사점 여부에 따라 취향을 포함해 정확한 판정을 내리지 못하는 것이다. 성향이 같고 재능에 차이가 있으면 서로 이끌어주고 의지할 수 있지만, 성향과 세력이 비슷하면 서로 경쟁하고 서로에게 해를 끼칠 수 있다.

여섯째, 사람마다 처해진 배경상황에 따라 능력이 다를 수 있다는 것을 간파하지 못하는 것이다.

일곱째, 독특한 인재들을 고찰하면서 진짜 인재와 가짜 인재를 구별하지 못하는 것이다.

그러므로 인재를 선별하는 데 있어서 한 가지 잣대를 들이대는 것은 무리가 있다. 인물의 평가 원리란 정해져 있는 것이 아니므로 나름대로 몇 가지 원칙을 가지고 인재를 발굴해야 한다.

『한비자韓非子』「논난論難」 편에 한나라 선왕이 규류에게 공중과 공숙을 함께 등용하려는데 괜찮을지 묻는 이야기가 나온다.

규류는 '과거 위나라는 누와 적을 함께 써서 서하를 잃었고, 초나라는 소와 경을 함께 써서 언과 연을 잃었다. 선왕이 그 둘을 함께 등용한다면 그들은 권력다툼을 하게 될 것이고, 외국과 통하여 사리사욕을 취하게 될 것이며, 그렇게 되면 나라가 반드시 위태로워질 것이다'며 말렸다. 규류와 반대의 의견도 나온다. 옛날 제齊나라 환공桓公은 관중管仲과 포숙鮑叔을 함께 등용했고, 상商나라 탕왕湯王은 이윤伊尹과 중기를 함께 등용했다. 만일 규류의 주장대로 두 사람을 함께 쓰는 것이 망국의 길이 된다면 환공은 패왕의 자리에 오를 수 없었을 것이고, 탕왕 또한 다르지 않았을 것이다. 도리어 민왕은 요치 한 사람만을 써서 동묘에서 죽임을 당하였고, 주보는 이태 한 사람만을 써서 먹을 것이 없어서 굶어죽었다.

여기서 말하고자 하는 것은 군주에게 답이 있다는 것이다. 군주가 통치술을 터득하고 있다면 두 사람을 함께 등용해도 화가 발생하지 않는다. 하지만 군주가 통치술이 없는 상태에서 두 사람을 함께 등용한다면 권력다툼이 일어나거나 외국과 거래하는 등의 사리사욕을 채울 것이라 한다. 결국 통치술이 없이는 한 사람만 등용해도 멋대로 놀아날 수 있고 군주를 위협하거나 죽일 수 있다는 말이다.

『한비자』「논난」 편에는 드러나는 공에 의해 등용하라는 내용도 나온다.

노魯나라 애공哀公은 세 명의 권신權臣들 탓에 나라를 제대로 통치할 수가 없었다. 권신들이 밖으로는 문을 닫아 현인들이 접근하지 못하게 하고, 안으로는 도당을 만들어 군주의 총명을 흐리게 만들었다. 공자孔子가 애공에게 현자를 등용하라고 간언을 하니 한비자가 공자를 비판하며 말했다.

"공자의 간언은 현자가 어떤 사람인지 잘 알지도 못하는 애공에게 사람을 그 공에 의해서 등용하는 것이 아닌, 자기 기분대로 현자를 등용하라는 말이나 다름없다. 만일 애공이 권신들이 밖으로는 문을 닫아걸고, 안으로는 작당을 하는 것을 깨닫고 있었다면, 권신들은 단 하루도 조정에서 일할 수 없었을 것이다. 애공이 현자를 알지 못하고, 자기 기분으로 현자라고 생각되는 자를 등용해서 결국 권신들이 애공을 무시한 채 정치를 멋대로 한 것이다."

한비자는 또 다른 예를 들었다. 연나라 왕 쾌는 자지子之를 현자라고 믿고 손경을 하찮은 인물로 알았기 때문에 죽임을 당했고, 또한 수치를 후세에 남겼다고 했다. 오나라 부차는 태재를 지혜로운 자라 믿고, 자서를 우매한 자라고 생각했기 때문에 월나라에 멸망했다.

한비자는 이렇듯 애공이 현자를 통찰할 만한 능력이 없었음에도 불구하고 공자는 그에게 현자를 선택하라고 설득했는데 이것은 애공을 부차나 쾌와 같은 재난 속에 몰아넣는 결과를 가져오게 하는 것이라고 지적했다.

애공은 어떤 군주인가? 춘추전국시대 노나라의 왕으로, 안으로는 삼환三桓이라고 하는 공족3가公族三家의 세력이 강하였고, 대외적으로는 오吳·제齊나라의 공격으로 국력을 펴지 못하고 있었다. 그는 나름대로 개혁을 해보려고 월越나라의 도움으로 삼환씨를 제거하려다 오히려 왕위에서 쫓겨나 유산지에서 죽었다. 노나라는 약한 나라로서 실제적인 권한은 삼환을 비롯한 간신들이 쥐고 있었다. 여러 나라를 한 바퀴 돌고 돌아온 공자가 그에게 좋은 방책을 권하였으나 듣지 않았다.

한비자는 현명한 군주는 급하게 신하를 등용하지 않고, 신하가 알아서 다투어 일을 하게 한다고 했다. 굳이 자기가 나서서 현자를 선택하지 않아도 공이 신하에게서 자연스럽게 나타나도록 한다는 것이다. 그 신하에게 일을 시켜보고 그 결과에 따라 공적에 의해서 평가한다. 그렇게 되면 신하들은 공정하게 일을 처리하며, 사심이 있을 수 없고, 또 현자를 숨겨 두지도 않고 실속 없는 자를 천거하지도 않게 된다. 그렇게 하면 군주는 현자를 선택하는 데 고생할 필요가 없는 것이다.

잘못된 인재선발

세상에 사람은 많지만 그 많은 사람 중에 필요한 인재를 선발하기란 쉽지 않다. 특정 분야뿐만 아니라 두루두루 재능이 있는 인재를 찾기란 더욱 힘들다. 무엇보다 인재선발이 어려운 이유는 그 인물을 객관적으로 평가할 수 있느냐의 문제이기 때문이다. 또한 잘못된 인재선발이 될 경우엔 조직의 운영 또한 어려워질 수밖에 없다는 사실이다. 예로부터 어느 나라이건 훌륭한 인재人才를 등용하면 흥하고 사특한 간재奸才를 기용하면 망했다. 그래서 인재등용에 신중을 기하는 것이다.

주周나라의 주공周公 단旦은 문왕文王의 아들이자 무왕武王의 동생이다. 그는 조카인 성왕成王을 보좌하며 하夏나라의 마지막 왕이었던 걸傑이 선왕들의 임용원칙을 따르지 않고 폭정을 일삼음으로써 후사를 도모하지 못하고 망한 것이라고 했다. 그리고 상商나라의 주紂가 탕湯 임금 이후 선왕들이 적재적소에 뛰어난 인재들을 임용했던 원칙을 저버리고 포악한 자와 사악한 자들을 임용하고 주색에 빠져 폭정을 일삼았기 때문에 자신도 죽고 나라도 망했다고 전대의 관리임용 원칙을 강조했다. 결국 인재를 잘 써야 함을 강조한 말이다.

유소는 『인물지人物志』에서 사람을 제대로 알아보기 어려운 것은 쓰는 사람과 쓰이는 사람의 양쪽에서 다 문제가 발생한 탓이라고 한다. 예를 들면 제갈량諸葛亮이 마속馬謖을 잘못 쓴 것도 그런 이유 때문이라고 할 수 있다. 그렇다고 마속이 뛰어난 인재가 아니라고는 할 수 없다. 제갈량을 보좌하는 모사로서는 능력 발휘를 잘 할 수 있었지만 장수로서의 능력은 부족했다. 유비劉備도 임종 직전 마속에 대해 '말이 사실보다 지나치니 크게 등용하지 말라'고 제갈량에 신신당부를 했다.

그럼에도 제갈량은 가정 전투에서 마속을 선봉장으로 임명했고, 마속은 자신의 재능을 과신한 나머지 참패하고 말았다. 결국 그 일로 마속은 목숨을 잃었다. 제갈량은 스스로 인재등용이 잘못됐다는 사실을 깨닫고 통한의 눈물을 흘렸다. 무엇보다 제갈량이 사람을 잘못 썼다는 것이 문제이다. 잘못 쓴 인재로 인해 돌이킬 수 없는 일을 만들었다는 점에서 본다면 매우 큰 실책이 아닐 수 없다.

당태종唐太宗에게 충신忠臣이기보다 양신良臣이기를 원했던 위징魏徵은 태종과 많은 대화를 나누고자 했다. 태종이 사람을 쓰는 데 있어서 상벌을 가볍게 행해서는 안 되고 신중해야 한다고 말하자 위징은 인재를 선발하는 일은 어려운 일이라고 했다. 인재를 선발할 때는 공적을 조사해봐야 하는데, 그 선함과 악함을 상세히 조사해봐야 한다고 주장했다. 선인善人이라고 생각되어 등용하면 일을 잘 수행하여 나가지 못한다 해도 재주가 부족할 뿐 커다란 해는 없지만, 잘못하여 악인惡人을 채용하면 그 인물이 일을 처리하는 능력이 클수록 더욱 해가 됨이 크다고 했다. 그러므로 재才와 덕德을 갖춘 인물을 기용해야 한다고 말했다.

『한비자』「문전問田」편에 서거와 전구의 문답이 나온다. 서거가 물었다.

"저는 '지자知者는 낮은 지위에서 높은 지위로 오르지 않고도 군주에게 인격과 학식이 전해져 대우를 받으며, 성인은 공적을 과시하지 않고도 군주의 가까운 이가 된다'는 말을 들은 적이 있습니다. 그런데 양성과 의거는 남달리 뛰어난 장군이나 그 전에는 하찮은 하급의 지위에 있었으며, 공손단 회는 성인과 같은 재상입니다만 그 옛날엔 지방의 말단 관리로 일을 했습니다. 이것을 어떻게 설명할 수 있습니까?"

전구가 답했다.

"그것은 특별한 이유가 있는 것이 아니다. 바로 군주가 법도를 지키며 통치술을 잘 알고 있었기 때문이다. 초나라가 송고를 장군으로 임명해서 국정 운영이 잘 안되었고, 위나라가 빙리를 재상으로 임명하여 나라가 망했다는 말을 들은 적이 없는가. 초와 위 두 나라의 군주는 그들의 거창한 평판에 매혹되고 말솜씨에 혼을 빼앗겨 하급의 군관이나 지방의 말단 관리로 써보지도 않고 특진시킨 결과, 실정과 망국의 재난을 초래한 것이다. 그러므로 하급 군관으로서 시험해 보거나 지방의 말단 관리로서 시험해 보지 않는다면 어찌 현명한 군주라고 할 수 있겠는가."

아무리 뛰어난 인재라는 평가를 받더라도 검증의 자리가 필요하다는 말이다. 만일 마속이 말단 병사에서부터 시작했다면 섣부르게 판단해서 전투를 망치는 일은 없었을지도 모른다. 리더가 통솔의 기술을 잘 발휘하려면 나름대로 시험과 검증을 거쳐야 제대로 인재를 평가했다고 할 수 있다. 더 나아가서는 잘못된 선발로 인해 초래되는 손실을 최소화하고, 조직에 적합한 인재를 찾으려면 검증을 위한 평가센터가 요구된다.

능력인가? 도덕성인가?

인재를 등용할 때 능력과 도덕성 중 어느 쪽에 비중을 더 둘 것인가? 둘 다 갖추고 있으면 금상첨화겠지만 한쪽으로 편중되어 있을 때는 고민되는 문제이다.

공자孔子를 필두로 한 유가儒家에서는 개인의 수양을 왕도정치의 이상을 실현하기 위한 기본적인 출발점으로 삼았다. 백성들의 마음을 얻는 것, 사람의 마음을 감복시키는 것을 유가에서는 중요하게 생각했다. 그래서 인재를 선발함에 있어서도 당연히 도덕성을 중요하게 여겼다. 『논어論語』「태백」편에서 공자는 이렇게 말했다.

"만약에 주공周公에 못지않은 아름다운 재능을 지녔으나 교만하고 인색하다면 그 나머지는 볼 게 없다."

〔如有周公之才之美, 使驕且吝, 其餘不足觀也已.〕

역시 재능보다는 품성을 따지는 말이라고 하겠다. 『논어』「헌문」편에서 자로子路가 공자에게 완성된 인간에 대해 물으니 공자가 말했다.

"장무중의 지혜, 맹공작의 청렴, 변장자의 용기, 염구의 기예를 갖추고, 예악으로 다듬으면 인격 완성이라 할 수 있다. 지금의 성인이 꼭 그럴 필요까지야 있겠느냐? 이익을 마주하면 의리를 생각하고, 위태로움을 마주하면 목숨을 바치고, 오래된 약속이라도 평생 잊지 않으면 또한 인격 완성이라 할 수 있다."

〔若臧武仲之知, 公綽之不欲, 卞莊子之勇, 冉求之藝, 文之以禮樂, 亦可以為成人矣. 今之成人者, 何必然. 見利思義, 見危授命, 久要不忘平生之言, 亦可以為成人矣.〕

또 자로가 관중이 어진 사람인지 묻는 대목도 나온다.

제환공이 공자 규를 죽이자 소홀은 따라 죽었지만 관중은 죽지 않고 오히려 재상이 되어 환공을 도왔으니 어질지 못한 것이 아니냐는 것이다. 그러나 공자는 관중이 환공을 보필하여 제후의 패자가 되어 천하를 한 번 바로잡아, 백성이 지금까지 그 혜택을 받고 있다. 관중이 아니었다면 자신은 오랑캐의 복식을 하고 있을 것이라고 하며 어찌 필부처럼 작은 의리를 지킨답시고 스스로 목을 매 도랑에 뒹굴어 아무도 몰라주는 것과 같겠느냐고 했다.

공자에게 있어서 도덕성이란 단순히 형식적인 측면이 아니라 어떤 내용을 가질 것인지가 더 중요했다. 관중의 예에서 찾아볼 수 있는데, 공자는 관중이 자신이 모시던 공자 규를 따라 죽는 충성심보다 백성들을 잘 살게 한 공로를 더 우선으로 했다.

앞에서도 언급했듯이 조조曹操는 공자의 유가사상과는 확연히 다른 인재관을 가지고 있었다. 그래서 후세의 평가는 조조의 능력에 비해 폄하당하는 면도 없지 않다. 조조는 과거의 경력과 출신을 따지지 않고 오직 능력만으로 인재를 구하는 실용적 용인用人 원칙을 지켰다. 그는 신상필벌에는 엄했지만 인재라고 여겨지면 무척 관대했다. 재주가 뛰어나서 조조를 위기에서 여러 번 구한 곽가郭嘉가 방정치 못한 행실로 탄핵을 받았을 때 탄핵한 대신에게는 엄정하다고 포상해놓고, 곽가를 최측근 참모로 계속 기용할 정도로 그를 아꼈다.

조조는 인재를 구하는 과정도 매우 열정적이었다. 순유荀攸에게는 간곡한 서한을 보내고, 명사 완우阮瑀에게는 불을 질러 산에서 나오게 하고, 태사자太史慈에게는 당귀當歸를 보냈다. 그리고 210년과 214년 217년 세 차례에 걸쳐 구현령求賢令을 선포하여 전국 각지의 인재들을 끊임없이 끌어 모았다.

반면 유비劉備는 이상적인 도덕관으로 인간관계를 유지했으며, 충성스러운 부하들을 믿음과 성의로 포용했다. 조운趙雲이 장판파의 일전에서 조조에게 크게 패했을 때에도 그를 신뢰했다. 조운이 배반하고 조조에게 투항했다는 말을 전해 듣고도 조운의 성품을 알기에 의심하지 말라고 호통까지 쳤다. 유비의 믿음대로 조운은 유비의 장남 아두阿頭를 안고 돌아왔다. 유비는 아들 때문에 위대한 장수를 잃을 뻔했다며 아들을 내팽개치기까지 했다. 이러한 믿음 때문에 조운을 비롯한 여러 부하가 그에게 충성을 다한 것이다. 자신이 먼저 도덕성을 보여주었고, 또 도덕성을 갖춘 인재들을 선호했다.

청나라의 강희제康熙帝 역시 도덕성을 더 우선으로 두었다. 그는 관리들에게 청렴하고 공정한 일처리를 늘 강조하였으며, 그에 맞는 정책과 조치를 만들었다. 청백리를 발견하면 즉시 상을 내리고 계속 관직에 등용하여 깊이 신뢰했다. 처음으로 강희제의 신임을 얻은 청백리는 우성룡于成龍이었다. 그는 청렴할 뿐만 아니라 백성들을 가난에서 구제하는 등의 공적을 세웠다. 워낙 청렴하다 보니 고관들의 미움을 사서 견제를 당하기도 했지만 강희제는 그를 끝까지 믿어주었다. 강희제의 격려와 지지 아래 우성룡은 더욱 자신을 규율하고 부하들을 다스렸으며 청렴하게 공무를 집행했다.

강희제가 청백리를 지지하고 격려할 뿐만 아니라 반드시 후한 포상을 내려 윤리적인 이득을 누리게 하자 청나라는 청렴한 관리들이 끊임없이 배출되었고, 그들은 부패를 종식시키고 백성들에게 이로운 사업을 일으켜 정국을 안정시키는 데 큰 공헌을 하였다.

조선의 세종世宗 또한 능력과 도덕성에 균형을 이루었다. 인재를 쓸 때는 마음 바탕이 착한가를 살피는데, 개인보다는 공동체를 우선시하는지를 보았다. 재능이 크게 뛰어나지 않아도 바탕이 좋으면 인재는 키워낼 수 있다고 여겼다. '나무를 심고 길러서 큰 목재를 만들어야 집을 지을 수 있는 것처럼, 그 분야에 정통한 인재라야 크게 쓸 수 있다'는 생각을 가진 세종은 큰 목재를 만드는 데 집현전을 활용했다. 그리고 도덕성에 문제가 생기면 공적으로서 그 허물을 덮게 했다.

"세상에 완전한 사람은 없습니다. 따라서 적합한 자리에 기용해 인재로 키워야 합니다. 그리고 전능한 사람도 없습니다. 따라서 적당한 일을 맡겨 능력을 기르는 것이 중요합니다. 그 사람의 결점만 지적하고 허물만 지적한다면, 아무리 유능한 사람이라도 벗어날 수 없게 될 것입니다. 따라서 단점을 버리고 장점을 취하는 것이 인재를 구하는 가장 기본적인 원칙인데, 이렇게 하면 탐욕스런 사람이든 청렴한 사람이든 모두 부릴 수가 있습니다."

세종 때의 문신인 강희맹姜希孟의 『사숙재집』에 실린 글로 그가 장원급제한 답안이기도 하다. 이 글이 뽑히게 된 데에는 세종의 생각과 다르지 않았기 때문이 아니겠는가.

'창업 때는 능력을 위주로 인재를 선발할 수밖에 없고, 수성 때는 능력과 덕성을 겸비한 인물이 바람직하다'고 했던 위징魏徵의 말이 능력과 도덕성에 대한 답이 아닐까 싶다.

인재를 아는 방법

인재를 찾아내고, 적합한 인재인가를 평가해야 하는 위치에 있는 리더는 어떤 인재 판정 기준을 가져야 할까? 시대와 각 나라, 그리고 정치적 상황에 맞게 인재를 살펴 알아내는 방법들이 있었다.

『육도六韜』에 주로 등장하는 주周나라 문왕文王은 중신과 관리들을 등용하는 데 엄격한 인물 선발 기준을 적용했다. 그의 기준은 진실하게 관찰하고, 의지를 관찰하고, 중심을 보고, 표정을 살피고, 드러나지 않는 부분을 찾아보고, 덕을 헤아려보는 것이었다.

전국시대 말기 진秦나라 재상 여불위呂不韋의 『여씨춘추呂氏春秋』에 「팔관육험법八觀六驗法」이 나온다. 사람을 등용하기 전에 여러 방면에서 두루 살필 것을 권하는 내용이다. 팔관법八觀法은 '순조로울 때 어떤 사람을 존중하는지 보고, 높은 자리에 있을 때 어떤 사람을 기용하는지 보고, 부유할 때 어떤 사람을 접촉하는지 보고, 무엇을 말하는지 무엇을 하는지 보고, 한가할 때 무엇을 즐겨 하는지 보고, 친해진 뒤 말 속에 드러나는 뜻을 보고, 좌절했을 때 지조를 보고, 가난할 때 무엇을 하고 무엇을 하지 않는지 본다'라는 것이다.

인재를 시험하는 여섯 가지 방법인 육험법은 '그를 기쁘게 하여 정상적인 상태를 잃고 천박하게 흐르지 않는지를 살피고, 즐겁게 해서 그의 취향이나 나쁜 버릇 따위를 살피고, 화를 돋우어 통제 능력이 있는지 없는지를 살피고, 두렵게 만들어 그것을 견딜 수 있는지를 시험하고, 슬프게 만들어 스스로를 지탱할 수 있는지를 살피고, 힘들게 만들어 그의 의지를 시험한다'라는 것이다. 이런 정도로 시험을 해본다면 어느 정도 인물에 대한 판단이 설 수 있다고 여긴 것이다.

『장자莊子』에서는 '먼 곳에 파견하여 일을 처리하게 함으로써 그의 충성스러움을 살펴라. 측근에 두고서 일을 처리하게 함으로써 일을 잘하는지 여부를 살펴라. 복잡한 일을 시킴으로써 그에게 능력이 있는지 없는지를 살펴라. 갑자기 질문을 함으로써 그의 기지機智를 살펴라. 약속을 함으로써 그의 신뢰성을 살펴라. 그의 온갖 사람들과 섞이게 함으로써 안색의 변화를 살펴라'라며 그 사람의 인재로서 손색이 없는지를 살피라고 했다.

『인물지人物志』에서는 '사람에게는 기氣가 있다. 기라는 것은 그 중심에 진실하게 존재하는 것으로서 반드시 외부로 드러나게 된다. 그러므로 마음의 기운이 조잡한 사람은 반드시 외부로 드러나게 되는데, 그 음성도 가라앉고 산만하다. 마음의 기운이 상서롭고 신중한 사람은 그 음성도 평화롭고 절도가 있다. 또 신의가 있는 사람의 기운은 부드럽고 평범하며, 의로움이 있는 사람의 기운은 조용하고 박절하지 않다. 온화한 사람의 기운은 소박하고 검소하며, 용기 있는 사람의 기운은 웅장하고 기특하다. 이런 방법으로 사람을 관찰하는 것을 청기聽氣라고 부른다'고 했다.

『한비자韓非子』「내저설상칠술」편에 군주가 신하를 거느리기 위해서는 일곱 가지 수법이 있다고 한다.

첫째, 여러 가지 일의 발단을 참고하여 볼 것
둘째, 잘못된 일은 반드시 처벌하여 위엄을 밝힐 것
셋째, 잘한 일은 상을 주어 능력을 다하게 할 것
넷째, 매일 신하들의 말을 들어 볼 것
다섯째, 의심나는 명령을 내려 보고 거짓으로 잘못을 시켜 볼 것
여섯째, 아는 것을 감추고서 물어볼 것
일곱째, 말을 거꾸로 하여 반대되는 일을 시켜 볼 것

이 일곱 가지는 임금이 실천해야 할 것들이다.

그 예로 든 것에서 '남곽남취南郭濫吹'라는 말이 나온다. 제齊나라 선왕宣王이 명령을 내려 큰 생황인 우竽를 불게 할 때는 반드시 300명이 함께 불게 하였다. 그런데 우를 불 줄 모르는 남곽처사라는 이가 왕을 위하여 우를 불겠다고 청원하였다. 선왕은 그 말에 기뻐하며 수백 명 분의 녹봉을 주었다. 그런데 선왕이 죽고 민왕이 즉위하자, 그는 한 사람

한 사람이 부는 것을 듣기 좋아하였다. 그러자 처사는 자신의 능력 없음이 들통날 것 같아서 도망쳤다고 한다. 즉, '능력이 없는 자가 능력이 있는 것처럼 가장하고, 실력이 없는 자가 높은 자리를 차지했다'는 비유를 이르는 말이다.

앞서 『한비자』 「현학顯學」편에서 겉모습만 보고 사람을 썼다가 실패한 이야기를 언급했다.

공자가 그의 제자 담대자우澹臺子羽와 재여宰予를 겉모습만으로 판단했다가 후회했던 이야기였다. 한비자는 '공자와 같은 견식을 가지고도 진실을 제대로 파악하지 못했다는 비판이 나올 수 있다. 하물며 오늘날의 새로운 웅변가는 재여보다 더 엉터리며, 더욱이 세상 군주들의 귀는 공자보다 못하니 말할 나위도 없다. 겉만 보고 사람을 임용하면 반드시 실패할 것이다'라고 했다.

또한 한비자는 구리와 주석을 합금해서 만든 칼은 그 빛깔만으로 감정할 수가 없고, 그 칼로 물 위의 오리를 쳐보거나 땅 위의 말을 쳐보면, 비록 낮은 신분에 있는 자라 할지라도 그 칼의 예리함을 판단할 수 있을 것이라고 했다. 아무리 백락이라 할지라도 말의 입을 벌려 이빨을 보거나 그 몸뚱이를 조사하는 것만으로는 정확히 말을 감정할 수는 없다. 하지만 수레를 끌게 하여 달리는 것을 눈여겨보면 낮은 신분의 무지한 자라도 그 말을 감정할 수 있을 것이다. 이는 사람을 판단하는 데도 용모나 복장, 그 말만 들어보아서는 공자와 같은 인물도 실수를 하게 되지만 그 자를 관직에 두고 그 공적을 보면 그가 어리석은 자인지, 현명한 자인지를 알 수 있는 것이라 했다.

현명한 군주의 관리 등용을 살펴보면, 재상은 반드시 지방 관리에서 발탁되었고, 용맹한 장수는 반드시 병졸로부터 시작되었다는 것을 알 수 있다. 공이 있는 자를 포상하면 관작과 봉록이 후해짐에 따라서 더욱 분발하게 되고, 관직의 권한이 확대됨에 따라서 이전보다 더욱 훌륭한 일을 하게 된다. 이와 같이 인재를 쓰는 것이 진정한 왕업의 달성이라 했다.

인재를 아는 것은 매우 어려운 일이다. 그러므로 인재에 대한 판단을 할 수 있는 다각도의 검증 절차가 필요하다고 하겠다.

04

선발 적용 방안

자신의 기준만으로 인재를 평가하지 마라

『인물지人物志』에 '사람을 알아보는 일은 대단히 어려운 것인데도, 사람들은 모두 자신이 사람을 잘 알아볼 수 있다고 생각한다. 그러나 다른 사람이 관찰한 내용을 보고는 그가 사람을 볼 줄 모른다고 생각한다. 왜 그런가? 사람들은 자신과 같은 유형의 사람의 장점은 쉽게 알아보지만, 종종 자신과 다른 기량을 가진 사람의 장점은 놓쳐 버리기 때문이다'라는 내용이 나온다.

사람은 자신의 기준으로 다른 사람을 평가하기 쉽다. 그렇게 되면 객관적인 판단보다는 개인적인 호불호에 의해 자기만의 기준 틀에서 사람을 평가하는 오류를 범하게 된다. 또한 자신과 비슷한 유형의 사람에 집중하다 보면 정작 중요한 인재를 알아보지 못할 수도 있다.

안타깝게도 제갈량諸葛亮과 손권孫權은 그런 편중된 인재관으로 인재를 알아보지 못하는 오류를 저질렀다. 제갈량은 장완蔣琬이나 강유姜維 같은 덕재를 겸비하고 청렴한 인재를 등용했는데, 무장을 알아보는 눈이 부족했다. 아니 자신이 문인이어서 그런지 무장을 존중하지 않는 측면이 있었다.

위연魏延이라는 무장이 있었다. 유비劉備가 스스로 한중왕漢中王을 칭하고, 성도로 돌아가 후방을 경영하고자 할 때 위연을 한중태수漢中太守로 임명했을 정도로 중요한 인재였다. 위연은 유비에게 발탁된 후 뛰어난 재능으로 승진을 거듭했고 제갈량의 북벌에도 큰 공을 세웠다.

유비가 죽고 제갈량 시대로 접어들면서 위연은 제갈량으로부터 배제되기 시작했다. 그가 낸 계책이 제갈량에 의해 채택되지 않자, 그는 제갈량을 겁쟁이라고 말하며 자신의 능력을 펼치지 못하는 것을 한탄했다. 여기에서 알 수 있는 것은 제갈량은 신중한 성격의 소유자이지만 위연은 모험적인 계략을 좋아했다는 것을 알 수 있다. 두 사람은 서로 다른 유형이었다.

제갈량이 무장을 경시한 측면이 있었다면 손권은 그 반대였다. 그는 장수들을 존중하는 반면 문인들을 경시했다. 덕재를 겸비한 많은 문인이 손권에게 간언할 수 있는 인재들이었는데 손권에 의해 추방되거나 죽임을 당했다.

사람을 평가할 때 기준이 편협하게 되면 자신과 다른 유형의 인재들을 알아보지 못할 수 있다. 당나라 측천무후則天武后 시대의 명재상이었던 적인걸狄仁傑도 루사덕婁師德이라는 인물을 알아보지 못하는 실수를 저질렀다. 적인걸은 성격이 강직하고 청렴하여 수만 건의 사건을 판결하면서도 잘못된 판결이나 억울한 자가 생기지 않아 그의 이름이 널리 알려졌다. 그는 수많은 인재를 천거하여 당의 중흥에도 기여했다.

측천무후에게 있어서 그에 대한 신뢰는 당연한 일이었다. 측천이 루사덕이라는 인물에 대해 물었다. 적인걸은 그가 장군으로서 변방을 지킬 수는 있지만 현명한지는 모르겠고, 그와 동료이기는 하나 그가 인재를 잘 알아본다는 말은 듣지 못했다고 했다. 그러자 측천은 자신이 적인걸을 알게 된 것은 루사덕의 추천이 있었기 때문이라며 그는 인재를 잘 식별하는 사람이라고 했다. 그제야 적인걸은 자신의 편협함을 탄식했다. 이렇듯 제 아무리 뛰어난 제갈량이나 적인걸도 인재의 진면목을 알아보지 못했던 것이다.

그렇다면 인재를 제대로 알아보려면 어떻게 해야 할까? 먼저 관중의 일화를 살펴보자.

춘추시대 제나라에 영척甯戚이라는 선비가 있었다. 그는 위衛나라 사람으로 집인이 가난하여 남의 수레를 끌어주면서 살았다. 어느 날 제나라 환공桓公이 산책을 나오자 그 틈을 타서 소의 뿔을 치며 노래를 불렀다.

"남산이 깨끗하고 흰 것은 흰 돌이 많아서라네. 세상에서 요와 순의 선위禪位를 보지 못하니, 짧은 베옷 단출하게 정강이에 이르네. 저녁부터 소 먹이며 한밤중에 이르렀으니, 긴긴 밤 길고 긴데 언제 날이 새리."

〔南山矸 白石爛 生不遭堯與舜禪 短布單衣適至骭 從昏飯牛薄夜半 長夜曼曼何時旦.〕

「백석가白石歌」라는 노래였는데 환공이 듣고 그를 불러다 이야기를 나눈 뒤에 현자賢者인 줄 알고 대부大夫를 삼았다고 한다.

『열녀전』에는 이 일화와 다른 이야기가 이어진다. 그 노래를 들은 환공은 의아하게 여겨 재상인 관중에게 사연을 알아보라고 일렀다. 관중이 영척에게 노래의 뜻을 묻자, 그는 별다른 설명 없이 '도도하구나. 흰 물결이여!'라는 시 한 구절만 읊고 아무런 설명도 하지 않았다. 관중은 영척의 일로 고심하면서 며칠 동안 조정에도 나가지 않았다.

관중에게는 정이라는 첩이 있었는데 그녀가 칩거의 이유를 물었다. 관중이 몰라도 되는 일이라고 하자 정은 '노인을 늙었다 여기지 말고, 천민을 천하다 여기지 말고, 어린 자를 어리다 여기지 말고, 약한 자를 약하다 여기지 말라'고 했다면서 도움이 되고 싶다 했다.

관중은 그녀를 무시한 것 같아 민망한 웃음을 지으며 영척이 읊은 시 이야기를 들려주었다. 이야기를 들은 정은 자신의 생각을 말했다.

"영척이 읊은 시는 백수白水라는 시로, 도도한 맑은 물에 사는 피라미, 임금이 와서 부르니 어찌 머물 것인가. 나라가 아직 어지러우니 가야만 하겠네'라는 구절로, 그가 정치에 참여하고 싶은 뜻을 시로 전한 것입니다."

그녀의 설명에 크게 깨달은 관중은 즉시 환공에게 영척을 추천했다. 그 후 영척은 기대를 저버리지 않고 환공이 패업을 달성하는 데 큰 도움을 주었다.

진정으로 유능한 리더라면 지위가 낮다는 이유로 남을 무시하지 않아야 하며 기꺼이 다른 사람의 의견을 구할 줄 알아야 한다. 인재를 선발할 때도 다른 사람들의 의견을 두루 경청하고 그들의 장점을 취하는 것이 가장 현명한 방법이다.

인재를 모으는 방법

『육도·삼략』에서 「삼략三略」을 쓴 황석공黃石公은 이렇게 말했다.

"청렴결백한 선비는 작위나 녹봉으로는 불러들일 수가 없다. 절조가 있고 의로운 선비는 형벌이나 위세를 가지고 협박해서 오게 할 수 없다. 그러므로 명군이 현인을 구하려면 반드시 그 현인의 평소의 거동을 관찰하며 정당한 방법으로 불러들이는 것이다. 청렴결백한 선비를 불러들이려면 예로써 맞이해야 한다. 절조 있고 의로운 선비를 불러들이려면 도덕으로서 맞이해야 한다. 그렇게 하면 현인을 불러들일 수가 있으며, 명성을 길이 보전할 수가 있는 것이다."

〔淸白之士, 不可以爵祿得；節義之士, 不可以威刑脅. 故明君求賢, 必觀其所以而致焉. 致淸白之士, 修其禮；致節義之士, 修其道. 而後士可致, 而名可保.〕

인재를 등용하려거든 그 인재의 특성이나 상황에 맞는 예와 도덕이 있다고 한 것이다.

'곡목우구곡목曲木又求曲木'이라는 말이 있다. 『관자管子』「소문小問」편에 나오는 말로, 구부러진 나무는 다시 구부러진 나무를 구하기 바련이라는 뜻으로, 사람을 등용해서 쓸 때에는 처음부터 능력 있고 올바른 사람을 써야 된다는 뜻이다.

제齊나라 환공桓公이 관중管仲과 함께 마구간을 돌아볼 때 일이다.

환공이 마구간에서 일하는 말단 벼슬아치에게 그곳에서 가장 어려운 일에 대해 물어보았다. 그런데 그가 말을 제대로 못하고 머뭇거리자 관중이 나서서 대답했다.

"소신도 지난 날 마구간에서 일해 본 적이 있어서 어떤 일이 가장 어려운지 알고 있습니다. 마구간에서 제일 어려운 일은 우리를 만드는 일입니다. 우리를 만들 때 처음에 굽은 나무를 쓰면 그 굽은 나무가 다음에도 굽은 나무를 쓰게 만듭니다. 그렇게 계속 굽은 나무를 써야지, 곧은 나무를 쓸래야 쓸 수가 없게 됩니다. 반대로, 처음부터 곧은 나무를 쓰면 그 곧은 나무가 또 곧은 나무를 쓰게 만듭니다. 그래서 이제는 굽은 나무를 쓸래야 쓸 수가 없게 되지요."

관중은 환공에게 사람을 등용함에도 이처럼 해야 함을 말하고 싶었던 것이다.

먼저 곽외郭隗로부터 시작하라는 고사성어, '선시어외先始於隗'의 당사자인 곽외는 연소왕燕昭王에게 '제왕은 스승과 가까이 거하고, 군왕은 벗과 가까이 거하며, 패왕은 신하와 가까이 거하고, 망국의 군주는 노예와 가까이 거합니다. 뜻을 굽혀 스승을 받들면서 겸허하게 학문을 받아들이면 자신보다 백 배 나은 인재가 찾아올 것입니다. 먼저 열심을 내고 그 뒤에 쉬며, 먼저 가르침을 위해 묻고 그 뒤에 말을 삼가면, 자신보다 열 배 나은 인재가 찾아올 것입니다. 다른 사람들이 부추겨야만 비로소 자신도 그들을 좇게 된다면 그저 자신과 비슷한 사람이 찾아올 것이고, 오만방자한 자세로 삐딱하게 바라보며 손가락질로 사람을 부리면 하찮은 하인들만 찾아올 것입니다. 큰 소리로 사람을 모욕하고 질책하면 쓸모없는 노예들만 따를 뿐입니다'라고 말했다.

황석공이나 곽외는 이치에 맞게 인재를 모으는 방법에 대해 논했다.

청清나라 말기의 정치가인 증국번曾國藩은 인재 기용에 많은 노력을 기울인 인물이다. 그는 인재를 구하기 위해서라면 아군과 적군을 가리지 않았고, 새로 찾아오는 인재가 있으면 항상 미루지 않고 바로 만나는 적극적인 자세로 주위에 많은 인재가 모여 들었다. 그는 인재를 모으는 방법에 대해 '네 가지만 잘하면 된다. 널리 구하고, 신중하게 기용하며, 힘써 가르치고, 엄격하게 통제하라!'라고 말했다.

『한비자韓非子』「외저설좌하」편에는 진晉나라 문공文公의 일화가 실려 있다.

문공은 호언狐偃·조쇠趙衰·선진先軫 등과 같은 인재들과 오랫동안 교류했다. 그들은 문공이 왕실의 내란을 평정할 때 지략으로 도움을 준 이들이었다. 초楚나라와의 전쟁 중에 문공의 대님이 풀렸는데, 그는 스스로 그것을 묶었다. 왜 신하를 시키지 않느냐는 말에 문공은 신하들이 선왕 때부터 모시던 사람들로, 모두 여기에 있기 때문에 이런 하찮은 일을 시키기 어렵다고 했다.

한비자는 군주를 세 등급으로 분류했다. 최상급 군주는 곁에 있는 사람을 모두 군주의 스승이라 생각하고, 중간급 군주는 곁에 있는 사람을 모두 군주의 친구라 생각하며, 하급 군주는 곁에 있는 자를 모두 군주의 시종이라고 생각한다. 또 최상급의 군주는 함께 하는 자를 경외하고, 중간급의 군주는 함께 있는 지를 이끼며, 하급의 군주는 함께하는 자를 경멸한다며 진문공의 일화를 들려주었다. 그리고 하급의 군주는 자신의 능력을 사용하고, 중간급의 군주는 남의 힘을 이용하며, 최상급의 군주는 자신과 남의 능력을 사용한다고 했다.

진문공은 신하들을 군주의 스승이라 여길 만큼 존중했고, 자신에 대해서는 겸손의 덕을 가지고 있었다. 그것이 그의 곁에 인재를 오래 머물도록 하는 원동력이 되었다. 그리고 좋은 군주는 사소한 일은 아랫사람에게 맡기고 자신은 핵심파악에 몰두한다. 그런 군주에게 인재가 모이는 법이다.

청나라 옹정제雍正帝의 경우 스스로 최고가 되는 길을 택했다. 자신이 최고이면 주위 사람들도 최고가 될 것이라는 믿음이 있었기 때문이다.

그는 엄격한 법치를 바탕으로 최고의 인재들만 남기고 측근들을 정비했다. 스스로 최고가 되려고 한 옹정제는 하루 네 시간만 자면서 정사에 몰두했다. 그는 군주가 되는 일을 어렵게 여기며 다짐했다.

"천하를 다스리는 것은 나의 책임이며 내 한 몸을 위해 천하를 고생시키지 않으리!"

〔原以一人治天下, 不以天下奉一人.〕

옹정제는 이러한 마음으로 청 왕조 최대 번영기의 초석을 마련할 수 있었고 중국 최고의 군주로 평가받고 있는 것이다.

등용했으면 내치지 마라

『설원說苑』에 임금의 인재등용과 관련하여 세 가지 상서롭지 못한 일이 기록되어 있다.

"첫째, 어진 사람이 있어도 그것을 알지 못하는 것이고, 둘째, 어진 사람을 알면서도 이것을 쓰지 못하는 것이며, 셋째, 어진 사람인 줄 알고 쓰기는 썼으되 소신껏 하도록 맡기지 못하는 것이다."

전국시대 말기 초楚나라 상채 사람이었던 이사李斯는 관청의 변소에서 사람 몰래 오물을 먹는 쥐와 넓은 창고에서 눈치도 보지 않고 곡식을 먹는 쥐를 보며, 사람의 잘나고 못난 것도 이 쥐와 다를 바가 없듯 스스로 어떤 상황에 처해 있느냐에 달려 있을 뿐이라는 것을 깨달았다. 그래서 그는 보다 넓은 곳에서, 보다 높은 곳에 이르기 위해 말단 관리직을 버리고 초나라를 떠났다. 그리고 당시 유학의 대가이자 제왕학을 주장하며 법가로 학문의 바탕을 이룬 순자荀子를 스승으로 모셨다. 그는 순자에게서 제왕의 통치술을 배워 유세에 나섰다. 초나라 왕은 섬길 만한 인물이 못되며, 다른 여섯 나라들은 약소하여 공을 세울 것이 없다고 생각하여 서쪽의 대국 진秦나라로 떠났다.

그는 진나라에서 여불위呂不韋의 가신이 되어 시위관으로 임명되어 드디어 왕을 만날 기회를 얻어 자신의 견해를 유세할 수 있었다. 그는 진나라의 천하통일에 대해 유세했고, 왕은 그를 요직에 등용했다. 그는 다양한 계략으로 성과를 얻어 객경客卿이 되었다.

하지만 그에게 시련이 찾아왔다. 진나라의 왕족과 대신들이 대부분의 객경들은 실상 진나라를 이간질하려는 자들이라며 모든 객경들을 축출해달라고 청했다. 이사 역시 축출 대상에 올랐는데, 그는 처벌을 무릅쓰고 진왕에게 객경들을 내치지 말 것을 권하는 '간축객서諫逐客書'라는 글을 올렸다.

"지금 조정에서 객경들을 축출하자고 하는데 그건 잘못된 일입니다. 옛날 목공穆公께서 인재를 구하고자 서쪽 융戎에서 유여由余를 데려오고, 동쪽 완宛에서 백리해百里奚를 얻었으며, 송宋나라에서 건숙蹇叔을 맞이했고, 진晉나라에서 비표丕豹와 공손지公孫支를 불러들였습니다. 이들은 진나라에서 태어나지 않았지만 목공께서 등용하여 20여 나라를 통합하고 마침내 서융을 제패하는 큰일을 이루었습니다."

이렇게 시작하는 글에서 이사는 효공孝公은 상앙商鞅의 변법을 채용해 부국강병을 이루었고, 혜왕惠王은 장의張儀의 계략으로 제후들의 합종책을 깨뜨려 모두 진나라를 섬기게 하였고, 소왕昭王은 범수範雎를 얻어서 대신들이 강해지는 것을 막고, 제후들을 눌러 황제의 대업을 이루도록 만들었다고 했다. 네 임금들은 모두 빈객들을 등용시켜 공로를 세우게 한 것으로 인재를 멀리하고 등용하지 않는다면 나라의 부귀와 이익은 얻을 수 없으며 강대국으로 발돋움할 수 없다고 주장했다.

그는 '태산泰山은 한 줌의 흙도 양보하지 않기에 그 높이를 이룰 수 있는 것이고〔泰山不辭土壤〕 하해河海는 작은 물줄기도 가리지 않으므로 그 깊이를 이룰 수 있는 것〔河海不擇細流〕이라고 말했다. 다시 말해 한 번 등용했으면 내치지 말라는 뜻이었다.

이 글로 진나라 왕은 즉시 객경에 대한 축출을 취소하고 이사의 관직을 회복시켜 그 계책을 따르기로 했다. 20년 후, 진나라는 천하를 통일하였고 군주를 높여 황제라 칭했다. 이사는 승상이 되었다. 그는 진시황秦始皇이 6국을 통일하는 데 모략과 정책을 제시하여 진 제국의 건립과 중국의 대 통일을 이루는 데 큰 공을 세울 수 있었다.

하지만 그의 인품은 바르지 못했다. 그는 명리를 좇았고, 이익 앞에서 의리를 잊었다. 그리고 함께 동문수학했던 한비자韓非子를 죽게 했다. 결국 진시황이 죽은 뒤 조고趙高에게 매수되어 진 2세 호해胡亥를 위해 옳지 못한 일을 저질렀으며, 끝내는 조고의 모함에 빠져 자신의 몸을 망치고 말았다.

세종世宗의 인재관 중 주목할 만한 것은 『치평요람』에 나오는 '토포악발吐哺握發'이다. 중국 주나라의 주공이 식사할 때나 목욕할 때 손님이 찾아오면 '입에 있는 음식을 뱉고, 감고 있던 머리를 감싸 쥐고 나가 영접했다'는 고사에서 유래한 말로, 현명한 인재를 얻기 위해 애쓴다는 의미이다.

세종은 인재를 불러오는 것도 중요하게 여겼지만 그 인재의 말을 채택해서 쓰는 것을 더 중요하게 여겼다. 율곡栗谷 이이李珥는 그런 세종에 대해 '사람을 쓰되 자기 몸과 같이 하였다. 현인과 재능 있는 이를 쓰되 그 부류를 따지지 않았다. 임용하고 말을 채택함에 오롯이 하여 참소와 이간질이 들어갈 수 없었다. 또 지위가 그 재능에 합당하면 종신토록 바꾸지 않았다'고 『율곡전서』에 남겼다.

'토사구팽兎死狗烹'이라는 말이 있다. '토끼를 사냥하러 가서 잡으면, 사냥하던 개는 쓸모가 없게 되어 삶아 먹는다'는 뜻이다. 즉, 목적을 달성하고 나면 그 목적에 이용된 도구나 사람은 쓸모가 없게 되어 배척되거나 제거된다는 의미이다. 『사기史記』「월왕구천세가」에 나오는 말이다.

춘추시대 오吳나라와의 싸움에서 월越나라 구천句踐이 승리하고, 패권을 차지할 수 있도록 도운 범려范蠡는 상장군의 자리에 오르고도 월나라를 떠나버렸다. 그는 구천을 곁에서 보좌했기 때문에 그에 대해 누구보다 잘 알고 있었다. 그는 구천을 신뢰할 수 없는 인물이라 여겼던 것이다. 제齊나라에 은거한 그는 함께 구천을 도와 승상이 된 문종文種에게 '새 사냥이 끝나면 좋은 활도 감추어지고, 교활한 토끼를 다 잡고 나면 사냥개를 삶아 먹는다'는 내용의 편지를 보내 빨리 월나라를 떠나라고 권유했다. 하지만 문종은 주저하다 구천에게 반역의 의심을 받게 되었고, 결국 자결하고 말았다는 이야기에서 나온 고사성어이다.

중국 역사에서 이런 토사구팽의 예는 적지 않다. 대표적으로는 한漢나라의 명장 한신韓信이 있다. 그는 한고조漢高祖 유방劉邦이 황제로 등극하는 데 일등공신이 되었지만 유방이 제왕이 된 후부터 자신을 비롯한 개국공신들을 차례로 겁박하여 숙청하는 상황을 보고 토사구팽의 세태를 한탄하면서 죽었다는 일화가 있다. 그래서 장량張良은 공명을 이루자 자리에 연연하지 않고 스스로 물러나 은둔했고, 소하蕭何는 유방의 의심에서 벗어나기 위해 일부러 탐욕에 물든 사람처럼 행세해야 했다.

어려울 때는 사람을 귀하게 여기다가도 편안할 때는 함부로 하는 것이 권력자의 마음이기도 하다. 공적이 높을수록 권력자는 모든 사람을 자신을 위협하는 존재로 보기도 한다. 그러나 등용했으면 믿고 써야 하는 것이 리더의 자세다. 토사구팽을 일삼는다면 누가 곁에 남아나겠는가.

과학적인 인재선발 시스템을 구축하라

조직의 경쟁력 확보를 위한 최선의 전략은 조직의 미래 성장과 생존에 필요한 핵심인재를 확보하는 것이다. 핵심채용 활동은 모집과 선발 그리고 고용의 단계로 구성된다. 이러한 활동이 원활하게 이루어지기 위해서는 핵심인재를 확보하고 선발 및 유지를 위한 전략을 세우는 인사 시스템이 필요하다.

조선 세종世宗 때에는 과거제도만으로 적당한 인재를 다 뽑을 수는 없었다. 그래서 지모와 용력이 뛰어나서 능히 변방을 지킬 만한 뛰어난 장수, 총명하여 능히 수령직에 대비할 수 있는 공정한 지방관, 사무에 능숙하고 두뇌가 명석하여 극히 번거로운 자리도 감당할 수 있는 명석한 사무관 등을 천거하도록 했다. 하지만 이 제도는 천거를 잘하고 못하고에 따라 상벌이 주어졌기에 반응이 미미했다.

그래서 3년마다 인재를 추천하는 법제가 마련되었다. 여기에 3단계의 인재검증 시스템을 갖추었다. 이조吏曹의 낭관으로 하여금 경력과 자질, 그리고 부패혐의, 가족관계까지 살피게 하여 매우 정밀하게 간택하였다. 이조 내부의 관원들이 함께 모인 자리에서 재차 평가와 논의를 거듭했다. 그리고 이조 밖의 여론을 들어보는 중론 단계를 거쳤다.

사헌부 관리들은 풍헌이나 탄핵을 결정할 때, 그리고 배직된 자의 서경署經을 할 때 죽 둘러앉아서 좌우를 물리치고 격렬하게 토론하곤 했는데, 이를 '원의圓議'라고 했다. 지금으로 치면 인사청문회와 같은 제도라 할 수 있다.

서경이란 임금이 관리를 임명할 때 대간사헌부·사간원들의 서명을 받아야 하는 제도를 말한다. 임금이 관리를 임명할 때 50일 이내에 대간이 임명장에 동의하지 않으면 해당 관리는 취임할 수 없었다. 그야말로 철저한 인사검증 시스템이었다.

대간들은 해당관리의 인사자료를 바탕으로 문벌과 품행, 경력을 철저히 검증한 뒤 국왕의 임명장에 서명할지를 판단했다. 만약 '부적격자'라는 결정을 내리면 '작불납作不納'이라고 써서 이조에 돌려보냈다. 또 하자는 있지만 불가피하게 서명을 해야 할 대상자에게는 '정조외正曹外'라는 세 글자를 썼다. '정조외'는 나라의 근간이 될 수 있는 주요 관직인 의정부·사헌부·사긴원·홍문관·예문관 등 청요식에 진출할 수는 없지만 그 외의 관직은 괜찮다는 일종의 '조건부 승인'이었다. 이밖에 '한품限品'이라는 서명도 있었다. 역시 일정한 품계 이상으로는 올라갈 수 없다는 조건부 서명이었다.

대간들에게는 서경 거부의 권한이 있었는데, 가장 극적인 사례 역시 세종 연간에 있었다. 세종은 이발李潑이라는 인물을 대사헌에 임명했다. 이발은 태종 때에 이미 대사헌으로 있으면서 사절단의 일원으로 명을 방문해 대량의 포물을 사사로이 싣고 가 현지에서 팔았던 게 물의를 빚었다. 그래서 외교문제로 비화되기도 했다. 그런 인물을 사정기관 수장인 대사헌으로 임명하자 사헌부 관리들이 가만있지 않았다. 결국 번번이 사헌부의 반발로 이발의 대사헌 임명을 취소하고 말았다.

조선시대에는 원의를 거쳐 서경거부권을 발휘할 수 있어 임금이 절대 권력을 누리는 것을 견제할 수 있었다. 조선의 과학적이면서 건강한 인사 시스템이었다. 혹독한 인사검증의 과정이 얼마나 중요한 것인가를 오늘날에도 일깨워준다.

규모로 치자면 소국이었던 주周나라가 상商나라를 전복시켰는데, 그 배경에는 철저한 인재검증 시스템이 있었다. 『육도六韜』라는 병법서를 쓴 것으로 알려진 태공망太公望 여상呂尙, 즉 강태공이 주 문왕과 무왕을 도와 주나라의 기틀을 세웠다. 『육도』에는 팔징지법八徵之法이라는 주나라의 인사 시스템이 나온다. 인재를 발탁하는 여덟 가지 검증 항목으로 '탁월한 전문 능력, 위기관리능력, 성실성, 도덕성, 청렴성, 정조, 용기, 술에 취했을 때 태도' 등이다. 이러한 인사검증을 통해 인재를 발탁했으니 요堯·순舜의 시대를 이어 받은 이상적인 치세를 펼칠 수 있었던 것이다.

진秦나라가 춘추전국시대 최후의 패권을 쥐게 된 것도 고도의 인사정책이 바탕이 되었기 때문이다. 출신과 성분, 배경을 가리지 않는 객경客卿이라는 개방형 인사시스템이 바로 진나라를 강하게 만든 힘이었다.

고대 중국에서 오늘날과 같은 모습의 과학적인 인재등용 시스템이 완벽하게 갖춰지지 않았더라도 각 나라의 사정과 위정자의 철학에 맞는 인재등용 시스템은 분명히 존재했다. 그런 시스템이 유능한 인재를 불러들였고, 나라를 다스리고 천하를 경영하는 데 있어 밑바탕이 되었던 것이다. 조선시대의 경우에도 인사검증에 대한 시스템이 존재했는데 인재선발에 과학적인 방법론을 적용했다는 것은 현대의 조직들에 깊은 메시지를 던져준다.

인재를 얻으려면 정성을 다하라

춘추시대 제齊나라를 최고 강대국으로 성장시키는 데 가장 큰 역할을 한 관중管仲은 『관자管子』「치국」편에서 '나라를 다스리는 원칙은 가장 먼저 백성을 부유하게 하는 것이다.〔治國之道, 必先富民〕'라고 했다. 이를 위해서는 인재가 필요하다. 통치자가 아무리 잘 나도 유능한 인재를 알아보고 그들을 기용하지 않으면 나라를 다스리기 어렵기 때문이다.

『사기史記』「위공자열전」의 주인공인 신릉군信陵君은 제齊나라의 맹상군孟嘗君, 조趙나라의 평원군平原君, 초楚나라의 춘신군春申君 등과 함께 수많은 문객과 빈객들을 정성껏 부양하고 우대했다. 그래서 '전국戰國 사군자四君子'로 불렸는데, 신릉군은 사군자들 중에서도 병법과 군사 전술에 가장 뛰어나 위魏나라를 위해 많은 군공軍功을 수립했다. 맹상군·평원군 등과도 깊게 교류하면서 전국 말기의 위태롭고 어지러운 상황을 잘 헤쳐 나간 인물이었다.

전국 사군자들은 문객들을 보살피는 일로 많은 일화를 가지고 있다. 그중 신릉군은 사람됨이 어질고 선비를 존중했다. 어질거나 불손하거나 어느 선비를 막론하고 모두에게 겸손하게 예를 갖추어 사귀었고, 감히 자신이 부귀하다고 해서 선비들에게 교만하게 대하지 않았다. 그래서인지 사방 몇천 리에서 선비들이 앞을 다투어 모여들어 식객이 3천명에 이르렀다.

신릉군은 위나라에 은둔하며 지내는 후영侯嬴이라는 선비에 대한 소문을 듣고 그를 초빙하려고 정성을 들였다. 후영은 나이가 70세였으나 집이 가난해 대량의 이문夷門을 지키는 문지기였다. 신릉군은 후영이 자신이 보낸 재물도 받지 않자 그를 위해 연회를 베풀기로 했다. 신릉군은 마차의 상석까지 비워 놓고 후영을 맞이하러 갔다. 후영은 상석에 앉아 신릉군을 지켜봤고, 일부러 시장 도살장에서 일하는 친구에게 들렀다 가자고 했다. 신릉군은 시장 도살장도 개의치 않고 수레를 끌고 갔다. 신릉군이 온화한 표정으로 자신을 기다리는 것을 본 후영은 그에게 감동했다. 이후 신릉군이 조나라를 구하러 갈 때 후영은 그에게 큰 도움을 주었다고 한다.

신릉군은 후영뿐만 아니라 누구에게나 겸손하게 예를 갖추고 사람을 구별하지 않았다. 훌륭한 인재를 얻으려면 먼저 예의를 갖추고 정중하게 가르침을 받아야 하는데, 신릉군의 인재를 대하는 모습이 그러했다.

신릉군이 조趙나라를 위험에서 구하고 위나라로 가지 않고 조나라에 머물고 있을 때였다. 그는 조나라에 은둔하고 있는 두 명의 처사處士를 만나고자 했다. 한 명은 모공毛公이라는 사람이었는데, 도박하는 무리들 속에 숨어 있었다. 그리고 설공薛公이라는 자는 술집에 숨어 있다는 소문을 들었다. 신릉군은 이 둘을 만나려 했지만 그들이 몸을 숨겨 만날 수가 없었다. 하지만 포기할 신릉군이 아니었다. 결국 신릉군은 그들이 있는 곳을 은밀히 찾아가 사귀었다.

전국 사군자 중 한 명인 평원군은 조나라 사람으로 위기에 처한 조나라를 구해달라고 신릉군을 부른 이였다. 평원군의 부인이 신릉군의 누이였는데 평원군은 신릉군이 모공과 설공을 만났다는 소문을 듣고 자기 부인에게 '신릉군이 둘도 없는 인물이라고 들었는데, 지금 알고 보니 도박하는 무리와 술파는 자와 사귄다고 하니 이는 망령된 사람이 아니냐?'고 했다.

부인은 그 말을 듣고 신릉군에게 전했다. 신릉군은 자신도 평원군이

어질다고 들어서 위나라 왕을 저버리고 조나라를 구해 평원군을 만족시켰던 것인데 그런 말을 한 것은 실망이라고 했다. 평원군은 친구를 사귐에 한낱 호걸스러운 행동만 있지, 선비를 구하려는 생각은 있지 않다고 나무라듯 말했다. 신릉군은 자신이 위나라 대량에 있을 때부터 두 명의 처사는 어질다고 들어왔던 터라 조나라에 와서 그들을 만나지 못할까 봐 걱정을 했고, 그들을 좇아 사귀더라도 그들이 자신을 좋아하지 않을까 두려워했다고 말했다. 인재를 얻기 위해 정성을 다하는 신릉군이라 더 그랬다.

그런데 평원군이 그것을 부끄럽게 여긴다면 오히려 평원군은 더불어 사귀기에 부족한 인물이라고 말하며 짐을 챙겨 떠나려고 했다. 그 말을 전해들은 평원군은 그제야 자신의 어리석음을 깨닫고 달려와 관을 벗어 사죄하며 더 머물기를 청했다. 이 소식이 알려지자 평원군의 문하에 있던 식객 중 절반가량이 그곳을 떠나 신릉군에게 갔다. 또한 천하의 선비들도 신릉군에게 몰렸다.

사마천司馬遷은 '내가 대량大梁의 옛 터를 지나면서 이문夷門이라고 하는 곳을 물어서 찾아보았다. 이문이라는 곳은 성의 동문이었다. 천하의 다른 공자들도 선비를 좋아했지만 신릉군信陵君만은 세속에 숨어 있는 선비들과 접촉했고, 아랫사람들과 사귀는 것을 부끄러워하지 않았다. 그가 제후들 가운데 으뜸이었다는 것은 헛소문이 아니었다. 한나라 고조高祖는 매번 대량을 지날 때마다 백성들로 하여금 그의 제사 받드는 것을 끊이지 않게 했다'라고 했다.

이처럼 신릉군은 사람을 대하는 데 있어서 정성을 다했다. 그래서 많은 이가 그를 존중하고 따른 것이다. 그로 인해 사람의 마음을 얻은 신릉군은 많은 것을 얻을 수 있었던 것이다.

이렇듯 인재를 얻으려면 정성을 다해야 한다. 유비가 제갈량을 얻기 위해 삼고초려를 한 것도 인재를 얻으려면 정성이 필요하다는 것을 알았던 것이다.

삼고초려와 유사한 일화를 가진 이가 제환공齊桓公이다. 그는 직稷이라는 작은 관리를 만나려고 하루에 세 번이나 찾아갔는데 만나지를 못했다. 그런 제환공을 시종이 말렸지만 포기하지 않고 찾은 끝에 다섯 번 만에 만날 수 있었다. 『상서』에서는 '현인을 얻을 수 있고, 그를 스승으로 배알하는 자는 왕이 되어서 천하를 얻을 수 있다'고 했다. 제환공이 패자가 될 수 있었던 이유이기도 하다.

인재를 얻으려면 먼저 정성으로 대하고, 그 다음은 믿음으로 대하고, 마지막으로 관용으로 대해야 한다. 『주역周易』「둔괘屯卦」에는 '귀한 몸이 미천한 곳까지 낮추면 크게 민심을 얻는다.〔以貴下賤 大得民也〕'라는 말이 나온다. 중국 전설적 거상 호설암胡雪巖은 '걸출한 인재를 얻으려면 돈을 많이 주는 것만으로는 충분치 않다. 정情과 의義로 사람들을 감동시켜야 진정한 인재人材를 만들 수 있다'고 했다.

앞서 언급한 '토포악발吐哺握發'과 같은 일화를 가진 성어가 '일목삼착·일반삼토一沐三捉·一飯三吐'이다. 공자孔子가 가장 이상적인 지도자이자 성인으로 칭송한 주周나라의 주공周公은 '머리를 감다가도 누가 찾아오면 감던 머리를 움켜쥐고 물을 흘려가며 나가서 맞이하고, 밥한 끼 먹는 짧은 시간에도 인재가 찾아왔다는 소식을 들으면 먹던 음식도 세 번이나 뱉고 나가서 만났다'는 데서 나온 말이다. 인재를 구하는 데 그토록 정성을 들였기에 주공이 다스릴 때 태평성대를 누릴 수 있었던 것이다.

PART 3

성과관리와 역량평가

창고에 물자가 풍부해야 예절을 알고, 먹고 입는 것이 풍족해야 명예와 치욕을 알게 된다.
임금이 법도를 실천하면 육친이 굳게 결속할 것이며,
나라를 다스리는 네 가지 강령인 예·의·염·치를 펼치지 못하면 나라는 멸망한다.
수원에서 물이 흘러가듯 명령을 내리면 그 명령은 곧 민심에 순응하게 된다.
[관중]

01

조직 및 개인의 성과관리

제도를 세우고 성과를 관리한다

성과관리는 조직이 존재하는 한 지속적으로 수행해야 하는 활동이다. 단순한 목표관리가 아닌 장기적인 역량강화를 통해 구성원의 참여를 이끌어내고 스스로의 동기부여를 할 수 있게 해야 한다. 또한 균형 잡힌 성과관리를 위해서는 제도가 반드시 마련되어 있어야 한다.

중국 삼국시대 유비劉備의 경우 첫 시작은 정情을 기반으로 했지만, 그가 관리해야 할 조직의 규모가 커지게 되자 제도의 필요성을 인식하게 되었다. 성도의 정권을 장악한 후에는 각 방면에서 제도를 구축했는데 그 중심에는 촉나라의 법률을 제정하는 것이었다. '촉과蜀科'는 바로 촉한의 법률로, 『삼국지三國志』「이적전」에 '제갈량諸葛亮·법정法正·유파劉巴·이적伊籍·이엄李嚴과 함께 촉과를 만들었다. 촉과의 체제는 이 다섯 명이 만든 것이다'라는 대목에서 알 수 있다.

유비 이전 유장劉璋이 촉을 다스릴 때의 법집행은 비록 엄격했지만 공정하여 백성들의 원망을 사지 않았다. 하지만 덕정이 베풀어지지 않고 사대부 대다수가 그 재물과 세력을 끼고 백성을 괴롭혀 백성의 10분의 8은 난을 일으킬 생각을 품었다는 기록이 『삼국지』에 실려 있다. 그래서 유비의 촉한은 법제와 교화를 결합해 위엄과 덕을 함께 보여주고, 촉국 관원과 군사들을 타이르고 훈계하기 위해 팔무·칠계·육공·오구 등 집행 조항을 제정했다. 제갈량은 엄격한 법률을 근간으로 한 법치를 추구했으며, 신상필벌의 원칙에 따라 공과에 대한 공정한 처우의 중요성을 강조했다.

진수陳壽는 『삼국지』에서 제갈량의 상벌정책에 대해 '충성을 다하고 나라에 보탬이 된 자는 비록 원수라도 반드시 상을 주었고, 법을 어기고 태만한 자는 비록 가까운 자라도 반드시 벌을 주었다. 죄를 인정하고 실토한 자는 비록 죄가 무겁더라도 반드시 풀어주었고, 헛된 말로 교묘히 꾸미는 자는 비록 죄가 가볍더라도 반드시 죽였다. 선행이 작다 하여 상 주지 않는 일이 없었고, 악행이 작다 하여 문책을 그냥 넘어가지 않았다. 모든 일을 올바르게 행하여 그 근본을 다스리고, 명분에 맞게 실질을 책임지게 했으며, 헛된 것은 입에 담지도 않았다. 마침내 나라 안의 모든 이가 그를 두려워하면서도 경애하고, 비록 형정刑政이 준엄했으나 원망하는 자가 없었으니, 이는 그 마음 쓰는 것이 공평하며 권하고 경계하는 것이 분명했기 때문이다'라고 평했다.

제갈량은 저지른 죄에 대한 책임과 그 책임을 대하는 사람의 태도에 따라 적절한 형벌을 내렸다. 그의 유연한 치도를 알 수 있는 대목이다. 유비가 촉을 다스리는 것을 보좌한 제갈량은 비록 법과 제도를 엄격하고 분명하게 할 것을 주장했지만 구체적인 문제를 처리하는 과정에서는 관대함을 동시에 보여주었다.

강력한 법에 있어서는 상앙商鞅과 이사李斯 등으로 대표되는 법가를 언급하지 않을 수 없다. 이들의 법은 대단히 엄혹하고 체제 중심적이라 민심을 얻는 데 좋은 결과를 가져오지 못했다. 반면 정鄭나라 자산子產의 경우는 법가들처럼 법을 기반으로 한 통치술을 보였음에도 백성들로부터 큰 호응을 받았다. 물론 자산의 법도 처음부터 환영을 받았던 것은 아니었다. 자산은 재상으로 있으면서 통치 집단 내부의 비리와 정치의 문란, 그리고 백성들의 무법, 각종 불법비리 등 범국가적인 혼란에 맞서 먼저 국가질서를 정돈하는 일부터 손을 댔다. 법규와 제도를 건전하게 다듬고 통치기구의 등급을 제대로 갖추었으며, 각종 법률조항을 형정刑鼎에다 새겨 전국에 반포했다. 그리고 각종 엄격한 제도를 실행하기 시작했다.

법이 금방 정착되는 것이 아니듯이 자산의 각종 제도가 정착하는 데는 시간이 걸렸다. 백성들의 원망의 목소리는 한참 동안 이어졌는데, 심지어는 노래까지 만들어 자산을 저주할 정도였다고 한다. 그러나 자산은 굴하지 않고 나라를 잘 다스렸다. 시정개혁을 굳세게 밀고 나가 정착되도록 했다. 그리하여 3~5년 사이에 정나라의 정치는 큰 효과를 보게 되었고, 백성들은 다시 노래를 지어 자산을 칭송했다.

자산은 '정치는 두 가지 방법밖에는 없다. 하나는 너그러움이고, 하나는 엄격함이다. 덕망이 높고 큰 사람만이 관대한 정치로 백성들을 따르게 할 수 있다. 물과 불을 가지고 비유하면 적절할 것이다. 불이 활활 타오르면 백성들은 겁을 먹는다. 따라서 불에 타 죽는 사람은 아주 적다. 물은 성질이 부드럽기 때문에 백성들이 겁을 내지 않는다. 그래서 물 때문에 죽는 사람이 많은 것이다. 관대한 통치술이란 물과 같아 효과를 내기가 여간 어렵지 않다. 그래서 엄격한 정치를 하는 경우가 훨씬 더 많은 것이다'라고 했다.

한비자韓非子는 『한비자』「정법」편에서 법法과 술術에 대해 '술이란 군주가 신하의 담당할 능력에 맞추어 관직을 수여하고, 그 실적을 평가하여 살생하는 권력을 장악하여 신하들의 능력을 시험하는 것이다. 법이란 관청에서 명시하고 있는 법률이며, 그 형벌에서 벗어날 수 없다고 백성들이 믿고 있는 것이며, 법을 지키고 있는 자에게는 상을 주고, 명령을 위반하는 자에게는 벌을 가하며, 이 법을 신하의 기준으로 하는 것이다. 군주에게 술이 없으면 위에 있어서는 그 눈이 가려지고, 신하에게 법이 없으면 아래로 문란해진다. 그러므로 이 술과 법은 그 어느 하나라도 없어서는 안 되는 것이며, 함께 제왕에게 필요한 도구다'라고 말했다.

자신을 다스릴 줄 아는 사람이 다른 사람도 다스린다

'수신제가치국평천하修身齊家治國平天下'라는 말은 유교에서 강조하는 올바른 선비의 길을 이르는 말이기도 하다. 몸과 마음을 닦아 수양하고 집안을 가지런하게 하며 나라를 다스리고 천하를 평정한다는 의미로 『대학大學』에 실려 있다.

공자孔子는 세상을 변화시킬 군자의 기본으로 수신修身을 꼽았다. 수신은 기본을 아는 사람이 되는 과정으로 마음과 행실을 바르게 하는 것이다. 또한 부처는 '활 만드는 사람은 화살을 다루며, 물 대는 사람은 물을 끌고, 목수는 나무를 다루고, 지혜 있는 사람은 자기를 다룬다'는 말로 수신을 대신했다. 결국 수신이 관계의 시작인 셈이다. 자신을 다스릴 줄 아는 사람이 다른 사람과의 관계도 잘 풀어갈 수 있다. 『사기史記』에는 수신과 관련된 말들이 많다.

「평진후 주보열전」에도 수신과 관련된 일화가 나온다.

한무제漢武帝 때 재상이었던 공손홍公孫弘은 벼슬에 있다 물러난 후 다시 추천을 통해 벼슬에 올랐다. 그는 강력하게 간언하는 성격이기보다는 무제의 뜻을 살펴 의사를 표현하고, 문자 수식을 적절하게 활용해 관료의 길을 걷고, 적절하게 겸손을 내보이며 무제의 신임을 받았다. 그래서인지 『사기』에서는 그에 대해 남을 시기하고 의심이 많은 사람이라고 했다. 겉으로는 관대한 척하지만 속을 전혀 알 수 없으며, 자신과 사이가 안 좋은 자들에게 좋은 것처럼 대해주면서 몰래 보복을 꾸며 물리친다는 것이다. 하지만 그는 검소하게 살아 집안에 재산을 남겨두지 않았고, 자신은 소박하게 밥을 먹으면서도 친구나 손님들이 의식주를 청하면 자신의 것을 몽땅 내주곤 했다. 그래서 사대부들은 그런 공손홍을 훌륭한 자라 칭찬하였다. 공손홍은 승상이 되고 평진후平津侯에 봉해졌는데, 회남왕淮南王·형산왕衡山王이 반란을 일으키자 그 책임을 지고 사임하려 했다.

"천하에는 다섯 가지 통행되는 도가 있습니다. 군신, 부자, 형제, 부부, 장유의 질서입니다. 또 이 도를 실행하게 하는 세 가지가 있는데 지智·인仁·용勇입니다. 힘써서 실천하는 것은 인에 가깝고, 묻기를 좋아하는 것은 지에 가까우며, 부끄러움을 아는 것은 용에 가깝습니다. 이 세 가지를 안다면 스스로 수신할 방법을 알게 됩니다. 스스로 수신할 방법을 터득한 다음에라야 남을 다스리는 방법을 알게 되는 것입니다. 이제껏 자신을 다스리지 못하면서 남을 다스리는 자는 없었습니다. 이는 불변의 도입니다. 이제 폐하께서는 몸소 효를 행하시고 치국지도를 세우시고 덕과 재능을 겸비하셨습니다. 훌륭한 선비를 발굴하여 봉록을 내리시고 능력에 따라 벼슬을 내리십시오."

공손홍은 무제에게 글을 올려 직위를 반납하여 현능한 자에게 길을 터주고자 한다 했다. 하지만 무제는 공이 있는 자에게는 상을 내리고 덕이 있는 자에게는 표창하고 또 태평할 때에는 문을 숭상하고 혼란스러울 때는 무를 존중하는 것은 오랜 전통이며, 상벌과 진퇴는 오직 황제에게 달려 있다며 휴가를 허락하고 음식과 비단을 하사하였다.

공손홍은 그 스스로는 수신을 다하지 못했지만 황제에게는 수신하기를 권한다고 했다. 그의 수신의 깊이는 알 수 없지만 자신의 공을 자랑하거나 유능함을 떠벌리지 않았다. 사마천司馬遷은 『순리열전』에서 '법을 받들고 이치를 따르는 벼슬아치는 공을 자랑하지 않고 유능함을 떠벌리지도 않는다. 백성들의 입에 오르내리지 않으며 잘못도 범하지 않는다'고 했다.

『노자老子』에 나오는 말이다.

"스스로 드러나지 않으므로 오히려 밝게 빛나고, 스스로 옳다고 여기지 않기에 도리어 공이 두드러진다. 자신의 공을 자랑하지 않으므로 오히려 공이 두드러지고, 자기의 능력을 떠벌리지 않기에 도리어 오래 갈 수가 있다."

〔不自見故明 不自是故彰 不自伐故有功 不自矜故有長.〕

수신이란 자신을 일부러 드러내지 않는 것임을 알 수 있다. 『논어論語』「자로」편에 나오는 말도 살펴보자.

"위정자 자신이 올바르면 명령을 내리지 않아도 저절로 시행되고, 자신이 올바르지 않으면 명령을 내려도 시행되지 않는다."

〔其身正, 不令而行; 其身不正, 雖令不從.〕

자기 한 몸의 수신 여부가 타인의 행동에까지 영향을 미칠 수 있다는 말이다. 수신은 자신에게서 끝나는 것이 아니라 시작인 것이다. 타인과의 관계를 만드는 것이고, 더 나아가 조직 속에서 발현된다.

자신을 다스리지 못해 결국 나라도 다스리지 못했던 군주들이 있다. 당현종唐玄宗도 그런 군주라 할 수 있다. 그는 즉위 초반만 해도 요숭姚崇·한휴韓休·송경宋璟·장구령張九齡 등의 유능한 재상들과 함께 '정관지치貞觀之治' 못지않은 태평성세를 구가했다. 713년부터 741년까지 28년간을 가리켜 '개원지치開元之治'라고 불릴 정도였다. 그의 곁을 지킨 재상들은 한결같이 능력이 출중하고 황제에 대한 충성심이 지극하였다. 그중에도 요숭의 공이 가장 높았는데 그는 치국의 열 가지 조건을 제시하였는데 치세 초기 당현종은 이것들을 모두 수용하였다고 한다.

한휴는 언제나 당현종에게 직언을 올리기로 유명하였다. 그는 현종에게 자주 나라를 다스리는 도를 논하며 과실을 지적하고 불법을 행하지 말 것을 당부했다. 그의 직언이 얼마나 심했던지 주위에서 왜 한휴를 내치지 않느냐고 하자, 현종은 '한휴 때문에 짐은 마르더라도 천하와 백성들이 살찌면 아무 여한이 없다'라며 총애했다. 하지만 결국 1년도 못 되어 한휴는 관직을 박탈당한다. 어느 사이 거만해진 현종은 귀에 따가운 소리가 듣기 싫어졌던 모양이다. 또 유능한 장구령을 해임하고 아첨에 뛰어나고 무능한 이임보李林甫를 승상으로 임명했다. 이것은 현종이 누가 충신이고 간신인지를 판단하는 능력이 없었던 것이 아니라, 권력의 맛을 보고 자기 자신조차도 다스리지 못하는 상황에 처하게 된 것이었다. 결국 그 자신도 나라도 파국을 맞이할 수밖에 없었다.

일이 작을 때 관리하라

『한비자韓非子』「유로喩老」편에는 노자老子의 말을 인용한 구절이 나온다.

노자는 '천하의 어려운 일은 반드시 쉬운 일로부터 비롯하고, 천하의 큰 일은 반드시 작은 일로부터 일어난다'고 했다. 한비자는 일을 잘 처리하려면 그것이 크기 전에 처리해야 한다며, 일이 쉬울 때 어렵게 될 경우를 계획하고, 일이 작을 때 큰일이 될 경우의 일까지 해두어야 한다'고 했다.

길이가 천 길에 이르는 제방도 작은 개미구멍으로 인해 무너지는 것이며, 높이 백 척의 큰 집도 굴뚝 사이에서 새어나오는 불티로 재가 된다고 했다. 그래서 백규白圭는 제방을 살필 때 작은 구멍이라도 곧 막았으며, 노인이 불조심을 할 때는 반드시 틈바구니를 바르는 것이라 했다. 그렇게 함으로써 백규가 조사하면 수해가 없고, 노인이 일을 하면 화재가 없다는 것이다. '제궤의혈堤潰蟻穴'이라는 사자성어가 여기에서 나온 말이다. 수해나 화재 모두 작은 일에서부터 시작되는 만큼 손쉬운 일에 대해서 경계를 하여 어려운 일이 일어나지 않도록 하고, 사소한 일을 경계하여 대사에 이르지 않아야 함을 강조한다.

또 한비자는 편작의 일화를 예로 들었다. 명의로 알려진 편작은 제나라 환공을 보고 피부에 병이 있으니 당장 치료하지 않으면 심해질 것이라고 했다. 하지만 환공은 자기 몸은 아무 이상이 없다며 그 말을 듣지 않았다. 열흘 뒤에 편작이 환공을 보고 근육에 병이 들었으니 치료하지 않으면 심해질 것이라고 말하였으나 제환공은 역시 듣지 않았다. 다시 열흘 뒤에 찾아온 편작이 위장에 병이 들었다고 했지만 환공은 이번에도 듣지 않았다. 또 열흘이 지나 편작은 환공을 찾아와서는 아무 말 없이 물끄러미 바라보기만 하다가 돌아갔다.

환공이 사람을 시켜 그 까닭을 물었다. 편작은 '병이 피부에 들었을 때는 뜨거운 찜질로 치료가 가능하고, 근육 속에 머물고 있을 동안은 쇠침이나 동침으로 치료할 수 있으며, 위장에 있는 동안은 탕약으로 치료할 수 있는데, 병이 골수에 침범해 들어간 이상 이젠 손을 쓸 수가 없다'고 했다. 그 후로 5일이 경과한 뒤에 환공은 신체에 고통을 느끼게 되어 편작을 찾아보았으나, 그는 이미 제나라에서 빠져나가고 없었다. 환공은 마침내 죽고 말았다.

질병이 심장과 횡격막 사이에 들어간다는 뜻으로, 치유불능의 중한 상태를 병입고황病入膏肓이라 하는데, 병이 아직 피부에 머물러 있을 때 서둘러 치료해야 건강할 수 있다. 비단 질병만이 아니다. 무슨 일이든 일이 작을 때 처리해야 한다.

『한비자』「유로」편에는 화근을 미리 막아야 하는 교훈을 주는 일화가 있다.

진晉나라 공자 중이重耳가 전란을 당하여 정鄭나라로 피난을 간 적이 있었다. 그런데 정나라의 문공文公이 푸대접을 했다. 정나라 신하 숙첨叔詹은 중이는 현명한 공자이므로 그를 후대하여 은혜를 베풀도록 간언했다. 하지만 문공은 이를 듣지 않았다. 숙첨은 거듭 간언을 하며 그를 후대하지 못하겠다면 차라리 죽여야 후환이 없을 거라고 했다. 하지만 이번에도 문공은 말을 듣지 않았다. 결국 그의 말대로 중이는 진나라로 돌아가 문공이 되자 정나라의 무례를 잊지 않고 정나라를 정벌하고 8성을 공략하였다.

한비자는 '안정하고 있으면 유지하기가 쉽고, 사태의 징조조차 보이지 않을 때는 얼마든지 쉽게 처리할 수 있다'는 노자의 말을 인용해 일이 작을 때 관리해야 함을 강조했다. 일이 작을 때 관리한다는 것은 대비하는 것도 포함된다. 우리가 알고 있는 '유비무환有備無患'이나 '거안사위居安思危'라는 말 역시 일이 작을 때 대비하라는 의미다. 이 말은 『서경書經』과 『좌씨전左氏傳』에 기록되어 있다.

춘추시대 진晉나라의 도공悼公에게는 사마위강司馬魏絳이라는 유능한 신하가 있었다. 그는 법을 엄격히 적용하는 것으로 유명했다. 그런데 하필이면 도공의 동생인 양간楊干이 군법을 어기는 일을 저질렀다. 위강은 법 적용에 예외가 없다고 여겼으므로 양간의 마부를 대신 잡아다 목을 베어 죽였다. 그러자 양간이 도공에게 위강이 자신의 마부를 죽였다며 이것은 왕실을 욕보인 것이라고 읍소했다. 도공이 위강을 잡아들이라고 하자, 양설이라는 신하가 충신인 위강이 그런 일을 했다면 반드시 무슨 이유가 있을 거라고 간언했다. 도공은 이 말을 듣고 내막을 알아본 후 오히려 위강을 더욱 신뢰하게 되었다고 한다.

정鄭나라가 출병하여 송宋나라를 침략했을 때의 일이다. 송은 진나라에 구원을 요청했다. 도공은 즉시 노魯와 제齊, 조曹나라 등 12개국에 사신을 보내 연합군을 편성하여 위강의 지휘로 도성을 에워싸고 항복을 요구하였다. 어쩔 수 없이 정나라는 연합국과 불가침조약을 맺게 되었다. 그런데 이번에는 정나라가 북방과 화친을 맺자 초楚나라가 이에 불만을 품고 정나라를 침공하였다. 정나라는 초의 강성한 군대가 두려워 초나라와도 화의를 맺었다. 그러자 정나라의 태도에 화가 난 12개국이 정나라를 다시 쳤으나 진나라의 주선으로 화의를 맺고 안정을 되찾게 되었다.

정나라는 감사의 표시로 도공에게 값진 보물과 궁녀를 선물로 보내

왔다. 도공은 이것을 위강에게 하사하자 그는 '편안할 때에 위기를 생각하십시오〔居安思危〕. 그러면 대비를 하게 되며〔思則有備〕 대비 태세가 되어 있으면 근심이 사라지게 됩니다〔有備則無患〕'라고 거절했다. 일이 작을 때 대비하면 소 잃고 외양간 고치는 일은 없을 것이다. 호미로 막을 일을 가래로 막게 되는 일이 없도록 적은 힘으로 충분히 처리할 수 있을 때 잘 관리해야 한다.

덕목으로 자기관리가 필요하다

리더마다 그 자신을 대표하는 덕목이 있다. 리더에게는 능력, 도덕성, 판단력, 결단력 등 많은 덕목과 자질이 요구된다. 맹자孟子는 신뢰, 공감, 인의, 조력 등을 리더의 덕목으로 여겼다. 정약용丁若鏞은 『목민심서牧民心書』에서 바른 몸가짐을 할 것이며, 말을 많이 하지도, 갑자기 성내지도 말라고 했다. 청렴할 것이며 청탁을 물리치고, 집안을 다스리고 씀씀이를 줄이고 베풀어야 한다고 했다.

인재등용에 있어 과감함을 보였던 조조曹操의 덕목은 무엇이었을까?

"오랫동안 군사를 거느리고 전쟁터를 누비는 동안 나는 법에 따라 일을 처리했다. 종종 화를 내고 실수를 저지르기도 했는데 그런 것은 본받지 말거라. 아직도 천하가 불안정하니 옛 법도에 따라 상을 치르지 말라. (중략) 내가 죽거든 별도의 상복을 마련하지 말고 평상복이면 족할 듯하다. 절대로 내 뜻을 어기지 말라. 상례를 치르고 15일이 지나면 문무백관은 상복을 벗고, 각지에 주둔한 장수들은 주둔지를 이탈하지 말 것이며, 모든 관리는 맡은 일을 충실히 수행하도록 조치하라. 입관할 때는 수의로 평상복을 입히고 업성 서쪽의 구릉지, 서문표西門豹의 사당 부근에 매장하라. 그리고 금은보화 등 값진 부장품을 묻지 말라. (중략) 때때로 동작대 꼭대기에 올라 내 묘지를 바라보며 나를 추모하게 하라. 그들에게 향을 조금씩 나눠주되 제사를 모시라고 강요하지는 말라. 또한 놀고먹지 말고 신발을 만들어 팔아서 재물을 모으라고 이르라. 내가 여러 관직을 역임하며 받은 인수를 잘 보관하라. 입던 옷은 별도로 보관하되 보관하기 어려운 옷은 형제들에게 나눠주라."

조조의 유언으로, 조조의 덕목 중 대표적인 하나는 '검소'이다. 그는 평생 검소한 생활을 숭상했는데 유언 속에도 고스란히 전해진다. 그는 생전에 호사를 누리지 않았으며 관리와 백성들에게도 그렇게 살도록 계몽했다. 『삼국지三國志』「위서」에는 조조에 대해 '고아한 성정으로 절검하며 화려한 것을 좋아하지 않았다. 후궁들은 비단으로 수놓은 옷을 입지 않았고 곁에서 시중드는 이들은 두 가지 이상 채색된 신을 신지 않았으며, 휘장과 병풍이 헐면 기워서 쓰고 이부자리는 따뜻함을 취할 뿐 장식하는 일은 없었다. 성읍을 함락하면 좋은 물건은 모두 공을 세운 자들에게 내리니, 공훈과 노고가 있는 사람에게는 의당 상을 주며 천금을 아끼지 않았고, 공이 없으면서 시혜를 바라는 자에게는 한 오라기 털조차 나누어주지 않았으며, 사방에서 진상한 물건은 여러 신하와 함께 나누었다'라고 기록되어 있다. 이 내용으로 볼 때 조조가 얼마나 절검을 생활 속에서 실천했는지 알 수 있다.

조조는 옷을 입으면 10년 이상을 입어서 해마다 수선을 해야 했다. 이불에도 수를 놓는 장식을 하지 못하도록 했고, 일상생활에 사용한 기물은 화려하게 장식한 것을 배척하고 수수하면서도 실용적인 것을 택했다. '많은 관리와 백성들이 수놓은 옷을 선호하고 천으로 만든 신발을 신는다. 그렇더라도 주홍색, 자주색, 황금색은 절대 사용하지 말라. 예전에 강릉에서 화려한 색깔의 천으로 만든 신발을 구비해 집안사람들에게 나눠준 적이 있는데, 그때 신발이 떨어지면 비슷한 신발을 만들어 신지 않기로 약속했다'는 조조의 말이 「내계령」에 실려 있다.

조조의 처, 변씨 부인 역시도 남편을 따라 검소함을 몸에 익혔다. 조조가 세상을 떠나고 아들 조비가 황제의 자리에 오른 뒤에도 그녀는 검소한 생활을 이어갔고, 기회가 있을 때마다 자식들에게 '검소하게 생활하고 지나친 포상을 바라지 마라. 내가 야박하게 대한다고 생각할지라도 내 마음은 변치 않는다. 40~50년간 무황제를 모시면서 검소한 생활이 몸에 배었기 때문에 사치하는 생활은 거북하다'라고 말했다. 『삼국지』 「후비」전에 조조 부인 변씨 이야기가 나온다. 그녀는 동생 변병에게 집을 지어주었는데, 집을 다 지은 후 친척을 불러 식사를 했다. 그런데 상에는 나물과 조밥뿐 어육이 놓이지 않았다고 한다.

조조나 그 부인뿐만 아니라 조조 수하의 중신 명장 가운데 많은 사람이 절검하고 청렴했다. 대장군 하후돈夏候惇은 성격이 청렴하고 검소해 남는 재물이 있으면 곧 사람들에게 베풀었고, 부족하면 관청에서 도움을 받았으며, 재산관리를 일로 삼지 않았다는 기록이 있다. 시중 광록대부 순욱筍彧과 그 조카 순유荀攸 역시 모두 고관 중신이었지만 검소할 뿐만 아니라 봉록을 친지와 친구들에게 모두 나누어주어 집에는 남은 재산이 없었다. 동조연 모개毛玠는 요직에 있으면서도 항상 베옷을 입고 채소만 먹으면서 조카를 교육시켰고 하사받은 상은 빈곤한 씨족에게 베풀어서 집안에 남아 있는 것이 없었다. 리더가 절검을 솔선수범하는데 그 수하들이 화려한 생활을 할 수는 없었을 것이다. 조조는 절검이라는 덕목을 통해 리더로서의 좋은 이미지를 만들었고 조직의 기풍을 형성했다.

한편, 조조는 관리를 선발하고 평가할 때도 검소함을 중요한 기준으로 삼았다. 그 결과 온 나라에 검소함을 숭상하는 기풍이 조성되면서 깨끗한 정치가 구현되었다. 그런 과도함 때문에 겉모습만 청렴을 가장하는 관리도 나타났다. 그럼에도 검소를 강조하고 청렴을 권장하는 조조의 정책은 눈에 띌 정도로 좋은 효과를 거뒀다. 조조의 고향 친구인 정비丁斐는 관청의 수레를 사사로이 이용하다 파직당했으며, 일찍이 조조를 위해 공융孔融의 죄를 날조했던 노수路粹는 터무니없이 낮은 가격으로 당나귀를 산 죄로 목숨을 잃을 정도였다.

조조가 그토록 검소함을 강조했건만 아쉽게도 그 영향력은 오래가지 못했다. 아들 조비曹丕가 황권을 잡자 사치풍조가 일기 시작하더니 손자 조예曹叡 대에는 그 풍조가 절정에 이르렀다. 특히 조예는 낙양의 궁궐을 대대적으로 보수하고 방림원에 연못을 조성한 후 수많은 궁녀를 뽑아 향락을 추구했다. 더욱이 자의적으로 포상을 실시하는 바람에 국고가 바닥나고 말았다. 조정 대신 양부楊阜와 고당륭高堂隆 등이 여러 차례 간언했지만 별다른 효과를 거두지 못하면서 끝내 위나라의 국운은 점차 쇠락의 길로 들어섰다.

조선의 인사고과제도를 보다

조직의 고위관리자가 일정한 기준에 따라 조직구성원의 업무실적·수행능력·근무태도 등을 종합적으로 평가하는 일이나 그 제도를 '인사고과제도'라고 한다. 인사고과제도는 인사를 담당하는 곳이 있다면 어떤 형태로든 존재한다. 조선시대에도 인사고과제도가 존재했다.

'전최殿最'라고 해서 관리들의 평상시 근무상태를 조사하여 성적을 매기는 일종의 근무성적평정으로 성종 대에 처음 실시되었다. 또는 '포폄褒貶'이라고 하였는데, 전 또는 폄은 최하등수이고 최 또는 포는 제일 높은 등수를 말한다. 『경국대전經國大典』에 따르면 전최는 내직에 있는 당상관을 제외한 모든 관리에게 적용했다. 중앙에서는 당상관이, 지방에서는 관찰사가 관원과 지방수령을 대상으로 점수를 매겨 매년 6월 15일과 12월 15일에 왕에게 보고하도록 했다. 사헌부, 사간원, 세자시강원의 관리는 등급평정을 하지 않았다. 열 번의 평가에서 모두 상上을 받으면 한 단계 높은 품계로 승급시키고, 열 번 가운에 두 번만 중中을 받으면 녹봉이 없는 관직으로 좌천시키고 세 번이면 관직을 박탈하였다. 가장 아래 등급인 하下를 받으면 그 자리에서 파면당했다.

문서상 각종 규정의 근무평정에 대해 자세하게 정해놓고 있지만 원칙대로만 행해지는 것은 아니었다. 평정대상자를 상·중·하로 구분하였지만 대체로 좋게 평정한 것으로 보인다. 그러다 보니 가끔 포폄에서 하下가 없다고 하여 포폄을 부실하게 실시한 죄를 물어 관찰사를 파직시킨 경우도 있고 승지를 시켜 조사하기도 하였다. 여기에도 평정대상자의 가문이나 배경 등을 무시할 수 없었으므로 집안이 미미한 사람은 일을 잘하여도 중中이나 하下로 평정을 받는 경우가 있었다. 여론조사를 하러 다니는 관찰사 밑에 있는 아전들의 농간에 의해 좌우되는 경우도 있었으므로 수령들은 이 아전들을 무시할 수 없었다. 어느 시대나 사람이 하는 일에는 공명정대하게만 처리되지는 않는다.

『성종실록』에는 '대간에서 관리가 재물을 탐내고 용렬하여 직책을 감당하지 못하는 자를 나열하여 아뢰었으므로 여러 대신에게 의논하여 그

가운데서 가장 심한 자 7인을 내쫓았는데 이들은 모두 전날에 고과의 등급에서 상등에 있었던 자들이니 어찌하여 이와 같이 서로 반대되는가성종 1년:1470년 6월 5일'라는 내용이 실려 있는 것을 보면 실제 시행이 어땠는지 짐작할 수 있다.

선조宣祖 때의 문신인 유희춘柳希春의『미암일기眉巖日記』에도 '이른 아침에 밥을 재촉해서 먹고 포폄 의논을 하기 위하여 봉상시로 갔다. 도제조인 영의정 이탁이 이르러 관원들의 예를 받고 차를 마신 뒤에 자리를 맞대고 포폄을 논의했는데 관리들이 별로 뚜렷한 잘못이 없어 폄貶은 없었다. 영의정이 나간 뒤에 나는 곧 성균관으로 가서 지관사 김귀영과 동지이후백과 대사성 허엽과 더불어 명륜당에 같이 앉아 관리와 성균관 학생들의 예를 받고 네 명이 서西협실로 들어가 함께 포폄을 논하고 차를 마시고 밥을 먹었다선조 6년:1573년 12월 10일'는 내용이 나온다. 일기를 통해 여럿이 모여 근무성적평정을 공명하게 하려는 노력이 있었음을 알 수 있다.

헌종 대에 경기관찰사를 지낸 서유구徐有榘가 기록한『화영일록華營日錄』에 '본영本營의 포폄을 마쳤다. 과천현감 정만교는 집안 간이므로 성적을 심사하지 못하는 일을 별도로 장계狀啓를 올렸다헌종 2년:1836년 6월 12일'는 내용이 나온다. 서유구는 집안 간이라고 하여 포폄을 하지 않고 장계를 올려 다른 심사를 요구한 것이다. 나름대로는 공정을 기하려고 했던 것이다.

조선 후기 실학자 최한기崔漢綺는 그의 저서『인정人政』에서 인사고과에 있어서 업적보다 자질과 인품을 중시해야 한다는 '측인測人'을 주장했다. 그는 사람을 평가할 때 먼저 '기품의 강약强弱, 청탁淸濁을 살피고, 다음은 심덕心德의 성위誠僞와 순박純駁을 관찰해야 하며 이것도 절대로 한 가지만 갖고 논해서는 안 된다'고 했다. 그래서 자질을 평가하는 구체적인 평가요소로 일종의 다면평가표인 사과열표를 제시했다. 사과열표는 마땅히 갖춰야 할 인간의 성품을 면밀하게 분석해 1,024등급으로 나눠 만들어 평가하도록 한 것이다.

조선 중기 실학자인 반계磻溪 유형원柳馨遠은 『반계수록磻溪隨錄』을 통해 과거제도를 폐지하고 학교를 세워 능력 있는 자를 선발하고 천거하여 등용하는 공거제도를 주장했다. 그는 '덕의'를 강조하며 신분보다는 자질과 재능의 중요성을 강조했다.

유형원에 이어 성호星湖 이익李瀷 역시 『성호사설星湖僿說』을 통해 인재 채용과 배치를 할 때 자질과 능력을 평가한 성적을 반영하라고 주장했다. 인사평가 시 업적도 중요하지만 공명정대한지, 청렴한지, 검소한지 등을 고려해야 한다는 것이다.

다산 정약용丁若鏞은 인사고과에 대해 12강 6목을 정해 행동지표로 설정할 만큼 고과제도를 발전시켰다. 그는 실적의 평가를 중시했는데, 태평시대라 불리던 요순 정치의 핵심이 '고적考績·인사 고과'에 있다고 보았기 때문이다. 그는 실적을 보고하는 단계와 보고한 실적을 평가하는 단계를 구분했다. 보고는 말로 하는 것이 가장 좋은 방법이라고 했는데, 직접 보고하면 거짓으로 얼굴빛을 꾸밀 수 없기 때문이다. 당시 전최나 포폄으로 연 2회 평가하는 것은 너무 간략하다고 보아 평가 조목을 세분하고 업적을 상세하게 서술해야 한다고 주장했다. 이 같은 평가항목은 '경세유표'와 '목민심서'에 잘 정리되어 있다.

02

조직 및 개인의 성과평가

바람직한 고과와 바람직하지 않은 고과

조직에서 성과를 내는 사람은 인사고과에도 좋은 영향을 끼치게 된다. 중국 역사를 살펴보면 새로운 왕조를 창업하는 데 있어 큰 역량을 보인 인물이 재상의 자리에 많이 올랐다. 하지만 재상이라는 자리에서 성과를 제대로 낸 인물이 있는가 하면 그렇지 못한 인물도 있었다.

창업 후 군주와 좋은 관계를 유지하는 것은 개인으로서는 대단한 성과라 할 수 있다. 당唐나라 초기의 재상인 방현령房玄齡이 그런 인물이었다. 방현령은 근 20여 년 동안 태평성대에 충실하고 근면하며 유능한 재상이었다. 그는 18세에 수隋나라의 진사가 되었는데 일찍이 수나라의 멸망을 예상하고 있었다. 남의 나라를 찬탈한 정권임에도 불구하고 백성들에게는 어떤 공적도 베풀지 않고, 형제지간에는 황위 다툼이나 하고, 향락에 젖은 귀족들은 아귀다툼이나 하고 있었기 때문이었다.

그는 수나라가 어지러워지자 각 지역에서 일어난 반군 가운데 이연李淵의 군대가 가장 대의가 분명하고 민의에 부합하며 또 선비를 예우할 줄 알아서 장차 반드시 천하를 차지할 것이라고 판단했다. 결국 그는 수 왕조의 관직을 버리고 이세민李世民에게 투항하기로 결정했다. 약 8백 리나 떨어진 곳에 있는 이세민의 군영을 지팡이를 짚고 찾아갔다. 그와 이세민은 처음 만나 담소를 나눈 자리에서 서로 의기가 투합했고 이세민은 그에게 위북도행대기실참군이라는 중요 직급을 주면서 핵심 참모로 삼았다. 이렇게 그와 이세민은 인연이 맺어졌고, 30여 년 동안 두 사람은 긴밀하게 힘을 합쳐 이세민은 일대의 명군이 되었고, 방현령 역시 일대의 명재상이 되었다.

이세민은 워낙 인재들을 많이 모아서 진왕부에 방현령·두여회杜如晦·육덕명陸德明·공영달孔穎達·요사렴姚思廉 등 18학사가 있었는데 이들 중 방현령이 우두머리 격이었다. 방현령은 이세민을 도와 인재들을 구하고 배치하는 일을 담당했다. 그에 비해 두여회의 역할은 그리 크지 않았다. 이세민의 수하에서 사병들의 훈련을 돕는 역할을 하고 있었다. 나중에 진왕부의 인재들은 각지로 파견되는 일이 많아졌는데 두여회도 외지로 가게 되었다.

그때 두여회의 파견을 극구 반대하고 나선 이가 방현령이었다. 두여회는 지혜가 있어 대국을 읽을 줄 아는데, 천하를 얻고자 한다면 반드시 그를 곁에 두고 있어야 한다는 것이었다. 방현령의 배포를 알 수 있는 대목이기도 하다. 이세민 역시 방현령의 말에 감격해 두여회를 곁에 두었다. 실제로 두여회는 대사를 결정할 때마다 자신의 능력을 발휘했다. '방모두단'이라는 말이 나올 정도로 방현령과 두여회는 밀접하게 융화되어 당나라의 안정과 번영에 중요한 공헌을 하게 되었다.

방현령과 이세민은 동분서주하며 전투를 벌이는 과정에서도 가는 곳마다 민심과 풍속, 전대의 문헌자료 등을 수집하여 뒷날 정책결정에 필요한 자료로 삼았다. 각 지방에서 봉기한 분란을 모두 평정한 다음 방현령은 이세민에 의해 임치후에 봉해졌고 관직도 진왕부기실로 승진되어 일체의 군정 문서를 관장하게 되었다. 다른 이들이 공과를 따질 때도 그는 자신의 할 일에만 집중했다. 그런 점에서 방현령은 바람직한 고과의 전형이라고 할 수 있겠다. 당태종 이세민이 즉위한 지 4년째 되던 해에 방현령은 상서좌복야로 승진하고 재상의 자리에 올랐고, 그 후 20여 년 동안 재상의 직책을 맡고 있다가 70세에 병사했다.

방현령은 사서에서 '그는 정부 각 부서를 총 관리하면서 언제나 부지런히 성심성의껏 각종 문제를 해결했는데, 아무리 사소한 일이라도 실수하는 법이 없었다'고 칭찬을 아끼지 않을 만큼 재상의 직무를 훌륭하게 수행했다. 인재가 인재를 알아본다고 인재를 선발하는 일에 신중했던 방현령이었다. 그는 사람을 쓸 때 한쪽으로 치우치지 않고, 또 모든 것을 다 잘하기를 요구하지 않았다. 그 사람의 단점에 연연하지 않고 장점을 취하여 그 능력을 발휘할 수 있도록 도와주었다. 만일 적합한 인재를 구하지 못하면 차라리 잠시 비워두는 한이 있더라도 결코 아무나 데려다 함부로 쓰지 않았다.

특히 방현령은 국가의 이익을 위해서라면 자기 개인의 명성은 안중에도 두지 않았다. 그는 조정에서 크고 작은 일이나 해결하기 어려운 일 등은 모두 물어보면서 진행하였고, 큰일이든 작은 일이든 모두 신중했다. 관리로서 책임정신도 결코 잊지 않았다. 태종에게 간언을 올릴 때도 비록 위징魏徵처럼 사사건건 직언하지는 않았지만 자기 뜻은 숨김없이 모두 진술하였다. 그러한 방현령에 대해 '위징은 일을 몸소 도맡아하고 말의 극진함은 자신이 방현령보다 못하다'고 말할 정도였으며 그를 아주 존경했다고 한다.

그가 이처럼 재상의 역할을 훌륭하게 수행해서 자신의 정치 역정을 무사하게 마칠 수 있었던 것은 대세를 분명하게 판단하고, 근면과 성실한 자세로 자신의 일에 임했기 때문이다. 또한 그의 내면에 충성이 있었고 권력을 독점하지 않았으며, 군주에게 위협을 줄 만한 행동을 하지 않았기 때문이다. 이는 방현령만의 처세법이자 그가 바람직한 자기관리를 했던 결과이다.

방현령에 비교되는 인물은 명明나라 이선장李善長이라 할 수 있다. 그는 개국 전부터 많은 공을 세웠고 개국 후에는 '일인지하一人之下 만인지상萬人之上'으로 군림하였지만 마지막에는 황제로부터 죽임을 당하는 불운한 인물이었다. 물론 주원장朱元璋의 독특한 성격의 문제도 있었지만 이선장의 처신에도 문제가 있었다. 함께 명나라 건립에 참여한 유기劉基가 벼슬자리에 연연하지 않고 반 은거 생활을 해 피비린내 나는 잔혹한 숙청 대상에서 벗어날 수 있었던 점을 보더라도 그렇다.

이선장은 젊어서 독서를 많이 해 지략을 알았고 그가 낸 책략은 자주 적중했다. 또 주원장을 도와 한고조 유방劉邦의 인의를 행하며, 살생과 약탈을 금하고 민심을 얻는 방법을 본받을 것을 권했다. 확고부동한 자신의 목표와 뜻이 없었던 주원장은 그로 인하여 황제가 되어야겠다는 신념을 세웠고 그를 크게 신임하기 시작했다. 이선장은 주원장의 막부에서 언제나 몸소 일을 처리하고 전심전력을 다하여 충직과 성실한 태도로 임했다. 그는 문치 방면에도 확실하게 탁월한 재능이 있었을 뿐만 아니라, 무공 방면에도 큰 업적을 남겼다. 여기까지는 방현령의 공과 비교해 그가 부족하지 않다고 평가할 수 있다.

1368년, 주원장이 명나라를 세우고 황제로 등극했을 때 이선장은 모든 의식을 주관했다. 그리하여 그는 문서를 작성하는 말단 관리에서 시작해 개국공신이 된 후 개국보운 한국공에 봉해졌다. 더불어 철권을 하사받았는데 이는 죽을죄를 두 차례 사면받을 수 있는 특권이었다. 주원장은 이선장에 대해 '그가 동분서주하면서 세운 공이 너무 많아서 다 헤아릴 수 없을 정도다. 후방에서 근거지를 지키고 군량과 무기를 조달했는데 부족함이 없었으며 번거로운 제도를 없애버리고 군민을 화목하게 다스렸고 원성을 무마시켰다. 그는 과거 한나라의 소하蕭何와 비견할 만하다'라고 평가했다.

명나라 개국 이후, 이선장은 일찍부터 승상의 자리에 있으면서 그 세력이 대단했다. 그는 외관상 관대해 보이지만 내면으로는 '속이 비좁고 타인의 말을 듣지 않으며, 집요한 성격의 소유자로 남에 대한 원한을 많이 품고 있다'라는 사서의 평가가 있다. 그는 음모를 꾸며 유기를 탄핵하고, 자신에게 괘씸죄를 저질렀다는 이유로 황당한 죄명을 씌워 무고한 이들을 죽이기도 했다.

그리고 결정적으로 호유용胡惟庸을 직접 승상으로 발탁한 일로 화를 면치 못했다. 호유용은 권력을 남용하여 불법을 자행하고 탐관오리와 결탁하여 뇌물을 챙기는 등 조야에 원성이 가득했던 인물이다. 자신에 대한 비난과 반대가 일자 호유용은 주원장에게 잔혹하게 처벌받을 것을 두려워하여 비밀리에 모반을 준비했다. 하지만 모반이 사전에 알려지는 바람에 호유용과 일당들은 모두 참수되었는데, 무려 3만여 명이나 되는 사람들이 이에 연좌되어 몰살되었다. 그를 추천한 이선장은 개국공신인 점을 고려하여 유배를 가게 되었는데, 나중에는 자신과 70여 명의 가족들이 함께 죽임을 당했다. 이는 주원장이 잔혹하게 공신들을 숙청하기도 했지만 이선장 역시 자신이 세운 공에 의지하고 오만하게 권력을 남용한 결과로 볼 수 있다.

방현령과 비교해보면 이선장은 재능과 식견, 인품 등 모든 면에서 뒤떨어진다. 그는 스스로 자신의 자리를 보전하고 자신의 성과를 제대로 평가받을 수 있는 기회를 놓치고 만 것이다. 성과는 어려울 때만이 아니라 안정이 되었을 때도 관리할 줄 알아야 한다.

성과를 만들어내는 인재

성과는 인재가 만들어내는 것이지만 그런 성과를 만들어내도록 인재를 알아보고 인재를 쓰는 것은 리더의 몫이다. 『육도六韜』에서 무왕武王은 태공망太公望에게 장수의 평가 기준에 대해 물었다. 태공망은 장수는 다섯 가지 자질을 가져야 하고 열 가지 잘못을 조심해야 한다고 했다.

장수의 다섯 가지의 자질이란 용기, 지혜, 인덕, 신의, 충성이다.

용기가 있으면 누구라도 그를 위협하거나 해칠 수 없다. 지혜가 있으면 무엇으로도 그를 혼란스럽게 만들지 못한다. 인덕이 있으면 모든 사람을 사랑하므로 위아래가 단결하게 된다. 신의가 있으면 남을 속이지 않으므로 모두가 서로 믿게 된다. 충성스러운 마음이 있으면 두 마음을 품지 않는다.

장수가 조심해야 할 열 가지 잘못은 과유불급過猶不及으로 요약할 수 있다. 즉, 넘쳐서 좋을 것이 없다는 의미로 지나친 용맹, 과도한 성급함, 지나친 욕심, 너무 인자한 마음, 지혜로우면서도 겁이 많은 것, 혼자만 청렴결백한 것, 결단력이 모자란 것, 너무 강직한 것, 너무 나약해서 남에게 의지하는 것 등이다. 이런 경우 적에게 노출이 되면 혼자만이 아니라 조직이 다 망할 수 있다. 그래서 태공망은 나라의 운명을 좌우하는 전쟁에서 장수의 역할이 매우 중요하다고 했다. 용기, 지혜, 인덕, 신의, 충성의 자질을 가진 장수가 저지를 수 있는 잘못을 피한다면 훌륭한 성과를 내는 인재가 될 수 있다.

『인물지人物志』에서는 '힘이 다른 사람보다 뛰어나고 용기도 일을 수행하기에 충분하지만, 일을 판단하는 지혜가 부족하다면 선봉은 될 수 있겠지만 장수가 되기에는 부족함이 있다'고 했다. 그래서 '반드시 총명한 지혜로 계책을 세우고 명찰로 기미를 파악하여 담력으로 결단을 내릴 수 있어야 영재라 할 수 있는데, 장량張良이 바로 그런 사람'이다. '기력이 다른 사람들보다 뛰어나고 일을 추진하는 용기가 있으며 지혜로 일을 판단할 수 있는 사람을 웅재'라 하는데, 한신이 그런 사람이다. '한 사람이 몸에 영재와 웅재를 모두 갖추고 있으면 천하의 우두머리가 될 수 있는데, 유방劉邦과 항우項羽가 그런 인물이다'라고 했다.

유방은 성과를 만들어내는 인재가 따로 있다고 했다. 진승陳勝의 봉기로 거대한 진秦나라가 쓰러지자 전국 각지에서 군웅들이 일어나 패권을 다퉜는데, 종래에는 유방과 항우의 양자대결로 모아졌다. 전력으로 놓고 보면 유방이 절대적으로 열세에 놓여 있었지만 결국 유방의 승리로 한漢이 건국되었다. 이 승리의 배경에는 인재대결이 있었다.

앞서 언급했듯이 유방은 황제로 즉위한 다음 낙양洛陽 양남궁陽南宮에서 자신이 천하를 얻은 것은 '삼불여三不如'라고 했다. 이는 자신이 세 사람만 못하다는 것인데, '장막 안에서 작전을 짜서 천 리 밖 승부를 결정짓는 걸로 말하자면 나는 장량을 따르지 못하고, 나라를 안정시키고 백성들을 다독이며 양식을 공급하고 운송로가 끊이지 않게 하는 일이라면 나는 소하蕭何를 따르지 못하고, 백만 대군을 모아 싸우면 반드시 승리하고 공격했다 하면 기어코 빼앗는 일에서는 내가 한신韓信을 따를 수 없다'라는 말이다. 물론 유방이 다양한 인재를 초빙하고 이들의 능력과 지혜를 잘 활용했기 때문에 최후의 승리자가 될 수 있었던 것이다. 성과를 만들어내는 인재들을 잘 활용했으니 유방이 가장 큰 성과를 낸 것과 마찬가지다.

칭기즈칸의 손자이자 몽골제국 제5대 칸이며 중국 원元나라의 시조인 세조世祖 쿠빌라이忽必烈는 넓은 영토를 차지하고 대제국을 완성하여 원의 전성시대를 이루었다. 또한 주로 유교 사상보다는 상앙商鞅과 이사李斯의 법가 사상에 더욱 관심을 가졌으며, 인재를 적재적소에 활용하는 용인술에 뛰어났다. 그중 안동安童을 기용한 일은 파격적인 일이었다. 당시 안동은 18세밖에 되지 않았는데 세조는 그를 승상으로 임명했다.

안동은 원나라 초 개국4걸 중 으뜸인 할아버지 목화려木華黎의 음덕으로 이미 13세 때 고위 관료직으로 올랐다. 그는 어린 나이였지만 할아버지 덕분에 벼슬한다는 소리를 듣고 싶지 않아 많은 책을 읽었다고 한다. 세조는 이런 어린 안동을 눈여겨보고 있었던지 안동의 모친에게 안동의 근황을 물었더니 아직 어리지만 곧 든든한 신하가 될 거라고, 조정에서 돌아오면 늘 어른들과 이야기하는 모습에서 그 가능성이 보인다고 했다.

때마침 안동의 가능성을 시험할 기회가 다가왔다. 세조에게는 아리크부카라는 동생이 있었는데 제위를 놓고 다툼을 하다 세조가 이겨 그의 잔당들을 옥에 가두어두고 있었다. 세조는 어떻게 처리를 하면 좋을지 안동에게 물었다. 안동은 그들이 아리크부카를 따른 것은 자신들의 선택이 아닌 어쩔 수 없는 일이었는데, 갓 제위에 오른 세조가 개인의 원한을 풀려고 한다면 백성들의 마음을 얻을 수 없다고 간언했다. 세조는 16세된 소년의 입에서 나온 식견에 감탄하고, 그가 18세가 되었을 때 능숙한 처세와 과감한 일처리, 신중한 성격과 남다른 지혜를 보고 파격적으로 승상에 임명할 것을 결정했다. 하지만 안동은 다른 고명한 인재를 찾으라고 고사했다. 그리고 여러 중신들도 반대했지만 세조는 '안동을 넘어서는 인재는 없다'며 결국 그를 중서성中書省 우승상右丞相 자리에 임명했다.

어린 나이에 뜻을 얻어 고위직에 오른 안동은 다른 대신들의 질투와 시기를 받았지만 계속 요직에 머무르며 죽을 때까지 30여 년간 세조에게 충성을 바쳤다. 원나라 초기에 그는 승상으로 있으면서 나라의 안정과 번영을 위해 높은 성과를 내는 인재가 될 수 있었다. 이는 인재를 알아보는 세조의 안목이 그를 높은 성과를 만들도록 한 것이었다.

성과 없이 권력만 누려서는 위험하다

조직 내에서 아무런 성과를 내지 못한다면 능력 없는 사람으로 치부되기 쉽다. 게다가 능력이 없으면서도 중요한 자리를 차지하고 있으면 스스로 치욕을 얻게 될 뿐만 아니라 위험한 상황에 처할 수도 있다. 성과를 내지 못하는 이유는 그 자리가 능력에 맞지 않거나 자신의 능력을 과 신하여 스스로를 경계하지 못했기 때문이다. 더군다나 요직을 차지하고 있으면서도 능력을 발휘하지 못한다면 자신뿐만 아니라 조직도 위험하게 된다.

명나라 개국공신 이선장李善長은 승상의 자리를 차지하고 있으면서 성과를 내기보다 권력만 누리려 했기 때문에 마지막이 좋지 않았다. 하지만 그의 동료였던 유기劉基는 처신이 달랐다. 그 역시 주원장朱元璋을 도와 명나라를 개국하는 공신이 되었지만 논공행상論功行賞에서 자신을 내세우지 않았고, 재상자리도 거절하고 뒤로 물러났다. 관직생활을 하면서 진퇴를 안다는 것 또한 능력이다.

자신의 능력을 믿고 소신껏 일을 했다면 높은 성과를 거둘 수 있었을 텐데, 욕심만 앞서다가 결국 자신과 나라까지 위험한 지경에 빠지게 한 방연龐涓이라는 인물도 있다. 방연은 전국시대 위魏나라의 장군으로, 손빈孫臏과 함께 귀곡자鬼谷子에게 병법을 배웠다. 그는 위나라에 출사하여 장군의 지위를 얻었는데, 자신이 출세하면 손빈을 천거하겠다는 약속을 지키지 않았다. 그런데 자신보다 뛰어나다는 평을 듣는 손빈이 묵자墨子의 천거로 위나라에 들어오게 되자 간악한 계교를 써서 그를 첩자로 몰아 중형으로 폐인을 만들었다.

제齊나라의 도움으로 구출된 손빈은 제나라로 가서 군사軍師가 되었다. 위나라 군대는 손빈의 활약으로 위와 제의 전투였던 계릉전투와 마릉전투에서 제나라 군사에게 대패를 당하고 방연 자신은 손빈이 만든 함정에 빠져 죽었다. 그가 손빈에 대한 열등감을 가지지 않고 제 역할만 잘 했더라면 그는 위나라의 명장으로 이름을 날렸을 것이다.

권력을 이용하여 사욕을 채운 청淸나라 화신和珅이라는 인물도 있다.

그는 원래 황제 친위대 젊은 교위에 지나지 않았지만 건륭제乾隆帝의 눈에 들어 고속승진을 하게 되었다. 청산유수인 그는 건륭제가 시키는 일이면 즉시 마음에 들게 해놓았으며, 황제가 찬사만을 듣기 좋아한다는 것을 알고 듣기 좋은 말만 골라서 했다. 건륭제의 딸 효공공주와 혼인까지 하게 되니 화신의 권력은 그야말로 황제에 버금가게 되었다. 조정 대권을 쥔 화신은 재산을 모으는 데 혈안이 되어 뇌물을 받는 것은 물론이고 드러내놓고 횡령과 수탈을 서슴지 않았다. 지방 관리들의 상납품은 화신의 손을 거쳐 황제에게 올라가곤 했는데 그는 그중에서 진귀한 것들을 가로채곤 했다. 건륭제의 뒤를 이은 가경제嘉慶帝 인종仁宗은 친정을 하면서 진작부터 화신의 탐욕을 알고 있었던 터라 즉시 그를 체포하여 자진할 것을 명했다. 그리고 화신의 가산을 모두 몰수했는데, 재산 목록에 기재된 금은보화와 희귀한 골동품 등을 추산해 본 결과 무려 8억 냥이 넘었다. 이는 청나라 조정의 10년 수입액과 맞먹는 액수였다.

신하가 능력 없이 권력만 누린 경우 그 신하만 처벌하면 마무리되지만, 한 나라를 책임지고 있는 군주가 능력 없이 권력만 누린다면 망국으로 달리고 있는 것과 다름없다. 많은 군주가 명재상으로 있을 때는 태평성대를 누린다. 하지만 직접 나라를 다스릴 때면 간언을 새겨듣지 않아 패망하게 된다. 제환공齊桓公이 관중管仲의 말을 듣지 않아 말년에 곤궁하게 되었던 것처럼 5호 16국 시대 전진前秦의 부견苻堅도 왕맹王猛의 말을 듣지 않아 죽임을 당했다.

왕맹은 전진의 재상으로 부견에게 중용되어 내치를 다지고 개혁을 실시하였다. 그는 유교를 중심으로 하는 교육정책과 농업 장려정책을 실시하고, 호적제도를 확립시키며 가도를 정비하는 등 여러 모로 국력을 향상시키기 위해 노력했다. 또한 법을 엄하게 적용하고 정치를 바로잡아 전진의 국력을 크게 성장시켰다. 정치적 재능뿐만 아니라 군사적 재능 또한 탁월하여 전연을 멸망시키고 화북 대부분을 지배하에 둘 수 있었다. 그러나 화북을 통일할 무렵 왕맹이 죽자 부견은 무리한 전쟁을 거듭하며 사치를 일삼았다. 왕맹의 반대에도 불구하고 모용수慕容垂를 총애했는데 그는 뒷날 부견을 등지고 후연後燕을 건국했다. 왕맹은 죽기 전 동진을 주의해야 하고 절대로 동진을 공격해선 안 된다는 유언을 남겼다. 그런데 부견은 그 유언을 무시하고 왕맹이 죽은 지 8년이 지나자 대규모 남정을 계획했다. 부견의 원정군은 동진의 국경 전체에 걸쳐서 공격해 들어갔지만 부견이 직접 참여한 비수淝水 방면 전선에서 크게 패배하며 전군은 패주할 수밖에 없었다. 결국 비수의 패전으로 전진은 혼란에 빠졌고 부견은 모용홍慕容泓·모용충慕容沖의 서연 공격을 받아 장안을 버리고 도주하다 요장姚萇에게 체포되어 살해되었다.

리더도 성과를 내지 못하면 권력을 유지할 수 없게 된다. 리더 스스로 성과를 내지 못한다면 고성과를 낼 수 있는 인재를 등용하고, 인재의 간언을 들을 줄 알아야 권력을 유지할 수 있다.

유능과 무능의 차이

유능과 무능의 차이는 어쩌면 종이 한 장 차이인지도 모른다. 한 사람 안에 유능과 무능이 함께 있어, 생각과 행동에 따라 유능이 되기도 하고 무능이 되기도 한다. 달리 말하자면 유능했던 이가 무능한 행동을 하게 된 데에는 생각의 변화가 있다는 것이다. 반대의 경우도 마찬가지다.

진秦나라의 천하통일을 도와 승상이 되었던 이사李斯, 그는 외부에서

들어온 객경들을 내쫓는 축객령에 맞서 진왕에게 객경들을 내치지 말 것을 권하는 '간축객서諫逐客書'로 지금의 검찰총장에 해당하는 정위廷尉의 자리에 올랐다. 진나라에서 탁월한 공을 세웠던 왕기王齮·모초茅焦·위료尉繚·왕전王翦·왕분王賁·이신李信·왕리王離·몽염蒙恬 등이 모두 다른 나라에서 온 객경 출신들인 것을 보면 이사의 간축객서의 영향이 얼마나 컸는지 알 수 있다. 이들이 결국은 중국을 통일하는 사업에 중대한 역할을 했다.

이사는 진시황秦始皇이 6국을 통일하는 데 모략과 정책을 제시하여 진제국의 건립과 중국의 대통일에 큰 공을 세웠다. 그 과정에서 유가 사상과 주장이 진의 통일과 중앙집권에 위협이 된다고 판단해서 유가서를 집중적으로 불태우는 분서焚書와 함양에 사는 4백여 명의 유생들을 산채로 묻은 갱유坑儒를 시행했다. 또 이사는 분명 뛰어난 재능을 가진 인물이었지만 지나치게 명리를 좇는 인물이었다. 진시황의 총애를 잃지 않으려고 지혜와 재능 등 모든 면에서 자기보다 나은 한비자韓非子를 모함하여 죽였다. 『한비자』는 중국의 역대 군주들이 현실정치에 활용한 통치술에 그 이론적인 근거를 제공한 법가 사상의 교과서라 할 수 있다. 한비자 책을 읽은 진시황은 책을 지은 사람을 만난다면 죽어도 여한이 없겠다는 말을 할 정도였다.

뛰어난 인물인 이사도 괴로움은 있었다. 함양 집에 돌아와 잔치를 베푸는 자리에서, 자신에게 축수를 비는 이들과 수천 대의 수레를 보며 그는 이렇게 탄식했다.

"아, 나는 순자荀子에게서 사물이 지나치게 많아지는 것을 경계해야 한다고 들었다. 나는 평범한 평민으로 태어나 민가에서 자란 평범한 백성일 뿐인데, 폐하께서 나의 모자람을 알지 못하시고 발탁하여 지금에 이르게 해주셨다. 신하 중에 나보다 윗자리에 있는 자가 없고, 부귀는 극도에 달해 말할 수 없도다. 만물이 극에 달하면 쇠퇴하거늘 내가 어디서 멈추어야 할지를 모르겠구나."

이런 탄식에도 불구하고 그는 명리에 대한 욕심이 지나쳐 결국 멈춰야 할 곳에서 멈추지 못했다. 그는 진시황이 갑자기 죽음을 맞이하자 함께 있던 환관 조고趙高의 압력을 견디지 못하고 진시황의 유서를 조작해 능력 없는 진시황 2세 호해胡亥를 황제로 등극시켰다. 이사는 호해의 어리석음과 무능함을 잘 알고 있었지만 자신의 기득권을 지키기 위해 자신의 마음과는 다르게 호해에게 아부했고, 그를 위해 좋지 못한 정책을 건의하여 진의 멸망을 앞당겼다. 결국엔 자신은 물론 집안사람이 모두 목숨을 잃게 되는 결과를 맞이했다. 그도 한때는 다른 나라에서 들어온 객경으로서 진 내부의 기득권 세력과 격렬하게 싸웠던 전력이 있었지만, 그 역시 기득권 세력이 된 다음에는 그것을 놓치지 않으려고 어리석은 판단을 한 것이었다. 이리하여 중국사 최초의 통일제국을 15년 만에 끝장내고만 무능을 저질렀던 것이다.

전한前漢의 정치가였던 곽광霍光이라는 인물이 있었다. 그는 무제武帝가 죽자 8세로 즉위한 소제昭帝를 보필하여 정사를 집행했다. 일찍부터 한무제를 측근에서 섬겼는데 무제가 죽으면서 그에게 새 왕을 보필할 것을 당부했다. 어린 소제를 보필하면서 조정의 대사는 모두 곽광이 결정하게 되었다. 그런 곽광을 가만히 두고 볼 수 없었던 상관걸上官桀과의 권력 투쟁은 불가피해졌고 결국 곽광의 승리로 그가 국정의 전권을 장악하게 되었다.

소제는 21세의 젊은 나이에 죽었는데 후사가 없었다. 곽광은 창읍왕昌邑王 유하로 제위를 잇게 했는데, 워낙 음탕한 생활을 하고 있어서 신속히 폐위의 결단을 내렸다. 창읍왕의 가신 2백여 명도 모두 처형했는데 그들은 곽광을 치지 못한 것을 후회했다. 곽광은 무제의 손자인 유병기를 후임 황제로 옹립했는데, 그가 바로 명군으로 이름이 높은 선제宣帝이다. 선제는 25년간 제위하면서 조정의 분위기를 새롭게 하고 유가와 법가의 주장을 적절히 채택해 무리 없이 국정을 이끌었던 군주였다.

선제는 곽광의 위세를 알고 있었기에 '상주하기 전에 곽광에게 먼저 뜻을 물으라'며 곽광의 권력을 인정했다. 선제는 이미 하급관리인 허광한의 딸과 결혼해 아들 하나를 두고 있었다. 그런데 곽광의 첩 곽현이 자신의 딸을 황후로 삼기 위해 임신한 허황후를 독살시켰다. 선제는 허황후가 죽은 것이 곽광 일족 때문임을 알고 치밀한 제거 계획을 세워 드디어 곽광을 죽일 수 있었다. 곽광이 죽은 후 선제는 곽씨 일족의 군권을 박탈하고 지방으로 좌천시켰다. 막다른 궁지에 몰린 곽씨 일족은 쿠데타를 도모했지만 발각돼 몰살당했다. 이 일로 곽광은 한 왕조를 살린 충신에서 역모 죄인으로 전락하고 만 것이었다.

곽광이라는 인물을 보자면 무제의 뜻을 잘 이은 충신이랄 수도 있지만 권력을 남용한 간신이 될 수도 있다. 신하로서 곽광은 큰 문제가 되지 않는다. 『사기史記』「곽광열전」에 '곽광이 궁궐 문을 드나든 지 어언 20여 년이나 되었지만, 조신하고 삼갔기 때문에 잘못을 저지르는 적이 없었다. 그의 사람됨이 침착하고 조용하며 세심했기 때문에 매번 궁궐을 드나들며 수레를 내릴 때 나가고 머무르는 곳이 일정했다. 낭관郎官과 복야들이 몰래 표시를 해두고 보았는데, 한 자 한 치도 틀리지 않았다'고

할 정도였다. 『자치통감資治通鑑』을 쓴 사마광司馬光은 곽씨 일족의 죄는 크지만 곽광의 충성심은 인정해야 한다고 옹호했다. 곽광 자신은 충신이 되려고 노력했지만 부득이 간신이 되고 말았다. 나라의 이익을 위해 일하고 계획했지만 정작 자신의 집안을 잘 다스리지 못해 멸문지화를 당하는 비극을 자초하고 만 것이다. 진정으로 유능한 인물이라면 나라와 집안은 물론 자기 자신부터 잘 다스려야 한다.

청렴한 품격이란

『사기史記』「순리열전」에는 다섯 명의 청렴한 관리가 나온다. 순리循吏란 선량한 백성을 보호하고 간악한 자를 반드시 응징하는, 법 집행이 엄격하고 청렴한 관리를 말한다. 그들 중 공의휴公儀休는 노나라 재상이었는데 법을 준수하고 이치에 따르며 함부로 법령을 바꾸는 일이 없었다. 재상이 앞서서 법을 준수하니 다른 관리들도 본받게 되었다. 관리란 나라의 봉록을 받는 만큼 일반 백성들과 이익을 다투지 못하게 하였고, 사소한 이익을 탐하지 못하게 하였다.

어떤 이가 생선을 선물하려고 했다. 하지만 공의휴는 받지 않았다. 누구보다 생선을 좋아하는 그였지만 재상의 자리에 있기 때문에 충분히 생선을 살 수 있는 형편이라며 받지 않는다 했다. 또 그는 자기 밭의 채소가 좋은 맛을 내자 하인들을 시켜 밭을 갈아엎으라 했다. 그리고 자기 집에서 짠 베가 상품이 아주 좋은 걸 보고 짠 베를 모두 가져오라 하여 불에 태우고 베 짜는 여자를 내보냈다. 다른 농가의 상품이 팔리지 않을 것을 염려해서였다.

「순리열전」에는 초楚나라 소왕昭王 무렵의 재상으로 있었던 석사石奢의 올곧은 이야기도 나온다.

석사는 성품이 곧고 정직하여 권세를 두려워하거나 책임을 회피하는 일이 없었다. 어느 날 그는 지방 고을을 순찰하다가 살인사건을 보고받게 되고, 마침 그 사건의 범인을 잡고 보니 자신의 아버지였다. 석사는 재빨리 아버지를 달아나게 하고 스스로 옥에 갇혔다. 그리고 사람을 시켜 소왕에게 아뢰었다. 자신의 아버지가 살인사건의 범인인데, 법에 의거해 아버지를 처형하는 것은 불효이고, 법을 무시하고 아버지를 풀어주는 것은 불충이니 자신이 죽어 마땅하다 말했다. 그러자 소왕은 범인을 뒤쫓아 갔지만 잡지 못한 것으로 하자며 석사가 벌을 받는 것은 옳지 않다고 했다. 그러면서 재상의 일에만 힘쓰라고 당부했다. 하지만 그는 자기 아버지에게 사사로운 정을 두지 못하는 자는 효자가 아니고, 왕의 법을 충실히 받들지 못하는 자는 충신이 아니라고 했다. 신하가 벌을 받아 죽어야 할 일이라면 지키는 것이 도리라며 칼로 목을 찔러 자결했다.

진晉나라 문공文公 때 형벌을 처리하는 사법관이었던 이리李離의 일화도 있다.

이리는 판결을 잘못하여 무고한 사람을 죽게 하였다. 그 사실을 알고 스스로 옥에 갇혀 처형을 바란다고 했다. 문공은 벼슬에는 높고 낮음이 있고, 형벌에는 가볍고 무거운 것이 있다며 부하의 과오로 생긴 일로 치부하고 이리의 죄가 아니라고 했다. 하지만 그는 자기는 담당부서의 우두머리로 하급관리에게 자리를 양보한 일도 없고, 봉록을 받아서 하급관리들에게 나누어 준 적도 없다며 이런 상황에서 판결을 잘못 내려 사람을 죽이고, 그 죄를 하급관리에게 떠넘긴다는 것은 일찍이 들어본 적이 없다고 했다.

문공은 그렇다면 자신에게도 죄가 있는 것인지 물었다. 이리는 사법관에게는 지켜야 할 법이 있는데 형벌을 잘못 판결하면 본인 스스로 형벌을 받아야 하고, 사형을 오판하면 본인 스스로 죽어야 한다고 했다. 왕이 자신을 사법관에 임명한 것은 사람의 숨겨진 부분까지 가려내어 판결할 것을 믿은 것인데, 거짓말을 믿고 사람을 죽였으니 그 죄는 죽어 마땅하다며 자결했다.

사마천司馬遷은 법 집행에 대해 이렇게 말했다.

"법이란 백성을 올바르게 선도하기 위한 문文이고, 형벌이란 간악한 자를 처단하기 위한 무武다. 법과 집행이 공정하지 않았을 때, 일반 백성은 두려워 나라를 떠났다. 하지만 자기를 잘 수련한 자가 관직에 올랐을 때, 법과 집행은 결코 혼란스럽지 않았다. 벼슬하는 자가 직분을 다하고 이치를 따르는 것은 정치를 바르게 하고자 함이니, 어찌 바른 것이 위엄만으로 되겠는가?"

석사나 이리의 자결은 어떤 면에서는 지나친 점도 없지 않다. 하지만 그들은 관리의 품격을 지키고 싶었던 것이다. 자신의 청렴을 지키는 것을 목숨보다 소중히 여겼던 것이다.

공의휴·석사·이리와 같은 청렴을 신조로 삼은 순리가 있는가 하면, 자신의 사리사욕만 채우는 탐관오리들도 있다. 명明나라 가정제嘉靖帝 때 엄숭嚴嵩이라는 유명한 간신이 있었는데 그는 청렴이라는 말과는 담을 쌓고 살았다. 명·청 시대는 이전의 송나라 때와는 달리 관리들의 녹봉이 낮아서 부정부패를 저지르는 일이 많았다. 엄숭 역시 재상이라는 지위에 있었지만 봉급이 많지 않았다. 집안 삼대가 1년 봉급을 모두 합쳐도 은 2천백 냥밖에 되지 않았다. 2백여 만 냥을 모으려면 천 년이라는 시간이 걸린다. 하지만 그는 20여 년을 재상에 위치에 있으면서 엄청난 부를 축척했다. 그가 실각한 후에 그 가산을 몰수해보니 황금만 3만 4천 냥이 넘었고, 은은 2백만 냥이 넘었다. 금을 녹인 것까지 하면 더 되었고, 토지며 건물, 골동품 등을 더하면 그 재산은 엄청났다. 그의 녹봉으로는 도저히 그런 부를 이룰 수 없고 황제가 따로 주는 상금으로도 그런 부는 채울 수 없었다. 부는 뇌물로 이루어졌던 것이다. 엄숭의 뇌물 수뢰는 고금의 간신과 권신들 중에서도 전대미문의 일이라는 말이 있을 정도로 뇌물을 받는 경로가 다양하고 그 대상도 범위가 넓었다. 그가 뇌물을 받는 대상은 평민 백성에서 황실의 내족 외척에까지 이르렀다. 심지어 가정제의 뒤를 이은 융경제隆慶帝조차 등극하기 전에 부황의 환심을 사두기 위해 엄숭 부자에게 은자 1천5백 냥을 뇌물로 줄 정도였다.

그런데 엄숭이 이토록 대담하게 뇌물을 수수하는 동안 가정황제는 무엇을 하고 있었을까? 문제는 황제도 알고 있었다는 것이다. 천하의 백성이 아무리 엄숭을 비난해도, 정직한 대신들이 아무리 이치와 근거를 따져 죄상을 폭로하고 간언을 해도 가정황제는 나 몰라라 했다. 그로서는 관리들이 일만 해주면 된다는 생각을 가지고 있었던 것이다. 어떤 의미에서는 낮은 녹봉의 관료사회를 이끌어가는 통치 방식이기도 했다. 부패행위를 허용해주는 것도 군주가 신하를 구슬리는 효과적인 수단이었다는 사실이다.

결국 관리의 청렴한 품격은 관리자 스스로가 지켜서 드러나지만 리더가 솔선수범하고 이끌어주어야 가능한 것이다.

03

개인 역량평가

장점은 살리고 재능은 크게 써라

사람의 장점을 살리고 재능을 크게 쓰면 개인의 역량이 극대화될 뿐만 아니라 조직역량에도 도움이 된다. 『삼략三略』을 쓴 황석공黃石公은 이렇게 말했다.

"지휘자는 지혜 있는 자도 부리고, 용감한 자도 부리고, 탐욕한 자도 부리고, 우매한 자도 부린다. 지혜 있는 자는 그 공을 세우고자 하며, 용감한 자는 자기 뜻을 행하고자 한다. 탐욕한 자는 자기 이익을 얻고자 하며, 우매한 자는 그 죽음을 돌보지 않는다. 그들의 진실한 성품에 따라서 적당히 부린다. 이것이 군사의 미묘한 권도이다."

〔使智, 使勇, 使貪, 使愚. 智者樂立其功, 勇者好行其志, 貪者邀趨其利, 愚者不顧其死. 因其至情而用之, 此軍之微權也.〕

사람마다 한 가지 정도는 뛰어난 재능이 있으므로 그 재능을 잘 쓰면 도움이 된다는 말이다. 『채근담菜根譚』의 내용도 살펴보자.

"몸가짐을 지나치게 깨끗하게 하지 말라. 모든 더러움과 욕됨을 마땅히 다 받아들일 줄 알아야 하느니라. 남과 사귐에 지나치게 분명하게 하지 말라. 모든 선한 사람과 악한 사람, 어진 사람과 어리석은 사람을 마땅히 다 포용할 수 있어야 하느니라."

〔持身, 不可太皎潔. 一切汚辱垢穢, 要茹納得. 與人, 不可太分明. 一切善惡賢愚, 要包容得.〕

사람을 쓸 때는 다 그 필요에 맞게 쓰임이 있는 법이다. 춘추전국시대에는 제후나 귀족들이 인재를 구하기에 공을 들였다. 그중에서도 제齊나라의 맹상군孟嘗君은 인재 발굴에 열성적이었다. 그의 문하에는 식객이 많았는데, 심지어 개 짖는 소리와 닭 울음소리를 잘 내는 자도 있었다. 맹상군이 이 두 사람을 빈객으로 대우하자 다른 사람들은 매우 불쾌하게 여겼다. 맹상군이 다른 사람들이 꺼려하는 이들까지 식객으로 받아들인 데는 아버지 정곽군靖郭君 전영田嬰의 영향이 컸다.

전영은 제나라의 공족公族으로 위왕威王의 소자少子였는데, 다양한 사람들을 식객으로 두었다. 그중 제모변齊貌辨이라는 인물에게 특별히 잘 대해주었다. 제모변은 흠이 많은 인물로 다른 문객들이 좋아하지 않았다. 그래서 제모변을 싫어하는 사람들은 그에 대해 간언도 했지만 전영은 듣지 않았다. 맹상군 또한 아버지에게 식객들의 여론을 전했지만 요지부동이었다. 그러자 불평하던 식객들이 떠나는데도 전영은 그에게 정성을 다했다.

당시 제나라에는 제선왕齊宣王이 즉위했는데 전영과 사이가 좋지 않았다. 그러자 제모변은 스스로 나서서 제선왕을 만나러 가겠다고 했다. 전영이 죽을지도 모른다고 말렸지만 그는 아랑곳하지 않고 제선왕을 만났다. 제모변은 제선왕을 만나 전영에 대한 오해를 풀 수 있도록 도와주었다. 이후 제선왕은 전영에게 상국의 자리를 권할 정도로 신뢰를 했다. 다른 사람들의 비방에도 제모변을 믿었기에 전영은 위기에서 벗어날 수 있었다. 맹상군은 그런 아버지를 보고 자랐기에 개 짖는 소리를 내는 자와 닭 울음소리를 잘 내는 자를 식객으로 대우할 수 있었다.

맹상군이 강대국인 진秦나라에 사신으로 갔다가 목숨이 경각에 달렸을 때 정작 그를 살려낸 이들은 학문이 뛰어난 식객들이 아니었다. 바로 이 두 사람이었다. 개 짖는 소리를 잘 내는 사람은 진나라 궁중의 보물창고에 들어가 호백구를 훔쳐왔고, 또 한 사람은 닭 울음소리로 철통같은 함곡관 성문을 열게 했다. 이런 까닭으로 '계명구도鷄鳴狗盜'의 고사는 천한 재주를 가진 사람도 때로는 요긴하게 쓸모가 있다는 교훈을 전해준다.

조조曹操는 '진취적인 마음이 있는 사람이라고 해서 반드시 덕행이 있는 것은 아니며, 덕행이 있는 사람이라고 해서 진취적인 마음이 있다고 할 수는 없다. 진평陳平이 무슨 돈독한 덕이 있었던가? 소진蘇秦이 무슨 신의를 지킨 적이 있었던가? 하지만 진평은 한漢나라의 창업에 결정적인 기여를 했고, 소진은 약소국인 연燕나라를 구제했으니, 그 요인은 각자 장점을 발휘했기 때문이다'라고 했다. 물론 사람의 재능을 잘 못 쓰는 경우도 있다. 연燕나라 태자 단丹은 자객 형가荊軻를 시켜 무모하게 진시황 암살을 시도하다 망국을 재촉했다. 인재를 여러 측면에서 활용하는 것도 중요하지만 인재를 부르는 포용력 또한 중요하다.

『장자莊子』「소요유逍遙遊」편에 나오는 장자와 혜자惠子의 대화 내용이다.

혜자는 장자에게 가죽나무라는 큰 나무가 내게 있는데, 줄기에 옹이가 많아서 먹줄을 칠 수가 없고 작은 가지는 뒤틀리고 굽어서 그림쇠로

잴 수가 없어서 길가에 있는데도 목수들이 거들떠보지도 않는다고 했다. 혜자는 장자를 비유한 것으로 장자의 말은 크기만 하고 쓸모가 없으니 사람들이 모두 등을 돌릴 것이라는 뜻이었다.

그랬더니 장자는 너구리와 살쾡이를 혜자도 보았을 것이라면서 그들은 몸을 낮추어 엎드려 있다가 나와서 돌아다니는 작은 짐승을 노려 이리 뛰고 저리 뛰고 낮은 데를 가리지 않다가 그만 올가미에 걸리거나 그물에 걸려죽는다고 했다. 그런데 검은 소는 크기가 하늘에 드리운 구름 같아서 크기는 과연 크나 쥐를 잡지는 못한다고 했다. 혜자에게 있는 큰 나무가 쓸모가 없어서 탈이라고 하는데, 왜 그 나무를 아무것도 없는 시골의 드넓은 들판에 심고 그 곁에서 하는 일 없이 거닐며 노닐다가 그 그늘에 누워 잠들지 않는 거냐고 말했다. 도끼에 찍히지도 않을 것이며 와서 해칠 물건도 없으니, 쓰일 데가 없다 하여 어찌 괴로워할 바 있겠냐는 것이다.

자신에게 쓸모없는 것이라도 활용을 잘 하면 많은 이에게 쓸모가 있는 것이 될 수 있다. 큰 것은 큰 것대로 장점과 단점이 있고, 작은 것은 작은 것대로 장점과 단점이 있는 것인데, 한 면만 보고 재능을 판단할 수는 없다. 장점을 살려주고 재능을 쓸 수 있게 하는 것, 그것이 또한 능력이다.

최고역량, 최대성과

최고의 역량을 가진 사람이라면 최대의 성과를 낼 수 있을까? 그가 가진 역량이 최고치에 이르렀다면 최대의 성과를 내지 못할 것도 없다. 중국의 역사에서 한 획을 그었던 명재상들이 그런 능력의 소유자들이었고 당대가 원하는 최대의 성과를 이루어냈다.

[이윤伊尹]

이윤은 상商나라의 재상으로 기록상 최초의 명재상으로 알려져 있다. 그는 박학다식한 인물로 탕왕湯王을 섬기며 하夏나라의 걸왕桀王을 정벌하고, 국정 전반을 담당해 태평의 치세를 이룩한 명재상이다. 그는 천하 백성이 요·순 때와 같은 행복을 누리지 못한다면 자신이 그들을 구렁텅이로 빠뜨리는 것이나 마찬가지라고 여겼다.

그의 직업에 대해서는 두 가지로 나뉜다. 『사기史記』「은본기殷本紀」에서는 이윤이 본래 요리사로서 음식의 맛을 가지고 탕왕을 설득해 왕도王道에 이르게 했다는 기록이 있다. 그리고 또 한 설은 이윤이 재야의 선비였으나 탕왕이 다섯 차례나 찾아간 끝에 등용할 수 있었다는 기록이 있다.

그는 군사정책을 결정하고 전쟁을 지휘하는 일에 직접 참여하였으며, 적진의 전략을 정탐하는 '용간用間'의 임무도 훌륭히 수행하였다. 또 탕왕에 이어 그의 아들 외병外丙·중임中壬·태갑太甲에 이르기까지 4대를 걸쳐 재상을 지냈는데 4대째인 태갑제가 법규를 무시하고 실정을 저지르자 그를 쫓아내고 3년간 그가 직접 국정을 다스린 일이 있었다. 어떻게 보면 찬탈자로 보일 수도 있었지만, 태갑제가 개과천선해 왔을 때 다시 정권을 그에게 돌려주었다고 한다.

"훌륭한 말을 귀담아 듣는다면 나라를 다스리는 방법이 나아질 것입니다. 군주가 백성들을 자식처럼 아낀다면 선善을 행하는 자들이 모두 왕궁王宮의 관리로 있게 될 것이니, 부디 노력하십시오. 노력하십시오."

이윤이 탕왕에게 선정의 도를 가르치는 대목으로 『사기』「은본기殷本紀」에 실려 있다.

[주공周公 단旦]

주공 단은 주나라 문왕文王의 아들이자 무왕武王의 동생이다. 아들이 노魯나라의 제후로 봉해진 이래 노의 시조로서 받들어졌다. 그는 아버지 문왕과 형제 무왕을 도와 주나라의 건국에 일조했으며, 무왕武王을 도와 천하를 정벌하고 다스리는 일에 큰 공을 세웠다. 역시 선정과 충의의 화신으로 남아 있다. 아직 천하가 혼란스러운 와중에 무왕이 병에 걸리자, 그는 제단을 설치하고 몸소 하늘에 기도하여 나라의 안정과 무왕의 회복을 기원했다. 무왕이 세상을 떠난 후, 그의 후계자 성왕成王이 뒤를 이었는데 아직 갓난아기라 성왕을 대신하여 주공 단이 국정을 돌봤다. 그런 주공 단에게 찬탈과 모반에 대한 의혹의 눈초리가 쏟아졌지만 굴하지 않고 성왕의 보위를 굳건히 지켜냈다. 또 관숙管叔이 폭군 주왕紂王의 아들 무경武庚과 합세하여 반란을 일으키자 이를 정벌하여 정리했다. 옳은 정치를 펼쳐 각지의 제후들을 복종시켰으며 수도를 세우는 등 나라의 기틀을 잡는 일에 열심이었고, 마침내 성왕이 직접 정서를 돌볼 나이가 되자 그는 권좌에서 물러나 성왕을 섬겼다.

그는 예학의 기초를 만든 인물로 알려져 있다. 팔괘의 효爻를 창안하여 『역경易經』을 완성했으며, 주의 의식과 의례를 정리해 『주례周禮』와 『의례儀禮』를 저술했다. 주공의 시대에서 약 500년이 지난 춘추시대의 인물로 유학을 정립한 공자孔子는 노의 수도였던 곡부 출신으로서 주공을 이상적인 성인으로 꿈에서도 그를 보고 싶어 할 정도로 공경했다고 한다. 『논어論語』「술이」편에서 '오랫동안 꿈에서 주공을 뵙지 못했다(吾不復夢見周公)'고 말하며 자신도 이제 늙어버렸다고 탄식하는 대목이 나올 정도로 공자는 주공을 존경했다.

[관중管仲]

관중은 춘추시대 제齊나라의 재상으로, 중국사의 수많은 재상을 통틀어 가장 유명한 재상으로 손꼽힌다. 관중은 젊은 시절 포숙鮑叔이라는 친구와 친하게 지내며 동업을 했는데 그가 항시 더 많은 이익을 챙겼지만 포숙은 이를 문제 삼지 않았다고 한다.

두 사람이 살던 당시는 제양공齊襄公의 실정 아래 국력이 점차 쇠퇴하고 있었다. 관중은 노나라에서 소홀召忽이라는 사람과 더불어 제양공의 이복동생인 규糾를 섬기고 있었고, 포숙은 훗날 제환공이 되는 제나라의 공자인 소백小白을 섬기고 있었다. 그는 장차 제나라의 군위를 차지할 뜻을 품고 국외에서 숨을 죽인 채 기회를 기다리고 있었다. 결과는 포숙이 섬기던 소백이 제환공齊桓公이 되었다. 그 과정에서 관중은 소백을 죽이려고 활을 쏘았었다. 하지만 이런 관중을 포숙은 자신보다 관중이 더욱 뛰어난 인재이며, 그를 등용하면 제나라가 장차 천하의 강국이 될 것이라고 주장하며 소백에게 그를 천거했다. 훗날 관중은 '나를 낳아준 사람은 부모지만 나를 알아준 사람은 포숙이다〔生我者父母 知我者鮑叔也〕'라는 말을 남길 정도로 포숙과 굳건한 우정을 쌓고 지냈다고 한다.

재상이 된 관중은 오랫동안 쌓인 폐단을 과감히 없앴으며, 군대를 일으켜 세우고 다른 나라와의 교역을 장려했다. 특히 제염사업에 주력하여 제나라의 경제력을 크게 부흥시켰다. 이해관계를 따져 신중하게 득실의 경중을 재서 내놓은 그의 정책들은 모두 나라를 이롭게 했다. 관중의 정책들은 제나라를 천하의 강국으로 만들었으며, 그의 보좌를 받는 제환공은 명실 공히 천하 제후국의 패자가 되어 위세를 떨칠 수 있었다.

『사기』「관안열전」에 '창고에 물자가 풍부해야 예절을 알고, 먹고 입는 것이 풍족해야 명예와 치욕을 알게 된다. 임금이 법도를 실천하면 육친六親이 굳게 결속할 것이며, 나라를 다스리는 네 가지 강령인 예禮·의義·염廉·치恥를 펼치지 못하면 나라는 멸망한다. 수원에서 물이 흘러가듯 명령을 내리면 그 명령은 곧 민심에 순응하게 된다'라는 말이 나오는데, 바로 관중이 나라를 다스리는 도리로 삼은 말이다.

|공손교公孫僑 자산子産|

자산은 춘추시대 정鄭나라 목공의 손자로 재상을 지낸 인물이다. 그는 정자산으로 불렸는데 『사기』의 「순리열전」과 「정세가鄭世家」에서 그에 관한 기록을 찾아볼 수 있다. 그는 재상에 임명되어 세상을 뜨기 전까지 20년 넘게 국내 정치를 혁신하는 데 심혈을 기울였다. 대외적으로는 실용적인 외교활동을 벌여 열강들 속에서 정나라를 굳건히 지켜냈다.

춘추전국시대를 통틀어 최고의 현자 중 한 사람으로 칭송을 받는 계찰季札은 자산을 처음 만났을 때 마치 오랫동안 사귄 지기와도 같았다고 했다. 공자가 자산이 세상을 떠났다는 소식을 듣고 눈물을 흘리며 '그는 고대 어짊과 사랑의 풍모를 지닌 화신이었다!'라며 애통해한 걸 보면 그의 풍모를 짐작할 수 있다. 자산은 엄격한 법을 세우고 통치하는 법가 중심적인 인물이었지만, 백성들은 그를 진심으로 존경했다. 법을 중심적으로 통치하되, 법의 목적을 형벌에 두지 않았다는 점에서 진秦나라의 군주와 정치가들과 뚜렷이 대비된다. 그의 법 시행은 오직 민생의 안정에 중점을 두었고 그 결과 안정을 되찾을 수 있었다.

『사기』「순리열전」 사마천司馬遷의 말에서 정자산의 공적을 뚜렷이 알 수가 있다.

"자산이 재상이 된 지 1년이 지나자 소인배의 경박한 놀이가 없어지고, 늙은이들이 무거운 짐을 나르지 않게 되고, 어린아이들은 밭을 갈지 않게 됐다. 2년이 지나자 시장에서 값을 에누리하는 일이 없어졌고, 3년이 지나자 백성들이 밤에 문을 잠그는 일이 없어지고, 길에 떨어진 물건을 줍지 않았다. 4년이 지나자 밭을 가는 농기구를 집으로 갖고 돌아가지 않아도 되었고, 5년이 지나자 척적尺籍: 군령과 정령을 기록하는 나무판이 쓸모가 없어졌으며, 상복을 입는 기간은 명령을 내리지 않아도 잘 지켜졌다."

[소하蕭何]

소하는 유방劉邦을 도와 한漢나라를 건국한 개국공신이다. 그는 본래 패현장쑤성 쉬저우시의 현의 말단 관리로 문서를 다루는 일에 뛰어났다. 유방 진영에서 내부의 사무 일체를 지휘했는데 일을 공평무사하게 처리하는 것으로 유명했다. 유방이 진의 수도 함양咸陽에 입성했을 때 다른 사람들은 모두 진의 황궁에 쌓인 많은 보물에 눈독을 들였지만, 그는 진의 역사와 법률, 각국의 호적 대장 등이 보관된 승상부丞相府의 기록 보관소로 달려가 그것들이 항우에 의해 파괴되기 전에 모두 수거하는 데 힘을 썼다고 한다. 이것은 훗날 한 왕조의 기초를 다지는 데 큰 도움이 되었다.

소하는 유방이 한중에 있을 당시 또 하나의 공을 세웠는데, 그것은 바로 명장 한신韓信을 유방에게 추천한 일이었다. 소하는 유방의 근거지인 관중關中에 머물며 유방의 군대에 병력과 병참을 대고 후방 보급을 맡아 책임졌다. 또 한나라의 종묘와 사직을 세우고 법령과 규범을 정비하여 나라의 체제를 바로잡는 일도 외면하지 않았다. 이러한 노력으로 한나라 군의 후방은 안정된 상태가 될 수 있었다. 유방이 황제로 즉위하고 전한이 성립된 뒤에도 소하는 승상으로서 계속 정무를 맡아 오랫동안 지속된 전란으로 황폐해진 국토 부흥에 종사하였다. 승상으로서 소하의 업적 가운데 하나는 진의 법률을 취사取捨하여 『구장률九章律』을 편찬한 일이다.

그는 한신이 모반을 꾸미고 있음을 눈치 채고 책모를 써서 이를 제거해 신하로서는 최고위인 상국相國에 임명되었다. 그 특권으로 '칼을 차고 신발을 신은 채 전상에 오르는 것〔劍履上殿〕', '입조할 때 총총걸음으로 걷지 않는 것〔入朝不趨〕', '알현할 때 이름을 대지 않는 것〔謁讚不名〕' 등이 주어졌다. 하지만 이때부터 유방은 소하에게 의혹의 시선을 돌리기 시작했다. 이것을 눈치 챈 소하는 전쟁에 참가할 수 있는 친척 모두를 전장으로 돌림으로써 모반의 마음이 전혀 없음을 나타내 보였다. 또 여러 차례 부하의 조언을 받아들여 일부러 논밭을 사 모으거나 부정한 방법으로 돈을 벌거나 해서 자신에 대한 평판을 떨어뜨리기도 했다. 나중에는 자신의 재산을 아예 국고에 기부해버림으로써 겨우 숙청을 피하는 데 성공할 수 있었다. 그는 관중이나 자산처럼 혁신적인 정책을 펼치지는 않았지만, 법령을 정비하여 안정성을 구가하고 백성들의 평안함을 추구했다는 점에서 분명 뛰어난 정치가로 평가받고 있다.

[조참曹參]

조참은 소하의 뒤를 이은 한나라의 재상이자 개국공신이다. 그는 문무를 겸비하고 소하의 안정된 치세를 이어 나간 훌륭한 정치가였다. 패현에서 소하의 부하로 있었던 그는 유방을 따랐고, 문무를 겸비하여 뛰어난 장군으로 활약했다. 조참은 용맹한 장수로 수년의 전쟁을 잘 치러

냈으며, 특히 한신을 따라 하북과 산동을 평정할 때의 공훈이 두드러졌다. 그는 진희陳豨와 경포의 난을 진압하는 전쟁에 참여하여 장수로서의 이력을 계속 쌓아나갔다.

그는 소하가 자산의 뒤를 잇도록 추천할 정도로 정치가로서도 뛰어난 인재였는데, 제나라 승상으로 있을 때 황로학黃老學을 받아들여 이를 자신의 통치 원리로 삼았다. 그가 나라를 다스린 지 9년이 지나자 제나라는 전쟁의 상처를 치유하고 평안해졌으며, 백성들이 모두 조참을 현명한 재상이라고 칭송했다.

그는 소하의 뒤를 이어 상국이 되어 혜제惠帝를 섬겼다. 이때 개공蓋公이 설파했던 황로학파의 무위지치無爲之治를 천하를 다스리는 치도治道로 적용했다. 백성들은 소하가 명확한 법률을 제정하고, 조참이 이를 굳게 지키고 따르며 바꾸지 않으니 세상이 평안한 것을 칭송하여 '소하는 정연한 법령을 만들고, 조참은 그를 이어받아 준수하며 청정한 정치를 하였다'는 뜻의 노래를 불렀다고 한다.

| 제갈량諸葛亮 공명孔明 |

제갈량은 삼국시대 촉한蜀漢의 승상으로, 유비劉備를 도와 촉한을 건국하는 데 결정적인 공훈을 세운 개국공신이다. 그는 젊을 적부터 형주의 융중隆中이란 곳에서 일과 학문을 함께 하면서 세월을 보내다 '삼고초려'로 유비를 섬기게 되었다. 적벽대전과 형남 정벌을 거치며 제갈량은 손권孫權과의 외교와 형주의 행정 정비를 담당하고, 병력을 인솔하여 익주 평정에도 참여하는 등 문무 양면의 실적을 쌓아 나가기 시작했다. 주로 근거지를 지키며 병력과 물자를 보급하는 일에 주력했던 그는 유비가 황제가 되자 승상에 임명되었다.

촉한 사상 최악의 피해를 남긴 이릉전투 이후 유비도 죽고 각지의 호족들이 준동할 때 문무 총수가 된 제갈량은 국가 재건을 총지휘한 지 불과 5년여 만에 나라를 안정시켰다. 농업·잠업·염업·광업에 주력하여 익주 지역의 생산력을 증가시켰다. 제갈량의 주도하에 법정法正·이엄李嚴·유파劉巴·이적伊籍 등은 촉한의 법률인 촉과蜀科를 제정해 반포했는데 법률을 적용하고 형벌을 가함에 있어 신중함과 공정성을 중시했다. 또한 정상 참작과 개과천선에도 재고의 여지를 두어 판결함으로써 뭇 사람들의 칭송을 받았다.

그 누구보다도 백성을 위하는 재상이었던 제갈량을 백성들 역시 존경하며 따랐다고 한다. 그가 오장원에서 죽음을 맞이하자 '백성들은 거리에서, 융이戎夷는 들판에서 그를 위해 제사를 지냈다'고 한다. 융이戎夷, 즉 오랑캐도 그의 죽음을 애도할 만큼 그의 정치는 공평했다. 많은 이가 제갈량의 정치에 대해 칭송했는데, 명말청초의 대학자 왕부지王夫之도 이렇게 평했다.

"군사를 다스릴 수 없을 때 그만이 이를 다스렸고, 백성을 다스릴 수 없을 때도 그만이 이를 다스렸다. 정치가 편안하지 못할 때 그만이 이를 편안케 했고, 나라의 살림이 어려울 때 그만이 이를 풍족하게 했다."

절제와 성과

위魏·촉蜀·오吳 삼국의 쟁탈전은 리더였던 조조曹操·유비劉備·손권孫權과 그들 수하에 있었던 수많은 인재들의 싸움이었다고 해도 과언이 아니다. 전쟁에서 마지막에 웃는 자가 진정한 승리자라고 했던가. 마지막에 웃은 사람은 조조·유비·손권 이 세 사람 중에 있지 않았다. 바로 사마의司馬懿가 웃었다.

사마의는 자신을 내보이지 않는 철저한 절제를 통해 성과를 이끌어낸 인물이다. 그는 살아 있을 때는 위나라의 신하들 중 한 사람일 뿐이었지만, 그 후손들이 세운 진晉나라에서는 사실상 개국의 시조로 여겨져 추존됐다. 역사서 『진서晉書』에도 열전이 아닌 본기에 그의 자리가 마련되어 있으며, 그 내용 또한 황제에 대한 기록을 다루는 형식이다.

그는 조조의 참모로 시작하여 위나라의 대신이 되고, 말년에는 정권을 장악하며 천수를 누렸다. 그리고 사후에는 후손들로 인해 황제로 추존되는 '삼국지 최후의 승리자'라는 평을 받았다. 어떤 면에서 순탄하게 출세가도를 달린 것 같지만 그는 시기마다 특유의 노련함으로 기회를 놓치지 않았던 것이다. 그러한 판단의 결과로 원하는 결실을 맺을 수 있었다. 그는 시세를 감지하는 정확한 통찰력과 판단력이 있었다. 그리고 자신이 세운 목표를 이루기 위해 절제와 끈기로 버텼다.

사마의는 형제들 중 가장 촉망받았던 기대주로 각 제후들로부터 주목을 받았는데, 가장 먼저는 인재를 알아보는 조조의 부름을 받았다. 하지만 사마의는 환관 가문 출신인 조조가 탐탁지 않아서 병을 핑계로 부름을 거절했다. 그러자 '남을 버릴지언정 나를 버리게 할 수는 없다'는 인사원칙을 가진 조조는 사마의를 감시하기 시작했다. 한번은 자객에게 사마의를 찾아가 칼을 들고 내리쳐서 사마의가 반항하면 죽이고 가만히 있으면 살려두라고 명령했다. 이를 미리 눈치 챈 사마의는 자객의 행동에 꼼짝하지 않고 있었다. 자객은 칼을 멈추고 돌아가 조조에게 이 사실을 고했고 조조는 사마의가 풍이 있어 자신의 부름을 거부했다는 사실을 믿게 되었다. 나중에 그는 결국 조조 수하로 들어갔는데, 조조는 애초부터 그의 재주는 높이 샀지만 인간적으로는 사마의를 믿지 않아 관직도 낮은 직책을 주고 일도 하찮은 일만 시켰다.

사마의는 조조보다는 조조의 아들 문제文帝 조비曹丕와 더 잘 맞았다. 조비 재위 중에는 자리를 비운 황제를 대신해 중앙의 행정처리 역할을 맡았고, 명제明帝 조예曹叡가 즉위하자 외방에 나가게 되면서 비로소 군사를 지휘하게 되었다. 그의 출세는 행정보다는 전장에서 세운 공훈을 기반으로 이뤄졌다. 그는 내로라하는 이들과 싸웠는데 사마의가 상대했던 적장들에는 대표적으로 맹달孟達·제갈량諸葛亮·공손연公孫淵이 있으며 오나라의 제갈근諸葛瑾·주연朱然·제갈각諸葛恪과도 교전한 적이 있다. 그는 반란을 일으킨 맹달이나 공손연을 진압할 때는 속전속결로 끝냈다. 반면 제갈량이 이끄는 촉한의 북벌을 저지하기 위해 사마의가 선택한 전략은 철저한 수비, 절대로 적과 싸우지 않는다는 것이었다. 그 특유의 속전속결형 전법을 구사할 수는 없었지만, 국가의 명운을 걸고 치르는 전쟁이니만큼 신중을 기하지 않을 수 없었다. 전쟁은 공격으로만 이기는 것이 아니라 피해를 최소화할 수 있는 것으로도 승리에 다가갈 수 있다. 당시의 전쟁은 전술 단계에서는 촉군이 비교적 우세했으나, 전략 단계에서는 촉군을 철수하게 만든 위군의 수비력이 돋보였다. 그는 제갈량의 도발이나 아군 전력의 우세함 등 방심할 만한 요소에 흔들리지 않고 냉정함과 침착함으로 버텼다. 작은 싸움에서는 제갈량에게 패배한 적은 있지만, 그의 전적은 거의 무패에 가까웠다.

오장원에서 제갈량과 맞설 때는 끈질긴 지구전을 감행했다. 그러자 속이 타는 것은 제갈량 쪽이었다. 제갈량은 초조한 마음을 숨기지 못하고 사신의 손에 여자 옷을 들려서 보내며 '아낙네처럼 웅크리고 앉아서 나오지를 않느냐. 나와서 일전을 겨루자'라는 편지와 함께 보냈다. 사마의가 도발해서 전쟁에 나서기를 바랐던 것이다. 사마의는 사신을 통해 '승상께서 장 10대 이상의 모든 일을 관장하시는데 먹는 것은 점점 줄어들고 있다'는 취중진담을 발설하게 유도해 제갈량의 수명이 얼마 남지 않았다는 것을 알아내고 지구전을 지속했다. 결국 제갈량이 죽고 그는 자신의 최대 라이벌의 마지막을 확인했다. 사실 전쟁에서 지휘관이 냉정을 잃으면 승리하기가 쉽지 않다. 그는 특유의 절제로 전쟁 영웅의 반열에 올라 설 수 있었다.

사마의는 철저한 현실주의자였다. 그래서 모험보다는 안전한 방법을 택했다. 거기에 고도의 절제력으로 위 왕조의 조씨 종친의 끊임없는 견제를 받으며 정치적으로 성장했다. 처음에는 조조의 의심을 받았지만 나중에는 조비의 신임을 얻어 자신의 입지를 구축할 수 있었다. 하지만 조비가 죽고 이어 제갈량도 죽자 그의 위치 또한 위태로울 수밖에 없었다. 그가 뛰어난 능력으로 조위 정권에서 두각을 나타내자 조위 정권의 핵심 권력자들은 그의 능력을 늘 두려워했다. 특히 군사권을 가지고 있던 조진曹眞은 그의 상사로서 항상 그와 경쟁하며 그를 견제했다. 그는 정적인 조상曹爽을 상대로 한 투쟁에서는 절제의 극치를 보여주었다. 병석에 드러누워 환자인 척 연기를 하면서 아들 사마사司馬師와 더불어 적대 파벌을 한꺼번에 무너뜨릴 계획을 세웠다. 그것으로 사마씨 왕조의 건설을 위한 첫 발을 뗀 계기가 되었다. 그는 가장 활발히 활동했을 때는 당시 세 손가락 안에 드는 군사전문가였고, 삼국시대 전체로 따져 봐도 아마 열 손가락 안에 들었을 유능한 명장이었다. 비록 자신은 위나라의 신하로 멈췄지만 그가 물려준 유산으로 창업에 성공한 후손들 덕분에 그는 시조로 추앙받을 수 있었다.

실리가 없으면 움직이지 않는 자기절제로 그는 항상 스스로를 경계했다. 성공에 가까울수록 위험도 가까이 온다는 것을 본능적으로 알아채고 몸을 낮췄던 인물이다. 그는 4대에 걸쳐 조씨의 위나라를 위해 봉사했지만 마지막엔 자신의 손자가 새 왕조의 황제가 되었다. 그 기반을 바로 사마의가 닦았다. 그것은 바로 리더의 눈에 거슬리지 않게 현명한 선택을 했기 때문에 가능했다. 누구보다 무서운 눈을 가진 조조를 뛰어넘어 조비·조예에게 신임을 받을 수 있었던 것도 그의 무서운 절제의 힘 덕분이었다. 그는 어느 장소, 어떤 상황에서든, 또 어떤 사람에게든 리더의 단점을 말하지 않았다.

사마의는 후손들에게 '칼과 창은 날카로운 부분이 쉽게 마모되는데, 그것은 남을 베고 찌르는 데는 유용하지만 그만큼 자신도 상처받는다는 뜻이다'라며 스스로를 경계하고 절제할 것을 당부했다.

조직의 기강이 흔들릴 때

'이목지신移木之信'이라는 말이 있다. 위정자가 나무를 옮김으로써 백성들의 신뢰를 얻는다는 의미이다. 진秦나라의 효공孝公 때 상앙商鞅이라는 재상이 있었다. 상앙은 위나라의 공족 출신으로 법률에 밝았다. 그의 법치주의를 바탕으로 한 부국강병책으로 천하통일의 기틀을 마련했다.

상앙이 한번은 법을 제정해 놓고도 공포를 하지 않았다. 백성들이 믿어 줄지 그것이 염려되었기 때문이었다. 그래서 한 가지 계책을 세웠는데 부하들을 시켜 3장약 9m 정도 되는 큰 나무를 구해 저잣거리에 세워

놓고 이 나무를 북문으로 옮기는 자에게 10금의 상금을 주겠다고 공표했다. 그러나 아무도 그 나무를 북문으로 옮기지 않는 것이었다. 상앙은 다시 포상금을 50금으로 올리라고 명령했다. 포상금이 많아지자 그제야 몇몇 백성이 힘을 합쳐 나무를 옮겼고 그들은 약속대로 50금을 받아갔다. 며칠 후 상앙은 이제 때가 되었다고 법을 공포하라고 했다. 백성들은 얼마 전 나무를 옮기고 약속대로 상금을 받아간 자들이 있었기 때문에 새롭게 공포된 법도 제대로 지켜질 것이라고 생각하고 법을 신뢰했다. 그렇게 1년간 법은 잘 지켜지는 듯했다. 그런데 1년이 지나자 백성들은 다시 법을 어기기 시작했다.

어느 날 태자가 이 법을 어기는 사건이 발생했다. 그러자 상앙은 태자의 교육을 맡은 자들을 처형하거나 이마에 글자를 새기는 형벌을 가했다. 이 소식을 들은 백성들은 상앙이 철저하게 법을 지키는 데 놀라움을 금치 못했다. 그 후부터는 모든 백성이 철저하게 법을 지키게 됐다. 상앙은 법의 공포보다는 법을 신뢰하는 백성의 마음이 더욱 중요하다고 생각했다. 아무리 법에 빈틈이 없고 철저하게 시행한다고 하더라도, 결국 백성이 이를 따르지 않으면 아무런 의미도 없기 때문이다. 이를 위해 상앙은 나무 옮기기를 통해 백성에게 기본적인 신뢰를 끌어낸 뒤에 본격적으로 법을 공포한 것이다.

조직의 기강이라는 것도 마찬가지다. 조직 내부의 조직구성원들이 서로를 신뢰하지 않고, 조직을 움직이는 리더들을 믿음으로 대하지 않으면 조직의 기강은 흔들리고 만다. 그렇다고 무조건 규정에 따르라고 하기보다 신뢰를 쌓아갈 수 있는 시도가 필요하다. '대우탄금對牛彈琴'이라는 말이 있다. '소를 마주 대하고 거문고를 탄다'는 뜻으로, 어리석은 사람은 아무리 도리를 가르쳐도 알아듣지 못함을 이르는 말이다.

후한後漢 말기에 모융牟融이라는 학자는 불교에 통달했지만 유학자들에게 불교를 설명할 때면 『시경詩經』, 『서경書經』 등의 유학서를 인용했다. 그 이유를 묻자 모융은 공명의公明儀의 고사를 들려주었다.

노魯나라에 공명의라는 사람이 있었는데, 하루는 소를 향해 거문고를 켜주었는데 소는 꿈쩍도 하지 않고 그냥 풀만 뜯었다. 그래서 이번에는 젖을 먹는 송아지의 울음소리를 흉내 내자 귀를 쫑긋 세운 채 그 소리에 귀를 기울였다. 그 이야기를 들려주고는 유학자들에게 '『시경』을 인용하여 불교를 설명하는 것과 같은 것이다'라고 말하였다.

조직의 기강을 바로 잡으려고 할 때는 거창한 목표나 규정보다는 구성원들이 이해하고 관심을 가질 수 있는 일부터 시작해야 기강은 물론 성과도 높아지게 된다. '세 번 호령하고 다섯 번 거듭 일러준다'는 뜻의 '삼령오신三令五申'이라는 말이 있다. 옛 군대에서 여러 차례 되풀이하여 자세히 명령하는 것을 이르는 말이다. 오吳나라의 왕 합려闔閭는 손무孫武가 지은 『손자병법孫子兵法』을 읽고 큰 감명을 받았다. 그래서 그를 초청해서 직접 시범을 보여 달라고 했다. 손무는 180명의 궁녀를 모아놓고 두 편으로 가른 후, 그중에서 가장 총애하는 둘을 각각 대장으로 뽑았다. 손무는 자신이 먼저 세 번 시범을 보인 뒤 다시 다섯 번을 설명했다. 그러고는 그대로 따라 하라고 명령했다. 하지만 궁녀들은 웃기만 하고 도무지 움직이질 않았다. 손무는 제대로 지휘하지 못한 자신의 탓이라 여기고, 다시 한 번 궁녀들에게 명령을 내렸다. 그러나 이번에도 궁녀들은 명령을 따르기는커녕 웃기만 했다. 그러자 손무는 왕의 만류에도 불구하고 칼을 빼들어 대장 두 명의 목을 베었다. 그제야 궁녀들은 손무의 명령에 일사불란하게 움직이기 시작했다. 손무는 진지하게 군대를 지휘했지만 궁녀들은 군사교육을 받아본 경험도 없고 받을 일도 없어서 그저 재미로 여겼을 뿐이었다. 기강이 바로 서지 않았을 때는 조직의 일을 그저 재미 정도로 치부할 수 있다.

한 나라의 국가조직은 물론 사회 각 분야는 선결문제가 기강의 확립이다. 기강은 조직의 혼이다. 따라서 지혜로써 이루어지고 확신으로 유지되지 않으면 조직은 허물어진다. 조조曹操는 대군을 이끌고 장수張繡라는 곳을 치기 위해서 보리가 익는 4월에 대군을 이끌고 출정을 했다. 때가 농사철이라 민간인의 재산을 약탈하지 말고 행군 시 보리밭을 상하게 하지 말라고 지시했다. 위반 시는 사형에 처한다고 경고를 했다. 그런데 보리밭에서 별안간 비둘기가 날자 놀란 조조의 말이 보리밭으로 뛰어 들어갔다. 조조는 법을 관장하는 행군주부를 불러 자신이 군령을 내려 보리를 밟은 자를 참수하라 했으니, 자기 죄를 판가름하라고 지시했다. 행군주부가 망설이자 조조는 자기 입으로 군령을 내렸다면서 칼을 목에 대었다. 그러자 장수들이 말려 머리털을 자르는 것으로 대신했다. 그 후부터 군인들은 백성들의 재산을 탐내지 않았고 보리밭을 밟지 않았다고 한다.

고지식이 성장을 멈추게 한다

당태종唐太宗은 신하들에게 직간을 강조했다. 한漢나라 경제景帝 때의 조착晁錯을 예로 들면서 군주와 신하가 서로 지켜주면 좋을 것이라 당부했다.

"나는 일찍이 폭군 걸왕桀王이 관용봉關龍逄을 죽이고, 한경제漢景帝가 조착을 죽였을 때 책을 덮고 탄식하지 않은 자가 없었다는 글을 읽었소.

그대들이 바른 말로 솔직하게 간언하면 나라의 정치에 큰 도움이 될 수 있소. 나는 결코 그대들이 나의 뜻을 거스른다고 하여 마음대로 벌주거나 질책하는 일은 없을 것이오."

조착은 한漢나라 문제文帝와 경제景帝 때 어사대부御史大夫의 지위에 올랐던 사람이다. 한경제가 즉위한 때는 유방劉邦이 분봉했던 유씨 번왕들의 세력이 점차 강대해진 시기였다. 어떤 제후들은 바다의 소금을 제련하거나 광산을 경영하는 것으로 큰돈을 벌었는데, 이로써 아주 강한 재정적 뒷받침과 독자적 세력을 지닐 수 있었다. 중앙정부의 입장에서 보면 그들의 존재는 위협적이었다.

지혜가 많다고 해서 '지낭智囊'이라고 불렸던 조착은 날로 그 세력이 확장되고 있는 제후국들을 그대로 놔두면 나라가 분열될 위험이 있다고 판단했다. 그래서 경제에게 지방 제후들의 권력을 축소시키는 '삭번削藩'을 건의했다. 하지만 경제는 그렇게 하면 그들이 반란을 일으킬 것이라고 걱정했다. 조착은 제후들이 난을 일으키려면 땅을 감축시켜도 난을 일으키고, 땅을 감축시키지 않아도 난을 일으킬 것이라며, 장차 그들의 세력이 커질 대로 커진 다음에 난을 일으킨다면 그 화액은 상상할 수 없을 만큼 클 것이라고 했다. 경제는 그의 건의를 받아들여 주요 제후들의 봉지를 삭탈하는 한편, 30여 조항의 법령을 개정했다.

이러한 소식을 전해 들은 조착의 부친이 그를 찾아왔다. 부친은 조정을 위해 일만 하면 됐지, 왜 제후들의 이익을 침범하고 그들의 직권을 삭탈하여 종친들끼리 골육상잔을 벌이게 만들었느냐고 나무랐다. 조착은 그렇게 하지 않으면 천자의 지엄한 권위가 드러나지 못하고 나라도 안정되지 못하기 때문이라고 대답했다. 그러자 부친은 '유씨 집안이 편안해지니 우리 조씨 집안이 위태로워지는구나!'라며 그만 독약을 마시고 자결했다고 한다. 조착의 아버지는 살아서 아들이 화를 당하는 꼴을 차마 볼 수 없다고 했다는 것이다. 부친의 예상대로 삭번은 제후들의 강한 반대에 부딪쳤고, 그들은 오왕과 초왕을 중심으로 세력을 모아 '오초칠국의 난'을 일으켰다. 경제는 문제가 임종 시 나라의 변란이 생기면 주아부周亞夫에게 군사를 주어 진압하라고 했던 말을 떠올려 주아부를 태위太尉로 임명해 36명의 장군을 주어 반란군을 진압하게 했다. 그런데 조착과 사이가 좋지 않던 원앙袁盎 등이 7국의 난은 조착의 잘못 때문이므로 그를 죽이면 7국은 물러날 것이라는 말을 퍼뜨렸다. 그리고 대신들을 모아서 '대역무도한 조착을 죽여야 한다'는 상주서를 황제에게 올렸다. 상주서를 받은 경제는 조착을 보호하는 대신 죽이는 것을 윤허했다.

일심으로 한나라의 통일을 수호하려던 조착은 이렇게 억울한 죽임을 당했다. 조착을 죽인 경제는 이제 7국은 군사를 물리고 돌아가라는 조서를 내렸다. 그러나 이미 여러 번 승리를 거두고 여러 성을 빼앗은 오나라 왕 유비劉濞는 자신도 황제로 칭하고 있는데 조서를 받을 일이 없다고 코웃음을 쳤다. 한나라의 군관인 등공이 장안으로 와서 경제에게 군사상황을 보고하자 경제는 그에게 조착이 처형된 것을 알고 오나라가 물러가겠다고 했는지를 물었다.

"오나라 왕은 반역의 마음을 먹은 지가 이미 오래된 인간입니다. 이번 난은 조착 때문에 일어난 것이 절대로 아닙니다. 조착을 없애기 위해 난을 일으켰다는 것은 그들이 만들어낸 구실에 불과합니다. 조착은 억울하게 죽었습니다. 앞으로는 조착처럼 조정을 위해 자신의 의견을 숨김없이 말할 사람이 없을 것입니다."

등공의 대답에 경제는 조착을 죽인 걸 그제야 후회했다. 다행스럽게도 군사에 능한 주아부가 오·초의 군대를 여지없이 대패시켰다. 반란을 평정한 경제는 7국을 그대로 놔두고 왕위를 후손들이 계승하게 했지만 그 후로 제후왕들은 자신의 봉국封國에서 세금만 징수하고 기타 행정에는 일절 간여하지 못하게 했다. 이렇게 하여 경제는 제후국들의 권력을 약화시키고 중앙집권제를 강화할 수 있었다.

조착은 재능이 있는 사람이었다. 그런데 무엇이 문제였을까? 그의 재능이 다른 사람보다 뛰어났다고는 하지만 세상의 인정에 어두웠고, 더욱이 스스로를 위해 도모할 줄을 몰랐다. 그는 사람이 엄격하고 각박했다. 한마디로 고지식한 성격의 소유자였다. 그래서 오직 앞으로 나아갈 줄만 알았기 때문에 패망의 경지에서 헤어날 수 없었던 것이다. 이는 모두 그의 성격으로 말미암아 자초한 비극적인 결과였다.

신하들을 이끌려면 '술수術數'에 능통해야 한다고 말한다. 한무제 때 박사와 재상 등을 지낸 공손홍公孫弘은 '생사를 좌우하는 힘, 막힌 것을 뚫는 방법, 가볍고 무거운 것을 다는 셈, 득실을 논하는 길 이런 것들을 통해 멀고 가깝고 진실과 거짓을 반드시 드러나게 하는 것을 술이라 한다'고 했다. 조착 역시 태자 유계의 사부를 맡는 동안 태자에게 크고 위대한 공업을 세울 수 있는 책략을 제시하면서 '태자가 알아야 할 술수에 관한 논의'라는 글을 썼다. 그러나 정작 조착은 자신이 살아남을 수 있는 길은 찾지 못했다.

PART 4
승진과 보상

포상은 공로에 알맞게 실행된다는 믿음이 가장 소중하고,
처벌은 예외 없이 반드시 실행된다는 것이 가장 중요하다.
포상에 믿음이 있고 처벌에 예외가 없다는 것을
많은 사람이 눈으로 보고 귀로 듣는 곳에서 실행한다면,
이를 직접 보고 듣지 못한 자들이라 할지라도 자기도 모르는 사이에 모두 교화될 것이다.
[태공망]

人事文學

01

연공과 성과의 조화

노마지지와 사기진작

나이가 들었어도 젊은이 못지않게 패기 있고 굳건한 것을 노익장老益壯이라 말한다. 나이가 들면 그만큼 연륜이 쌓여 실수하는 일이 적어진다. 조선시대에는 관리들의 정년이 따로 정해지지 않았다. 다만 70세 정도에 이르면 본인이 여생을 편히 보내겠다고 사직을 원하는 상소를 임금에게 올릴 수 있었다. 그렇지만 노익장을 발휘할 수 있는 이들에게는 쉽게 그만두지 못하게 했다.

『경국대전經國大典』에 '벼슬이 1품에 이르고 나이가 70 이상이며 나라의 운명과 관계되어 벼슬을 그만두지 못하는 사람에게는 이조에서 임금에게 보고하여 몸을 의지하는 궤几, 의자와 장杖, 지팡이를 준다'는 내용이 나온다. 조선시대에 나이 70에 이르는 관리에게 그만한 대우를 해준 것이다. 그리고 봉조하奉朝賀라고 해서 정3품 당상관 이상을 지낸 관리가 직무를 감당하기 어렵게 된 경우에는 실직實職을 지낸 벼슬 품계에 따라 죽을 때까지 일정한 녹봉을 주고, 중요한 의식에만 참가하는 것으로 고위직으로 퇴직한 늙은 신하의 여생을 우대한 제도도 있었다. 또 기로소耆老所라고 해서 연로한 고위 문신들의 친목 및 예우를 위해 설치한 관서도 있었다. 나이 70이 되면 '기耆', 80이 되면 '노老'라고 하여 붙여진 이름이다. 기로의 모임은 중국의 당·송 시대부터 있었다. 관리들은 기로소에 들어가는 것을 더할 수 없는 영예로 여겼다.

연륜이 깊으면 나름의 장점과 특기가 있는 법이다. 이를 '노마지지老馬之智'라 한다. 『한비자韓非子』「설림」편의 일화에서 나온 말이다.

춘추오패 중 한 사람인 제환공齊桓公이 명재상 관중管仲과 대부大夫 습붕隰朋을 데리고 고죽국을 정벌하러 나섰다. 그런데 전쟁이 의외로 길어지는 바람에, 봄에 시작한 전쟁이 그해 겨울이 되어서야 끝이 났다. 그들은 혹한에 지름길을 찾아 귀국하다가 그만 길을 잃었다. 전군이 진퇴양난에 빠져 있을 때 관중이 '이럴 때 늙은 말의 지혜가 필요하다〔老馬之智可用也〕'며 늙은 말 한 필을 풀어놓았다. 전군이 그 말의 뒤를 따라 행군한 지 얼마 되지 않아 큰길이 나타났다. 늙은 말은 그만큼 여러 곳을 다녀보았고, 험한 길을 만난 일도 많았을 것이다. 그런 연륜이 어려운 일에 처했을 때는 지혜로 나타나는 법이다.

젊은 사람으로만 구성된 조직이 잘 될 것 같지만 반드시 그렇지는 않다. 경륜이 있는 사람이 이끌어주어야 성과도 올라가고 사기도 높아진다. 사기진작은 일하는 분위기를 활기차게 조성해주는 역할을 한다.

『육도六韜』에서 태공망太公望은 장수가 반드시 승리하는 세 가지 길에 대해 말했다.

첫째, 예의바른 장수이다. 추운 겨울철에 혼자만 따뜻한 털가죽 옷을 입지 않고, 더운 여름철에 혼자만 부채를 잡지 않으며, 비가 내릴 때 혼자 우산을 펼치지 않는다. 장수가 몸소 예의를 실천하지 않으면 병사들이 추위와 더위 때문에 얼마나 괴로운지를 모른다.

둘째, 노력하는 장수이다. 좁고 험한 길을 행군하거나 진흙탕을 거쳐가야 할 때, 장수는 반드시 수레나 말에서 내려 함께 걸으며 병사들과 더불어 괴로움을 나누어야 한다. 장수가 몸소 노력하지 않으면 병사들의 수고와 괴로움을 모른다.

셋째, 욕심을 절제할 줄 아는 장수이다. 들판에서 주둔할 때 전군이 모두 막사를 치고 자리 잡은 뒤에야 장수가 자리에 들고, 밥을 지을 때 병사들의 식사가 모두 마련된 뒤에야 장수가 식사를 하며, 병사들이 불을 지피지 못하고 있으면 장수도 불을 지피지 않아야 한다. 장수가 몸소 절제하지 못한다면 병사들이 굶주리는지 배부른지를 모른다.

장수가 병사들과 더불어 추위와 더위, 수고로움과 괴로움, 굶주림과 배부름을 함께한다면, 모든 병사는 어떠한 상황에서도 용감하게 뛰어들어 적과 싸우게 마련이라는 것이다. 병사들이 전투에 기꺼이 몸을 던지는 이유는 그들이 죽기를 좋아하거나 다치기를 바라서가 아니다. 오직 장수가 병사들이 추운지 더운지, 굶주리는지 배부른지 차근차근 살펴주고, 갖가지 괴로움과 수고로움까지도 밝게 알아주기 때문이라고 한다.

어떻게 장수의 마음가짐과 솔선수범이 병사들의 사기를 진작시키는지 알 수 있는 부분이다.

손빈孫賓의 『손빈병법孫賓兵法』에서도 사기 진작 방법에 대해 말하고 있다.

"군대를 편성하고 병력을 동원할 때는 병사의 사기를 격동하게 만드는 격기激氣에 힘써야 한다. 부대를 이동시키고자 새롭게 행군 대오를 나눌 때는 대오를 정비하고 무기와 장비를 점검하면서 병사의 사기를 날카롭게 진작시키는 이기利氣에 힘써야 한다. 국경에 이르러 적과 가까이 접근하게 되었을 때는 병사들의 전투의지를 강화하는 여기厲氣에 힘써야 한다. 교전할 날짜가 결정되면 병사들이 결사의 각오로 투지를 불태우는 단기斷氣에 힘써야 한다. 막상 전투가 시작되면 드높은 기세가 꺾이지 않도록 고무하는 연기延氣에 힘써야 한다."

〔合軍聚衆, 務在激氣. 復徙合軍, 務在治兵利氣. 臨境近敵, 務在厲氣. 戰日有期, 務在斷氣. 今日將戰, 務在延氣.〕

전쟁의 각 단계마다 사기를 진작시키는 방법을 강구해야 한다는 말이다.

전쟁이든 사업이든 일에 있어서는 사기진작이 중요하다. 『울료자尉繚子』「전위」에서는 '장수가 능히 싸울 수 있는 것은 병사가 있기 때문이고, 병사가 싸우는 것은 사기가 살아 있기 때문이다. 병사는 사기가 왕성하면 싸우고, 저하되면 달아난다'고 했다. 그리고 『사마법司馬法』「엄위」에서는 '무릇 모든 전쟁은 병력이 충실해야 지구전도 감당할 수 있고, 병사의 사기가 높아야 승리할 수 있다. 병사들은 적을 제압할 수 있다는 자신감을 지닐 때만 오직 눈에 띄는 것이라고는 적밖에 없게 되고, 두려운 마음을 지닐 때는 온통 두려운 일만 눈에 띄게 마련이다'라고 했는데 그만큼 사기가 중요하다는 말이다.

높고 낮음에 질서가 있어야 한다

조직을 이끌어가는 데 있어서 조직원들 간의 원활한 의사소통도 중요하지만 위계질서가 없어서도 안 된다. 그런데 지나친 위계질서도 문제지만 그렇다고 높고 낮음에 질서가 없어서도 안 된다.

『사기史記』「만석장숙열전」에 원앙爰盎이야기를 살펴보자.

원앙은 전한 초楚나라 사람으로 효문제孝文帝가 즉위하자 형의 추천으로 낭중이 되었다. 그는 원래 직간直諫을 잘해 이름이 조정에 알려진 인물이다.

주발周勃 장군이 승상으로 있을 때, 조회가 끝나면 황제가 친히 그를 전송할 정도로 위세가 대단했다. 원앙은 황제를 찾아가 승상은 이른바 공신일 뿐이지 나라를 이끄는 사직의 신하는 아니라고 했다. 황제가 승상의 교만한 태도에 겸손해하는 것은 신하와 군주가 모두 예를 잃은 것이라 간언했다. 이후 황제는 조회에서 점차 위엄을 보이기 시작했고, 승상은 그 위엄에 감히 교만함을 드러낼 수 없었을 뿐만 아니라 도리어 황제를 두려워하기 시작했다.

어느 날 효문제가 나들이를 가는데 조동이라는 환관이 황제와 나란히 수레를 타고 있는 것을 원앙이 보게 되었다. 그는 수레 앞에 엎드려 황제가 타는 수레에는 천하의 호걸과 영웅이 아니면 감히 어느 누구도 오를 수 없다고 들었다면서 나라 안에 인재가 부족하다고 하나 어찌 환관이 수레에 탈 수 있느냐고 간언했다. 황제는 그 말을 듣고 조동을 내리게 했다.

또 황제가 상림원上林苑을 거닐고 있을 때 황후와 애첩인 신부인愼夫人이 함께 따라나선 것을 보았다. 궁중에서 두 여인은 항상 같은 자리에 앉았는데, 상림원에서도 마찬가지였다. 그 모습을 보고 원앙은 신부인의 자리를 황후 아래로 내려놓았다. 그러자 신부인은 화가 나서 앉으려 하지 않았고, 황제도 기분이 상해 일정을 취소하고 궁으로 돌아가 버렸다.

“높고 낮음은 질서가 분명해야 화목하다고 들었습니다. 폐하께서는 이미 황후를 세워놓으셨으니 신부인이 아무리 총애를 받는다고 해도 첩에 불과합니다. 본부인과 첩이 어찌 같은 서열에 앉을 수 있겠습니까? 이는 상하의 분별을 잃은 행위입니다. 폐하께서 신부인을 사랑하신다면 후하게 상을 내리시면 됩니다. 그렇지 않고 황후와 나란히 있게 하신다면 이는 신부인에게 재앙이 되는 일입니다.”

궁으로 들어간 원앙은 황제에게 이렇게 아뢰며, 한고조 유방劉邦이 총애했던 척부인戚夫人을 여황후呂皇后가 시기한 이야기를 해주었다. 여황후는 한고조가 죽자마자 척부인을 체포하여 손발을 자르고 눈을 빼고 혀를 잘라 돼지우리에 처넣었다. 이렇듯 높고 낮음에 질서가 없으면 분별이 없어져서 재앙으로 발전할 수 있다는 것이다. 황제에게는 황제의 위치가 있고, 신하에게는 신하의 위치가 있는 법이다. 궁중의 여인들에게도 그 자리가 분명하게 있는데, 그 질서를 없앤다면 위계질서는 무너질 수밖에 없다고 했다.

상벌에도 질서가 있는 법이다. 당태종唐太宗이 황제가 된 후 공을 세운 신하들에게 작위를 수여할 때 숙부인 이신통李紳通이 상이 부족하다고 섭섭한 마음을 드러냈다. 그러자 태종은 국가대사는 상벌이 분명해야 한다고 말했다. 공훈은 크고 작음이 분명 나뉘는데, 방현령房玄齡의 공은 다른 누구보다 높다. 한나라의 소하蕭何가 비록 전쟁터에서는 공을 세우지 않았지만 전시에는 후방에서 지령을 내리고 전후에는 한고조를 천자로 추대했기 때문에 그 공이 첫 번째가 될 수 있었던 것처럼, 방현령도 마찬가지라는 논리라고 했다. 공의 크기대로 시행하지 않고 숙부라고 더 높은 상을 주게 되면 질서는 어지러워질 수밖에 없다는 말이다.

『한비자韓非子』「논난」편에 나오는 이야기다.

진晉나라 평공平公이 숙향叔向에게 제齊나라 환공桓公이 제후를 여러 차례 소집하여 마침내 천하를 통일한 것을 두고 그 이유가 신하의 힘에 의한 것인지, 아니면 군주의 힘에 의한 것인지를 물었다. 숙향은 신하의 힘에 비중을 두어 논리를 전개했다. 관중管仲이 천을 잘 마름질하고, 빈서무賓胥無가 잘 꿰매고, 습붕隰朋이 잘 다듬질하여 의복을 완성시켜 놓은 것을 환공이 그것을 모조리 받아들여 잘 입었다는 것이다.

그런데 그 말을 들은 사광師曠이 반대의사를 표명했다. 그 이유를 묻자, 대체로 신하라는 것은 요리사가 성찬을 장만하여 군주에게 진상하는 것과 같으므로, 군주가 찬에 손을 대지 않는다면 아무 소용이 없다는 것이다. 즉, 군주는 토양이고 신하는 초목이라 할 수 있는데 토양의 질이 좋아야 초목도 크게 성장하는 법이므로 환공의 천하통일은 군주의 힘이라고 답했다.

이에 한비자는 숙향과 사광의 대답이 모두 옳지 않다고 말했다. '천하를 통일하려고 제후를 몇 차례 소집시킨 것은 훌륭한 업적이다. 이는 군주의 힘만으로 되는 일이 아니고, 또 그렇다고 신하의 힘만으로 되는 것도 아니다'라고 했다. 천하의 공명을 세울 수 있었던 것은 군신 양편의 힘이라는 것. 그러므로 상하의 질서가 있어야 함을 강조했다.

윗물이 맑아야 아랫물도 맑다

중국 당나라 때 동소남董召南이란 사람이 있었다. 그는 학문뿐 아니라 행실이 아주 바른 선비로도 이름이 높았으며, 부모에 대한 효도와 형제간의 우애, 그리고 가정의 화목을 제일로 여겼다. 그는 벼슬도 마다하고 직접 땔감을 해왔으며, 아내의 부엌일을 거들었고, 물고기도 직접 잡았다. 문장가 한유韓愈는 그런 동소남을 '나무꾼도 되고, 어부도 되고, 요리사도 되어 양친을 위안하니 부모님도 걱정치 아니하고 처자식도 원망치 않네'라고 칭송했다.

어느 날 동소남의 집에서 키우던 개가 여러 마리의 새끼를 낳았다. 마침 동소남이 나무를 하러 가자 새끼를 낳은 개가 언제나처럼 주인을 따라나섰다. 그러자 동소남이 기르던 암탉이 강아지들을 대신 품었다고 한다. 동소남의 행실을 자식들뿐만 아니라 기르던 짐승까지 본받는다고 마을사람들은 칭찬을 아끼지 않았다. 이 일화가 말하려는 것은 윗물이 맑아야 아랫물도 맑다는 것이다.

'상행하효上行下效'라는 말이 있다. 반고盤古의 『백호통의白虎通義』「삼교三教」편에 나오는 말이다. '가르치는 것은 본받는 것이다. 윗사람이 하는 것은 아랫사람이 본받는 것이다[教者效也. 上爲之, 下效之]'라는 말에서 비롯되었는데, 제齊나라 경공景公의 일화가 숨어 있다.

춘추시대 제나라에는 관중管仲에 버금가는 명재상 안영晏嬰이 있었다. 안영은 외교에서 뛰어난 능력을 발휘하였으며, 군주의 과실을 주저 없이 간언하여 경공이 그를 크게 아꼈다. 그런데 안영이 죽자 아첨하는 신하들만 있을 뿐 직언하는 신하들이 없었다. 경공은 자신의 과오를 지적하는 말을 듣지 못하는 것에 대해 크게 상심했다. 안영과 같은 인물이 다시 나타나지 않는 것에 대하여 경공은 불안해하고 있었다.

안영이 죽은 지 16년이 지난 어느 날이었다. 경공은 문무백관들을 위하여 연회를 베풀었다. 술이 오르자 경공은 즉석에서 화살로 과녁을 쏘았다. 경공은 자신이 쏜 화살이 모두 과녁에 맞지 않았는데도, 곁에 있던 신하들이 약속이나 한 듯이 손뼉을 치며 '최고의 활 솜씨'라고 환호성을 지르는 것이 아닌가. 경공은 마음이 불쾌한 나머지 한숨을 쉬면서 활을 팽개쳤다.

그때 현장弦章이라는 신하가 찾아와 뵙기를 청했다.

"지금 대신들은 누구나 대왕을 칭송하기에 여념이 없습니다. 그자들은 대왕께서 즐겨 입는 옷을 따라 입고, 대왕께서 즐겨 드시는 음식을 먹고 있습니다. 마치 먹는 음식의 색깔에 따라 변하는 투명한 자벌레와도 같습니다."

경공은 오랜만에 현장에게서 충언을 듣자 몹시 감격해서 그에게 생선 50수레의 포상을 내렸다. 하지만 현장은 제경공의 선물을 사절했다.

"예전에 안영은 임금께서 내려주신 포상을 절대 받지 않았습니다. 윗사람이 하는 대로 아랫사람은 본받습니다(上行下效). 제가 지금 포상을 받는다면 아첨하는 자들의 욕심과 다를 바가 없을 것입니다."

이때부터 상행하효는 윗사람이 하는 행동을 아랫사람이 본받는다는 의미로 쓰이게 되었다.

조선시대 효종孝宗 때 영의정 이경여李敬輿는 막 즉위한 왕에게 상소를 올렸다. 왕이 벌써 초심을 잃었다는 여론이 있어서 위란의 지경에 빠졌다는 것이다. 왕의 도량이 좁고 사심을 이기지 못해 그런 것이라고 과감히 직언을 했다. 그러면서 이경여는 자신이 그 책임을 지고 물러나겠다고 했다. 보통 정승의 자리에 있는 사람은 자신이 왕을 제대로 보필하지 못했다고 여기면 사직상소를 올리는 일이 많았다. 이러한 직언의 상소문을 읽는 왕의 마음은 어떠했을까? 어찌 보면 무례할 정도의 직언이다. 그런데 효종의 반응이 주목할 만하다.

"부끄럽고 두려움이 교차한다. 허물을 반성해보니 망연자실할 뿐이다. 뭐라고 해야 할지 모르겠다. 말 한마디 글자 하나인들 감히 소홀히 하겠는가. 내가 띠에 써놓고 언제나 마음을 가다듬는 자료로 삼겠다."

효종은 거기에서 그치지 않고 이경여에게 왜 물러나려 하느냐고 물었다. 모든 것은 전적으로 왕이 하늘에 죄를 얻어서 내려진 재앙이라고 했다. 날이 가물고 메뚜기가 발생한 것은 내가 어리석어 하늘에 죄를 얻었기 때문으로 나의 책임인데, 왜 영의정이 사직하려 하느냐고 했다.

"나와 같이 일할 만한 자격이 없다고 하여 날 버리지 마라. 날마다 숨김없이 직언을 올려라. 그래서 나로 하여금 선善한 정치를 하게 도와주고 허물을 고칠 수 있게 하라."

이런 훌륭한 왕이 있으니 이런 훌륭한 신하가 있는 것이 아닐까.

윗물 중에서도 군주 같은 리더가 모범을 보여야 아랫사람들이 본받는다. 조조가 검소함을 생활화해서 그 부하들이 검소하게 살았던 것처럼 리더의 언행이 미치는 영향은 매우 크다. 공자孔子는 그것을 '절용애인節用愛人'이라 했다.

"천승의 나라를 다스리려면 일을 공경하고 믿음으로 하며, 쓰기를 절제하고 사람을 사랑하며, 백성 부리기를 때를 맞추어야 한다."

〔道千乘之國 敬事而信 節用而愛人 使民以時'.〕

『논어論語』「학이」편에 나오는 말이다. 전쟁이 일어났을 때, 네 필의 말이 끄는 전차 한 대에 30명의 보병을 실어 1천 대를 낼 수 있는 나라인 천승의 나라를 다스리려면 위정자가 백성들에게 모범을 보여야 한다고 했다.

신뢰와 약속을 중시하라

옛사람들은 신뢰와 약속을 매우 중시했다. 뛰어난 정치가들은 신뢰와 약속에 대해 결코 가벼이 대하지 않았다. 춘추오패의 한 명인 제환공齊桓公은 노魯나라에서의 일로 패왕의 반열에 오를 수 있었다. 제나라와 노나라는 오래 전부터 적대 관계였다. 두 나라는 세력이 비슷해 전쟁이 그칠 날이 없었다. 특히 환공은 자신의 즉위를 방해한 노나라를 공격하여 굴복시켰다. 노의 장수 조말曹沫이 이끄는 군대를 연이어 격파하고 가柯라는 지역에서 강화를 맺고 영지를 할당받기로 했다. 그런데 노나라의 장왕莊王이 항복문서 서명에 동의해 막 붓을 드는 순간 갑자기 조말이 환공을 습격하여 비수를 겨누고 땅을 돌려 달라고 목숨을 위협했다. 환공은 거부했다가는 목숨을 잃을 상황이라 땅을 돌려주기가 아까웠지만 어쩔 수 없이 영토를 돌려주기로 했다. 그러자 조말은 비수를 내던지고 환공에게 큰절을 했다.

제나라로 돌아온 환공은 화가 치밀어 자신의 약속을 취소하려 하였다. 비열하게 자객을 심어 땅을 되찾으려는 노나라의 행위를 용납할 수 없었다. 그런 비겁한 조건에 대한 약속은 이행하지 않아도 된다는 게 그의 생각이었다. 그러나 관중管仲은 천하의 제후들 앞에서 한 약속이므로 반드시 이행해야 한다고 했다. 만약 조말을 죽여 약속을 파기하면 마음속의 화는 가라앉게 되겠지만, 제후들과 세상 사람들로부터의 신의는 잃을 것이라며 말렸다.

관중의 이야기를 들은 환공은 크게 깨닫고 약속대로 노나라의 영토를 돌려주었다. 이후 이 소식이 알려지며 환공을 신용 있는 사람으로 여기게 되어 분쟁이 생길 때마다 제후들이 그를 찾으며 동맹을 맺고 싶어 했다. 그래서 환공은 겨우 1년 만에 제후들의 추대에 의해 중국 역사상 최초의 맹주가 되었다. 관중 말대로 노나라의 영토보다 더 큰 것을 얻게 되었다.

이렇듯 어떤 상황에서 맺은 약속이든 한번 약속한 것은 반드시 지켜야 한다. 약속을 지켜야 신뢰가 생기는 법이고, 그 신뢰를 바탕으로 조직이 다스려진다. 사람들은 약속을 지키느냐, 지키지 않느냐 결과에 초점을 맞춘다는 것을 잊어서는 안 된다.

황석공黃石公은 『삼략三略』에서 이렇게 말했다.

"어진 이가 있는 나라는 그 군대가 전진할 때면 대항할 적이 없다. 그러므로 어진 선비에 대해서 군주는 겸손히 자기를 낮추어야 되며, 교만해서는 안 된다. 장수에 대하여서는 임금이 친히 믿고 있다고 기쁘게 하여 즐거이 힘을 쓰게 해야 되며, 참소로 인하여 언제 어떻게 될까 하고 근심하게 하여서는 아니 된다. 만일 군주가 어진 선비를 접할 때에 교만하게 대하면 아랫사람도 순종치 않게 된다. 장수가 그러한 근심을 하게 되면 안에 있는 군주와 밖에 있는 장수가 서로 믿지 못하게 된다. 꾀한 것을 의심하고 단행치 못하게 되면 적국은 이 틈을 타서 반드시 분발하여 공격해 오게 된다. 이와 같은 상태로 적을 공격하거나 정벌하게 되면 반드시 어지럽게 된다. 대저 장수는 국가의 운명을 맡은 자이며, 국가의 흥망은 오직 장수의 한 몸에 달려 있는 것이다. 장수가 능히 적을 제어하여 승리를 거두게 되면, 국가는 스스로 안정되는 것이다."

〔賢者所適, 其前無敵. 故士可下而不可驕, 將可樂而不可憂, 謀可深而不可疑. 士驕, 則下不順；將憂, 則內外不相信；謀疑, 則敵國奮. 以此攻伐, 則致亂. 夫將者, 國之命也. 將能制勝, 則國家安定.〕

예의와 믿음으로 사람을 써야 한다는 말이다.

『한비자韓非子』「외저설좌상」편에 약속에 대한 일화가 나온다.

오기吳起가 외출 중에 옛 친구를 만나 함께 식사를 하자고 권했더니 그 친구는 먼저 집에 가서 기다리라고 했다. 오기는 친구가 올 때까지 기다리겠다고 했는데 밤늦게까지 오지 않았다. 오기는 다음 날에야 사람을 보내 친구를 데려다 비로소 식사를 함께했다.

위衛나라 문후文侯는 예전에 산림을 지키던 관리인 우인虞人과 날짜를 정해 오시에 만나 사냥을 하기로 약속한 적이 있었다. 그런데 약속 날 아침부터 비가 내리기 시작하더니 날씨가 매우 추워졌다. 약속시간이 되자 위문후는 황급히 수레를 모는 어자를 재촉하여 들판으로 달리게 했다. 이미 비가 내리고 있어 사냥도 못 하는데, 모두 헛걸음이라고 말렸지만 자신과 약속한 우인이 기다리고 있을 것이므로 만남이 사냥보다 더 중요하다고 말했다. 이를 본 신하들은 자신의 군주가 하찮은 사람과의 약속까지도 지키기를 이와 같이 한다며 찬탄해했고, 이후로는 나라의 모든 지시와 법령은 아침에 내리면 저녁에 행하게 되었으며 아무도 감히 어기지 못했다고 한다.

어떻게 보면 그렇게 중요한 약속이 아닌 것 같지만 약속은 약속이므로 지킨다는 자체가 중요한 것이다. 한비자는 '증자살체曾子殺彘'의 이야기로 어떤 일이 있어도 약속은 반드시 지켜야 함을 강조했다.

증자曾子의 아내가 시장에 가려는데 아이가 따라오며 자꾸 울자, 집에 가 있으면 시장에 갔다 와서 돼지를 잡아 삶아 주겠다고 했다. 아내가 장에서 돌아와 보니 증자가 돼지를 잡고 있었다. 아내는 그냥 아이에게 한 말일 뿐이라며 말렸다. 증자는 아이에게 실없는 말을 해서는 안 된다고 했다. 아이들은 무지해서 부모에게 배우는 것인데 어린아이를 속인다면, 아이에게 사기를 가르치는 것이 된다고 했다. 어미가 아이를 속이고 그래서 자식이 어미를 믿지 않게 된다면 앞으로 어찌 교육을 시키겠냐며 돼지를 삶았다는 이야기다.

누구를 위한 논공행상인가

한 고조 유방劉邦이 대업을 이룬 후 논공행상하는 것을 보면, 이것이 성과에 대한 일종의 보상이기도 하지만 리더의 입장에서는 또 하나의 통치수단이기도 하다는 것을 알 수 있다. 유방이 중원을 통일하고 난 후 큰 공을 세운 20여 명 정도를 먼저 봉하고 나니 나머지 공신들은 밤낮으로 서로의 논공행상에 대해 치열하게 논쟁을 벌이고 있었다.

하루는 궁에서 여러 제장들이 모여 자기들끼리 은밀히 숙덕거리는 것을 보고 유방이 장량張良에게 그 이유를 물었다.

"폐하께서는 평민에서 천하를 얻으셨는데, 오랜 친지들에게만 상을 내리시고 사적으로 원한이 있는 이들은 벌하고 죽이셨습니다. 그러니 불만과 두려움에 반란을 모의하고 있는지도 모릅니다."

장량의 말에 놀란 유방은 불안해하며 대책을 물었다. 장량은 유방이 가장 미워한다고 모두에게 알려진 사람이 누구인지 묻고, 바로 그 사람에게 작위를 내리면 될 것이라고 했다. 유방은 즉각 옹치雍齒를 십방후로 책봉하였다. 그러자 군신들은 다들 기뻐하면서 옹치도 책봉되었으니 자신들도 걱정할 것이 없다며 들끓던 조정이 안정이 되었다. 미워하는 사람을 요직에 앉힌다는 '옹치봉후雍齒封侯'가 이렇게 생겨났다.

옹치는 고조와 동향 출신으로 유방의 어린 시절 모습을 다 알고 있어서 그런지 유방에게 고분고분하지 않았다. 요충지 풍읍을 맡겼지만 배신하고 다른 나라에 귀순해 버린 전력까지 있던 인물이다. 다시 유방 휘하에 들어와서 그나마 공을 많이 세워 차마 죽이지 못하고 있었을 뿐, 유방이 그를 미워한다는 것은 모두가 아는 사실이었다. 그럼에도 그에게 포용을 베푼 것은 안정을 위한 전략적 선택이었다.

유비劉備도 정권을 잡은 후에는 이전에 자신을 반대했던 사람들에게 보복하지 않고 관용을 베풀어 받아들였다. 유비는 본래 심복이었던 부하와 익주에서 새로이 얻은 부하에 대해 제법 공정하다고 평해질 만한 논공행상을 행했다. 과거 유장劉璋의 수하였던 많은 인재를 받아들여 중요한 직책을 맡겼던 것이다.

유비를 익주로 인도했던 법정法正은 촉군태수 양무장군으로, 매 전투마다 선봉장으로 용맹을 떨쳤던 황충黃忠은 토로장군으로, 전쟁 막바지에 합류한 마초馬超는 평서장군으로, 말단으로 참전했지만 여러 전공을 세워 주목을 받았던 위연魏延은 아문장군에 봉해졌다. 면죽에서 싸움 한 번 없이 항복했던 이엄李嚴과 비관費觀은 각각 건위태수와 파군태수에, 익주의 군벌 출신인 방희龐羲는 사마에, 유비가 촉으로 진입할 무렵 그 막하에 든 팽양彭羕은 치중종사에, 형주에서부터 유비를 따랐던 문사 이적伊籍은 종사중랑으로 승진했다.

유비의 논공행상은 덕성과 재주를 중시하고 공에 따라 상을 주었다. 능력에 따라 직책을 부여하는 식의 인사정책과 크게 다르지 않다. 유비의 논공행상에서 눈에 띄는 인물은 동화董和와 미축糜竺이다.

동화는 청렴결백한 관리였다. 그는 솔선수범하여 검소하게 살며 수수한 옷을 입고 간소한 식사를 하고, 신분을 넘는 행위를 말리며 금지하였다. 자신이 실천하던 대로 규제를 만들었으므로 그가 부임한 곳마다 풍속이 바뀌고 선한 방향으로 변해 갔으며, 백성들은 법규를 두려워하여 범하지 않았다. 유비 입장에서는 동화에 대한 백성들의 신임이 컸던 만큼 그에 대한 논공행상은 백성들의 마음까지 신경 써야 할 부분이었다.

유비는 촉을 평정한 후 동화를 장군중랑장으로 임명하고, 군사장군 제갈량諸葛亮과 함께 좌장군과 대사마의 일을 담당하게 했다. 그는 제갈량의 곁에서 20여 년 동안 군국대사에 참여해 중요한 역할을 수행했다. 옳은 것은 아뢰고 옳지 않은 것은 폐지하도록 진언하여 제갈량과도 무리 없이 지냈다. 그는 유비 수하에서 20여 년 동안 관리로 있었는데, 그가 죽었을 때 집에 쌀 한 섬의 재산조차도 없을 정도로 검소했다고 한다.

미축은 유비가 서주에서 곤경에 처해 있을 때 수하 2천여 명과 전 재산을 유비에게 상납했다. 또한 자신의 누이까지 유비에게 보냈다. 유비는 성도에 입성한 후 미축을 안한장군에 봉했는데 그 자리는 군사장군이었던 제갈량보다도 높은 자리였다. 미축은 유비에게 경제적 지원을 아끼지 않은 인물이었지만 사람을 거느리는 일에 능하지 못하고, 군사에도 밝지 않았기에 실권을 맡기지는 않았다. 어떤 의미에서는 예우 차원의 논공행상이었다.

황권黃權과 유파劉巴는 처음부터 유비를 불신했던 인물들이다. 특히 유파는 평생 일관되게 유비를 반대했다. 그러나 유비는 성도에 입성하자마자 그들을 보호했고, 황권은 편장군, 유파는 서조연으로 임명해 각각 군무와 내정에서 유비의 심복이 되게 했다.

『촉지』「선주전」에는 '유비는 익주목이 되어 제갈량을 고굉股肱:임금이 가장 선호하는 중신으로, 법정을 모주謀主:일을 주장하여 꾀하는 사람로 삼았다. 관우

關羽·장비張飛·마초 등은 발톱과 어금니가 되었으며 허정許靖·미축·간옹簡雍은 빈객이자 벗과 같은 사람으로 대우받았다. 동화·황권·이엄 등은 본래 유장에 의해 임용된 사람들이고, 오의吳懿와 비관은 유장의 인척이며, 팽양은 유장이 배척하여 버린 사람이고, 유파는 두고두고 유비를 꺼리고 원한을 맺은 사람이다. 유비는 그들 모두를 요직에 임명하여 각자의 재주와 능력을 한껏 발휘하도록 하니, 뜻 있는 선비들이 다투어 힘쓰지 않는 이가 없었으며 이에 익주의 백성들은 크게 화합하였다'는 내용이 나온다.

논공행상을 두고 각 리더마다 처리하는 방식이 다를 수 있지만 송宋나라를 세운 조광윤趙匡胤은 확실히 다른 점이 있었다. 얼떨결에 황제가 된 송나라 조광윤은 진교에서 자신을 황제로 받든 석수신石守信·왕심기王審琦·고회덕高懷德 등의 공신을 불러 술자리를 가졌다. 혹시 절도사들이 병권을 휘둘러 반란을 일으키지 않을까 염려해서였다. 절도사들의 병권을 거둬들여야겠다는 결심은 했지만 그는 다른 군주들처럼 공신을 죽여 목적을 이루려 하지는 않았다.

어느 정도 술이 오르자 그가 절도사들에게 넌지시 말했다.

"경들이 없었더라면 어찌 지금 짐이 이 자리에 있었겠소? 진심으로 감사하오. 그런데 황제 노릇도 쉽지만은 않구려. 차라리 그대들 같은 절도사라면 얼마나 마음이 가볍고 편안할까 싶소. 단 하루도 마음 편히 잠을 이룰 수가 없구려."

황제가 잠을 편히 이룰 수 없다는 말에 그들은 놀라서 그 연유를 물었다.

"물론 짐은 경들을 전적으로 믿지만, 경들 중 누군가의 부하들이 혹 딴 마음을 먹고 술 취한 주군에게 황제의 옷을 입힐지 알 수 없지 않소?"

조광윤은 자신이 그랬던 것처럼 똑같은 일이 다시 벌어지지 않으리란 법이 없지 않겠느냐는 말을 통해 그들을 경계한 것이었다. 그 말을 들은 다섯 공신은 혼비백산하며 그 자리에 엎드릴 수밖에 없었다.

"천명이 이미 정해졌는데 감히 누가 다른 뜻을 품겠습니까? 저희들이 나아갈 바를 알려주십시오."

그러자 조광윤은 마치 그 말을 기다리고 있었다는 듯이 자신이 뜻한 바를 말했다.

"인생은 절벽 틈을 달리는 말처럼 순식간에 지나가오. 모두들 금은보화를 모아 평생 즐기며 살길 바라고, 자손들에게 얼마간 재산을 물려주고 죽으면 그뿐이오. 그대들이 병권을 내놓고 지방관이 되면 좋은 집과 밭을 사고 평생 연회를 즐기며 천수를 누리게 해주겠소. 그러면 군신 간의 의심도 사라지고 모두가 편안할 테니 얼마나 좋은 일이오."

석수신을 비롯한 절도사들은 이튿날부터 병을 핑계 대어 병권을 내놓고 요양하기를 청하였다. 조광윤은 공신들의 자녀와 본인의 자녀를 혼인시켜 서로 딴 마음을 먹지 않도록 하자고 권했다. 이 일은 술잔을 들면서 공신들의 병권을 없앴다고 하여 '배주석병권杯酒釋兵權'이라 한다.

조광윤은 공신들이 물러간 자리에 경력이 많지 않고, 명망이 높지 않으며, 유능하지 않은 자들을 그 자리에 앉히고 상호 견제하게 했다. 이렇게 조광윤은 안으로는 정치를 안정시킨 뒤, 정벌정책을 펴 북송 왕조의 기틀을 다졌다. 그 후로 북송에서 남송에 이르기까지 군사 정변은 단 한 번도 일어나지 않았다.

02

역량중심의 승진

적재적소·적시에 인재를 써라

조조曹操는 오吳와 전투를 벌였던 합비전투에서 인재들을 적재적소, 그리고 적시에 써서 승리를 이끌어낼 수 있었다. 그 시작은 그가 직접 쓴 교서였다. 그는 호군 설제薛悌를 합비로 보내면서 교서를 주었는데, 손권孫權이 합비에 당도했을 때 열어보라고 일렀다. 설제는 조조의 지시대로 따랐다.

"만약 손권이 당도하면 장료張遼와 이전李典 두 장군은 나가 싸우고, 악진樂進 장군은 성을 지키고, 호군 설제薛悌는 싸우지 말라."

자세한 설명 없이 간결하게 적힌 교서에 합비를 지키던 장료·악진·이전 세 사람은 당황했다. 그들은 모두 장수로서 기량이 뛰어났다. 다만 그들에게는 7천 명의 군사가 있을 뿐이었다. 손권의 십만 명을 상대하기에는 무리가 따를 수밖에 없었다. 그래서 교서에 타개책이라도 담겨 있기를 바랐는데 그저 간단명료할 뿐이었다.

문제는 또 있었다. 세 장수들이 공적으로는 동료 사이임에도 불구하고 사적으로는 서로에 대한 감정이 영 좋지 않았다는 점이다. 그리고 호군으로 가 있던 설제 역시 개성 강한 그 세 사람을 감당할 수 없었다.

장료는 조조의 교서대로 실행하자는 주장을 펼쳤다. 조조가 멀리 원정 가 있기 때문에 구원군이 도착할 때면 이미 손권의 군대가 자신들을 격파할 것이라 했다. 적의 군세가 합비를 포위하기 전에 선제공격을 해서 세력을 꺾고 그 다음에 병사들을 안정시켜 수비하자고 했다. 악진이 아무 말이 없자 자신에 대한 불복으로 여긴 장료는 그를 질타했다. 그러면서 자기 혼자서라도 군사를 거느리고 가서 적과 결판을 내겠다고 했다. 그럼에도 악진은 말이 없고 이전만 공사를 위해 장료와 함께하겠다는 의사를 밝혔다.

결과적으로는 조조의 교서대로 행동하게 된 것이다. 장료와 이전은 성을 나가 손권의 군을 요격하고, 악진은 남아서 성을 지키게 된 것이다. 출성 전날 장료와 이전은 8백여 명의 결사대를 선발해 고기를 푸짐하게 먹이고 전투를 준비시켰다. 십만 명의 대군을 상대로, 불과 1천 명도 되지 않는 병력만 거느리고 나가 싸우겠다는 것이었다. 그런데 이러한 결정으로 장료는 명실상부한 대오전선의 최고 장수로 사람들에게 각인되는 결과를 낳을 수 있었다.

장료는 정원丁原·동탁董卓·여포呂布를 거쳐 조조에 이른 인물이다. 그가 패잔병들을 이끌고 조조에게 투항하자 조조는 중랑장의 지휘를 주었다. 장료의 가장 큰 공은 관도전투에서였다. 원소袁紹의 아들인 원희袁熙와 원상袁尙이 오랑캐 일당 중 오환의 대장에게 붙자 장료는 조조의 명을 받들어 오환 대장의 목을 베는 전공을 세웠다.

합비전투에서 장료가 이전과 함께 새벽녘에 감행한 기습은 말 그대로 손권의 허를 찔렀다. 장료와 이전이 선봉에서 맹렬한 기세로 출격했는데, 갑옷과 창을 쥔 장료가 앞장서서 자신의 이름을 크게 외치며 돌진해 삽시간에 적군 병사 수십 명을 죽이고 장수 둘을 베고는 보루를 치고 들어가 손권의 대장기 아래까지 이르렀다. 손권은 갑작스러운 공격에 대경실색했고, 장수들은 어찌해야 할 바를 모르고 산 위로 달아난 뒤 올라가 지킬 뿐이었다고 『삼국지三國志』 「장료전」은 전한다. 장료가 지나는 곳마다 손권 부대의 인마들은 나뭇잎처럼 다 쓰러져서 감히 당해낼 자가 없었고, 장료가 돌아와 수비를 보완하도록 하자 성안 사람들의 마음은 다 안정되었고 장수들은 모두 복종했다고 한다.

뒷날 보고를 받은 조조는 장료의 무공에 감탄하여 그를 정동장군라는 최고위 관직에 임명했으며, 강남에서는 한동안 장료의 이름을 들으면 울던 아이도 울음을 뚝 그친다는 말까지 떠돌았다고 한다.

합비전투의 승리는 장료가 이끌어냈지만 결정적인 역할을 한 것은 조조의 교서였다. 조조는 그곳에 있는 세 장수와 호군으로 보낸 설제의 성격과 재능을 미리 파악해 안배했던 것이다. 정치를 관할하는 호군 설제에게는 군사를 관할하지 않게 하고, 성질이 급하고 수성 경험이 있는 악진에게는 성을 책임지게 하고, 장료와 이전에게는 성 밖으로 나가 협력하여 적을 격퇴하게 했다.

조조는 이미 장료가 관도전투에서 오환을 정벌하는 것을 목격했기에 그라면 그런 용맹과 지모로 선제공격을 감행할 것이라 여겼고, 이전은 장료와 사이가 좋지 않아도 공사를 구분할 줄 아는 성격이라 함께 공격하도록 안배했다. 그리고 악진은 주도적으로 공격하는 것에 의문을 가질 수 있는 성격이라서 수성을 하게 한 것이다. 자기 수하 간부들의 특성을 정확히 파악해 적절한 위치에 안배하고 그들이 자신의 역할에 최선을 다할 수 있게 하는 것이 리더의 역할이다.

『한비자韓非子』「팔설」편에 인재에게 나랏일을 맡기는 방법에는 존망과 치란治亂:잘 다스려진 세상과 어지러운 세상으로 나뉘는 기준이 있다고 했다. 군주가 인재를 임용하는 방법을 모르면 반드시 실패한다는 것이다. 지자知者가 반드시 성실하다고 할 수 없고, 수양이 된 자가 반드시 지혜 있으리라는 법도 없는데, 인재를 임용하는 방법을 모르면 재난을 겪게 된다는 것이다.

그래서 '현명한 군주의 도란, 천한 자도 존귀한 자를 평가할 수 있는 것이며, 윗사람에게 죄가 있는데 아랫사람이 그것을 고발하지 않을 때에는 반드시 연대 책임을 물어야 할 것이며, 진상을 규명할 때에는 많은 사람의 의견을 묻고 조사해야 하며, 의견을 들을 경우에는 특정 당파에 소속된 인물의 치우친 말을 듣지 않아야 속아 넘어가지 않는다. 또 군주는 공적의 대소를 가려 상을 주며, 능력의 대소를 가려 나랏일을 맡겨야 하며, 업무의 부분을 잘 관찰하여 과실의 유무를 간파하며, 과실이 있으면 벌하고, 능력이 있는 자에게는 이득이 있도록 해야 한다. 그렇게 하면 어리석은 자는 나랏일에 종사할 수가 없다. 지자가 군주를 속이지 않고, 어리석은 자가 일을 맡지 않으면 정치를 하는 데 실수가 없다'고 했다.

인재도 알아주는 사람이 있어야 역량을 발휘한다

내 자질과 능력이 아무리 뛰어나더라도 나를 알아보지 못하는 곳에 있다면 아무런 쓸모없는 인간으로 남지만 나를 알아주는 곳에 있으면 꼭 필요한 인재가 될 수 있다.

『한비자韓非子』「화씨」편에 '화씨지벽和氏之璧'이라는 성어가 나온다.

중국 전국시대 때, 초楚나라에 화씨和氏란 사람이 있었는데, 그는 옥을 감정하는 사람이었다. 그는 초산에서 옥돌을 발견하여 초나라 여왕厲王에게 바쳤다. 여왕은 옥 감정인을 시켜 감정하게 했는데, 돌이라고 해서 화씨가 자신을 속인 줄 알고 그의 왼쪽 발을 자르게 했다. 여왕의 뒤를 이어 무왕武王이 왕위에 오르자 화씨는 그 옥돌을 다시 올렸다. 이번에도 감정인이 돌이라고 해서 화씨의 오른쪽 발을 잘랐다. 무왕의 뒤를 이어 문왕文王이 왕위에 오르자 화씨는 그 옥돌을 안고 초산 아래에 가서 사흘 밤, 사흘 낮을 눈물이 다하여 피눈물이 나도록 계속하여 울었다. 임금이 듣고 사람을 보내 그 까닭을 물었다.

화씨는 발 베인 것을 슬퍼하는 것이 아니라 보배인 옥을 돌이라고 부르고 정직한 선비에게 속인다는 죄명을 씌운 것이 슬퍼서 운다고 했다. 그 말에 문왕이 옥인을 시켜 그 옥돌을 다듬게 했더니, 과연 보옥을 얻을 수 있었다. 그리하여 그 옥을 '화씨의 옥'이라고 불렀다고 한다.

그 후 이 화씨지벽은 조趙나라 혜문왕惠文王의 손에 들어갔는데, 진秦나라 소양왕昭襄王이 이를 탐내 15개의 성城과 맞바꾸자고 하는 바람에 양국 간에 갈등이 조성되기도 했다.

한비자가 전국시대의 어리석은 군주들을 깨우치기에 유능한 법술가들이 얼마나 고생하는지를 '화씨의 옥'을 비유로 들어 말한 것이다. 진정 보석인 줄 모르고 두 발을 자른 것처럼 인재가 인재인 줄 모르고 등용하지 않는 어리석은 군주들을 탓한 것이다. 돌도 알아봐주는 이가 있어야 보석이 되듯이 사람도 알아봐주는 이가 있어야 빛이 나는 법이다.

제齊나라에 북곽소北郭騷라는 사람이 있었다. 그는 짐승을 잡는 그물을 엮거나 짚신을 삼는 일로 모친을 봉양하며 살았다. 하지만 그것으로는 생활을 감당할 수 없어 안영晏嬰을 찾아가 구걸을 하였더니 안영은 곳간에서 돈과 양식을 꺼내 북곽소에게 도움을 주었다. 그는 돈과 재물은 사절하고 양식만 가져갔다.

얼마 후 안영은 임금인 경공景公의 의심을 받게 되었다. 더 이상 조정에 머무를 수 없다고 판단한 그는 조정을 떠나기로 마음먹었다. 안영은 북곽소의 집 앞을 지나면서 그에게 이별의 인사를 했다. 북곽소는 목욕재계하고 안영에게 정중히 어디로 가는 길인지를 물었다. 안영은 임금에게 의심을 받아 도망가는 길이라고 했다. 북곽소가 별다른 반응을 보이지 않자 안영은 마차에 오르고서 길게 탄식했다.

"내가 이 지경이 된 건 당연한 일인지도 모른다. 정말 나는 너무나 사람을 못 알아보는구나! 그렇다고 누구를 원망할 수 있으랴?"

하지만 북곽소는 안영이 떠나자마자 움직이기 시작했다. 그는 친구를 찾아가 자신은 안자의 인자함과 의로움을 존경해서 일찍이 그에게 어머님께 드릴 양식을 빈 적이 있다고 했다. 그러면서 부모를 봉양할 수 있게 해준 사람을 위해서라면 나는 어떤 위험도 대신 짊어질 수 있다. 지금 안자가 임금께 의심을 받는다고 하니 마땅히 내 생명을 걸고 옹호해드려야겠다는 것이다. 그는 의관을 단정히 하고 친구에게 보검과 대나무광주리를 들게 한 뒤, 친구를 앞장세워 궁궐로 찾아갔다.

궁궐 앞에서 임금에게 소식을 전하는 문지기에게 간곡히 말했다.

"안자는 천하에 이름난 현자입니다. 지금 임금의 의심을 사게 되어 나라를 떠났으니 제나라는 분명 큰 손해를 보게 될 것입니다. 나라의 손실을 눈뜨고 지켜보느니 차라리 죽는 편이 나을 것 같아 지금 저의 머리로 안자의 결백을 증명하려 합니다."

그리고 옆에 있던 친구에게 자신의 머리를 광주리에 담아 임금에게 갖다 주고 자신의 뜻을 전해달라고 말하곤 즉시 검으로 자결했다. 북곽소의 친구는 그의 머리를 문지기에게 넘겨주며 그가 나라를 위해 죽었으니 자신은 이제 그를 위해 죽겠다는 말을 마치고 칼로 자신의 목을 베었다.

이 소식을 전해 들은 경공은 크게 놀라 친히 마차를 타고 안자를 쫓아갔다. 그는 교외까지 쫓아가 겨우 안자를 따라잡고 다시 돌아오기를 청했다. 안자는 별수 없이 경공과 함께 도읍으로 돌아왔다. 나중에 북곽소가 생명을 바쳐 자신의 결백을 밝혀준 이야기를 전해 듣고 안자는 몇 번이나 탄식하며 말했다.

"내가 도망자가 된 건 당연한 일이다. 나는 더더욱 사람을 알아보지 못했구나!"

안영은 처음 떠날 때는 북곽소를 선비로 잘못 본 자신에 대해 탄식했고, 돌아와서는 진정 현자인 것을 평범한 사람으로 잘못 본 것을 한탄했다.

결과적으로 안영은 북곽소를 잘못 보지 않았다. 북곽소는 이미 안영이 자신을 알아봐 주었기에 모친을 봉양할 수 있었다고 여긴 것이고, 자신을 알아봐 준 이를 위해 목숨을 내놓은 것이다.

『한비자』「외저설좌상」편에 오기吳起의 일화가 나온다.

오기가 위衛나라 장군이 되어 중산국을 공격하였는데, 사병 가운데 악성종기로 괴로워하는 자가 있었다. 오기는 무릎을 꿇고 그 종기에 입을 대고 고름을 빨아주었다. 그 사병의 어머니가 이 말을 듣고 울고 있었다. 어떤 사람이 그 이유를 물었다.

그 어머니는 오기 장군이 그 아이 아버지의 종기도 그렇게 빨아 준 적이 있는데, 그 아이의 아버지는 감격하여 장군을 위해서 전사했다는 것이다. 이제는 저 애도 그렇게 죽게 될 것 같아 슬퍼한 것이라 했다.

인재가 역량을 발휘하도록 하는 것은 그리 어려운 일이 아니다. 이렇듯 리더나 자신이 의지하는 이에게 존재감을 확인받는 것으로도 목숨을 내놓을만하다고 여긴다.

선의의 경쟁을 붙여라

"군자는 다투지 않는다. 피치 못할 다툼은 활쏘기뿐이다. 활쏘기를 할 때면 서로 두 손을 모아 절하고 서로 사양하며 당에 오르고, 당에서 내려와 진 사람은 술을 마신다. 이러한 다툼이야말로 군자답지 아니한가!"

〔君子無所爭 必也射乎 揖讓而升 下而飮 其爭也君子.〕

『논어論語』「팔일」편에 나오는 내용이다. 선의의 경쟁은 서로에게 긍정적인 효과를 가져다줄 뿐만 아니라 조직에도 좋은 효과를 낳는다. 공자孔子는 '군자가 경쟁을 할 때는 활쏘기를 하는 것처럼 서로 간의 예를 갖춘다고 했는데, 경쟁이란 이와 같아야 하는 것이 아닐까'라고 말했다.

관포지교管鮑之交의 두 주인공인 관중管仲과 포숙鮑叔은 서로 다른 주군을 모시던 선의의 경쟁관계였다. 제齊나라 양공襄公 때 관중은 공자 규와 함께 노魯나라로 망명했고, 포숙은 규糾의 동생인 소백小白과 함께 거莒나라로 망명했다. 양공이 권력 쟁탈전 끝에 살해되자 두 공자는 서로 왕위에 오르려고 서둘러 귀국길에 올랐다. 그때 규는 관중을 보내 귀국길에 오른 소백을 암살하라고 지시했다. 규는 소백이 암살되었다고 생각하고 느긋하게 귀국길에 올랐지만 소백은 천만다행으로 관중이 쏜 화살이 허리띠에 맞아 목숨을 구할 수 있었다. 그리고 먼저 귀국해 군주의 자리도 차지했다.

이후 소백을 죽이려던 규도 죽고 관중도 죽음 앞에 놓인 상태가 되었지만 포숙이 군주가 된 소백에게 천하의 패자가 되려면 관중이 필요하다고 그를 추천했다. 결국 관중은 자신이 죽이려던 자 휘하에서 재상이 되었고, 이후 명재상 관중의 보좌를 받은 소백은 제환공에 올라 춘추5패 가운데 한 사람이 되었다. 두 사람의 선의의 경쟁은 결국 아름다운 모습으로 마무리가 되었다.

또 다른 선의의 경쟁자는 소진蘇秦과 장의張儀이다. 이 둘은 귀곡자鬼谷子에게 가르침을 받은 친구 사이였다. 전국시대 때 소진은 자신이 배운 바를 현실에 적용하기 위해 여러 나라를 돌아다니며 유세했지만 아무것도 얻지 못한 채 고향 낙양으로 돌아왔다. 하지만 소진은 포기하지 않았다. 강국인 진秦나라와 한韓나라 두 나라가 서로 교전하고 있어 산둥 지방의 제국들은 진나라의 침략을 두려워하고 있던 때라, 연燕나라의 문후文侯에게 6국 합종合縱의 이익을 설득하여 받아들여졌다. 다시 조趙·한韓·위魏·제齊·초楚의 여러 나라를 설복하는 데도 성공하여, 기원전 333년 연나라에서 초나라에 이르는 남북선상南北線上의 6국의 합종에 성공하였다.

소진과 동문수학한 장의는 소진에 이어 천하를 주름잡았던 유세가였다. 여러 나라를 떠돌며 유세하던 장의는 초나라 재상의 식객으로 있다가 벽을 훔친 도둑으로 몰려 흠씬 두들겨 맞은 후 추방되었다. 그는 먼저 자리를 잡은 소진을 찾았지만 인격적으로 수치심을 느낄 정도로 심하게 홀대를 당했다. 당시 조나라에서 크게 위세를 떨치고 있던 소진은 자신을 찾은 장의를 며칠 동안 허름한 객사에 처박아 놓고 만나주지도 않았다. 또한 음식도 개돼지가 먹는 수준으로 대접했다. 장의는 설움을 삼키며 당시 최강국 진나라로 발걸음을 옮기면서 복수를 다짐했다.

장의는 주막에서 만난 귀인 덕분에 편하게 진나라로 갈 수 있었고, 또 그 사람의 주선으로 진나라 왕을 만나 유세遊說하기에 이르렀다. 그런데 알고 보니 이 모든 것이 친구 소진의 안배였다. 사실을 알게 된 장의는 소진이 죽기 전에는 그의 합종책合縱策을 건드리지 않겠노라 선언했다. 소진이 죽자 장의는 소진이 공들여 구축한 6국 합종책을 차례차례 무너뜨리기 시작했는데 장의가 진나라를 위해 수립한 대외책략은 '연횡책連橫策'이었다.

장의는 자신의 능력이 소진에 못 미친다는 것을 알고 있어 소진이 고안해낸 전략이나 책략과는 정반대되는 책략을 구사하기로 한 것이다. 소진 역시 자신이 내세운 합종책의 치명적인 약점을 잘 알고 있었다. 언젠가는 연횡책에 의해 무너질 것이라는 것도 예상했다. 그래서 장의를 몰래 보살피며 그가 진나라에서 능력을 인정받을 수 있게 배려했던 것이다. 두 사람은 자신들의 능력과 공부에 따라 각각 합종과 연횡을 선택하여 서로 도우면서 경쟁했던 것이다.

문경지교刎頸之交:서로 죽음을 함께할 수 있는 막역한 사이의 두 주인공은 인상여藺相如와 염파廉頗이다. 두 사람도 선의의 경쟁관계였다. 인상여는 조趙나라 혜문왕惠文王 때 화씨의 옥을 두고 진秦나라가 무리한 요구를 해오자 사신으로 추천이 되어 진나라로 갔다. 그는 용기와 지혜로 진나라 소양왕의 무리한 요구를 슬기롭게 거절해서 높은 자리에 올랐다. 그 이후에도 위기 때마다 외교에서 비상한 수완과 능력을 발휘하여 진나라로 하여금 조나라를 무시하지 못하게 만들며 국익을 지켰다.

조나라 왕이 인상여의 공을 인정해 그를 상경에 임명했는데 염파보다 높은 벼슬이었다. 염파는 자신은 조나라의 장군으로 전쟁에서 큰 공을 세웠고, 인상여는 겨우 입과 혀를 놀렸을 뿐인데 자기보다 지위가 높다고 불평했다. 더구나 인상여가 천한 출신이라 더 자존심을 상해했다. 그래서 인상여를 만나게 되면 기필코 모욕을 주겠다고 벼르고 있었다.

그 말을 전해 들은 인상여는 되도록 염파를 만나지 않으려고 했다. 그와 서열을 다투기 싫어서 조회가 있을 때면 언제나 병을 핑계로 나가지 않았고, 외출을 했다가 멀리 염파가 보이면 수레를 끌고 피해서 숨곤 했다.

인상여의 가신들은 가족과 친척까지 모두 버리고 상경을 모시고 있는데, 그 이유는 인상여의 높은 의로움 때문이라고 했다. 그런데 상경이 염파 장군과 같은 서열에 있으면서도 염파가 두려워 피하는 것이 부끄러운 일이라며 떠나겠다고 했다.

인상여는 그들을 만류하며 염파 장군과 진나라 왕 중 누가 더 무서운지를 물었다. 가신들은 염파 장군을 감히 진나라 왕에 비할 수 있겠냐고 했다. 그러자 인상여는 자신은 진나라 왕의 위세에도 불구하고 그를 꾸짖고 그의 신하들을 부끄럽게 만들었는데, 어찌 염파 장군을 두려워하겠냐고 했다. 그러나 강한 진나라가 조나라를 공격하지 못하는 것은 자신과 염파가 있기 때문인데, 두 호랑이가 다투게 되면 둘 다 무사할 수 없을 것이라 자신이 염파를 피한다는 것이었다. 그것은 곧 나라의 위급함을 먼저 생각하고, 개인적인 감정은 뒤로 돌렸기 때문이었다.

이 말을 전해 들은 염파는 부끄러움에 어쩔 줄 몰라 했다. 어깨를 드러내고 가시나무 채찍을 등에 지고서, 인상여의 대문 앞에 이르러 사죄까지 했다. 두 사람은 화해를 하고 죽음을 같이 하기로 문경지교를 맺었다.

방종한 부하를 다루는 법

리더에게 권위가 없으면 방종한 부하가 생기게 마련이다. 방종한 부하가 많아지면 조직은 위태로워질 수밖에 없다. 리더가 자신과 조직의 권위를 세우기 위해서라도 오만하고 버릇없는 부하를 내버려둬서는 안 된다.

"장수의 위세가 행해지는 것은 호령이 엄명하기 때문이다. 전쟁에서 온전한 승리를 거두는 것은 군정이 분명히 다스려지기 때문이다. 사졸이 싸움을 가벼이 여기고 분발해서 전진하는 것은 사졸이 장수의 명령을 지켜서 쓰기 때문이다. 그러므로 장수는 일단 내린 명령을 취소하거나 변경하는 일이 없으며, 공 있는 자는 반드시 상을 주고, 죄 있는 자는 반드시 벌하기를 하늘이 춘하추동의 계절을 그르침이 없고, 땅이 자라며 거두는 때를 그르치지 않는 것처럼 할 때에 백성을 부릴 수가 있는 것이다. 사졸이 대장의 명령대로 실천할 때에 국경을 넘어 적과 싸울 수가 있다."

〔將之所以爲威者, 號令也 ; 戰之所以全勝者, 軍政也 ; 士之所以輕戰者, 用命也. 故將無還令, 賞罰必信 ; 如天如地, 乃可御人 ; 士卒用命, 乃可越境.〕

황석공黃石公의 『삼략三略』에 나오는 내용이다. 방종한 부하가 생기지 않게 하려면 명령과 상벌이 확고해야 한다. 그것은 리더만이 가지는 힘의 행사이기도 하다. 『논어論語』「안연」편에 제경공齊景公이 공자에게 정치에 관해서 묻는 대목이 나온다. 공자는 '임금은 임금 노릇을 하고, 신하는 신하 노릇을 하고, 아비는 아비 노릇을 하고, 자식은 자식 노릇을 하는 것이다〔君君臣臣父父子子〕'라고 말했다. 공자의 말처럼 각자 자기 역할이 있는 법이다. 신하가 임금 노릇을 하려는 것은 반역이고 자식이 아비를 거역하는 것은 불효이다.

강희제康熙帝는 등극 당시 겨우 7세의 어린 아이였다. 그의 부친 순치제順治帝는 임종을 앞두고 색니索尼·소극살합蘇克薩哈·알필륭遏必隆·오배鼇拜 네 명의 신하에게 강희제를 보좌해 정사를 돌볼 것을 부탁했다. 이들은 강희제를 잘 보필하기로 순치제 앞에서 맹세하였다. 그러나 연로한 색니는 일찍 유명을 달리 했고, 소극살합은 오배의 미움을 받아 희생되었으며, 알필륭은 오배를 추종했다. 그리하여 조정은 군권을 장악한 오배가 강력한 권한을 행사하며 오배 일당의 무대가 되었다. 오로지 권력과 부를 탐하는 인물인 오배는 군신의 예의 따위는 안중에도 없었다. 그는 조정을 장악한 뒤 어린 황제를 무시하고, 자기 뜻에 따르지 않는 신하는 잡아 죽였으므로 누구도 그를 견제하기 힘들었다.

어린 강희제의 마음속에는 오배에 대한 증오의 싹이 자라고 있었다. 그는 오배가 있는 한 자신의 위치를 공고히 할 수 없다는 것을 알고 때가 오길 기다리며 신중하게 행동했다. 오배를 안심시키기 위해 그의 지위는 높여주면서 뒤로는 소년병을 훈련시켰다. 그렇게 14세가 되자 강희제는 비로소 친정親政을 할 수 있었다. 그러나 황제로서의 책임과 권한을 행사하려는 강희제에게 네 명의 대신은 강력한 벽이었다. 강희제는 색니의 손녀를 황후를 맞아들여 그들만의 권력집합체에 분열을 시도했다. 강희제는 오배와 정면 승부를 벌이려고 한 적도 있었는데, 할머니인 효장태후가 만류하자 일단 힘을 기르는 데 전력을 집중했다.

강희제는 색니의 아들인 색액도索額圖를 수장으로 한 선복영이란 친위조직을 양성하며 때를 기다렸다. 그러는 동안 오배의 전횡은 점점 심해졌고 심지어 아프다는 핑계를 대며 조정에 들지 않는 날도 많아졌다. 강희제는 일부러 직접 오배를 찾아 집으로 문병을 갔다. 강희제는 문병을 통해 오배의 역심을 시험해 보았다. 아니나 다를까 단검을 품고 황제를 맞는 것을 봤을 때 오배에게 확실히 역심이 있음을 확인했다.

17세가 된 강희제는 모든 준비를 마치고 드디어 거사를 단행했다. 긴히 할 말이 있다는 전언을 오배에게 보내고 오배가 방심한 채 들어오자 선복영의 무사들을 매복시켜 그를 잡은 것이다. 알필륭도 마찬가지다. 강희제는 오배를 투옥하고 열세 가지의 대죄를 선포하여 그의 일당을 일망타진했다.

하지만 내부 정비를 마친 강희제를 기다린 것은 오배보다 더 강력한 세력이었다. 그들은 청의 개국공신인 한족 출신 번왕으로 오삼계吳三桂·상가희尙可喜·경중명耿仲明이다. 강희제가 개혁조치를 내놓자 오삼계를 주축으로 세 명의 번왕이 반란을 일으켰다. 강희제는 강한 결의와 집중력을 발휘해 토벌을 결정하고 무려 9년간의 전쟁에 돌입했다. 강희제는 당근과 채찍 전략으로 반란군에게 강하게 응전을 했지만 항복을 하면 모두 용서하고 재산과 목숨을 보존해주는 정책을 동시에 실행하며 '삼번三藩의 난亂' 진압에 성공했다. 이때 포섭한 한족 출신 장수를 선봉에 내세웠는데, 이들이 같은 한족 출신인 삼번의 군대 전술을 미리 파악해 대비하거나 역공을 하는 등 혁혁한 공을 세웠다.

강희제가 오배처럼 오만하고 방종한 부하를 잘 다룰 수 있었던 것은 치밀하고 꼼꼼한 준비 덕분이었다. 비록 오랜 시간이 걸렸지만 그만큼 확실하게 하지 않으면 오히려 역공을 당할 수도 있었기 때문이다.

『한비자韓非子』「주도」편에는 군주를 둘러싸 막는 다섯 가지 재앙이 있다고 한다.

첫째, 신하가 군주의 눈과 귀를 막아 아무것도 알지 못하게 하는 것
둘째, 신하가 국가 재정을 손에 쥐는 것
셋째, 신하가 제멋대로 명령을 내리는 것
넷째, 신하가 멋대로 이것이 도의라 하여 행하는 것
다섯째, 신하가 자기 세력을 기르는 것

'신하가 군주의 눈과 귀를 막으면 군주는 장님이 될 것이며, 신하가 재정을 손에 쥐게 되면 군주는 은덕을 베풀지 못하게 될 것이며, 신하가 오만방자하게 명령하면 군주는 통치권을 잃게 될 것이며, 신하가 제멋대로 도의를 행하면 군주는 명분이 땅에 떨어질 것이며, 신하가 자기 도당을 기르면 군주는 자기 세력을 잃게 될 것이다'라고 했다. 그러므로 신하에게 권력을 주어서는 안 된다고 말한다.

무르익지 않은 공무로 높은 관직을 바라지 마라

『한비자韓非子』「식사」편에는 작은 충성을 하는 자에게 법을 맡기지 말라고 했다. '정치의 이법理法에 통달하면 작은 나라라도 부강할 수 있고, 상벌이 신중하고 확실하면 적은 백성으로도 국력을 강대하게 할 수 있다. 반대로 상벌이 명확하지 않은 나라는 크다 할지라도 가난할 것이요, 백성이 많더라도 국력은 쇠퇴할 것'이라고 했다. 포상의 방법이 정당하지 않으면 민심을 잃게 되고, 형벌의 방법이 정당하지 않으면 백성들은 그것을 두렵게 여기지 않을 것이라 했다. 아무리 상을 주어도 백성을 고무시킬 수 없을 것이며, 벌을 시행해도 사악을 금하지 못하게 되면 그 나라가 강대하더라도 반드시 위태롭게 된다는 것이다. 그러므로 작은

지혜가 있는 자와는 상의를 해서는 안 되며, 작은 충성을 하는 자에게는 법령을 다루도록 해서는 안 된다고 했다. 한비자는 작은 충성이 해를 입히는 이야기를 예로 들었다.

옛날 초楚나라 공왕共王이 진晉나라의 여공厲公과 언능에서 싸웠을 때의 일화이다. 장군 자반이 싸움이 한창일 때 목이 말라 물을 찾게 되었다. 그때 자반 수하의 곡양이란 자가 술을 권했다. 자반은 전투 중이라 술을 마실 수 없다고 했다. 하지만 곡양이 술이 아니라고 거짓말을 했고 자반은 이를 받아 마셨다. 결국 술을 너무 좋아했던 자반은 모두 마신 후 취하고 말았다.

이윽고 전투가 끝나고 패배한 공왕은 다시 싸우기 위해 자반을 출전시키려 했다. 그런데 이미 술에 취한 자반은 아프다는 핑계로 출전을 거절했다. 공왕은 자반의 처소에 가서 술에 취한 것을 확인하고는 싸움에서 믿는 것은 자반뿐인데 상태가 저러니 싸움을 접겠다고 하며 자반을 중형에 처하라고 했다. 곡양이 자반에게 술을 권한 것은 자반을 위한 것이었지만 결과적으로는 그를 죽게 만들고 말았다. 한비자가 말한 '작은 충성을 행하는 것은 큰 충성의 적이 된다'라는 경우이다.

곡양 같은 작은 충성을 하는 자도 문제이긴 하지만 능력도 품성도 되지 않는 소인배가 어쩌면 더 큰 문제일 수 있다. 소인배는 자신의 목적을 달성하기 위해 상황에 따라 여러 모습으로 사람들을 대한다. 능력은 어설프기 짝이 없는데도 능력이 있는 것처럼 행동하는데, 이런 소인배를 간파하여 훗날의 화를 막는 것이 리더의 역할이다.

당나라 현종玄宗 때 일어난 '안녹산安祿山의 난'의 장본인 안녹산은 여러 모습으로 남을 속이는 데 능했던 인물이다. 안녹산은 진귀한 동물과

금은보화들을 바쳐서 현종의 환심을 샀다. 그런 안녹산이 장안에 오면 현종은 친히 그를 접견하곤 했다. 그럴 때면 안녹산은 현종의 환심을 사려고 온갖 아첨을 다하곤 했다. 그리고 마침내 현종의 수양아들이 되었다. 하지만 속으로는 야심을 키우고 있었다. 어느 날 현종은 연회를 열어 대신들을 초대했다. 그 자리에서 안녹산은 황제를 위해 이민족의 춤을 추겠다고 청했다. 배가 툭 튀어나온 그가 춤을 추는 것을 보고 현종은 웃음을 금치 못하며 말했다.

"그대의 배에는 무엇이 들어 있어 그렇게 볼록한가?"

그러자 안녹산은 '폐하에 대한 충성심이 가득 차 있습니다'라고 대답해 현종을 흐뭇하게 만들었다. 안녹산은 이처럼 충직한 척하며 현종의 신임을 얻었다. 그런 신임으로 거리낌 없이 황궁을 드나들 수 있었고 당나라 전군의 4분의 1에 해당하는 대군을 손 안에 넣을 수 있었다. 신하들은 안녹산의 반란 음모를 미리 눈치 채고 상소를 올렸다. 하지만 현종은 그것을 시샘이라 치부하고 방심한 상태로 그냥 내버려두었다.

안녹산은 결국 반란을 일으켜 영태 원년765년 6월에 장안을 점령하였다. 현종은 양귀비 자매와 황태자, 황손을 데리고 야반도주를 해야만 했다. 안녹산이 뒷일을 생각하고 야반도주하는 그들을 뒤쫓아야 하는 것은 당연했다. 그런데도 당장 제위를 찬탈한 것만 생각하고 황족을 뒤쫓지 않았다. 언제든지 전세를 뒤집을 수 있는 황태자나 황손을 고려하지 않는 근시안적인 사고를 지닌 무뢰배 안녹산이었다. 그런 안녹산을 제대로 보지 못한 현종의 수준도 알만하지 않은가.

『한비자』「외저설좌하」편에 나오는 이야기를 살펴보자.

소실주는 조나라 양왕의 역사로, 충직하고 결백하며 성실한 인물이었다. 그는 어느 날 중모의 서자와 힘겨루기 끝에 패배하고 말았다. 그랬더니 양왕에게 자신의 지위를 서자에게 양보하겠다고 했다. 양왕은 그 지위는 누구라도 오르고 싶은 자리인데 어찌하여 서자에게 양도하려는지를 물었다. 그러자 소실주는 자신은 힘으로 양왕을 모셨으나 자신보다 힘이 월등한 서자가 있으므로 그에게 지위를 양보하지 않으면 다른 사람들이 자신을 나무랄 것이라고 했다. 한비자는 능력에 맞는 임용이 되어야 한다는 말을 하고자 한 것이다.

03

동기부여를 위한 보상과 징벌

신상필벌이 확실해야 상대를 움직인다

태공망太公望의 『육도六韜』에 '포상은 공로에 알맞게 실행된다는 믿음이 중요하고, 처벌은 예외 없이 반드시 실행된다는 것이 가장 중요하다. 포상에 대한 믿음과 처벌에 예외가 없다는 것을 많은 사람이 눈으로 보고 귀로 듣는 곳에서 실행한다면, 이를 직접 보고 듣지 못한 자들이라 할지라도 자기도 모르는 사이에 모두 교화될 것이다. 신상필벌信賞必罰의 효과는 군주가 진심으로 시행하는 데에 달려 있다'고 했다. 포상은 선행을 권장하는 수단이며, 처벌은 악행을 징계하는 수단으로, 이를 가능하게 하려면 신상필벌이 확실해야 한다.

『육도』에 '죄를 저지르면 지위가 아무리 높은 자라도 거리낌 없이 처벌해야 장수의 위엄을 세울 수 있다. 공을 세우면 지위가 아무리 낮은 자라도 차별 없이 포상해야 공명함을 보일 수 있다. 상황을 낱낱이 살펴서 실정에 맞게 처벌과 포상을 적절히 실행한다면 금지와 명령이 잘 실행될 수 있다'고 했다. 신상필벌이 공정하려면 지위고하를 막론하고 이루어져야 한다.

그래서 『육도』에서는 만일 한 사람을 죽여서 전군이 모두 두려워할 경우라면 단호하게 그를 죽이며, 한 사람에게 상을 주어 전군이 모두 기뻐할 경우라면 아낌없이 그에게 상을 내려야 한다고 했다. 처벌은 높은 자리에 있는 사람일수록 효과적이고, 상은 미천한 사람일수록 효과적이기 때문이다. 처벌이 고관대작에게까지 미친다면, 이는 형벌이 가장 윗자리에 있는 사람에게까지 미칠 수 있다는 것이다. 반대로 상을 줌에 있어서 소나 말 등을 돌보는 목부牧夫나, 마구간에서 허드렛일을 하는 미천한 자에게까지 미친다면, 이는 포상이 가장 아랫자리에 있는 사람에게까지 통할 수 있다고 했다. 이렇듯 형벌이 윗자리에 있는 사람에게까지 미치고 포상이 아랫자리에 있는 사람에게까지 통한다면, 장수의 위엄이 크게 시행되는 것이라 했다.

『삼략三略』에서 황석공黃石公은 이렇게 말했다.

"군을 통솔하려면 상으로써 겉으로 하고, 벌로써 속으로 한다. 상벌이 분명하게 되면 장수의 위령이 행해진다. 관직을 주어 사람을 임용함이 올바로 행해지면 사졸들이 탄복한다. 임용한 사람이 어질 때에는 적국이 두렵게 여긴다."

〔軍以賞爲表, 以罰爲裏. 賞罰明, 則將威行；官人得, 則士卒服；所任賢, 則敵國畏.〕

역시 신상필벌의 분명함과 인재의 중요성을 강조했다.

"한 선한 사람을 폐하게 되면 많은 선인이 쇠퇴해 버린다. 한 악한 사람을 상 주게 되면 많은 악인이 모여든다. 착한 자가 착한 것에 대한 복을 받고, 악한 자가 악한 것에 대한 벌을 받게 되면 나라는 편안하고 많은 선인이 모여든다. 무리가 의심하면 나라가 안정될 수가 없고, 무리가 분별하지 못하면 백성을 다스릴 수가 없다. 의심이 사라지고 혼돈이 가고 분별이 돌아와야만 나라는 비로소 편안하고 태평해진다."

〔廢一善, 則衆善衰 ; 賞一惡, 則衆惡歸. 善者得其祐, 惡者受其誅, 則國安而衆善至. 衆疑, 無定國 ; 衆惑, 無治民. 疑定惑還, 國乃可安.〕

『육도』와 『삼략』을 통해 아주 오래 전부터 상벌을 분명히 하는 일을 얼마나 중요하게 여겨오고 지켜왔는지 알 수 있다. 특히 나라를 다스리고 조직을 운영해나가기 위해 신상필벌은 정확해야 하는 법이다.

상벌에 대해 분명한 원칙을 가지고 있었던 인물은 제갈량諸葛亮이다. 그는 엄격한 법률을 근간으로 한 법치를 추구했으며, 신상필벌의 원칙에 따라 공과에 대한 공정한 처우의 중요성을 강조했다. 제갈량과 관련 있는 '읍참마속泣斬馬謖'이라는 고사성어에서 특히 제갈량의 상벌정책을 알아볼 수 있다.

마속馬謖은 본래 제갈량의 참모이자 측근으로서 대단히 깊은 총애를 받았다. 그는 제갈량의 1차 북벌 당시 가정街亭전투 때 지휘관을 자원하고 나섰다. 하지만 제갈량의 군령을 무시하고 졸렬한 지휘를 보이다 대패하고 달아났다. 제갈량은 마속을 자신의 측근이라 하여 용서하지 않았고 군령에 따라 사형에 처했다.

"그는 참으로 아까운 인재다. 다른 사람도 아닌 마량馬良의 아우이고, 나 역시 그를 사랑하는 마음이 크다. 그러나 사사로운 정 때문에 군율을 어기면 그것은 마속이 지은 죄보다 더 큰 죄가 된다. 그렇게 되면 앞으로 여러 장수와 병사들에게 어떻게 기강을 말할 수 있단 말인가?"

마속은 울면서 제갈량에게 절한 다음 형장으로 향했고, 제갈량은 소맷자락으로 얼굴을 가리고 흐느꼈다고 한다. 제갈량은 마속을 임용한 자신의 책임 또한 크다 생각하고 관등을 깎음으로써 책임을 면하지 않는 모범적인 모습을 보여주었다.

이엄李嚴의 처벌도 주목할 만하다. 이엄은 제갈량이 북벌할 때 중도호中都護로 내외의 군사軍事를 통솔하면서 군량 운반을 감독했다. 그런데 제갈량이 기산祁山으로 출병했을 때 군량이 부족해지자 사람을 시켜 오吳나라가 촉蜀을 치려 한다는 허위 보고를 해 제갈량으로 하여금 즉시 군사를 철수하게 했다. 그리고 후주에게는 군량이 충분하다고 말해 자신의 과실을 숨겼다. 하지만 이런 사실을 뒤늦게 안 촉한 신료들로부터 집중적인 탄핵을 받게 되었고 결국 물러나게 되었다. 그의 죄질을 보아 사형 정도의 중형을 내릴 수도 있었지만 유비가 죽을 때 제갈량과 함께 유선劉禪을 보좌하라는 유조遺詔를 받았던 인물이고, 마지막 순간에 죄를 뉘우치고 자신의 실책을 인정하며 용서를 구했기 때문에 처벌은 유배형에 그칠 수 있었다.

『한비자韓非子』「주도」편에 '총명한 군주는 상을 주는 모습이 차분하고 가뭄에 단비 같은 것으로 모든 신하를 어루만지듯 한다. 반대로 벌을 주는 모습은 벼락처럼 무서워 어떤 성인일지라도 그 노여움을 풀게 할 수 없을 듯 단호하다. 이처럼 총명한 군주는 상 주는 것을 소홀히 하지 않으며 벌주는 것을 늦추지 않는다'고 했다.

신하들에게 상 주는 것을 소홀히 하면 그들은 일에 대한 보람이 없으므로 공무를 태만히 하고, 벌주는 것을 늦추면 간신들은 그것을 계기로 해서 부정을 저지른다. 따라서 공적이 뚜렷하다면 아무리 탐탁지 않고 미천한 자라 할지라도 반드시 상을 주어야 하고, 과실이 뚜렷하다면 가까운 이나 총애하는 신하라 할지라도 반드시 벌주어야 한다. 그리하면 소원疏遠한 자들은 열심히 일할 것이고 측근자들은 오만해질 수 없을 것이다. 이는 조직을 운영하는 데 있어서 신상필벌이 명확해야 하는 이유이다.

포상과 회유, 잘못된 회유책

남북조시대 진晉나라의 양준楊駿은 진무제晉武帝 사마염司馬炎의 장인이었다. 그는 교만하여 스스로 성공했다고 우쭐대다가 호분胡奮에게 비판을 받은 인물이다. 그는 사마염이 죽을 때 곁에 다른 사람이 없자 딸 황후 양씨와 결탁하여 가짜 조서를 꾸미고 자신을 고명대신에 봉했다. 그리고 백치황제 혜제惠帝가 즉위하자 국정을 도맡아서 자기의 친당親黨만을 등용하는 등 정권을 전횡했다. 또한 혜제의 이름으로 자신을 태부와 대도독에 봉하고 조정을 한손에 틀어쥐었으며, 문무백관을 거느리고 천하의 군대까지 지휘하였다.

하지만 그는 스스로도 진무제의 장인일 뿐 이렇다 할 인망도 명성도 없으며, 남에게 신뢰도 복종도 받지 못함을 잘 알고 있었다. 그래서 사람들이 자신을 잘 따르게 만들기 위해서 훔쳐 얻은 권력을 이용해 대대적인 포상을 시행했다. 모든 신하를 1등급, 상사에 참여한 사람은 2등급, 2천 석 이상의 녹봉을 받는 관리들에게는 모두 관중후關中侯:조조가 신설한 봉작명에 책봉해 세금인 조조를 1년간 면해주도록 했다. 이런 의미 없는 포상도 문제지만 누구에게나 똑같은 포상으로는 그가 기대했던 효과를 거둘 수 없었다.

"황제께서 승하하자마자 신하가 논공행상을 받는다는 말은 여태껏 들어본 적이 없습니다. 새 황제께서 이렇게 대대적으로 승진을 단행하시니, 이는 규모와 등급 면에서 모두 선제가 등극하셨을 때나 나중에 천하를 통일하셨을 때의 수준을 능가하는 것으로, 경중을 따져볼 때 너무도 걸맞지 않는 일입니다. 게다가 향후 우리 진왕조의 역사가 구원하게 이어질 터인데, 오늘의 작위를 물려받아 몇 대만 지난다 해도, 대신들은 모두 공작이 아니면 후작이 되고 말 것입니다."

산기상시 석숭石崇, 산기시랑 하반 등이 양준의 포상에 반대하는 상소를 올렸지만 무시당했다. 양준은 이런 회유책라면 반드시 대신들의 지지를 확보할 수 있을 것이라 여겼다. 그러나 모든 노력은 수포로 돌아가고 말았다. 사마염이 죽고 채 1년이 못 되어 그는 역모를 꾀했다는 죄명으로 마구간에서 죽임을 당했다. 그의 아내와 황후였던 딸도 모두 살해되었다. 이어 삼족까지 멸하니 사망자가 수천 명에 달했다.

관직이 있는 이유는 나라와 백성을 다스리기 위해서다. 나라가 바로 서기 위한 일종의 직책이요 본분이다. 그런데도 권력을 쥔 통치자 입장에서는 관직을 회유하는 수단으로 사용하거나 협박하는 무기, 혹은 신하와 모종의 거래를 하기 위한 매개체로 사용하곤 한다. 반면 신하 입장에서도 부귀와 권세로 통하는, 최종적으로 추구하는 목표가 되곤 한다. 그리하여 관직은 사욕을 채우고 죄악이 피어나는 온상이 되었다.

양준이 어떠한 어리석음으로 죽임을 당했는지 알면서도 다시 그 전철을 밟은 이가 있다. 황족인 사마륜司馬倫은 진혜제의 제위를 찬탈했는데, 그 역시 양준을 흉내 내서 관직을 남발해 인심을 사로잡으려 했다. 더구나 양준보다 뒤지지 않으려고 그가 임명한 관직은 모조리 고관요직으로 심지어 그들 하나하나에 딸린 노비며 병졸까지 작위를 받는 웃지 못할 상황까지 갔다. 당시 무관의 모자는 담비꼬리로 장식을 했는데 관직과 포상이 남발되었던 까닭에 삽시간에 담비꼬리가 바닥나 개꼬리로 대체할 수밖에 없었다. 담비꼬리가 없으면 개꼬리로 대신한다는 '구미속처狗尾續貂'라는 말이 이때 생겨났다. 통치의 능력 없이 권력만 쥐고 있다고 해서 나라가 다스려지는 것은 아니다. 결국 자신이 황제의 제위를 찬탈했듯이 그도 가족과 함께 죽임을 당하고 말았다.

"자주 상을 주는 것은 군색하기 때문이다. 자주 벌을 주는 것은 곤궁하기 때문이다. 먼저 포악하게 화를 내고 이후에 병사들을 두려워하는 것은 장군이 정밀하지 못한 것이다. 왕래하여 고개 숙이고 사죄하는 것은 휴식하고자 함이다."

〔數賞者, 窘也 數罰者, 困也. 先暴而後畏其衆者, 不精之至也. 來委謝者, 欲休息也.〕'

『손자병법孫子兵法』「행군」편에 나오는 말이다. 대체로 상을 많이 주면 조직의 사기가 높아질 것이라고 여기기 쉬운데, 손자는 상을 너무 많이 남발하지 말라고 한다. 상을 많이 준다는 것은 병사들의 사기를 올려줄 수 있는 것이 상밖에 없다는 반증이기 때문이다. 양준이나 사마륜은 재능도 없고 한 조직을 이끌 능력도 없이 포상만 남발했던 것이다.

엄벌 대신 기회를 주어라

어떤 잘못에 대해 엄벌만이 해결법은 아니다. 사람에 따라 기회를 주면 그 잘못을 만회하고 발전된 모습으로 변화될 가능성이 있다. 스스로를 돌아보고 이전의 과오를 반성한다면 이미 다른 사람인 것이다.

당나라 초기에 당태종唐太宗의 비인 장손황후長孫皇后의 숙부 장손순덕長孫順德이라는 인물이 있었다. 그는 수나라에서 우훈위右勳衛라는 벼슬을 하다가 당나라 고조高祖인 이연李淵에게 귀순했다. 그는 고조와 태종의 신임이 두터웠던 만큼 전공도 여러 차례 세웠다. 그래서 고조가 즉위한 후에는 설국공薛國公에 봉해졌다.

그는 이세민李世民이 일으킨 현무문 정변에 참가하여 당태종이 즉위하는데도 큰 공을 세웠다. 태종은 그를 특별 대우해서 황궁에 머물게 할 만큼 아꼈는데 그만 뇌물을 받은 일이 적발되고 말았다. 당나라 법률에 의하면 엄벌을 받아야 하지만 태종은 차마 그에게 벌을 줄 수가 없었다.

태종이 그에게 벌을 주지 않는다면 그만한 이유가 있어야 했다. 그래서 주변의 대신들에게 장손순덕이 외척으로서 개국공신이기도 하고, 관직과 봉록도 높아서 존귀한 몸이라고 했다. 다만 그가 책을 많이 읽지 않은 것이 문제라고 했다. 그가 책을 많이 읽어 역사에 통달해서 자신의 행위를 비출 거울로 삼았다면 저 꼴이 되지 않았을 거라고 했다. 결국 태종은 그를 처벌하기보다 비단 수십 필을 상으로 줘서 그로 하여금 부끄러움을 금치 못하게 했다. 이 일을 두고 호연이라는 대신이 법을 어긴 죄인에게 비단을 하사한 것은 무엇 때문이냐며 간언을 했다.

태종은 사람마다 양심이 있고 스스로 깨닫는 능력이 있다. 그런데 부끄러움을 모른다면 한 마리 짐승에 지나지 않는데, 만일 그가 짐승 한 마리라면 그를 죽인들 무슨 소용이 있겠냐고 답했다. 그런 태종의 마음을 아는지 모르는지 장손순덕은 이효상李孝常과 결탁해서 또다시 문제를 일으켰다. 이번에는 태종도 더 감싸줄 수 없어 삭적削籍시키고 평민으로 강등시켰다. 1년이 지난 후 태종은 장손순덕의 근황을 살펴보도록 했는데, 죄책감에 시달려 늘 만취 상태로 있다는 것이었다. 그가 반성하는 마음을 가졌다고 판단한 태종은 그를 택주자사澤州刺史로 임명했다. 이에 그는 개과천선하여 바른 정치로 순리循吏가 되었다. 대신들은 장손순덕의 변화보다 당태종의 처사에 감동했다.

기회를 줘서 달라진 이라면 오吳나라의 장수 여몽呂蒙을 빼놓을 수 없다. 여몽은 바로 괄목상대刮目相對의 주인공이다. 그는 관우關羽를 죽여 『삼국지연의』에서는 그다지 좋지 않게 묘사되어 있는 인물이기도 하다.

여몽은 집안이 가난하여 제대로 된 교육을 받지 못했다. 어려서 매부인 등당鄧當이 있는 강동江東으로 건너갔으며 등당이 모시던 손책孫策 휘하에 있었다. 손책이 죽은 후에는 손권을 보좌했다. 그는 적벽전투에서 주유周瑜, 정보程普 등과 함께 조조曹操의 군대를 물리쳤고, 강릉江陵을 지키던 조인曹仁과의 전투에서도 큰 공을 세웠다. 합비를 공격하다가 장료張遼의 기습을 받아 위기에 빠진 손권孫權을 구하는 등 손권에게 충성하면서 많은 공을 세웠다.

그런데 무술이라면 나무랄 데 없이 뛰어났지만 학문을 소홀히 했다. 그 점을 손권이 나무라자 여몽은 그때부터 학문을 열심히 닦았다. 손권으로부터 박사가 될 필요는 없고 그저 과거의 일을 많이 알고 있었으면 좋겠다는 말을 들었지만 여몽은 끝내 유학자로 성공할 정도로 많은 학문을 익혔다.

그 후 죽은 주유를 대신하여 육구에 주둔하게 된 노숙魯肅이 여몽의 상태를 알아보려고 이런저런 질문을 던졌다. 워낙 면학에 심취해있던 여몽은 무엇이든 막힘없이 대답하였다. 예상치 못했던 놀라운 답변에 노숙은 여몽에게 어린 시절의 여몽이 아니라고 칭찬했다. 여몽은 '선비는 3일만 떨어져 있어도 다시 대할 때는 눈을 비비고 대하여야 합니다〔士別三日 卽當刮目相對〕'라고 말했다. 이것이 바로 괄목상대가 나온 부분으로 『삼국지三國志』「오지吳志」에 기록되어 있다.

촉나라의 관우關羽가 위나라의 조인曹仁이 지키던 번성樊城 공략에 나서자 여몽은 그 틈을 타서 관우의 배후를 공격해 형주를 점령하고 관우를 사로잡아 처형하였다. 그 공으로 여몽은 남군태수南郡太守로 임명되었으며, 잔릉후孱陵侯로 봉해졌다. 하지만 그때 병을 얻어 손권은 각지의 명의를 불러들여 여몽의 병을 치료하게 했으나 일시 호전되는 듯하다가 다시 악화되어 결국 사망했다.

『삼국지』 저자 진수는 여몽을 평가하면서 용맹하면서도 지략에 능하였으니, 무장으로서 그만한 인물은 없었다고 평했다. 그에게 주어진 기회 한 번이 그를 괄목상대하게 만들었다.

이익은 성과에 따라 공평해야 한다

조직구성원이 주어진 특정 환경이나 상황에서 성공적으로 업무를 처리하게 하려면 조직구성원 스스로 움직일 수 있는 계기를 만들어주어야 한다. 이는 조직이나 개인별 성과목표의 달성도에 따라 적정한 보상과 징벌을 함으로써 동기가 생겨날 수 있다.

『한비자韓非子』「외저설좌상」편에 법은 모두에게 공평해야 한다는 일화가 나온다.

진晋나라 숙향叔向이 녹봉을 분배할 때, 공이 많은 자에게는 많이 주고, 공이 적은 자에게는 적게 준 사례를 가지고 한韓나라 소후昭侯가 신자申子에게 법률이란 실행하기가 지극히 어렵다고 말했다. 이 말에 신자는 소후에게 법에 대한 간언을 했다. '법이란 공적이 인정되면 상을 주고, 능력에 따라 관직을 주는 것인데, 법 규정이 있음에도 불구하고 청탁자들의 청원을 들어주느라 법이 제대로 실행되기 어려웠던 것이다'라고 했다. 이 말에 소후는 이제 법 행하는 것을 깨달았으니 앞으로 청원 같은 건 들어주지 않겠다고 했다.

얼마 후, 신자가 소후에게 자신의 조카를 관직에 임용해 달라고 청원했다. 소후는 이는 전에 내게 간언한 말과 다르다며 청원을 들어주고 내 다짐을 깨뜨려야 하는지, 청원을 들어주면 안되는 것인지 묻자 신자는 송구스러워하며 물러서서 단죄를 청했다고 한다.

이익분배에 있어서 한漢나라 이야기가 종종 거론된다. 유방劉邦이 황제가 되고 공신들의 포상을 시작하자 문신과 무장들이 공로의 크고 작음을 놓고 공개적으로 토론했다. 격렬한 토론 끝에 소하蕭何가 일등공신으로 정해졌다. 유방은 유난히 소하의 편을 들고 나왔는데, 나름 이유가 있었다. 사실 전쟁터에서 싸우는 무장들이나 후방에서 보급을 해주는 문신이나 그 공의 크고 작음을 눈금 재듯이 나눌 수는 없다는 것이다. 하지만 이는 표면적인 이유에 불과했다.

유방은 말 위에 앉아 천하를 얻었지만 계속 말 위에서 천하를 다스릴 수는 없었다. 또한 전쟁이 끝났기 때문에 국가의 장기적 안정이 요구되는 시기에 와 있었다. 창업 이후 수성으로의 다짐이 중요한 시기였다. 그러려면 누구보다 문신의 중요성이 부각될 수밖에 없었다. 더구나 기질이 사나운 무장들을 마구잡이로 포상을 해줄 수도 없었다. 자칫 마음에 들지 않으면 반란을 일으키는 무장들이었다. 소하의 일등공신은 유방의 장기적인 안배였다. 이익은 성과에 따라 공평해야 하는 법이지만,

현실은 반드시 그렇지만은 않다. 다만 인정할 수 있는 명분으로 공평해 보이도록 해야 한다.

포상에 대해 불평이 나온다면 어떻게 될까? 『한비자』「외저설좌하」편에는 포상이 불공평하면 원한을 산다는 내용이 나온다.

진秦나라와 한韓나라가 연합하여 위魏나라를 공격하려 할 때, 위나라 소묘昭卯가 진나라에 사람을 보내 설득한 결과, 진나라와 한나라가 공격하지 않기로 했다. 제齊나라와 초楚나라가 동맹을 맺어 위나라를 공격하려 할 때도 소묘가 나서서 제나라를 설득해 제나라와 초나라는 공격을 하지 않았다. 그런데 이렇게 큰 공을 세운 소묘에게 위나라 양왕襄王은 녹봉으로 고작 수레 5승五乘을 주었을 뿐이었다.

그러자 소묘는 만일 백이伯夷를 수양산 아래에 매장했다고 하면 세상 사람들은 '백이처럼 현명하고 인자한 사람을 장군의 예로써 장례를 지냈다면 그것은 손발도 덮을 수 없는 짓이다'라고 말할 것이다. 지금 나는 네 나라의 공격을 중지시켰는데 왕은 고작 5승의 수레를 주었을 뿐이다. 이것은 나의 공적에 비하면 '큰 돈벌이를 했는데도 감발을 치고 짚신을 신는 천한 꼴을 하고 있는 것과 다름이 없다'라고 했다.

공자는 '관리로서 훌륭한 자는 은덕을 백성에게 심어주지만 훌륭한 관리가 못되는 자는 백성에게 원한을 심는다. 되桶는 곡식을 공평하게 나누는 도구이고, 관리는 법을 공평하게 하는 역할을 해야 한다. 나라를 다스리는 자가 공평을 잃어서는 안 된다'고 했다.

『정관정요貞觀政要』에 '만일 상을 내림에 있어 소원한 사람을 빠뜨리지 않고, 처벌을 함에 있어 종친이나 귀중한 신하를 편애하지 않으며, 공평함을 시비를 재는 표준으로 삼고, 인의를 선악을 구분하는 줄로 삼으며,

시비와 공과 허물을 잘 살펴서 그들이 맡은 직책의 명분을 정하고, 담당하고 있는 임무에 따라 관리의 우열을 이해하면, 간사함과 정직함이 모두 가려지고, 좋음과 나쁨이 분명해집니다'라는 내용이 나온다. 이처럼 당태종은 포상과 징벌에 공정을 기하는 정책을 수용해 실행하였다.

사람들은 자신을 배려하고 존중하며 공평하게 대우하는 정직한 조직에서 일하고 싶어 한다. 당연히 업무의 성과에 따라 보상도 받아야 한다고 생각한다. 성과를 올릴 수 있는 기회를 주고, 올린 성과에 따른 보상이 있다면 능력발휘를 하지 않을 사람은 없다.

상벌의 기준과 보상 방법

『손자병법孫子兵法』과 함께 유명한 고대 병법서의 하나인 『사마법司馬法』을 지은 것으로 알려진 사마양저司馬穰苴는 춘추시대 제齊나라의 유명한 병법가兵法家였다. 그는 병법과 작전 지휘에 정통했을 뿐만 아니라 인재 관리에서도 이름이 높았다. 그는 제나라 재상 안영晏嬰의 눈에 들어 경공景公에게 등용될 수 있었다.

그는 경공에게 나라와 군대를 다스리는 방략方略을 이야기했다. 나라와 군대는 다스리는 방법이 다르며 군대에서 장수는 모든 것을 결정해야 하는데, 때로는 군주의 명령조차 받지 않을 수 있다고 했다. 그리고 엄격한 군대만이 위엄을 가지며, 용감하게 싸워 승리할 수 있다는 것이다. 상벌은 엄격하고 분명해야 하며 남용해서는 안 되며, 반드시 군법에 따라 처리해야 한다고 했다.

경공은 사마양저의 치군致君 방략을 듣고는 칭찬을 아끼지 않았으며 그를 대장군에 임명하여 군대를 이끌도록 했다. 사마양저는 경공에게 자신을 도울 감군監軍을 요청했고, 경공은 자신이 가장 아끼는 장고를 임명해주었다. 사마양저는 장고와 다음 날 정오에 군영 입구에서 만나기로 약속했다. 그런데 장고는 경공의 신임을 믿고 함부로 행동하는 교만방자한 자였기에 사마양저 따위를 안중에 둘 리 없었다. 약속한 날 사마양저가 군영 입구에 군대를 소집했지만 장고가 나타나지 않는 것이다. 그는 해질 무렵이 다 되어서야 취기에 비틀거리며 나타났다.

사마양저는 장고에게 약속시간을 지키지 못한 이유를 물었고, 그는 친구와 친척들이 송별회를 베풀어주어서 정신이 없었다고 대답했다. 사마양저는 장군은 명을 받고 출정하는 그날 모든 관계를 잊어야 한다고 말했다. 지금 적병이 우리 국토를 침범하여 백성을 도살하고 있어 군주조차 먹지도 자지도 못하며 걱정하고 있는데 백성의 안위가 달린 감군이란 막중한 신분으로 어떻게 송별회 따위 때문에 늦을 수 있느냐고 호통을 쳤다. 그리고 군법을 담당하는 군정에게 군법에 약속시간을 어기면 어떤 처벌을 받는지 물었다. 참수형이라는 말에 장고는 소스라치게 놀라며 자기 수하를 시켜 바람같이 경공에게 달려가 자신을 구해달라고 요청했다. 그러나 사마양저는 삼군이 보는 앞에서 장고를 군법대로 처형했다. 삼군의 장수와 병사들은 너나할 것 없이 사마양저의 행동에 사기가 올랐다. 사마양저는 대군을 이끌고 진나라로 출병했고 사기가 오른 병사들은 목숨을 걸고 공격을 감행하여 빼앗긴 영토를 모두 되찾았다.

유비劉備에게는 유봉劉封이라는 양자가 있었다. 원래는 구씨지만 유씨인 유봉의 어머니와의 인연으로 양자를 삼게 되었다. 양자 유봉은 강건하고 무예가 뛰어난 소년으로 성장해 유비를 따라 서촉에 들어가 여러 차례 전공을 세웠다. 성도를 평정한 후 유비는 유봉을 부군중랑장에 임명했다. 그가 맹달孟達과 함께 상용上庸을 지키는 임무를 맡고 있을 때였다. 관우關羽가 오吳나라와의 전투에서 포위되어 도움을 요청하였지만, 그는 상용을 수비해야 한다는 이유로 거절하였다. 결국 이 전투에서 관우가 잡혀 죽자 유비는 유봉과 맹달을 깊이 원망했다.

맹달은 본래 조직과 군대가 있는 사람이었는데 관우의 죽음에 대한 질책과 유봉의 간섭이 심해지자 급한 나머지 수하를 거느리고 조위정권에 투항해버렸다. 유봉은 위나라의 공격을 받아 패하자 사천성 성도로 돌아갔다. 하지만 유비로부터 관우를 돕지 않아 죽음에 이르게 했다는 죄목으로 결국 자결을 강요받고 죽었다. 유봉은 강맹하고 싸워서 권력 잡기를 좋아한 인물이었는데, 이 일로 유비와 제갈량은 그를 경계해 결국 유봉에게 자진을 명해 후환을 제거했던 것이다.

『한비자韓非子』「유도」편에서 군주가 백관을 관찰하는 데는 시간이 부족하고 그러한 능력도 없으므로 현명한 왕들은 자기 재능을 버리고 법으로써 상벌을 분명히 했다고 전한다. 법은 간략했지만 백성들은 어기지 않았고, 독단적으로 천하를 지배했기 때문에 영리한 신하도 군주를 속이지 못했으며, 간신들도 책동하지 못했고, 천 리 밖에 있는 신하도 거짓으로 보고하지 못하므로 오직 법으로 상벌의 기준을 삼아야 한다는 것이다.

한비자는 옛말을 인용하여 '능숙한 목수는 눈짐작으로도 먹줄을 잘 칠 수 있지만, 만일을 위하여 자나 수평에 의지한다. 뛰어난 지혜가 있는 사람은 일을 빨리 처리해도 실수가 없지만, 만일의 실수에 대비해서 앞선 이들의 예에 따른다'라며 경험보다도 법에 의지하는 것이 더 공평할 수 있음을 강조했다.

조선시대 실학자인 성호星湖 이익李瀷은 군왕에게 가장 소중한 덕목으로 상벌의 엄정을 요구했다. '상은 잘한 사람에게 주고 벌은 잘못한 사람에게 주어야 하며, 상벌이 공정하지 않으면 잘하는 자도 힘쓰지 않을 것이며 불능자도 뉘우치지 않을 것이다. 그러다 보면 게으른 풍조가 생겨날 수 있다'고 보았다. 성호 이익은 군왕이 수양을 통하여 인재를 파악하고 공정한 인사 처리를 요구했는데 무엇보다 능력 위주의 인재등용을 강조했다.

PART 5
핵심역량 인재개발

책을 읽어도 성현을 보지 못한다면 글이나 베껴 주는 사람이 될 것이고,
벼슬자리에 있으면서도 백성을 자식 같이 사랑하지 못한다면 관을 쓴 도둑이 될 것이고,
학문을 강론하면서도 몸소 실천하지 못한다면 구두선口頭禪이 될 것이고,
사업을 세우고도 덕을 심는 것을 생각지 않는다면 눈앞에 피었다지는 꽃이 되고 말리라.
[채근담]

人事人文學

01

인재는 만들어진다

다스림을 가르치는 제왕학

제왕이란 군주를 뜻하는 말로 고대로부터 천명을 받아 인간 세상을 다스리는 존재로 인식되어 왔다. '제왕학帝王學'이란 다스리는 자를 가르치는 학문이라고 할 수 있다. 즉, 통치자가 어떻게 책략을 설계하고 제한된 수단을 운용해서 투쟁에서 승리하는가, 어떻게 최고의 권력을 쟁취하고 권력을 쟁취한 후에 권력을 공고히 하고 국가를 관리하며, 어떻게 한 나라를 통치하고 신하와 백성을 다스리면서 장기간 동안 태평성대를 누리는가를 가르치는 데 그 목적이 있다. 그러므로 제왕학은 철학과 심리학에 기본으로 두고, 정치학·경영학·역사학으로 결합되는 고도의 응용 학이다.

다스림을 가르치는 제왕학에는 '권력을 가지고 있는 자에게 요구되는 것들'이 있다. 단순히 제왕학을 익힌다고 해서 훌륭한 제왕이 될 수는 없지 않겠는가. 제왕학은 제왕의 기본 자질이라고 해도 무방할 것이다. 오늘날의 리더들도 새겨볼 만하다.

천하를 다스리는 사람, 황제나 군주와 같은 리더는 자기 혼자서 모든 일을 처리할 수 없으며 직접 모든 것을 다 관장할 수 없다. 설혹 그런 능력이 있다 하더라도 가장 중요하게는 사람을 쓸 줄 알아야 한다. 그러므로 용인술에 뛰어나야 하는데, 천하의 인재를 선별해서 그들의 능력을 최대로 이끌어내고 인재를 적재적소에 배치할 수 있어야 한다. 용인이라 함은 사람을 알아보고 선택할 때 그가 가진 재능의 정도를 가늠할 수 있어야 한다. 사람을 잘 쓰는 리더는 위대한 군주가 되겠지만, 그렇지 못하면 그 결과는 나라와 조직의 패망에까지 이르게 한다.

무릇 군주란 천하를 얻어 위대한 업적을 이루려는 목적을 가진 만큼 자신의 사욕을 모두 버려야 한다. 작은 이익에 집착하지 않으며 사리사욕보다는 만인을 위한 이익을 걱정할 줄 알아야 한다. 그리고 가진 권력을 잘 다룰 줄 알아야 한다. 사람이라면 누구나 최고의 권력을 손에 쥐려는 욕망을 가지는데, 권력에 대한 본능적인 욕망은 사람을 위험으로 이끈다. 예로부터 모든 흥망성쇠는 권력을 쟁취하기 위한 다툼에서 비롯되었다. 권력의 유혹에 굴하지 않고 권력을 두려워하고 경계할 줄 알며, 권력을 얻었다면 조심하고 신중하게 그 힘을 행사하여야 하되, 손안에 쥐고 있는 권력을 수호해야 한다.

군주의 자리는 다른 사람들의 평가에 민감할 수밖에 없다. 역사에서 만민의 칭송을 받는 군주가 되려면 왕의 도리를 지켜야 한다. 사람의 마음을 얻는 것, 민심을 얻는 것이 위대한 지도자의 길이다. 사람을 설복시키려면 마음에 호소해야 한다. 다른 사람에게 자신의 의견을 피력하고 받아들이게 하기 위해서는 고도의 기술이 필요하다. 그 중 상대방의 진실이 무엇인지, 의도가 무엇인지 헤아릴 줄 알아야 한다.

군주는 항상 원칙을 바탕으로 일을 처리해야 한다. 그러려면 절도節度가 있어야 하는데, 그 절도를 넘어서면 일의 순리를 그르쳐서 많은 사람에게 해를 입힐 수 있다. 시기를 판단하는 데 정신을 집중하고 적당한 시기가 도래하면 힘과 재력을 투입하여 일을 도모한다. 이때 절도를 벗어나면 일이 실패하게 마련임을 잊지 말아야 한다.

최고의 리더로서 성공하고 싶다면 타인에게 의지하고 기대하는 습성을 버려야 한다. 세상은 시시각각 변하므로 다른 사람이 아닌 자기 자신에게 의지하고 수련하여 자신을 더 높이 세우는 데 힘써야 한다. 또한 실패를 두려워해선 안 된다. 실패에는 성공의 가능성이 숨어 있다. 문제는 실패와 위기에 대응하는 자세에 있다. 실패와 위기를 기회와 성공으로 이끌어내야 한다. 군주는 한 국가의 운명이 자기의 손에 달려 있다는 마음가짐으로 살아야 한다. 운명을 스스로 개척해나간다는 자세로 도전하는 마음을 가져야 한다.

중국은 『장자莊子』에서 말하는 '삼황오제三皇五帝'부터 청나라 마지막 황제까지 약 6백 명이 황제와 국왕을 칭해왔다. 특히 나라를 창업한 개국 군주는 뛰어난 재능과 원대한 지략의 소유자들이었다. 그들은 인재를 임용하지 않은 이가 없을 정도로 용인술에도 뛰어났다. 제왕학에서 단연코 빼놓을 수 없는 인물이 강희제康熙帝이다. 그가 황위에 오를 당시는 정치적으로 매우 급변했던 상황이었으며, 여덟 살이라는 어린 나이로 제왕학 수업도 제대로 받지 못하고 등극했다. 하지만 평생 황제로 살아야 할 운명을 자각하고 누구보다 열심히 제왕학 수업을 받으면서 일찍 정치를 깨닫기 시작하였다. 강희제의 통치 철학과 수신제가의 지혜가 중국사의 황금기를 열었다는 평가가 있을 만큼 그는 자기 수양에 철저하고 외부의 유혹을 잘 다스렸다.

강희제는 죽기 5년 전인 1717년에 쓴 '상유上諭' 즉, 미리 쓴 유서를 통해 제왕의 길에 대해 강조했다.

"제왕이 천하를 다스림에 능력 있는 자를 가까이 두고, 백성의 세금을 낮춰 주며, 사람들의 마음을 하나로 묶고, 위태로움이 생기기 전에 나라를 보호하며, 혼란이 있기 전에 잘 다스리고, 관대함과 엄격함의 조화를 이뤄 나라를 위한 장구한 계책을 도모해야 한다."

조선시대에 있어서 제왕학은 유교정신에 입각한 왕도정치 실현과 이상정치의 실현이 그 바탕에 있었다. 이상정치의 실현 방법으로 제왕학을 공부했다. 성공적으로 학습하면 자기 자신의 중심이 확고해져 좋은 정치를 할 수 있다고 여겼다.

최상의 교육, 제왕학의 교과서

제왕들은 어떤 책으로 공부했을까? 제왕들을 교육시킨 대표적인 책 몇 가지를 살펴보자.

먼저 제자백가서 가운데 제왕학의 교과서라 불릴 만한 책은 『한비자韓非子』이다. 임금과 신하는 이익관계라는 식으로 인간관계를 철저하고 냉엄하게 해부한 『한비자』는 인간 불신의 철학을 집대성해서 그에 대처하는 방법을 체계화했다.

진시황秦始皇은 이 책을 읽고 글을 쓴 한비자를 직접 만나보는 것이 소원이라고 했다. 최고의 지략가였던 제갈공명은 유비의 아들 유선이 황태자에 책봉되었을 때 『한비자』를 읽으라고 권했다. 이 책에 기술되어 있는 법가法家 사상을 제왕학의 근본으로 인정했던 것이다. 한비자는 유가 학설에 반대하면서 군주의 권술權術에 대해 쓰며 훗날 군주가 전제독재로 신하를 통제하는 데 이론과 방법을 제공했다.

중국 고대의 이름난 사상가이자 법가 학파를 대표하는 인물인 한비자 기원전 약 280~233년는 이름이 한비이고 전국 말기 한韓나라 출신이다. 원래는 한나라의 공자로 순자荀子에게 배웠으며, 진秦나라의 승상을 지낸 이사李斯와 동문수학했다. 이사는 한비를 죽였지만 그의 사상은 고스란히 받아들여 날로 커져가는 그들의 제국을 통치하는 데 한껏 활용했다.

한비자는 한韓나라가 갈수록 약해지는 모습을 보면서 매우 걱정이 되어 여러 차례 한왕에게 부국강병의 모략을 건의했으나 받아들여지지 않았다. 그런 한나라의 문제점들이 『한비자』에 포함되어 있다. 한비자는 법과 술을 강조했는데, 그가 말하는 '법'은 상앙商鞅에 뿌리를 두고, '술'은 신불해申不害에 근원을 두고 있다.

한비자가 죽은 뒤 그를 숭배하는 학자들이 그의 작품을 하나의 책으로 정리하여 『한비자』라는 이름을 붙였다. 제왕학이라는 새로운 학문을 탄생시킨 한비자는 제왕학과 정치사상을 솔직하고 적나라하게 드러내어 권술權術 이론으로 발전시켰다.

그리고 『정관정요貞觀政要』 역시 천년의 세월 동안 제왕학의 교과서로 불리고 있다. 이 책은 중국 역사상 가장 태평성대를 누린 시기로 평가되는 23년간의 치세를 이끈 당태종唐太宗 이세민李世民과 그의 신하들이 나눈 정치문답집이다.

『정관정요』에서 '정관'은 '정관의 치', 즉 태종의 연호를 딴 치세를 말한다. 중국 역사상 보기 드문 전성기를 구가한 봉건왕조의 정치적 체제와 그 정점에 선 리더 당태종 이세민의 업적을 기록했다. 현종 연간에 오긍吳兢이 바로 그 정관의 치를 이끈 태종과 각 신료들의 대화를 중심으로 기술한 것이다. 이 책은 제왕에 대한 간언의 중요성을 강조하였는데, 이를 받아들이는 것을 현명한 군주가 갖추어야 할 큰 덕목으로 보았다. 이는 제왕 중심적인 사고로 제왕 자신의 변화보다 제왕의 베푸는 덕에 기대는 경향이 강했다. 제왕으로서의 역할을 강조하는 이 책의 주요 내용은 당태종의 도덕적인 통치 방식과 황제 중심의 전통적인 통치체제를 바탕으로 한다. 당태종의 역사상 유례가 없는 치세를 보며 그 이유를 당태종의 제왕적 자질에서 찾아 그 유교적인 통치 이념을, 후대 제왕들의 모범으로 삼고자 했다.

당대唐代의 대학자 조유가 쓴 『반경反經』은 역사학·정치학·전략학·인재학·사회학 등의 여러 분야를 전반적으로 아우른 책으로 『장단경長短經』이라고도 불렸다. 당·송대 이래의 역대 군왕들이라면 반드시 읽어야 할 책이었다. 목록마다 풍부한 역사적 사례와 이론을 바탕으로 했는데 제자백가의 사상을 함께 볼 수 있는 책이다.

이 책은 모략을 역의 방향에서 논했는데 장점과 단점, 정면正面과 반면反面, 옳고 그름, 득과 실을 따진다는 의미를 담고 있다. 『반경』은 오직 『자치통감資治通鑑』에 필적할 만하다고 일컬어진다. 리더의 입장에서는 『자치통감』보다 실용적인 측면에서는 오히려 유용하다고 할 만큼 인재등용, 용병과 병법, 임기응변에서의 책략 등이 구체적으로 기록되어 있다.

『반경』과 함께 제왕들의 필독서였던 사마광司馬光의 『자치통감資治通鑑』은 치도治道의 자료가 되고 역대를 통하여 거울이 된다는 뜻으로 『통감』

이라고도 한다. 역대 역사적 사실을 밝혀 정치의 규범으로 삼았다.

이 책은 왕조 흥망의 원인과 대의명분을 밝히려는 점이 주목할 만하다. 따라서 역사적 사실만을 있는 그대로 기술하지 않고 사마광의 사관史觀에 의하여 기사를 선택하고, 정치나 인물의 이해득실을 평론하여 지난 잘못을 거울삼아 다시는 그런 잘못을 저지르지 않을 만한 사적을 많이 습록拾錄하였다. 『자치통감』을 두고 청淸나라 말엽에 변법자강變法自强 운동을 펼쳤던 량치차오梁啓超는 '제왕의 정치교과서'라고 말하기도 했다.

이 책은 주周나라 위열왕威烈王이 진晉나라 3경卿:韓·魏·趙氏을 제후로 인정한 기원전 403년부터 5대五代 후주後周의 세종世宗 때인 960년에 이르기까지 1362년간의 역사를 1년씩 묶어서 편찬했다. 조선시대 세종은 목민관들이 꼭 읽어야 할 책으로 이 책을 꼽았다. 우리나라에는 고려말경에 소개되었는데, 전권의 10분의 1도 안 되는 축약본인 『자치통감강목』이어서 세종은 전권을 명나라에 요청했다. 이 책의 편찬 및 배포를 위해 전국의 종이를 모두 소비시켰다는 일화도 전해온다.

조선시대 역대 왕들의 사랑을 가장 많이 받았던 책은 송나라의 정치가이자 학자인 진덕수眞德秀가 지은 『대학연의大學衍義』이다. 이 책은 사서삼경四書三經 중의 하나인 『대학大學』의 깊은 뜻을 알기 쉽게 풀어낸 책으로, 왕위에 오를 세자가 반드시 공부해야 할 제왕학의 교재로 꼽힌다. 『대학연의』는 제왕의 정심과 수신을 통하여 올바른 정치가 가능하다는 원칙을 강조한다. 여기에서는 무엇보다 제왕의 마음을 바로 하는 것이 최우선이었다.

『태조실록』에서는 이성계李成桂가 왕업을 일으킨 계기도 『대학연의』를 읽고 나서였다고 한다. 태종은 이 책을 통해 '외척을 멀리하는 것이 중대함을 깨달았다'고 했고, 세종은 즉위 직후 첫 경연 교재로 삼았다고 한다. 책의 내용은 추상적인 성현의 말씀에 역대 제왕의 구체적 사례를 덧붙여 국왕이 가져야 할 태도, 인재의 분별 방법 등을 설명하며 유교의 경전과 역사적 사실을 함께 공부할 수 있게 했다.

『성학집요聖學輯要』는 율곡栗谷 이이李珥가 선조 즉위 7년째 해인 1575년에 통치 지침으로 제출하였던 책이다. 새로 보위에 오른 선조宣祖에게 기대를 걸고서 근 2년간에 걸쳐 유교경전들 가운데 훌륭한 말씀을 선별하고 또 이를 편집한 것이다. 『대학』의 형식을 빌려 '수기修己·정가正家·위정爲政·도통道統'이라는 네 항목을 중심 주제로 삼았다. 공자孔子나 맹자孟子 등 성현의 말씀 가운데 적절한 구절을 가려 뽑아 각각의 주제 속에 배치하고, 또 각 항목의 끝 대목에는 율곡 이이 자신의 생각을 배치하는 방식으로 구성하였다.

조선 왕들의 공부, 경연

군주의 공부는 군주가 제멋대로 권력을 휘두르게 하는 힘을 주기 위함이 아니라, 나라 전반에 걸쳐 공공의 이익을 실현하기 위해 필요한 것이었다. 군주는 혼자 책을 읽는 등 개인적인 노력과 수양도 필요했지만 당대의 최고 석학, 원로들과 고전을 익히고 논의하는 자리도 중요했다. 이는 곧 정치토론의 장이며 나라의 운영을 논의하는 자리이기도 하기 때문이었다.

고대 중국에서는 제가백가 사상가들을 곁에 두고 그들과 세상을 논하는 군주들이 많았다. 현자들에게 일종의 정치 자문을 구하는 것이다. 상商 왕조를 세운 탕왕湯王에게는 이윤伊尹이라는 재상이 있었고, 당태종唐太宗에게는 위징魏徵이라는 신하가 있어 다스림에 제 역할을 할 수 있었다.

제왕의 탁월한 업적 뒤에는 반드시 뛰어난 재상들의 자문과 보좌가 있었던 것이다. 이것이 제도화되어 철학과 역사, 제반 인문학을 공부하고 토론하는 것을 '경연經筵'이라 한다.

중국에서 비롯된 경연제도는 한漢과 당唐대를 거치며 어전강의御前講義의 형태로 시작하여 북송北宋대에 이르러서 하나의 제도로 성립되었다. 북송대의 경연은 제도적으로 완비되었다는 점뿐만이 아니라 황제를 정기적으로 교육한다는 점에서 이전의 어전강의와는 성격이 다른 점이 있다. 명·청대에 와서는 경연이 활기를 잃었지만 청의 황제였던 강희제康熙帝 때는 경연이 꽃피었다. 천성적으로 공부를 좋아했던 강희제는 만주족이면서도 유학에 조예가 깊었다. 유학 수준은 중국 역대 황제 가운데 최고라는 평가를 받았다.

강희제는 5세 때부터 책을 읽기 시작했다. 아버지인 순치제順治帝가 갑자기 천연두로 세상을 떠나면서 8세 때 황제로 즉위했다. 그는 69세로 세상을 떠나기까지 61년 동안 재위했다. 중국 역대 황제 가운데 재위기간이 가장 긴 황제였다. 즉위 16년째 되던 1677년 이틀에 한 번씩 하던 경연을 날마다 하도록 바꾸고 평생 이를 지켰다고 한다. 노년에는 신하들이 사나흘에 한 번씩 경연을 하자고 건의했지만 받아들이지 않았다. 강희제는 여름에 피서를 갈 때나 조정이 전쟁을 치르고 있을 때도 경연을 쉬지 않았다. 그런 열정 때문인지 강희제는 중국사에서도 뛰어난 군주로 손꼽히며 이민족 정복과 내정에서의 뛰어난 치적을 올렸다.

우리나라의 경우 경연이 처음 시작된 것은 고려 때이다. 한림원에 시강학사와 시독학사를 두어 제왕의 교육을 담당하게 했다는 기록이 있다. 고려말기에 이르러 유학을 익힌 신흥사대부가 주축이 되어 경연을 주도했는데 그런 틀이 조선의 경연제도로 이어졌다. 특히 조선시대는 유교이념이 지배한 사회로 유교이념을 실현할 수 있는 군주를 길러내는 것이 군주 교육의 궁극 목표였다. '수신제가치국평천하'라는 유교의 이념을 바탕으로 군주의 인격을 수양하는 차원에서 경연이 시행되었다.

경연은 아침·점심·저녁, 즉 조강朝講·주강晝講·석강夕講 세 차례 진행하는데, 아침 경연이 끝나면 조회를 열어 대신들의 알현을 받는다. 그런 점에서 조선시대의 경연은 왕에 대한 교육제도일 뿐만 아니라, 정책협의기구로서의 기능도 컸다. 경연관의 강의가 끝나면 그 자리에서 국왕과 신하들이 정치 현안들을 협의하는 것이 관례였다. 아침에 여는 조강에 국왕을 비롯하여 의정부·육조·승정원·홍문관·사헌부·사간원 등 권력의 핵심부가 한자리에 모여 정책을 협의한다. 조선왕조는 왕과 신하들이 연석회의가 따로 없으며, 주요 관청 사이의 정책협의기구도 없으므로 경연은 중요한 정책협의기구로 발전하였으며, 왕의 일상생활 및 정치과정에 중요한 영향을 미쳤다.

조선시대 왕들이 공부한 제왕학의 기본 교재는『대학大學』,『논어論語』,『맹자孟子』,『중용中庸』의 사서와『시경詩經』,『서경書經』,『역경易經』의 삼경이지만 이 중에서도 가장 널리 이용된 책은『대학大學』이다. 또한 조선시대 왕들이 널리 읽었던 책은 진덕수의『대학연의』다. 특히 태조太祖 이성계李成桂와 태종太宗 이방원李芳遠이 왕위에 오르기 전에『대학연의』를 탐독하였다는 사실 때문에 더욱 많이 읽혔다. 태조 이성계나 태종 이방원은 왕위에 오른 후에도『대학연의』를 열심히 읽었다. 특히 태조 이성계의 경우 공식적인 경연에서뿐만 아니라 사사로운 자리에서도『대학연의』를 읽었다.

경연에서 사용된 주요 교재 역시 사서삼경의 경서류와 역사서를 중심으로 제왕학에 도움이 되는 책들이었다. 유가의 거의 모든 경전은 기본 교재라 할 수 있는데, 경전들의 사용 빈도는 왕의 선호도에 따라 조금씩 달랐다. 대개 사서와 오경은 거의 모든 왕에게 골고루 진강한다. 세종世宗 대에는 사서와 삼경, 『춘추』, 『통감강목』, 『대학연의』, 『송감』, 『사기』, 『통감속편』, 『성리대전』 등이었다. 성종成宗은 여기에 『예기』와 『근사록』, 『정관정요』, 『한서』, 『고려사』, 『국조보감』 등을 추가했다. 그 후에 교재는 국왕의 취향에 따라 더 추가되기도 하고 빼기도 했다. 영조英祖 대에는 『소학』과 『심경』, 『대학연의보』, 『동국통감』, 『성학집요』, 『절작통편』 등이 중시되었다.

그렇다면 모든 왕이 경연에 성실하게 참여했을까. 세종은 재위하는 동안 거의 하루도 거르지 않고 경연에 참여하여 신하들과 학문을 토론했다. 성종·숙종肅宗 등도 경연에 열심히 참여한 왕이었다. 그렇지만 모든 왕이 경연에 성실하지는 않았는데 그 이유도 제각각이다.

조선을 창업한 태조 이성계는 즉위 당시 이미 노령이라 연로함을 핑계로 경연을 자주 갖지 않았다. 태종은 모든 면에서 신권을 압도하려는 강력한 왕권주의자였기에 신하들의 가르침을 받는 형식인 경연을 꺼려했다. 세조世祖 역시 태종과 같은 이유로 경연을 갖지 않았다. 연산군燕山君은 왕권을 강화하려는 의도에서 경연을 멀리 했을 것 같지만 실제로는 경연 그 자체를 싫어했다. 원래 공부를 좋아하는 성품도 아닌데다 신하들이 경연을 이용해 간쟁을 하자 점차 경연에 흥미를 잃어버렸고, 갑자사화를 벌인 후에는 경연을 아예 폐지하고 경연을 준비하는 기관인 홍문관까지 없애버렸다. 연산군보다 더 경연을 멀리 했던 왕은 광해군光海

君이다. 연산군은 12년간 500회 이상의 경연에 참여했지만 광해군은 재위 15년간 고작 13회만 열었다. 아무래도 경연을 통해 신하들이 정치적 압박을 해올 것에 부담을 느꼈으리라 짐작하고 있다.

독특하게도 정조正祖 또한 경연을 좋아하지 않았다. 정조는 책을 많이 읽은 왕으로, 처음에는 경연에 열심이었다. 하지만 재위 5년부터 현저히 줄기 시작해 16년 이후로는 사실상 폐지되었다. 그 이유는 다름 아닌 더 이상 배울 게 없어서였다고 한다. 정조는 젊은 나이에 이미 경학과 문장에서 따라 올 사람이 없어 경연을 하면 정조가 신하들을 가르치는 일이 더 많았다. 따라서 정조는 경연에 흥미를 잃을 수밖에 없었다.

흥미로운 것은 어떤 이유에서든 경연에 열성적으로 참여했던 왕의 경우, 그 재위 기간 동안은 경연에 비협조적인 왕들보다 안정된 치세였다는 점이다. 경연의 성패는 왕과 현자 간의 이상적인 만남에 달려 있다. 조선 유교정치가 가장 왕성했던 때가 세종과 성종 때였으며, 누구보다 경연에 열성적인 왕들이었다.

왕을 만드는 교육, 서연

조선시대에 왕이 받는 교육이 경연經筵이었다면 왕세자가 받는 교육은 서연書筵이라고 한다. 서연은 차기 왕위에 등극할 왕세자에게 경사經史를 강론해 유교적인 소양을 쌓게 하는 교육의 장이었다. 왕세자는 장차 왕이 될 사람으로, 왕실에서는 어질고 덕이 많은 왕을 만들기 위해 교육을 매우 중요하게 여겼다. 바른 교육을 통해 끊임없이 공부하고 학문을 닦아야 성군이 될 수 있다고 믿었기 때문이다. 그래서 왕세자에 대한 교육은 태아 때부터 시작된다. 왕비나 후궁이 잉태를 하면 임산부는 십장생도 병풍이 쳐진 별궁으로 옮겨 태교를 시작한다. 그리고 원자元子가 태어나는 순간부터 보양청保養廳을 설치하여 원자의 보호와 양육을 담당하도록 했다.

책임자인 보양관으로는 세 명의 종 2품 이상의 고위관료가 임명된다. 왕의 특명이 있으면 추가로 임명되기도 하였으며 의정부의 삼정승이 겸임하는 경우도 있었다. 보양관은 차기 왕위를 이을 원자와의 관계를 형성한다는 점에서 그 자리를 맡기 위해 관료나 당파 간에 경쟁이 치열하게 벌어지기도 했다. 공식적으로 원자의 보호와 양육을 담당한 곳이 보양청이었지만 원자에게 젖을 먹이고 기저귀를 갈아 채우는 등 사실상의 양육은 황후와 유모 및 궁녀들에 의해 이루어졌다. 특히 원자에게 젖을 먹여 키워주는 유모는 특별한 존재로, 젖이 풍부하고 심성이 고운 여성 중에서 골랐다.

원자가 영아기를 지나 4세쯤 되면 인지가 발달하여 교육을 시킬 만하다고 여겨 원자를 담당하던 보양청은 강학청講學廳으로 바뀐다. 교육을 담당할 강학관이 임명되는데, 보통은 2품 이상의 보양관들이 그대로 사부에 임명되지만, 학덕이 남달리 뛰어난 인물이 추가되는 경우도 있다. 최고의 제왕을 만들기 위한 왕실교육이 사실상 시작되는 단계이다. 조선 왕조에서 원자 교육을 제대로 받은 왕은 인종仁宗·현종顯宗·숙종肅宗·경종景宗·정조正祖·순조純祖 정도였다.

원자가 왕세자로 책봉되어 국왕의 후계자로 확정되면 제왕학 수련은 본격적으로 시작된다. 대신들은 세자의 교육문제를 들고 나와 성현의 학문을 가르쳐 성군의 자질을 함양하도록 요구하는 절차를 거친다. 인성교육을 중시하였으며 유교의 최고 덕목인 효孝를 가장 중점에 두어 가르쳤고, 지도자가 갖추어야 할 바른 역사관, 넓은 식견과 뛰어난 경륜, 역량을 키우는 본격적인 교육을 받게 하였다.

왕세자를 교육시키는 서연은 조선 초기에 자리를 잡았다. 태조太祖는 세자관속世子官屬을 설치하고 강학과 시위를 겸해 관장하게 하였는데 여기서 서연을 담당하였다. 태종太宗은 원자를 성균관에 입학시키고 겸직서연낭청兼職書筵郎廳의 본직 근무를 면제시켰다. 또한 대간을 서연에 참여시키고 세자관속에게 강학講學, 즉 서연만을 전담하게 하여 서연의 제도를 정비하였다. 세종世宗은 일시적으로 서연낭청을 녹관祿官으로 임명한 적도 있었지만 서연과 집현전을 밀접하게 연결시켜 놓았다. 세조世祖 때는 단종端宗 복위의 기도가 발각된 것을 계기로 집현전이 혁파되면서 세자관속이 세자시강원世子侍講院으로 개칭되었다. 이처럼 왕의 정치 스타일에 따라 서연을 담당하는 관리나 기관, 그리고 학습 내용이 조금씩 달라지기도 했다.

왕세자의 하루는 새벽에 일어나 왕에게 아침 문안을 시작으로 오전과 낮, 저녁에는 공부로 채워진다. 조금은 빡빡한 일정의 힘든 공부였지만 국왕이 되려면 더욱 열심히 학문을 닦아야 한다고 여겼다. 왕세자의 일상이 대부분 공부의 연속이라 특별히 학문을 좋아하지 않는 경우라면 견디기 힘든 생활이었을 수도 있겠다.

서연관의 자격 조건은 학문이 뛰어나고 단정한 사람이어야 하며, 비록 서연관이 되었다 하더라도 그 적임자가 아니라고 판단되면 직위의 고하를 막론하고 파직되었다. 서연관은 세자를 가까이에서 모심으로써 왕이나 세자의 지우知遇를 얻을 기회가 많았기 때문에 특별한 대우를 받는 경우도 많았다.

서연에는 학문 탐구의 강학과 '도와서 올바른 데로 이끈다'는 보도輔導의 기능이 있었다. 강학에서 세자의 학문은 의리를 깨달음으로 본원을 함양하는 것을 가장 중요하게 여겼기 때문에 '효제충신지도孝悌忠信之道'가 강조되었다. 그래서 『소학』·『효경』을 우선적으로 가르쳤다. 『소학』의 경우 많은 유학자가 가장 기본으로 둔 책이기도 하다.

서연에서 다루는 강의 교재는 유교경서와 역사책이 주를 이루었다. 구체적으로는 『천자문』, 『동몽선습』, 『소학』, 『효경』을 먼저 익힌 후 4서5경四書五經을 배우게 하고, 역사교재로는 중국 역사서인 『자치통감』과 역대 국왕의 치적을 엮은 『국조보감』을 사용하였다. 경연관은 세자를 보도하기 위해 항상 세자를 따르면서 도의를 가르쳐야 할 책임도 있었다. 한 달에 한두 번씩 스승을 비롯한 세자시강원世子侍講院의 관원이 참석하여 왕세자가 배운 경서와 역사서를 복습하고 평가하는 회강會講도 있었으며 학습 평가는 수업을 시작할 때마다 수시로 또 미리 정해진 날에 공식적으로 행해졌다.

서연은 원칙적으로 왕세자를 교육하는 순수한 교육적 기능만을 가지고 있었다. 그러나 왕세자에게 어느 정도 정치적 실권이 있는 특별한 상황에서는 정치적인 기능도 지니고 있었다. 서연의 여러 기능은 각 왕조의 정치상황과 세자의 학문적 성향에 의해 좌우된다. 대표적인 왕세자들의 스승은 변계량卞季良·이수李隨·김숙자金叔滋·최만리崔萬理·조광조趙光祖·이이李珥 등이 있었다.

유학, 조선시대 교육의 근간

조선은 고려와 다른 새로운 왕조였지만 정치·경제·사회·문화·교육

등의 제반 영역에서 고려의 제도를 계승했다. 다만 시대 상황에 맞게 부분적인 개혁과 재정비를 추진하였다. 조선의 정치체제는 왕권을 정점으로 하는 중앙집권체제로, 지방의 모든 행정은 중앙에서 파견하는 관료에 의하여 통치하였다. 조선은 신분제도가 있는 양반관료사회이고 문신이 주축을 이루는 정치체제였다.

조선의 사상체제는 유학이 국가의 지도이념으로 채택되었다. 조선의 숭유정책은 불교를 비롯한 여타의 사상을 배척하게 했다. 특히 고려의 이념이었던 불교에 대하여서는 제도 차원에서 탄압하고 배척하였다. 조선에 있어서 유학은 생활에 뿌리를 내리는 학문 이상의 역할을 했다. 유학은 생활양식에 융화되어 가치기준의 근거로까지 작용하였다. 또한 조선 초기에 국가건설의 정신적 원동력이 되었으며, 사회개혁에도 상당히 기여하였다. 조선중기에 유학이 집대성이 되었는데, 이황李滉·이이李珥 등의 유학자가 그 대표 격이라 할 수 있다.

무엇보다 유학은 교육의 근간이 되었다. 유학은 수기치인修己治人을 기본이념으로 하는데, 개인의 도덕적 수양에서 출발하여 다른 사람에게까지 그 영향을 끼쳐 결국 사회 전체가 유교적 가치에 동화되는 이상적인 사회를 지향하고 있다. 따라서 교육을 통해 유교적 소양을 갖춘 도덕적 인간을 양성하는 것이 교육의 기본 방향이라고 할 수 있다.

유교적 소양을 갖춘다는 것은 기본적으로 유교 경전 및 역사에 해박하고 문장을 잘하는 것을 의미하는데, 이는 과거시험에 합격하여 관리가 되기 위한 필수 조건이었다. 과거시험을 통해 입신양명立身揚名을 하는 것이 유교의 핵심적인 실천 윤리인 효孝를 실천하는 것이었고, 관리가 되어 임금을 보좌하여 국가를 잘 운영하는 것은 충忠의 구현이기도 하였다. 그러므로 도덕적 수양과 입신양명이 동떨어지지 않은 목표가 되었다. 하지만 시대가 흐를수록 사회적 병폐로 작용하기도 하였다.

조선시대에 들어오면서 조직적이고 체계적으로 유학 이념을 전파하기 위해 교육기관의 필요성이 요구되었다. 유학의 이념을 연구하고 유학적 소양을 갖춘 선비들을 양성하기 위해 나라에서 정책적으로 설립한 교육기관을 관학官學이라고 한다. 지금으로 치면 국립이나 공립 교육기관이라고 하겠다. 관학으로는 서울에 성균관成均館과 사학四學이 있었고, 지방에는 향교鄕校가 설립되었다. 관학을 운영하는 데 있어서 재정이 많이 소요되자 자발적인 교육활동을 장려해 다양한 형태의 사학私學이 설립되었다. 조선시대의 사학으로는 초학교육기관인 서당書堂이 전국에 걸쳐 설치되었고, 조선 중기 이후에는 지방을 중심으로 서원書院이 설립되어 관학의 부족한 점을 보완하면서 교육기관으로서의 기능을 수행했다.

서당은 조선시대 교육의 출발점으로 처음 공부를 시작하는 아이들에게는 문자 교육이 필수적이었기에 아이들의 수준에 맞는 유교 교양서를 읽게 하고 그 내용을 생활에서 실천할 수 있도록 하는 것에 초점을 두었다. 서당에서 아이들이 처음 배우는 것은 한자 익히기로, 주로 『천자문千字文』을 통해 기본적인 한자의 음과 뜻을 배운다. 한자에 대한 학습이 어느 정도 이루어지면 읽고, 짓고, 쓰는 강독講讀, 제술製述, 습자習字로 나누어 진행된다. 이 세 가지는 서당에서 뿐만 아니라 어느 교육기관이든 혹은 개인이든 공부를 한다면 기본적으로 이수해야 하는 공통 과정이었다. 주요 교재는 『소학小學』, 『명심보감明心寶鑑』, 『동몽선습童蒙先習』, 『격몽요결擊蒙要訣』 등이었다. 유교의 기본원리들을 어린이 수준에 맞게 담았는데 일상생활에서 지켜야 할 예의범절, 수양을 위한 격언, 충신·효자의 사적 등을 모아 놓은 책이다.

향교는 국가에서 지방의 각 행정 단위인 주州·부府·목牧·군郡·현縣에 성균관을 축소하여 설치한 유학 교육기관이며, 중등 교육기관으로 성균관의 하급단계의 교육기관이다. 성균관의 교육은 유생들에게 대과를 준비하는 교육기관이고, 향교는 소과를 준비하는 교육기관이다. 향교는 지방 교육기관일 뿐 아니라 유학 중심의 교화 기관으로서 지방 문화의 중심이었다. 모든 교육기관의 공통의 교재였던 『소학』을 비롯하여 『효경』, 『문공가례』는 기본 교재이고, 과거시험에 합격하기 위해 준비해야 했던 필수과목으로는 사서와 오경이 강독 교과로 제시되었다. 제술을 위해서 유문柳文, 한문韓文, 『초사楚辭』, 『문선文選』, 책문策文, 고부古賦, 고시古詩 등이 있고, 기타 역사 공부를 위해 각종 통감류와 『사기史記』, 『송원절요宋元節要』 등이 제시되었다. 또 유교 이론의 폭넓은 이해를 위한 과목으로 『성리대전性理大全』, 『근사록近思錄』 등이 부과되었다.

서원은 각 지방에 민간 중심으로 선현 선사 및 선열先烈 의사義士에 대한 사묘祠廟를 설치하여 제향祭享을 행하고, 유학 교육을 통하여 유생을 양성하던 사립 교육기관이다. 주세붕이 백운동서원을 설립하면서 시작되었는데, 이익을 도모하거나 남에게 보여주기 위한 학문이 아니라, 자신의 몸과 마음을 닦기 위한 학문 연마가 설립의 목적이었다. 서원은 경학 중심으로 교육과정을 구성했는데 『소학』과 『가례』를 입문으로 하고 사서와 오경을 강독의 근본으로 삼았다. 또한 역사서와 제자백가서 및 문집류도 강독의 내용으로 편성되었고, 제술製述 역시 교육과정의 큰 부분을 차지하였다. 교육과정 자체로 보면 성균관이나 향교와 큰 차이가 나지 않지만, 관학이 과문科文, 제술에 비중을 두어 과거시험에 대비했던 것에 반해 서원에서는 과문을 익히더라도 부차적인 위치에 두었던 것이 차이점이라고 할 수 있다.

사학四學은 서울에 설립한 국립 유학 교육기관인 동학東學·서학西學·남학南學·중학中學의 총칭이다. 사학은 조선 초기에는 사부학당四部學堂, 동부학당·서부학당·남부학당·중부학당이라고 불리었으며, 줄여서 학당學堂이라고도 했다. 사학은 성균관의 예비학교이며 하급 교육기관이다.

조선사회에서 요구되는 관리의 자격은 국정 운영과 외교업무 수행능력을 갖추는 것이었다. 따라서 유교적 가치를 바탕으로 폭넓은 학식과 인품을 갖춘 관리를 양성하는 것이 성균관의 설립 취지이자 교육목표였다.

성균관의 교육내용은 유교 경전經典과 제술製述이 기본 교과목이었다. 성균관의 교과교육에 중요한 것은 유학 경전인 사서와 오경이다. 성균관 교육에서 제술은 사서의四書疑, 오경의五經義, 시詩, 부賦, 송頌, 책策 등이 있었다. 사서의와 오경의는 경서의 본문을 보고 논설을 전개하는 것이며, 부·송·시는 문장을 짓는 것이고, 책은 국가의 정책을 논의하는 과목이다. 이러한 경전교육과 제술은 1개월을 단위로 하여 20일간은 경서經書를 가르치고, 4일간은 경서를 고강考講 시험하며, 나머지 6일간은 제술을 교육한다. 이러한 성균관의 교육내용은 조선시대 과거시험의 과목과 대체로 비슷하였다. 조선시대 성균관의 교육은 과거시험 과목의 영향을 많이 받았다.

02

독서를 통한 개인개발

현자들의 독서론

옛사람들의 공부는 독서에서부터 시작되었다. 책을 읽고 뜻을 파악하고 연구하는 것이 학문을 닦는 것이었다. 독서를 통해 수양도 하고, 새로운 지식을 얻어 지혜롭게 살고자 했다. 한 시대의 정신적 지주가 되었던 이들이 생각하는 독서는 무엇이었을까?

"독서의 요체는 성현의 언행을 마음에서 본받아서 조용히 찾고, 가만히 익힌 뒤에라야 비로소 학문을 진작시키는 공력을 기를 수 있을 것이다. 만약 바쁘게 넘어가고 예사로 외기만 할 뿐이라면, 이것은 장구章句를 들은 대로 말하는 나쁜 버릇에 불과하니 비록 천 편을 다 외고 머리가 희도록 경經을 이야기한들 무슨 이익이 있겠는가."

겸허한 선비의 표상이자 성리학의 큰 산이었던 퇴계退溪 이황李滉은 경전의 내용이 몸에 배도록 책을 읽어야 한다고 말했다. 책의 내용이 몸에 배려면 한두 번 읽어서는 안 된다. 그렇다고 무조건 외워 책의 내용을 모두 안다고 해서 책을 읽었다고 할 수는 없다. 마음에 스며들도록 읽어야 한다.

책을 짊어지고 스승 찾아 높은 암자에 오르니
창문에 비치는 해 그림자 달리는 말과 같네.
오늘 힘쓰지 않으면 내일도 마찬가지인데
돼지와 용의 다른 날 한탄을 어찌 견디랴.
삼천 명의 제자 적다고 할 수 없지만
심오한 경지에 이른 이 몇이나 될까.
정치와 문장은 모두가 말단의 공부라
예나 지금이나 오직 덕행 있는 사람을 꼽네.
문장의 화려함은 봄꽃처럼 곱고
부귀의 넘실댐은 냇물조차 멈추게 하지만

서리가 내리고 물막이 터지면 어디에서 찾을 것인가.
달 밝은 가을밤에 옥호가 맑구나.
만 권의 서책을 읽어도 그 뜻을 깨닫지 못하면
평평한 언덕에 말달리는 일과 무엇이 다르리.
한 글자의 깊은 뜻을 그 누가 해독할 수 있으리.
성현은 학문과 독서를 귀하게 여길 뿐 재주는 바라지 않네.

〔尋師負級上高菴 牕裏羲光駕走驂 今若不勤明又此 猪龍他日恨何堪 三千弟子不爲少 入室升堂有幾人 政事文章皆是末 古今唯說德行人 文章

灼灼春花艶 富貴盈盈川水渟 霜落梁分何處覔 月明秋夜玉壺淸 讀書萬卷未了義 何異平原走馬回 一字精微誰解得 聖賢貴學不貴才.〕

조선중기의 성리학자이자, 퇴계 이황과 12년 동안 서한을 주고받으면서 8년 동안 사단칠정四端七情을 주제로 논란을 폈던 고봉高峰 기대승奇大升의 '학문을 권하는 작은 시〔勸學小詩〕'다. 아무리 많은 책을 읽었다 하더라도 내용의 깊은 뜻을 깨닫지 못한다면 아무 소용이 없다는 것을 시로 표현했다. 결국 책을 읽는다는 것은 깨달음에 있는 것이지, 재주를 바라는 것은 아니라고 말하고 있다.

"독서하는 사람은 언제나 자신의 마음을 잘 다스리고 지켜야 한다. 사물에 유혹당하지 않아야 하고, 반드시 사물의 이치를 궁리하고 연구하여 밝혀야 한다. 그래야만 마땅히 자신이 행할 도리가 분명하게 나타나 앞으로 나아갈 수 있다. 따라서 천하의 도道에 들어가기 위해서는 가장 먼저 사물의 이치를 깊게 궁리하고 연구해야 한다. 사물의 이치를 깊게 궁리하고 연구할 때 독서보다 중요한 것은 없다. 옛 성인과 현자가 마음을 쓴 발자취와 세상만사의 옳고 그른 판단 및 경계해야 할 내용이 모두 책에 쓰여 있기 때문이다."

아홉 번의 과거에 장원으로 급제하여 구도장원공九度壯元公이라 불리며 퇴계 이황과 쌍벽을 이뤘던 대유학자 율곡栗谷 이이李珥의 『격몽요결』 '독서'에 나오는 내용이다. 율곡은 독서를 할 때는 마음을 다스리라고 한다. 그리고 사물의 이치를 궁리하고 연구해서 밝혀내야 한다고 말한다.

"독서는 사람이 살아가는 동안 평생 해야 할 일이다. 스스로 깨달아 얻으려고 하지 않는다면, 비록 보잘것없고 사소한 일일지라도 근거로 삼을 만한 것이 없다. 여러 해 동안 연구하거나 깊게 탐구하고 사색하여 사물의 이치가 뚜렷이 드러나면, 비로소 만족할 만한 즐거움을 얻는다. 이것은 다른 까닭이 아니라 스스로 깨닫고 얻어 평생토록 자신을 지키고 유지할 수 있는 바탕으로 삼을 수 있기 때문이다."

19세기를 대표하는 실학자인 최한기崔漢綺의 『기측체의氣測體儀』 '스스로 깨달아 얻는 일(自得)'이라는 글의 일부이다.

전체적으로 한 시대의 정신적 지주 역할을 했던 이들에게 있어서 독서란 깨달음이었다. 책을 읽고 깨달음이 있다면 그것이 바른 공부가 되는 것이다.

책 읽는 군주

조선의 호학군주好學君主는 누구였을까? 세종世宗과 정조正祖가 대표적이다. 이들은 천성이 공부를 좋아하고 책을 많이 읽었다는 공통점이 있다. 세종은 정사를 보살피면서 독서와 사색에도 쉬지 않았던 왕이다. 그의 시대는 훌륭한 정치, 찬란한 문화를 이룩한 시대로 정치·경제·사회·문화 등 전반적인 기틀을 잡은 시기였다. 이는 세종의 독서와 무관하지 않은 결과라 할 수 있다. 세종은 '글을 읽는 것은 임금에게 유익하며, 글씨를 쓰고 글 짓는 것은 유의할 필요가 없다'고 할 정도로 그 무엇보다 독서를 중요하게 생각하였다.

세종의 독서에서 가장 큰 특징은 '백독백습百讀百習'이다. 백 번 읽고 백 번 쓰는 것으로 책 속에 있는 지식을 완전히 습득하기 위한 방법이다. 독서의 가장 기본적인 방법은 반복해서 읽는 것이다. 그는 기본적으로 책을 읽을 때면 백 번을 읽었지만 『좌전左傳:공자의 춘추전을 해석한 유교 경전』이나 『초사楚辭』 같은 책에 이르러서는 백 번은 기본이고 백 번을 더해 이백 번을 읽었다고 한다.

세종이 어린 시절 몸이 좋지 않은데도 글 읽기를 멈추지 않아 병이 점점 심해지자 태종太宗은 내시에게 세종의 거처에 있는 책을 모조리 거둬들이라고 명했다. 책을 모두 걷어 들인 내시는 병풍 뒤에 구양수歐陽脩와 소동파蘇東坡의 편지모음집인 『구소수간歐蘇手簡』이란 책 한 권이 남아 있는 것을 모르고 물러났다. 세종은 남은 이 책 한 권을 몰래 수백 번을 읽었다고 할 정도로 독서광이었다. 태종은 세종이 독서를 좋아하는 것을 보고 재능을 인정하여 많은 책을 선물하고 읽게 하였다. 『사서삼경』을 비롯하여 역사·정치·법·음악·과학 등 다양한 책을 주었다. 그리고 태종은 가끔 세종에게 시험 삼아 질문을 하였는데 언제나 능숙하게 대답하여 놀라움을 금치 못했다고 한다. 책 한 권을 백 번을 읽는데 어떻게 대답을 못 할 수 있겠는가.

세종은 배움에 있어서 독서가 제일 유익하다고 여겼다. 이러한 배움의 자세는 자신은 물론 신하들이 지켜야 할 원칙으로 자리 잡았다. 그는 자신이 먼저 모범을 보여야 신하들도 잘 따를 것이라는 걸 알고 있었다. '항상 배우라. 항시 손을 놓고 있지 말라'고 하면서 자신 역시 궁중에 있으면서 손을 거두고 한가히 있을 때가 없었다.

『세종실록』에도 '임금으로 즉위해서는 이른 새벽에 옷을 입고, 날이 밝으면 조회를 받고, 다음에 정사를 살피고, 그 다음에 윤대輪對하고, 그 다음에 경연에 나갔는데, 일찍부터 조금도 해이감이 없었다'고 전한다. 그런 와중에도 틈틈이 책을 읽었다. 세종은 즉위 후에도 손에서 책을 놓지 않았다. 음식상이 들어와도 책을 덮지 않고 옆에 펴놓고 읽었으며 밤이 깊도록 독서를 계속하였다. 뿐만 아니라 궁중에 있을 때에도 항상 책을 가까이 두고 독서로 시간을 보냈다. 이 때문에 우리 역대 왕조의 문서에도 밝았는데 기억력이 비상하여 한 번 본 것은 결코 잊지 않았다고 한다.

세종은 '국가가 부강해지기 위해서는 많은 백성이 책을 읽어야 한다. 그리고 정치를 잘 하려면 널리 책을 읽어 이치를 깨닫고 마음을 바로잡아야 한다'고 생각하였다. 그런 생각이 민족문화의 최대 걸작인 한글창제로 이어질 수 있었다.

세종 못지않게 독서광이었던 왕은 정조이다. 세종은 책 읽는 것은 즐겨했지만 글로 남기는 것은 그리 좋아하지 않았다. 그런데 정조는 책 읽는 것도 글 쓰는 것도 모두 즐겨했다. 정조는 할아버지인 영조英祖의 특별한 관리로 원손으로 있을 때부터 책 읽기를 좋아했다. 4세 때『효경』을 읽었고, 보양관 남유용南有容으로부터『소학』을 요약한『소학초해』를 배웠다. 영조는 어린 손자가 뛰어난 자질을 보이기 시작하자 그때까지 없었던 '왕손교부'라는 새로운 직책을 만들어 서지수徐志修와 김양택金陽澤을 임명하고『동몽선습』을 가르치게 했다. 영조는 정조를 위해 대단한 교육열정을 쏟았는데, 훗날 왕위에 오른 정조 역시 '지금 내가 일용하는 글은 모두 어릴 적에 읽은 것에서 나온 것이다. 나는 어릴 적에 이미 4서2경을 읽었고, 매번 선조대의 전질全帙을 공부했으므로 과연 익히 읽었고 외울 수 있었다. 지금 생각하면 선대왕께서 가르치신 공이 아님이 없다'고 영조에 대한 고마운 마음을 표현했다.

정조는 왕세자교육을 모범적으로 받은 왕이었다. 왕세자교육 프로그램인 서연書筵은 암기가 중시되지 않고 담론 중심의 토론학습을 중시했다. 왕위를 이을 세자라면 학문의 이치를 스스로 깨달아야 세상을 다스리는 안목도 가질 수 있다고 여긴 것이다.

일반적으로 선비들은 과거시험을 준비하기 위해 경서를 암기하고 격식에 맞는 문장 쓰는 방법을 익혀야 하지만 왕세자는 그럴 필요가 없었다. 암기는 성정을 해칠 수 있다는 점에서 오히려 억제하는 측면이 강했으며, 독서와 토론을 통해 인격을 수양하고 통치의 자질을 스스로 터득하게 하는 데 주안점을 두었다. 따라서 서연은 철저하게 문답과 토론 중심으로 전개하였다. 정조 역시 세손 시절에 이와 같은 토론과 문답을 수없이 경험하였다.

정조는 세손이었던 동궁 시절에 경학과 주자학을 포함해서 다양한 독서를 했다. 서연을 통해 공식적으로 읽은 책은 『소학』, 『대학』, 『맹자』, 『중용』, 『서전』, 『시전』, 『사략』, 『자치통감강목』, 『논어』, 『대학연의』, 『심경』, 『예기』, 『어제조훈』, 『속강목』, 『성학집요』, 『주서절요』, 『주문초선』, 『주자봉사』, 『주자절요』, 『송감』, 『황명통기』 등이다. 단지 책을 읽기만 한 것이 아니라, 읽고 난 후 수없이 토론하고 문답하였으니 과히 그 학문의 수준을 짐작해볼 수 있다. 정조의 학문은 여느 주자학자에 밀리지 않는 높은 수준으로, '안 읽은 책이 없다'고 말할 만큼 서연에서 읽은 책 이외에도 다방면으로 많은 책을 읽었다. 동궁 시절 14년 동안 정조는 엄청난 학문적인 성취를 이루어 신하들을 가르칠 수 있는 수준에까지 이르렀다. 그래서 경연이 필요 없어진 웃지 못할 상황까지 가게 되었다고 한다.

정조는 기록에 대한 애착도 무척 강했다. 규장각 각신들로 하여금 경연經筵 등 제반 행사에서 자신과 대신·각료·유생들이 나눈 대화와 전교傳敎를 기록하게 했는데 이것이 『일득록日得錄』이란 책이다. 이 『일득록』을 기록하게 하면서 자신에 대한 찬양이나 좋은 점만을 기록하지 않게 하고, 있는 그대로 사실대로 기록하게 하여 반성의 거울로 삼을 수 있도록 당부했다. 정조와 관련된 기록으로는 그가 어릴 때부터 써오던 『보양청일기』, 『존현각 일기』와 9세부터 썼던 『일성록日省錄』 등이 있다.

정조는 가장 많은 책을 읽고, 가장 많은 글을 쓴 왕으로 꼽히기에 조금도 부족함이 없다. 정조가 쓴 글을 총집결해 놓은 책이 『홍재전서弘齋全書』이다. '홍재'는 정조가 세손 시절 공부하고 휴식을 취했던 '주합루'라는 서재에 '뜻을 크게 한다'는 의미의 '홍弘'을 붙이면서 그 이름이 나왔다. 책을 좋아했던 정조의 큰 뜻을 품은 서재라 할 수 있다.

책에 빠진 인재들

역사에 위대한 업적을 남긴 사람들치고 책을 싫어한 이는 많지 않다. 중국 삼국시대의 조조나 제갈량 모두 독서를 즐긴 이들이었다. 조선 실학을 완성시킨 정약용 역시 깊고 방대한 독서를 통해 조선의 실학을 통섭하여 지식인의 모델이 되었다. 조선시대 대표적인 독서광들을 살펴보자.

『홍길동전』을 지은 허균許筠은 명나라에 사신으로 다녀온 적이 있었는데, 그때 북경에서 1만5천 냥을 들여 책 4천 권을 구입했다고 한다.

여러 해 연이어 중국 가는 길 비록 힘들지만
옛사람 책 많이 얻어 오는 즐거움 있네.
가진 것 죄다 털어 책 산다고 비웃지 마오.
나는 장차 책벌레가 되려고 한다오.

그가 쓴 시에는 책에 대한 열망을 엿볼 수 있다. 그는 유난히 책 욕심이 많아 평생 많은 책을 사 모았고 또 그만큼 읽었다. 독서 범위를 정하지 않았으며 고전을 비롯해 당시 중국의 새로운 서적에 이르기까지 다양하게 섭렵했다. 그의 저서인 『한정록閒情錄』은 그가 42세1610년 때 천추사千秋使의 임무를 받았으나 병환으로 임무를 맡지 못하고 집에서 쉬는 동안 쓴 책이다. 이 책은 세상을 피해 숨어 사는 사람들이 정신적·물질적인 생활을 유지할 수 있도록 하기 위한 자료와 농사법에 관한 정보를 수록한 교양서이다. 이 책에 인용된 도서만 해도 무려 96종에 달한다.

허균의 남다른 독서열은 집안의 영향이라고 볼 수 있다. 부친인 초당草堂 허엽許曄은 당대의 대학자로서 명성을 떨쳤고, 그의 형인 허성許筬·허봉許篈 역시 대단한 독서가였다. 그런 집안 내력으로 허균 역시 책을 가까이 할 수 있었다고 본다. 허균의 장인 역시 장서가로 알려져 있는데, 그 책을 허균이 구경만 하지는 않았을 것이다. 그는 다양한 책을 섭렵해 그의 학문과 사상은 당대의 주류를 이루었던 성리학뿐만 아니라 불교·도교·서학 등 여러 분야에 관심이 깊었다. 틀에 갇혀 있지 않은 그의 사상이 새로운 세계를 꿈꾸는 『홍길동전』 창작활동으로 표출된 것이 아닐까 싶다.

허균이 스스로 책벌레가 되고 싶다고 했다면, 아정雅亭 이덕무李德懋는 스스로를 책만 보는 바보라는 의미의 '간서치看書癡'라 했다.

"목멱산 아래에 어리석은 사람이 살고 있었다. 말은 어눌하고, 성품은 게으르고 졸렬해 세상 물정을 잘 알지 못했다. 바둑이나 장기는 잘 알지 못했지만, 이를 두고 다른 사람들이 욕을 해도 변명하지 않고, 칭찬해도 자랑하거나 뽐내지 않으며, 오로지 책만 보는 것을 즐거움으로 삼아 추위나 더위, 배고픔이나 아픈 것도 전혀 알지 못했다. 어렸을 때부터 스물한 살이 되기까지 하루도 고서를 손에서 놓은 적이 없었다. 그의 방은 매우 작았으나 동창·서창·남창이 있어 볕이 드는 방향을 따라 밝은 곳에서 책을 읽었다. 지금까지 읽지 못했던 책을 보면 기뻐서 웃었는데, 집안사람들은 그가 웃으면 기이한 책을 구한 줄 알았다."

이덕무의 저서인 『청장관전서』「간서치전看書痴傳」에 있는 내용의 일부이다.

이덕무는 어려서부터 지혜롭고 공부하는 것을 좋아했다. 그는 고금의 기문이서奇文異書에도 달통하고 문장에 개성이 뚜렷해 일찍이 이름을 알리게 되었지만 집안이 가난했기 때문에 정규교육을 받을 수 없었다. 더군다나 그는 서얼 출신이었다. 그는 성장한 뒤에도 온갖 서적을 섭렵했다. 집이 가난하여 장서가 없어서 항상 남의 책을 빌려 보았는데, 사람들은 그의 독서열에 감탄하여 귀한 책이라도 빌려주는 것을 꺼리지 않았다. 그는 빌린 책을 읽고 마는 것이 아니라 읽은 뒤에는 반드시 그 책을 필사했다. 늘 책을 몸에서 뗀 적이 없이 어느 때라도 가리지 않고 책을 보았다. 평생 읽은 책이 2만 권이 넘었고, 손수 필사한 책이 수백 권이 넘었다. 그 스스로 책에 미친 바보라고 할 정도로 책을 좋아했다. 가난했기 때문에 책을 필사하여 소장했고, 그래서 오히려 책의 내용을 더욱 깊이 이해할 수 있었다.

그는 박제가朴齊家·유득공柳得恭·이서구李書九와 함께 약관의 나이에 『건연집巾衍集』이라는 사가시집四家詩集을 내 일찍 이름을 날렸다. 이것이 청나라에까지 전해져서 이른바 사가시인四家詩人의 한 사람으로 이름을 날리게 되었다.

정조는 즉위하자 곧바로 규장각을 세우고 학사學士를 두었는데 이들을 각신閣臣이라고 불렀다. 그리고 각신을 도와 서적의 교정과 서사에 종사하는 검서관을 뽑았다. 그들은 서얼 출신 학자 네 명으로 구성된 9품의 잡직이었다. 이덕무는 41세가 되었을 때 규장각 검서관으로 임명되었다. 그는 서자의 신분으로 잡직 벼슬을 하는 것을 조금도 주저하지 않았다. 왜냐하면 규장각에는 대궐의 진귀한 고서들이 많았기 때문에 그 책을 보고 싶은 욕심이 있었기 때문이다.

정조는 이덕무를 무척 아꼈는데 그가 죽은 뒤에도 그를 잊지 않았다고 한다. 검서관 이덕무의 재능과 지식이 잊히지 않는다면서 그의 아들을 검서관으로 특채하여 유고집을 간행하라고 지시했는데, 그의 집이 가난하다며 유고집을 나라에서 간행하게 했다. 그렇게 해서 나온 유고집이 『아정유고雅亭遺稿』이다. 그가 남긴 저술 총서인 『청장관전서青莊館全書』는 다채로운 학식과 많은 자료를 제공하고 있다. 이 책은 백과사전 류의 저서로 이덕무의 독서의 방대함을 느낄 수 있게 한다.

"백곡 김득신은 자신의 '독서기'에 여러 책을 읽은 횟수를 기록했는데, 『사기』「백이전伯夷傳」을 무려 1억 1만3천 번이나 읽었다고 한다. 또 사서와 삼경, 『사기』와 『한서』, 『장자』 그리고 한유의 문장 등 여러 책 가운데 어떤 것은 6만 내지 7만 번씩 읽었는데, 아무리 적게 읽어도 수천 번씩은 된다고 했다. 이렇게 보면 문자와 책이 존재한 이후 위아래로 수천 년과 종횡으로 3만 리를 모두 뒤져보아도 부지런히 독서한 사람으로는 단연코 김득신을 으뜸으로 삼을 만하다."

다산茶山 정약용丁若鏞의 『다산시문집』「김백곡金柏谷 독서변讀書辨」에 나오는 내용이다. 백곡栢谷 김득신金得臣의 독서에 대한 소개 글이다. 김득신은 1604년선조 37년에 태어나 문명을 크게 떨친 인물로, 당시 한문사대가인 이식李植으로부터 '그대의 시문이 당금의 제일'이라는 평을 들을 정도로 당대의 대표적인 시인이었다.

김득신은 어릴 때 천연두를 앓아 지각이 발달하지 못해 행동이 재빠르지 못하고 둔한 편이었다. 하지만 그의 아버지는 학문의 성취가 늦는다고 주저하지 말고, 읽고 또 읽으면 반드시 대문장가가 될 것이라며 격려와 가르침을 주었다고 한다. 그는 공부할 때에 옛 선현과 문인들이 남겨놓은 글들을 많이 읽는 데 주력하였다.

"한유 문장 사마천『사기』를 천 번 읽고서야 금년에 겨우 진사과에 합격했네."

〔韓文馬史千番讀 菫捷今年進士科.〕

그가『사기史記』를 천 번 읽고 과거에 합격했다는 시詩다.『백이전』을 1억 번을 읽고 나서는 자기 서재를 '억만재億萬齋'라 이름하였다고 한다.

지식인들의 독서법

"학문하는 사람은 오직 정신을 수습하여 한길로 집중해야 한다. 만약 덕을 닦으면서 일의 성공이나 이름 드러내는 것에만 마음을 쓴다면 결코 참된 경지에 이르지는 못할 것이요, 책을 읽으면서 읊조리는 재미나 풍류에만 감흥을 의탁한다면 결코 깊은 핵심에는 이르지 못할 것이다."

〔學者要收拾精神, 併歸一路. 如修德而留意於事功名譽, 必無實詣. 讀書而寄興於吟咏風雅, 定不深心.〕

삶의 지혜를 전하는『채근담菜根譚』에 나오는 말이다.

다산茶山 정약용丁若鏞은 독서하는 사람에게는 다섯 가지 방법이 있다며 『다산시문집』 「오학론2五學論二」에서 밝히고 있다.

첫째는 박학博學으로, 두루 혹은 널리 배운다고 했다. 둘째는 심문審問으로, 자세히 묻는 것이고, 셋째는 신사愼思로서 신중하게 생각한다는 것이다. 넷째는 명변明辯으로, 명백하게 분별한다는 것이고, 마지막으로 독행篤行이 있는데, 진실한 마음으로 성실하게 실천한다는 것이다. 그러면서 다산은 당시 책 읽는 이들이 두루 혹은 널리 배운다는 '박학'에만 집착할 뿐 '심문'을 비롯한 다른 방법에 대해서는 관심조차 두지 않는다고 토로했다.

조선사회의 지식인들은 어떤 방법으로 책을 읽었을까?

조선시대 대표적인 유학자인 이황李滉은 독서의 방법으로 책이 익숙해지도록 읽는 방법을 권하였다. 만약 익숙지 못하면 읽자마자 곧 잊어버리게 되어 마음에 남는 것이 없지만 익숙해지면 마음에 남는 것이 있으며 흐뭇한 맛이 있다고 하였다.

이황과 함께 우리나라 유학사를 빛낸 이이李珥는 독서의 방법으로 이치를 깊이 연구하는 방법으로 읽어야 한다고 했다. 독서하는 태도부터 달라야 한다고 했는데, 반드시 단정하게 앉아 삼가 공경하는 자세로 책을 대하라고 했다. 몸 자세가 바르면 마음 자세도 바르다고 하듯이, 마음을 다하고 뜻을 극진히 하여 생각을 가려 정밀히 하며 숙독하고, 깊이 머금어 그 의미를 풀어내어 구절마다 반드시 그 실천할 방법을 구해야 된다고 하였다. 즉 몸과 마음의 자세도 가지런히 해서 독서에 임하라는 것이다.

그런 점에서 이황이나 이이의 독서법은 유사하다. '책 한 권을 선택하면 숙독하여 뜻을 모두 알아 통달하여 의심이 없게 한다. 그 뒤에 다른 책으로 바꿔 읽을 것이요, 다독에만 힘을 써서 이것저것 바삐 읽어서는 안 된다'고 하여 정독과 숙독의 독서법을 권하고 있다.

"나는 사람들에게 먼저 『대학』을 읽어 규모를 확정하게 하고, 다음으로 『논어』를 읽어 근본을 세우며, 다음으로 『맹자』를 읽어 전개를 살피고, 다음으로 『중용』을 읽어 옛사람의 미묘하고 오묘한 곳을 구하게 하였다.

『대학』은 등급과 순서가 하나로 총괄되어 있어 쉽게 이해할 수 있기 때문에 반드시 먼저 보아야 한다. 『논어』는 비록 실제적이지만 내용이 산발적이기 때문에 처음부터 읽기는 어렵다. 『맹자』에는 사람을 감흥시켜 마음을 북돋우는 내용이 있다. 『중용』은 읽기 어려우므로 다른 세 권의 책을 읽은 다음에 보아야 한다."

주자朱子는 『주자어류朱子語類』에서 경전을 올바로 읽어 사물의 이치를 터득할 수 있는 독서법을 개발해 수록했다. 『대학』, 『논어』, 『맹자』, 『중용』으로 구성된 사서를 먼저 읽는데, 반복해서 익숙해질 때까지 읽으라고 했다. 이해하기 쉬운 글부터 읽고, 마음을 깨끗이 한 후에 읽을 것이며 주석보다 경전을 먼저 읽으라고 한다.

이황과 이이의 독서법이 유사할 수밖에 없는 이유가 바로 주자에게서 나온 독서법이기 때문이다. 이 둘뿐만 아니라 조선사회에서 독서법은 대체로 이 틀에서 크게 벗어나지 않는다.

서애西厓 류성룡柳成龍은 『서애집』에 '독서할 때에는 내용을 쉽게 이해할 수 있도록 달아놓은 주석이나 혹은 책을 풀이한 사람이 자신의 뜻을 논리적으로 자세히 밝혀 놓은 해석을 먼저 보아서는 안 된다. 우선 책의 본래 내용을 상세하게 음미하며 자기 나름대로 뜻을 얻을 때까지 기다려라. 그렇게 한 다음 주석과 해석을 참고해 자신이 얻은 새로운 뜻과 비교한다면, 책의 본 내용이 환하게 다가와 주석이나 해석이 자신의 뜻을 가리는 일은 일어나지 않을 것이다. 만약 책의 본 내용에 앞서 주석과 해석을 본다면, 그 내용이 마음에 걸려 자기 나름대로 새로운 뜻을 얻는 일은 결국 실패하고 말 것이다'라고 했다. 서애 또한 주자의 독서법에서 크게 벗어나지 않는다.

주자의 독서법에 매여 있던 조선사회에 다른 방향을 제시한 이들은 조선 후기 실학자들이었다. 조선조 주자학자들의 보편주의적인 학문경향과 대비되는 실천적 학문을 추구했던 실학자들은 관념적 사상체계인 주자학에 너무 집착해 독서범위가 좁아지게 되는 폐단을 비판했다. 북학파의 대표적인 학자인 박지원朴趾源은 '요즈음 부지런히 독서한다는 사람들은 거친 안목으로 내용 없는 글들을 뒤적인다. 이것은 이른바 술찌꺼기를 먹고 취하려는 자들이니 어찌 슬프지 아니한가'라고 개탄했다. 대체로 실학자들은 선비가 독서를 해서 이론을 탐구한 결과가 자기의 입신출세나 명예 같은 자기욕망의 충족에 머물러서는 안 되고 그 혜택이 사해에 미치고 그 공이 만세에 드리워지도록 해야 한다고 생각하였다. 독서를 부지런히 해도 글의 뜻과 이치를 깊이 깨닫지 못하는 것은 바로 과거공부 때문이라는 것이다.

정약용은 '공부하는 사람은 먼저 경전으로 밑바탕을 단단히 다져야 한다. 그 다음 역사책을 두루 읽어 나라가 잘 다스려지는지의 여부를 살피고, 그 이유의 근원을 알아야 한다. 또 반드시 실질에 뜻을 두어서 옛사람들이 나라를 다스리고 세상을 구하였던 글들을 즐겨 읽어야 한다'라고 말했다. 그는 책을 읽을 때에도 백성들에게 어떻게 쓰일 것인지를 먼저 생각하며 읽는다고 했다.

실학자들의 독서관은 인물에 따라 약간의 차이는 보이지만, 대체로 실용적인 측면을 강조한다. 실학자들의 독서관은 당시의 역사적 과제를 실천적으로 해결해야겠다는 문제의식을 가지고 책을 읽어야 한다는 입장이었다. 박지원은 독서의 방법으로 과정을 정해 놓고 집중적이고 체계적으로 읽으라고 했다. 시간만 끄는 것은 좋지 않으며 한꺼번에 많이 읽으려 탐내거나 빨리 읽으려 하지 말라고 한다. 읽을 양을 정해 놓고 날로 미쳐 익히면, 뜻이 정精해지고 의義가 밝아지며, 음音이 농濃해지고 의意가 익혀져서 자연히 외워지게 된다고 했다.

정약용은 훌륭한 독서를 위해서는 책을 읽기 전에 먼저 자기의 문제의식과 주견이 확실히 정해져야 한다고 했다. 그렇지 않으면 책을 읽어도 뜻이 머릿속에 들어오지 않아 아무리 책을 많이 읽어도 소용이 없다는 것이다. 그가 자기 아들에게 보낸 편지 가운데서 '무릇 독서라는 것은 도중에 뜻을 모르는 글자를 만날 때마다 넓게 고찰하고 세밀하게 연구하여 그 근본을 파헤쳐 글의 전체를 설명할 수 있어야 된다'고 했다. 이것은 정독법으로 독서에 임하라는 뜻이다.

독서교육, 사가독서제

우리나라에 독서문화가 본격적으로 자리하게 된 것은 성리학이 유입된 이후이다. 시기상으로는 고려 말 조선 초로, 성리학적 이념으로 학습된 신흥사대부계층이 주도하기 시작했다. 연암燕巖 박지원朴趾源의 표현에 의하면 '독서를 하면 사士요, 정치에 종사하면 대부大夫이다'라고 했다. 사대부들은 독서가 주된 일이었는데, 평소 덕행과 학식을 쌓아놓았다가 그것을 발판으로 정치 일선에 나아가기도 했다. 다른 시대보다 아무래도 유학을 국가이념으로 채택했던 조선사회라 독서문화가 발달할 수밖에 없었을 것이다. 그런 점에서 유가적 교육기관인 서당·서원·향교·성균관 등이 독서문화를 이끄는 역할을 맡았다고 볼 수 있다.

조선 역대의 왕들은 학문을 장려해서 어느 때보다 중국으로부터 많은 서적이 수입되었다. 또한 서적을 들여오는 것에 그치지 않고 국가적인 차원에서 도서편찬사업이 또한 활발히 추진되어 많은 서적이 출판되었다. 민간에서도 개인 문집 등의 수많은 사서들이 간행되었다. 세종 대에 정점을 찍었던 집현전, 성종 대 이후의 홍문관, 정조 대의 규장각 같은 일종의 도서관을 담당하는 곳에서는 많은 문헌을 관리했을 뿐만 아니라 열람까지 하게 해서 독서문화가 한층 꽃 피울 수 있었다. 특히 양반사대부들은 경제적 기반이 갖춰진 상태에서 독서를 통해 유가교양을 쌓아 관직으로 나가는 것을 통과의례처럼 여겼다. 물론 유가의 교육목표인 수기치인修己治人을 위한 독서가 기본이었지만 대체로 그들은 입신양명을 위한 과거공부에 몰두했다. 이러한 점을 조선 중기 이후 실학자들이 비판하기도 했다.

이긍익李肯翊은 『연려실기술練藜室記述』에서 '세종이 처음으로 집현전을 설치하고 나이 젊고 재주 있는 자를 선발하여 휴가를 주어 독서토록 하였다'고 적고 있다. 독서가 개인의 일상이 아닌 국가차원에서 제도적으로 운영하여 인재양성과 미래를 위해 준비한 것이 바로 '사가독서제賜暇讀書制'이다. 이긍익의 말처럼 사가독서제는 세종世宗 때에 인재를 기르고 문풍文風을 떨쳐 일으킬 목적으로 생겼다. 양반관료지식인 가운데에서 총명하고 젊은 문신들을 뽑아 여가를 주고, 국비를 주어 독서에 전념하게 하는 제도였는데, 처음에는 휴가를 받아 집에서 글을 읽는 '재가독서

在家讀書'의 형식이었다.

세종 때에 처음으로 시행된 이 제도는 집에서 하는 독서가 빈번한 교우왕래 등으로 독서에 방해를 받게 되자 조용한 산사에 올라가 공부를 하게 한 것이다. 성종成宗 때에 이르러서는 산속보다 탁 트인 한강변이 나을 거라면서 용산에 용호독서당龍湖讀書堂을 세워 그곳에서 유신·문관들이 독서에만 진념할 수 있게 했다. 용호독서당에 이르러 사가독서제도는 큰 발전을 하게 되었다. 그 뒤 독서당은 정업원淨業院·두모포豆毛浦·한강별영漢江別營 등지로 장소가 바뀌었다. 이 가운데에 특히 두모포, 즉 동호東湖의 독서당이 유명하다.

성종은 독서열이 워낙 강한 왕이었다. 재임 시에 존경각 건립, 서적 편찬, 사가독서제 등을 부활시켜 독서에 힘썼고, 즉위한 그해부터 하루에 세 번씩 경연관에게 경서를 강의하게 할 정도로 독서와 교육에 힘썼다. 또 성리학에 많은 관심을 가져 인재양성을 위해 성균관에 존경각을 세우고 많은 서적을 소장하게 하여 학생들이 학문에 힘쓸 수 있도록 했다. 성종은 백성들에게도 『소학』과 『삼강행실』을 읽도록 했는데, 독서를 통해 풍속과 문교를 잡으려 했던 의도였다. 그리고 홍문관을 설립해서 사가독서제도를 더욱 활발하게 했다. 성종은 사가독서로 재가독서, 공가독서, 산사독서를 실시하다 독서당까지 건립했다.

당시 사가독서자로 선발된 사람들은 당대의 유명한 학자들이었는데 그들은 다른 학자들의 부러움을 살 정도로 대우를 받았다. 인왕산 북쪽과 삼각산 서쪽 사이로 추정되는 사찰인 장의사에서 휴가를 즐기며 독서의 특혜를 누릴 수 있었다. 성종은 그들에게 극진한 예우를 했는데 국가에서 모든 식량을 공급하고, 수시로 독서를 권장할 목적으로 어주를 하사하기도 했다. 물론 상만 있었던 것은 아니었다. 사가독서자들에게 때때로 사람을 보내어 시를 짓게 하고, 책을 많이 읽게 독려하였다. 독서를 많이 한 이에게는 별도로 후하게 포상을 하고, 독서에 마음을 쓰지 않은 이에게는 체벌을 가하였기 때문에 사람들이 스스로 힘을 다해서 공부하지 않은 자가 없었다고 한다.

03

교육을 통한 경력개발

미래 주역을 키우는 교육자의 역할

군사부일체君師父一體라는 말이 있다. 임금과 스승과 아버지의 은혜는 다 같다는 뜻인데, 스승의 중요성을 부각시킬 때 주로 쓰는 말이다. 어떤 스승을 만나느냐에 따라 한 사람의 인생이 달라질 수 있다.

『정관정요貞觀政要』에서 당태종唐太宗은 이렇게 말했다.

“황제黃帝는 대전大顚에게 배웠고, 전욱顓頊은 녹도錄圖에게 공부했으며, 요임금은 윤수尹壽에게 공부했고, 순임금은 무성소務成昭에게 배웠으며, 우임금은 서왕국西王國에게 배웠고, 탕임금은 위자백威子伯에게 배웠고, 문왕은 자기子期에게 배웠으며, 무왕은 괵숙虢叔에게 배웠소. 이전 시대의 성왕들이 이러한 스승을 만나지 못했다면 그들의 공업은 천하에 빛날 수 없었을 것이고, 명예는 역사책에 기록될 수 없었을 것이오.”

역대 군왕들에게 훌륭한 스승이 없었다면 수많은 백성을 잘 관리할 수 없었을 것이라는 말이다. 배움이 있었기에 나라를 태평하게 다스릴 수 있었다. 그런 점에서 군주가 어떤 스승을 만나느냐에 따라 나라의 장래가 달라짐을 강조한다. 성왕成王은 유년 시절에 주공과 소공을 태보台輔:정승로 삼고, 주위에 어진 사람이 많아 좋은 가르침 속에서 인의와 도덕을 높일 수 있었기에 성군이 되었다.

그렇다면 스승과 제자의 잘못된 만남은 없었을까? 그 예는 진秦나라 2대 황제 호해胡亥와 조고趙高에게서 찾아볼 수 있다.

조고는 진나라 환관이자 정치가로 중국 역사상 최악의 환관으로 일컬어진다. 조고는 근면하게 일하고 법률을 잘 아는 것으로 인정받아 시황제始皇帝의 둘째 왕자 호해胡亥의 후견인 역할을 맡았다. 또 시황제에게 그 재능을 인정받아 그의 신변 잡무를 모두 처리하였는데 시황제가 순행 중 갑자기 죽음을 맞게 된다.

원래 시황제에게는 후계자로 내정된 태자 부소扶蘇가 있었다. 그런데 부소는 조고를 평소에 탐탁지 않게 여겼었다. 그래서 조고는 부소가 즉위하면 자신의 권력을 잃게 될까 두려워 함께 있던 승상 이사李斯에게 유서를 조작하자고 설득한다. 이사 역시 진나라가 천하를 통일하는 동안 진시황의 참모로 큰 역할을 한 사람이었지만, 자신의 사상 근원인 법가사상에 충실하고 엄격한 법들의 집행으로 인해서 내외에 적을 많이 있던 상태였다. 또 태자 부소가 이사의 이런 가혹한 법들에 대한 철폐를 진시황에게 간하며 이사의 정책에 정면으로 반감을 표현한 적도 있었다. 그 일로 그는 태자 부소를 몽염蒙恬 장군이 만리장성을 축조하고 있는 곳으로 축출하는 데 앞장섰던 전력이 있어 만일 부소가 즉위하면 자신의 지위를 몽염에게 잃게 될 것이라는 불안감을 가지고 있었다. 그런 불안감을 알고 있었던 조고는 이사를 설득했고, 이사는 그의 말에 넘어가 진시황의 유서를 위조하는 데 가담하게 된다.

결국 조고는 조작한 유서를 증거삼아 호해胡亥를 제위에 올렸고, 황태자였던 부소는 조작된 시황제의 유서를 보고 자결하고 만다. 이후부터 조고는 권력을 농단하기 시작했다. 호해를 왕위에 올린 다음 그의 모든 형제를 죽이고, 모략을 꾸며 몽염 장군과 시황제의 유서를 자기와 같이 조작한 승상 이사를 고문 끝에 반역을 저지르려고 했다는 거짓자백을 받아내어 가족과 함께 숙청하였다. 그리고 시황제의 혈족자와 권력자들을 차례로 암살하였다. 호해는 아무것도 신경 쓰지 않은 채 조고에게 모든 것을 맡기고 사치 향락에만 빠져 있었다.

조고의 전횡은 '지록위마指鹿爲馬'라는 고사성어까지 만들어냈다. 자신의 말이 곧 황제의 말이라고 생각한 그는 자신의 영향력이 조정에서 어느 정도의 힘을 발휘하는지 알고 싶어 했다. 하루는 사슴 한 마리를 황제에게 가져가 말을 한 필 바치겠다고 거짓을 고했다. 그러자 조정 대신들 중에 조고의 거만함을 비판하고 나서는 이들이 있었다. 그러면서 사슴을 사슴이라고 진실을 말하는 편과 조고가 두려워 사슴이 아닌 말馬이라고 거짓을 따르는 편으로 나뉘게 되었다. 그날 밤 조고는 자신의 군부세력을 동원하여 진실을 말한 대신들을 전부 잡아들여 쥐도 새도 모르게 감쪽같이 죽여버렸다.

나중에 승상의 자리에 오른 조고는 마침내 역심을 품고 나라를 좌지우지하며 폭정을 일삼았다. 하지만 그 권력 역시 오래 갈 수 없었다. 나라 안은 진승陳勝과 오광吳廣의 난으로 반란의 불이 붙었던 것이다. 조고는 자신이 보낸 토벌군이 크게 힘을 쓰지 못하자 직접 나서서 함양궁咸陽

宮으로 쳐들어가 허수아비 황제 호해에게 실정失政의 책임을 지고 자결하라 다그치다 자신의 조카를 시켜 호해를 죽이고 만다. 그러고는 부소의 아들인 자영子嬰을 내세워 나라의 안정을 도모하고자 했다. 하지만 자영은 여러 장수를 동원해 조고를 죽일 계획을 세웠고, 즉위식 전에 은밀히 자객들을 보내 조고와 그 가문을 몰살시켰다. 이후, 결국 진나라도 멸망하고 말았다. 호해에게 조고는 스승과 같은 존재였는데, 호해 자신은 물론 통일강국이었던 진나라까지 멸망하게 만든 최악의 스승이 되어버렸던 것이다.

당태종은 예로부터 '제왕의 아들들은 깊은 궁궐 안에서만 성장해 성인이 되어서는 교만하고 사치하며 음탕한 까닭에 멸망할 수밖에 없고, 스스로 구제할 수 있는 자도 적었다'고 했다. 그러면서 자신의 자식들은 엄격하게 교육시켜 모두 안전하게 할 것이라고 했다. 그는 태자들에게 스승보기를 마치 황제를 대하듯이 하라고 일렀다. 태자의 스승이라면 미래 주역을 키우는 일을 맡고 있는 것이니 그 자리의 무게감을 알 수 있다.

군주의 스승으로 표본이 되고 있는 사람은 여럿 있지만 그중에서 『육도六韜』를 쓴 태공망太公望은 스승으로서의 역할을 잘해냈다고 볼 수 있다. 태공망의 본명은 강상姜尙이다. 그의 선조가 여呂나라에 봉해져 여상呂尙이라 불렸고, 태공망이라고 불렸지만 강태공이라는 이름으로 잘 알려져 있는 인물이다.

주나라 문왕文王이 사냥을 나왔다가 낚시질을 하는 여상을 보고 범상치 않은 것을 느껴 대화를 나누어보았다. 그랬더니 그가 상당한 병략가兵略家로 학문도 깊고 덕망 있는 인물임을 알게 되었다. 문왕은 그를 궁궐로 모셔와 스승으로 삼고 '태공망'이라고 부르며 극진히 존경했다. 태공망은 이후 무왕武王을 도와 상商나라 주왕紂王을 멸망시켜 천하를 평정하였으며, 그 공으로 제齊나라 제후에 봉해져 그 시조가 되었다. 그는 권모와 술수보다는 덕을 실천하려 하였고 경제와 부를 키워야 한다고 했다. 이처럼 군주가 인재를 잘 써야 하듯이 스승도 잘 만나야 천하를 평정할 수 있다.

인재양성을 위한 당근과 채찍

"장군이 병사 보기를 어린이같이 하라. 그러면 더불어 위험한 깊은 계곡에도 다다르리라. 병사 보기를 사랑하는 아들처럼 하라. 그러면 더불어 죽음을 불사하리라. 하지만 너무 후대하여 부릴 수가 없고, 너무 사랑하여 명령할 수가 없고, 너무 혼란하여 다스릴 수가 없으면, 비유컨대 교만한 자식과 같이 쓸데가 없어지는 것이다."

〔視卒如嬰兒, 故可與之赴深溪. 視卒如愛子, 故可與之俱死. 厚而不能使, 愛而不能令, 亂而不能治, 譬如驕子, 不可用也.〕

『손자병법孫子兵法』「지형」편에 나오는 말이다. 부모가 자식을 키울 때 잘 자라기를 바라면서 무조건 잘해주기만 하진 않는다. 사랑으로 품어주기도 하고 잘못을 했을 때는 엄하게 꾸짖기도 한다. 군에서 병사들을 이끌려면 자식 대하듯 사랑으로 대해주면서도 한편으로는 엄하기도 해야 한다. 인재를 양성하는 데 있어서도 적절한 격려와 칭찬, 그리고 규율이 필요하다.

손자가 병법에서 으뜸으로 쳤던 것이 바로 덕德이다. 나무가 크면 클수록 큰 그늘이 생겨 많은 사람이 그 아래서 쉴 수 있듯이 덕도 그렇다. 맹자孟子는 '천하에 도道가 있으면 소덕小德이 대덕大德의 부림을 받고, 소현小賢이 대현大賢의 부림을 받는다. 천하에 도가 없으면 작은 나라는 큰 나라에 부림을 받고, 약한 나라는 강한 나라의 부림을 받는다. 이 두 가지는 하늘이다. 하늘을 따르는 자는 살아남고, 하늘을 거스르는 자는 망한다'고 했다. 덕을 베풀면 그 감동과 믿음으로 인재들이 성장한다.

『사기史記』「오기열전」에서 오기吳起에 대한 서술로 그는 '언제나 가장 낮은 병사와 똑같은 옷을 입고 똑같은 음식을 먹었다. 잘 때도 자리를 깔지 않았으며 행군할 때도 마차에 타지 않았다. 그리고 자신의 식량은 직접 가지고 다녔다. 그는 항상 병사들과 함께 있었으며 고락을 같이했다'고 나온다. 그래서 병사들이 아무리 어려운 상황에도 등을 돌리거나 도망치지 않고 오기와 함께했다고 한다.

사람을 부리는 데 있어서 당근과 채찍을 절묘하게 사용했던 이는 바로 조조曹操다. 조조는 삼국지에 나오는 장수들 가운데 병법을 가장 잘 활용했다고 알려져 있다. 필요에 따라서 군량 담당자의 목을 베거나 자신의 머리카락을 잘라 공포심을 조장하는가 하면, 당연히 죄를 물을 것으로 생각한 부하들을 용서하거나 적군의 장수를 측근으로 받아들였다. 또한 신상필벌의 원칙을 철저히 지켰다. 손자병법에서 승리를 거뒀을 때 신속히 상을 주라고 한 말을 수용해 조조는 승리할 때마다 모신謀臣과 장수들에게 대대적인 포상을 했다. 그 포상이 파격적이어서 장수와 모신들은 더욱 감동하며 충성을 바쳤다. 조조는 원소와의 관도대전 때 순욱荀彧의 조언으로 승리를 거두었는데, 그의 공에 보답하기 위해 당시 계급으로 최고의 자리인 삼공의 벼슬에 천거했다. 순욱이 더욱 더 충성한 것은 당연한 결과였다.

잘한 일에는 상을 주어야겠지만, 반대로 잘못을 저질렀을 때는 엄격하게 다스려야 한다. '읍참마속泣斬馬謖'이라는 고사성어는 삼국지에서 제갈공명諸葛孔明이 아끼던 부하 마속을 눈물 흘리며 목을 베었다는 일화에서 생긴 말이다. 아무리 아끼는 부하라도 죄가 있으면 그 죄를 물어야 조직의 기강이 서는 법이다. 누구라도 실수를 할 수 있지만 그 실수가 조직의 근간을 해치는 것이라면 엄격한 잣대를 적용해야 한다.

당근과 채찍이 함께 들어있는 인재양성 프로그램은 '사가독서賜暇讀書'에서 찾아볼 수 있다. 앞에서도 언급했듯이 사가독서는 총명하고 장래성이 있는 젊은 관원에게 휴가를 주고 마음껏 독서에 전념할 수 있도록 하는 제도였다. 세종 때는 6개월 동안 집현전 업무나 조정 행사에 참여하지 않고 조용한 곳에서 독서와 연구에만 몰두하게 했다. 어찌 보면 나라에서 월급을 주며 젊은 관원을 놀게 하는 것처럼 보일 수도 있겠지만 그렇지는 않다. 사가독서에 뽑힌 관원들은 자신이 읽은 책의 권수를 매겨 계절 첫 달에 제출하게 하고, 매달 세 차례 읽은 책의 내용에 대한 논문을 제출해야 하며, 사가독서를 끝마칠 때는 결과물인 월과月課를 제출해야 한다. 과제물에는 성적을 매기고 완성도에 따라 시상을 하기도 했다. 휴가지만 결과물에 대한 부담이 있는 휴가라고 할 수 있다.

성종成宗 이후 조선 최고의 학자만이 오를 수 있는 자리인 '대제학大提學'은 사가독서를 마쳐야 가능했다. 박팽년朴彭年·성삼문成三問·하위지河緯地·이개李塏·신숙주申叔舟·최항崔沆·김수온金守溫·서거정徐居正·김일손金馹孫·조위曺偉·조광조趙光祖·이황李滉·정철鄭澈·류성룡柳成龍·이항복李恒福·이덕형李德馨 등 사가독서제를 거쳐 간 이들 중에는 조선조를 대표하는 학자와 문인들이 많았다. 황석공黃石公은 『삼략三略』에서 이렇게 말했다.

"사람을 쓰는 길은 관작을 주어 이를 존귀하게 해주고, 재물을 주어

이를 넉넉하게 해주면 재주 있는 선비는 스스로 오게 된다. 정중한 예로써 이를 접대하며, 의로써 이를 격려하게 되면 절의 있는 선비는 나를 위해 죽을 힘을 다하게 된다."

〔夫用人之道 : 尊以爵, 贍以財, 則士自來 ; 接以禮, 勵以義, 則士死之.〕

그 분야의 전문가가 필요하다

"전쟁에서 필히 승리한다는 판단을 내린다면 군주가 전투를 하지 말라고 명령해도 필히 전투를 하는 것이 가능하다. 전쟁에서 필히 승리하지 못할 판단이 선다면 군주가 필히 전투를 하라고 명령해도 전투를 하지 않는 것이 가능하다. 고로 장군은 진격할 때 명예를 구하지 않고 후퇴할 때 죄를 회피하지 않는다. 오직 병사들을 보존하는 것에 힘쓰고, 군주의 이익에 부합되는 일에 힘쓰니 국가의 보배가 된다."

〔故戰道必勝, 主曰無戰, 必戰可也. 戰道不勝, 主曰必戰, 無戰可也. 故進不求名 退不避罪, 惟人是保, 而利合於主, 國之寶也.〕

『손자병법孫子兵法』「지형」편에 나오는 말이다. 지형을 이용할 줄 알고서 싸우는 자는 반드시 승리하고, 이를 모르고 싸우는 자는 반드시 패배한다는 의미이다. 즉 장수가 현장에 대해 알지 못하면 곤경에 빠질 수 있다는 의미로 해석할 수 있다.

『사마법司馬法』의 저자인 사마양저司馬穰苴가 안영晏嬰의 추천으로 제경공齊景公 앞에서 나라와 군대를 다스리는 방략에 대해 이야기했다.

"군대에서 장수는 모든 것을 결정해야 하는데, 군주의 명령조차 받지 않을 수 있다고 한 것은 전쟁에 있어서는 장수가 전문가이고, 전체 상황을 파악하고 있기 때문에 긴급한 상황에서는 장수에게 권한을 맡겨야 한다는 취지에서다. 물론 전쟁의 승패에 대해서도 장수가 책임져야 한다."

『한비자韓非子』「외저설좌상」편에 집을 짓는 목수이야기가 나온다.

우경이 새로 집을 짓는데 집이 거의 완성될 무렵, 목수에게 집이 너무 높게 지어졌다고 불만을 토로했다. 그러자 목수가 지금은 새집이라 높을 수밖에 없다면서 흙이 마르고 나무가 말라 줄어들면 집은 낮아질 거라고 했다. 하지만 우경은 축축한 흙은 무거운 법이며, 생나무는 굽는 법이라 굽은 기둥으로 무거운 흙을 지탱하고 있으니 지금이 더 나지막한 상태라고 주장했다. 그러면서 머지않아 해가 뜨고 날씨가 가물게 되면 흙도 마르고, 기둥도 마르게 되는데, 흙이 마르면 가벼워지고 기둥이 마르면 곧게 서서 반듯해진 기둥이 가벼운 흙을 지탱하게 되면 집은 더욱 높아질 것이라고 했다. 목수는 하는 수 없이 우경의 요구대로 손질을 하였더니 마침내 집이 무너지고 말았다는 이야기다.

집을 짓는 데는 목수가 전문가이고 활을 만드는 데는 활 만드는 장인이 전문가이다. 전문가의 말을 들어야 집이 제대로 지어지는 법이다. 아무리 집주인이라도 집짓는 일을 모르면 집을 지을 수 없다.

중국 역사상 최초의 전문 인재라면 아마도 하우夏禹가 아닐까 싶다. 그는 기원전 2천 년 무렵 하夏 부락의 추장이었다. 중국에는 '대우치수大禹治水'라는 전설이 있다. 하우가 물을 다스리다는 뜻으로 이 전설의 주인공이 바로 하우이다. 4천 년 전 황하에는 항상 홍수가 발생했는데 당시의 지도자인 하우가 사람들을 거느리고 13년 동안 열심히 노력해서 마침내 홍수가 나지 않고 물길을 바다로 흘러들어가도록 만들었다는 전설적인 이야기다.

그의 전문적 역량이 가장 집중적으로 실현된 분야가 수해를 다스리는 '치수'였다. 그의 아버지 곤鯀 역시 치수를 담당했는데, 요堯 임금 때 치수에 오래 매달렸지만 아버지는 결국 실패하고 말았었다. 순舜 임금이 즉위하면서 여전히 홍수 문제로 골치를 앓다가 하우에게 치수를 맡겼다. 그는 이전 공공의 치수와 아버지 곤의 치수가 남긴 교훈을 바탕으로, 앞선 이들이 성공하지 못한 주요 원인이 물의 흐름이라는 자연스러운 원칙에 따라 물길을 이끌지 않고, 그저 높은 제방만 쌓아 막는 방법을 취했다는 것을 발견했다. 그는 치수방법을 바꾸어 물길을 대대적으로 소통시켜 시원스럽게 흘러가게 하는 방법을 취했다. 하우는 치수를 지휘하면서 자신이 직접 치수에 필요한 장비를 들고 노동에 참여하여 치수에 동원된 사람들에게 시범을 보였다.

치수를 명령받은 뒤로 그는 한결같은 자세로 10여 년을 보냈다. 그 힘겨운 치수사업 동안 그는 세 번 자신의 집 앞을 지나갔는데 한 번도 집에 들르지 않았다고 한다. 치수라는 일에 얼마나 열심히 매달렸던지 정강이 털이 다 닳아 다시는 나지 않았다는 이야기가 전할 정도였다. 그의 치수사업은 단순히 물길을 잡는 것만이 아니라 농사와도 긴밀하게 관련이 있어 나라를 이롭게 다스린다는 종합적 차원에서 진행된 일이었다. 이는 나라를 다스리고 백성을 보살핌으로써 강국으로 나아가는 큰 방략方略이었다. 이후 그가 진행하는 치수에 참여하는 부락이 갈수록 늘어났고, 그에 따라 하우의 명성도 높아져만 갔다. 많은 부락이 한결같이 그의 명령을 받들어 치수에 뛰어들었고 그의 공로는 천하에 두루 미쳤다.

『사기史記』「하본기」에 순 임금이 하우를 하늘에 추천하고 후계자로 삼았다는 내용이 나온다. 선양禪讓의 전통에 따라 그에게 천자 자리를 양보한 다음 순 임금은 더 이상 정치에 간여하지 않았다고 한다. 하우는 엄청난 홍수에서 백성들을 구한 '대우大禹'가 되었고, 순 임금에게 자리를 양보받아 마침내 천자가 되어 하夏 왕조를 열게 되었다.

종이 위에만 있는 인재는 필요 없다

『한비자韓非子』「유로」편에 책을 짊어지고 다녔던 왕수라는 인물이야기가 나온다. 어디를 가나 책을 짊어지고 다니는 그에게 주나라 은자인 서빙이 이렇게 조언했다.

"일이란 변화에 따라서 대처해야 하는 것으로, 반드시 해야 될 일도 그 때마다 다른 것이다. 때를 아는 자는 일정한 고집을 내세우지 않고 임기응변으로 처리한다. 또한 책이란 옛 사람의 말을 담고 있는 것인데, 그 말은 지知에서 비롯된 것으로 지자知者는 책을 간직할 필요가 없다. 그런데 그대는 왜 굳이 책을 짊어지고 다니는가?"

왕수는 그 말에 깨달음을 얻고 즉시 책을 불태워 버렸다. 한비자는 '지자는 말로 사람을 가르치지 않고, 현자는 책을 상자 속에 보관하지 않는다. 그런 일을 세상 사람들은 지나치지만 왕수는 바른길로 다시 돌아간 셈이니 책에 의해서 배우지 않는다는 사실을 배운 것이 된다'고 했다. 세상 일은 모두 책으로만 배우는 것이 아니다. 오히려 책에 나온 대로만 하다가는 낭패를 당할 수가 있다. 바로 조괄趙括이 그런 인물이다.

조趙나라에 명장이었던 조사趙奢의 아들 조괄趙括이라는 인물이 있었다. 그는 명장인 아버지로부터 병법을 전수받아 열심히 공부했지만 실전에 대한 경험은 없었다. 어릴 적부터 병법을 배워 군사에 대해 말하자면 이 세상에서 자기를 당할 자가 없다고 늘 자부했다. 아버지 조사와 함께 군사에 대해서 토론한 적이 있었는데, 조사는 아들을 당해 낼 수가 없었지만 아들이 잘한다고 하지는 않았다. 오히려 '전쟁이란 목숨을 거는 일이다. 그런데 괄은 전쟁을 너무 쉽게 말한다. 조나라가 괄을 장군으로 삼는다면 군대는 파멸할 것이다'라는 걱정의 말을 남겼다고 한다.

한편, 진秦나라 소양왕은 장수 백기白起를 한나라로 진격시켜 조나라까지 얻으려고 했다. 하지만 조나라에는 유명한 염파 장군이 있어 진나라도 어찌할 수가 없었다. 진나라 왕은 왕흘王齕을 백기 대신 보내고 반간계를 이용해 염파 대신에 조괄을 이끌어내고자 했다. 조나라 왕은 병법 이론에 뛰어난 조괄을 불러 진나라 군을 막을 수 있는지 물었고, 조괄은 진나라 대장군 백기는 막아내기 좀 어렵겠지만 왕흘은 얼마든지 막아낼 수 있다고 큰소리쳤다. 왕은 매우 흡족해하며 바로 조괄을 대장군으로 임명했다. 이를 알고 인상여가 반대했지만 왕은 그 충고를 듣지 않았다. 게다가 조괄의 어머니마저도 왕에게 자기 아들을 염파 대신 대장군으로 보내는 것에 반대하는 상주서를 올렸다.

"조괄의 아버지가 살아생전에 제게 여러 번 당부했습니다. 조괄은 전쟁을 아이들 장난처럼 가볍게 여기니 이는 상당히 위험한 것이라고 말입니다. 아들을 대장군으로 삼았다가는 조나라를 망치기 십상이니 앞으로 조괄을 중용하지 않도록 해달라고 당부했습니다. 그러니 절대로 조괄을 대장군으로 세우지 말아주십시오."

조괄 어머니의 간청에도 왕은 뜻을 굽히지 않았다. 진나라는 비밀리에 백기를 보내어 왕흘 대신 상장군이 되어 진나라군을 통솔하게 했다. 백기는 군대를 매복시켜 놓고 일부러 전투에서 여러 번 패했다. 조괄은 그것이 백기의 계책인 줄도 모르고 미련하게 진나라군을 필사적으로 추격했다. 그러다 염파가 견지했던 수성守城 전략을 버리고 대거 공격에 나섰다가 진나라의 장수 백기白起에게 포위되어 탈출을 시도하다 결국 전사하고 말았다. 그때 조나라의 군사 40여만 명도 포로가 되어 하룻밤에 다 묻히는 죽임을 당했다.

이후 조괄은 '지상담병紙上談兵', 즉 종이 위에서 병법을 논한다는 뜻의 고사를 남긴 인물이 되고 말았다. 조나라의 병사 40여만 명의 목숨을 잃게 한 조나라 장군 조괄의 이야기는 전쟁에서 이론적 지식이 통하지 않음을 여실히 보여준다 할 수 있겠다. 아무리 뛰어난 이론이라도 현장에서 급박하게 변동하는 모든 술수와 기만책을 따라잡을 수는 없다. 많은 경험과 신중한 정세 분석, 전쟁을 대하는 진지한 태도 이 모두를 겸비해서 대응해야 한다.

'백면서생白面書生'이란 희고 고운 얼굴에 글만 읽는 사람이란 뜻으로, 세상일에 조금도 경험이 없는 사람을 말한다. 『송서宋書』「심경지전沈慶之傳」에 나오는 말이다.

남북조시대 송宋나라 문제文帝는 국경을 맞댄 북위北魏가 허술해진 틈을 보고 정벌할 수 있는 좋은 기회라고 생각하여 권신들을 소집했다. 권신들 대부분은 문신들이었는데, 적의 상태를 잘 알지도 못하면서 문제의 의견에 동의했다. 그때 교위 심경지沈慶之가 문제에게 간했다.

"밭가는 일은 농부들이 가장 잘 알고 길쌈질은 하녀들에게 물어야 합니다. 그런데 적국을 치는 중차대한 일을 전쟁터에는 나가본 적도 없고 희고 고운 얼굴에 오로지 글만 읽은 풋내기들과 그 일을 도모하신다면 어떻게 성공을 기약할 수 있겠습니까?"

그러나 송나라 문제는 그의 간언을 무시하고 북위를 치러 나갔다가 황하에서 기다리고 있던 북위군에게 대패해 쫓겨 오고 말았다는 일화에서 생긴 말이다.

『한비자』「외저설좌하」편에는 조나라 양거의 이야기가 나온다.

양거가 처음으로 업의 현령이 되었을 때 누이가 찾아왔다. 그런데 해가 이미 저물어서 성문이 닫힌 상태였다. 누이는 할 수 없이 담을 넘어 들어가게 되었다. 양거는 법에 따라 담을 넘어 온 누이의 발을 베는 형벌을 시행했다. 조나라 성후가 이 이야기를 듣고 양거를 무자비한 사람이라 하여 그 관인을 뺏고 현령의 지위를 거두어들였다. 그의 고지식이 누이의 발을 자르게 했지만, 그대로 두었다가는 백성들의 발을 베는 일이 생길지도 모르기에 그의 지위를 거둔 것이 아니겠는가.

실천을 위한 배움

"책을 읽어도 성현을 보지 못한다면 글이나 베껴 주는 사람이 될 것이고, 벼슬자리에 있으면서도 백성을 자식 같이 사랑하지 못한다면 관을 쓴 도둑이 될 것이고, 학문을 강론하면서도 몸소 실천하지 못한다면 구두선口頭禪이 될 것이고, 사업을 세우고도 덕을 심는 것을 생각하지 않는다면 눈앞에 피었다지는 꽃이 되고 말리라."

〔讀書, 不見聖賢, 爲鉛槧傭. 居官, 不愛子民, 爲衣冠盜. 講學, 不尙躬行, 爲口頭禪. 立業, 不思種德, 爲眼前花.〕

『채근담菜根譚』에 나오는 말이다. 실천이 없는 배움은 허상에 불과하다는 말이다. 누구보다 실천을 강조해온 이는 공자孔子이다. 『사기史記』「중니제자열전」에는 공자의 제자들이 나온다. 그 중에 자사子思인 원헌原憲은 공자에게 수치스러운 것이 무엇인지 물었다. 공자는 '나라에 도가 있는데 하는 일 없이 녹을 받아먹고, 나라에 도가 없는데도 벼슬에 연연해 녹을 받아먹는 것'이 수치라고 했다. 그러자 자사는 '남을 이기려 하지 않고, 자신의 공로를 자랑하지 않고, 남을 원망하지 않고, 탐욕을 부리지 않는다면 어질다'고 할 수 있는지 물었다. 공자는 그렇게 하는 일은 어려운 일이지만 그것이 어진 일인지는 모르겠다고 했다.

공자가 세상을 떠난 후에 자사는 세상을 등지고 시골에 가서 은거하고 있을 때였다. 어느 날 위衛나라의 재상으로 있던 자공子貢이 네 필의 말이 끄는 마차를 타고 호위병과 함께 자사를 찾아왔다. 자사는 낡은 의복을 단정히 입고 맞이하였다. 그 모습을 본 자공은 그의 초라한 행색과 메마른 얼굴을 보고 안타깝게 여기며 어쩌다 병이 들었는지 물었다.

"재물이 없는 것을 가난하다고 하고, 도를 배웠으되 능히 실행하지 못하는 것을 병들었다고 합니다. 저는 비록 가난하지만 병들지는 않았습니다."

당당하게 대답하는 자사의 말에 부끄러워진 쪽은 자공이었다. 자공은 자사와 헤어진 뒤에도 평생토록 이날의 실수를 부끄럽게 여겼다고 한다. 자사나 자공이나 공자의 제자답다. 공자의 가르침에 어질게 살기 위해 탐욕을 부리지 않고 은거하며 살았던 자사나, 그런 자사의 모습에서 부끄러움을 느낄 줄 알았던 자공, 배움보다 중요한 것이 실천임을 말해준다.

제齊나라 관중管仲은 국가의 네 가지 근본을 예의염치禮儀廉恥라 했다. 일상생활에서 법도를 넘지 말아야 할 '예禮', 스스로 나서지 않는 '의義', 청렴淸廉하고 수치羞恥를 아는 마음이다. 공자도 염치를 중요하게 여겼는데, 『중용』편에서는 인간에게 부끄러운 마음 즉, 수오지심羞惡至心이 없다면 사람이 아니라고 했다. 수치를 수치로 알지 못하거나 염치를 모르는 것을 파렴치破廉恥라고 한다. 이 중 한 가지가 없으면 나라가 기울고, 두 가지가 없으면 위험에 빠지며, 세 가지가 없으면 근간이 뒤집히고, 네 가지 모두를 잃으면 나라가 망한다고 했다.

우리가 배우는 것은 실천을 바탕으로 한다. 실천이 없는 배움은 염치를 모르는 것과 같다. 공자가 말하는 배움도 단순히 책을 읽어 익히는 새로운 지식만을 의미하지 않고 인과 의가 바탕이 되는 삶을 살라는 것이다. 공자의 배움에서 중요한 것은 무엇을 아는 것이 아니라 그것을 실천하는 능력이다.

『한비자韓非子』는 「오두」편에서 집집마다 상앙商鞅이나 관중의 법령 서적을 간수하고 있으면서도 나라가 더욱 가난한 것은 농경에 관해서 평론하는 자는 많지만 자진하여 괭이를 들고 농사를 짓는 자가 없기 때문이라고 지적했다. 그리고 집집마다 손자나 오자의 병법서를 간수하고 있으면서도 군대가 더욱 약화되어 가고 있는 것은 전쟁을 평론하는 자는 많지만 투구를 쓰고 전투에 나서는 자가 적기 때문이라고 했다.

그래서 한비자는 '지식에 전념하는 자가 많아지면 법이 타락하고, 노동을 하지 않는 자가 많아지면 나라가 가난해진다'고 했다. 현명한 군주의 나라에서는 의논하는 자는 언제나 법에 따르며 행동은 공을 세울 것을 목표로 하고, 용기 있는 자는 군사에 전력하게 되어 국가가 부강해지고 군사력은 강화된다고 했다.

04

조직개발을 통한 인재개발

인재양성소를 꾸리다

인재를 구하는 것도 중요하지만 인재를 양성하는 일 역시 간과할 수 없다. 인재를 양성하기 위해서는 양성시스템인 교육기관이 필요하다.

최초의 공교육기관은 고구려시대 때부터 시작되었다. 소수림왕小獸林王 2년372년에 '태학太學'이 설립되었는데, 주로 귀족층 자녀들에게 유학과 역사를 가르쳐 관리로 육성하려는 목적을 가지고 있었다. 고구려에는 평민들을 위한 '경당扃堂'이라는 사학기관에서 유교경전을 가르쳤다. 이 경당의 뒤를 이어 고려와 조선시대에 서당이 생겨났다. 삼국을 이은 고려의 국자감, 조선의 성균관은 고급관리 양성과 유학 연구를 위한 공교육 기관이었다.

특히 신라에는 '국학'이라는 기관이 있어 공교육을 담당하고 인재양성 제도인 화랑花郞제도가 통일 신라를 이루는 기반으로 큰 역할을 했다. 신라는 삼국 중에서 가장 약소국이었지만 화랑제도를 통한 인재양성으로 부국강병을 이끌었다. 화랑은 처음에는 청소년 중심의 수양단체였지만 후에는 국가에 필요한 인재를 양성하기 위한 목적으로 전환되었다. 삼국통일의 주역인 태종무열왕太宗武烈王 김춘추金春秋, 김유신金庾信, 김유신의 아들 김원술金元述, 신라의 고승 원효元曉, 황산벌 싸움의 관창官昌, 반굴盤屈 등이 모두 화랑 출신이다.

화랑도는 신라의 국력이 신장되고 삼국통일 준비기에 해당하던 시기에 제정되어 교육적인 성격과 기능을 갖추고 출발하였다. 『삼국사기三國史記』에 '신라인은 사람들을 알아볼 길이 없음을 근심하여, 같은 부류의 사람들을 무리 지어 놀게 하고 그 행의와 의리를 본 다음에 등용하려 하였다면서 그 그릇됨(邪)과 올바름(正)을 알아 뽑아서 조정에 천거하였다'는 화랑도에 대한 기록이 있다.

『삼국유사三國遺事』에도 '왕은 또한 나라를 일으키고자 하면 반드시 풍월도風月道를 먼저 일으켜야 한다고 생각하여 다시 명령을 내려 좋은 집안의 남자로 덕행 있는 자를 뽑았다'는 내용이 전한다. 조선시대 실학자인 안정복安鼎福은 『동사강목東史綱目』에서 신라는 학교 제도가 없었기 때문에 화랑제도로써 인재등용법으로 삼았다고 하였다. 기록에서 알 수 있듯이 화랑도는 당초 그 제정 목적이 진흥왕 이후 국가에서 필요한 인재를 얻기 위함이었다는 것을 알 수 있다. 그렇다면 어떤 기준으로 화랑도를 선발했을까?

최남선崔南善의 「조선상식문답」에 화랑도를 '귀인貴人의 도련님 가운데서 형상形相이 아름답고 총혜聰慧가 뛰어난 사람을 골라서 신인神人의 표상表象을 삼고, 이를 중심으로 강고强固한 교단敎團을 조직하여 국민 도덕의 연마와 국풍國風 가악歌樂의 숭상과 국토 순례의 수행을 면려勉勵하는 중에 그 인격과 수완이 드러남을 기다려서 그를 국가의 중요한 지위에 등용하는 제도'라고 설명하고 있다. 이것은 귀족출신의 외양이 잘생기고 품행이 곧은 남자를 뽑았다는 것을 알 수 있다.

화랑도는 국가를 위하고, 벗을 위하여 죽으며, 대의大義를 존중하여 의에 어긋나는 일은 죽음으로써 항거하고, 병석에서 죽는 것을 꺼리고 국가를 위하여 용감히 싸우다가 전사함을 기렸다. 또한 오직 전진이 있을 뿐 물러섬을 부끄럽게 여겨 적에 패하면 자결할지언정 포로가 됨을 수치로 아는 등의 독특한 기질과 기풍을 연마하고 함양했다. 원광법사圓光法師가 귀산貴山·취항箒項 두 화랑에게 주었다는 사군이충事君以忠·사친이효事親以孝·교우이신交友以信·임전무퇴臨戰無退·살생유택殺生有擇의 세속오계世俗五戒는 화랑의 정신적 바탕을 이루었다.

화랑의 기풍은 당시 신라의 종교적 정신세계가 받쳐주었다. 최치원崔致遠의 난랑비 서문鸞郎碑序文에 '우리나라에는 현묘玄妙한 도道가 있다. 이를 풍류風流라 하는데 이는 삼교三敎:儒敎·仙敎·佛敎를 포함한 것으로 모든 민중과 접촉하여 이를 교화하였다. 그들은 부모에게 효도하고 나라에 충성을 다하니 이는 공자孔子의 가르침이며〔儒敎〕, 모든 일을 거리낌 없이 처리하고, 말을 아니 하면서 일을 실행하는 것은 노자老子의 가르침이며〔仙敎〕, 모든 악한 일을 행하지 않고, 착한 행실만 신봉하여 행하는 것은 석가釋迦의 교화〔佛敎〕'라 하였다. 결국 화랑도는 전래의 청소년 연령급단 조직에 통일전쟁을 위한 현실적 국가주의와 유불선의 보편적 정신세계가 결합된 것이다. 그 바탕 속에서 건전한 청소년을 양성함으로써 신라의 삼국통일에 필요한 많은 인재를 배출할 수 있었다.

고려시대에는 인재등용의 창구가 될 수 있었던 보문각·수문전·집현전이 있었는데 오히려 조선에 이르러 제 기능을 다했다. 세종世宗 2년에 종래의 제도상으로는 명칭만 있었던 보문각과 수문전을 없애고 집현전만 궁중에 두어 학문의 관서로 활용했다. 집현전은 고금의 경적을 비치하고 경사를 강독케 하기 위해 궁중에 설치한 관청으로 일종의 학문연구기관이었다. 집현전의 설치 목적은 유교를 정치의 근본으로 삼아 왕도정치를 이룩하는 데 있어 학문적 뒷받침이 될 수 있는 중추적 기관으로 삼으려 했다.

우리나라 역사상 최고의 문예부흥기를 주도한 세종대왕, 그리고 그를 도왔던 인재들의 집합체였던 집현전 학사들, 그들은 스스로를 조선왕조의 두뇌역할로 인식했다. 인재마다 전문적인 분야가 달랐는데, 그들은 10년 이상 함께 지내면서 긴밀한 토론과 자연스런 교제를 거쳐 서로의 연구에 자극과 도움을 주고받을 수 있었다.

집현전은 국내외 문헌들의 총집결처인 도서관의 역할을 하고 있어 방대한 자료를 손쉽게 찾아볼 수 있도록 분류하는 나름의 방법이 개발되어 신속한 정보 습득이 가능한 곳이었다. 왕을 위한 경연과 서연, 외교문서 작성, 과거시험관, 제도연구 및 학술출판, 세자교육과 업무지원 등 다양한 역할을 했다. 세종 때 집현전에서 편찬한 책은 역사·지리·문화·예의·종교·의학·가곡 등 전 분야를 망라한다.

책문에서 배우다

인재등용의 정석이었던 조선시대의 과거시험은 알성시謁聖試처럼 하루에 치르는 시험을 빼고는, 식년시式年試나 별시別試의 최종시험에서는 반드시 책문策問을 지어야 한다. 선발에서는 대과의 초시와 복시를 거쳐서 수많은 인재들 가운데 단 33명이 뽑힌다. 그리고 책문을 거쳐 등수가 결정된다. 왕 앞에서 치르는 최종 시험인 전시殿試가 바로 책문이다. 원칙적으로 대책對策·표表·부賦 등 열 과목 가운데 한 편을 제출하게 되어 있지만, 실제로는 대책이 가장 많이 출제된다.

부賦는 한문학의 한 장르로서 문채文彩를 펼쳐서 문장을 아름답게 엮고, 사물을 체득하고 관찰해서 감정과 사상을 표현한 것으로, 산문의 서술기법과 구성방식, 운문 시가의 성률과 리듬을 결합한 양식이다. 표表는 한문 문체의 하나로, 주소奏疏에 속하는 것으로 장章과 함께 임금에게 사리事理를 밝혀 올리는 글을 말한다. 시사적인 일을 논하거나 간언할 때, 남을 추천할 때, 특별한 공을 세웠을 때, 탄핵할 때도 쓰인다. 형식을 중시하는 문체이지만 삼국三國 촉蜀나라 제갈량諸葛亮의 『출사표出師表』, 진晉나라 이밀李密의 『진정표陳情表』 등은 탁월한 내용으로 유명하다. 대책對策은 과거 응시자가 왕이나 황제의 물음에 대답한, 치국治國에 관한 책략을 말한다.

책문은 원래 한무제漢武帝 때 지방수령들이 추천으로 뽑힌 인재를 등용하려고 대책을 물은 데서 유래했다고 한다. 한무제는 두 차례에 걸쳐서 지방수령들에게 조서를 내려 품행이 반듯하고〔方正〕 덕행이 있으며, 어질고〔賢良〕 문장과 경전에 밝고〔文學〕, 재능이 뛰어난〔材力〕 선비를 추천하라고 했다. 이렇게 추천된 사람들은 진급의 단계를 거치지 않고 곧바로 능력에 맞게 등용했다. 이들 가운데 동중서董仲舒:기원전 170~120년가 있었는데, 그는 세 차례에 걸쳐서 『춘추』의 의리義理를 주제로 「현량대책賢良對策」을 올렸다.

책문은 임금의 주도로 정치 현안의 문제를 묻고 대답하는 글로, 책문에 임하는 수험생이라면 그 시대 가장 중요한 일인 시무時務를 제시하는 것이 핵심이었다. 국가 정책에 관한 문제가 많을 수밖에 없었는데 정치적인 답변이 그 해결책으로 제시되었다.

책문을 잘 쓰려면 어떻게 해야 했을까? 책문은 세상을 보는 안목과 제반 사회문제에 대한 해결방안을 제시할 수 있는 학문의 깊이가 요구되었다. 임금은 책문을 쓸 이들에게 '이 세상이 어떻게 되어야 하는가, 앞으로 사람들은 어떻게 살아야 하는가, 나라는 어떤 방향으로 나아가야 하는가, 사회의 폐단과 부조리를 어떻게 고쳐야 하는가' 등의 질문으로 그들의 포부를 물었다고 한다.

『세종실록』에도 책문策問에 대한 내용이 나온다. 1431년 3월 12일 중부교수관中部敎授官 정종본鄭宗本이 상서上書하기를 '삼략경의三略經義는 5경五經에 근본을 둔 것이요, 책문은 정치의 근본과 득실에 통달하여야 하며, 표장表章은 사대事大에 쓰는 것이오니 참으로 선유先儒들이 이른바 그대로 문文이란 도道를 관통하는 그릇입니다. 국가에서 이 세 가지 과목을 합쳐서 문과에 응시하는 선비를 선발하고 있사오니 이 세 가지를 나누어서 생원을 선발하여도 좋을 것이오니, 경의經義에 합격한 자 1백 명, 책문에 합격한 자 1백 명, 표장에 합격한 자 1백 명을 선발하소서'라고 하였다.

또 『세조실록』에는 1457년 1월 25일 세조가 성균관成均館에 나아가서 문묘文廟에 전알展謁하고, 명륜당明倫堂에 나아가 시학視學하고 책문策問을 내어 여러 유생儒生을 시험했다는 내용이 나온다. 세조는 그 책문策問에 '내가 거진巨鎭을 서북방西北方의 요해처要害處에 설치하려고 하는데, 어찌하면 적당하겠는가? 저폐楮幣의 사용은 어찌하면 좋겠는가? 그것을 모두 진술陳述하라'고 하였다. 그리고 의정부 우찬성議政府右贊成 신숙주申叔舟·

이조 판서吏曹判書 권남權擥·예문관 제학藝文館提學 김말金末을 독권관讀券官으로 삼고, 동부승지同副承旨 김질金礩·예조 참의禮曹參議 이극배李克培·예조 정랑禮曹正郞 이계전李季專을 대독관對讀官으로 삼았다고 한다.

중종中宗 때는 문과시험에서 '처음부터 끝까지 잘하는 정치란 어떤 것을 말함인가?'라는 질문에 1507년중종 2 증광문과에 병과로 급제했던 권벌權橃은 '군주는 마음이 싹트기 전에는 간직하고 기르며, 싹텄을 때는 반성하고 살펴, 사물과 몸에 예속되지 말아야 합니다. 쉬울 때 어려움을 생각하고 작은 일에서 큰일을 이루어야 합니다. 시작할 때는 마칠 때를 생각하고, 시작을 했으면 끝마무리를 잘해야 합니다'라며 개혁을 할 것이면 확실히 해야 한다는 직간 같은 답변을 제출했다.

그리고 '여러 유생은 공자에 대해 공부했으므로 모두 지금의 임금과 백성을 요순시대의 임금과 백성같이 만들려는 뜻이 있을 테니, 공적을 이루는 데 그치지 않을 것이다. 지금과 같은 때를 맞아 옛날의 융성했던 정치에 이르려고 하면 어떤 것에 먼저 힘을 써야 하는지 모두 말하여 보라'는 중종의 책문에 조광조趙光祖는 진실로 '도를 밝히는 것'과 '홀로 있을 때에 삼가는 것'으로 마음을 다스리는 요점을 삼고, 조정의 위에서 그 도를 세우면 어렵게 기강을 세우려 하지 않아도 세워지고, 힘들게 법도를 어렵게 정하려 하지 않아도 정해질 것이라는 요지의 대책을 올렸다.

책문 중에 가장 눈에 띄는 것은 광해군光海君 때의 문신 임숙영任叔英의 대책이다. 광해군이 지금 가장 시급한 나랏일이 무엇인지 묻자, 임숙영은 '조상이 물려준 자리를 잘 지키지 못하고, 조상이 물려준 나라를 잘 다스리지 못하시니, 전하께서는 애초에 그 자리에 임해서는 안 되는 것이었습니다'라고 답했고, 대동법 시행에 대한 광해군의 질문에는 동문서답으로 모두 광해군에게 잘못이 있다고 적어 제출했다. 그는 척신들의 무도함을 공박하는 대책문對策文을 써서 급제했는데, 이를 본 광해군이 크게 노하여 급제자 명단에서 삭제하도록 명하였다. 이를 두고 여러 달 동안 삼사三司가 간쟁하고 영의정 이항복李恒福이 주장하여 다시 급제자가 되었다.

시대는 바뀌어도 시대마다 갖고 있는 문제들은 크게 다를 바가 없다. 인재등용문인 조선의 과거시험에서 역사 속의 인재들이 제시한 문제점의 해결을 위한 책문은 현실정치에 첫발을 내딛는 신진들이라 그런지 날카로우면서도 신선한 맛이 있었다. 그것이 책문이 가지는 매력이라면 오늘날의 면접에서도 쓰임이 있으리라 본다.

숨은 인재를 찾아라

예전 우리나라는 교육기관까지 설립해서 인재양성에 정성을 기울였다. 그런데 근대 이전의 중국의 경우엔 인재양성에 그다지 힘을 쓰지 않았다. 왜냐하면 중국은 인구가 많다 보니 인재들이 넘쳐났고, 인재란 기르는 것이 아니라 스스로 길러지는 것이라고 믿었기 때문이다. 오히려 유능한 리더란 인재들을 찾아내 적재적소에 배치해서 적절히 활용할 줄 아는 이였다. 중국에서 숨은 인재를 찾는 역사는 아주 오래 되었다. 앞서도 언급했던 강태공姜太公이 대표적 인물이다. 앞서는 주문왕周文王의 입장에서 강태공 여상呂尙을 스승으로 맞이하는 이야기를 언급했다. 이번에는 여상의 입장에서 본 『사기史記』「제태공세가」 편의 일화를 소개한다.

여상은 나이가 70세에 이르도록 알아주는 사람을 만나지 못해 오직 글공부만 열심히 했다. '도광양회韜光養晦'라는 말이 있다. 칼날의 빛을 칼집에 감추고 어둠 속에서 힘을 기른다는 뜻으로, 『삼국지연의』에서 유비가 조조의 식객으로 있으면서 자신의 재능을 숨기고 은밀히 힘을 기른 것에서 나온 말이다. 자신의 재능이나 명성을 드러내지 않고 참고 기다리면서 더욱더 절차탁마切磋琢磨한다는 의미로 볼 수 있는데 강태공이 그랬다.

그가 도광양회하며 때를 기다리고 있는 줄 몰랐던 그의 아내는 글공부만 하는 무능한 남편을 힘겹게 먹여 살릴 수밖에 없었다. 하루는 그의 아내가 일을 나가면서 멍석에 깔아놓은 보리를 비 맞지 않게 하라고 당부했다. 그런데 여상은 방 안에서 공부에 열중하느라 소나기가 쏟아지는 것도 모르고 있었다. 여상의 아내가 일을 마치고 돌아왔을 때는 이미 멍석에 널어놓은 보리가 거의 물에 떠내려간 상태였다. 화가 난 아내는 방문을 박차고 나가버렸다. 그러자 여상은 이제 80세가 되면 운이 트이는데 그것을 못 참고 떠나가다니 하며 안타깝게 탄식했다.

혼자가 된 여상은 위수의 강가에 집을 옮겨 반계磻溪라는 곳에서 매일 낚시를 했다. 애초에 물고기를 잡을 생각은 없었기에 미끼는 끼우지도 않은 채 곧은 낚싯바늘만 물에 드리우고 있었다. 자신을 알아줄 군주가 오기만을 기다렸던 것이다. 그때 주문왕은 천제天帝가 나타나 현인을 보내줄 것이라는 꿈을 꾸었다. 주문왕이 곧 사람들을 시켜 꿈속에서 본 현인을 찾게 했으나 도무지 찾을 길이 없었다. 이에 점복을 관장하는 태사太史를 불러 점을 치게 했더니 사냥할 것은 용도 이무기도 아니고, 호랑이나 큰 곰도 아니고, 패왕의 보필이 될 사람이라는 점괘를 냈다. 그리고 위수渭水 근처로 사냥을 나가면 반드시 현인을 만날 것이라고 일러주었다.

주문왕이 사냥을 나갔다가 위수 북쪽으로 나아가 반계에서 낚시를 하고 있던 여상을 보게 되었다. 가까이 다가간 주문왕은 천하의 정세에 관해 몇 마디 대화를 나누었다. 여상의 대답에는 막힘이 없었다. 『육도』의 첫 편인 「문사文師」가 그 내용이다. 주문왕은 그와 수레를 함께 타고 돌아와 국사國師로 모셨다. 이후 주문왕의 조상인 고공단보古公亶父 태공이 간절히 바라던 인물이라는 뜻으로 후대인들은 여상을 태공망太公望으로 칭했다.

중국 전국시대에 '전국사공자戰國四公子'가 있었다. 제齊의 맹상군孟嘗君, 조趙의 평원군平原君, 위魏의 신릉군信陵君, 초楚의 춘신군春申君 등 네 명의 인물을 일컫는다. 이들은 모두 각자의 나라에서 인재를 키우는 데 힘쓰던 사람들이다. 이들은 막대한 재력을 바탕으로 수천 명의 식객을 거느렸는데 학문이 깊거나 재능이 뛰어난 자들을 널리 구해 융숭하게 대접하면서 필요에 따라 그들을 활용했다. 진秦나라는 상앙商鞅·장의張儀·범수范雎·이사李斯 같은 식객 출신의 거물급 법가 논객 정략가들을 기용해 그들이 마련한 혁신적 부국강병책을 실천에 옮겼다. 그 결과 중국 최초의 통일제국을 이룩할 수 있었다.

맹상군孟嘗君은 제齊의 왕족으로서 진秦·제齊·위魏의 재상을 역임하였으며, 천하의 인재들을 모아 후하게 대접하여 이름이 높았다. 그가 위험에 빠졌을 때 식객의 도움으로 살아날 수 있었는데, '계명구도鷄鳴狗盜'와 '교토삼굴狡免三窟'이 바로 그의 식객들에게서 나온 고사성어이다.

신릉군信陵君은 사람됨이 어질고 선비를 존중했다. 어질거나 불손하거나 어느 선비를 막론하고 모두에게 겸손하게 예를 갖추어 사귀었고, 감히 자신이 부귀하다고 해서 선비들에게 교만하게 대하지 않았다. 사방 몇천 리에서 선비들이 앞을 다투어 모여드니 식객이 3천 명에 이르렀다. 춘신군春申君도 3천여 명의 빈객賓客을 거느렸던 것으로도 유명한데, 순자荀子도 춘신군에 의해 난릉현蘭陵縣의 령令으로 등용되었다. 그는 초楚나라의 정치가로 고열왕考烈王 재위기에 재상宰相으로 활약했으며, 주변 나라들과 연합하여 강국인 진秦의 진출을 저지하였다. 『사기史記』에는 '일찍이 여러 나라를 두루 돌아다니며 배워 견문이 넓고, 변설辨說에 능했다' 라고 기록되어 있다.

평원군의 식객 중에 모수毛遂라는 사람이 있었다. 진나라의 침입으로 위기에 처한 조나라는 평원군을 초나라에 보내 도움을 청하기로 했다. 평원군은 식객 중에서 학문이 깊고 언변이 좋으며 용기도 뛰어난 사람 20명을 뽑아 수행원을 삼기로 했는데 한 명을 구하지 못하고 있었다. 그때 모수가 스스로 자신을 천거해 '모수자천毛遂自薦'이란 고사성어가 생겨났다. 평원군은 모수가 처음 보는 식객이라 재주가 있다면 마치 주머니 속의 송곳 같아서(囊中之錐) 송곳 끝이 주머니를 뚫고 나오듯 금방 세상에 알려지는 법인데 내 집에 온 지 3년이나 되었는데도, 내가 모른다면 평범한 식객이 아니냐고 물었다. 그러자 모수는 자신이 처음부터 평원군의 주머니 속에 있었다면 송곳 끝이 아니라 송곳자루까지 주머니를 뚫고 나왔을 것이라며 지금이라도 주머니에 넣어보라고 말했다.

이리하여 모수는 평원군의 수행원이 되어 초나라로 함께 동행하게 되었다. 그는 거기서 청산유수 같은 언변을 발휘해 초나라 왕을 설득시키고 마침내 조趙·초楚 합종合從의 맹약을 성사시켰다. 이후 평원군은 모수를 상객으로 모시고 정계의 중심부로 진출할 수 있었다.

숨은 인재를 찾는 노력은 고구려에서도 찾아볼 수 있다. 고국천왕故國川王 때 외척들이 불의의 행동을 하자 왕은 재야에 있는 어진 이와 착한 이를 천거하라고 명했다. 그때 초야의 선비로 묻혀 있던 을파소乙巴素는 안류의 천거로 고국천왕의 초빙을 받는다. 『삼국사기三國史記』에 왕이 '겸손한 말과 정중한 예'로 그를 맞아들였다고 쓰고 있는데, 을파소는 '신은 미련하고 게을러 감히 존엄하신 명령을 감당할 수 없습니다. 바라건대 대왕께서는 어진 사람을 뽑아 높은 관직을 주시고, 큰일을 이루시옵소서'라고 대답했다. 기왕 줄 자리라면 높게 달라고 당당히 말한 을파소였다. 왕은 '높은 관직을 주어 큰일을 이루라'는 속뜻을 알아채고 을파소에게 최고의 관직인 국상國相을 제수하여 정사를 맡겼다. 또한 신하들의 반대에도 불구하고 을파소를 신임했다.

그의 가장 큰 업적은 진대법賑貸法을 실시한 것이었다. 진대법은 빈민 구제제도로 진賑은 흉년에 굶주린 백성에게 곡식을 나누어주는 것을 의미하고, 대貸는 봄에 곡식을 빌려주었다가 가을에 되돌려 받는 것을 의미한다. 흉년이 들거나 봄철 춘궁기보통 음력 3~7월에 국가가 가난한 농민에게 곡식을 빌려주고, 가을 수확기보통 음력 10월에 이자 없이 빌린 곡식만을 갚게 한 제도이다. 진대법을 실시하여 가난한 백성을 구제하여 나라에서 굶어 죽는 백성들을 없게 했다. 그는 매사에 조리 있고 명확한 판단으로 정사를 펼쳤으며, 상벌의 제도를 분명히 하여 나라의 기틀을 튼튼히 세우기도 했다.

젊은 인재를 키워라

"어린이는 어른의 싹이고, 수재는 사대부의 싹이다. 이때에 만약 불길이 완전하게 단련되지 않으면, 훗날 세상을 살아가거나 조정에 섰을 때에 마침내 하나의 좋은 그릇이 되지 못하느니라."

〔子弟者, 大人之胚胎. 秀才者, 士夫之胚胎. 此時, 若火力不到陶鑄不純, 他日, 涉世立朝, 終難成個令器.〕

『채근담菜根譚』에 나오는 말이다. 젊은 인재를 양성하는 일은 미래를 위한 초석을 세우는 일이다. 천하의 제갈량諸葛亮도 말년에는 젊은 인재를 양성하려고 정성을 다했다. 자신의 후계자로 생각했던 마속馬謖이 잘못을 저질러 죽고 이후 강유姜維를 다음 후계자로 생각했지만 기대에 미치지 못했다. 이처럼 제갈량의 최대 비극은 후계자가 없었다는 점이 거론되기도 한다. 그는 젊은 인재들을 키우려 했지만 의도한 대로 인재양성이 잘 되지 않았다.

새로운 미래를 이끌고나갈 젊은 인재의 양성은 매우 중요하다. 그런 인식으로 무장된 이가 조선의 정조正祖였다. 그는 자신이 구상한 개혁정치를 실현하기 위한 기관으로 규장각奎章閣을 건립했다. 규장각은 정치·경제·사회 등 현실 문제를 학문적으로 뒷받침하고 수행하기 위한 국왕 직속의 기관으로 세종의 집현전과 같은 역할을 담당했다. 특히 정조는 신분과 당파를 가리지 않고 능력 있는 젊은 인재를 규장각에 배치해 개혁정치의 파트너로 삼았다. 조선왕조의 대표적인 4대 기록보존처는 집현전·홍문관·규장각·성균관이다. 이들 국가기관들은 모두 인재를 양성하는 학문연구기관이기도 하다. 규장각은 정조 대에 이르러서 가장 활성화되었다.

'규장奎章'은 임금의 시문이나 글을 가리키는 말이고, 규장각은 역대 임금의 시문이나 글을 보관하는 장소라는 뜻이다. 세조 때에 양성지는 규장각의 필요성을 제기했는데 실시되지 못하고 있다가 숙종 때 작은 전각을 마련한 정도에 그쳤었다. 정조가 즉위하면서 창덕궁 금원의 북쪽에 규장각을 세우고 지금껏 없었던 직제까지 갖출 수 있었다.

정조는 왜 규장각을 세웠을까? 세종에게 집현전이 있다면 정조에게는 규장각이 있다. 규장각은 정조 개혁의 산실이었다. 정조는 자신이 원하는 정치를 위해 규장각 제도를 정비하여 자신을 지지하는 정예 문신들로 친위 세력을 형성했다. 문치주의와 문화국가를 추구하는 우문지치右文之治와 인재를 양성하겠다는 의지 표명의 작인지화作人之化의 2대 명분을 내세우며 유생들을 모았다. 젊은 문신文臣들을 뽑아 직접 가르치고 시험을 보고 평가했다. 무엇보다 규장각이 두드러졌던 점은 이제까지 볼 수 없었던 젊은 인재들이 양성되었다는 것이다. 세종이 집현전에 '재행연소자才行年少者'라 하여 재주와 행실이 뛰어난 젊은 인재들을 모았듯이 정약용丁若鏞을 비롯한 많은 인재가 양성되었는데, 그중에는 박제가朴齊家·유득공柳得恭·이덕무李德懋·서이수徐理修와 같은 서얼 출신도 있었다. 집현전의 학자들이 훈민정음 창제와 정치 현안의 정책연구와 편찬사업 등을 했다면, 규장각은 역대 왕들의 글이나 책 등을 정리하고 이것을 바탕으로 개혁정치의 방향을 설정했다.

규장각은 정조의 문화정책이라고 할 수 있는, 옛 법을 본받아 새것을 창출한다는 '법고창신法古創新'을 내세우며 조선 후기의 문화중흥을 이끌어가는 두뇌집단의 산실로 자리매김해 나갔다. 또한 그 이름대로 역대 왕의 글과 책을 수집 보관하기 위한 왕실 도서관의 역할을 하였을 뿐만 아니라, 정조의 비서실 기능과 문한文翰 기능을 통합적으로 부여하고 과거시험의 주관과 문신 교육의 임무까지 부여하였다. 규장각은 조선 후기의 문운을 불러일으킨 중심기관으로 많은 책을 편찬하기도 했다.

- 객래불기客來不起: 손님이 와도 일어나지 말라.
- 각신재직대관좌의閣臣在直戴冠坐椅: 각신은 근무 중에는 반드시 관을 쓰고 의자에 앉아 있으라.

- 범각신재직 비공사무득하청凡閣臣在直 非公事毋得下廳: 각신은 근무 중에 공무가 아니면 청을 내려가지 말라.
- 수대관문형 비선생무득승당雖大官文衡 非先生毋得升堂: 비록 고관 대신일지라도 각신이 아니면 당 위에 올라오지 못한다.

정조는 규장각에 있는 인재들에게 힘을 실어주기 위해 이런 현판을 직접 내려서 그들이 학문에만 전념할 수 있도록 배려하였다. 이러다 보니 일부 신하들로부터 '규장각은 나라의 공적인 기구가 아닌 전하의 사각私閣이며, 각신들은 전하의 사사로운 신하이지 조정의 공적인 신하가 아니다'라는 비판을 받기도 했다. 규장각의 인물들을 보면 실학자와 북학파와 같은 새로운 학문에 눈뜬 인물들이 많았다. 그래서 정조를 실학을 진흥시킨 왕으로 보기도 하지만 정조는 자신의 친위세력으로 개혁을 추진하기 위한 기관으로 규장각을 육성했을 뿐이다. 오히려 정조는 이들의 새로운 문체 등을 졸렬하다고 비판하기도 했다. 한편, 정조가 진작하려 한 것이 새로운 학문이 아니라 성리학에 기반을 둔 옛 사상의 부흥이라는 한계를 가지고 있었다는 비판도 있었다.

사람과 조직, 운영의 묘

정조正祖는 규장각을 통해 젊은 인재들을 양성하고, 초계문신抄啓文臣 제도를 만들어 기존의 문신들을 재교육시켰다. 재교육 대상자는 요즘 중간관리자라 할 수 있는 문신들이었다. 학문에 지대한 관심을 가졌던 정조는 호학군주好學君主였다. 그가 학문을 바탕으로 인재를 키우고 노론이라는 당파를 견제하고자 하였던 것이 초계문신제의 시작이었다. 물론이 제도의 직접적인 고민은 젊은 문관들이 과거에 합격한 후 나태해지고 관리답지 못한 행동을 하는 것 때문이었다. 정조는 문신들의 나태가 학문하는 이들이 과거시험을 위한 학문만을 했기 때문에 일어난 병폐라고 여기고 있었다. 이는 당시 노론 주도의 사회가 문풍文風을 떨어뜨리고 세력만을 키우게 한 원인이었고, 인재가 드물어져 사회를 제대로 이끌어가지 못한 데서 생긴 문제라고 보았다. 붕당으로 인한 문제가 사회 깊이 파고들었던 시대였다. 그래서 새로운 변화와 관리조직의 혁신을 이루기 위해 과거에 합격한 자들과 관리들 가운데 능력 있는 자들을 대상으로 하여 이 새로운 교육제도를 시행코자 했던 것이다.

초계문신 제도는 이미 과거를 거친 사람 가운데 당하관堂下官 출신으로 37세 이하의 젊은 인재를 뽑아 3년 정도 특별교육을 시키는 제도이다. 이 제도는 조선 전기의 사가독서제賜暇讀書制의 전통을 이어받은 것이며, 운영방식은『문신강제절목文臣講製節目』에 규정되어 있다. 이 제도의 법적 근거는『경국대전』예전禮典 장권조獎勸條의 '월과문신月課文臣' 내지는 '전경문신專經文臣'에 두고 있다. 그러니까 정조 때에 갑자기 생긴 것이 아니라 전부터 있었던 제도를 초계문신으로 활성화시킨 것이었다.

초계문신으로 선발된 이들은 본래 직무를 면제하고 연구에 전념하게 하되, 1개월에 2회의 구술고사인 경서 강독의 강경講經과 1회의 필답고사인 제술로 성과를 평가한다. 평소에도 신하들을 가르치기 좋아했던 정조가 친히 강론에 참여하거나 직접 시험을 보이고 채점하기도 하였다. 초계문신의 시험은 정조가 출제부터 채점까지 도맡아했다. 교육과정은 과강課講·과제課製의 강제講製가 주축이다. 전자는 매달 15일 전과 20일 후 두 번 행해지고, 후자는 20일 후에 한 번 실시된다. 정조가 직접 교육에 임하는 친강親講은 매달 20일경에 적당한 날을 잡아 거행하고, 왕이 직접 시험을 보이는 친시親試는 매달 초하루에 행한다. 이러한 방법으로 학문을 독려하고 인간적 접촉을 시도하였으며, 결국 인재들을 친위 세력으로 포섭할 수 있었다. 즉, 자신과 함께 개혁정치를 펼칠 이들을 뽑는 것이 이 제도의 또 다른 목적이기도 했다.

1년 중 가장 추울 때와 더울 때에는 집에서 글을 지어 바치는 규정을 두어 학문 정진을 멈추지 않도록 배려하였다. 『대학大學』을 우선으로 하는 사서삼경四書三經의 성리학적 칠서七書가 주요 교과로 채택된 것은 전대와 다름없었다. 100회에 걸쳐서 강의 분량을 미리 정해 놓고 그 계획표에 따라 진행한다. 교육과 연구 내용은 물론 유학을 중심으로 하나, 문장 형식이나 공론에 빠지는 것을 경계하고 경전의 참뜻을 익히도록 하였다. 이러한 초계문신 교육 결과, 경전 암송하는 것을 학문의 전부로 아는 일이나 수식 일삼는 것을 문장의 능사로 생각하는 잘못된 학풍과 문풍이 사라지게 되었다. 정조는 초계문신抄啓文臣을 시험 볼 때 조정의 예절이 익지 않아 임금 앞에서 허둥대는 이들을 보고 따끔하게 지적하기도 했다.

"조정은 엄숙하고 경건해야 할 곳으로, 나아가고 물러나며, 꿇어앉고 절할 때 모두 법도가 있다. 너희가 어찌 일상의 태도에서 그 정도를 살핀다는 뜻의 '습용관習容觀'이란 세 글자를 모르느냐. 처음 관직에 나올 때는 더더욱 조심해야 한다. 심상尋常한 예절조차 이처럼 무질서하니 앞으로 어찌 관직에 임하겠는가. 이 또한 가르침의 일단이니 이후로는 살피고 조심하여 다시는 몸가짐을 잃지 않도록 하라."

'습용관'이란 무엇인가? 『예기禮記』「옥조玉藻」에 나오는 말로, 조복朝服을 입고는 용모와 의관을 익혀 연습한 뒤에 공소公所에 나아간다는 뜻이다. 정조는 1786년 4월 초계문신 시험을 보면서 아예 '습용관'을 시험 제목으로 내걸었다. 이를 보면 그 의도를 충분히 알지 않겠는가.

초계문신 제도는 40세가 되면 졸업시켜 익힌 바를 국정에 적용하게 하는 것이다. 오늘날 공무원 재교육 제도와 유사한 이 제도의 시행을 통해 정조는 학문적 성과를 바탕으로 한 개혁정치를 추구할 수 있었다. 이 제도는 1781년 시작되어 정조가 사망한 1800년까지 19년 동안 10여 차례에 걸쳐 이루어졌다. 총 138명이 뽑혔는데 이들의 명단은 '초계문신제명록抄啓文臣題名錄'에 기록되어 있다. 초계문신 제도는 정조의 친위세력을 양성하는 정치적 장치이기도 했는데, 가장 대표적인 인물이 정약용丁若鏞이다. 이외에도 서유구徐有榘·홍석주洪奭周·김조순金祖淳·김재찬金載瓚 등 초계문신을 거친 인물들은 당대 최고의 학자와 관료가 되어 19세기 정치와 문화를 주도하였다.

정조 사후 세도정치기 동안에는 정조의 정치 이념을 유지한다는 명목상인 기능만 남은 채 실질적인 기능은 유명무실화되었다. 초계문신 제도가 사실상 폐지되고, 규장각의 실무를 담당하는 잡직들은 대폭 감축되었다. 사권·영첨·감서 등의 잡직이 폐지되고 각감과 검서관, 사자관 8명, 화원 10명, 형조에서 파견된 검률 1명만 남게 되었다. 세도정치기에 규장각의 활동은 대폭 축소되었으며 편찬물의 양이나 질도 현저하게 떨어졌다.

초계문신 제도는 남을 위하여 학문을 한다는 위인지학爲人之學이 아닌 자기의 인격수양을 위하여 학문을 한다는 위기지학爲己之學의 방법을 통한 인재양성을 교육목적으로 한다. 이는 초계문신들에게 수단적 가치가 아니라 본질적 가치로서의 교육을 주자학자라 할 수 있는 정조가 몸소 보여주었던 교육제도로 평가할 수 있을 것이다.

PART 6

유연하면서 강한 조직문화

군주가 만약 신하를 자신의 손발처럼 소중하게 여기면
신하는 군주를 자신의 배와 심장같이 여길 것이다.
군주가 만약 신하를 개나 말처럼 하찮게 여긴다면
신하는 군주를 자신과 아무 관계없는 보통사람으로 여길 것이다.
군주가 만약 신하를 흙덩이나 지푸라기같이 천하게 여긴다면
신하는 군주를 원수로 여길 것이다.
[맹자]

人事人文學

01

조직문화의 혁신

권위는 직위가 아닌 신뢰에서 만들어진다

리더로서의 진정한 권위와 힘은 직위가 아니라 평소에 쌓아둔 신뢰에서 나온다. 그렇다면 신뢰는 어떻게 형성될 수 있을까? 중국 삼국시대 촉한蜀漢의 유비劉備는 아랫사람 사람들에게 먼저 신뢰를 보였다. 한번 자기 사람이라 여기면 믿고 맡겼기 때문에 그들도 유비에 대해 무한의 신뢰를 보냈다. 『좌전左傳』에 '비양卑讓'이라는 말이 나오는데, 이는 '자기를 낮추어서 상대를 추켜세우고 한두 걸음 뒤로 물러나 상대에게 양보한다는 뜻'으로, 덕德의 기본이다. 바로 유비가 비양을 덕의 근본으로 삼아 그 덕을 드러냈다.

『논어論語』「이인」편에 '덕불고필유린德不孤必有隣'이라는 말이 나온다. '덕이 있는 사람은 외롭지 않고, 반드시 이웃이 있다'는 의미이다. 유비는 위魏나라 조조曹操, 오吳나라 손권孫權에 비해 열세였지만 덕으로 사람을 모아 천하삼분의 한 축을 지탱할 수 있었다. 거듭된 실패에서도 자신을 추슬러 다시 일어섰으며 인덕과 매력으로 인재를 모아 힘을 키웠다. 위험한 상황에서도 자신을 따르는 백성을 결코 버리지 않았던 것도 그의 덕이 바탕이 되었기 때문이다.

"세상을 살아감에 있어서 반드시 성공만을 바라지 말라. 허물없이 살 수 있다면 그것이 곧 성공이다. 남에게 베풀어줌에 있어서 그 덕에 감동하기를 바라지 말라. 원망을 듣지 않는다면 그것이 곧 덕이로다."

〔處世, 不必邀功. 無過便是功. 與人, 不求感德. 無怨便是德.〕

『채근담菜根譚』에 나오는 말이다. 난세에 뛰어난 지략으로 영웅이 된 조조였지만 그는 덕이 부족했고, 일생을 통틀어 승리보다 패배를 더 많이 경험했던 유비였지만 그는 덕으로 능력을 발휘했다.

교훈적인 설화집 『설원說苑』에 거문고 연주만으로 지역을 잘 다스린 공자孔子의 제자인 복자천宓子賤에 관한 이야기가 실려 있다. 복자천은 춘추시대 말기 노魯나라 사람으로 단보라는 지역의 수령을 지냈는데, 그저 거문고만 탈 뿐 지역에 신경을 쓰지 않았다. 그럼에도 불구하고 그 지역은 잘 다스려졌다고 한다. 한편, 무마기巫馬期라는 이 역시 단보 땅을 다스리고 있었다. 무마기는 별이 지지 않은 새벽에 나가서 다시 별이 떠야 돌아와 쉬는 식으로 밤낮을 가리지 않고, 몸소 나서서 단보를 다스렸다. 그렇게 수고를 다했을 때 역시 단보는 잘 다스려졌다. 무마기는 자신과 복자천의 차이를 물었다.

이에 복자천은 나는 다른 사람에게 일을 믿고 맡겨서 편안했고, 무마기는 자신의 힘에 일을 맡겼기 때문에 수고스러웠다고 답했다. 이 말을 들은 사람들은 복자천을 군자라고 하였다. 복자천의 다스림은 위에서 아무것도 하지 않음은 그만한 신뢰를 보내는 것이었고, 무마기의 다스림은 앞장서서 일을 하므로 일이 잘 되는 것 같지만 정작 서로 피곤한 일이 될 수 있었다. 공자는 복자천에 대해 '군자로구나! 그러나 노나라에 군자가 없었다면 이 사람이 어떻게 군자가 될 수 있었겠는가!'라고 칭송했다. 또 겸손하고 남의 능력을 인정할 줄 아는 모습을 보고는 그가 다스리는 단보 지역이 작은 것을 안타까워했다고 한다.

"장군의 명령이 평소에 잘 교육되어 병사들이 잘 지키면 병사들이 복종할 것이다. 장군의 명령이 평소에 잘 교육되지 않아 병사들이 지키지 않으면 병사들이 불복종할 것이다. 장군의 명령이 평소에 잘 지켜지면 장군과 병사들이 서로 이익을 얻을 것이다."

〔令素行以教其民, 則民服, 令不素行以教其民, 則民不服. 令素行者, 與衆相得也.〕

『손자병법孫子兵法』「행군」편에 나오는 말이다. 손자는 평소 리더가 조직을 이끌어가면서 말이 신중해야 조직원들의 신뢰를 얻을 수 있다고 했다. 리더의 말이 제대로 시행되고 현실화될 때 신뢰가 쌓이는 법이다. 조직을 장악하는 방법에서 신뢰는 무엇보다 중요하다 할 것이다.

제齊나라의 사마양저司馬穰苴도 약속시간에 늦은 자를 군법으로 처단하면서 신뢰를 보였다. 또한 원칙을 지키면서 신뢰를 쌓아갔다.

"군의 명령은 모든 것에 우선한다. 복종하면 상을 받고 어기면 벌을 받는다. 명령에 복종하지 않는 것, 승리에 대한 믿음이 부족한 것, 서로 단결하지 않고 화목하지 못한 것, 게으른 것, 의심하는 것, 나아가지 못하고 위축되는 것, 죽음을 두려워하는 것, 교만 방자한 것, 제멋대로 구는 것, 행동이 느린 것 등이 모두 작전 중 해서는 안 될 행위이므로 상황에 따라 처벌할 것이다. 군법은 엄숙하고 지고 무상한 것이니 모두가 군법에 따라야 하며, 어떤 예외도 있을 수 없다."

사마양저가 선포한 군법이다. 그는 어느 위치에 있더라도 모두에게 동등하게 법이 지켜질 것이라 했고, 말한 그대로 실행했기 때문에 신뢰를 얻을 수 있었다. 그렇다고 사마양저가 법으로만 신뢰를 쌓은 것은 아니었다. 그는 장수라면 병사들을 존중해야만 병사들이 마음 놓고 따른다는 것을 알고 있었기에 실천에 옮겼다.

그는 부대가 행군할 때는 늘 병사들의 막사에 들러 함께 식사하며 애로사항을 물어 병사들의 상황을 이해했다. 환자가 생기면 즉시 의사를 보내 상태를 살펴 처방하게 했고, 때로는 자신이 직접 찾아가 보살피기까지 했다. 또한 장수들에게 줄 돈과 양식을 모두 풀어 병사들에게 고루 나누어주었다. 그리고 자신도 병사들과 똑같이 양식을 나누었다. 이러한 태도는 병사들 모두에게서 지지를 받을 수 있게 했으며, 그의 군대는 전군의 상하 모두가 일치단결하여 사기가 높아지고 전투력 또한 크게 향상될 수 있었다. 진정한 권위는 명령이나 통제에 의해 세워지는 것이 아니라 신뢰가 쌓이면서 얻어지는 것이다.

간언을 장려하고 수용하라

사람들은 누구나 귀에 따가운 소리를 듣고 싶어 하지 않는다. 특히 시대와 장소를 불문하고 윗사람은 아랫사람의 직언을 싫어한다. 하지만 '좋은 약은 입에 쓰고 바른 말은 귀에 거슬린다'는 속담처럼 직언을 들을 줄 알아야 소통이 되고 조직에 활기가 도는 법이다.

중국 역사에서 군주에게 옳지 못하거나 잘못된 일을 고치도록 하는 말인 간언諫言을 가장 잘 했던 인물은 제齊나라의 안영晏嬰과 당唐나라의 위징魏徵일 것이다.

안영은 춘추시대 제나라의 명재상으로 영공靈公·장공莊公·경공景公 삼대를 섬기면서 절약 검소하고 군주에게 기탄없이 간언한 것으로 유명하다. 그는 안평중晏平仲 혹은 안자晏子라는 존칭으로 불리기도 했다.

제영공 때의 일이다. 도성의 여성들 사이에 남장 풍습이 유행하여 영공은 이를 중지시키라는 금령을 몇 번이나 내렸지만 그칠 줄을 몰랐다. 영문을 알 수 없는 영공이 안영에게 그 이유를 물었다. 안영은 '군주께서 하고 계신 것은 소의 머리를 간판에 걸고 말고기를 파는 것과 같습니다. 궁정 안에서부터 금한다면 유행은 곧 사그라질 것입니다'라고 간언했다. 그 말인즉슨 애초에 이 유행은 영공의 비빈에게서 시작되었는데, 영공은 금지령을 자신의 비빈에게는 적용하지 않았기 때문에 금지령이 힘을 발휘하지 못했다는 것이었다. 영공은 안영의 말을 따라 그대로 시행하자, 도성 내에서 남장 풍습은 곧 찾아볼 수 없게 되었다. 여기서 생긴 '우두마육牛頭馬肉'이 변화하여 '양두구육羊頭狗肉'이라는 말로 알려지게 되었다. 겉으로는 그럴싸하게 내세우지만 속은 변변치 않다는 것을 말한다.

제경공 때의 일이다. 경공이 노魯나라에서 장인을 데려와 신발을 맞췄는데, 신발이 매우 화려하고 무거워 신하를 대할 때 일어서서 답례를 하지 못할 정도로 불편했다. 안영은 '옛날 성인들은 옷을 지을 때 겨울옷은 간편하고 따뜻한 옷을, 여름엔 간편하고 시원한 옷으로 했다'고 말하면서 경공의 신발은 일상생활에 맞지 않는다고 간언했다. 그러면서 경공을 탓하기보다 노나라의 장인의 죄를 나열했다. 그가 신발을 만들 때 계절과 무게를 살피지 않고 사람의 정상적인 습관까지 무시하였으니 이

것이 그의 첫 번째 죄이고, 그로 인해 임금으로 하여금 신하들의 웃음을 사게 하였으니 두 번째 죄이며, 재물을 낭비하였으되 실효성이 없어 임금이 백성들의 원한을 사게 하였으니 세 번째 죄까지 지었다고 했다. 그러니 그 장인을 붙잡아 형벌을 내리라고 간언했다. 경공은 그 장인을 불쌍히 여겨 용서하기를 원했지만 안영의 단호함을 알고 장인을 국외로 쫓아내고 다시는 제나라에 들어오지 못하게 했다. 그리고 경공은 그 신발을 다시는 신지도 않았다. 어쩌면 경공이 화려함을 추구했기에 노나라 장인이 그런 신발을 만들었는지도 모른다.

이 일로 경공이 안영에게 사례로 황금을 주었지만 거절하고 좋은 집으로 이사를 권해도 거절했다. 안영은 자신의 집이 시장과 가까워 물건 사기가 편하다며 무엇이든 거절했다. 경공이 농담 삼아 거처가 시장과 가깝다 하니 무슨 물건이 싸고 비싼지 아느냐고 물었다.

"목발이 비싸고 신발이 쌉니다."

안영은 경공이 형벌을 남용하여 죄인의 발목 자르는 형벌을 즐겨 하는 것을 못마땅하게 생각하고 있어서 이참에 그 문제를 간하기로 마음먹은 것이었다. 안영의 말뜻을 알아차린 경공은 형벌을 다시 제정하였다. 이 일로 안영은 더욱 백성들의 사랑과 존경을 받게 되었다. 어쩌면 귀에 거슬린 말이 듣기 싫었을 수도 있었을 텐데 경공은 수용하는 자세를 가졌다. 그런 안영이 세상을 떠났다고 하자 경공은 그의 집으로 직접 말을 몰아 바로 안영의 집에 들어가서는 안영의 시신을 껴안고 통곡을 했다. 신하들이 예가 아니라고 했지만, 경공은 '지금 예를 따질 겨를이 아니다. 내가 옛날 안영과 공부公阜에 놀러 갔을 때 하루에 세 번이나 내 과실을 책망해 주었다. 이제 누가 내 과실을 바로 잡아 주겠는가. 그가 세상을 떠난 것은 곧 내가 망하는 일이다. 지금 어찌 예를 따지겠는가?' 라고 말하며 슬픔이 다 할 때까지 곡을 했다고 한다.

당唐나라 위징魏徵 또한 태종太宗에게 간언을 게을리하지 않았다. 오죽하면 태종은 위징에게 야단맞을까 봐 사냥을 나가려다 포기한 일도 있었다고 한다. 정관 4년630에는 태종이 낙양궁을 건립하려 하자 중모현의 황보덕참皇甫德參이 상소문을 올려 이를 반대했는데 그 표현이 매우 격렬하였다. 태종이 상소문을 읽고 격분하여 황보덕참을 처벌하려 하자, 위징은 '본래 상소문의 언사가 격렬하지 않으면 군주의 마음을 움직일 수 없다'고 설득하여 태종의 분노를 가라앉히게 했다.

어느 해에 하남과 섬서 일대에 폭우가 내려 큰 수해가 발생했는데 태종은 낙양에 정신궁을 수축하려 했다. 위징은 수隋나라를 예로 들며 태종에게 따끔하게 간언했다.

"수양제隋煬帝는 대규모 공사로 백성들의 부역을 가중시켜 망했습니다. 천하를 얻을 때의 어려움을 잊고 계속 궁전을 지어 화려함과 향락을 추구한다면 수나라와 똑같은 길을 가게 될 것입니다."

태종은 위징의 간언을 받아들여 궁전 수축을 중지하고 자재를 전부 수해지역으로 보내 백성들의 집을 짓는 데 사용하게 했다. 그러고서 태종은 위징에게 명군이 되는 길을 물었다. 위징은 수나라 대신이었던 우세기虞世基가 수양제의 비위를 맞추기 위해 듣기 좋은 말만 하고 나쁜 소식은 일체 전하지 않았다며 '폭넓게 들으면 밝아지고, 편협하게 들으면 어두워진다'고 간언했다. 태종도 인간이라 위징의 간언을 항상 기쁜 마음으로 받아들인 것은 아니었지만 위징이 자신과 나라를 위해 간언한 것임을 알고 받아들였다. 제나라 경공이나 당태종처럼 간언을 잘 받아들이는 것이 현명한 군주의 덕목이자 인정仁政의 요건이다.

추기鄒忌는 제위왕齊威王이 즉위한 뒤 거문고를 뜯으면서 유세해 재상에 등용되었다. 키가 크고 용모가 수려했던 그는 아내에게 자신과 성城 북쪽에 사는 서공徐公 중 누가 더 잘생겼는지를 물었다. 아내는 남편이 더 잘생겼다고 했다. 첩과 사랑방에 머물고 있던 과객에게 물어도 추기가 더 잘생겼다고 했다. 그런데 추기가 서공을 직접 보았는데 자신보다 훨씬 잘생겼다는 것을 알게 되었다. 그런데 왜 그들은 한결같이 자신을 더 잘생겼다고 하는지 고민하다 오묘한 이치를 깨달았다. 부인이 추기의 용모를 과장한 건 남편을 사랑하기 때문이고, 첩이 과장한 건 자신을 두려워하기 때문이고, 손님이 과장을 한 것은 자신에게 바라는 게 있기 때문이라는 것을 깨닫게 된 것이다.

추기는 위왕에게 자신의 용모와 관련된 일화를 전하며 어진 사람을 등용하고 간언諫言을 받아들이며 정치를 혁신할 것을 충고했다. 또 만민萬民을 가깝게 여기고 법률을 정비하여 간신배를 멀리하라고 건의했다. 아울러 군기軍紀를 바로 세우고 정치적 원칙을 고수할 것도 강조했다. 이때부터 제나라는 차츰 동방東方의 강국으로 자리하게 되었다.

법은 위에서부터 지켜야 한다

중국 전국시대 후기를 개혁의 시대로 이끌어낸 상앙商鞅은 개혁의 대명사로 통하는 인물로, 진정한 개혁이란 무엇인지 생각하게끔 한다. 그는 인간이란 본성상 이익을 좋아하며 또 자신의 이익만을 좇아 사고하고 행동하는 존재라고 생각했다. 그런 생각은 한비자韓非子와 유사하다. 『사기史記』「상군열전」의 상앙의 이야기를 살펴보자.

상앙은 위韋나라의 귀족 출신으로 위앙韋鞅 또는 공손앙公孫鞅이라고 불렸다. 그는 젊은 시절 위魏나라로 가서 재상 공손좌公孫痤 문하에서 식객 노릇을 하면서 중서자中庶子로 뽑혔다. 공손좌는 병이 들어 병문안을 온 위나라 혜왕惠王에게 상앙을 추천하며 기용하지 않을 거면 다른 나라로 가지 못하도록 죽이라고 했다. 그럼에도 혜왕이 그를 기용하지 않을 것을 느낀 공손좌는 혜왕에게 했던 말을 상앙에게 전하며 다른 나라로 떠나라고 했다.

한편, 당시만 해도 전국시대의 칠웅 중에서 정치·경제·문화 수준이 가장 낮은 나라였던 진秦나라에 효공孝公은 즉위하면서 인재를 모으고 있었다. 진나라로 간 상앙은 효공을 만나 '나라가 부강해지려면 농업을 발전시키고 장병들을 장려해야 한다. 그리고 나라를 잘 다스리려면 공을 세운 사람에겐 상을 주고 죄를 지은 사람에겐 벌을 주어야 조정의 위신이 서고 모든 개혁이 뜻대로 시행될 수 있다'고 간했다. 효공은 상앙의 간언이 자신의 뜻에 부합되는 말로 여겨져 흡족했지만, 진나라의 일부 귀족들과 대신들은 상앙의 개혁에 반기를 들고 일어났다. 그렇더라도 효공은 진나라의 고위급 관직인 좌서장에 상앙을 임명하고 제도 개혁의 권한을 일임했다. 이에 상앙은 제도를 개혁하는 법령을 만들었지만 문제는 백성들이 그를 믿고 새 법령을 지키겠는가 하는 점이었다.

상앙은 한 가지 계책을 세웠는데, 앞서 언급한 '이목지신移木之信'이다. 남문에 길이 3장三丈 높이의 나무를 세우고 나무를 북문으로 옮기는 사람에게 10금十金을 주겠다고 했다. 그런데 하겠다고 나서는 사람이 없어 50금五十金을 주겠다고 하자 옮기는 사람이 나왔고 그 약속을 지켰다. 백성들은 좌서장 상앙이야말로 한 번 말하면 그 말대로 하는 사람이라고 믿게 되었다. 백성들의 믿음을 얻게 된 상앙은 그가 만든 새로운 법령을 전국에 공포했다. 상앙의 변법이 시행된 후, 진나라는 농업 생산량이 크게 증가하고 군사력도 강해졌다. 얼마 후 진나라는 위나라를 공격해 황하 서쪽에서 동쪽까지 쳐나가 끝내는 위나라의 도성까지 함락시켰다.

그 후 상앙은 두 번째 개혁을 단행했다. 그런데 이번에도 많은 귀족과 대신들이 반대했다. 그러던 어느 날 태자가 죄를 범하자 상앙은 효공에게 나라의 법령은 누구를 막론하고 다 지켜야 하며, 관리들이라고 해서 지키지 않으면 백성들이 조정을 믿지 않게 될 것이라고 했다. 태자가 죄를 범했으니 그 스승이 벌을 받아야 마땅하다고 주장하며 태자의 태부太傅 공자 건虔에게 대신 벌을 내리고, 태사太師 공손고公孫賈 이마에 글자를 새겨 먹을 씌우는 형벌을 내렸다. 그러자 귀족과 대신들은 감히 새로운 법을 어길 생각을 하지 못했다. 이렇게 10년이 지나자 진나라는 점점 부강해졌다.

『전국책戰國策』은 이 일에 관해 '상군이 진을 다스리니 법령이 공평무사하게 잘 시행되었다. 벌은 강한 자라고 피하지 않았으며 가깝다고 상을 함부로 주지 않았다. 법이 태자에게까지 적용되어 그 사부를 묵형에 처했다. 몇 년 뒤 길에 물건이 떨어져 있어도 줍지 않았고, 군대는 강해지고 제후들은 두려워했다'고 적고 있다. 또 '백성들의 애국심이 절로 드높아져 전쟁에선 용감하고 사사로운 싸움에선 겁을 먹었다. 그래서 도성이나 시골이나 잘 다스려졌다. 처음 법령의 부당함을 말했던 백성들조차도 나중에는 법령이 잘 된 것이라 말하자, 상앙은 그런 자들이야말로 나라의 교화를 어지럽히는 자들이라며 전부 변방지역으로 강제 이주시켰다. 그 이후로는 어느 누구도 새로운 법에 대해서 이러쿵저러쿵 말하는 이가 없었다'고 적고 있다.

후에 태자가 왕위에 오르자 상앙은 모반죄로 자신이 만든 법에 의해 처형되고 말았다. 상앙은 죽었지만 그가 만든 변법들은 진을 부강하게 만들었다. 백 년 후, 진시황이 천하를 통일할 수 있었던 그 기초를 만들어놓은 이가 바로 상앙이었다. 그는 법이란 위에서부터 본보기가 되어야 하고 반드시 지켜져야 한다는 것을 확실하게 보여준 것이다.

당태종唐太宗이 장안을 떠나 낙양의 현인궁에 갔을 때였다. 그곳에서 바친 음식과 물건들이 마음에 들지 않는다고 태종은 몹시 화를 냈다. 그러자 위징魏徵이 이번에도 망설임 없이 간언했다. '수양제隋煬帝는 향락을 추구하다 멸망하고 말았는데, 바치는 물건들이 마음에 들지 않는다고 화를 내면 아랫사람들은 앞으로 봉공奉公에 최선을 다하려 들 것이다. 그러다 보면 결국 수나라의 치욕을 되풀이할 것이다'라고 말했다. 태종은 위징의 간언을 두려워하며 이후 검소한 생활을 했다고 한다.

위징은 윗사람의 행실이 바르면 명령하지 않아도 저절로 이루어지지만 윗사람 행실이 바르지 못하면 명령을 내려도 복종하지 않는 법이라고 했다. '군주는 배, 백성은 물이다. 물은 배를 띄우기도 하지만 배를 뒤집기도 한다'는 순자荀子의 말을 빌려 간했다. 당태종은 그 말을 새기며 태자에게도 마음에 새길 것을 당부했다.

『한비자』「외저설우상」편에 법은 예외가 없어야 한다는 내용이 나온다.

초楚나라 장왕莊王 때 내궁의 문인 모문에 대한 법이 제정되어 있었다. 그 법이란 군신·대부·여러 공자가 궁궐을 드나들 때 빗물받이 도랑에 말굽이 닿으면, 궁을 관리하는 정리가 그 수레의 채를 자르고, 그 마부를 처벌하는 것을 말한다. 어느 날 태자가 궁궐에 들어왔다가 말굽으로 도랑을 밟았다. 법대로 정리는 수레의 채를 자르고 마부를 처벌했다. 그러자 화가 난 태자는 부왕인 장왕을 찾아가 정리를 처벌해 달라고 울면서 호소했다.

장왕은 '법이란 종묘사직의 존엄성을 보전하기 위해서 제정된 것이므로 지켜야 한다. 명령을 받들어 사직을 존경하는 자가 사직의 중신이 되는 것인데, 법을 집행하는 위치에서 법을 범하고 명령을 어기며 사직을 존경하지 않는다면, 신하로서는 군주를 가벼이 여기는 것이고 아랫사람으로서는 반항하는 것이 된다'고 했다. 또 '신하가 군주를 무시하면 군주의 권위가 없어지고, 아랫사람이 반항하면 윗사람의 지위가 위태로워지는 법이다. 군주의 권위가 떨어지고 그 지위가 위태로워져 사직을 지킬 수 없게 되면, 자손에게 남길 것은 아무것도 없다'고 했다. 태자는 부왕의 말을 듣고 아무 말 없이 물러났다. 그러고 3일 동안 밖에서 잠을 잔 다음 부왕을 찾아가 공손히 재배하고 자기가 죽을죄를 지었다며 사죄했다.

자기를 알아주는 사람을 위해 죽는다

'선비는 자기를 알아주는 사람을 위해 죽는다(士爲知己者死)'는 말이 있다. 자신의 재능을 중히 여겨 키워주는 사람을 위해 기꺼이 헌신한다는 말이다. 『사기史記』「자객열전」에 나오는 예양豫讓이 바로 그러한 인물이다. 예양은 진晋나라 사람으로 범씨范氏와 중행씨中行氏를 섬겼는데 인정을 받지 못했다. 그래서 그들을 떠나 지백智伯을 섬기게 되었는데, 지백만큼은 예양을 존경하고 또 사랑하며 예우해주었다.

어느 해 지백이 조양자趙襄子를 공격하였다. 하지만 조양자는 한씨韓氏·위씨魏氏와 공모해 도리어 지백을 죽이고, 그의 자손들까지 다 죽인 후 그 땅을 셋으로 나누어가졌다. 예양은 '선비는 자기를 알아주는 사람을 위하여 죽는다며 지백이 자신을 알아주었으니 자신도 반드시 그의 원수를 갚겠다'고 다짐했다. 혹여 죽더라도 지백에게 보답할 수 있다면 자신의 혼백은 부끄럽지 않을 것이라고 생각했다.

예양은 이름을 바꿔 죄인의 무리에 몸을 숨기고 조양자의 궁중으로 들어갔다. 그는 변소에 벽 바르는 일을 하면서 비수를 품고 조양자를 찔러 죽일 기회만 엿보았다. 그러다 그만 들키고 말아 심문을 받게 되었다. 조양자를 죽이려고 한 연유를 묻자, 예양은 지백의 원수를 갚고자 한 것이라고 했다. 신하들이 예양을 죽이려 하니 조양자는 그를 의로운 사람이라며 놓아주라고 했다. 지백이 멸망하고 그 자손도 없건만 신하로서 주인을 위해 원수를 갚고자 한 것은 천하의 현인이라는 것이다.

그렇게 예양은 석방되었지만 그는 시간이 흐른 뒤에도 원수를 갚겠다는 생각에는 변함이 없었다. 이번에는 몸에 옻칠을 하여 문둥병자처럼 꾸미고 불에 탄 숯덩이로 목소리까지 변하게 해서, 자기의 얼굴과 형상을 남이 전혀 알아볼 수 없게 만들었다. 예양의 친구는 저잣거리를 다니며 거지 노릇을 하는 그를 알아보고 그런 재능으로 차라리 조양자를 섬기는 편이 낫지 않겠느냐고 말했다. 그러자 예양은 '신하의 예를 취하여, 그를 섬기면서 그를 죽이려는 것은 두 마음을 가지고 주군主君을 섬기는 일'이라며 고개를 저었다.

어느 날 조양자가 외출한다는 것을 알고 예양은 길목 다리 밑에 숨어 있었다. 그런데 조양자의 말이 그 다리에서 놀라 나아가려 하지 않는 것이었다. 그제야 예양이 숨은 걸 발견한 조양자는 그를 불러 나무랐다.

"일찍이 네가 범씨와 중행씨를 섬겼을 때 지백이 그들을 전부 멸망시켰는데도 범씨와 중행씨를 위해 원수를 갚기는커녕 도리어 신하의 예를 취하여 지백의 신하가 되었다고 하던데, 왜 지금은 죽은 지백의 원수를 갚으려고 이리 안간힘을 쓰느냐."

"그것은 범씨와 중행씨를 섬겼지만 그들은 나를 여러 사람 중의 한 사람으로 대우했으므로 나도 평범한 사람에 대한 예로서 그들을 대했다. 하지만 지백은 나를 높게 대우해주어 나도 그 지위만큼 그에게 보답하려 한다."

조양자는 이리 말하는 예양이 안타깝기는 했지만 이제는 더 이상 용서해줄 수 없다 판단하고 군사들을 시켜서 그를 포위하게 했다. 그러자 예양이 말했다.

"밝은 임금은 남의 아름다운 점을 덮어 가리지 않으며, 충신에게 명예와 절개를 위하여 몸과 생명을 던져 죽게 하여 의리를 세워 준다고 들었다. 당신의 옷을 조금 베어서 원수를 갚는 뜻을 이루게 해준다면, 비록 죽더라도 원한이 없겠다."

양자는 예양을 크게 의롭게 여겨서 자신의 의복을 가져오게 하여 예양에게 주었다. 예양은 칼을 빼어 옷을 베고는 주군에 대한 보답을 했다면서 그 자리에서 자결하였다.

지백은 다른 사람에게는 특별하지 않았더라도 예양에게는 특별했던 주군이었다. 자신을 알아봐주었다는 것은 존재를 인정해주었다는 것이다. 예양에게는 그것만으로도 목숨을 바칠 이유가 되었던 것이다.

당태종 때 후군집侯君集은 당 왕조의 개국공신으로 능연각에 초상을 남긴 인물이다. 하지만 그는 자신이 세운 공적만 믿고 방심했다.

고창국을 평정할 때 주청을 올리지도 않고 죄 없는 사람들을 노예로 전락시켜 나눠주었으며, 사적으로 보물과 여자를 취하였다. 휘하 장수들도 경쟁하듯 약탈을 했는데 후군집은 후환을 두려워하면서도 굳이 이를 말리지는 않았다. 결국 군대를 철수시키고 조정으로 돌아온 후, 그러한 비리가 적발되어 감옥에 갇히고 말았다. 나중에 석방되기는 했지만 후군집은 그때부터 불만을 품고 반역을 도모할 마음을 싹틔워 나갔다.

그는 방종이 극에 달했던 태자 이승건李承乾과 어울리면서 태자가 일을 벌이도록 충동질했다. 이러한 음모가 발각되자 당태종은 몸소 그를 불러들인 후 공을 세운 대신이라 옥중 관리의 모욕을 받게 하고 싶지 않아 친히 취조한다고 했다. 당태종은 그가 큰 공을 세운 바가 있어 목숨만은 살려주고 싶다고 했지만 대신들이 모두 반대했다. 당태종은 그와 작별을 고할 수밖에 없다고 눈물을 흘리며 탄식했다. 후군집은 그제야 크게 후회했다. 사형집행 직전에 형장의 감독관에게 아들 하나만큼은 남겨서 집안의 혈통이나마 보전토록 해달라고 부탁했다. 봉건사회 율법에 따르면, 후군집 같은 반역죄인 집안은 온 가족이 참수형에 처해질 뿐만 아니라 구족에까지 화가 미친다. 당태종은 자비를 베풀어 그의 부인과 아들의 죽을죄를 사면해주고 영남으로 유배 보내는 것으로 처리했다.

중국의 역대 제왕 중에서 당태종 이세민李世民은 군신관계를 잘 처리했던 고수로 꼽힌다. 그는 모든 신하를 차별 없이 자신의 수족처럼 대했고, 진솔하고 격의 없이 대했기에 후군집처럼 죽으면서도 그를 원망하는 자가 없었다고 한다.

『맹자孟子』는 '군주가 만약 신하를 자신의 손발처럼 소중하게 여기면 신하는 군주를 자신의 배와 심장같이 여길 것이다. 군주가 만약 신하를 개나 말처럼 하찮게 여긴다면 신하는 군주를 자신과 아무 관계없는 보통사람으로 여길 것이다. 군주가 만약 신하를 흙덩이나 지푸라기같이 천하게 여긴다면 신하는 군주를 원수로 여길 것이다'라고 했다. 리더는 아랫사람들을 소중히 여겨야 자신의 권위도 높아질 수 있다.

동고동락, 쓴맛과 단맛을 같이 보라

황석공黃石公은 『삼략三略』에서 이렇게 말했다.

"장수는 반드시 맛있는 음식을 병졸과 함께 하며, 편안함과 위태함을 함께 해야 된다. 그렇게 하면 병졸들은 모두 감격하고 분발하여 아군의 위력을 적에게 나타낼 수 있다. 그러므로 우리 쪽 병사는 전승을 얻고 적군은 전패하게 된다. 옛날에 어느 훌륭한 장수가 적국과 전투를 하고 있었는데, 어떤 사람이 바구니에 넣은 탁주를 보내왔다. 그것을 장수는 강물에 던지게 하여 병졸과 함께 그 흐르는 강물을 마신 일이 있었다. 물론 한 바구니의 탁주로 한 냇물을 맛들일 수는 없다. 그러나 삼군의 병졸들 모두가 장수를 위해 죽을힘을 다하겠다고 생각하게 된 것은, 그 자미자양분이 많고 맛도 좋음가 자기들에게까지 미친 것에 대한 감격 때문이었다."

〔夫將帥者, 必與士卒同滋味, 而共安危, 敵乃可加. 故兵有全勝, 敵有全囚. 昔者良將之用兵, 有饋簞醪者, 使投諸河, 與士卒同流而飮. 夫一簞之醪, 不能味一河之水, 而三軍之士, 思爲致死者, 以滋味之及己也.〕

장수가 병사들과 동고동락해야 전투에서 승기를 따낼 수 있음을 말하고 있다.

『사기史記』「손자오기열전」의 한 주인공인 오기吳起 역시 병사들과 동고동락하며 함께한 장수이다. 그는 본래 위衛나라 사람이었는데 병술과 용병用兵을 좋아하여 일찍이 증자曾子에게 배워 노魯나라를 섬겼다. 제齊나라가 노나라를 공격할 때, 노나라에서는 오기를 장군으로 삼으려 했지만 오기의 아내가 제나라 사람이라 신하들은 모두 오기를 의심쩍게 생각했다. 그러자 오기는 명성을 얻고자 하는 욕심에 자기 아내를 죽여 제나라 편이 아님을 증명하였다. 그제야 노나라는 오기를 장군으로 삼았고, 그는 병사들을 이끌고 제나라를 공격하여 크게 무찔렀다.

그러나 노나라 사람 중에는 여전히 오기를 비난하는 사람들이 있었다. 그가 시기심이 강하고 잔인한 자라는 이유에서였다. 그것은 부유했던 그가 벼슬을 구하러 다니다가 재산을 탕진하고, 마을 사람들이 비웃자 자기를 비웃은 자 30여 명을 죽이고는 동쪽 성문으로 도망쳤다는 것이다. 또 어머니와 이별하면서 대신이나 재상이 되기 전에는 다시 위나라로 돌아오지 않을 거라고 맹세하고는 어머니가 돌아가셨을 때 끝내 찾아가지 않았다고 한다. 이 일로 효를 중시하는 증자는 그와 연을 끊어버렸으며 노나라 왕도 그를 멀리했다고 한다.

오기는 위魏나라 문후文侯가 현명하다는 소문을 듣고 그를 섬기려 했다. 그러자 문후는 신하인 이극李克에게 오기에 대해 물었다. 그랬더니 그는 탐욕스럽고 여색을 밝히지만 병사를 다루는 일만은 사마양저司馬穰苴도 따라갈 수 없을 정도라고 해서 오기를 장군으로 삼았다. 오기는 보답의 의미로 진秦나라를 공격해 성 5곳을 빼앗는 공을 세웠다.

오기는 장군이 되자 가장 신분이 낮은 병사들과 똑같은 옷을 입고 똑같은 식사를 했다. 잠을 잘 때에는 자리를 깔지 않았으며 행군할 때도 말이나 수레를 타지 않고 자기가 먹을 식량을 친히 가지고 걸었다. 병사들과 함께 고통을 나눈 것이다. 앞서 종기가 난 병사의 독창을 빨아준

이야기를 언급했듯이 병사들이 아플 때는 같이 아파했다.

오기는 분명 정으로 사람을 감동시키는 데 능했다. 그는 전장에서 늘 병사들과 동고동락했다. 자신과 병사들 사이의 거리를 좁히고 자애로운 장군의 이미지를 만들었다. 그래서 병사들은 그를 군령으로 따르기보다는 숭배와 존경으로 따랐다. 물론 오기는 결코 인정을 중시한 인물은 아니었다. 아내와 어머니에게 한 행동을 보면 군자가 아니었다. 그러나 부하를 관리하는 면에서는 병사들을 단결시키고 사기를 진작시켜 승승장구의 전과를 올린 유능한 장수였다.

조선시대에도 동고동락의 리더십을 발휘한 장수로 이순신李舜臣이 있다. 그가 쓴 『난중일기亂中日記』를 통해서 알 수 있는데, 그는 많은 시간을 부하 지휘관, 참모들과 함께했다.

- 계사년, 3월 12일

  식후에 전라우수사 이억기李億祺의 사저 방에서 바둑을 두었다.

- 계사년, 5월 4일

  우수사와 군관들과 함께 진해루에서 활을 쏘았다.

- 계사년, 6월 15일

  전라우수사·충청수사·순천부사·낙안군수·방답첨사를 초청해서 함께 햇과일을 먹고 놀다가 저물어서 헤어졌다.

- 병신년, 3월 3일

  이날은 명절이어서 방답첨사·여도만호·녹도만호·남도만호를 불러서 술과 떡을 먹였다.

- 병신년, 5월 5일

여러 장수가 모여 회의를 하고 그대로 들어가 앉아 위로하는 술잔을 네 순배 돌렸다.(중략) 밤이 깊도록 뛰놀게 했는데 그것은 억지로 즐기게 한 것이 아니라 다만 오랫동안 고생하는 장수들의 수고를 풀어주자는 생각에서였다.

일기의 내용을 보더라도 그가 전투가 없는 기간에는 일상적으로 지휘관을 비롯한 부하 병사들과 함께했다는 것을 알 수 있다. 바둑을 두거나 음식을 나눠 먹고, 수시로 군관들과 편을 갈라 활을 쐈으며 뒤풀이로 술을 마셨다. 고향을 떠나 전쟁터에서 고생하는 장병들을 위로하기 위해서였다.

「선묘중흥지宣廟中興志」라는 기록에는 '밤이면 병사들을 쉬게 하고 이순신은 반드시 화살을 다듬었다. 또 몸소 적의 칼날을 무릅쓰고 총탄이 좌우에 떨어져도 동요하지 않았으며 장병들이 붙잡고 만류해도 이순신은 내 목숨은 하늘에 달렸는데 너희들만 수고하게 하겠는가라고 했다. 승전해 상품을 얻으면 곧 여러 장수들에게 골고루 나눠 주고 하나도 아끼지 않으므로 장병들이 두려워하면서도 사랑하여 각기 제 힘을 다해 전후 수십 번 싸움에서 한 번도 곤욕을 당한 일이 없다'고 되어 있다.

이순신의 전승무패 신화 속에는 이처럼 부하 장병들을 감동시킨 동고동락의 리더십이 있었던 것이다.

02

통찰력 강화와 융합의 조직문화 개발

리더는 자신의 잘못을 인정하고, 부하에게는 관용을 베풀어라

조직을 이끄는 리더라면 자신의 잘못을 인정하고 돌이킬 줄 알아야 한다. 자신의 생각이 항상 옳은 것이라고 믿어서는 안 되며 자신의 잘못된 생각과 행동에 대한 비판을 언제든지 수용하고 바꿀 수 있는 마음을 가져야 조직의 융합에 도움이 된다. 또한 정책 결정에서 감정적인 실수를 한 경우, 과감히 잘못을 인정할 수 있어야 한다. 그래야만 아랫사람의 신뢰를 얻을 수 있다.

당태종唐太宗은 신하들에게 자신의 잘못을 물어보는 군주였다. 신하들에게 자신에게는 어떤 과실이 있는지 듣고 싶으니 솔직하게 말해달라고 했다. 유계가 나서서 '문제를 토론하거나 상소를 올릴 때 임금의 생각에 부합하지 않으면 그 면전에서 질책을 당해 모두 부끄러워 물러난다.이는 직언을 유도하는 좋은 방법이 아니다'라고 했다. 그러자 태종은 그런 질책을 후회하고 있다면서 고치겠다고 바로 인정했다.

한 나라의 군주로서 자신의 과오를 인정하기는 매우 힘든 일인데 태종은 잘못을 인정함으로써 신하들의 신뢰를 얻었다. '좋은 약은 입에 쓰지만 병에 이롭고, 충고는 듣기 거북하지만 행하면 이롭다'고 하였다. 조직을 이끄는 큰 임무를 맡은 사람이라면 듣기 싫은 소리도 수용할 줄 알아야 한다.

'절영지회折纓之會', 혹은 '절영지연絕纓之宴'이라는 말이 있다. 갓끈을 끊는 연회라는 뜻으로, 남에게 너그러운 덕德을 베푸는 것을 말한다. 바로 춘추오패 중 한 명인 초楚나라 장왕莊王의 이야기다.

초나라 장왕이 투초의 난을 평정한 뒤 공을 세운 신하들을 위로하기 위해 성대한 연회를 베풀었다. 장왕의 애첩인 총희로 하여금 옆에서 시중을 들도록 했다. 밤이 늦도록 주연을 즐기고 있었는데 갑자기 큰바람이 불어 촛불이 모두 꺼져버렸다. 순간 총희의 비명이 들렸다. 누군가 그녀의 가슴을 더듬으며 희롱했던 것이다. 총희가 그자의 갓끈을 잡아 뜯고는 장왕에게 속히 촛불을 켜 갓끈이 없는 자를 잡아달라고 호소했다. 그러나 장왕은 신하들과 즐겁게 술을 마시는 날이라며 갓끈을 끊어버리지 않는 자는 이 자리를 즐기지 않는 것으로 알겠다고 엄포를 놓았다. 그러자 군신들이 모두 갓끈을 끊어버린 뒤 술을 마셨다. 연회가 끝난 후 총희는 범인을 잡아주지 않았다며 원망하였지만 장왕은 술에 취해 잠시 예의를 어긴 것을 가지고 어찌 엄벌을 내리겠냐며 더 이상 그 일을 문제 삼지 않았다고 한다.

3년 후 초나라가 중원의 패자인 진晉나라와 접전을 벌이게 되었다. 이때 초나라의 맹장 당교가 적진으로 돌격해 목숨을 아끼지 않고 용감히 싸웠다. 그리하여 전쟁을 승리로 이끌고 일등 공신이 되었다. 전투가 끝난 뒤 얼마 후, 장왕이 논공행상을 벌이는 자리에서 당교가 뜻밖에 무릎을 꿇었다. 그가 바로 3년 전 총희에게 갓끈을 뜯긴 범인이었다. 그는 장왕의 관용으로 살아났기 때문에 목숨을 바쳐 장왕의 은혜를 보답코자 했다고 말했다.

장왕은 일의 득실과 경중을 명확히 파악하는 인물이었다. 장왕이 그날 당교를 추궁하지 않았기에 당교는 사력을 다해 그 은혜에 보답했던 것이다. 부하의 잘못이나 과실을 엄히 벌해야 할 때도 있지만 대수롭지 않은 과실이라면 부하에게 만회할 기회를 줘야 한다.

후한後漢을 세운 광무제光武帝 유수劉秀가 천하를 통일할 당시 한단에서 왕랑王郎이라는 자가 황제를 칭하며 거병했다. 유수는 등우鄧禹·왕패王霸·풍이馮異 등의 가까운 부하를 거느리고 토벌에 나서서 왕랑군을 격파하고 이듬해 여름에 한단을 함락시켰다. 왕랑은 도주하던 중에 잡혀 죽었다. 그런데 왕랑이 살던 궁에서 편지 뭉텅이를 발견했다. 관원과 지방 유지들이 왕랑을 칭송하고 유수를 헐뜯는 내용이었다. 유수는 서신을 제대로 읽지 않은 채 관원과 호족들을 불러놓고 그들이 보는 앞에서 편지를 불살랐다. 이를 '분소밀신焚燒密信'이라 한다. 유수는 과거의 은혜와 원한을 문제 삼지 않겠다는 자신의 의지를 보이는 것이라 했다. 비밀이 밝혀져 자신들이 죽임을 당할까 봐 가슴을 졸이던 호족과 관원들이 안도의 한숨을 내쉰 것은 당연했다.

또 다른 분소밀신은 조조曹操에게서 찾아볼 수 있다. 관도전투에서 원소袁紹의 군대를 궤멸시킨 조조가 원소의 본영을 점령했을 때의 일이다. 조조 진영의 대신들이 원소와 주고받은 밀서가 대량으로 발견됐다. 조조는 그들이 누군지 색출해서 처단하자는 제안을 뿌리쳤다. 자신 역시 원소가 강할 때는 두려웠는데, 그들도 그 두려움 때문이었을 거라고 말했다. 그리고 과거의 죄를 묻지 않겠다며 밀서를 모두 불에 태워버렸다.

『채근담菜根譚』에 나오는 말도 살펴보자.

"세상을 살아가는 때는 한 걸음 양보하는 것을 높이 여기니, 한 걸음 물러나는 것은 곧 한 걸음 나아가는 근본이 된다. 사람을 대함에는 일분 너그럽게 하는 것이 복이 되니, 남을 이롭게 하는 것이 사실은 자기를 이롭게 하는 토대가 되느니라."

〔處世讓一步 爲高 退步 卽進步的張本, 待人寬一分 是福 利人 實利己的根基.〕

관용을 베푼다는 것은 결국 자신을 이롭게 하는 것이다. 더구나 윗사람의 용서와 관용은 더 큰 힘을 발휘하게 한다.

부드러운 것이 강하다

노자老子는『도덕경道德經』에서 부드러움에 대해 강조했다.

"최상의 덕은 물과 같다. 물은 만물을 이롭게 하여 다투지 않으면서, 모든 사람이 싫어하는 곳에 있다. 그러므로 도에 가깝다. 거처로는 땅을 좋다고 하고, 마음은 깊은 것을 좋다고 하고, 사귀는 데는 어진 것을 좋다고 하고, 말은 진실한 것을 좋다고 하고, 정치와 법률은 다스려짐을 좋다고 하고, 일에는 능숙한 것을 좋다고 하고, 움직임에는 때에 맞음을 좋다고 한다. 오직 싸우지 않으니, 그러므로 허물이 없다."

〔上善若水, 水善利萬物而不爭, 處衆人之所惡, 故幾於道, 居善地, 心善淵, 與善仁, 言善信, 正善治, 事善能, 動善時, 夫唯不爭, 故無尤.〕

또 부드러운 것이 단단한 것을 이긴다는 '유능제강柔能制剛'에 대해서도 강조했다.

임종을 앞둔 스승이 마지막 가르침을 주기 위해 제자를 불러, 자신의 입을 보여주며 무엇이 보이는지 물었다. 제자는 혀가 보인다고 했다. 스승은 이도 보이는지 물었다. 제자는 치아는 다 빠지고 남아 있지 않다고 했다. 그러자 스승이 이는 다 빠지고 없는데 혀는 남아 있는 이유를 물었고, 제자는 이는 단단하기 때문에 빠져 버리고, 혀는 부드러운 덕에 오래도록 남아 있는 것이라 답했다. 스승은 부드러움이 단단함을 이긴다는 것, 이것이 세상 사는 지혜의 전부라며 더 이상 가르쳐줄 것이 없다고 말했다.

황석공黃石公도 『삼략三略』에서 유능제강을 말하였다.

"유한 것은 착하고 아름다운 덕이며, 강한 것은 사람이나 사물을 해치는 악덕인 것이다. 약한 자는 사람이 모두 이를 돕는 것이며, 강한 자는 사람이 모두 이를 공격하는 것이다. 부드러움도 쓸 곳이 있으며, 굳셈도 쓸 곳이 있으며, 약함도 쓸 곳이 있으며, 강함도 쓸 곳이 있다. 이 네 가지를 모두 겸하여 가지고 형편에 따라 알맞게 써야 한다.

〔柔者, 德也 ; 剛者, 賊也. 弱者, 人之所助 ; 强者, 怨之所攻. 柔有所設, 剛有所施 ; 弱有所用, 强有所加. 兼此四者, 而制其宜.〕

위진남북조시대 이후 중국의 분열기이자 혼란기였던 오대십국을 지나 송宋나라의 황제가 된 조광윤趙匡胤은 다른 왕조들과 달리 피 한 방울 묻히지 않고 황제가 되었다. 그가 후주後周의 장군으로 있을 때 오랑캐가 침략했다는 소식이 전해지자 조정에서는 그에게 적을 물리치도록 지시했다. 조광윤은 조정의 뜻을 받들어 출병해 수도에서 20여 리 떨어진 곳에 잠시 머물렀을 때였다. 군주에 대한 불만이 팽배해있던 부하들이 조광윤을 황제로 옹립하려 했는데, 그는 웃기만 할 뿐 수락하지 않는 것이었다. 그러자 병사들은 이튿날 아침 미리 준비한 황포를 조광윤에게 강제로 입히고 그를 황제로 등극시켰다. 이것이 바로 '황포가신黃袍加身'이라는 고사로 조광윤이 의도했다는 설도 있다.

황제가 된 송 태조 조광윤은 강한 리더십보다는 부드러운 리더십으로 국정을 이끌었다. 그는 종종 백성들의 삶을 보기 위해 평복을 하고 궁궐을 빠져 나가곤 했다. 아직은 조심해야 한다는 신하의 말에 그는 황제가 될 운명이라면 어느 누구도 그 명을 빼앗지 못할 것이고, 황제가 아닐 운명이라면 아무리 문을 굳게 닫아걸고 있어도 소용이 없다며 통 크게 행동했다.

그러던 어느 날 황제의 거마가 궁을 나서서 다리를 건너고 있을 때 문득 어디선가 화살이 날아와 의장대를 맞혔다. 금군의 시위들은 깜짝 놀라 어찌할 바를 몰랐지만 조광윤은 오히려 가슴을 헤치고 웃으면서 쏠 테면 쏴보라고 했다. 그는 하늘의 도움으로 황제가 되었다고 스스로 굳게 믿었을 뿐만 아니라 그 사실을 대신들에게도 믿게 함으로써 음모나 암살로도 바뀔 수 없음을 보여주려 한 것이었다.

조광윤은 너그러움으로 세상을 대했고 가급적 평화적인 수단을 사용했다. 그는 평생 적대국의 왕을 한 명도 죽이지 않았다고 한다. 오대십국 중 하나였던 촉 왕의 모후에게도 고향으로 돌아갈 수 있도록 조치를 취했고, 후주 세종의 아들을 신하에게 거두게 해서 성년이 되었을 때는 자사까지 지내게 했다. 후주의 황족과 황후 그리고 옛 대신들을 관용으로 대했으며 결코 참형으로 다스리지 않았다. 오히려 온건한 관용정책으로 그들을 점차 새로운 왕조에 참여시켰는데, 후주의 세 재상 범질范質·왕부王溥·위인보에게 높은 관직을 주어 극진히 예우했다. 이러한 그의 리더십은 당연히 민심과 당시의 국면을 안정시키는 데 매우 긍정적인 역할을 할 수 있었다.

조광윤은 젊은 시절 동준해의 부친 밑에서 살았는데 핍박이 심해 다른 곳으로 떠날 수밖에 없었다. 동준해와의 인연은 후주에서 함께 대신이 되어서도 이어졌는데 대립하는 관계였다. 하지만 조광윤은 황제가 된 후 동준해를 불러 옛일에 대해서는 전혀 추궁하지 않고 웃으며 그의 능력에 맞는 관직을 내렸다. 동준해는 감격의 눈물을 흘렸고 평생 조광윤에게 충성을 다했다고 한다.

『사기史記』「계포난포열전」에 나오는 계포季布는 초楚나라의 의리 있는 협객이었다. 항우項羽 밑에서 장수로 활약하며 여러 차례 유방劉邦을 곤경에 몰아넣었다. 그래서 유방은 항우가 죽고 천하를 평정하자 천금의 현상금을 내걸어 계포를 수배하였다. 그를 숨겨주는 자 또한 삼족을 멸할 것이라고 공표하였다. 노魯나라의 주가朱家는 자신이 산 노예가 변장한 계포인 줄 알고 있었다. 그는 양으로 가서 여음후汝陰侯 등공滕公을 만나 그 집에서 며칠 머물며 기회를 엿보다 등공에게 계포가 무슨 큰 죄를 지었기에 황제가 찾는지를 물었다. 등공은 계포가 유방을 여러 차례 곤경에 빠뜨린 자이지만 현자라고 했다.

"신하는 자신의 군주를 위해 충성을 다합니다. 계포가 항우를 위해 충성을 다한 것은 그의 직분을 다한 것뿐입니다. 그런데 어찌하여 항우의 신하를 모두 죽여야 한단 말입니까? 지금 황제께서는 천하를 얻은 지 얼마 되지 않았습니다. 사사로운 원한으로 사람을 잡으려 하니 그래서는 황제로서 도량이 적다는 것을 천하에 보여주는 것밖에 안됩니다. 또한 현상금을 내걸고 잡고자 하면 북쪽의 흉노匈奴로 도주하거나 남쪽 남월南越로 도망칠 수도 있습니다. 이는 현명한 장수를 미워하여 적국을 이롭게 하는 것이며, 오자서伍子胥가 초나라 평왕平王의 무덤을 파내어 그 시신에 채찍질을 한 것 같은 원한을 만드는 것입니다. 등공께서 황제를 뵙게 되면 꼭 이 말을 전해주시기 바랍니다."

주가의 말에 등공은 깨달은 바가 있어 그렇게 하겠다고 약속했다. 그리고 유방에게 그대로 진언하였다. 그러자 고조 유방은 계포를 용서하였다. 주가는 이 일로 인해 장안에 명성을 날리게 되었다. 이후 계포는 고조 유방을 알현하고 깊이 사죄해 낭중郎中에 임명되었다.

유방은 계포를 사면해줌으로써 민심을 얻을 수 있었다. 과거 유방의 적들 중에 모반을 준비하던 사람들의 마음을 안정시켜 한나라를 섬기도록 만들었다. 이는 다스림에 있어서 강함보다 부드러움이 더 효과적임을 말해주고 있는 것이다.

서로에 대한 예의를 지켜라

『육도六韜』에 군주와 신하 사이의 예의에 대해 나온다. 태공망太公望은 '군주는 위에 있으면서 아래를 굽어 살필 뿐이고 신하는 아래에 있으면서 위를 받들 뿐인데, 아래를 굽어 살피되 가까이 대하여 너무 멀어지지 않게 해야 하고 위를 받들되 속이거나 감추는 일이 없어야 한다'고 말했다. 이는 군주는 군주의 자리에서 자기 역할을 하는 것이고, 신하는 신하대로 자기 자리에서 자신의 역할을 하는 것이 예의라는 것이다.

『한비자韓非子』「외저설좌상」편에 위나라 소왕의 이야기가 나온다.

위소왕魏昭王은 직접 관리들의 사무를 집행해보고 싶어서 맹상군孟嘗君에게 그 뜻을 밝혔다. 맹상군은 집무를 보려면 먼저 법전을 꼼꼼히 읽어야 한다고 말했다. 소왕은 법전을 열 장 정도 읽다가 졸려서 잠이 들어버렸다. 잠에서 깬 후, 자신은 법전을 읽을 만한 끈기가 없다고 했다. 그랬더니 한비자는 왕이 정권을 장악하지 않고 신하가 하는 일을 해보겠다고 한 것이 문제라고 했다. 조직이 잘 돌아가려면 각자가 맡은 업무가 분명해야 한다. 그 업무를 인정해주는 것이 상하 간의 예의를 지키는 것이다. 왕이 신하의 일을 하려고 해서도 안 되지만, 신하가 왕의 일을 하려고 해서도 안 되는 것이다.

제齊 환공桓公은 관중管仲을 각별하게 신뢰한 나머지 조정 대신들에게 관중을 중부로 모시고자 한다며 그 의견을 물었다. 찬성하는 사람은 왼쪽에, 반대하는 사람은 오른쪽에 서라고 했다. 대신들이 좌우로 갈라섰는데 동곽아東郭牙만이 한 가운데 서 있었다. 환공이 그 이유를 묻자 도리어 그는 관중의 능력으로 천하를 도모할 수 있는지를 물었다. 환공은 그렇다고 답했다. 그러자 이번에는 관중의 결단력이 대사를 추진하는 데 부족함이 없는지 물었고, 환공은 역시 그렇다고 답했다. 그러자 그는 관중의 지모가 천하를 도모하기에 족하고, 그의 결단력이 대사를 추진하는 데도 부족함이 없는데, 그에게 대권을 맡기고 제나라를 다스리게 한다면 환공의 정권이 위태롭지 않겠느냐고 물었다. 환공은 그제야 동곽아 말을 알아듣고 관중에게 모든 대권을 넘겨주지 않았다고 한다.

환공의 결정은 자신에게, 관중에게 그리고 제나라에도 현명한 결정이었다. 군신 간의 도리에 있어서 신하가 군주보다 더 큰 권력을 갖지 않는 것이다. 천하를 경영할 만한 능력을 가진 관중이었지만, 환공이 그에게 그런 권력을 쥐어줬다면 오히려 제나라는 혼란으로 부국강병을 이룰 수 없었을 것이다.

『한비자』「논난」편에는 군신 간의 예의에 대한 내용이 나온다.

진晉나라 평공平公이 신하들과 잔치를 벌이다가 잔치가 무르익을 무렵 한숨을 몰아쉬며 군주라는 직분은 아무런 즐거움이 없다고 말했다. 다만 무슨 말을 해도 이를 거스르지 않는 직분일 뿐이라고 한탄했다. 그때 사광師曠이라는 신하가 평공의 옆에 앉아 있다가 거문고를 들어 평공을 쳤다. 다행히 평공이 잽싸게 비켜서 거문고는 벽에 부딪치면서 벽이 부서졌다. 평공이 그에게 누구를 친 것인지 묻자 사광은 자기 옆에서 소인배의 말을 지껄이는 자가 있어서 던진 것이라며 그것은 군주가 할 말이 아니라고 했다. 평공은 부서진 벽을 수리해야 되겠다는 측근의 말에 반성의 도구로 삼게 그대로 두라고 했다.

이일을 한비자는 평공은 군주로서의 도에서 벗어났고, 사광은 신하로서의 예의에서 벗어났다고 지적했다. 군주의 행위에 문제가 있다면 먼저 말로 해야 한다. 혹여 간언해서 듣지 않으면 신하가 물러나야 되는 것이 군주에 대한 예의라고 했다. 군주 역시 신하가 간언이 아닌 군주의 신체에 위협을 가하는 대역행위를 감행했는데 그것을 받아들인 것은 군주의 위치에서 벗어난 태도라고 했다.

한漢나라를 세운 유방劉邦의 수하에는 많은 대신이 있었는데, 가장 무난하게 지낸 인물이 소하蕭何이다. 소하는 일찍이 유방의 상사였다. 유방이 사수정장으로 있을 때, 소하는 현령의 비서였고 법률에 정통했다. 그때 모두 무뢰한 출신의 유방을 무시했지만, 소하는 유방을 알아보고 그에게 잘 대해주었다. 진시황 35년, 사수정장 유방이 수도 함양으로 요역 1년을 하러 갈 때 소하는 엄청난 전별금을 유방에게 주었고, 유방은 그 일을 평생 잊지 않고 있었다. 나중에 유방이 천하를 얻고 논공행상을 할 때 특별히 소하에게는 2천호의 봉읍을 내렸다.

유방 수하의 많은 인물이 유방과 끝이 좋지 않았는데 소하만큼은 끝까지 좋은 관계를 유지했다고 한다. 이는 소하의 현명한 처신에 있었다. 소하와 유방은 서로 많은 것이 달랐다. 끈끈하게 지냈다기보다 서로 예절을 지키는 관계였다. 소하는 유방의 뒤에서 묵묵히 일처리를 해주는 스타일로 그의 일생에 가장 큰 도움이 되어주었다. 일처리는 조심스러웠으며 공을 내세우거나 자랑하지 않았다. 하지만 유방이 자신을 의심하는 순간에는 신뢰를 얻기 위해 자신의 가족 및 친척들을 모두 전쟁터로 보내 의심의 여지를 없애기도 했다.

리더의 입장에서는 너무 완벽한 부하는 불편할 수 있다. 언제 자신의 자리를 치고 들어올지 모른다는 막연한 공포심과 의심 때문이다. 소하는 일부러 백성들에게 욕을 먹고 문제를 일으키고는 그 잘못을 빌었다. 이런 소하의 못난 행동에 유방은 만족해했다. 소하는 총명한 사람이었다. 어쩌면 한신韓信에 비해 공로는 떨어질지언정 자기 분수껏 몸을 낮출 줄 알았다. 그는 자신보다 가족과 자손을 위해 고개를 숙여야 할 때는 부득이 고개를 숙여야 한다는 것을 알았다. 그렇게 조심스럽게 행동해서 자신을 보전할 수 있었고, 유방에게 계속 인정받을 수 있었던 것이다.

엄벌이 필요할 때도 있다

'살계경후殺鷄警猴'라는 말이 있다. 닭의 목을 쳐서 원숭이에게 경고를 준다는 뜻이다.

한 노인이 묘기를 부리는 원숭이를 키우고 있었다. 노인은 돈을 벌려고 원숭이를 저잣거리로 데리고 나가 재주를 부리게 했다. 그런데 어느 날 사람들은 모여드는데 원숭이는 주변 사람들을 멀거니 쳐다만 볼 뿐 재롱을 떨지 않았다. 아무리 다그쳐도 꿈쩍을 하지 않자 노인은 꾀를 떠올렸다. 원숭이가 피를 싫어한다는 속설을 떠올린 그는 원숭이가 보는 앞에서 닭의 목을 잘랐다. 아니나 다를까 피를 본 원숭이는 공포에 질려 곡예를 부리기 시작했다. 이 고사에서 나온 말로, 전체를 벌 줄 수 없는 상황에서 한 사람을 처벌하여 나머지 사람들에게 경고하는 방식이 '살계경후'라 할 수 있다. 조직을 운영해 나가다 보면 어려움이 닥치게 되는데, 분위기를 전환시키기 위해 하나의 본보기로 일벌백계를 하는 수가 있다.

조조曹操 역시 이런 방법을 택한 적이 있다. 조조가 17만 대군을 이끌고 원술袁術을 치러 갔을 때 일이다. 원술은 조조의 적수가 못 된다는 것을 알고 성문을 굳게 닫고 지키면서 조조의 군대가 식량이 바닥나서 스스로 물러가기를 기다리고 있었다. 원술의 계략대로 조조의 17만 군사들의 식량은 점점 줄어들고 있었고, 후방이 멀리 떨어져 있다 보니 보급물자도 전달되지 않았다. 군량미를 관리하는 왕후王垕가 조조에게 부족한 식량문제를 어떻게 해결해야 될지를 물었다. 조조는 작은되로 나눠주라고 했다. 그러면 불만이 있을 거라는 왕후의 말에 조조는 생각이 있으니 시키는 대로 하라고 했다. 왕후는 명령에 따라 작은되로 배급을 했다. 조조가 사람을 시켜 살펴보니 병사들 사이에 불평이 자자하였다. 조조를 원망하지 않는 자가 없을 정도라 군사들의 사기에도 영향을 미치는 문제가 아닐 수 없었다. 그런 상태에서는 싸우는 것만이 능사가 아니라 병사들의 이탈까지도 예상되고 있었다.

조조는 왕후를 불러 그가 가진 한 가지를 내놓아 군사들의 분노를 잠재우고 군심을 안정시키려 한다고 말했다. 왕후는 자신의 무엇을 내놓아야 하는지 물었고, 조조는 그의 머리라고 했다. 그러자 왕후는 자신은 아무런 잘못이 없다고 항변했다. 조조는 왕후에게 죄가 없음을 알고 있다며 가족들은 잘 보살펴줄 테니 염려하지 말라고 하며 망나니에게 왕후를 군문 앞으로 끌고 가 참수하도록 했다. 조조는 왕후의 머리를 높이 매달고 왕후가 몰래 작은되를 써서 병사들에게 식량을 나눠주고 나머지 양식은 도적질하여 군법대로 처결했다고 알렸다. 군사들의 원망하는 마음이 풀어졌고 조조는 곤경에서 벗어났다. 조조가 전투에서 지는 것보다 더 두렵게 여겼던 것은 군심이었다.

조조가 희생양을 삼아 곤경에서 벗어났다면 제갈량諸葛亮은 엄격한 간부관리로 조직의 안정을 도모했다. 유비劉備의 양아들인 유봉劉封이 맹달孟達과 함께 어울리다가 관우關羽의 원군 요청을 거절해서 관우를 죽게 만드는 죄를 저질렀다. 제갈량은 유봉의 문제를 처리하는 데 매우 강경한 태도를 취하며 엄격하게 처벌하기를 주장했다. 무엇보다 유봉이 유비의 측근이었다는 점으로, 측근의 잘못을 제대로 처벌하지 않으면 조직의 질서는 흐트러지게 마련이기 때문이다.

『한비자韓非子』「외저설우상」 편에 측근에 관한 이야기가 나온다.

진晉나라 문공文公은 호언狐偃에게 백성들이 나라를 위해 싸울 수 있게 하려면 어떻게 해야 하는지 물었다. 호언은 '상을 주되 정확히 주고, 벌을 주되 빠짐이 없으면 나라를 위해 싸우게 할 수 있다. 이때 군주와 친밀하거나 귀여워하는 자라도 죄를 졌을 때는 용서 없이 처벌해야 하고, 사랑하는 이라도 법에 의해서 처단해야 한다'고 말했다.

문공은 다음날 포륙에서 사냥을 하도록 명령했다. 집합시각은 정오로 정하고 지각한 자는 군법에 의해서 처형하기로 했다. 그런데 하필이면 문공이 아끼는 중신 전힐顚頡이라는 자가 지각을 하고 말았다. 그러자 관리는 전힐의 처벌을 요구했고 문공은 슬퍼서 주저했다. 그럼에도 관리는 계속 처벌을 요구해 결국 전힐의 허리를 칼로 내리쳤다. 그런 후 이 사실을 백성들에게 공개하여 군법이 확실히 집행되고 있다는 것을 알렸다. 백성들은 왕이 그토록 사랑한 전힐도 법대로 했는데, 자기들 따위에 대해서는 더욱 용서가 없을 거라고 두려워했다. 문공이 군사를 일으켜 전쟁을 하자 백성들은 맹렬히 싸워서 여덟 개의 공을 세울 수 있었다. 문공이 호언의 뜻에 따라 전힐의 허리를 칼로 쳤기 때문에 가능한 일이었다고 한비자는 말한다.

제갈량이 유봉을 엄벌에 처할 것을 요구한 것은 리더의 측근에게 엄격하게 함으로써 규율을 바로 세우게 하기 위함이었다. 만일 리더의 측근에게 엄격하지 않으면 시간이 갈수록 교만해지게 되어 문제의 싹을 더욱 키우게 되는 결과를 만들게 된다. 리더에 대한 신뢰도 사라지고, 측근의 잘못이 용인되는 것을 보고 규율을 지킬 필요를 느끼지 못하면서 잘못된 행위가 확산될 수도 있다.

현명한 리더라면 가장 먼저 측근들을 잘 관리해야 한다. 내 뜻을 펼치고, 아랫사람들을 잘 다스리려면 충분한 위엄과 사람들의 경외심이 필요할 것이다. 리더가 위엄을 세우고 조직의 기강을 세우려면 위에서부터 바로서야 한다. 엄격한 간부관리는 조직의 조화와 안정을 가져다주며 조직을 이끌고 나가기에 훨씬 쉽게 만든다.

『한비자』「외저설우하」편에 '나무를 흔드는데 나뭇잎 하나하나를 잡아당기면 고생만 하게 되고 아무런 효과를 얻을 수 없지만, 좌우에서 그 밑둥치를 치면 잎이 모조리 흔들린다. 깊은 못 가에 서 있는 나무를 흔들면 새는 놀라 멀리 날아가고, 물고기는 놀라 깊이 숨는다. 또 어망을 잘 치는 자가 그 줄만 잡아당기는 것으로도 물고기들이 어망 속으로 들어온다. 관리는 백성에 대해서 밑둥치나 줄에 해당된다. 그러므로 성인은 관리를 다스려야 하는 것이지, 백성을 직접 다스리지 않는다'고 했다. 백성에게 엄벌이 필요할 때는 관리를 다스려야 한다.

『한비자』「이병」편에 한나라 소후의 이야기가 나온다.

소후가 술에 취해 졸고 있는데 관을 담당한 자가 그에게 의복을 덮어주었다. 졸다가 깨어난 소후는 누가 옷을 덮어주었는지 기쁜 마음으로 신하에게 물었다. 신하는 관을 담당하는 자가 덮어주었다고 했다. 그랬더니 소후는 관을 담당하는 자와 옷을 담당하는 자를 함께 불러 둘 다 처벌하는 것이었다. 옷을 담당한 자는 그 직무를 태만히 했기 때문에 처벌한 것이라 했고, 관을 담당한 자는 자기 직무 외의 일에 참견했기 때문에 처벌한 것이라 했다. 그는 옷을 덮어줘 따뜻하게 잠은 잤지만 직무 외 월권이 추위보다 더 두려운 결과를 초래하리라 믿었기 때문이다.

감동을 주어라

훌륭한 리더는 감동을 주는 리더라고 할 수 있다. 감동시킬 줄 아는 리더는 아랫사람들의 충성을 이끌어낸다. 조직을 이끌어나갈 때 구성원들을 진심으로 이해하고 그들을 바라보는 시선이 따뜻하고 진정성 있는 언어로 대한다면, 그들은 조직과 리더에 대한 신뢰를 보일 것이다.

중국 삼국시대 오吳나라의 손권孫權에게는 주태周泰라는 장수가 있었다.

손권이 그를 요직에 기용하자 서성徐盛·주연朱然 등의 장수들이 불만스러운 마음에 복종을 하지 않았다. 어느 날 손권은 주태와 여러 장수를 불러놓고 연회를 베푼 후 주태에게 윗옷을 벗으라고 했다. 과거 손권이 목숨의 위협을 받았을 때 모두 무서워 벌벌 떨고 있었지만 주태가 앞서 용감하게 싸워 손권을 지켜낸 적이 있었다. 이 싸움에서 그는 열두 군데나 상처를 입었는데 손권이 그 상처들을 하나하나 짚어가며 눈물을 흘리는 것이었다. 그 순간 손권을 못마땅해 하던 장수들이 모두 감동하여 주태를 따르기로 했다. 감동이란 필요 이상의 많은 말을 하지 않아도 되는 힘이 있다.

감동의 리더십을 이야기하면서 빼놓을 수 없는 인물이 삼국시대 촉蜀나라의 유비劉備이다. 그는 사람을 감동시키는 능력으로 많은 인재를 얻었다. 조자룡趙子龍과의 일화가 있다.

조자룡이 조조 군대와의 전투에서 죽음의 고비를 넘기면서 유비의 아들을 구해왔을 때 유비는 아들을 땅에 내동댕이치면서 아들 때문에 최고의 장수를 잃을 뻔했다고 탄식했다. 그 모습을 본 조자룡은 머리를 땅에 대며 '간뇌도지肝腦塗地' 즉 간과 뇌를 땅에 쏟아 낼 때까지 충성을 다하겠다고 고백했다. 조자룡은 죽을 때까지 관우關羽·장비張飛와 함께 촉나라의 운명과 함께했다.

조선 최고 성군으로 평가받는 세종世宗 역시 신하들에게 감동을 주는 리더였다. 어느 날 집현전에서 새벽까지 책을 읽다 잠든 신숙주申叔舟에게 세종은 자신의 곤룡포를 벗어 덮어주었다. 아침에 잠에서 깬 신숙주는 세종의 배려에 눈물을 흘렸다. 진정으로 능력 있는 리더란 진정성 있는 말과 행동으로 부하의 마음을 감동케 하고 충성을 얻어내야 하지 않겠는가.

이순신李舜臣은 한국사에서 가장 위대한 인물의 한 표상이다. 조선 최대의 국난인 임진왜란에서 위대한 전공을 세웠기 때문만은 아니다. 그는 부하들에게만이 아니라 백성들에게도, 그리고 후세 사람들에게도 감동을 주는 인물이기 때문이다.

1592년선조25 4월 13일 왜군이 부산포로 출항하면서 임진왜란이 발발했다. 7년 동안 이어진 전란으로 조선의 국토와 민생은 처참하게 파괴되었다. 전쟁이 시작된 뒤 보름여 만에 서울이 함락되고, 선조宣祖는 급히 몽진해 압록강변의 의주까지 갔으니 개전 두 달 만에 조선은 멸망 직전의 위기에 몰린 것이었다.

널리 알려진 것처럼 왜란에서 이순신은 임진년1592년 5월 7일 옥포玉浦해전부터 계유년1598년 11월 18일 노량露梁해전에 이르기까지 23번의 전투를 치러 모두 승리했다. 그는 왜란이 일어난 1년 뒤인 1593년 8월 삼도수군통제사로 승진해 수군을 통솔하면서 공격과 방어, 집중과 분산의 작전을 치밀하고 효과적으로 수행했다. 그 당시 나라는 전란에 휩싸이고 그는 국운을 책임진 수군의 수장으로서 엄청난 책임과 부담감을 느꼈을 것이지만, 험난했던 그동안의 관직생활에서 보면 최고의 지위를 안정적으로 유지한 기간이기도 했다.

이순신은 전투가 끝나면 임금에게 올리던 보고서인 장계에 전사한 병사들과 부상한 병사들의 이름을 일일이 거명하면서 상을 내릴 것을 주청했다. 그리고 최대의 격전이라고 할 수 있는 부산포해전에서는 아끼던 부하 정운 장군이 전사하자 슬픔을 이기지 못하는 진정 부하를 사랑하는 한 인간의 모습을 보여주기도 했다.

그의 일생에서 가장 크다고 할 만한 고난이 닥친 것은 1597년선조30

1월이었다. 그는 왜군을 공격하라는 국왕의 명령을 따르지 않았다는 죄목으로 파직되어 서울로 압송되었고, 죽음 직전에 이르는 혹독한 고문을 받은 끝에 4월 1일 백의종군의 명령을 받고 풀려났다. 전쟁은 정유년1597년에 다시 발발했다. 그러나 그 해 7월 원균元均이 칠천량漆川梁에서 대패하면서 조선 수군은 궤멸되었다. 내륙에서도 일본군은 8월 16일에는 남원을, 8월25일에는 전주를 함락한 뒤 다시 서울로 진격하고 있었다. 이순신은 백성을 가슴으로 사랑했다. 백의종군하면서 다시 삼도수군통제사로 임명을 받고는 경상도에서 전라도 방향으로 가다가 한 무리의 피난민 행렬을 만나자 말에서 내려 일일이 그들의 손을 잡고 눈을 맞췄다.

그가 백성들을 위해 얼마나 세심한 배려를 했는지는 전투를 통해서도 살펴볼 수 있다. 1592년 7월 13일 당항포 앞바다는 포성으로 뒤덮이고 불바다로 변하면서 왜선 26척 중 25척이 이순신 함대에 궤멸되었다. 많은 적이 수장되었지만 일부는 허우적대며 육지로 기어오르고 있었다. 이순신 장군은 적선 한 척은 온전히 남겨두라고 지시했다. 쥐도 궁지에 몰리면 고양이를 문다고 적이 육지로 올라가면 우리 백성들을 괴롭히고 죽일 것이 예상되므로 그들이 타고 도망갈 수 있게 배 한 척은 일부러 남겨두게 한 것이다. 예상대로 다음날 아침 백여 명의 적이 그 배를 타고 도망쳤다. 하지만 당항포 입구의 당목 근처에서 매복해 있던 조선수군에게 결국 궤멸되고 말았다고 한다.

이순신 장군은 백성을 사랑하는 남다른 리더십을 갖고 있었다. 그래서 이순신이 가는 곳이면 어디든 피난민들과 자원병, 의병이 모여들었다. 의능·삼혜·옥형대사·자운선사 등 수도하는 승려들도 이순신 휘하로 와서 참전하였고, 어부들도 작은 고기잡이배인 포작선을 동원하여 물과 땔나무 등 군수품을 싣고 바다의 의병이 되어 이순신 함대를 따라 나섰다. 명량해전 당시에는 노약자와 어린애들도 포작선을 타고 조선수군의 뒤에서 징과 북을 치며 응원하였고, 부녀자들도 해변에서 강강술래를 하며 조선수군을 도왔다. 이순신 장군이 진정으로 백성을 사랑하였기에 이런 기적 같은 일들이 일어났던 것이다.

03

일하기 좋은 조직

즐겁게 일하게 하라

조직구성원들이 즐겁게 일할 수 있는 분위기를 조성하는 것은 리더의 마인드에 달려 있다. 즐겁게 일할 수 있는 분위기를 제공한 조직에서는 성과가 나는 법이다. 아무리 좋은 환경과 시스템을 갖추고 있다 하더라도 즐겁게 일할 수 있는 분위기가 아니라면 높은 성과를 기대하기 어렵다.

한漢나라의 조참曹参은 본래 진秦나라 패현沛縣의 하급관리였지만 유방劉邦을 따라 봉기하여 전쟁에서 큰 공을 세운 용장이었다. 앞에서도 언급했듯이 소하蕭何가 임종을 앞두고 그를 재상으로 천거했다. 그런데 조참이 제대로 일하는 것을 찾아볼 수가 없었다. 알고 보니 조참은 아무것도 하지 않는 것이 오히려 일할 수 있는 분위기를 조성한다고 여겼던 것이다. 소하가 기초를 제대로 잡아 놓은 탓에 딱히 손대지 않아도 나라는 잘 운영이 되고 있었고, 진나라의 가혹한 법에 오래 시달렸던 백성들은 무위의 다스림을 오히려 더 좋아하였다.

‘소하가 법을 만들고 조참이 이를 따른다’는 ‘소규조수蕭規曹隨’라는 이 말에 얽힌 무위에 대해 생각해볼 만하다. 리더가 나서서 일을 시키는 것보다 스스로 즐겁게 자발적으로 일할 수 있는 분위기를 조성하는 편이 높은 성과를 올리는 지름길임을 알아야 한다.

삼국지의 한 축을 담당했던 유비劉備의 리더십도 부하들을 즐겁게 일할 수 있게 만들어주었다. 그는 사람을 신뢰하는 모습을 보였을 뿐만 아니라 인재를 적재적소에 배치하고 신의로써 타인을 대했다. 유비의 이러한 태도 덕분에 촉蜀나라는 망국이 되어서까지 충신들이 위魏나라보다 더 많았던 것이 아니겠는가.

한漢나라 원제元帝는 즉위 초반에만 해도 유교를 중시하는 정책을 실시하고 세금을 경감하는 민중의 생활안정을 도모했다. 부하들이 공명정대하게 법을 집행하도록 지지하는 한편, 월권행위를 삼갔다. 그래서 하병이라는 강직하고 공평무사한 지방관리도 배출될 수 있었다. 하지만 나중에는 환관과 외척이 번갈아 정권을 장악하는 정국을 만들었고, 통치하는 동안 부역과 세금이 가중되었으며 정치는 날마다 부패 일로를 치달았다.

이때 원제의 외척들이 득세를 하고 있었는데 그중 황후의 친정사람으로 황후의 총애를 받던 왕림경이라는 자가 있었다. 어느 날 그가 하병이 다스리고 있는 장릉현에 성묘를 와서는 많은 사람을 초대하여 대규모 연회를 벌리고 유흥에 취해 있었다. 하병이 왕림경을 찾아가 볼 일을 마쳤으면 돌아가라고 했다. 하지만 일개 현령의 말을 들을 그가 아니었다. 하병은 지역의 안정을 위한다며 큰 북을 쳐서 축객령逐客令을 내렸다. 화가 난 왕림경은 그곳을 떠나면서 사람을 시켜 현의 북을 찢어버렸다. 그러자 하병은 군대를 이끌고 왕림경 무리를 쫓아가 왕림경으로 변장한 하인의 머리를 베었다. 이 소식을 들은 황후는 분노를 참지 못하고 원제에게 이 사실을 고하며 하병을 처벌해줄 것을 청했다. 그러나 원제는 하병에게 오히려 큰 상을 내리고 농서 태수로 임명하더니 나중에는 영천 태수로 진급까지 시켰다.

왕이 바르고 강직한 성품을 가진 관리를 인정해주는데, 즐겁게 일하지 않을 관리가 얼마나 있겠는가. 리더는 부하의 공정한 업무 집행을 지지하고 그 권위를 보장해줄 때 자기 자신에게도 이롭다. 조직구성원의 마음과 충성을 얻을 수 있고 조직안정의 토대를 구축할 수 있기 때문이다. 리더가 덕이 있어야 밑에서도 즐겁게 마음껏 일할 수 있다. 물론 리더가 너무 열성적이면 피곤할 수도 있겠지만, 바른 생각과 덕을 가지고 있다면 적어도 부당한 일은 생기지 않을 것이다. 역사상 성군이라 불리는 리더가 있을 때 적어도 일하는 즐거움이 있지 않겠는가.

후한後漢을 세운 광무제光武帝 유수劉秀 역시 문덕정치文德政治를 행했던 리더이다. 한 왕조 부흥의 깃발을 든 유수는 후한 왕조를 열면서 학문을 장려하고, 유교 존중주의를 택해 예교주의의 기초를 다졌다. 이것이 이후 중국 역대 왕조에 계승되었다.

광무제는 부지런하여 아침 일찍부터 밤늦게까지 집무했으며, 한밤중이 되어서야 잠자리에 들었다. 이와 같이 성실한 황제였기 때문에 신하의 신망도 두터웠다. 광무제는 백성들에게 세금을 짜내는 짓을 하지 않았고, 전한前漢 문제文帝 때 실시했던 30분의 1세 제도를 다시 실시해 세금을 가벼이 하였다. 또 많은 군사 수를 정비해 군비를 줄이고, 나머지 군사들은 생산활동에 종사하게 했다. 그리고 개국공신들에게 높은 벼슬을 주게 되면, 나중에 황제를 위협하기도 했었던 역사를 거울삼아 서열에 합당한 토지와 식읍, 상을 내렸다. 그들이 각각 봉지로 돌아가 흡족한 생활을 할 수 있게 신경을 썼지만 정치에는 참여하지 못하게 한 것이다. 그는 대외정책에 있어서도 온건책을 써서 사회 전체를 안정적으로 이끌었다.

연회장에서 어떤 이가 광무제에게 유순하고 점잖기만 해서 황제가 될 줄은 몰랐다고 하니 자신은 유순한 도로써 나라를 다스릴 것이라고 말했다. 그 유순함이 마냥 대충대충 넘어가겠다는 의미는 아니다. 공평무사하게 처리해서 설득력을 가지겠다는 것이다. 그는 근검절약을 강조하고, 지방 특산물과 진귀한 음식을 조정에 바치는 관행을 폐지했다. 아랫사람에게 보내는 조서는 모두 일찰일행一札一行으로 목간 하나에 글 열 줄을 썼다. 군신들에게 겸손을 강조하고 매사 조심스럽고 신중하게 공무를 처리하고 행동거지도 마치 살얼음 위를 걷거나 깊은 연못 앞에 선 것처럼 신중해야 한다고 했다.

광무제 당시 구양흡歐陽歙이라는 학자가 있었는데 뇌물을 받아 감옥에 갇혔다. 제자들 수천 명이 구명운동을 벌였지만 광무제는 뇌물 받은 죄는 절대로 용서할 수 없다며 뜻을 굽히지 않자 구양흡은 결국 옥 안에서 죽었다고 한다. 또 광무제에게는 과부가 된 누이 호양공주湖陽公主가 있었는데 공주는 송홍宋弘이라는 신하를 남몰래 좋아했다. 이것을 안 광무제가 누이를 병풍 뒤에 숨겨 놓고 송홍을 불러 넌지시 마음을 떠보았다. '남자는 권세가 높고 부자가 되면 친구나 아내를 바꾸기도 한다는데 그대는 어떻게 생각하는가?'라고 물었다. 송홍은 '가난할 때 사귄 친구를 잊어서는 안 되고, 곤궁할 때 함께 산 아내를 버려서도 안 된다고 했다' 라고 답했다. 여기서 '조강지처糟糠之妻'라는 말이 생겼다. 송홍은 결코 자기 아내를 버리지 않겠다는 뜻을 보였고 광무제는 누이를 단념시켰다고 한다.

한번은 호양공주의 노예가 살인을 하고 집안에 숨어 있었다. 낙양현령 동선董宣이 직접 그를 붙잡아 사형에 처하고 공주의 잘못을 질책하였다. 공주가 광무제에게 눈물로 이를 고하니 광무제는 동선에게 머리 숙여 사죄하라고 명하였다. 하지만 동선은 끝까지 머리를 숙이지 않았다. 광무제는 그런 동선을 강항령强項令이라 칭찬하며 포상하였다.

후대 학자들은 광무제가 부드러운 도리로 천하를 얻었을 뿐 아니라, 또한 부드러운 도리로 천하를 다스렸다며 유도치국柔道治國이라고 부르기도 하고, 이 시기를 전한前漢의 문제文帝·경제景帝와 비유하여 명장지치明章之治라고도 불렀다.

서로 소통하는 조직을 만들어라

"군정이란 병서에서 말하길, 전쟁터에서는 말로 서로 들을 수 없으니 신문고와 징으로 신호를 한다. 시각으로 서로를 볼 수 없으니 깃발로 신호한다. 이런 북과 깃발 등은 모두 병사의 이목을 끌기 위해 사용한다."

〔軍政日:言不相聞 故爲鼓金 視不相見 故爲旌旗 夫金鼓旌旗者 所以一民之耳目也.〕

『손자병법孫子兵法』「군쟁」편에 나오는 말이다. 군대에서 군사의 수가 많은데 말로써 의사소통을 할 수 없으니 깃발과 북으로 의사소통을 이루고자 한다는 것이다. 징과 북 또는 깃발은 병사들의 이목을 통일하기 위함이다. 병사들이 이미 하나로 통일되면 곧 용감한 자도 제 혼자서는 전진하지 못하며, 비겁한 자도 제 혼자서는 후퇴하지 못하니, 이는 많은 병사를 활용하는 방법이다. 손자는 병사들의 눈과 귀를 일치시키는 의사소통의 정확성에 대해 강조했다. 오늘날에도 의사소통은 조직의 경쟁력이 되며 의사소통 체계의 확립이 조직을 이루는 기본적인 힘이 된다. 전장에서 의사소통이 원활하면 통일된 힘이 나오듯이, 어느 조직에서나 의사소통이 잘 이루어져야 조직의 전력을 높일 수 있다. 그러려면 먼저 의사소통을 방해하는 것을 제거해야 한다.

다산茶山 정약용丁若鏞은 『목민심서牧民心書』에서 '아첨을 좋아하는 자는 충성하지 못하고, 간쟁을 좋아하는 자는 배신하지 않는다. 사람을 쓸 때는 반드시 이 점을 살피라고 주문한다 그리고 할 말을 할 줄 아는 신하는 배신할 줄 모르고, 되레 아첨을 떠는 신하가 배신한다. 무릇 바른 말을 하는 신하라야 군주를 배반하지 않는다'고 하면서 윗사람은 이런 이치를 마땅히 알아야 한다고 했다. 정약용은 의사소통을 방해하는 것이 아첨이라 했고, 의사소통을 이루기 위해서는 직언이 필요하다고 했다.

직언은 왜 필요한가? 조선 초기 학자이자 문신인 권근權近은 신하가 군주에게 지나친 직언을 했다 해서 죄를 준다면 다음부터는 두려워서 할 말을 못하게 되고 이는 언로言路를 막는 것이라 했다. 신숙주申叔舟 역시 문종 재위 당시 언로는 혈맥과 같아서 혈기가 조금이라도 통하지 않으면 온몸에 병이 발생한다고 했다. 언로가 하루라도 통하지 않으면 사방에 병이 발생하여 군주가 편치 않게 되므로 직언과 극간極諫을 들을 줄 알아야 한다고 상소를 올렸다. 성호星湖 이익李瀷 또한 『성호사설星湖僿說』에서 '사람의 언론은 옳은 것을 옳다고 하고, 그른 것을 그르다고 하는 것이다. 그런데 옳은 것을 옳다고 말하는 자만 있고, 그른 것을 그르다고 말하는 자가 없다면 멸망이 임박한 것이다'라고 직언을 강조했다.

중국 역사에서 당태종唐太宗만큼 신하들의 직언을 강조한 군주도 없을 것이다. 그는 백성을 우선시하는 정책을 폈으며, 신하들의 의견을 존중하고 직언과 간언을 존중한 왕이었다. 살아생전 당태종에게 3백 번의 직언을 하였다는 위징魏徵은 상소문에서 '나무를 잘 키우려면 뿌리를 튼튼히 해야 하고, 물을 멀리 흐르게 하려면 원류를 깊이 파야 하며, 나라를 평안하게 하려면 덕행을 쌓아야 한다'고 말했다.

당태종은 직언과 간언을 강조하였는데 그것을 단적으로 나타낸 말이 '침묵은 독'이라고 한 말이다. 한번은 그가 중서성, 문하성 등 전체 궁중 신하들을 불러 놓고, '재능 있는 사람들을 선발하여 중요한 일을 시키고, 명령이 부당하면 과감하게 잘못을 얘기하고, 소신껏 자신의 일을 하도록 하라'고 하며 그렇게 만들자고 했다. 그리고 '나라가 위급해져서 망하려 하나 지탱하려 하지 않고, 군주가 엎어지려 하나 부축하지 않는다면 어떻게 그런 사람으로 나라를 보전하도록 할 수 있겠는가?'라고 하면서 군주가 잘못된 길을 가는데 직언하지 않는 신하는 필요가 없다고 하였다. 또한 '직간하는 신하를 얻는 나라는 흥할 것이요. 직간하지 않는 신하를 얻은 나라는 망할 것이라'는 말을 직접 할 정도로 직간의 중요성을 잘 알고 실천했다. 태종에게 가장 많은 직언을 했던 위징이 죽은 후 역린을 꺼리는 관원들이 직언을 하지 못하자 '어찌 과거에만 잘못했겠는가. 만일 나에게 옳고 그름이 있으면 직언하고 은폐하지 말라'고 했다.

한무제漢武帝 때 관리로서 성품이 강직하고 원칙을 지키며 처신을 잘하는 급암汲黯이라는 이가 있었다. 단정하고 엄숙한 태도 때문에 사람들은 그를 어려워했다. 그는 중앙정부에서 밀려나 지방에 나가 정치를 하면서도 파당을 만들지 않았으며, 친구들과 어울려 노는 데에도 관심을 두지 않았다. 한번은 하남 지방에 불이 나 가옥 천여 채가 탔는데, 황제의 허락도 없이 하남의 곡식창고를 열어 가난한 백성을 구제하고 돌아와서는 황제의 명을 어긴 벌을 달게 받겠다고 했다. 이일로 그의 소신이 뚜렷한 것을 본 무제는 급암을 중대부로 승진시켰다. 하지만 급암의 강한 소신이 무제에게는 다소 부담스러웠다. 원칙을 강조하면서 어느 때나 무제에게 직언을 해대니 불편할 정도였다.

결국 그는 동해군 태수로 좌천되고 말았다. 하지만 그 지역을 잘 다스려 백성들의 신임을 얻고 주변 군현까지 명성을 드날리게 되었다. 그러자 무제는 그를 다시 중앙으로 불러들여 곁에 두었다. 무제는 내심 그가 좌천의 쓴맛을 보았으니 좀 누그러지지 않았을까 기대했지만 그의 본성이 바뀌지는 않았다. 급암은 과시욕이 있는 무제에게 '겉으로만 인의를 베푸는 위선을 그만두고, 요순시대의 참 정치를 마음속 깊이 본받으라'고 직간하면서 더욱 세게 몰아붙였다.

급암에게는 직언을 하는 데 있어서 나름대로의 기준이 있었다. 조정의 이권이 걸린 문제에 대해서는 일절 관여하지 않고, 오직 황제와 국가 안위에만 관심을 두었다. 그래서인지 그를 시샘하는 이가 드물었다. 무제가 의관을 갖추지 않고 침대에 걸터앉아 공무를 보거나 관을 쓰지 않고 정사에 임할 때도 있었는데, 멀리서 급암이 오는 게 보이면 무제는 급히 장막 뒤로 몸을 피할 정도였다고 한다.

한번은 급암이 자신보다 늦게 조정에 들어온 자들이 출세하는 것을 보고 무제를 찾아가 옳지 않다고 따졌다. 황제의 인사권을 노골적으로 건드린 것이다. 그는 백성들을 위해서는 따뜻한 마음으로 정치를 펼치지만 절대 권력자에 대해서는 한없이 냉정했다. 무제의 절대적인 신임을 받는 어사대부 공손홍에게도 '위선으로 가득 찬 행동을 일삼는 자'라고 호되게 비판했다. 무제는 이런 급암의 강직함에 불편함을 느끼면서도 그를 '사직을 떠받칠 신하'라며 공경의 마음을 잃지 않았다.

뛰어난 소통의 능력을 가진 조趙나라 초기 무령왕武靈王은 전투에서 기동성을 확보하기 위해 오랑캐 옷을 입으라고 지시하며 군대를 개편했다. 하지만 오랑캐 옷의 착용은 오래 전부터 조상 대대로 내려온 복식 예의에서 벗어난다는 이유로 격렬한 반대에 부딪치고 말았다. 그러자 무령왕은 '옷이란 편해야 한다. 현명한 자는 법을 바꾸고 어리석은 자는 법에 얽매이는 것이다'며 군사들을 설득했다. 전투에서 기마병을 운영하려면 거추장스러운 옷보다는 편해야 기동성 있게 움직일 수 있다. 그 후 무령왕은 북방으로 천리를 개척했다. 리더는 권위가 아닌 논리와 설득으로 소통을 해야 한다.

상대가 원하는 것을 파악하라

일하기 좋은 조직은 기본적으로 소통이 잘 되어야 하고, 소통이 잘 되려면 서로가 원하는 것이 무엇인지 알아야 한다. 상대방의 마음을 움직이려면 그가 원하는 것이 무엇인지를 명확히 파악하는 것부터 시작해야 한다. 상대의 관점에서 문제를 바라보면 상대가 무엇을 원하는지, 왜 그렇게 행동했는지 의도를 제대로 파악할 수 있다.

중국 전국시대 조趙나라 효성왕孝成王이 임금이 되자 태후太后가 섭정을 했다. 그때 진秦나라가 군대를 일으켜 쳐들어왔다. 조나라는 제齊나라에 구원을 요청했는데, 제나라에서는 장안군長安君을 볼모로 삼아야 원군을 보내주겠다고 했다. 장안군은 태후가 가장 총애하는 태자로 태후는 장안군을 보낼 마음이 전혀 없었다. 하지만 나라의 안전이 위협받는 상황이라 장안군을 보내야 한다는 상소가 잇따랐다. 그럴수록 태후는 완강하게 버티며 장안군을 볼모로 보내면 가만있지 않겠다고 엄포를 놓았다.

그런 와중에 좌사 촉룡觸龍이 태후 만나기를 청했다. 촉룡과의 만남에서 태후는 그를 노려보기만 할 뿐 한마디 말도 건네지 않았다. 촉룡은 아랑곳하지 않고 자신의 다리가 성치 않아서 잘 걷지를 못하는 탓에 태후를 그동안 찾아뵙지 못했다며 말을 꺼냈다. 그러면서 태후도 건강이 좋지 않다고 들었는데 건강이 어떠신지 여쭈었다. 장안군 이야기를 할 줄 알았던 태후는 촉룡이 건강 이야기를 꺼내자 자신도 수레를 타고 다닐 정도로 건강이 썩 좋은 편이 아니라고 했다. 게다가 식욕도 없어 매일 죽만 먹는다고 했다. 촉룡은 맞장구를 치며 자신도 식욕이 없어 산책을 하곤 하는데 식사량도 늘고 건강도 좋아지더라고 말했다. 서로 건강 이야기를 하면서 태후의 안색이 부드러워지고 분노도 점차 누그러져 분위기가 한결 밝아졌다.

그때 촉룡은 자신의 아들이야기를 꺼냈다. 서기라는 아들이 있는데, 아직 어려 큰 능력은 없지만 궁정 호위병의 자리를 맡겨 일하게 했으면 한다고 했다. 그래서 태후를 찾은 것이라 했다. 태후는 기뻐하며 아이 나이를 물었고, 촉룡은 아들이 15세이며 자신이 죽기 전에 그 아이를 부탁드리고 싶다고 말했다. 그러자 태후는 자식에 관하여 근래 자신의 심경을 토로하기 시작했다.

"자식 사랑하는 마음이야 여느 부모나 마찬가지 아니겠습니까?"

태후의 말을 다 듣고 난 촉룡은 비로소 본론을 꺼내기 시작했다. 조나라의 경우 삼대 전부터 매번 당대 군주의 자손이 보위를 이은 적이 없었다고 말했다. 군주들이 지위는 높으나 공이 없고, 봉록은 많으나 하는 일이 없었기 때문에 그 화가 가깝게는 군주 자신에게, 멀리는 군주의 자손에게 미쳤기 때문일 것이라고 했다. 태후가 장안군을 아끼는 마음이야 이해하지만 태자 입장에서는 나라에 공이 없다면 장차 태후의 부재 시에 어떻게 입지를 굳힐 수 있겠냐고 토로했다. 자신의 생각으로는 태후가 장안군의 먼 미래는 염두에 두지 않고 있는 것 같다고 지적했다. 촉룡의 말을 듣고 난 태후는 그 말이 이치에 맞음을 깨닫고 병거兵車 백 대를 준비하여 장안군을 제나라에 인질로 보냈다. 제나라는 곧 원군을 보내 조나라를 구해주었다.

아마도 다른 대신들도 촉룡의 생각과 크게 다르지 않았을 것이다. 하지만 그들은 태후를 설득시키지 못했다. 더군다나 같은 이유로 여러 사람의 간언을 들었던 터라 촉룡이 찾았을 때는 그 노기가 하늘을 찌를 듯했다. 하지만 촉룡은 먼저 자신의 신변이야기로 태후의 마음을 누그러뜨렸다. 그러고는 아들이야기로 태후와 공감대를 형성했다. 마지막으로 조나라와 태자에게 있어서 이로운 것이 무엇인지 명확히 밝혀 태후를 이해시킨 것이다. 설득은 상대의 마음을 공감해줄 때 가능하다.

"적과 아군의 실정을 잘 비교 검토한 후 승산이 있을 때 싸운다면 백 번을 싸워도 결코 위태롭지 아니하다. 적의 실정은 모른 채 아군의 실정만 알고 싸운다면 승패의 확률은 반반이다. 또 적의 실정은 물론 아군의 실정까지 모르고 싸운다면 싸울 때마다 반드시 패한다."

〔知彼知己 百戰不殆. 不知彼而知己 一勝一負. 不知彼不知己 每戰必敗.〕

『손자병법孫子兵法』「모공」편에 나오는 말이다. 태후와 촉룡처럼 같은 이해관계가 아니라 상대가 적대적일 때도 상대를 잘 아는 것이 중요하다. 춘추시대 노魯나라 사람인 조귀曹劌는 사람의 심리를 잘 꿰뚫어 노나라를 위기에서 구했다. 제환공桓公은 즉위한 다음 해에 노나라를 공격했다. 번번이 제나라가 공격해오자 노나라 백성들은 분노했고, 평범한 백성이었던 조귀까지 장공莊公을 찾아와 제나라의 침공을 막는 전투에 참가시켜 달라고 간청했다. 장공은 그에게 제나라를 이길 방책에 대해 물었는데 그는 오히려 장공에게 되물었다. 장공은 백성들을 위한 정치를 위해서라도 제나라의 공격을 막을 것이라고 천명하자 조귀는 기꺼이 전장에 나가겠다며 자신만만해했다.

두 나라의 군대가 대치상황에 있을 때였다. 제나라 군이 먼저 군사가 많은 것을 믿고 북을 울리며 진격했다. 조귀는 장공에게 서두르지 말고 좀 더 기다리자고 했다. 시간이 조금 더 지나자 제나라 군의 두 번째 북소리가 울렸다. 그래도 조귀는 아직 때가 안 되었으니 군사를 출동시키지 말라고 했다. 제나라 군이 진격해 오는 것을 본 노나라 병사들은 언제든 출동 명령이 떨어지기를 기다리고 있었다. 노나라 군이 계속 움직이지 않는 것을 본 제나라 군은 세 번째 북을 쳤다. 그래도 노나라군은 움직이지 않았다. 제나라 군은 노나라 군이 겁을 집어먹고 얼어붙은 모양이라며 진격하기 시작했다. 그때 조귀는 장공에게 지금이 바로 반격할 때라고 말했다. 노나라 군사들은 사기가 충천하여 아래로 반격해 내려갔다. 노나라 군이 용맹하게 반격할 줄은 꿈에도 생각지 못했던 제나라 군은 불시의 반격을 막아낼 수가 없었다. 결국 제나라 군은 뿔뿔이 흩어져 도망쳤고 노나라 군은 큰 승리를 거둘 수 있었다.

궁궐로 돌아온 장공은 조귀에게 왜 세 번째 북소리에 반격을 했는지 물었다. 조귀는 전쟁은 군사들의 사기로 싸우는 것인데, 상대방이 첫 번째로 북을 울릴 때가 가장 사기가 높을 때이고, 두 번째로 북을 울릴 때는 사기가 좀 낮아지고 세 번째로 북을 울릴 때는 이미 사기가 해이해졌을 때라고 했다. 반면 반격하는 입장에서는 사기가 점점 더 올라간다는 것이다. 그래서 상대는 사기가 해이해지고, 아군은 사기가 드높아질 때 진격의 북을 올리면 승리하지 못할 까닭이 없다고 했다. 노나라는 조귀의 재치로 제나라와의 싸움에서 패배해 넘겨주었던 노나라의 수遂 땅을 되찾을 수 있었다.

독선을 경계하라

리더는 자신의 똑똑함을 확신하고 다른 사람의 비판을 용납하지 않는 독선을 경계 대상으로 삼아야 한다. 무엇보다 자신만이 옳다는 독선을 경계하는 것이 중요하고, 언제나 상대방의 견해를 진지하게 이해하려는 자세가 요구된다.

"이욕利欲이 마음을 해치는 것이 아니라 아집이 바로 마음을 해치는 벌레이고, 소리와 색깔이 반드시 도를 가로막는 것이 아니라, 총명이 바로 가로막는 울타리이다."

〔利欲未盡害心. 意見乃害心之蟊賊. 聲色未必障道. 聰明乃障道之藩屛.〕

『채근담菜根譚』에 나오는 말이다. 진秦나라의 상앙商鞅은 진 효공孝公의 지원으로 여러 가지 개혁을 실행했는데 병제·세제·법제를 정비하고 토지제도와 군현제를 시행하는 대개혁을 단행했다. 상앙은 진나라를 군사강국으로 만들었으며 행정을 교육제도에 중점을 두어 변화시키고 귀족의 권력을 줄였다. 그는 위魏나라를 정벌하려고 위나라 장군 공자 앙卬에게 편지를 써서 휴전을 하는 것처럼 하다가 매복시킨 병사들로 하여금 위나라 공자를 덮쳐 사로잡게 했다. 이는 조금은 군자답지 못한 수를 쓴 것이지만 위나라를 공격해 크게 물리치고 돌아올 수 있었다. 그렇게 그는 진나라가 전국시대를 통일할 수 있도록 기반을 닦았다. 그 공적으로 그는 열후列侯에 봉해지고 상商: 陝西省 商縣을 봉토로 받으면서 '상앙'이라 불렸다.

상앙이 진나라의 재상으로 10년을 자리하고 있자 군주의 종실 집안과 친척들 중에는 그를 원망하는 자가 많아졌다. 하루는 조량趙良이라는 자가 그를 찾아왔는데 그는 조량과 친하게 지내고 싶었지만 공손하게 거절하는 게 아닌가. 조량 입장에서 상앙은 원칙적이라 생각할지 몰라도 너무나 가혹한 법法과 잔혹한 형벌로 일을 처리하는 것이 많은 사람으로부터 원한을 사게 되고, 결국 훗날 재앙으로 닥칠 게 뻔하다고 생각되었기 때문이다.

상앙은 조량에게 자신이 진나라를 잘못 다스리고 있는 것인지 묻자 이렇게 답했다.

"다른 사람의 말에 귀 기울이는 것을 총聰이라 하고, 마음속으로 자신을 살피는 것을 명明이라 하며, 자기 자신을 이기는 것을 강强이라 했습니다. 순임금도 자신을 낮추면 더욱 높아진다고 했는데, 이를 따르면 될 것이지 제 의견 따위가 무슨 소용이 있겠습니까."

상앙이 다시 물었다.

"원래 진나라는 오랑캐의 풍습에 젖어서 부자간의 구별 없이 한 집에 사는 풍습이 있었는데, 내가 이를 고쳐서 남녀가 구별이 있게 되었고, 위엄 있는 궁궐도 만들었다. 나와 옛 목공穆公 때의 재상 백리해百里奚 중 누가 더 정치를 잘한다고 보는가?"

"천 마리의 양 가죽도 한 마리의 여우 가죽만 못하고, 아첨꾼 천 명의 말도 정직한 사람의 한마디 말보다 못하다고 했습니다. 주周나라 무왕武王은 신하들의 바른 직언으로 나라가 흥성했고, 은殷나라 주왕紂王은 신하들이 간언하지 못했기에 망했는데, 만일 무왕이 올바르다고 생각지 않는다면 제가 하루 종일 정직한 말을 해도 소용이 없지 않겠습니까?"

조량의 말에 상앙은 '겉치레의 말은 허황되고, 내심에서 나오는 말은 진실하며, 쓴 말은 약이고 달콤한 말은 독이라는데, 내게 약이 되는 말을 하는데 사양할 것은 없다'고 했다. 그랬더니 조량의 직언이 본격적으로 시작되었다.

"백리해는 가난했지만 현명한 사람이었습니다. 목공이 그를 재상의 자리에 앉혔지만 감히 불만을 말하는 사람이 없었던 것은 그의 공로를 보면 알 수 있습니다. 동쪽으로는 정鄭나라를 쳤고, 진晉나라의 군주를 세 번이나 바꾸게 했으며, 초나라를 위기에서 구해주었습니다. 그의 어진 정치에 오랑캐까지 복종해 따랐지요. 그는 재상의 신분이었지만 피곤해도 수레를 타면 결코 앉지 않았고, 더워도 수레 덮개를 씌우지 않았습니다. 행차할 때에는 뒤따르는 수레를 거느리지 않았고 무기를 가진 호위병도 없었습니다. 그의 공로가 문서창고에 보존되어 있으며, 덕행은 후세까지 전해지고 있지요. 그가 죽자 진나라의 온 백성은 눈물을 흘리며 슬퍼하였고 아이들조차 노래를 부르지 않았으며 절구질을 할 때도 흥얼거리지 않았습니다. 이것이 백리해의 정치요, 덕입니다."

조량이 상앙에게 하고 싶었던 말은 덕을 가지고 베풀라는 것이었다. 그는 대화의 고삐를 쥐고 직언을 이어갔다. 상앙이 진나라에 왔을 때부터 한 일은 백성을 위한 일이라기보다 결과적으로 그가 만든 법을 위한 독선이었다는 것이다. 권위를 세우고자 법을 만들고 개정하는 것은 옳지 못하며, 그것은 결코 백성을 교화하기 위한 것이 아니라고 했다. 결국 상앙의 법은 인심을 잃고 있으며 상앙이 부를 탐하고 국정을 독점하면서 백성들의 원성을 듣고 있다고 했다. 만약 지금의 왕이 하루아침에 세상을 뜨면 진나라에서 상군을 잡으려는 이가 많을 것이며 파멸은 한 순간이라고 경고했다.

"쥐에게도 예의가 있는데, 사람으로서 마땅히 갖추어야 할 예의가 없구나. 그러면서 어찌 상서로움을 바랄 수 있는가?"

상앙의 이 말에도 아랑곳하지 않고 조량은 『시경詩經』의 말을 인용하며 더 강력하게 경고했다. 하지만 상앙은 그의 말을 따르지 않았다. 그로부터 5개월 후 효공이 죽고 태자가 즉위했다. 그러자 공자 건의 무리가 상앙이 모반하려 한다고 밀고 했다. 병사들이 상앙을 잡으려 출병했다는 정보를 들은 상앙은 급히 함곡관으로 도망쳤다. 상앙이 그곳 여관에 묵으려고 하자 주인은 '상앙이 정한 법에 신분증이 없는 자를 머물게 하면 손님과 연좌되어 벌을 받게 됩니다. 그러니 재워줄 수가 없습니다'라며 거절했다. 결국 상앙은 하루아침에 왕보다 더 두려움을 떨게 하는 존재에서 반역자가 되어 사지를 찢어 죽이는 거열형車裂刑에 처해졌다.

그는 강력한 법가만이 모든 것을 이룰 수 있다고 믿었고, 오직 자신의 생각만이 옳고 절대적이라고 생각했다. 그런 독선과 오만이 자기 자신을 비극으로 몰고 갔다. 만일 그가 반대파를 포용하고 그들과 토론할 줄도 알았다면, 그의 삶이 비극적으로 끝나지는 않았을 것이다. 조량의 말을 듣고 물러났다면 그때도 늦지 않았을 것이다.

상생의 길을 열어라

"봄이 와서 시절이 화창하면 꽃은 한층 더 아름답게 피어나고, 새도 또한 몇 마디 고운 소리를 지저귄다. 선비가 다행히 세상에 두각을 나타내어 따뜻하고 배부르게 살면서도 좋은 말을 세우고 좋은 일을 할 생각이 없다면, 비록 백 년을 살지라도 하루도 살지 않은 것과 같으리라."

〔春至時和, 花尙鋪一段好色, 鳥且囀幾句好音. 士君子, 幸列頭角, 復遇溫飽, 不思立好言行好事, 雖是在世百年, 恰似未生一日.〕

『채근담菜根譚』에 나오는 말이다. 옛사람들도 오늘날의 노블레스 오블리주를 실천하는 것을 미덕으로 알았다는 것을 알 수 있다. 그것이 더불어 사는 상생의 길임을 알고 있었다.

중국 북송北宋 때의 정치가이자 학자인 범중엄范仲淹은 인종仁宗이 친정을 하면서 중앙 관리가 되었다. 변방이 위급해지자 그는 52세의 고령으로 장수가 되어 출정하여 몸소 전선을 시찰한 다음 깨달은 바가 있었다. 그는 송나라 군대에 여러 폐단이 있음을 알고 군대 체제를 개혁하지 않고는 나라가 어려운 국면에 빠질 것이라 판단했다. 그래서 인종이 그를 부재상에 임명하자 1043년 관리제도를 정비하여 인재를 양성하고, 무력을 강화하는 개혁조치를 제안했다. 인종은 그의 개혁안을 받아들였고 전국적으로 실시하게 되었다.

범중엄은 어린 시절에 궁핍하게 생활해서인지 출세한 뒤 부귀를 누릴 수도 있었지만 지독할 정도로 검소한 생활을 하면서 자나 깨나 백성들만을 생각했다. 인종 2년에 오중 지방의 큰 기근이 들었을 때의 일이다.

범중엄은 부자들에게 적극적으로 식량을 내놓게 하는 등 재난에 빠진 사람들을 구제하는 일련의 조치들을 취했다. 그리고 백성들에게 용주龍舟 시합을 장려하거나 절이나 도관道觀 등을 짓는 토목공사를 일으킬 것을 권장하는 한편, 관에서도 창고 등을 짓는 공사를 일으켜 매일 수천 명의 인부를 고용했다.

그러나 옳은 일에는 곱지 않은 시선으로 보는 이들이 있게 마련이다. 누군가가 범중엄이 백성들을 힘들게 부리며 자신은 잔치나 벌이고 유람을 다닌다고 탄핵했다. 전후 사정을 모르는 인종은 이 말을 믿고 그의 죄를 물었다. 범중엄은 황제에게 조금이라도 남은 재화를 찾아내서 가난한 백성들이 힘들지만 일을 통해 생계를 꾸릴 수 있게 하기 위한 일이었다는 글을 올렸다. 또한 이로써 관민이 다 함께 굶지 않고 얼지 않고 따뜻한 옷과 음식을 얻을 수 있다고 밝혔다.

한번은 가뭄과 메뚜기 피해가 산동 반도와 회하·장강 유역을 뒤덮고 있었다. 범중엄은 조정에 하루 빨리 재해지역을 순시하여 상황을 파악해야 한다고 건의했다. 하지만 조정에서는 바로 답변을 주지 않았다. 범중엄은 직접 인종을 만나 만일 궁정에서 한나절만 먹는 것을 중단시킨다면 어떻게 될 것인지 물었다. 인종은 그의 말에 깨달은 바가 있어 바로 범중엄을 재해지역으로 보내 백성들을 보살피도록 했다. 범중엄은 가는 곳마다 관부의 창고를 열어 백성들을 구제하는 한편, 백성들이 분에 넘치게 제사 지내는 것을 금지시켰다. 아울러 조정에 요청하여 차와 소금 등의 세금을 면제해주도록 했다. 일을 마치고 조정으로 돌아올 때는 재앙에 시달리는 백성들이 굶주림을 면하기 위해 먹는 채소를 직접 들고 와 인종과 후원의 궁인들에게 보여주기까지 했다.

중국의 송대宋代 이후 동족同族의 공유지共有地를 '의장義莊'이라고 했다. 범중엄이 동족을 위해 재산을 기부하여 마련한 범씨의장范氏義莊이 그 최초이다. 그는 고위직에 있을 때 비옥한 땅 3만 평을 사들여 가난한 이웃을 돕는 의전義田으로 활용했다. 은전으로 내리는 물건과 녹봉을 가지고 일족을 부양했는데 그는 의전과 의택을 일족뿐만 아니라 가난한 사람들을 구제하는 데도 널리 써서 상생의 길을 열었다.

우리나라에도 300여 년을 노블레스 오블리주를 실천해온 가문이 있다. 경주 최부잣집으로 조선 중기의 무신이었던 최진립崔震立에서부터 시작되었다. 그는 아들 최동량을 교육시켜 재산을 물려주고 그가 집안을 부흥시키는 데 일조했다. 최동량은 많은 재산을 물려받아 불려나갔다.

이렇게 다져진 최부잣집은 최국선 때부터 가난한 사람들에 대한 나눔이 시작되었다. '재물은 거름과 같습니다. 재물을 나누면 세상을 이롭게 하지만, 움켜쥐면 썩습니다'라고 말한 승려의 말을 듣고 나눔을 시작했다고 한다. 최국선 때에 이르러서는 조선 최고의 부자가 되어 있었다. 1671년 조선 현종 때에 흉년이 들어 농민들이 쌀을 빌려간 것을 못 갚게 되자 최국선은 이를 안타까워하며 아들 최의기 앞에서 농민들의 담보문서를 모두 불살랐다. 또 죽을 쒀 거지들에게 나눠주었다. 보리가 여물지 않은 보릿고개엔 1백 석의 쌀을 이웃에게 나눠주기도 했다. 또한 최국선 대에서부터 소작 수입의 3분의 1을 빈민구제로 쓰는 풍습이 생기면서 200년 후인 최준崔浚 대까지 이어지게 되었다.

융성하던 최부잣집은 19세기 조정의 부패와 일본에 의해 나라가 혼란해지자 서서히 무너져 갔다. 최준은 일제강점기에 독립자금 마련을 위해 백산무역주식회사를 세워 안희제와 운영하며 임시정부 재정부장을 맡아 독립운동 자금줄 역할을 했다. 해방 후엔 전 재산을 모두 털어 대구대학현재의 영남대학과 계림학숙을 세웠다. 이로써 최부잣집은 12대 300

년의 역사를 이어오다 막을 내렸다. 최부잣집 가문에는 대대로 내려오는 6훈訓과 6연然이라는 가훈이 있었다.

[6훈訓]

- 과거를 보되 진사 이상은 하지 마라.
- 재산은 만 석 이상 모으지 마라.
- 흉년에는 재산을 늘리지 마라.
- 과객을 후하게 대접하라.
- 사방 백 리 안에 굶어 죽는 사람이 없게 하라.
- 최씨 가문의 며느리들은 시집온 후 3년간 무명옷을 입게 하라.

[6연然]

- 자처초연自處超然: 스스로 초연하게 지내고
- 대인애연對人靄然: 남에게 온화하게 대하며
- 무사징연無事澄然: 일이 없을 때 마음을 맑게 가지고
- 유사감연有事敢然: 일을 당해서는 용감하게 대처하며
- 득의담연得意淡然: 성공했을 때는 담담하게 행동하고
- 실의태연失意泰然: 실패했을 때는 태연히 행동한다.

최부잣집 가문은 건전하게 부를 축적하기 위하여 철저하게 근검절약했고 나라와 이웃을 위해 아낌없이 베풀며 살았다.

PART 7
인적자본관리의 미래

나라에 세 가지 상서롭지 못한 일이 있으니,
유능한 인재가 있는데도 알아보지 못하는 것, 알고도 기용하지 않는 것,
기용하고 맡기지 않는 것이다.
[안영]

人事人文學

01

인적자본관리의 변혁

시대의 흐름을 읽어라

혼란의 시대일수록 시대가 어떻게 흘러갈지 예측하기가 힘들다. 하지만 조조曹操는 달랐다. 그는 시대의 흐름과 상황에 맞는 행동철학으로 판을 읽는 탁월한 능력을 가진 리더였다. 스스로 평범함을 넘어서 특별한 존재일 수 있다고 자각하면서 세상을 다르게 본 것이다. 그는 다른 사람보다 한 발 앞서 생각하고, 기민하게 판단하여 나아갈 때와 물러날 때를 알았다. 조조는 후한後漢 말에 할거한 다른 군웅들과 다를 게 없었지만 유독 시대의 흐름을 잘 읽어내고 포착하여 그 흐름을 자기 쪽으로 끌어들일 줄 알았다.

황건적 봉기 이후 잔여 세력들이 중원 각지에 흩어져 한 왕조에 대한 반란을 지속시킬 때였다. 조조는 황건적의 잔여 세력들을 자신의 군단으로 포섭하여 이를 세력 기반으로 삼아 청주병이라는 큰 군단을 형성하고 지방의 호족 가문을 자신의 편으로 끌어들였다. 그 결과 당시 지방 사회의 여론을 주도하던 호족들을 조조의 휘하로 들어오게 만들었다.

조조의 뛰어난 점은 무엇보다 명분을 쥐고 시대의 흐름을 주도했다는 데 있다. 그가 다른 군웅들보다 빠르게 성공할 수 있었던 요인이 되기도 했던 명분이란, 바로 후한 황실을 자신의 품으로 끌어들였다는 것이다. 당시 후한의 황제는 군웅들의 세력에 눌려서 허수아비와 같은 신세였는데, 보호를 바라는 황제의 요청을 받아들여 한나라의 보호자라는 명분을 가졌던 것이다. 그 명분이야말로 정통성을 쥘 수 있는 것이었고, 그것을 바탕으로 세력을 확장할 수 있었다. 조조는 자기 세력만으로도 충분히 황제를 폐위시키고 자신이 새 황제로 등극할 수 있었지만 그렇게 하지 않았다. 이는 시대가 여전히 한 황제에게 절대적인 충성을 보내고 있었고, 천하가 삼분으로 움직이는 한, 후한 황제의 상징성은 이용가치가 충분히 있었기 때문이었다.

조조는 천하에 대의를 세우려면 실력은 물론이고 인심을 얻어야 한다는 것을 깨달았다. 그래서 황건적의 난으로 터전을 잃은 백성들에게 안심하고 살 수 있는 터전을 마련해주고, 전란으로부터 백성들을 지키고 천하를 태평케 하겠다는 기치를 내거는 것부터 시작했다. 버려진 땅에 농사를 짓게 하고 4할을 세금으로 걷는 둔전제와 병사를 일반 백성과 구별해 일정 지역에서 농사짓게 하되 도망가면 가족이 처벌받게 하는 병호제를 도입하여 선순환의 구조를 이루었다.

또한 천하를 다스리고자 했던 조조는 가장 중요한 요소가 인재라는 것을 깨닫고 있었다. 그는 사람 보는 안목이 뛰어났으며 잘 활용할 줄을 알았다. 좋은 인재는 피아彼我를 가리지 않고 포용했고, 과거의 허물은 덮어주고 능력을 높이 사는 그의 인재관 덕분에 그의 수하에는 항상 인재가 들끓었다.

시대를 읽는 눈에는 사람의 마음을 읽는 안목도 요구되는 법이다. 조조는 구현령求賢令이라는 칙령을 내걸어 능력 있는 자는 도덕성과 상관없이 등용하겠다고 했다. 이는 난세의 상황이었으니 가능한 인재발탁이었다. 그의 생각대로 많은 인재가 몰려들었다. 원소袁紹의 모사로 있던 허유許攸는 원소 휘하의 세력 다툼으로 자신의 비리가 드러날 듯하자 군사기밀을 가지고 조조를 찾았는데 그 또한 구현령 덕분이었다. 구현령의 이면에는 문벌 타파라는 조조의 의지가 숨어 있었다. 당시 인재등용의 문제점을 누구보다 잘 알고 있었던 조조는 그것을 적절하게 활용한 셈이었다. 당시 관직에 오르려면 누군가의 추천을 받아야 했는데, 그것마저도 몇몇 귀족들이 독점하고 있어서 능력 있는 인재들의 등용의 길이 막혀 있었다. 조조는 시대의 흐름을 잘 간파하고 있었기에 많은 인재를 끌어 모을 수 있었던 것이다.

조조는 자신의 원대한 포부에 도움이 되는 것은 끝없이 포용하는 한편, 방해가 되는 것은 가차 없이 제거하는 냉철함이 있었다. 용기가 중요한 만큼 절제와 계획성이 필요하며, 인정도 맺고 끊음이 분명해야 한다. 대의를 위해서라면 부하의 목숨도 빌리고, 친척의 목숨도 거두었던 조조였다. 악인은 악인대로 쓰임새에 맞게 쓰고 용도 폐기하였다. 어쩌면 그런 냉혹함과 비정함이 천하가 셋으로 나뉘어서 싸우고 있는 상황에서 생존과도 같은 것이 아니었을까 생각된다.

『반경反經』을 쓴 조유趙蕤는 제왕이 승리하기 위해 장악해야 하는 세 가지를 형形·세勢·정情으로 보았다. 성공하는 지도자는 주변의 대세를 파악하고 기회에 따라 자신을 변화시키는 데 능한 사람들이다. 이런 사람들은 결코 책이나 원칙의 틀에 얽매이지 않고 현실에서 해답의 실마리를 풀어나간다. 표면상으로는 비슷하게 보이지만 본질을 살펴보면, 판이한 경우가 많기 때문에 어디로 튈 줄 모르는 상황을 장악하기 위해서 세 가지 열쇠인 형·세·정을 장악해야 한다는 것이다.

형形은 일의 성패에 대해 사전에 마음속에서 그림을 그리듯 어느 정도의 판단이 서 있어야 하는 것이고, 세勢는 구체적인 사건이 발생하기 시작한 후 현실의 변화를 살피다가 기회가 오면 바로 장악하는 것을 말한다. 그리고 정情은 사건에 관계된 사람들의 심리를 파악하되 그들의 감정을 조절하고 심적 지지를 얻어내는 것이다. 이 세 가지를 시대의 요구와 맞물려서 잘 풀어낼 때 성공하는 리더가 되는 것이다.

변화에 적응해야 도태되지 않는다

"그러므로 장수가 많은 변화에 따르는 이익에 능통하면 군대를 운용하는 법을 아는 것이요, 장수가 많은 변화에 따르는 이익에 능통하지 못하면, 비록 지형을 알고 있더라도 그 지형이 주는 이익을 얻지 못하는 것이다. 병사를 다스림에 있어서 구변의 전술을 알지 못하면 비록 다섯 가지의 이로움을 알고 있어도 병사들을 활용하지 못하는 것이다."

〔故 將通於九變之利者 知用兵矣 將不通於九變之利 雖知地形 不能得地之利矣 治兵 不知九變之術 雖知五利 不能得人之用矣.〕

『손자병법孫子兵法』「구변」 편에 나오는 말이다. 전쟁의 상황은 끊임없이 변하는데, 장수가 그런 변화에 적응하지 못하면 어떻게 되겠는가? 리더는 상황의 변화에 따른 다양한 변칙을 운용할 줄 알아야 성공할 수 있다.

중국 삼국시대 위魏나라와 진晉나라의 장수였던 양호羊祜는 학문에 뛰어나고 문장을 잘 지었으며 담론을 잘했다. 그는 능력을 인정받았음에도 일찍 벼슬길에 나아가지 않고 있었다. 그 이유는 아직 자신이 움직일 때가 아니라는 것을 알고 있었기 때문이다. 그가 세상을 관전하던 시기는 조조曹操에서 시작된 조위曹魏 정권의 말년으로 사마司馬 부자와 조위 황실 사이에 권력투쟁이 격렬해지고 있을 무렵이었다.

양호는 이 두 세력 중 어느 쪽과도 손을 잡지 않았다. 그도 그럴 것이 그의 누이는 사마의司馬懿의 아들 사마사司馬師의 아내였고, 그의 아내는 황실 귀족 하후패夏侯霸의 딸이었기 때문이다. 양호는 앞일이 어떻게 변화될지 모르는 상황에서 자칫 싸움에 말려들었다가는 목숨까지 부지하기 힘들다고 판단했다. 그래서 자신을 감추고 차분하게 사태를 관망하고 있었던 것이다. 그 과정에서 조정의 대권을 장악한 대장군 조상曹爽은 양호와 왕침王沈을 자신의 수하로 불러들였는데, 왕침은 응했지만 양호는 거절했다. 결국 사마의 정변으로 조상은 죽임을 당했다. 이후 대장군 사마소司馬昭가 양호를 불렀지만 집안에 당한 상을 핑계로 사양했다.

어느 정도 시간이 흐른 뒤 양호는 중서시랑이라는 벼슬을 받아 출사했고, 바로 급사중·황문랑으로 승진하여 조모曹髦의 측근이 되었다. 하지만 그는 만일의 사태를 염려해서 그와 거리를 유지하고 있었다. 사마소가 위의 지방세력을 숙청하자 양호는 조위 정권과 거리를 두는 직접적인 행동으로 중앙 조정에서 멀리 떨어진 외직을 원해 떠나 있었다. 이후 사마소의 부름을 받고는 흔쾌히 승낙하며, 사마씨에게 온전히 자신을 맡기며 직책에 충실했다. 사마염司馬炎이 조위 정권을 무너뜨리고 황제에 오를 때 양호는 공신 대열에 오를 만큼 군권과 조정 안팎의 일을 장악했다. 이때부터 양호의 처신은 빛을 발하기 시작했다. 그는 최고 지위에 올랐으면서도 공손하고 근신하는 자세를 지켰고, 아래 대신들 앞에서 자신의 위치를 내세우지 않았으며 겸손한 모습을 유지했다.

진晉 무제武帝 사마염은 양호를 도독형주제군사로 삼아 특별히 본영을 거느리게 하여 양양에 주둔케 했다. 이는 오吳와 경계 지점으로 오에게는 위협이 되었다. 오가 육항陸抗을 형주도독으로 파견하여 양호에 대항하게 했으나 패배했다. 양호는 적의 정세를 면밀하게 분석하고, 군대 내부를 안정시키고 덕으로 적을 제압한다는 수비 위주의 전략을 취했다. 또한 전투를 앞세우지 않고 안정과 발전을 통해 양양의 역량을 증강시키기 위해 노력했으며, 미신을 타파하고 학교를 열어 지역민들을 교화했다. 그리고 농지를 개간하여 군대의 자금에 충당했다. 양호는 8만의 부대를 반은 변방 수비에, 나머지 반은 농지를 개척하는 데 투입해 큰 이익을 거두었다. 그가 처음 양양에 왔을 때 군대에는 100일 버틸 양식도 없었는데, 10년 뒤에는 형주의 8만 군사가 10년을 먹고도 남을 식량을 쌓아놓았을 정도가 되었다.

양호는 오와 대치해 있으면서 덕으로써 오의 백성들을 감화시키고, 오의 군사들을 와해시켰다. 적장인 육항까지 감화시킬 정도로 주도면밀하게 세를 파악했다. 그의 진정한 목적은 진晉을 중심으로 통일을 이루는 것이었다. 그 목적을 위해 긴 기다림을 견뎌내야 했다. 적장인 육항이 병으로 죽고, 동오의 정치가 갈수록 부패해져 가자 양호는 그제야 때가 되었다고 판단하고 진 무제에게 글을 올려 동오 정벌을 제안했다. 양호는 동오를 멸망시킬 치밀한 방책을 세웠을 뿐 아니라 왕준王濬과 두예杜預를 진 무제에게 추천하여 그들이 동오를 멸망시키는 전쟁에서 탁월한 공을 세우게 했다. 결국 양호의 책략으로 동오를 무너뜨리고, 서진이 중국을 통일하는 발판을 마련할 수 있었다.

양호는 격렬한 권력 투쟁을 벌이는 소용돌이 속에서 차분하게 시기와 상황변화를 기다릴 줄 알았다. 성공적으로 자신을 지키고 결정적인 순간에 등장해서 자신의 존재를 알렸다. 동오는 부패해가고, 촉은 무능해가는 변화 속에서 완전한 책략을 세웠던 양호는 비록 군주는 아니었지만 서진이 중국을 통일하는 데 가장 큰 공을 세운 인물이었다.

황석공黃石公은 『삼략三略』에서 이렇게 말했다.

"무릇 천하의 일은 그 처음이나 끝이 아직 나타나지 않았을 때는 보통 사람은 그것을 알 도리가 없다. 일의 처음과 끝이 아직 나타나지 않았을 때에 그 기미를 보고 그것을 알 수 있는 것은 다만 지혜 있는 성인뿐이다. 천지자연의 덕은 신묘하고 영명하며 만물과 함께 점차 변하여 가는 것이다. 이와 마찬가지로 훌륭한 장수는 혹은 바르게, 혹은 기묘하게 변동하는 것이 무상하며, 적의 정세에 따라 변화한다. 적보다 앞서 이쪽에서 적극적으로 일을 시작하여 건드리지도 않으며, 적이 움직일 때에는 즉시 그에 따라 대응하여 행동한다. 그러므로 능히 무한히 위대한 업적을 세우며, 천왕의 위광을 북돋워 성취시키고, 팔방 끝까지 편안하게 하며 바로잡고, 오랑캐의 땅까지도 조용하게 평정할 수가 있다. 이와 같이 도모하는 자는 제왕의 스승이 될 수가 있다."

〔端末未見, 人莫能知. 天地神明, 與物推移. 變動無常, 因敵變化. 不爲事先, 動而輒隨. 故能圖制無疆, 扶成天威 ; 匡正八極, 密定九夷. 如此謀者, 爲帝王師.〕

예나 지금이나 세상은 정지되어 있지 않기 때문에 끊임없는 변화를 거친다. 그 변화를 포착하고 변화에 적응할 줄 알아야 도태되지 않고 발전할 수 있다.

한 걸음 물러나서 앞을 내다보라

통찰은 현상의 본질을 꿰뚫는 것을 말한다. 한 걸음 뒤로 물러서서 앞을 내다보는 것으로 통찰의 힘을 기를 수 있다. 그 통찰의 힘으로 올바른 것을 판단하고 기회를 포착하는 것이다. 일보 후퇴가 이보 전진의 담금질이 될 수 있다.

춘추오패의 두 번째 주자이자 오뚝이 같은 인생유전의 주인공인 진晉나라 문공文公은 파란만장한 인생으로 통찰의 힘을 갖게 되었다. 진헌공晉獻公의 서자庶子인 그의 이름은 중이重耳이다. 그는 헌공의 애첩인 여희驪姬의 흉계로 자기 나라에서 쫓겨난 뒤 호언狐偃·호모狐毛·조쇠趙衰·위주魏犨·호사고狐射姑·전힐顚頡·개자추介子推·선진先軫·호숙壺叔 등 충신들의 보좌를 받으면서 천하를 주유周遊했다. 그 과정에서 세상사에 대한 풍부한 견문과 처세의 경험을 쌓으며 인간사를 다루는 폭넓은 지혜와 경륜을 체득했다. 중이의 존재에 불안을 느낀 진의 혜공惠公은 그를 암살하려 했다. 그때 중이의 나이 오십이었다.

중이는 초楚나라로 도망쳤는데 마침 초나라 성왕成王은 중원에 거점을 마련할 수 있는 좋은 기회라고 판단하여 정중하게 그를 접대했다. 성왕은 그에게 보답을 바랐고, 그는 만일 왕의 힘을 빌려 진나라로 돌아갈 수 있다면, 훗날 두 나라에 전쟁이 벌어져 서로 전장에서 마주할 때 90리를 양보하겠다고 했다.

그 후 중이가 진晉 문공의 자리에 오르고, 진과 초 사이에 큰 싸움이 벌어졌다. '성복城濮의 전투'로 알려진 이 싸움에서 문공은 이전 약속을 어기지 않고 3일 여정인 90리를 뒤로 물러났다. 이 양보는 여러 가지로 의미가 있었다. 문공이 초나라로 망명 갔을 때 성왕에게 한 약속을 지키는 것이고, 또 한편으로는 제후국들에게 진나라는 은혜를 저버리는 짓 따위는 하지 않는다는 것을 보여주는 의지 표명이기도 했다. 또한 진나라는 어쩔 수 없이 싸우는 것이고, 초나라는 졸렬하게 억지를 부린다는 의미로 대외적으로 명분을 얻는 것이기도 하다. 이일로 문공은 도의상 제후국들의 동정을 살 수 있었고 결과적으로 군사들의 사기를 높여 전투에 임할 수 있었다. 19년 동안이나 외지를 떠돌던 그가 62세라는 나이에 왕위에 올랐을 때는 급할 것이 없었다. 오히려 상대의 심리를 꿰뚫어 보는 통찰력이 생겼다. 그는 초나라 장수의 급한 성격까지 이용해 적을 유인하는 작전으로 초군을 공격해서 대승을 거두기도 했다.

그는 환갑이 넘은 나이에 즉위해서 앞날이 길지 않았지만 패업성취를 향한 강렬한 의지는 식지 않았다. 패업을 성취하려면 '존왕양이尊王攘夷'의 기치를 내세워야 했다. 존왕양이는 당시 천자인 주왕周王을 존경하고 보필하면서 동이東夷·서융西戎·남만南蠻·북적北狄 등 사방 이민족들을 물리쳐 중원中原의 평화와 질서를 수호하겠다는 의미이다. 제환공齊桓公·진문공晉文公 등 춘추오패春秋五霸들이 강력한 국력을 바탕으로 미약해진 주왕을 대신하여 제후국들 간의 분쟁을 조정하고 회맹으로 나라 간 질서를 주도하며, 자신들의 지도력을 정당화시키기 위해 내세운 대의명분이었다. 문공은 주왕을 위해 왕궁을 짓고 각 제후국들을 거느리고 천토 회맹을 개최하여 맹약을 맺었다. 환공은 제후들을 쟁패한 뒤, 두 번째로 제후의 패주가 되었다.

문공은 오랜 세월 고난을 겪으면서 풍부한 이력과 정치적 경험을 쌓아 나라를 다스리는 이치를 깊이 깨치고 있었다. 패자로 군림한 시간은 그리 길지 않았지만『한비자韓非子』에도 그의 통치에 관한 일화들이 많이 나올 정도로 그의 통치술은 경지에 올라 있었다.

"진秦나라가 연燕나라를 공격하면 천 리 밖에서 싸워야 하는 반면, 조趙나라가 연나라를 치면 백 리 안에서 싸우게 됩니다. 백 리 안의 근심거리가 되는 조나라를 생각하지 않고, 천 리 밖의 진나라를 중시한다면 잘못되어도 한참 잘못되었다고 할 것입니다. 이 때문에 저는 왕께서 조나라와 합종合縱하여 친교를 맺을 것을 권하는 것입니다. 천하가 합종合縱으로 뭉친다면, 연나라의 근심거리는 사라질 것입니다."

『사기史記』「소진열전」에 나오는 내용으로 중국춘추전국시대 제齊나라 귀곡자鬼谷子의 제자였던 소진蘇秦이 연燕나라의 문후文候에게 유세遊說한 내용 중 일부이다.

소진의 유세에 넘어간 문후는 소진에게 금은보화를 주어서 조趙나라로 보냈다. 소진은 직접 조나라의 제후왕인 숙후肅侯를 만나 진秦나라를 섬겨 평화를 얻자고 주장하는 외교가들을 비판했다. 그러면서 여섯 나라가 합종하여 진나라에 대항하면, 진나라의 군대도 더 이상 함곡관을 나와 산동을 공격하지 못할 것이라고 유세했다. 소진은 연이어 한韓나라의 선왕宣王, 위魏나라의 양왕襄王, 제나라 선왕宣王을 차례차례로 찾아가 합종合縱의 맹약을 받아냈다.

당시 초楚나라는 이전의 다섯 나라와 달리 강대국으로 진나라의 가장 강력한 경쟁자였다. 그런 초나라가 합종에 참여하지 않는다면 소진의 합종책은 실패나 다름없었다. 그래서 소진은 초나라만큼은 다른 제후국에서의 유세와 다르게 펼쳤다. 합종책이 진나라의 위협에 대한 대책일 뿐만 아니라 초나라가 나머지 다섯 나라의 우두머리가 될 수 있는 중요한 기회라는 것을 특별히 강조했다. 마침내 초나라를 설득해서 여섯 나라 제후의 합종 맹약을 이끌어낸 소진은 여섯 나라의 재상을 겸직하는 최고의 권세가가 되었다. 귀곡자 밑에서 동문수학하던 장의張儀가 진나라 혜왕의 두터운 신임을 얻어 연횡連橫책으로 합종책을 무너뜨리기까지 15년 동안은 소진의 말대로 진나라가 함곡관을 넘지 못했다. 소진은 자신의 합종책의 한계를 알고 있었다. 시작부터 각국 간의 이해관계와 사정이 다르다는 것을 알고 있었지만 시대를 보는 통찰력으로 어느 정도 유지될 것을 알았던 것으로 보인다. 그의 세 치 혀로 부국강병을 통해 천하통일을 노리고 있는 진나라의 공격을 15년이나 지연시켰다는 점에서 합종책은 상당한 의의를 가지고 있다고 할 수 있겠다.

정체되지 않도록 정진하라

자신의 삶에 정진하지 않고 정체되어 있다면 아무에게도 두려운 존재가 되지 못한다. 그러므로 늘 정진해야 기회가 왔을 때 능력을 꽃 피울 수 있고, 어려운 상황에서 자신을 지킬 수 있다.

모수자천毛遂自薦은 자기가 자신을 추천하는 것을 이르는 말로, 조趙나라의 공자인 평원군平原君의 식객 중 한 명인 모수가 자신을 추천한 것을 이른다. 이 일은 진나라 장군 백기白起가 장평에서 조나라 군을 대패시킨 다음 승승장구 진군하여 조나라 도성인 한단邯鄲을 포위했을 때 일이다. 위급한 상황에서 조나라 왕은 평원군 조승趙勝을 초나라에 사신으로 파견해 구원병을 청해 오게 했다. 평원군이 그 식객들로 구성된 사신단을 꾸렸는데, 모수가 자기를 추천해서 함께 초나라로 가게 되었다. 평원군은 자기 식객으로 3년이나 있었는데도 두각을 드러낸 적이 없었던 모수를 믿지 못했지만, 그 스스로 낭중지추囊中之錐라 큰소리쳐서 함께 가기로 한 것이다.

평원군은 초나라 왕에게 초나라와 조나라가 연합해서 진나라에 대항하자고 수없이 이야기했지만 초나라 왕은 출병을 꺼리며 동의를 하지 않고 있었다. 협상이 제대로 진행되지 않는다는 것을 안 모수는 협상 장소로 가서 입씨름만 해서 무슨 일을 해내겠냐며 큰소리로 말했다. 초나라 왕은 무례하게 회담 장소에 들어와 큰소리를 치는 모수를 언짢아하며 평원군에게 누군지 물었다. 평원군이 식객이라고 하자 초나라 왕은 무엄하다며 썩 물러가라고 꾸짖었다. 그러자 모수는 허리에 찼던 보검을 손에 쥐고 초나라 왕에게 다가서며 단호하게 말했다. 초나라 군이 아무리 많아도 지금 조나라를 얕잡아 볼 수 없는 것은 자신이 초나라 왕과 불과 열 걸음도 안 되는 거리에 있어 왕의 목숨이 자신에게 달려 있기 때문이라고 말했다. 그러면서 모수는 진정으로 의도한 말을 이어갔다.

"탕왕湯王은 70리 땅으로 천하를 다스리는 왕이 되었고, 문왕文王은 1백 리 땅으로 제후들을 복종시킨 것은 강한 병력이 아니라 덕이 있어서 제후들 사이에서 위신이 높고, 유리한 형세를 이용할 줄 알았기 때문입니다. 초나라는 그 어떤 나라와도 비견할 수 없는 강한 실력을 갖고 있었지만 몇 만밖에 안 되는 진나라 백기에게 패해 대왕의 선조들 능묘까지 불타버렸습니다. 이는 몇백 년이 지나도 잊지 못할 국치國恥이며 나라의 원한으로, 조나라 사람들도 보고 격분해 치를 떠는데 정작 당사자인 초나라 왕은 부끄러움을 모르니 답답한 노릇입니다."

모수는 정작 이번 연합은 조나라보다 초나라를 더 위한 일이라고 유세했다. 결국 초나라 왕은 두 나라가 연합해서 진나라에 대항하는 맹약을 맺게 되었고, 조나라 도성 한단을 구원하기 위해 급히 군대를 출동시키게 되었다. 조나라는 멸망의 나락에 빠졌다가 모수의 지략과 지혜로 다시 회생할 수 있었다. 모수가 3년 동안 평원군은 식객으로 있으면서 밥만 축낸 것이 아니라 정진하며 주변의 상황들을 지켜보고 있었기에 위기의 상황에서 자신의 능력을 드러낼 수 있었던 것이다.

"정신은 쓰면 쓸수록 더욱 뛰어나게 됨으로 몸이 약하다고 지나치게 아낄 까닭이 없다. 지혜란 고난을 겪을수록 밝아지므로 상황이 나쁘다고 의기소침할 필요가 없다. 마음은 늘 써야 활발해지고 쓰지 않으면 막힌다. 늘 쓰면 세밀해지고 쓰지 않으면 거칠어진다."

청나라 말기의 정치가이자 학자인 증국번曾國藩의 말이다. 그는 자신의 말처럼 학문에 정진했고, 자기 수양에 정진했던 인물이다. 1851년 홍수전이 이끄는 상제회上帝會가 '멸만흥한滅滿興漢'의 기치와 함께 토지균분·조세경감·남녀평등 등을 구호로 내걸며 사상·종교·정치·사회 전반의 개혁을 요구하며 광서廣西성에서 봉기한 태평천국운동이 일어났다. 이 태평천국을 진압한 중심에 서 있었던 이가 바로 증국번이다. 그래서 후세의 평가가 분분한 점도 있지만 그에 대한 평가는 대체로 긍정적인 편이다.

19세기는 아시아의 여느 나라들이 다 그랬듯이 중국 역시 혼란의 시기를 보내고 있었다. 증국번은 청나라 말기의 관료로서 처신에 정통했을 뿐 아니라 군사가·이학가·정치가·서예가·문학가였다. 한 마디로 나라를 다스리고, 군을 다스리고, 집안을 다스리고, 교육하는 방면에서 모두 큰 업적을 남긴 인물이다. 황제와 만주 귀족은 한인세력의 진출을 두려워하여 그의 활동을 제한하였으나, 청 왕조에 대한 충성을 맹세함으로써 점차 신임을 얻었다. 그는 주자학자로 보수적인 성향이 강했지만 변화를 거부하지 않았고 이로운 것은 받아들였다.

또한 태평천국운동을 진압하면서 서양화기의 우수성을 몸소 체험함과 동시에 중국의 근대화 필요성을 인식하게 되었다. 태평천국을 진압하는 데 공을 세운 이홍장李鴻章·좌종당左宗棠 등의 한인 관료들과 함께 양무운동洋務運動을 벌였다. 양무운동이란 서양의 문물을 받아들여 군사적 자강과 경제적 부강을 이루려 했던 여러 정책들과 사회적 변동들을 말한다. 수구세력의 반발을 무마하고 서양문물의 수용을 통한 중국의 개혁을 정당화하려 했다. 양무운동은 청의 지배체제를 안정시켰을 뿐 아니라 중국사회에 근대적 변화를 가져왔다.

증국번은 유학자로서 자기수양을 멈추지 않았고, 일생 동안 자성하고 학습하는 것을 가장 중요한 생활습관으로 삼았다. 그래서 정체되지 않고 새로운 시대의 물결에도 나아갈 바를 알고 있었다. 자신이 지켜야 할 것이 무엇인지 알면서도 변화의 흐름을 거스르지 않는 자세는 오늘날에도 본받을 점이 아닐까 싶다.

혁신의 키워드

묵은 조직이나 제도·풍습·방식 등을 바꾸어 새롭게 하는 일을 '혁신'이라고 한다. 최근에는 혁신이 조직 생존에 있어 필수 불가결한 가치가 될 정도로 중요한 키워드가 되었다. 새로운 것을 창출하는 혁신이 없으면 조직은 도태될 수밖에 없다.

중국 역사에서 가장 혁신적인 일은 무엇이었을까. 많은 일이 있었겠지만 유일무이하게 여성의 신분으로 황제가 되었던 무측천武則天이라는 존재야말로 혁신적인 일이 아니었을까 싶다. 무측천은 명문 귀족출신은 아니었지만 총명하고 아름다운 자태로 사람의 마음을 움직이는 능력을 타고났다. 그녀는 당태종唐太宗의 눈에 들어 재인才人이 되었다. 태종이 죽자 관례에 따라 감업사로 쫓겨나 비구니가 되었지만, 고종高宗의 부름을 받고 다시 궁중으로 들어오면서 그녀의 인생은 확연히 달라진다. 그녀는 고종의 비에서 황후가 되고 다시 '천후天后'로까지 봉해지더니 고종과 나란히 앉아 함께 조정의 대권을 장악하기에 이른다. 당시 사람들은 이 두 사람을 '이성二聖'이라 하였다. 고종 사후에는 권력을 독점하여 조정을 장악하고, 자신이 황제에 올라 무주武周를 건국하기에 이른다.

무측천은 여성의 몸으로 어떻게 황제의 자리에까지 오르게 되었을까. 그녀는 14세 때 당태종에 의해 재인으로 뽑혀 궁중으로 들어와 32세에 당고종에 의해 정식 황후로 책봉되기까지 20여 년을 평탄치 않은 시기를 보내며 고군분투했다. 그녀는 미모는 물론 지혜로움에 문학과 역사에도 밝았다. 강인한 성품과 원대한 포부를 지니고 있으면서 한번 하겠다고 생각한 것은 반드시 이루고자 했다. 이러한 의지로 궁 안에서 여인들끼리의 치열한 권력투쟁이 벌어졌을 때 정적들을 하나하나 물리치고 마침내 최후의 승자가 될 수 있었다. 특히 황후와의 권력투쟁에서 자신이 낳은 딸까지 희생시킬 정도로 잔인한 면모를 보이기도 했다. 딸을 자신이 죽이고는 고스란히 황후에게 뒤집어씌웠던 것이다.

하지만 그녀의 목표는 황후인 무후라는 이름이 아니었다. 그녀는 진정 황제가 되고자 자신의 모든 노력을 쏟아 부었다. 황후 자리를 탈취하면서 알게 된 막강한 정적들을 차례차례 제거하고 태자 이충李忠을 압박하여 퇴위시켰다. 그녀는 황제에 대한 욕망으로 자신이 낳은 자식들조차도 경쟁상대로 치부할 정도였다. 황제 자리로 다가가는 데 조금이라도 걸림돌이 되면 모조리 제거할 태세였다. 이렇듯 30년 넘게 계속된 악전고투를 마무리하고 마침내 자신의 재능으로 남성 중심의 봉건적 제약을 깨고 황제 자리에 오를 수 있었다.

황제가 된 무측천은 이전의 권력투쟁에서의 모습과는 달리 정권의 안정을 다지기 위해 새로운 정책들을 내놓았다. 기존의 틀을 과감하게 깨고 새로운 인재등용 제도를 수립했는데, 전시殿試라는 시험과 스스로를 추천하는 자거自擧제도를 처음으로 시행했다. 유능한 무관을 선발하는 무거武擧제도 등 다양한 방법으로 인재등용의 길을 열어놓았다. 무측천의 인재기용 제도는 재상 적인걸狄仁杰 등과 같은 걸출한 문무 대신들이 등장할 정도로 집권하는 동안 조정에 새로운 기운을 불어넣는 원동력으로 작용했다. 그리고 각 분야 전문가들의 의견을 폭넓게 듣고 자신의 잘못이 있으면 고치려 하고 좋은 것은 활용했다. 또 토지매매를 금지하는 조치를 취하여 호족들의 토지겸병土地兼併을 막아 농민들을 생산현장에서 어려움 없이 일할 수 있게 했다. 각급 관원들에게는 농업을 특별히 중시하라는 점을 강조하면서 농업에 방해되는 모든 활동을 엄격하게 금지시켰다. 비록 마무리는 좋지 않았지만 무측천의 황제 즉위 자체는 역사적으로 혁신이었고 그는 황제로서 혁신적인 정치를 펼쳤다고 볼 수 있다.

송대宋代의 정치가 왕안석王安石에게는 '개혁가'라는 별칭이 붙는다. 어린 시절부터 책 읽기를 좋아했던 그는 무엇이든 한 번 보거나 읽은 것은 죽을 때까지 잊지 않았다고 한다. 그의 문장은 호방하고 기묘하여 당송팔대가의 한 사람으로 손색이 없었다.

그는 진사에 우수한 성적으로 급제하여 '첨서회남판관簽書淮南判官'이란 관직을 받아 관료생활을 시작했다. 당시 부상副相이란 고위직을 맡고 있던 범중엄은 인종仁宗의 주도 아래 열 가지 사업에 관한 글을 올리고 관료사회를 쇄신하는 등 새로운 정치개혁을 위해 동분서주했지만 실패로 돌아갔다. 왕안석은 정치 폐단의 실상을 낱낱이 목격하며 범중엄의 새 정치에 몹시 실망하게 되었다. 그는 출세의 길을 포기하고 지방으로 내려가 현실정치의 폐단을 살핀 다음 개혁의 방법을 모색하고 치국의 방책을 충실하게 굳혀 나가기로 했다.

그는 지방에서 관직생활을 하는 동안 현의 관리들이 실시하는 민생과 동떨어진 병폐를 바꾸는 일부터 시작했다. 그리고 기본적인 상황을 제대로 살핀 다음 각종 폐단을 없애나갔다. 남녀노소를 가리지 않고 사방공사砂防工事에 동원해서 하천과 제방, 저수지를 만들어 홍수와 가뭄에 대비했다. 관청 곡식을 백성에게 빌려주어 추수 후 이자를 받는 식으로 농민들에게 도움을 주고, 농업과 누에치기를 장려하는 동시에 학교를 열어 입학을 권했다. 현을 다스린 지 3년이 지나자 백성들의 생활수준이 크게 향상되었다. 이는 왕안석이 사회개혁에 발을 내디딘 뒤 보여준 첫 시도였다.

인종은 그를 중앙 내직으로 올려 국가의 재정을 관리하게 했다. 중앙으로 올라온 왕안석은 국가 재정의 개혁에 관한 1만여 자에 달하는 「만언서萬言書」를 인종에게 올렸다. 당시 정치의 폐단을 지적하고 개혁 추진, 인재양성과 선발, 이재理財 방법 등의 대안을 제시했다. 비록 채택되지는 않았지만 「만언서」는 그의 개혁정책의 사상적 기반이 되었으며, 문장에서도 모범이 되어 후대에 큰 영향을 끼쳤다.

인종의 뒤를 이어 신종神宗이 즉위하면서 개혁을 밀고 나갈 인재를 물색하다 왕안석을 불렀다. 개혁에 대해 묻는 신종에게 왕안석은 낡은 법을 없애고 새로운 법을 세워야 한다고 주장했다. 이후 신종의 윤허를 받아 젊은 관원들을 과감하게 등용하여 신법新法을 제정하는 전문 기구를 세워 개혁을 강력하게 밀고 나갈 수 있게 하였다. 그의 변법變法은 국가의 재정을 늘리고 왕조의 통치를 공고히 하는 데 효과적이었다. 반면에 대지주들에게는 손해를 가져다줘서 대지주를 비롯한 각종 세력의 반대에 부딪쳐야 했다. 반대하는 사람이 많아지자 신종은 개혁 추진을 밀고 나가지 못하게 되었다.

신종이 죽고 철종哲宗이 즉위하면서 사마광司馬光을 우두머리로 하는 구당파가 정권을 장악했다. 이로써 왕안석이 추진했던 신법은 거의 모두 폐지되었다. 하지만 그가 제시한 개혁정치는 개혁의 본질을 건드린 파격적인 것이었다. 그의 혁신에 대한 의지는 보수 세력의 저항으로 결국 실패로 끝났지만, 그는 전국시대의 상앙과 함께 개혁의 대명사로 꼽히고 있다.

02

인적자본관리 전문가의 역할

인지상정의 인재관리 철학

조조曹操는 인재등용에 있어서 능력만 있다면 도덕성에 대해서는 묻지도 따지지도 않겠다는 입장이었다. 물론 조조는 그렇게 해서라도 인재풀을 선점하려는 의도도 있었겠지만, 능력만 앞세우는 인재등용은 관리에 있어서 문제를 가져올 수 있다. 도덕적으로 문제가 있는 사람이 조직에서 다른 사람과의 관계를 잘 형성할 수 있을 것인지는 생각해볼 문제이다. 그렇다고 조조 수하의 인재들이 관계형성에 해를 끼칠 만큼 치명적인 문제를 가지고 있었던 것은 아니다.

인지상정人之常情이라는 것은 사람이라면 누구나 가지는 감정을 말한다. 불편한 것보다 편한 것을 원하는 것도 인지상정이고, 고통받는 이웃을 보면 나서서 돕고 싶은 것도 인지상정이다. 어떤 의미에서 인지상정이란 사람의 상식선에서 벗어나지 않는 것을 말한다. 인지상정을 중요시 여긴 이가 바로 제齊나라의 재상 관중管仲이다.

관중은 인재등용에 있어서 '좋아하는 사람을 등용할 때는 그 귀결처를 반드시 살펴야 하고, 미워하는 사람을 바꿀 때는 그 궁극처를 반드시 헤아려야 한다'고 했다. 즉 싫어하거나 좋아하는 사람의 인사문제에 자신이 내리는 인사결정의 파급 효과나 궁극처를 고려해야 하는데, 이득이 많다면 싫더라도 등용해야 한다는 실용주의적인 노선을 말한다. 또한 『관자』에서 '천하에 신하가 없음을 걱정하지 말고, 신하를 적절히 쓰는 군주가 없는 것을 걱정해야 한다. 천하에 재물이 모자람을 걱정하지 말고, 재물을 공평하게 분배할 인물이 없는 것을 걱정해야 한다'라고 했다. 그는 법이 가져다주는 큰 이점 중 하나가 군주의 사사로움을 방지해주는 것으로 여겼다. 법이 제대로 서지 않으면 사사로움으로 등용하게 되고 권한을 맡기게 되면서 정치를 망치게 된다는 것이다.

관중이 더욱 중요하게 여긴 것은 법만으로는 모든 것을 걸러낼 수 없다는 것이다. 그는 양보·효도·공경과 같은 덕목들도 중요시했다. 그가 국가의 네 가지 근본을 '예의염치禮義廉恥'라고 했던 것도 이와 크게 다르지 않다.

관중이 임종을 앞두고 제나라 환공桓公에게 당부한 말도 인지상정과 관련된 인재관리의 문제였다. 앞에서도 언급했듯이 관중은 환공에게 역아易牙·수조豎刁 등의 소인배들을 가까이 하는 것을 보고 그들을 멀리 하라고 당부했다. 그들이 인지상정에서 벗어난 충성을 보이기 때문에 환공 곁에 두면 위험하다는 것이었다. 하지만 환공은 그 당부를 염두에 두지 않았다. 관중이 죽은 후 그들은 대권을 장악하고 정사를 어지럽혔다. 그들은 궁문을 걸어 잠그고 환공의 명의로 여러 가지 명령을 하달했다.

환공은 작은 방 안에 갇혀서 먹지도 마시지도 못하고 굶어 죽어갔다. 인지상정의 중요성을 망각한 환공은 춘추오패의 위엄은 사라진 채 쓸쓸한 말로를 맞고 말았던 것이다.

환공은 인지상정을 중요하게 여기지 않았지만, 중국의 다른 군주들은 인지상정에서 벗어난 인물의 등용을 꺼려했다.

위魏나라의 장수 악양樂羊은 중산국을 토벌하려는 위문후魏文侯의 강한 의지로 등용이 된 인물이다. 위문후의 시종들은 악양의 큰아들 악서樂舒가 이미 중산국 군주를 모시고 있다며 악양의 등용을 반대했지만 악양이 자신은 사사로운 정으로 공적인 일을 저버리지 않는다고 하여 등용된 것이다. 이후 병권을 쥐고 중산국을 토벌하러 간 악양은 아들과 대치하게 되었고, 그는 아들에게 세 번의 기회를 주었다. 그동안 위나라 조정에서는 악양이 아들 때문에 싸움을 못하는 것이 아니냐며 원성이 자자했다. 그럼에도 위문후만은 그를 믿어주었다.

중산국에서는 악양의 아들 악서를 매달아놓고 목숨을 살려달라고 외치며 싸움을 지연시키려 했다. 하지만 악양은 그런 아들에게 활을 겨누어 쏘려 했다. 결국 중산국에서는 악서를 죽이고, 악양과 위군의 사기를 꺾어놓기 위해 악서의 시신을 가마솥에 끓여 국을 만들어 그 머리와 함께 사자를 시켜 악양의 진영으로 보냈다. 악양은 중산국 사자에게 국그릇을 빼앗아 그릇 안의 고기와 국물을 남김없이 먹어 버리고 전혀 감정에 흔들림이 없는 모습을 보였다. 그리고 중산성을 공격하여 항복을 받아냈다.

위문후는 악양이 싸움에서 이겨 공을 세웠다는 소식을 듣고 친히 성문 밖으로 나가 악양을 맞이하며 악서의 죽음은 자신의 불찰이라고 머리까지 조아리며 말했다. 악양은 충성심과 자만심으로 아들에 대한 감정 따위는 없는 듯이 행동했다. 악양은 위문후가 자신의 충성심을 의심하는 이들의 상소문이 많음에도 불구하고 믿어주었다는 사실에 감격해서 충성을 다짐했던 것이다. 위문후는 악양에게 큰 상을 내리며 노고가 많았으니 이제 그만 편안하게 지내라고 하면서 병권을 회수했다. 그랬더니 어떤 이가 능력 있고 충성심 강한 악양을 왜 쉬게 하는지 물었지만 문후는 웃을 뿐 답하지 않았다고 한다.

명明나라 영종英宗은 마량馬良이라는 이를 총애했다. 마량의 처가 죽었다는 소식을 들은 영종은 그를 위로하러 찾아갔더니 그가 다른 여자와 결혼식을 하고 있었다. 영종은 사람이 박정하다며 그를 불러 곤장을 때리고 멀리 했다.

이처럼 인지상정에서 벗어난 행동을 한다는 것은 사람들이 기본으로 여기는 상식에서 벗어난 행동을 한다는 것이다. 그것이 아무리 충성이라는 것으로 포장이 된다 하더라도 그런 인재라면 얻는 것보다는 잃는 것이 더 많을 것이다. 리더가 인지상정의 중요성을 알고 인재를 보아야 충신인지 간신인지 판단할 수 있다.

가능성에 투자하라

'계명구도鷄鳴狗盜'는 제齊나라의 맹상군孟嘗君을 설명하는 대표적인 고사성어이다.

맹상군은 '전국사공자戰國四公子'의 한 사람으로 수많은 식객을 잘 대접한 것으로 유명하다. 이 고사성어도 그 식객들에게서 비롯된 것이다. 그는 자신을 찾는 식객들에게 신분 고하를 가리지 않고 차별 없이 대하고, 언제나 예의를 갖춰 대하며 얼굴을 맞대고 허물없이 이야기를 나누었다. 그는 자신을 찾은 모든 식객에게 가능성을 부여했다. 그가 선별해 식객을 대했다면 아마도 많은 식객이 찾아주지 않았을 것이다. 이처럼 누구나 차별 없이 대하는 맹상군의 모습에 감동을 받은 식객들은 언제라도 그에게 은혜를 갚을 수 있는 날이 오기를 바라며 지냈다.

맹상군이 진秦나라로 가게 되었는데 진 소왕昭王은 그를 재상으로 삼으려 했다. 하지만 신하들의 반대에 부딪쳤고 도리어 그를 죽여야 한다는 상소에 어쩔 수 없이 암살하려 했다. 맹상군이 이를 눈치 채고 소왕의 애첩에게 사람을 보내 구해줄 것을 간청하자 애첩은 그 조건으로 여우 겨드랑이의 흰털로 만든 옷인 호백구를 달라 했다. 그런데 이 호백구는 이미 진나라로 오면서 소왕에게 바치고 만 것이었다. 그런데 맹상군의 식객 중 좀도둑의 재주를 가진 자가 있어 그가 개 짖는 흉내를 내어 궁중의 창고에서 호백구를 훔쳐왔다. 그 덕분에 맹상군 일행은 귀국 허가를 얻어 곧장 탈출해 한밤중에 국경초소인 함곡관에 도착했다. 애첩의 청으로 귀국허가를 냈던 소왕은 뒤늦게 후회하고 추격대를 보냈다. 함곡관은 첫 닭이 울어야 문을 여는데 맹상군 일행은 다시 진퇴양난의 위기에 빠졌다. 그때 무리 중에 닭 울음소리를 잘 내는 자가 있어 닭 울음소리를 내자 관문이 열리고 맹상군 일행은 무사히 탈출하게 되었다.

맹상군을 구한 그들은 누구인가. 개 짖는 소리, 닭 울음소리 재능만 있었던 식객이었다. 그 작은 재주에 투자했는데 목숨을 구하는 엄청난 결과를 만들어낸 것이다. 맹상군이 인재의 가능성을 보고 투자한 결과였다.

중국 근대사에 중대한 영향을 끼친 혁흔赫訢은 청나라 후기의 정치가이자 개혁가이다. 그는 청나라 황제인 도광제道光帝의 여섯째 아들로 함풍제咸豊帝의 동생이다. 아편전쟁 초기에 혁흔은 서양과 싸워야 한다는 적극적인 주전파의 입장에 있었고, 서태후西太后와 함께 쿠데타를 일으켜 성공함으로써 의정왕에 봉해졌다. 그는 자강을 목표로 한 새 정치에 주력하면서 서양을 배우는 데 힘쓰자는 양무운동洋務運動을 이끌었다.

혁흔은 천하 대권을 한 손에 움켜쥐고 여러 해 동안 조정을 주도했는데 청 왕조의 국력은 이미 쇠퇴해가고 있었다. 서방 열강이 호시탐탐 틈을 노리는 상황에서 혁흔은 내정과 외교 방면에서 신중을 기했다. 그는 일단 평화를 기조로 내세우며 자강을 통해 근대화를 이룬다는 목표를 잡았다. 공을 세우는 것보다 멀리 내다보고 투자하기로 했다. 또한 평화를 적극적으로 주장했지만 만약을 위한, 전쟁 준비에도 게을리하지 않았다. 서방 열강의 침략적 본성에 대해 혁흔이 어느 정도 인식하고 있었음을 뜻한다.

혁흔은 중국 최초의 근대화운동인 양무운동의 주창자이자 주동자였다. 그는 양무운동이 시작된 이상 서양에 대해 배워야 한다는 입장이었다. 특히 군사방면에서는 서양의 장점을 모조리 배우는 방안을 마련해야 한다고 보았다. 그러면서도 서양인들의 침략 의도를 막아야 한다는 점을 잊지 않았다. 또한 양무운동을 추진하는 과정에서 서양의 선진기술과 군사장비가 선진 과학문화의 기초 위에서 비롯되었음을 알고 기초과학을 학습해야 한다는 것을 인식했다. 그러기 위해서는 먼저 외국어와 문자를 배워야 한다는 점을 깨닫고 그의 주도로 번역 인재들을 기르는 신식학교인 동문관同文館을 창설했다. 사실상 중국 근대교육의 첫출발이었다. 그리고 미래를 책임질 인재들에 대한 투자 차원에서 유학생들을 계속 외국으로 내보내기 시작했다.

아이러니한 점은 황실 인척으로 서태후의 집정에 결정적인 역할을 했다는 것이다. 서태후는 중국의 근대화를 가로막은 부정적 인물이다. 그럼에도 혁흔은 서양의 앞선 과학기술을 배우자는 양무운동의 주창자로 변모했고 중국의 근대화에 일익을 담당했다. 하지만 정부의 총체적 무능과 관료들의 부패는 혁흔의 주장을 수용하지 못할 정도로 절망적인 상태였다. 결국 서태후에 의해 혁흔은 파면되었고 그가 맡았던 군기처도 조직이 개편되었다.

요즘 조직들은 최고의 인재를 끌어오기 위해 많은 투자를 한다. 이는 유능한 인재들의 미래 가능성에 투자하는 것이 결국 조직의 경쟁력을 끌어올리기 때문이다.

상황변화를 인식하라

"적의 형세를 이용하여 승리를 하여도 병사들은 어떻게 이겼는지 알지 못하며, 장교라 하더라도 개략적으로 아군이 승리한 것은 알지만, 장군인 내가 어떻게 그 승리의 형세를 만들었는지 알지 못한다. 고로 한 번 전쟁에서 승리한 방법은 다시 사용하면 안 된다. 무궁한 상황의 변화에 끊임없이 자신의 모습을 변화시켜야 한다."

〔因形而錯勝於衆, 衆不能知, 人皆知我所以勝之形, 而莫知吾所以制勝之形 故其戰勝不復, 而應形於無窮.〕

『손자병법孫子兵法』「허실」편에 나오는 말이다. 상황이라는 것은 끊임없이 변하기 때문에 같은 상황이 다시 반복되기는 어렵다. 그러므로 같은 방식으로 승리를 쟁취할 수는 없는 법이다. 세상의 모든 것이 변화와 발전을 거듭하고 있는 만큼 상황변화에 따른 적절한 대응방법을 찾아내야 한다.

‘수주대토守株待兎’라는 말이 있다. 그루터기를 지켜보며 토끼가 나오기를 기다린다는 뜻으로『한비자韓非子』「오두」편에 나오는 일화이다.

송宋나라에 한 농부가 있었다. 하루는 밭을 갈고 있는데 토끼가 한 마리 달려오더니 밭 가운데 있는 그루터기에 머리를 들이받고 목이 부러져 죽는 것이었다. 그걸 본 농부는 다음 날부터 밭에 나가 씨를 뿌리지도, 김을 매지도 않고 토끼가 또 그렇게 와서 죽기를 바라며 그루터기만 지켜보고 있었다. 하지만 토끼가 다시 그루터기를 들이받고 죽는 일은 일어나지 않았다. 농부는 온 나라 사람들의 웃음거리만 되고 말았다.

이는 곧 낡은 관습만을 고집하며 새로운 시대에 순응하지 못하는 것을 가리키는 말이다.

상황변화에 능동적으로 대처하려면 독단적인 행동방식에서 벗어나야 한다. 삼국시대의 조조曹操는 자신의 주장을 펼치기보다 모사였던 순유荀攸의 의견을 받아들여 곤경에서 벗어난 일이 있었다. 물론 조조는 처음부터 순유의 말을 받아들였던 것은 아니었다. 조조는 남쪽 장수張繡를 정벌하자는 제안을 했다가 순유의 반대에 부딪쳤다. 순유는 장수와 유표劉表가 서로 의지하기 때문에 반드시 곤경에 빠지리라는 것을 조조에게 말했지만 듣지 않았다. 그러나 상황이 불리해지자 순유의 말이 옳았다는 것을 깨닫고 재빨리 철군을 결정했다. 그리고 직접 후방을 엄호해 자칫 대패할 수 있었던 싸움이었는데 빠른 결정으로 손실을 최소한으로 축소할 수 있었다. 장수를 토벌하려던 싸움이 처음엔 승리하고 나중에는 패했지만 조조가 문제를 바로 잡으려 적시에 해결했기에 손실을 적게 할 수 있었던 것이다.

조조는 손자孫子가 말하는 상황변화 대처 능력이 뛰어났다. 수시로 상황과 조건을 살펴서 능동적으로 대처했기 때문에 이후 관도대전에서도 승리할 수 있었다. 반면 원소袁紹는 자신의 잘못을 인정하고 상황을 바꾸려 하기보다는 잘못을 회피하며 상황 대처에 능동적이지 못해 관도대전에서 패배했다고 볼 수 있다.

조조에게 순유가 있다면 원소에게는 전풍田豊이라는 모사가 있었다. 조조가 유비劉備를 공격한다는 소식을 알고 전풍이 원소에게 대군을 움직여 조조의 뒤를 친다면 단번에 천하를 손에 넣을 수 있을 것이라고 조언했다. 하지만 원소는 자식이 병이 났다는 이유로 전풍의 의견을 묵살했다. 원소는 오히려 조조가 유비를 격파하고 유비가 자신에게 의탁했을 때 진군을 해야 한다고 주장했다. 전풍은 이미 상황이 조조에게 유리해져 있는 상황이라며 원소를 말렸다. 하지만 자신의 잘못을 인정할 줄 모르는 원소는 전풍에게 군사들의 사기를 꺾어 군심을 해이하게 만들었다며 그를 감옥에 가두었다. 전풍의 우려대로 원소는 관도대전에서 패배했다. 그때라도 원소는 자신의 잘못을 깨달았어야 했는데 그는 오히려 전풍을 죽이고 말았다.

『후한서後漢書』에는 원소에 대해 '그는 자긍심이 강해 오만하고 스스로 기량을 지나치게 과신하므로 선을 행하는 데에 문제가 있었다. 그래서 관도에서 패하기에 이른 것이다'라고 평했다. 그가 영웅이 되지 못한 것은 인재를 알아보지 못한 데다 상황의 변화도 제대로 인식하지 못한 데 있다고 볼 수 있다.

『한비자』「설림」하편에서 능력은 상황에 따라 변한다는 이야기가 나온다.

명마 감정을 잘하는 백락에게 뒷발질하는 버릇이 있는 말 감정법을 배운 두 사람이 있었다. 어느 날 그들이 말을 감정하게 되었는데, 한 사람이 먼저 뒷발질하는 버릇이 있는 말을 지목했다. 그러자 다른 한 사람이 그 말의 뒤로 가서 말 엉덩이를 세 번이나 건드렸는데도 말이 뒷발질을 하지 않는 것이었다. 뒷발질하는 버릇이 있는 말이라고 지목한 사람은 자기의 감정이 잘못된 것 같다고 했다. 그러자 말 엉덩이를 쓰다듬었던 사람이 잘못 감정한 것이 아니라며 이렇게 말했다.

"이 말은 어깨가 굽었고 앞무릎은 부어 있습니다. 원래 뒷발질 잘하는 말은 그 체중을 앞발에 싣고 뒷발을 드는 법인데, 이 말은 앞발이 부어 뒷발을 들 수가 없었던 것입니다. 당신은 뒷발질 잘하는 말 감정에는 뛰어난 것 같으나 무릎을 살필 줄은 모르는 것 같습니다."

한비자는 '원숭이는 영리한 동물이나 우리에 가두어 두면 돼지가 되고 만다'는 혜자의 말을 빌려 능력이 있는 사람도 불리한 정세에 놓이게 되면 그 능력을 충분히 발휘할 수 없다고 했다.

늦게 이루어지는 인재도 있다

『노자老子』에 '대기만성大器晩成'이라는 말이 있다. 큰 사람이 되기 위해서는 많은 노력과 시간이 필요하며, 오랜 시간이 걸린다는 뜻이다. 『한비자韓非子』「유로」편에서는 춘추오패의 한 사람이었던 초楚나라 장왕莊王을 예로 들었다. 『여씨춘추呂氏春秋』「중언重言」편에도 실려 있다.

초나라 장왕이 왕위에 오른 지 3년이 되도록 그는 이렇다 할 명령도 내리지 않고, 마치 정치와는 담을 쌓은 듯이 지냈다. 어느 날 우사마가 왕의 곁에 있다가 보다 못해 수수께끼를 냈다. '남쪽 동산에 새가 한 마리 날아와 앉았는데, 그 새는 3년이 다 되도록 날지도 않고 울지도 않고 웅크리고 앉아만 있는데 그 새 이름이 무엇인지 아는지요?'라고 물었다.

그러자 장왕은 그 새가 3년 동안 날지 않았던 것은 날개를 기르기 위함이었고, 울지 않았던 것은 주위 사람들을 관찰하고 있었던 것이라 했다. 비록 아직까지는 날지 않고 있지만 한번 날개를 퍼덕이면 반드시 높은 창공을 날 것이며, 비록 지금껏 울지 않고 있지만 한번 울기 시작하면 세상 사람들을 경악하게 만들 것이라며 잠자코 있으라고 했다.

반년이 지나자 장왕은 그제야 자신의 본모습을 드러내기 시작했다. 본격적으로 정치를 장악하여 열 가지 일을 폐지시켰으며 아홉 가지 일을 새로 일으켰다. 다섯 명의 대신을 처형하고, 여섯 명의 인재를 새롭게 등용하는 등 초나라를 훌륭하게 통치했다. 또한 제나라를 공략하여 서주를 멸망시키고 진나라와 싸워 하옹에서 승리를 거뒀으며 송나라를 눌러 마침내 천하의 패왕이 되었다.

한비자는 『노자』 제41장의 말을 빌려 '큰 그릇은 조숙하지 않고 만성하며, 큰 소리는 평소에 소리를 내지 않는다'고 했다.

"가장 큰 네모에는 모서리가 없고, 가장 큰 그릇은 더디게 만들어지며, 가장 큰 소리는 들리지 않고, 가장 큰 형상은 형태가 없다."

〔大方無隅, 大器晩成, 大音希聲, 大象無形.〕

사실 노자가 말하는 대기만성이란 완성된 형태의 그릇이 아니라 완성되어 가는 과정을 이른다. 사람이기 때문에 완성이 아닌 완성의 과정을 말하는 것이 아니겠는가.

『대학大學』에 나오는 '언젠가 한때 새로워진다면 나날이 새로워질 것이고 또한 새로워질 것이다'는 '일신우일신日新又日新'이라는 말도 대기만성과 뜻을 같이 한다고 볼 수 있다. 이 말은 중국 고대의 하夏나라를 멸망시키고 상商나라를 세운 탕湯왕의 말이다. 그는 매일 저녁 목욕하는 목욕통에 이 일신日新이라는 글을 새겨 넣고 몸을 씻을 때마다 자신에게 날마다 새로워지라고 주문을 외웠다고 한다. 큰 인물이 되려면 지나간 과거에 얽매이지 말고 날마다 새로워져야 하는 법이다.

사람에 따라서 일찍부터 기회를 만나 조기에 등용되는 인재도 있지만 대기만성형의 인재도 있게 마련이다. 자신을 새롭게 하면서 늦게 꽃피운 인물들을 역사에서 종종 찾아볼 수 있다.

삼국시대 위魏나라에 최염崔琰이라는 이름난 장군이 있었다. 조조曹操의 작은 아들인 조식曹植이 최염의 조카사위였는데 그는 조식이 조조의 후계자가 되는 것에는 반대를 했던 공평무사한 인물이다. 그에게 최림崔林이라는 사촌동생이 있었다. 외모도 빈약하고 출세가 늦어 친척들로부터 멸시를 당하고 있었다. 그런데 오로지 최염만은 그의 재능을 꿰뚫어 보고는 '큰 종이나 큰 솥은 그렇게 쉽사리 만들어지는 것이 아니듯이 큰 인물도 성공하기까지는 오랜 시간이 걸리는 법'이라며 위로했다. 그의 말대로 최림은 훗날 조정에 크게 중용되어 천자를 보좌하는 삼공三公에까지 이르렀다.

또 다른 예로, 당송팔대가唐宋八大家로 유명한 삼소三蘇로 불리는 소순蘇洵·소식蘇軾·소철蘇轍 삼부자가 있었다. 소순은 중국 북송北宋시대의 문학자로 소식·소철의 아버지인데 일찍부터 두각을 드러낸 인물은 아니었다. 오히려 젊었을 때는 책 읽는 것도 좋아하지 않고 하루 종일 빈둥거리며 허송세월만 보냈다.

그렇게 27세가 되던 어느 날, 강가에 서 있던 노인이 곧지 못한 나무를 가리키면서 수리하여 다듬지 않으면 대세는 이미 기울 것이라고 말하는 꿈을 꾸었다. 노인의 말에 깨달음이 있었던 그는 그때부터 공부를 시작했다. 공부하기에는 늦은 나이였지만 열심히 공부에 매진하여 1년 후에는 과거에 응시했다. 비록 낙방은 했지만 실망하거나 포기하지 않은 채 학습에 더욱 매진했다. 과거에 합격하기 위한 공부가 아니라 진정 훌륭한 인재가 되기 위한 공부를 했다.

6년 동안 매일 손에서 책을 떼지 않고 공부한 끝에 문장 실력이 부쩍 늘었다. 2년 뒤에는 자신이 쓴 「기책幾策」, 「권서權書」, 「형론衡論」 등 22편의 문장을 문단의 영수인 구양수歐陽脩에게 보여줄 정도가 되었다. 날카로운 논법과 정열적인 필치에 의한 평론이 구양수의 인정을 받아 재상으로 있던 한기韓琦에게 소순을 천거하기에 이르렀다. 마침 그의 두 아들이 어린 나이에 뛰어난 성적으로 진사에 급제하면서 그의 가치는 더욱 올라갔다. 이후 소순의 이름은 천하에 널리 알려지기 시작했으며, 그의 두 아들도 당대 최고의 문장가로 존경을 받게 되었다. 특히 동파東坡란 호로 유명한 소식 아들은 중국 역사상 가장 뛰어난 재능을 지닌 문장가로 꼽히기도 한다.

소순蘇洵은 「상전추밀서上田樞密書」에서 '하늘이 우리에게 어떤 자질을 부여한 까닭은 반드시 어딘가에 우리를 쓸 곳이 있기 때문이다(夫其所以與我者, 必有以用我也)'라고 했다. 그래서 늦었다고 생각할 때가 가장 빠르다고 한 것이 아니겠는가.

조선시대에도 아주 늦은 나이에 등용이 된 인물이 있다. 미수眉叟 허목許穆으로 효종 때 63세의 나이로 지평持平에 임명되었다. 현종 즉위 때부터 예송논쟁禮訟論爭을 계기로 정치권에서 주목을 받았고, 숙종 때는 우의정에 임명됨으로써 과거를 거치지 않고 진출한 산림山林:민간에서 학문적 권위와 세력을 바탕으로 정치에 참여한 인물들이다. 이후 그는 왕통을 문란하게 했다는 송시열의 죄를 엄하게 다스릴 것을 주장하여, 온건론자인 허적許積이 이끄는 탁남濁南:조선시대 남인 가운데 허적을 중심으로 한 분파에 대비되는 청남淸南:조선 숙종 때 남인에서 분파된 당파로 서인에 대한 강한 처벌을 주장했다의 영수가 되었다. 그는 1676년에 사직하고 관직에 나아가지 않고 학문과 후진양성에 몰두하였다고 한다.

또한 허목은 조선 후기 정계와 사상계를 이끌어간 인물로, 주자성리학을 중시하던 17세기 당시의 시대 분위기와 달리, 원시유학原始儒學인 육경학六經學에 관심을 두면서 고학古學의 경지를 개척했다. 이후 이익李瀷이나 정약용丁若鏞과 같은 남인 실학자들의 학문 형성에도 깊은 영향을 주면서 실학이 시대의 흐름으로 자리를 잡는 데 큰 역할을 하였다.

소순·허목 같은 인물이 아니더라도 대기만성의 사례는 많다. 늦게 재능은 발휘하였지만 속을 들여다보면 그만큼 깊이가 있고 내공이 있다. 진정 인재를 찾는다면 당장 드러나는 재능이 없더라도 가능성을 보인다면 눈여겨볼 필요가 있을 것이다.

다양한 의견을 수렴하라

다른 사람의 올바른 의견을 수용하지 않으면 발전을 기대하기가 어렵다. 조직이 진정으로 성장하려면 반대의견까지도 수용해야 한다. 다양한 의견을 수렴하려면 먼저 경청하는 자세가 되어야 한다.

중국 역사에서 신하들의 의견을 가장 잘 수렴한 리더는 아마도 당태종唐太宗일 것이다. 『정관정요貞觀政要』에는 당태종이 자신의 곁을 지킨 방현령房玄齡·두여회杜如晦·위징魏徵 등의 8대 명신들과 끊임없이 대화를 나눈 것들이 고스란히 녹아 있다. 특히 위징은 그에게 약 300여 번이나 간언을 했다고 한다. 태종이 간언을 많이 하는 이유를 물었더니 위징은 태종이 의견을 펼칠 수 있게 했기 때문이라며 만일 태종이 간언을 들을 자세가 되어 있지 않았다면 아무리 옳은 이야기라도 차마 할 수 없었을 것이라 했다.

부하나 다른 사람의 말을 고루 들을 줄 아는 리더가 조직도 잘 운영할 수 있다. 조선시대의 성군으로 꼽히는 세종은 자신의 의견과 상반되는 대신들과의 치열한 토론을 통해 얻은 결과물들을 정책에 반영하곤 했다. 그 한 예로 세종이 특별히 큰 죄를 짓지 않는 한 백성이 수령을 고소할 수 없도록 한 '수령고소금지법'을 개정하자는 세종의 의견에 맞서는 허조許稠를 몇 번의 회의를 통해 결국 승복시켰다. 허조는 항상 최악의 경우를 상정해놓고 문제를 집요하게 물고 늘어지는 고집불통의 원칙주의자였다. 그래서 회의를 할 때 그를 참석시키면 중용의 결과물을 만들어낼 수 있었다. 치열한 토론 끝에 양측의 의견이 점차 좁혀지면 그것을 정책에 반영함으로써 원만한 성과를 만들어냈다. 서로 상반된 의견은 잘 조율하면 균형이 되는 법이다.

훈민정음을 창제할 때도 집권층과 지식인들의 극심한 반대에 부딪쳤다. 그 중심에 있는 이가 바로 최만리崔萬理였다. 최만리는 당시 조선을 대표하는 전형적인 성리학자로 성리학의 이면에는 중국에 대한 사대事大가 기본으로 깔려 있었다. 최만리는 처음부터 세종과의 관계가 나쁜 편은 아니었다. 그는 집현전 학자들은 다른 관서로 옮기지 말고 오래 근무하게 해서 학문을 연마하라는 세종의 지시를 충실히 따라 18년 만에 실질적인 장관인 부제학에 오른 인물이었다. 그런 그가 훈민정음 창제의 반대 상소를 거듭 올린 것이다.

최만리가 올린 「갑자 상소세종 26년」에서 반대의 요점은 이렇다.

첫째, 대대로 중국의 문물을 본받고 섬기며 사는 처지에, 한자와는 이질적인 소리글자를 만드는 것은 중국에 대해서 부끄러운 일이다.

둘째, 한자와 다른 글자를 가진 몽고·서하·여진·일본·서번 등은 하나같이 오랑캐들뿐이니, 새로운 글자를 만드는 것은 스스로 오랑캐가 되는 일이다.

셋째, 새 글자는 이두吏讀보다도 더 비속하고 그저 쉽기만 한 것이라 어려운 한자로 된 중국의 높은 학문과 멀어지게 만들어 우리의 문화수준을 떨어지게 할 것이다.

넷째, 송사에 억울한 경우가 생기는 것은 한자를 잘 알고 쓰는 중국사회에서도 흔히 있는 일이며, 한자나 이두가 어려워서가 아니라 관리의 자질에 따른 것이니 새 글자를 만들 이유가 되지 못한다.

다섯째, 새 글자를 만드는 것은 풍속을 크게 바꾸는 일인 만큼, 온 백성과 선조와 중국에 묻고 훗날 고침이 없도록 심사숙고를 거듭해야 마땅하다. 그런데 그런 신중함이 전혀 없이 적은 수의 사람들만으로 졸속하게 추진하고 있고, 상감은 몸을 해쳐 가며 지나친 정성을 쏟고 있다.

여섯째, 학문과 수도에 정진해야 할 동궁 문종이 인격 성장과 무관한 글자 만들기에 정력을 소모하는 것은 옳지 못하다.

최만리와 함께 한글 창제에 반대한 이들은 한글을 '야비하고 상스러운 무익한 글자鄙諺無益之字'라고 폄하하면서 '지금 이 언문은 새롭고 기이

한 하나의 기예技藝에 지나지 않아 학문을 손상시키고 정치에 이로움이 없으니 거듭 생각해도 옳지 않다〔今此諺文不過新奇一藝耳, 於學有損, 於治無益, 反覆籌之, 未見其可也.〕'고 강하게 비판했다. 누구보다 집현전의 학자 출신인 최만리의 반대라서 세종에게는 충격이었다. 그 충격에 최만리를 잠시 옥에 가두기까지 했다.

세종도 가만있지는 않았다. 최만리의 상소문을 보고, 다음과 같이 조목조목 지적하였다.

"너희들이 이르기를, '음音을 사용하고 글자를 합한 것이 모두 옛 글에 위반된다' 하였는데, 설총薛聰의 이두吏讀도 역시 음이 다르지 않으냐. 또 이두를 제작한 본뜻이 백성을 편리하게 하려 함이 아니겠느냐. 만일 그것이 백성을 편리하게 한 것이라면 이제의 언문도 백성을 편리하게 하려 한 것이 아니겠느냐? 너희들이 설총은 옳다 하면서 군상君上의 하는 일은 그르다 하는 것은 무엇이냐. 또 네가 운서韻書를 아느냐. 사성칠음四聲七音에 자모字母가 몇이나 있느냐. 만일 내가 그 운서를 바로잡지 아니하면 누가 이를 바로잡을 것이냐. 또 소疏에 이르기를, '새롭고 기이한 하나의 기예技藝라' 하였으니, 내 늘그막에 날日을 보내기 어려워서 서적으로 벗을 삼을 뿐인데, 어찌 옛것을 싫어하고 새것을 좋아하여 하는 것이겠느냐. 또는 전렵田獵으로 매사냥을 하는 예도 아닌데 너희들의 말은 너무 지나침이 있다. 그리고 내가 나이 늙어서 국가의 서무庶務를 세자에게 오로지 맡겼으니, 비록 세미細微한 일일지라도 참예하여 결정함이 마땅하거든, 하물며 언문이겠느냐. 만약 세자로 하여금 항상 동궁에만 있게 한다면 환관에게 일을 맡길 것이냐. 너희들이 시종侍從하는 신하로서 내 뜻을 밝게 알면서도 이러한 말을 하는 것이 옳겠느냐?"

〔上覽疏, 謂萬理等曰: 汝等云: '用音合字, 盡反於古.' 薛聰吏讀, 亦非異音乎? 且吏讀制作之本意, 無乃爲其便民乎? 如其便民也, 則今之諺文, 亦不爲便民乎? 汝等以薛聰爲是, 而非其君上之事, 何哉? 且汝知韻書乎? 四聲七音, 字母有幾乎? 若非予正其韻書, 則伊誰正之乎? 且疏云: '新奇一藝.' 予老來難以消日, 以書籍爲友耳, 豈厭舊好新而爲之? 且非田獵放鷹之例也, 汝等之言, 頗有過越. 且予年老, 國家庶務, 世子專掌, 雖細事固當參決, 況諺文乎? 若使世子常在東宮, 則宦官任事乎? 汝等以侍從之臣, 灼知予意, 而有是言可乎.〕

세종은 무엇보다 한글이 백성들에게 편리한 글임을 강조하면서, 최만리의 비판 상소를 적극적으로 반박하였다. 세종은 훈민정음을 효과적으로 반포하려면 반대 세력을 이끌고 가야 한다는 점을 잘 알고 있었다. 최만리의 반대는 그 시대의 보편적 한계를 대변한 것이기도 했다.

최만리는 한글 창제에는 걸림돌이었지만 세종이 무척 아낀 인재였다. 그래서 끝까지 안고 갔던 사람이다. 그는 성실하게 관직에 임했고, 지방 장관으로 정사를 잘 다스려서 조선시대의 청백리로 꼽히기도 했던 인물이다. 세종은 최만리의 그런 사람됨을 알기에 훈민정음 반대 상소에 대해 가벼운 징벌로 경계하고 더 이상 책임을 묻지 않았다고 한다.

다양한 의견을 수렴하려면 소통에 문제가 없어야 한다. 리더의 위치에 있다고 해서 아랫사람의 의견을 무시하거나 거부한다면 소통이 단절되고 만다. 그렇게 되면 조직에는 이로울 것이 없다. 불통의 조직이 발전하기 쉽지 않다는 것은 역사를 통해서도 충분히 알 수 있는 일이다.

03

인적자본관리 모델

인적자본의 재생산

재물이 계속 나오는 보물단지를 '화수분'이라 한다. 중국 진시황秦始皇 때 있었다는 '하수분河水盆'에서 비롯된 말이다.

진시황이 만리장성을 쌓을 때 군사 십만 명을 시켜 황하수黃河水를 길어다 큰 구리로 만든 동이를 채우게 했는데, 그 물동이가 얼마나 컸던지 한 번 채우면 아무리 써도 없어지지 않았다고 한다. 그래서 황하수 물을 채운 동이라는 뜻으로 '하수분'이라고 했는데, 나중에는 안에 온갖 물건을 넣어 두면 새끼를 쳐서 끝없이 나온다는 보배의 그릇을 뜻하게 되었다. 조직에서 인사를 담당하는 입장이라면 화수분처럼 새로운 인재들이 계속 쏟아져 나오기를 바랄 것이다. 그렇게 인재가 재생산되는 조직이야말로 혈관이 잘 돌듯 운영이 잘 되게 마련이다.

『안자춘추晏子春秋』「간하諫下」편에 '나라에 세 가지 상서롭지 못한 일이 있으니, 유능한 인재가 있는데도 알아보지 못하는 것, 알고도 기용하지 않는 것, 기용하고 맡기지 않는 것이다.(國有三不祥, 有賢而不知, 知而不用, 用而不任)'라는 말이 나온다. 인재를 찾고 등용하여 능력을 제대로 발휘할 수 있도록 하는 것은 조직을 이끄는 리더나 인적자본을 관리하는 담당에게는 중요한 일이다.

인재는 만들어진다. 이미 만들어진 인재를 찾는 것도 중요하지만 있는 구성원을 조직에 필요한 인재로 만드는 것 또한 중요하다. 『묵자墨子』「상현尙賢」편에는 '나라에 유능하고 어진 인재가 많으면 나라의 통치가 든든해지고, 유능하고 어진 인재가 적으면 나라의 통치가 약해진다(國有賢良之士衆, 則國家之治厚 賢良之士寡, 則國家之治薄)'고 했다. 유능한 인재가 많으면 많을수록 좋다. 그만큼 인재를 양성할 수 있다면 그보다 더 좋을 수가 있겠는가.

인재가 화수분처럼 끊임없이 배출되려면 '청출어람靑出於藍'의 분위기가 조성되어야 한다. 청출어람은 중국 전국시대의 사상가로서 성악설性惡說을 창시한 순자荀子가 한 말이다. 『순자』「권학勸學」편에 '학문은 그쳐서는 안 된다. 푸른색은 쪽에서 취했지만 쪽빛보다 더 푸르고, 얼음은 물이 이루었지만 물보다도 더 차다(學不可以已 靑取之於藍而靑於藍 氷水爲之而寒於水)는 말이다. 원래는 학문을 중도에 그침이 없이 열심히 임하라는 의미이다. 푸른색이 쪽빛보다 푸르듯이, 얼음이 물보다 차듯이 학문을 계속 하다 보면 스승을 능가하는 학문의 깊이를 가진 제자도 나타날 수 있다는 말이다. 청출어람의 예를 종종 찾아볼 수 있다.

중국 위진남북조 북위北魏의 학자인 이밀李謐은 어려서 공번孔璠을 스승으로 삼아 열심히 공부했다. 스승 공번孔璠은 북조北朝의 저명한 학자로 학식과 인덕이 높았으며, 교학教學에도 매우 열심이었다. 이밀은 총명하고 학문에 열심히 매진하는 인물이라 몇 년이 지나자 스승의 학문을 능가하게 되었다. 어느 날 공번은 이제 더 이상 가르칠 것이 없다고 생각하고 도리어 이밀에게 가르침을 청했다. 이밀은 스승의 행동에 당황할 수밖에 없었다. 그러자 공번은 '성인에게는 정해진 스승이 없으며, 서로 누구 하나라도 뛰어난 점이 있다면 나이에 관계없이 스승이 될 수 있으니 격식을 차리지 않아도 된다'고 말했다. 그러면서 이밀을 스승으로 삼기를 청했다. 이 사실이 알려지자 많은 이가 감동받아 그들을 칭송했다고 한다.

『논어論語』「자한」 편에 청출어람과 비슷한 말이 나온다. 바로 '후생가외後生可畏'라는 말이다. '뒤에 난 사람이 두렵다. 어떻게 앞으로 오는 사람들이 지금만 못할 줄 알 수 있겠는가. 나이 사오십이 되었는데도 이렇다 할 이름이 알려져 있지 않는 사람은 별로 두려워할 것이 못 된다〔後生可畏 焉知來者之不如今也 四十五十而無聞焉 斯亦不足畏也已〕'는 공자의 말에서 비롯되었다. 공자가 자신보다 서른 살이나 아래인 안회顔回의 재주와 덕을 칭찬해서 한 말이다. 즉, 후배는 나이가 젊고 의기가 장하므로 학문을 계속 쌓고 덕을 닦으면 그 진보는 선배를 능가하는 경지에 이를 것이라는 말이다.

우리가 보통 선생先生이라고 할 때는 말 그대로 먼저 태어난 사람을 말한다. 거기에 지식과 덕망이 뛰어난 사람을 선생이라 부른다. 그리고 나중에 태어난 사람은 후생後生이다. 후생은 제자나 후배 정도로 보면 되는데, 이 후생을 가히 두려워할 만하다는 뜻이 바로 후생가외다. 비록 나중에 태어났지만 성장할 가능성이 무한하기 때문에 주목할 만하다는 의미이기도 하다.

후생가외는 조선시대 대학자인 퇴계退溪 이황李滉이 율곡栗谷 이이李珥를 두고 한 말이기도 하다. 율곡 이이는 어려서부터 독학으로 성리학을 공부했다. 그가 23세 되던 해 도산서원에서 58세의 퇴계 이황을 만나 하룻밤을 묵으면서 대화를 한 적이 있다. 이 만남에서 퇴계는 율곡을 가리켜 '후생가외後生可畏'라는 옛말이 틀리지 않다며 그를 칭찬했다. 율곡은 훗날 이황의 주리론을 반박하면서 자신의 논리인 주기론을 폈지만 평생을 퇴계의 칭찬을 감사했다고 한다.

'청출어람'이든 '후생가외'든 유능한 인재가 배출될 수 있도록 분위기를 조성하고, 그에 맞는 인재양성 프로그램을 만들고, 그 결과물을 인사에 반영할 수 있는 제도를 만들면 굳이 먼 곳에서 인재를 찾을 필요가 없다.

핵심 인재풀을 만들어라

『육도六韜』에서 태공망太公望은 '병사 가운데서도 용기가 하늘을 찌르고 죽음조차 두려워하지 않으며 싸움터에서 입은 상처를 기쁨으로 여기는 자들을 대표적으로 용사라고 부른다. 용사는 여러 가지 빼어난 점이 많은 병사인데, 이런 정예 병사를 뽑아서 더욱 뛰어난 용사로 훈련시켜야 한다'고 했다. 정예병사는 곧 그 조직의 핵심인재를 말한다. 핵심인재를 많이 보유한 조직이 높은 성과를 창출할 수밖에 없다.

난세가 영웅을 만든다고 하는데 중국의 삼국시대만큼 많은 인재가 할거한 시대도 없을 것이다. 먼저 조조曹操의 위魏나라를 보자.

조조를 삼국의 제1인자로 만드는 데 최대의 공로자이자 제갈량諸葛亮

과 비견되는 책사 순욱荀彧, 그리고 그의 조카로 사려 깊은 일처리와 판단력으로 조조를 도왔던 부드러운 카리스마의 순유荀攸가 있다. 난폭하기는 하지만 조조의 오른팔이었던 하후돈夏侯惇, 조조의 선봉에 섰던 용맹한 장수 하후연夏侯淵, 뛰어난 지략과 교묘한 처세술로 군사의 자리까지 오른 정욱程昱이 있고, 조조를 원소袁紹와 비교해서 모든 면에서 조조가 뛰어나다고 한데다 손책孫策의 죽음까지 예언할 만큼 남다른 능력이 있어 조조가 가장 아꼈던 참모 곽가郭嘉, 많은 인물의 참모를 거쳐 조조에게까지 이른 가후賈詡, 적벽대전에서 패한 조조를 호위해 허도로 철수한 투구솜씨가 뛰어나고 대단한 힘의 소유자 허저許褚가 있다.

그리고 사사로운 일로 국사를 망칠 수는 없다는 일념으로 조조를 끝까지 지켰던 무장 서황徐晃, 여러 차례 주군을 바꿨으나 우는 아이도 뚝 그치게 하는 위엄으로 합비전투에서 오를 토벌하는 데 혁혁한 전공을 세운 장료張遼, 군사보다는 학문을 좋아해 다른 장수들과 공을 다투지 않았던 이전李典, 촉의 장수들이 두려워하고 조조가 자신의 한신이라며 자랑했던 장합張郃, 조비曹丕의 등극에 앞장섰던 화흠華歆, 후한後漢의 헌제獻帝를 장안에서 탈출시키는 과정에서 보이지 않게 활약하다 위로 가서 태위의 지위까지 오른 종요鍾繇, 조조가 참전하는 마초 토벌전에서 활약한 가규賈逵, 용감하게 싸웠으나 사로잡힌 몸이 되는 통에 오에 항복하고 끝내 그 수치와 분노로 죽은 무장 우금于禁, 관도전투에서 발석거發石車로 대항해 승리를 이끄는 데 큰 힘을 보탠 모신 유엽劉曄, 전투의 선두에 서서 돌격대장의 역할을 한 악진樂進, 조조를 지키다 장렬한 최후를 맞은 전위典韋, 조조의 뒤를 이어 위왕이 된 조비曹丕, 문재文才가 뛰어난 조조의 차남 조식曹植, 촉의 승상 제갈량을 쓰러뜨리고 위가 삼국 최고의 강국임을 증명한 사마의司馬懿 등이 있다.

다음으로는 유비劉備의 촉蜀나라를 보자.

유비와 도원결의를 맺고 그를 위해 신명을 다 바친 관우關羽와 장비張飛, 유비가 삼고초려의 예를 다해 군사로 맞아들였던 명재상 제갈량諸葛亮, 유비의 아들을 구해내고 냉정함과 침착함으로 무장의 귀감이 됐던 조운趙雲, 제갈량에 비견되지만 그 능력을 제대로 인정받지 못한 채 애석하게 요절한 방통龐統, 전장에서 노익장을 과시하며 젊은이 못지않은 기개를 보여줬던 무장 황충黃忠, 제갈량이 문무를 겸비하고 웅렬이 남보다 뛰어난 일세의 호걸이라고 했던 마초馬超, '읍참마속'의 희생자 마속馬謖, 무예는 출중했으나 통제가 되지 않아 공명을 괴롭혔던 맹달孟達, 상당한 재력가에 인품이 높고 온화한 성격의 소유자로 선비로 남길 원했던 미축糜竺, 유비를 제갈량에게 소개하고 유비의 수하에 있다 조조가 모친을 인질로 가두자 어쩔 수 없이 그의 수하가 됐던 재사 서서徐庶, 유비가 형주의 유표劉表에게 몸을 의탁하고 있을 때 '나는 세상의 움직임을 알 수 없지만 형주에는 시국 정세를 읽을 줄 아는 공명과 방통이 있다'면서 유비가 그토록 찾고자 한 재사들을 얻을 수 있도록 한 일등공신 사마휘司馬徽, 유약함의 상징처럼 돼버린 유비의 아들 유선劉禪, 유선의 군사였던 강유姜維 등이 있다.

마지막으로 손권孫權의 오吳나라를 보자.

건국의 아버지 손견孫堅, 그의 후계자 손책, 적벽대전의 최고 영웅 주유周瑜, 오의 외교 대가 노숙魯肅, 오나라 개국공신이며 손권 삼대를 나란히 섬긴 무장 정보程普, 적벽대전에서 화공을 제안하여 승리로 이끄는 견인차 역할을 했던 황개黃蓋, 고사성어 '괄목상대'의 주인공 여몽呂蒙, 공명의 형이자 손권의 책사로서 늘 화합을 강조했던 제갈근諸葛瑾, 의젓함과 냉정함으로 오나라를 지킨 육손陸遜, 손권이 '조조에게 장료가 있다면, 나에게는 감녕이 있다'며 치켜세웠던 감녕甘寧, 손책이 죽자 비통에 빠진 손권에게 울고 있을 때가 아니라고 격려하는 등 그의 참모 노릇을 톡톡히 해낸 장소張昭, 적에게 포위된 손책을 구하기 위해 육탄으로 맞서 그를 구해낸 무장 주태周泰, 주군을 위해서라면 죽음도 무서워하지 않고 적군을 격퇴했던 능통凌統 등이 있다. 여기에 원소에게 끝까지 충성을 다한 책사 전풍田豊, 관도싸움에서 지구전으로 나갈 것을 원소에게 진언한 모신 저수沮授, 기인 예형과 공자의 후손으로 재기를 자랑했으나 끝내 자신의 꿈을 펼치지 못하고 세상을 하직한 비운의 공융孔融 등도 삼국시대를 뜨겁게 살다간 인물들이다.

조선 세종은 '일대의 정치가 흥하기 위해서는 반드시 일대의 영재英才가 있어야 한다세종실록,6년 7월, 갑신'는 신념으로 인재를 발굴하고 육성하는 데 힘을 썼다. 백성을 다스리고, 편안하게 하는 모든 정치활동을 위해 인재를 발굴하고 육성하는 일은 무엇보다도 긴요한 과제였다. 그 과제를 집현전으로 집중시켰고 집현전은 핵심인재들의 장이었다. 세종이 꾸린 집현전은 경연과 자기 역량을 더욱 강화하는 곳이었다. 세종은 자신의 비전을 실천해 줄 실무진을 강화하기 위해 뛰어난 인재양성에 막대한 투자를 단행했다.

그 결과 세종의 시대에서는 핵심인재가 넘쳐났다. 18년간 영의정에 재임하여 세종으로부터 가장 큰 신임을 받았던 황희黃喜, 6진을 설치하여 두만강을 경계로 국경선을 확정한 김종서金宗瑞, 조선 최고의 과학자 장영실蔣英實, 한국의 3대 악성으로 꼽힐 정도로 뛰어난 음악가 박연朴堧,

황희와 함께 국정을 안정시키는 데 일조한 변계량卞季良과 맹사성孟思誠, 여진족과 왜구를 막는데 큰 공을 세운 최윤덕崔潤德과 이종무李從茂, 세종을 도와 한글을 창제하는 등 그 시대의 문화를 꽃피운 성삼문成三問·신숙주申叔舟·박팽년朴彭年·하위지河緯地·이개李塏·정인지鄭麟趾·김질金礩 등의 집현전 학자 등 유능한 인재들이 세종 시대에 뛰어난 능력을 발휘했다.

교토삼굴의 지혜를 가져라

중국 전국시대 말기의 맹상군孟嘗君을 대표하는 '계명구도鷄鳴狗盜'와 함께 또 다른 고사성어가 바로 '교토삼굴狡兎三窟'이다.『사기史記』「맹상군열전」에 나오는 이야기다.

제齊나라 왕은 계명구도의 두 식객 덕분에 제나라로 무사히 돌아온 맹상군을 재상으로 임용했다. 이후 더 많은 식객이 맹상군의 집으로 사방에서 몰려들었다. 많은 문객의 수로 도저히 감당할 수 없는 지경되자 어쩔 수 없이 문객들을 세 등급으로 나누어 등급에 따라 대접했다.

한번은 풍훤馮諼이라는 사람이 식객으로 들어오기를 청했다. 맹상군은 그를 받아주었지만 다른 식객들은 아무 재주도 없는 사람이라고 얕보며 잡곡밥에 푸성귀만 주면서 음식 대접을 소홀히 했다. 그러던 어느 날 풍훤은 대청 기둥에 기대어 앉아 검을 박자에 맞춰 두드리면서 노래했는데, 물고기를 먹을 수 없으니 돌아가겠다는 것이었다. 맹상군은 이를 듣고 그에게 물고기를 대접하고 다른 식객들처럼 잘 대접하라고 지시했다. 또 어느 날은 밖에 나가야 하는데 수레가 없다는 노래를 불러 맹상군이 그에게 수레를 내주도록 했고, 노인을 봉양할 수 없다는 노래에 그의 어머니에게 매일 세 끼의 음식을 보내게 했다.

어느 날 맹상군은 풍훤에게 자신의 봉읍封邑인 설읍薛邑에 가서 빚을 받아오라고 했다. 풍훤은 빚을 받으면 무엇을 사올지 물었고, 맹상군은 자기 집에 부족한 것을 사오라고 했다. 설읍에 도착한 풍훤은 빚을 진 백성들을 불러서 채무를 대조하고 도저히 갚을 여력이 되지 않는 이들에게 맹상군이 빚을 탕감해주기로 했다고 선포하고는, 빚 문서들을 사람들이 보는 데서 불태워버렸다. 백성들은 당연히 맹상군에게 감사해 했다.

맹상군의 집으로 돌아온 풍훤은 그의 집에 부족한 것이 오직 '의義'라서 의를 사가지고 왔다면서 빚을 탕감한 이야기를 해주었다. 맹상군은 속으로는 몹시 언짢게 생각했지만 겉으로는 아무 말도 하지 않았다.

그로부터 1년 후에 제나라 민왕湣王이 맹상군의 직위를 파면하자, 그는 어쩔 수 없이 설읍으로 내려가야 했다. 이 소식을 들은 설읍의 백성들은 남녀노소 할 것 없이 1백 리 밖까지 맹상군 마중을 나오는 것이었다. 맹상군은 감격하며 풍훤에게 그가 사왔다는 '의'를 나도 이제야 보게 되었다며 기뻐하며 말했다. 하지만 풍훤은 꾀 있는 토끼들은 굴을 세 개씩 파놓아야 생명을 보존할 수 있다고 하는데, 한 개로는 안 되니 자신이 두 개를 더 준비하겠다고 말하는 것이었다.

풍훤은 진秦나라로 가서 진나라 왕에게 제나라의 맹상군이 왕에게 쫓겨나 국외에 있는데 그를 등용하면 나라가 강성해질 것이라 했다. 왕은 그 말을 받아들여 맹상군을 재상으로 삼겠다며 사신에게 수레 1백 대와 황금 1천 근을 갖고 설읍으로 가서 맹상군을 데리고 오도록 했다. 그 소식을 들은 제나라 민왕은 깜짝 놀라며 그제야 자신의 경솔함을 후회했다. 그는 황급히 맹상군을 재상으로 복직시키고, 1천 호의 토지를 상으로 주는 동시에 도읍에서 살도록 했다. 이 일을 계기로 맹상군은 정치적인 '세 개의 굴'이 완비되어 수십 년 동안 아무런 위협이나 화액을 당하지 않고 순조롭게 제나라 재상을 지낼 수 있었다고 한다.

자신의 생명을 지키기 위해 세 개의 굴을 준비하는 토끼의 지혜는 분명 새겨볼 만하다.

진秦나라의 여불위呂不韋는 오랜 기간 사람에 투자한 결과로 대권을 잡은 인물이다. 여불위는 원래 조趙나라 출신의 대상인이었는데, 세상의 흥망성쇠를 읽는 눈과 이해득실을 계산하는 판단력이 매우 비상했다.

여불위는 일찍이 자신의 아버지에게 농사를 지으면 얼마나 이익이 나는지 물었다. 아버지가 열 배라고 하자, 주옥의 이익을 물었고 백 배라는 답을 들었다. 그러자 왕을 자신의 편으로 만들면 얼마나 벌 수 있는지 묻자 아버지는 그것은 셈을 할 수 없다고 답했다. 그는 사람에게 투자하는 것, 그것도 권력의 중심에 있는 왕에게 투자하는 것이 가장 많은 이익을 남긴다는 것을 깨달았다.

그래서 여불위는 조趙나라에 볼모로 와 있는 진秦나라 공자 자초子楚를 만났다. 자초는 진나라 태자의 서자에 불과했지만 여불위는 자초에게 자신의 재물을 걸고 정치적 모험에 도전했다. 여불위의 경제적 후원으로 자초는 여러 제후와 대부들 사이에서 유명해지기 시작했다. 그러자 여불위는 관원을 매수해 자초를 고국으로 빼돌렸다. 마침 진나라 왕에게 아들이 없는 점을 노려 그는 왕후에게 많은 예물로 환심을 산 뒤 자초를 태자로 삼게 만들었다.

훗날 자초가 진의 장양왕莊襄王이 되자 여불위는 승상丞相으로 임명되고, 곧바로 문신후文信侯로 봉해져 낙양洛陽의 10만 호를 식읍으로 받았다. 그는 진나라는 물론 천하제일의 부귀와 권세를 누리게 되었으니 그의 셈법대로 가장 많은 이문을 남긴 것이다. 심지어 자신의 애첩 조희趙姬를 자초가 좋아하자 임신한 채로 넘겨주었는데 거기서 난 아들이 바로 진시황秦始皇 정政이라는 설도 있다.

여불위는 불과 13세의 나이에 왕위에 오른 진시황을 대신하여 나라를 다스리는 동안 진나라가 정치·군사적으로는 어느 나라도 따라올 수 없을 정도로 막강한 힘을 가질 수 있게 도왔다. 하지만 문화·사상적으로 '전국 4군자'가 있는 위魏나라·초楚나라·조趙나라·제齊나라를 따라가지 못하는 수준이라는 것을 깨달았다. 그래서 그는 자기 휘하에 수천 명의 빈객을 모으고 그들로 하여금 천하고금의 치란治亂과 목민牧民의 문제를 심도 있게 토론하게 하여, 그 성과를 『여씨춘추呂氏春秋』라는 책으로 집대성하기도 했다.

이로써 진나라를 정치·군사는 물론 경제·문화적으로도 명실상부한 전국시대 최강대국으로 만들어놓았다. 그러나 진시황의 친정親政으로 여불위의 권력은 회수당하고 그는 자결을 하고 만다. 그는 처음 한 투자는 큰 이익을 가져다주었지만 자신이 명예롭게 살아갈 마지막 굴을 마련하지 못했던 것이다.

인간관계의 법을 알다

인간관계의 법을 누구보다 적나라하게 밝힌 이는 바로 한비자韓非子이다. 그는 모든 인간관계는 이익관계로 이어져 있다고 볼 만큼 인성의 약점과 욕망을 예리하게 지적했다. 그는 법가 사상을 집대성했는데 그것이 통치술과 제왕학으로 표출되었다.

한비자는 법가法家에서 출발한다. 법가는 실용적인 정치철학으로 전국戰國 시기에 형성되었다. 이는 군주가 익혀야 할 통치술로서 법法·술術·세勢를 들고 있다. 춘추春秋 시기에 공자를 중심으로 한 유가儒家의 예치禮治사상에 대립하여 각 제후국에서는 변법을 통하여 법으로써 나라를 다스리는 풍조가 출현하였다. 그 대표적인 예로 위魏나라의 재상 이회李悝의 변법, 진秦나라 상앙商鞅의 변법, 한韓나라의 신불해申不害, 조趙나라의 신도愼到 등을 들 수 있다. 법으로써 나라를 다스릴 것을 적극적으로 주장하고 강력하게 실행한 것이 법가이다.

한비자는 신불해·신도·상앙 등의 초기 법가사상을 종합하여 법치法治를 중심으로 삼고 법法·세勢·술術이 서로 결합한 관점을 주장하였다. 그는 '술術'만 언급하고 '법法'을 중시하지 않은 신불해와, '법'만 언급하고 '술'을 중시하지 않은 상앙의 사상은 모두 군주의 통치에 불리하므로 정확한 방법은 법·술·세 삼자를 결합시키는 것이라고 생각하였다.

그래서 『한비자』「정법」 편에 어떤 사람이 신불해와 공손앙상앙 두 사람의 견해 중 어느 쪽이 나라에 더 필요한지 묻자 한비자는 '그것은 우열을 가릴 수 없는 문제이다. 사람은 열흘 이상 먹지 않으면 죽고, 아주 추운 날씨에 옷을 입지 않으면 얼어 죽는다. 그런데 옷과 음식 중 어느 것이 사람에게 더 긴요하냐고 묻는다면, 둘 중 어느 하나라도 없어서는 안 된다고 대답할 것이다. 두 가지 모두 사람이 사는 데 꼭 있어야 할 것들이기 때문이다'라고 했던 데서 법·술·세의 이치를 밝히는 것이라 하겠다.

'법法'은 군주가 백성을 통제하는 공개적이고 자세한 규칙으로, 사회가 모두 반드시 법을 준수해야 하며, 누구든지 법을 위반하면 징벌을 가

해야 한다는 것이 한비자의 주장이다. 그는 법령을 '명名'이라 하고, 법령에 의거하여 상벌을 가하는 것을 '형刑'이라 하였는데 이것이 바로 그의 '형명지술刑名之術'이다.

'술術'은 군주가 신하들을 지배하는 은밀한 방식으로, 군주 혼자만이 알아야 하며 공개할 수 없다. 예를 들면 군주가 자신의 희로애락과 선호를 말하지 않는 이상 신하들은 군주의 생각을 알 수 없기에 신중하게 군주의 일을 대신 처리한다. 법이 공개된 것이라면 술은 은폐된 것이다. 그는 술이 있어야 군주가 권력을 독점할 수 있다고 했다. 군주는 대신의 찬탈을 방어해야 하고 신하들로 하여금 오로지 한마음 한뜻으로 군주만을 위하여 일하게 하려면 반드시 술을 써야 한다는 것이다.

'세勢'는 백성과 신하를 굴복시키는 힘, 권력이다. 한비자는 법령을 추진하고 권술을 사용하는데 세력이 없으면 안 된다고 했다. 공자는 비록 성인이지만 일생 동안 칠십여 명의 제자만이 그를 따랐고 공자와 동시대 사람인 노나라의 애공哀公은 비록 평범한 군주였지만 그가 노나라의 정권을 장악하여 권력이 있었기에 공자와 같은 성인들도 그의 지시에 따라야 했다.

한비자는 「외저설우하」편에서 '현명한 군주는 관리들만 잘 감독할 뿐이지 백성들을 직접 다스리지 않는다. 나무줄기를 흔들면 나무 전체 잎사귀가 흔들리게 되고, 그물의 벼리를 당기면 힘들이지 않고 그물을 펼 수 있는 이치가 바로 이런 도리다'라고 하면서 '세'에 대해 설명했다.

한비자는 누구인가. 그의 이름은 '한비'이고 전국 말기 한韓나라 출신이다. 원래는 한나라의 공자로 순자荀子에게 학문을 배웠다. 진秦나라 시황은 전국시대의 통일을 위해 인재를 모으던 중 한비자의 저술인 『고분孤憤』과 『오두五蠹』를 읽고 자신의 통일대업에 필요한 사람이라며 한번 만나 이야기를 나눌 수 있다면 죽어도 여한이 없겠다고 할 정도였다. 마침 그의 곁에 있던 이사李斯가 한비자와 동문수학한 사이였는데 한비자가 누구인지 알려주었다.

진시황은 한비자를 얻기 위해 한나라를 공격했다. 그러고는 한비자를 지명하며 진나라로 보내줄 것을 요구했고, 한나라 왕은 진나라의 요구를 받아들여 한비자를 사신으로 보냈다.

진나라로 간 한비자는 6국을 병합하는 계책으로, 원교근공遠交近攻으로 6국의 합종을 깨고 한·조·위를 멸망시킨 다음 다른 제후국을 멸망시킬 것을 제안했다. 하지만 진시황은 그를 믿지 않았다. 더구나 그의 재능을 시기한 이사가 그가 어떻게 진나라를 돕겠냐며 그를 죽이자고 모함했다. 하지만 진시황은 곰곰이 생각한 끝에 한비자의 말이 옳다고 여겨져 그를 사면하려고 했지만 이미 이사의 모략으로 옥중에서 죽은 뒤였다.

그러나 결국 진나라는 법·술·세를 결합한 한비자의 정치모략을 모두 접수해 실질적인 정책으로 실행해 전국을 통일할 수 있었다.

『한비자』는 원래 군주를 위한 제왕학의 이론을 담은 책이지만 무한경쟁사회로 치닫는 오늘날에도 리더로서의 자질을 키우고, 인간관계를 맺는 방법 등 다양한 지침서로써 현대에도 손색이 없는 고전이다. 사람의 마음을 읽고 사람을 설득하는 것이나, 명확한 상벌 시스템으로 조직을 관리하는 것, 공과 사를 구분하는 것 등은 오늘날 인적자본관리에도 도움이 되고 있다.

준비하는 조직이 선택된다

"인형을 조각할 때는 우선 코를 크게 만들고, 눈은 되도록 작게 만들어야 한다. 코를 크게 만든 건 언제든지 깎아서 작게 만들 수 있지만, 작은 코는 나중에 크게 할 수 없다. 눈을 작게 만든 건 언제든지 도려내어 크게 키울 수 있지만 크게 도려낸 눈은 나중에 작게 만들 수 없다. 이처럼 모든 일을 하는 데 있어서 다시 손을 쓸 수 있도록 준비해 둔다면 실패하지 않는다."

『한비자韓非子』「설림」하편에 나오는 말이다. 이는 환혁桓赫의 말을 빌려 미리 준비하면 실패하지 않는다는 것을 강조하고 있다.

조직에서 필요한 인재를 선택하기도 하지만 인재가 스스로 원하는 조직을 찾기도 한다. '지혜로운 새는 나무를 골라 깃을 들이고, 지혜로운 신하는 주군을 잘 골라 그 뒤를 따른다'고 했다. 선택은 권력을 쥐고 있는 입장에서만 할 수 있는 권한이 아니다. 유능한 인재가 찾을 수 있는 조직이 되도록 준비해야 경쟁력이 있는 조직이다.

중국의 춘추전국春秋戰國시대나 위진남북조魏晉南北朝시대, 그리고 오대십국五代十國시대의 경우 여러 국가가 공존했던 시대에는 주군이 한 사람만 있었던 것이 아니기 때문에 인재들에게도 선택의 여지가 있었다. 어떤 군주가 자신에게 많은 권한을 줄 것이냐가 선택의 기준이 되었던 시대였다. 군주와 신하가 뜻이 잘 맞으면 부국강병이 이루어졌지만 그렇지 못할 경우 패망의 길로 접어들었다.

'원교근공遠交近攻'이라는 외교이론을 창안하여 진秦의 통일에 바탕이 되었던 범저范雎 역시 그가 섬긴 군주가 서로 다른 입장을 취했기에 다른 결과물이 만들어지기도 했다.

그는 본래 위魏나라 사람으로 일찍이 위나라 왕에 대한 충성의 뜻을 품었으나 출신이 빈천하여 중대부 수가須賈의 문하에 일신을 의탁했다. 그러다 수가를 따라 제齊나라에 갔다가 그의 유능함을 알아본 제나라 왕이 그에게 선물을 했다. 이를 알게 된 수가는 그를 오해하고 모함을 해서 위제魏齊는 일의 앞뒤를 묻지도 않고 사람을 시켜 범저를 한바탕 뭇매질했다. 그러자 범저는 죽은 체를 해서 살아난 후 취객의 오줌까지 맞아가며 구사일생으로 목숨을 건져 진나라로 도망을 가게 되었다.

이후, 이름도 장록張祿으로 고치고 우여곡절 끝에 진나라 소양왕昭陽王을 만나 먼 나라와는 우호관계를 맺고, 가까운 나라는 공략하는 '원교근공遠交近攻'을 제안했다. 소양왕은 그를 객경에 임명하여 대외 군사행동을 전문적으로 기획하고 논의하게 했다. 그는 원교근공의 책략을 가장 먼저 자신을 죽음으로까지 내몬 위나라에 적용했다. 두려움에 떨던 위나라는 수가를 사신으로 보내 진나라에 화해를 청했지만 범저가 진나라의 재상이라는 것을 알게 된 위제는 놀라서 황급히 다른 나라로 도주했다. 하지만 진나라의 군사력이 두려워 그 어떤 나라에서도 도망자 위제를 받아주지 않자 그는 결국 자결하고 말았다.

만일 범저의 선택이 진나라가 아니라 위나라나 조나라였다면 어땠을까. 최소한 진나라의 통일이 조금은 더 늦춰졌을지도 모른다. 범저뿐만 아니라 상앙·소진·장의·악의 등의 많은 인재가 군주의 선택에 앞서 이들 스스로 군주를 선택해 공을 세웠다.

『사기史記』「화식열전」에 나오는 계연計然이라는 인물은 춘추春秋시대 사람으로 모사謀士이자 경제에 능통한 사람이다. 그는 춘추시대 유명한 정치가인 범려范蠡의 스승으로 알려져 있다.

월越나라 왕 구천句踐이 회계산에서 고통을 겪으면서 범려范蠡와 계연計然을 등용하였다. 계연은 나라를 다스리는 도리에 대해 월나라 왕께 아뢰었다.

"싸울 때를 알면 미리 장비를 준비해 두면 되고, 때와 용도를 알면 어떤 물품이 필요한지 알게 됩니다. 목성이 서쪽에 있을 때는 풍년이 들고, 북쪽에 있을 때는 수해가 들고, 동쪽에 있을 때는 기근이 들며, 남쪽에 있을 때는 가뭄이 들므로, 가뭄이 든 해에는 미리 배를 준비하고, 수해가 나는 해에는 미리 수레를 준비해 두는 것이 사물의 이치입니다. 6년마다 풍년이 오고, 6년마다 가뭄이 들어 12년에는 대기근이 일어나는데, 그로 인해 곡식 값이 한 말에 20전이면 농민이 고통을 겪고, 90전이 되면 상인들이 고생을 하게 됩니다. 상인이 고통을 겪게 되면 물품이 나오지 않고, 농민이 고생해도 곡식이 생산되지 않습니다. 하지만 값이 올라도 80전을 넘지 않고, 값이 떨어져도 30전 아래로 내려가지 않으면 농민과 상인이 모두 이익을 보게 됩니다. 따라서 시장의 물가를 조정하고 공급과 세금을 적당히 하는 것이 나라를 다스리는 도리이고, 재물과 자금은 물이 흐르듯이 원활하게 유통시켜야 합니다."

왕은 계연의 방법대로 10년간 월나라를 다스리자 부강해졌다. 병사들은 풍족한 물품으로 사기가 높아져 용감하게 적진으로 진격해, 강한 오吳나라를 이기고 오패五覇의 하나가 되었다. 계연의 제자 범려는 대업을 성취한 후 스스로 은퇴하여 스승 계연의 방법을 개인에게 적용하여 중국 역사상 가장 이름난 거부 도주공陶朱公으로 변신했다.

또한 계연은 경제를 바탕으로 나라를 다스려야 한다고 주장했다. 생산과 경제가 발전해야만 백성들이 편안하게 자기 일에 전념하며 넉넉한 생활을 꾸릴 수 있고, 나라도 강대해질 수 있다는 논리였다. 그는 싸워야 한다는 것을 알면 준비해야 하고, 물자가 언제 필요한지 알면 물자의 가치를 알게 된다는 것이다. 2천여 년 전에 이미 뛰어난 경제논리를 가지고 있었던 계연에게서 준비의 중요성을 배울 수 있다. 그의 경제사상에는 모든 일을 대비하라는 '유비무환有備無患'이 깔려 있다.

PART 8
인사 철학의 사례

순자는 '왕은 배와 같고 백성은 물과 같다.
물은 배를 뜨게 해주지만 반대로 전복시킬 수도 있다'고 했다.
민심을 얻으면 천하를 얻지만,
민심을 잃으면 천하도 잃게 된다는 무서운 말이다.
[위징]

人事人文學

01

국가 사례

정나라의 인재관, 인심여면

정鄭나라는 서주西周 왕조와 춘추시대에 걸친 주周나라의 제후국 중 하나이다. 주 왕실과 동성인 희성姬姓 국가였기 때문에 의례적·명분론적 측면에서 중시되었다. 서주 말기와 춘추시대 초기에 정나라와 주 왕실은 매우 긴밀한 관계를 유지하였다. 그러나 정 무공武公 때 주 왕실과 관계가 틀어지며 장공莊公 때에는 정나라를 공격해온 주나라가 패배했다.

정나라 장공이 죽은 후에는 정소공鄭昭公·정여공鄭厲公 및 다른 공자들의 공위 다툼으로 인해 국력이 급속히 약화되었다. 서방의 진秦, 북방의 진晉, 동방의 제齊, 남방의 초楚 등 사방의 강대국들로 둘러싸여 천하 패권 장악의 관건이 되는 중원 한복판에 위치한 특수한 지정학적 요건으로 인해 정나라는 열국 항쟁의 표적이 될 수밖에 없었다. 정나라의 전성기는 자산子產을 재상으로 등용한 정간공鄭簡公 시기로, 법체계를 정비하는 등 일정 이상의 국력을 유지했다.

자산은 정나라가 진晋과 초楚 양대 강국의 틈새에서 무수한 침략을 받으며 고초를 치르고, 내부적으로도 끊이지 않는 정쟁의 소용돌이 속에 휘말려 있는 상황에서 재상으로 임명되었다. 그는 재상에 취임된 후 먼저 대내적으로 국론을 통일하고 사회적 질서를 확립했다. 이에 신분관계를 명확히 해서 신분에 알맞지 않는 사치를 금지시키고, 농지의 구획정리와 관개용수의 정비를 추진함과 동시에 농민을 오伍라는 오호五戸 단위 조직으로 편성했다. 또 중국 최초의 성문법으로 일컬어지는 「형서刑書」를 발표해 강한 법으로써 나라를 안정시켰다.

『춘추좌씨전春秋左氏傳』 「양공襄公 31년조」에 나오는 자산과 자피子皮의 대화를 통해 정나라를 이끌었던 자산의 인재관을 살펴보자.

자산이 재상에 오르기 전에는 자피가 재상을 맡고 있었다. 자피는 젊은 윤하尹何에게 자기의 영지를 맡기려 했다. 당시 자피의 보좌를 맡고 있던 자산은 윤하가 너무 젊어서 나라를 다스리는 데는 아직 적합하지 않다고 말했다. 그러자 자피는 그는 성실한 사람으로 그를 좋아하며, 자신을 배반하지 않을 것이라고 했다. 그러면서 지금 대부를 시키지 않으면 앞으로 배울 기회가 없을 것이란 게 영지를 맡기려는 이유라고 했다. 오늘날에도 리더의 선호도나 가르친다는 명목하에 능력보다 높은 직위를 주는 경우를 간혹 볼 수 있다.

하지만 자산은 누구나 마음에 드는 사람이 있으면 그 사람에게 이익이 되도록 애쓰는데, 그것이 오히려 그에게 상처를 입히게 될 수도 있다고 했다. 그리고 비유하기를, 그에게 일을 맡긴다면 마치 칼의 사용법을 모르는 사람에게 칼을 주면서 고기를 베어 오라는 것과 같아 그 자신이

다칠 우려가 있다는 것, 만약 그리 되면 어느 누가 다시 자피의 총애를 바라겠느냐고 했다.

자산은 자피에게 아름다운 비단 옷감이 있다면 재단할 줄 모르는 사람에게 옷감을 맡길 수 있는지 물었다. 그러자 자피는 아까워서 안 된다고 했다. 자산은 옷은 단지 몸을 가리는 것이지만 관직은 결국 백성을 위한 것인데, 다스리는 데 능숙하지 못한 사람의 연습장이 되어서는 안 된다고 했다. 그리고 공부를 잘하면 관리가 될 수 있다는 말은 들었어도 관리가 되기 위한 수단으로 공부를 시킨다는 말은 듣지 못했다고 했다. 윤하에게 영지를 맡기면 자피가 해침을 받게 될 것이라고 했다. 예를 들어 사냥에 나갔을 때 활쏘기에 능하고 말을 잘 타는 자만이 사냥감을 획득할 수 있는데, 활도 쏠 줄 모르고 마차도 몰 줄 모르는 자는 수레가 뒤집어지면 그 밑에 깔리지나 말아야겠다는 생각에 사냥을 잘 할 수 없을 것이라 했다.

자피는 자산의 말을 듣고 자신이 어리석었음을 인정했다. 그릇이 작은 사람은 늘 작은 것만 생각하는 법인데, 자신이 군자답지 못한 생각을 했다고 말했다. 몸을 가리는 옷만 중요하다고 생각했지, 생명과 관련되는 영지의 가치는 등한시했음을 반성했다. 예전에 자신은 자산에게 정나라를 다스리게 하고 자신은 집안을 잘 돌보면 나라도 강성하고 집안도 평안할 것이라 여겼는데, 이제 보니 집안의 일조차도 자산이 참여해야겠다고 했다. 자산은 사람의 얼굴이 저마다 다르듯이 마음도 같지가 않은데 어떻게 자신이 자피를 대신할 수 있겠냐고 했다. 다만 위험하다고 생각했을 때에는 당연히 찾아와서 보고할 따름이라고 했다. 여기서 '인심여면人心如面'이라는 말이 나왔다. 사람마다 얼굴이 각기 다르듯이 사람의 마음도 천차만별이기 때문에 사람의 외모를 보고 믿어 버리거나, 조그마한 일처리를 잠깐 살펴보고 그 사람을 평가하여 중용하여서는 안 된다는 말이다. 자산의 인재관을 알 수 있는 부분이다.

자산의 뛰어난 정치력으로 정나라는 강대국들 사이에서도 조금도 위축됨이 없이 건재할 수 있었다. 하지만 정나라의 지정학적 위치 때문에 늘 신중을 기하지 않을 수 없었다. 정나라는 끊임없는 인접 국가의 침입에 맞서기 위해 군사력은 물론 외교력을 중시했다. 특히 나라 간 화합을 도모하는 외교 문서 작성에 많은 노력을 기울였다.

외교에 더욱 충실하기 위해 풍간자馮簡子·자대숙子大叔·공손휘公孫揮·비심裨諶 등 네 명의 인재를 등용하였다. 풍간자는 사리 판단에 뛰어난 능력을 가지고 있었고, 자대숙은 수려한 외모와 풍부한 재능을 가진 인물이었다. 또 공손휘는 여러 외국의 실정에 밝고, 비심은 작전을 세우는 데 뛰어났다. 자산은 이러한 인재를 보유한 상태에서 여러 외국과 외교 문제가 발생할 때마다 그들의 능력을 발휘하게 했다. 공손휘를 불러 상대국의 최신정보를 청취하고 외교 사령辭令을 작성케 했다. 그 다음에 비심을 불러 함께 작전을 세우고, 다시 완성된 작전 계획을 풍간자에게 보이며 결단을 청했다. 최후에는 자대숙을 외교사절로 파견하여 상대국과 교섭을 하게 하였다. 이런 노력으로 정나라는 국제적으로 건재할 수 있었고 백성들도 태평성대를 누릴 수 있었다.

공자孔子는 『논어論語』에서, 자산은 행동이 신중하고, 윗사람에 대한 경의를 잊지 않고, 백성들에게 은혜를 베풀고, 백성을 부당한 사역에 동원하지 않아서 군자의 자격을 갖추었다며 극도의 존경을 표했다고 한다.

진나라의 인재관, 객경제도

순舜임금 때 법관이자 정치가였던 고요皐陶의 후예 비자非子가 진읍의 지배권을 인정받아 세워진 나라가 진秦나라이다. 국력은 기원전 4세기 쯤 전국시대 때 상앙商鞅이 행한 법가에 따른 개혁에 의해 급속도로 강성해졌다. 기원전 3세기 중후반에 진나라는 국력이 약했던 주周나라를 시작으로 전국 칠웅을 모두 멸망시키고 통일을 이룩했다. 그렇게 해서 중국의 춘추전국시대의 최종 승자는 진秦나라가 되었다. 중국의 서북부 산악지역인 서안西安에서 시작한 진나라는 일천한 역사와 물자의 결핍이라는 악조건을 견뎌야 했음에도 불구하고 통일의 대업을 이룰 수 있었던 것은 무엇일까? 진나라 천하통일의 주역이 된 목공穆公·효공孝公·혜제惠帝·소제昭帝·진시황제秦始皇帝 등 뛰어난 군주가 있었기에 가능한 일이었다. 그리고 그 바탕에는 적극적인 외부인재등용정책이 있었다.

목공繆公은 우虞나라 출신 백리해百里奚가 현능한 인재라는 소문을 듣고 초나라에서 하급관리로 소를 치고 있던 그를 불러 재상으로 발탁했다. 백리해를 비롯하여 유여由余·건숙蹇叔·비표丕豹·공손지公孫支 등 다섯 명의 외부출신 인재들을 등용하여 거의 이십 개 나라를 합병하고 춘추오패의 한 자리를 차지했다.

효공孝公은 위衛나라 출신 상앙을 등용하여 법치국가 체제로 개혁하고, 초楚나라와 위魏나라 강국을 물리치고 남쪽으로 천리의 영토를 확장하는 강국의 기반을 잡았다. 특히 상앙의 변법은 엄격한 법의 시행으로 납세·군역·치안을 만들어내며 진나라가 장차 천하통일의 패도를 장악하는 결정적인 기초를 닦았다. 부국강병의 확고한 토대가 바로 상앙의 개혁으로 이루어진 것이다.

혜왕惠王은 위魏나라 출신 장의張儀를 등용하여 서쪽으로 파촉巴蜀 땅을 점령하고, 남쪽으로는 한중漢中 땅까지 차지하여 서쪽 육국의 합종合從을 깨고 진나라를 섬기게 하였다.

소왕昭王은 위魏나라 출신 범저范雎를 얻어 먼 나라와는 우호관계를 맺고, 가까운 나라를 공략하는 '원교근공책遠交近攻策'으로 영토를 넓혀갔다. 또한 국내 귀족들의 반발을 잠재우고 중앙 왕실의 권력기반을 강화하여 천하통일의 기반을 세웠다.

마지막으로 진나라 통일의 주역이었던 진시황제는 이사李斯라는 초楚나라 출신 인재를 등용하여 결국 춘추전국 시대 최후의 승자가 될 수 있었다. 진나라의 군주들은 외부에서 온 객경客卿들로 힘을 키웠는데, 진시황 때 이사의 '간축객서諫逐客書'가 그 절정이었다고 볼 수 있다. 이를 통해 진나라 인재관도 알아볼 수 있다.

진나라의 객경客卿제도가 순조롭기만 한 것은 아니었다. 진나라 내부 귀족들의 반발이 극심했다. 그들은 외부인사를 쫓아내야 한다고 강하게 주장했다. 즉 축객逐客을 하라는 것이었다. 그들이 축객을 주장한 가장 큰 이유는, 외부에서 온 객경들은 결국 충성도에 있어서 문제라는 것이다. 그리고 위기상황에서 적에게 이로운 행동을 취할 것이라는 것이 그 이유였다. 결국 진시황제마저도 귀족들의 축객 논의에 호응하게 되자 객경으로 있던 이사는 축객逐客에 반대하는 상소문을 올렸다.

이사는 진나라의 역대 군주들이 유능한 인재를 다른 나라로부터 초청해온 사실을 언급했다. 목공은 인재를 구할 때 서융에서는 유여由余를 초청했고, 동방의 초나라로부터는 백리해百里奚를, 송나라로부터 건숙蹇叔을, 진나라에서 온 비표丕豹와 공손지公孫支를 기용했다고 했다. 그럼에도 이십 개국을 아우른 다음 패자로 군림했다는 것이다. 또한 효공은 상앙을 기용하여 풍속을 바꾸고 국가와 인민을 부강하게 만드는 신법을 실행했고, 대외적으로는 초와 위를 물리쳐 땅을 천 리나 넓혀서 진이 강대해졌다고 했다. 혜왕은 장의張儀의 계책을 받아들여서 6국의 합종책을 깨고 각국에게 진에 복종하도록 압박했고, 소왕은 범수를 기용하여 귀족들의 역량을 약화시켜 왕권을 강화하고 제후들을 잠식하여 진의 제업을 이루었다는 것, 그런데 네 명의 군주들 모두 객경을 기용했기 때문에 진에 공헌한 것이라고 했다. 이런데도 객경이 진에 무엇을 잘못했냐며 앞선 역사에서도 축객령을 내렸다면 진나라는 부귀는커녕 강대국이란 이름도 얻지 못했을 것이라 강조했다.

"왕께서 지금 가지고 계시는 진주나 보배 따위는 모두 진나라에서 나지 않는 것들입니다. 미녀와 좋은 말 그리고 재물도 동방 여러 나라에서 가지고 온 것들입니다. 이런 것들을 가져다 쓰시면서 어째서 객경들은 내쫓으려 하십니까? 보아 하니 대왕께서는 이런 것들만 중시하고 객경들은 중요하게 여기시지 않는 것 같습니다. 이렇게 하시면 결과적으로 다른 나라의 힘만 키우고 진의 통일대업에는 불리할 것입니다. 태산은 한줌의 흙이라도 사양하지 않습니다. 그래서 태산같이 큰 산이 될 수 있는 것입니다. 황하와 바다는 조그만 물줄기라도 가리지 않습니다. 그래서 깊은 물이 될 수 있는 것입니다. 군왕도 백성들을 차별해서는 안 됩니다. 그래야 군왕의 덕을 천하에 밝힐 수 있는 것입니다. 땅은 원래부터 동서남북이 없습니다. 백성들도 원래부터 다른 조국이 있지 않습니다."

위와 같은 요지의 상소문으로 이사는 진시황의 마음을 흔들었다. 진시황은 이사의 상소문을 받아들여 객경을 유지했고, 출신과 배경을 가리지 않는 인재 제일주의 인사정책이 결국 난세의 가장 큰 경쟁력으로 나타날 수 있었다.

제나라의 인재관, 정료지광

춘추시대의 춘추오패春秋五覇이자 전국시대의 전국 칠웅 중 하나였던 제齊나라는 현재의 산둥 지방이 그 근거지였다. 주문왕周文王이 나라를 건국할 때 스승으로 삼았던 태공망太公望, 즉 강태공姜太公에게 보토로 내린 땅이었다. 강태공은 제나라의 제후가 되어 현지 풍속에 맞춰 정치를 집행하고 제나라를 안정시켰다. 제나라는 제 성왕成王 이후 영토를 넓히며 춘추시대 초기 동쪽의 강국으로 성장했으며, 바다를 접하고 있어 소금을 생산하고, 철이 나오기도 해 자원이 풍족하였다.

제15대 군주인 환공桓公 시대에 관중管仲을 등용하면서 주나라를 대신하여 제후들을 통제하고, 남쪽 초나라의 위협에 대항하며 환공은 춘추오패의 한 명이 되었다. 관중이 재상으로 재임할 당시가 제나라로서는 가장 전성기라고 할 수 있었다. 하지만 환공이 죽은 후 후계 싸움으로 오랜 기간 분쟁으로 한동안 혼란이 계속되었다. 어느 정도 안정이 되었을 때는 대부들의 힘은 강해지고 군주들의 권력은 약해졌다. 경공景公이 등극한 후 안영晏嬰과 사마양저司馬穰苴의 등용으로 작은 패업을 이루었지만 오래 가지는 못했다.

제나라는 비록 중국을 통일하지는 못했지만 환공 때에 중원의 지배적 지위에 올라본 경험이 있는 큰 나라로 약 825년간 번영했던 존재감이 큰 나라이다. 제나라가 이렇게 오랜 기간 번영할 수 있었던 것 역시 인재관에서 찾아볼 수 있다. 제나라의 최고 전성기였던 환공 때 그 답을 찾을 수 있는데, 환공의 열린 인재등용이 그 중심에 있다고 볼 수 있다. 환공을 춘추오패로 만들었던 재상 관중은 원래 환공과는 원수지간이었다. 심지어 환공을 죽이려 화살을 쏘기도 했던 인물이다. 그런 관중을 친구 포숙鮑叔이 환공에게 추천했는데 환공은 관중의 능력을 높이 사서 죄를 묻기는커녕 흔쾌히 그를 재상에 등용했다고 한다.

환공과 관련 있는 '정료지광庭燎之光'이라는 고사성어에서도 그의 인재관을 볼 수 있다. 정료지광은 인재를 구하기 위해 뜰에 횃불을 매달아 밝게 비춘다는 데에서 나온 말이다.

환공은 궁전 뜰을 환히 밝혀 놓고 인재라면 언제 찾아오든 만나주겠다는 의지를 표명했다. 그런데 차츰 발길이 뜸해지더니 찾아오는 사람이 없어졌다.

어느 날 한 노인이 찾아와서 인재들의 발길이 뚝 끊긴 것은 환공이 기용한 인재들이 너무 잘난 인재들인데다 원하는 기준이 너무 높기 때문이라고 했다. 자신처럼 구구법 정도밖에 모르는 늙은이를 기용한다면 자신보다 더 나은 인재가 찾아올 것이라고 했다. 환공은 노인의 충고를 받아들였고 다시 많은 인재를 확보할 수 있었다.

관중 또한 제환공을 패자로 만들기 위해 가장 먼저 손을 댄 것은 제나라의 인사제도였다. 그는 환공에게 사람을 먼저 알고 중용하라고 권했다. 소중하게 인재를 쓰되 한 번 맡겼으면 믿으라고 간했다. 결국 유능한 인재를 등용하고 소신껏 일할 수 있도록 하라는 것이었다. 특히 관중은 말년에 환공에게 인재등용에 있어서 세 가지가 부족한 인물, 즉 인정이 없는 사람, 인의가 없는 사람, 정의가 없는 사람은 피하라고 충언했다. 그러나 환공은 이 말을 듣지 않아 환공 사후 35년 동안이나 제나라를 혼란으로 빠뜨리게 했다.

경공景公의 시기에 와서 관중에 버금가는 유능한 재상이 등장하는데 바로 안영晏嬰이다. 그는 근검절약하고 인재를 아꼈으며 겸손함으로 당시 백성들에게 존경을 받았다. 그는 사마양저를 비롯하여 유능한 인재를 경공에게 추천하기도 했다. 안영의 언행을 기록한 『안자춘추晏子春秋』에 '국유삼불상國有三不詳'이라는 말이 나온다.

한번은 경공이 사냥을 나갔다가 산에서는 호랑이를 보고, 골짜기에서는 구렁이를 보았다. 돌아와 재상 안영에게 이 얘기를 하고는 불길하다고 말했다. 제나라에서는 호랑이와 구렁이를 불길한 흉수로 보았기 때문이다. 그 말을 들은 안영은 나라에 불길한 징조는 딱 세 가지밖에 없다고 했다. 첫째는 인재가 있어도 제대로 알지 못하는 것, 두 번째는 인재를 알아도 등용하지 않는 것, 세 번째는 등용해도 신임하지 않는 것이라 했다. 호랑이가 산에 사니 산에서 호랑이를 본 것이고, 뱀이 주로 골짜기에 살기에 골짜기에서 뱀을 본 것인데 그게 무슨 불길한 징조냐고 평소 잘하는 바른말을 했다. 안영은 나라에 상서롭지 못한 것이 세 가지 있다는 말로 인재의 중요성을 말했다.

관중은 '창고에 물자가 풍부해야 예절을 알며, 먹고 입는 것이 풍족해야 명예와 치욕을 알게 된다(倉廩實 則知禮節 衣食足 則知榮辱)'고 했다. 『관자管子』「목민牧民」 편에 나오는 말로, 관중은 실용주의 사고로 제나라를 부강하게 만들었다. 안영은 백성과 더불어 즐거움을 누린다는 맹자孟子의 '여민동락與民同樂' 사상을 훨씬 앞서 실천했다. 춘추전국시대 손으로 꼽을 만한 재상을 두 사람이나 보유했기에 제나라의 존재감은 크다고 할 수 있을 것이다.

당나라의 인재관, 이인위본

중국의 통일제국으로 한漢나라에 이어 제2의 최성기最盛期를 이룬 당唐나라는 중국 수隋나라의 뒤를 이은 왕조로, 20대에 걸쳐 약 300년 동안 존속하였다. 당나라는 태종太宗이 제위를 계승한 뒤 밖으로 국위를 선양하고, 안으로는 율령을 정비하여 '정관의 치貞觀之治'를 실현하였다.

태종은 사람을 근본으로 하라는 '이인위본以人爲本'을 내세웠다. 국가통치에서의 근본은 바로 인간이라는 것이다.

"순자荀子는 '왕은 배와 같고 백성은 물과 같다. 물은 배를 뜨게 해주지만 반대로 전복시킬 수도 있다'고 했습니다. 민심을 얻으면 천하를 얻지만, 민심을 잃으면 천하도 잃게 된다는 무서운 말입니다."

위징의 간언을 태종은 깊이 새겨들었다. 『순자』의 「왕제」편에 나오는 말로 『정관정요貞觀政要』에도 실려 있다.

맹자가 '나라에서 가장 귀한 것은 백성이요, 토지는 그 다음이며, 군왕은 가장 중하지 않다. 민심을 얻어야만 나라를 얻을 수 있다'라고 말한 것에 대해 당태종은 자신의 의견을 이렇게 덧붙였다고 한다.

"군주는 나라를 근간으로 하고 나라는 백성을 기본으로 한다. 백성을 핍박해 군주를 받들게 하고 그들의 살을 잘라 자신의 배를 채우면, 배는 부르겠지만 몸은 죽어지고, 군주는 부자가 되지만 나라는 망하고 만다. 예부터 군주의 재난은 바깥이 아닌 그 자신으로부터 야기된다고 하였다. 원하는 것이 많으면 막대한 재물을 써야 하고 재물을 얻기 위해서는 무거운 세금을 거둘 수밖에 없다. 세금이 무거워지면 백성은 근심하며, 백성이 근심하면 나라는 위기에 처한다. 나라가 위기에 처하면 군주 또한 존재할 수 없다. 짐은 항상 이를 마음에 새기고 있기에 함부로 행동할 수가 없다."

당태종은 '이인위본'을 실천하기 위해 인재등용을 중시했다. 그는 형제들을 제거하고 권력을 잡았지만 두여회杜如晦·방현령房玄齡·위징魏徵 등 유능한 인재들을 등용하여 훌륭한 치적을 쌓을 수 있었다. 군주가 독단적으로 나라를 다스리면 망하는 것이라 보고, 능력 있는 인재를 찾는 데 주력한 것이다. 또한 자신과의 관계를 떠나 능력과 재능 그리고 덕행으로 인재를 선발했다. 위징도 원래는 태종의 정적으로 그런 차원에서 등용된 것이었다. 적대관계였던 위징을 중용해 자기의 잘못을 간언하게 한 일은 태종의 진정성 있는 부분으로 볼 수 있다.

태종은 자기 자신을 점검하기 위한 세 가지 거울이 있다고 했다. 그것은 '자신의 외관을 점검하는 구리로 만든 거울, 반면교사로 삼을 수 있는 역사, 자신의 잘못을 비판해주는 위징'이라는 것이다. 위징은 이처럼 중요한 위치에 있으면서 태종의 인재관에 큰 영향을 끼쳤다.

태종은 인재를 선발하면 그 능력을 헤아려서 능력에 맞는 직무를 맡겼다. 그리고 최대한 능력을 발휘할 수 있는 환경을 만들어주고 전폭적으로 지지해주었다. 또한 그는 문벌은 약해도 실력이 뛰어난 인재들을 발굴해 원로 공신들과 균형을 맞추었다. 그리고 난세亂世와 치세治世를 구분하여 인물을 등용하고 그들을 적재적소에 배치했다.

당태종 이후 재능만을 중시한 군주가 있었다. 당나라 고종高宗의 황후로 황태자들을 폐위시키고 황제가 된 측천무후則天武后이다. 그녀는 자신이 세운 나라라며 '주나라'라고 명명하고, 15년간이나 다스린 중국 역사상 전무후무한 여황제이다. 측천무후는 농업과 양잠업을 장려하고, 식량 증산에 대해 각별한 포상을 하는 등 국가 경제를 안정시켜 풍요하고 태평한 시대로 만들어 백성들에게서 큰 불만이 나오지 않았다고 한다.

측천무후는 강한 능력인사 위주정책을 폈다. 인재를 알아보고 적재적소에 배치하여 그 능력을 발휘하게 하였으며 한편으로는 자신에게 충성을 다하도록 만들었다. 인재등용 시에는 출신보다 능력을 기준으로 삼았는데 과거제도를 정비해 등용의 수단으로 이용했다. 이때 등용된 대표적인 인물로는 적인걸狄仁傑·장간지張柬之 등이 있다. 비록 이들이 후일 측천무후를 압박하여 다시 당의 황족들에게 권력이 돌아가게 하는 중요한 역할을 하긴 했지만, 이들은 하나같이 무후의 신임을 받으며 그녀의 치세 때 나라를 발전시키는 데 크게 기여한 인물들이다.

청나라의 인재관, 중용

청淸나라는 중국 대륙의 마지막 왕조로 명明나라 이후 만주족 누르하치(努爾哈赤)가 세운 정복왕조이다. 청나라에서도 강희·옹정·건륭, 이 세 황제가 통치한 강건성세康健盛世는 한나라의 '문경의 치', 당나라의 '정관의 치'와 더불어 중국 역사상 삼대 성세盛世의 하나로 손꼽힌다. 실제로 삼대에 걸쳐 130여 년간이나 이어진 당시의 태평성대는 밖으로는 중국 역사상 최대의 영토를 확보하고 내정의 충실에 있어서도 극성기를 가져온, 강성 중국의 상징이라 할 만하다. 이들은 한결같이 인재등용에도 힘썼던 군주들이었다.

강희제康熙帝는 사람을 기용할 때는 엄격한 기준을 두지만, 일단 등용한 뒤에는 그 사람에 대해 일체 의심하지 않는 것을 원칙으로 삼았다. 또한 한족들의 반발을 무마하기 위해 한족 지식인들을 청조의 통치체제에 참여시키려 관직에 등용시켰다. 물론 많은 한족 지식인은 관리가 되기를 거부했지만, 명나라의 역사서를 한족에게 맡겨 편찬하게 하고, 인재 발굴을 위한 과거시험을 실시하기도 했다. 하지만 첫 번째 과거시험에는 한족이 한 명도 응시하지 않는 등 비협조적으로 나왔다.

그는 민심을 얻는 것이 선행되어야 한다는 것을 깨닫고 세금을 낮추고 관리의 부패와 한족에 대한 탄압을 시정하고, 황하와 장강의 치수에도 온 힘을 쏟았다. 자신의 조상이 멸망시킨 명나라의 시조 주원장朱元璋의 사당을 방문해 절을 하기도 했다. 그러자 점점 민심은 강희제의 진심을 알아주기 시작했다. 이후 만주족과 한족 사이의 갈등을 씻고 화해와 통합을 이룰 수 있는 방안을 끊임없이 고민하던 그는 만한전석滿漢全席이라는 대연회를 열어 '음식을 통한 국가통합'을 시도할 수 있었다. 또한 그는 명의 제도를 그대로 사용하고 관리들을 대부분 그 자리에 머물게 했다. 최고위 관직까지도 한족과 만주족을 같은 비율로 임명했다. 지방행정의 대부분은 한족들에게 위임하여 명대의 지방 지배층의 지위를 계속 인정해주었다. 문자도 만주어와 한자를 같이 사용하게 했다. 그렇지만 황제에게 올리는 공식 문서만은 만주어로 통일했다.

강희제는 훌륭한 유학자로서 유학의 가르침에 따라 살기를 노력하였던 만큼 덕德을 기준으로 사람 됨됨이를 파악했다. 그는 누구나 장점과 더불어 부족함을 가지고 있다는 것을 인정하면서 각자 가진 재능을 최대한 발휘하도록 하여 그 효용을 최대한 활용할 줄 알았다. 한족과 만주족은 물론이고 서양의 선교사 출신 중에서도 인재를 발굴해 측근에 두고 재주를 펼치게 했다.

'치국治國은 용인用人에 있고, 용인은 관찰에 있다'고 여긴 옹정제雍正帝는 나라를 다스리는 것은 바로 사람 쓰는 일에 있다고 여길 만큼 사람

쓰는 일을 천하에서 가장 중요한 일로 보았다. 옹정제는 황자들 간의 치열한 암투 속에서 제위에 오른 탓인지 유독 엄격한 정치를 펼쳤다. 사람을 등용하는 데도 매우 엄격하여 고위 관료는 물론이고 직급이 매우 낮은 지방의 하급관리까지 직접 면접할 정도였다.

옹정제는 측근이 쳐놓은 인人의 장막에 갇혀 혹 민심과 유리되는 것을 막기 위해 지방관리의 공식보고와는 별도로 황제에게 자유롭게 편지를 보낼 수 있도록 하는 '주접奏摺'이라는 소통방식을 택했다. 오직 황제와 해당 지방관만 볼 수 있는 편지에 무엇이든 보고하라고 독려해서 주접으로 세상과 소통했다. 옹정제는 가장 부지런한 황제로도 유명한데 매일 밤 50~60통의 주접을 읽고 답장을 쓰느라 자정 가까운 시각에야 잠자리에 들었고 새벽 네 시면 일어났다고 한다. 옹정제는 냉혹한 황제로 알려져 있지만 민심을 정확히 읽기 위해 주접으로 올라오는 내용은 잘못된 것이 있어도 처벌하지 않는 것을 원칙으로 했다.

그는 무사無私·충성·청렴·능력이란 기준을 인재등용의 기준으로 제시하면서 일없이 빈둥거리며 일상만 보존하는 관리를 내치고 학력·출신·사생활에 상관없이 유능한 관리를 등용했다. 그리고 무엇보다 천년을 이어온 지연·학연·혈연 위주의 뿌리 깊은 붕당정치를 깨뜨리고 만주족과 한족의 인재를 고루 등용한 한·만 융화 탕평책은 그의 인재관의 빛나는 대목이라 할 수 있다.

건륭제乾隆帝는 '관대함은 엄격함보다 낫다. 고로 관대한 정치를 펼칠 것이다'라는 지론으로 나라를 다스렸다. 건륭제의 치세는 조부인 강희제의 부드러움과 부친인 옹정제의 엄격함을 함께 취한 데서 나오는 중용에 있다고 볼 수 있다. 그는 신료들의 사소한 잘못에 대해서는 전혀 문제 삼지 않다가도 거짓되거나 교활한 사람에 대해서는 단칼에 목을 베는 단호함을 보이기도 했다. 인재등용에 있어서는 안정적인 시기에 맞는 관대·신뢰·민첩·공평이라는 네 가지를 근간으로 했는데 그 중에서 관대를 최우선으로 삼았다. 그는 자신의 정책에 대해 군신 간의 격의 없는 토론과 의사소통을 중요시했다.

건륭제는 중국역사상 가장 오랫동안 통치를 한 황제로 기록돼 있다. 조부 강희제의 재위기간 61년을 넘지 않으려고 재위 60년에 퇴위하고 태상황제가 되었는데, 이 기간의 3년을 합치면 무려 63년 동안 중국을 통치한 황제이다. 그가 통치기간 동안 안정을 구가할 수 있었던 것은 '중용'을 내세운 정치철학과 인재관에서 찾아볼 수 있다.

"천하의 이치는 오로지 중中 하나에 있다. 중이라 함은 정도에서 벗어나지 않고 관대함과 엄격함이 상제하는 도리를 말한다. 신하가 군주를 섬기는 데 영합하려는 의도가 있으면 그것은 곧 사심이다. 그런데 이처럼 군주를 섬기면서 중을 잃는 자들을 이루 다 헤아릴 수 없다."

그는 관대함과 엄격함이 서로 힘을 합쳐 돕는다는 의미의 '관엄호제寬嚴互濟'를 내세웠는데 그것이 바로 '중용'이다. 건륭제는 어린 시절 조부 강희제로부터 통치술에 관한 것을 전수받으면서 중용이야말로 최고의 미덕임을 깊이 깨달았다. 그는 '치인治人은 있으나 치법治法은 없다. 법에 맡기는 것은 사람에게 맡기는 것만 못하다'라고 말할 정도로 법보다 사람을 중시했다. 임명하고 파면하고 벌을 주고 상을 내리는 인재관리에서 그는 중용을 바탕으로 철저히 부드러움과 엄격함을 수시로 교차시켰다. 이것이 강건성세로 이어지는 청나라의 인재관리의 핵심이었다.

02

개인 사례

공자의 인사 철학, 인과 덕

춘추 말기의 사상가·정치가·교육가인 동시에 유가학파의 창시자인 공자孔子의 인사 철학은 사람에서부터 출발한다. 사람 중심의 철학은 그의 인생역정과도 무관하지 않다. 노魯나라에서 태어난 공자는 가난하게 성장하였다. 창고지기와 축사지기 노릇도 했지만 주周나라 관제와 예법을 꾸준히 공부하면서 예禮 전문가로 유명해지기 시작했다.

기원전 500년 노나라 정공과 제齊나라 경공景公이 회담할 때 의례를 맡은 공자는 노나라가 빼앗긴 땅을 돌려받게 함으로써 명성이 드높아졌다. 그러나 공자는 벼슬과 인연이 없는 편이었다. 노나라의 계씨를 비롯한 삼환씨 세력을 타도하려다가 실패하고 한 무리의 제자들과 함께 고국을 떠나 14년 만에 노나라로 돌아왔다. 공자의 나이 68세 때의 일이었다.

공자는 가르침에는 차별이 없다는 생각으로 출신 성분, 사회적 지위를 상관하지 않고 제자들을 받아들였다. 배우고자 한다면 누구에게나 배움의 문을 열어주어야 한다는 그의 지론은 당시만 해도 진보적인 생각이었다.

『논어論語』「향당」편에 '마구간이 불에 탔다는 말을 들은 공자가 사람은 다치지 않았느냐고 물었지만 말에 대해서는 묻지 않았다〔廏焚 子退朝曰 傷人乎? 不問馬〕'는 내용이 나온다. 춘추시대에는 말이 중요한 재산이었다. 제후들에게도 말의 보유에 따라 신분을 상징하기도 하고, 교통수단이자 전쟁에서 필요한 무기이기도 했다. 그런 말들이 있는 마구간이 불에 탔는데, 말에 대해서는 일체 묻지 않고 사람이 다쳤는지에 대해서만 물었다는 공자에게서 인본주의 사상을 엿볼 수 있다.

공자는 『논어』「이인」편에서 '벼슬자리가 없음을 근심할 것이 아니라 벼슬자리에 설 능력을 근심할 것이고, 자기가 알려지지 않음을 근심할 것이 아니라 알려질 수 있는 실력을 갖게 되기를 바랄 것이다〔不患無位, 患所以立, 不患莫己知, 求爲可知也〕'라고 했다. 이는 벼슬에 오르기 위해서는 실력을 갖춰야 한다는 말이다.

공자는 사람을 중요하게 여길 줄 알았고, 사람에 대해 잘 아는 것이야말로 인사에서 중요한 문제라고 여겼다. 또한 사람의 능력도 중요하지만 인성에 대해서는 더욱 중요하게 생각했다. 바른 사람을 등용해서 비뚤어진 사람들을 감화시키는 것으로 인사에 대한 적극성을 보였다.

『논어』「옹야」편에서 계강자季康子가 공자의 제자들이 정치를 할 수 있는지 물었다. 중유仲由, 즉 자로子路는 과감해서 정치를 할 수 있고, 자공子貢은 사리에 통달해서 정치를 할 수 있고, 염구冉求는 재능이 많아서 정치를 할 수 있다고 했다. 과감하고 사리에 통달하고 재능이 있다면 인재등용에 문제가 없다는 말이다. 특히 공자는 염구를 자로와 더불어 자신의 제자들 중 가장 정치에 뛰어난 자질과 능력을 지니고 있다고 했다.

공자의 평가에 계강자는 염구를 등용했다. 그러나 염구는 계씨의 가신이 된 후부터 공자의 가르침을 저버리는 행동을 저질러 공자는 그를 자신의 문하에서 쫓아내고 말았다. 염구는 부귀영화와 출세를 위해 권력에 빌붙어 백성들을 수탈하는 행동을 서슴지 않았던 것이다.

공자는 『논어』「태백」편에서 '만약에 주공周公에 못지않은 아름다운 재능을 지녔으나 교만하고 인색하다면 그 나머지는 볼 게 없다(如有周公之才之美, 使驕且吝, 其餘不足觀也已)'고 말한 것도 염구를 내친 것과 같은 맥락이라고 볼 수 있다. 「헌문」편에서 '준마는 그의 힘을 칭찬하는 것이 아니라, 그의 덕을 칭찬하는 것이다(驥不稱其力, 稱其德也)'라고 한 것처럼 덕德을 지닌 인재를 바란 것이다.

제갈량의 인사 철학, 엄격과 투명

유재시거唯才是擧는 오직 재능만을 따져 사람을 등용한다는 뜻으로 바로 조조曹操의 인사 철학을 대변한 말이다. 조조는 아무리 불인不仁 불효不孝할지라도 능력만 있다면 상관없이 인재로 뽑는다고 했다. 당시로서는 도덕성이 강조되었던 시대였던 만큼 유재시거는 당대의 고정관념을 뒤집어엎은 것이었다.

조조의 인사 철학과 극명하게 차이가 나는 인사 철학을 가지고 있는 이가 제갈량諸葛亮이다. 제갈량은 스스로도 도덕성을 갖추려고 했을 뿐만 아니라 인재를 뽑는데도 도덕성을 중요한 덕목으로 여겼다. 그는 인재 발탁에 있어서 귀를 열어 널리 유익한 의견을 듣고 공개적으로 인재를 뽑았다. 인재 발탁을 공개적으로 하면 모두가 인정할 수 있는 인재를 뽑을 수 있는 이점이 있다.

제갈량의 인재 발탁에는 특별한 기준이 있었다. 시비를 가리게 해서 도덕성을 시험하고, 궁지에 몰리게 한 뒤 반응을 살피고, 지식을 시험해서 식견을 파악하고, 술을 마시게 해서 본성을 알아보고, 청렴의 여부를 시험하고, 신의가 있는지 시험한다. 그의 인재 발탁 기준은 사람의 인격과 품성, 인내심, 지적 능력, 청렴, 신뢰도 등으로 도덕성과 무관하지 않다. 이를 통과하게 되면 출신성분은 가리지 않았다.

제갈량은 '부하를 사랑하고 경쟁자에게도 존경을 받고, 지식이 풍부하여 모든 부하가 따른다면 천하 만민의 리더가 될 수 있다'고 했다. 또한 리더는 사람을 제대로 볼 수 있어야 그를 적재적소에 쓸 수 있다고 했다.

제갈량은 조비가 죽고 어린 황제가 등극하자마자 적당한 때를 골라 북벌에 나서기로 작정하고 능력 있는 인재를 선발하는 데 주의를 기울였다. 제갈량이 한중漢中에서 주둔하고 있을 때 광한태수 요주姚伷를 징집하여 속관으로 삼자 그가 여러 문무관원을 추천했다. 그는 요주에 대해 '나라에 충성하여 도움을 주는 것으로 인재를 추천하는 것보다 더한 것이 없으나 추천하는 사람은 각기 자신이 숭상하는 것에 집착하게 마련이다. 그러나 지금 속관 요주는 문무관원을 추천하면서 강유剛柔를 구비하여 문무의 재주를 모두 갖추고 있으니 가히 칭송할 만하다. 원컨대 모든 속관은 그를 배워 기대에 부응해주기 바란다'고 칭찬했다. 당시 사람들도 요주의 진실하고 성실하며 돈독하고 순수한 모습에 감복했다고 한다. 이는 제갈량이 인재를 추천하는 일에 열린 사고로 길을 열어놓았다는 것을 알 수 있다. 그리고 요주가 인재를 추천하는 데 있어서 편중되지 않은 것에 대해 긍정적으로 받아들이고 있음을 알 수 있다.

또한 인재등용에 있어서 책임감 있는 모습을 보여주었다. 제1차 북벌은 초반에 승리했음에도 가정전투의 패배로 인해 결국 실패로 끝나고 말았는데, 바로 마속의 독단에 의해 벌어진 일이었다. 그는 마속의 목을 베는 읍참마속泣斬馬謖을 단행한 것에 그치지 않고, 상소문을 올려 가정에서의 패배에 대한 문책으로 자신의 직책을 3등급 깎아줄 것을 자진하여 요청했다. 이는 자신이 마속을 발탁한 책임을 지는 일이었다. 자신이 사람을 알아보는 총명이 없고 일을 분별함에 어두운 바가 많아 벌어진 결과물이라고 벌을 내려달라고 했다. 제갈량은 신상필벌에 엄격한 모습을 보여 왔는데 그 자신이라고 다르지는 않았던 것이다.

『삼국지』를 쓴 진수는 제갈량에 대해 이렇게 기술했다.

"그는 승상이 되어 백성을 위무하고 법도를 밝게 하며 관직을 간단하게 하고 권의權宜로 다스림으로써 백성의 성심誠心을 열고 공도公道를 밝혔다. 그는 충성을 다하여 나라에 도움을 준 자는 설령 적이라 할지라도 반드시 상을 주었고 법을 범한 자는 설령 가까운 자라 할지라도 반드시 벌을 주었다. 죄를 뉘우치고 진심을 털어놓는 자는 설령 죄가 중하더라도 반드시 석방했고, 변명하며 진실을 가장한 자는 설령 죄가 가볍더라도 반드시 주살했다. 아무리 작은 선행이라도 포상을 받지 않은 자가 없고, 아무리 작은 악행이라도 문책을 당하지 않은 자가 없었다. 매사를 깔끔하게 처리하여 사물의 근본부터 다스리고자 했다. 명실상부를 요구하며 거짓과 과장을 혐오했다."

법을 다스리는 데 있어서 제갈량의 엄격함이 드러나는 대목이라 볼 수 있다. 제갈량이 북벌을 위해 한중에 주둔할 때 그의 곁을 보좌하던 승상장사 장예張裔는 '승상은 상을 내릴 때에 소원하다고 빠뜨린 적이 없었고, 벌을 내릴 때에 가깝다고 봐준 적이 없었다. 작위를 내릴 때에도 공이 없는 자가 얻는 것을 허용하지 않았고 형을 내릴 때에도 권문귀족權門貴族이라고 해서 면한 적이 없었다. 이것이 바로 현명한 사람이나 어리석은 사람을 막론하고 모두 몸을 잊고 보국하게 된 원인이다'라고 제갈량을 칭송했다. 리더가 신상필벌을 집행하는 데 있어서 투명성을 잃지 않으니 자연히 몸을 잊고 보국을 할 수밖에 없는 것이다. 엄격하면서도 투명한 제갈량의 인사 철학에서 그가 왜 영웅인지 느끼게 한다.

제갈량은 그의 저서에서 장수의 덕목을 밝히고 있다.

"인장仁將'은 덕과 예를 갖추고 부하와 고충을 함께 나누고, '의장義將'은 책임감이 강하여 자신의 임무를 다하고 자기 이익을 챙기지 않으며, '예장禮將'은 지위가 높아도 교만하지 않으며 지혜롭고 겸손하며 강직하고 참을성이 강하다. '지장智將'은 기발한 계략으로 종횡무진하며 어떠한 사태에도 대처할 수 있어 화를 복으로 전환시키고, 위기 속에서도 승리를 이끌어내고, '신장信將'은 신상필벌 주의에 입각하여 부하를 대하고 한번 약속한 일은 반드시 지키는 장수를 말한다. '보장步將'은 군마보다 빠르고 투지가 넘쳐 국경을 수비하는 데 적격이며 무술에 능하고, '기장騎將'은 바람직한 실전형 장수고, '맹장猛將'은 상대가 강할수록 투지를 불태우는 장수고, '대장大將' 은 너그럽고 강직하며 용감하고 기략이 뛰어난 장수이다."

제갈량이 말하는 장수의 덕목은 오늘날의 리더에게도 해당되는 덕목이 아닐 수 없다.

정도전의 인사 철학, 재상의 역할

삼봉三峰 정도전鄭道傳은 조선 건국의 일등공신이자 최고 권력자였다. 그는 조선의 이념적 바탕을 마련하고 정치적 체제를 정비하여서 조선왕조 500여 년의 기틀을 다져놓은 인물이다. 이는 조선왕조의 헌법이라 할 수 있는 『조선경국전朝鮮經國典』을 통해 찾아볼 수 있는데 이를 살펴보면 그가 어떤 인사 철학을 가졌는지 알 수 있다.

"천하의 국가를 통치하는 요체는 모름지기 인재를 등용하는 데 있다. 옛날에는 인재를 등용하는 자가 평소에 인재를 양성하고 인재의 선택도 매우 정밀하게 하였다. 그래서 입관하는 길은 좁았고 재임기간은 길었다. 더욱이 평소에 인재양성을 하므로 인재가 제대로 양성되었다."

「입관入官」편에 나오는 말이다. 정도전은 인재를 등용하려면 그 문이 좁아야 한다고 했다. 입관하는 길이 좁아야 요행을 바라고서 함부로 덤벼들지 못하고 현능한 사람이 제대로 재주를 발휘할 수 있다는 것이다. 반대로 입관하는 길이 넓으면 왕의 사사로운 은혜에 힘입거나 고관高官이 이끌어주기도 하고, 재산을 모은 자는 뇌물을 가지고서 관작官爵을 구하기도 하고 자녀를 가진 자는 혼인을 빙자하여 관작을 얻게 되는 일이 발생한다고 지적했다. 만 길이나 되는 큰 제방이 날마다 흘러들어 오는 큰물을 모두 받아들이지 못한다면 그 형세는 반드시 물이 제방을 무너뜨리고 범람하여 사방으로 넘쳐흐르고 마는 것처럼 벼슬을 이 사람 저 사람에게 주었다가는 결국 나라도 망하게 되고 말 것이라고 했다.

그래서 과거제도가 필요한 것인데 시문詩文과 문장文章으로써 시험을 치르게 되면 겉만 화려하고 실속 없는 무리들이 끼어들게 되고, 경서經書와 사기史記로써 시험을 치르게 되면 비뚤어지거나 치우치거나 고집스럽거나 너그럽지 못한 선비들이 간혹 나오게 되므로 인재양성에 힘써야 한다고 주장했다.

그는 인재양성의 장으로 성균관成均館과 부학部學, 그리고 향교鄕校를 설치한 이유라고 했다. 훈련관訓鍊觀, 이학吏學, 역학譯學, 의학醫學, 음양복서학陰陽卜筮學을 배치하고서 각기 인재를 시험하여 선발하도록 했다. '다만 그 학문의 재주와 도덕적 역량이 족히 국정을 도울 만하거나 무용武勇과 도략韜略이 족히 삼군三軍을 통솔할 만해서 왕이 특별한 교지敎旨를 내려서 등용한 자는 자격의 구애를 받지 않는다'고 했다.

또한 「공거貢擧」편에서 제도를 확실히 하여 인재를 등용할 수 있어야 한다고 했다. 인재를 교육함이 대단히 철저하고 인재를 선택함이 매우 정밀하며 인재를 등용함이 매우 신중하였던 주周나라의 예를 들었다. 그리고 한漢·위진魏晉·수당隋唐 시대에는 인재등용제도가 정착되어 있어서 한 시대의 인재가 배출되었다고 했다. 조선은 과거제를 성균관의 교육과 연계시키고, 책문策問까지 보충하면 장차 사사로운 등용문이 막히고 공정한 인재등용이 실현되는 것을 보게 될 것이라고 했다.

「거유일擧遺逸」편에서는 선비로서 초야草野에 묻혀 있는 자들 중에는 간혹 도덕적이면서도 소문이 나서 널리 알려지는 것을 바라지 않는 자가 있는가 하면, 간혹 재능을 품고 있으면서도 발탁拔擢되지 못한 자도 있으니 후한 예禮로써 징발徵發하여 높은 관작으로써 대우해야 한다고 했다. 그는 초야에 묻힌 선비뿐만 아니라 각 분야에서 뛰어난 재능을 가진 인물이라면 세밀히 수소문하여서 누구라도 조정朝廷으로 보내라고 당부했다.

정도전은 조선을 건국하는 데 일조하면서 무엇보다 '재상'의 역할을 강조했다. 『경제문감經濟文鑑』은 그가 지은 조선왕조의 정치 조직에 대한 초안으로 상권에서 재상에 대해 상세히 다루고 있다. 그는 조선의 정치 체제가 감사와 수령의 통할권을 재상이 장악하는 재상 중심의 중앙집권 체제가 이루어져야 한다고 주장했다.

"현명하고 유능한 사람들을 맞아들이고 간사하고 악한 자들을 물리침으로써 천하 사람들과 뜻을 합쳐 세상을 구제하는 것은 실로 재상의 직임이다."

그는 재상의 직임은 사람을 임용하는 데 있고, 널리 천하의 인재들에게 도움을 받아야 한다고 했다. 특히 재상의 역할의 중요성에 대해 말했는데 '인재를 얻는 것은 재상 하나를 얻는 것만 못하다'고 비유했다. 백 마리의 천리마를 얻는 것도 백락伯樂 한 사람을 얻는 것만 못하다며, 당 태종의 시대에 천하의 현명한 사대부와 각기 재주와 능력을 가진 사람들이 모두 조정에 등용된 것은 백락에 버금가는 방현령과 위징이라는 재상이 있었기 때문이란 것이다.

그리고 '재상은 힘써 천하를 화평하게 해야 한다'며 '이윤이 탕왕의 재상이 됐을 때 아형阿衡이라 했고, 주공 단이 주나라의 재상이 됐을 때 태재太宰라 했는데, 형衡은 만물의 가볍고 무거움을 저울질하여 공평함을 이루도록 하는 것이고, 재宰는 많고 적은 약을 조제하여 화합에 맞게 하는 것이니 재상의 직임은 오직 화평하게 만드는 것에 있는 것'이라며 재상의 역할에 무게감을 실었다.

정도전은 조선을 설계하면서 대대적인 개혁에 착수했다. 그는 인재관리에 있어서 권문세가의 자제들이 별 어려움 없이 관직에 진출하는 것을 막았고, 인재를 널리 등용하기 위해 과거제를 새롭게 정비하였으며 인재관리의 운용을 재상의 역할로 보았다.

세종의 인사 철학, 장점을 살리다

조선 제4대 왕인 세종世宗은 훌륭한 정치, 찬란한 문화를 이룩하여 조선 왕조 500년을 통틀어 가장 훌륭한 왕으로 일컬어지고 있다. 그의 많은 업적 중에서 빼놓을 수 없는 것이 인재를 고르게 등용하여 이상적 유교정치를 구현한 점이라 할 수 있다.

세종의 인사 철학에서 가장 두드러진 점은 인재들의 장점을 극대화시켰다는 것이다. 달리 말하자면 문제가 있는 인물, 단점이 두드러지는 인물에게서 장점을 최대한 뽑아낸다는 것이다. 뭇사람들의 눈에는 문제가 있는 인물이지만 세종의 눈에는 그들의 장점이 보인 것이다. 인재를 적재적소에 배치해서 능력을 최대치로 끌어올려 단점이나 허물을 가리게 하는 효과를 갖게 했다.

세종이 장점을 최대치로 끌어올린 대표적인 인물이 바로 황희黃喜이다. 황희는 우리에게 청백리이자 명재상으로 잘 알려진 인물로 조선 최장수의 재상이다. 이런 황희 정승에 대해 『조선왕조실록』에는 뇌물수수나 청탁 등의 도덕적인 결함이 기록되어 있다. 그는 또 세종의 입장에서는 정적과도 같은 인물이었다. 태종太宗이 양녕대군讓寧大君을 세자에서 폐위하고 충녕대군인 세종을 세자로 세우는 일에 반대했던 인물이 황희였던 것이다. 그런데 왜 세종은 그런 인물을 등용한 것일까?

"공신은 아니지만 나는 공신으로서 대우했고, 하루라도 접견하지 못하면 반드시 그를 불러서 접견했으며, 하루라도 좌우를 떠나지 못하게 하였다."

태종이 황희를 두고 한 말이다. 황희는 태종에 의해 발탁되었고 태종의 두터운 신임을 받았다. 세종은 황희가 그런 신임을 받을 만한 능력이 있다는 것을 통찰했던 것이다. 황희는 성격이 원만하여 주위의 존경을 받았고, 학문에 힘써 높은 학덕을 쌓았으며, 현명함과 냉철한 판단력으로 국가의 미래를 내다볼 줄 아는 능력이 있었다. 세종은 그 점에 주시했다. 왕조의 기틀을 마련하고 부국강병을 이룩하기 위해서는 여전히 많은 인재가 필요했다. 조선 건국 초기 피바람의 정치적 대립과 갈등상황을 넘어 새로운 시대를 이끌어야 하는 임무도 있었다.

세종은 정승의 역할을 중시하였으며, 그 선발에 정성을 기울였다. 하지만 일단 발탁한 다음엔 의심하지 않고 맡기는 것을 원칙으로 삼았다. 세종은 황희 정승을 전적으로 신임했다. 그는 여러 가지 비리와 이권 청탁의 의혹이 있어 탄핵을 받기도 했지만 세종의 신임으로 가벼운 처벌을 받거나 복직했다. 역사는 황희의 부정적인 측면보다 명재상의 이미지로 더 많은 기록을 남길 정도로 재상으로서 공적을 쌓을 수 있었다.

황희는 정승으로 있으면서 많은 인재를 추천했다. 허조許稠·김종서金宗瑞·최윤덕崔潤德·장영실蔣英實 등이 황희의 추천으로 등용되었다. 그는 조리 있는 말로 회의 내용을 정리하고 우선순위를 잘 조절해 다양한 인재들이 가득했던 당시 조정을 잘 이끌어갔다. 그래서 세종으로부터 가장 신임받는 재상의 한 사람으로서 세종대왕 치세기간 중 18년간 영의정에 재임할 수 있었다.

세종은 1447년세종29년 문과별시에 합격한 이들에게 '인재를 등용하고, 인재를 양성하며, 인재를 분별하는 방법은 무엇이 있는가?'라는 책문을 냈다. 강희맹姜希孟은 이렇게 답했다.

"세상에 완전한 사람은 없습니다. 따라서 적합한 자리에 기용해 인재로 키워야 합니다. 그리고 전능한 사람도 없습니다. 따라서 적당한 일을 맡겨 능력을 기르는 것이 중요합니다. 그 사람의 결점만 지적하고 허물만 지적한다면, 아무리 유능한 사람이라도 벗어날 수 없게 될 것입니다. 따라서 단점을 버리고 장점을 취하는 것이 인재를 구하는 가장 기본적인 원칙입니다. 이렇게 하면 탐욕스런 사람이든 청렴한 사람이든 모두 부릴 수가 있습니다."

문과별시에서 장원급제를 한 강희맹이니 세종의 평소 인사 철학과 맞아떨어진 답안이라고 할 수 있다. 세종은 세상에는 완벽한 사람이 없다고 여기고 장점을 취해 그 재능에 전폭적인 지원을 아끼지 않았다. 그 지원과 신뢰의 결과물이 훈민정음을 비롯한 다양한 분야의 업적으로 나타나게 된 것이다.

세종은 인재를 천하의 지극한 보배라고 여겼다. 보배도 알아봐주는 사람이 있어야 그 가치가 있듯이 세종은 인재를 알아보고 장점을 살려서 단점을 극복하게 했다. '사람의 마음이 잃었던 직임을 그대로 다시 주면 전의 허물을 면하려고 마음을 고치고 생각을 바꾼다. 그래서 직임을 갈지 않는 것이다'라는 것이 세종의 인사 원칙이었다.

세종의 인재경영에서 뛰어난 점은 바로 인재를 키우는 일이었다. 집현전을 통해 신숙주와 성삼문 등 당대의 젊은 인재들을 양성했다. 그들에게 다양한 연구과제를 주고 공부에만 전념할 수 있도록 많은 지원을 아끼지 않았다. 세종은 그 스스로도 능력이 뛰어났지만 인재를 골고루 잘 등용하여 적재적소에 잘 쓴 훌륭한 리더였다. 그의 치세에 문물의 정비, 훈민정음 창제, 과학기술의 발전, 음악, 농학, 국방 등 전방위적으로 훌륭한 업적을 남겼던 데는 그의 뛰어난 용인술과 인사 철학이 있었기 때문에 가능했다.

류성룡의 인사 철학, 백락이 되자

임진왜란 당시 이순신李舜臣 장군이 아니었다면 조선은 암울한 역사로 남게 되었을지도 모른다. 이순신의 공이 이토록 크지만 그의 존재는 서애西厓 류성룡柳成龍이라는 인물이 있어 가능했다고 본다.

류성룡은 임진왜란 때 선조를 수행하며 왜군을 물리치는 데 큰 역할을 했던 재상이다. 그는 퇴계退溪 이황李滉의 문인으로, 이황을 일컬어 '하늘이 내린 사람'이라고 했는데 그 역시 하늘이 내린 재상이라 평가받고 있다. 류성룡은 1591년 왜란의 조짐을 예상하고 선조에게 건의해 이순신을 정읍 현감에서 전라 좌수사로, 권율權慄을 형조정랑에서 국경지대의 요충지인 의주 목사로 천거했다. 류성룡이 임진왜란 전반을 기록한『징비록懲毖錄』에 이순신에 관한 내용이 나온다. '조정에서 이순신을 추천해 주는 사람이 없어서 무과에 오른 지 10여 년이 되도록 벼슬이 승진되지 않았다'고 기록되어 있다. 그런 이순신을 류성룡이 전라좌도 수군절도사로 발탁한 것이다.『징비록』에 '내가 순신을 천거해 수사水使·전라좌수사로 차례를 뛰어넘어 임명되었으므로 사람들은 그가 갑작스레 승진된 것을 의심하였다'라고 할 정도로 견제 세력의 반대에도 불구하고 류성룡은 파격적인 인재등용을 강행했다.

임진왜란이 발발하자 이순신은 곡창지대인 호남을 일본군의 공격으로부터 막아내고 제해권을 장악했다. 그리고 패색이 짙던 전쟁을 승리로 이끄는 데 결정적인 역할을 했다. 류성룡의 이순신 천거는 임진왜란의 전세를 바꿔놓았을 만큼 대단한 일이었다.

그렇다면 류성룡의 인사 철학은 무엇이었을까? 그는 선조宣祖에게 올린 계사啓辭에서 선조가 반드시 인재를 얻은 뒤에 큰일을 할 수 있다며 인재 추천에 대한 자신의 주장을 밝혔다.

"작은 재주도 반드시 취하고, 천한 사람도 버리지 말 것이며, 나쁜 것을 버리고 좋은 것을 취한다면 사람을 등용하는 도리를 다할 수 있다."

어떤 의미에서는 세종의 인사 철학과도 유사하다고 볼 수 있다. 당시 인재선발의 현실은 비록 백 가지 장점이 있으나 한 가지라도 부족하면 버려서 취하지 않았고, 문벌로 한정하고, 지위와 명성으로 비교하여 비록 탁월한 재주가 있지만 불행하게도 가난하고 변변치 못한 가문에서 태어났다면 사람들이 모두 업신여겨서 돌아보지 않았다고 한다. 그래서 그는 당장 필요로 하는 인재를 10조목으로 나누어서 열거해놓고 추천을 하도록 알리기를 권했다.

일조, 재지才智·식견·사려가 있고 병법에 밝아 장수의 임무를 감당할 수 있는 사람.

이조, 학술이 있고 시무를 알며, 자상하고 청렴 근신하여 재주가 수령을 감당할 만한 사람.

삼조, 담력과 도량이 있고 언사를 잘하여 능히 사명을 받들고 외국이나 적중에 드나들며 동정을 정찰할 만한 사람.

사조, 집안에서 효도와 우애로 한 고을의 모범이 되고, 강개하여 나라를 위해 목숨을 바칠 수 있고 인내하며 관직에 들어갈 수 있는 사람.

오조, 문장이 특출하여 사명을 잘하는 사람.

육조, 용력이 있고 활을 잘 쏘거나 혹은 칼과 창을 잘 쓰고, 무거운 것을 짊어지고 빨리 달리며, 혹 담기가 있어서 적진에 오름을 두려워하지 않는 사람.

칠조, 능히 농사에 힘쓸 줄 알아서 백성에게 밭 갈고 파종할 것을 권장하고, 물기의 마름과 젖음의 마땅함을 분별하여 황무지를 개간하여 둔전을 만들 수 있는 사람.

팔조, 이재를 잘하여 혹 바닷물을 끓여서 소금을 만들거나 혹 산에 가서 무쇠를 주조하여 이것을 옮겨서 저것과 바꾸며, 변천하며 무역하여 상품이 되는 물건을 처분하고 팔아서 이익을 올려 쓰는 데 넉넉하게 할 수 있는 사람.

구조, 산수에 능통하여 회계를 잘 보며, 군대의 식량을 알맞게 처리하되 조금도 틀리지 않는 사람.

십조, 공교한 성격이 있어서 창과 칼을 만들거나, 혹 구워서 화약을 만들 줄 알며, 능히 조총과 크고 작은 포와 또 성을 지키는 데 쓰이는 기계를 만들 줄 아는 사람.

류성룡이 인재로 추천되기를 원하는 조건은 단지 문무에 뛰어난 사람만은 아니었다. 나라가 전쟁 중에 있었으니 전장에서나 후방에서 필요로 하는 사람 등 다양한 재능의 소유자들을 필요로 했다. 무거운 것을 짊어지고 빨리 달리는 것도 추천될 만한 능력으로 볼 정도로 구석구석 필요로 하는 사람을 인재로 보았다.

그는 또 인재에 대한 자신의 생각을 밝혀두기도 했는데 『서애집』「인재설人才說」에서 이렇게 말했다.

"이 큰 천하에 인재가 없던 적이 없었으나 그 가운데 스스로 세상에 드러낸 자는 얼마 없으니, 숨어서 나타나지 않은 자를 어찌 한정하리오."

류성룡은 초한楚漢 때 뭇 영웅들이 일어났지만 그럼에도 숨은 인재가 있었다고 말한다. 한신韓信이 여러 나라를 정복하러 가면서 번번이 승리할 수 있었던 것은 위魏·조趙·제齊·초楚에 주숙周叔·이좌거李左車 등의 현인이 있었는데도 그들의 말을 군주가 듣지 않았기 때문이라고 했다.

류성룡은 당시에 '천하에서 재주를 가진 이들이 큰 산과 깊은 골짜기에 자신들을 감추고 있으니 옛사람이 현자를 구하는 데 급급하면서 재야에 빠진 현자가 있을까 두려워한 것'이라고 했다. 그리고 '천리마는 항상 있지만, 그를 알아볼 백락伯樂은 늘 있지 않다'는 한유韓愈의 말도 인용했다. 이는 인재라고 해서 모두 세상 속에서 그 빛을 드러내고 있는 것이 아닌 만큼 인재를 알아봐주고 등용하는 것이 필요하다는 말을 하고자 한 것이다. 인재를 알아봐주는 백락 같은 리더를 원하고 있다. 어쩌면 그 자신도 백락이고자 하지 않았을까. 그래서 이순신과 권율을 추천해서 국난을 헤쳐 나가게 한 것인지도 모른다.

이순신의 인사 철학, 솔선수범

이순신李舜臣은 『손자병법孫子兵法』을 잘 이해하고 실전에서 활용할 줄 아는 장수였다. 그는 임진왜란 동안 수군으로 있으면서 단 한 번도 패배한 적이 없다. 그는 『손자병법』「시계」편에서 이르는 도의·기상·지리·장수·법제를 완벽하게 갖춘 군대를 만들고, 전쟁에서 승리를 예측할 수 있는 다섯 가지 방법을 실천했다.

싸워야 할지 말아야 할지를 알고, 군대의 많고 적음을 쓸 줄 알고, 상하가 일치단결하고, 싸울 준비가 끝나고 적을 기다리며, 장수는 유능하고 임금은 개입하지 않아야 한다는 조건을 모두 적용했다. 또한 인재를 발탁해 적재적소에 배치하고 전쟁에 필요한 준비를 잘 갖추었다. 거북선을 건조할 때는 그 분야의 전문가를 선발해서 책임을 맡겼다. 바다에 능통한 만호를 등용하여 지형이나 해류 등에 대한 정보를 수집했다. 그는 출신이나 배경이 아닌 그 능력을 중히 여기는 능력주의 인재 발탁을 위주로 내부 조직을 정비했다.

"이순신은 사람됨이 말과 웃음이 적고, 용모는 단아하여 마음을 닦고 몸가짐을 삼가는 선비와 같지만, 속에 담력과 용기가 있어서 자신의 한 몸을 돌보지 아니하고 나라를 위하여 목숨을 바쳤으니, 이는 그가 평소에 많은 수양을 했기 때문이다. 그는 재간은 있었으나 운수가 없어서, 백 가지의 경륜 가운데서 한 가지도 뜻대로 베풀지 못하고 죽었다."

이순신을 천거했던 류성룡柳成龍은 『징비록懲毖錄』에 이렇게 기술하며 그를 애석해했다고 한다.

이순신 사후 숙종 때의 문신이었던 백호白湖 윤휴尹鑴의 「통제사 이 충무공의 유사統制使李忠武公遺事」라는 글에서도 이순신의 생애 전반과 인사 철학을 찾아볼 수가 있다.

"명량해전 직전 벽파진 전투에서 여러 장수를 거느리고 나가 방어하였는데, 적들이 아군을 수십 겹이나 포위하고 군대를 나누어 교대로 싸우는 가운데 적병은 많고 아군은 적어, 여러 장수가 사기를 잃고 모두 퇴각하여 달아나려고 하였다. 그때 거제 현령 안위安衛가 싸움을 버티지 못하고 머뭇거리며 후퇴하려고 하자, 이순신은 뱃머리에 서서 크게 고함을 질러 안위의 머리를 잘라오라고 하였다. 그러자 안위가 사력을 다해 싸워서 결국 적을 크게 패배시켰다."

장수는 전장에서 나약한 모습을 보여서는 안 된다는 것을 일러주는 대목이다. 그는 장수들의 사기를 북돋워주는 방법을 아는 리더였다.

이순신은 엄격함이 필요할 때는 무서우리만큼 군율 집행에 엄격했다. 처음 부임했을 때 무너진 성을 보수하고 예하 부대의 무기 관리 및 보수 상태를 점검하면서 임무를 소홀히 한 담당자에 대해서 일벌백계로 질서가 바로 서게 했다. 그리고 임진왜란 첫 출동을 앞두고 도망친 부하를 단호하게 처형하며 병사들을 단속했다. 전쟁이 장기화되면서 고된 노역으로 지친 병사들과 노를 젓는 격군格軍들이 도망치는 일이 종종 발생했는데, 그는 도망을 주도한 병사나 격군들에 대해서는 예외 없이 처형이라는 극단적인 처벌을 단행했다. 도망자들에 대해 극형으로 다스렸던 것은 전시에 병력을 유지·관리하는 것이야말로 전쟁의 승패를 좌우하는 중차대한 일이었기 때문이다. 이순신의 엄정한 군율 집행 이면에는 전투준비 태세와 군기의 확립 그리고 군심軍心과 민심民心의 안정이라는 대의大義가 포함돼 있었다.

이순신은 부하들이 마음에서 스스로 우러나 일하게 하는 힘을 가지고 있었다. 한산도에 있을 때 운주당에 거처하면서 여러 장수들과 함께 병사兵事를 논하였는데, 아무리 낮은 군졸일지라도 병사를 말하려는 자가 있으면 즉시 와서 고하도록 허락하여 군정軍情을 통하게 하였다. 군중에서는 한밤중에도 반드시 촛불을 밝히고 일어나 일을 보되, 아무리 병이 심할 때에도 일 보는 것을 그만두지 않았다. 좌우에서 휴식을 취하라 청해도 적과 대치하고 있는 상황에서 장수된 자의 도리는 아파서 죽을 지경만 아니면 스스로 편히 있어서는 안 된다고 말할 정도였다. 그리고 싸움을 하기에 앞서서는 비장들을 두루 불러서 계획을 물어 정한 다음에 싸웠다. 또 널리 꾀하고 좋은 방도를 취하여 용맹을 분발해서 상황에 맞는 지혜로 결단했기 때문에 사람들이 쓰이는 것을 즐거워했다고 한다.

이순신은 일처리에 조금도 흔들림이 없었고, 사람들에게 형벌을 쓰거나 상을 내리는 데 있어서도 일체 귀천이나 친소親疏: 친함과 친하지 아니함 관계로 인하여 마음속에 경중을 두지 않았기 때문에 아랫사람들 또한 두려워하면서도 사랑하였다. 이순신은 7년 동안 군중에 있으면서 오로지 군무에만 집중했고 여색을 가까이하지 않았다. 그가 얻은 모든 상사賞賜는 여러 장수들에게 나누어주고 사사로이 남겨둔 것이 없었다.

이순신이 수많은 전투에서 승리할 수 있었던 것은 솔선수범하는 리더로서의 역할이 큰 몫을 했다고 할 수 있다. 그는 말보다는 실천으로 부하들을 움직였다. 그는 '죽고자 하면 살 것이요, 살고자 하면 죽을 것이다!'를 외치며 항상 자신이 가장 먼저 나가서 싸웠고, 그런 솔선수범하는 모습에 장수들과 병사들이 그를 따랐으며 결국 전투에서 승리할 수 있었던 것이다.

부록

본문 속 중국 역대 왕조

본문 속 인물 소개

본문 속 중국 역대 왕조

하夏나라 기원전 2070~기원전 1600

기록상의 중국 고대 왕조로, 요순시대 천자였던 순舜이 우禹에게 천하를 물려주었고, 우에 의해 하夏왕조가 세워졌다. 『사기史記』 「하본기夏本記」에 의하면, 하왕조의 시조 우왕이 황하강의 홍수를 다스려 순임금 이후 추대를 받아 천자가 되었는데, 기원전 2070년에 왕조를 개국한 것으로 추정하고 있다. 또한 알려진 바로는 하夏는 우禹에서 걸桀까지 17왕 472년(기원전 1600년 무렵까지) 동안 존속되었다고 한다. 하나라는 걸桀에 이르러 정치가 포악을 극하였으므로 민심을 잃어서 상나라 탕왕湯王에게 멸망했다.

상商나라 기원전 1600~기원전 1046

상商은 고고학적 연대를 확인할 수 있는 중국의 가장 오랜 국가이다. 탕湯은 하나라의 걸왕이 민심을 잃은 것을 틈타 하의 속국들을 일소하고 세력을 확대하여 상나라를 세웠다. 문헌에 따라 은殷이라는 명칭도 있는데, 은은 상왕조의 마지막 수도일 뿐 정확한 명칭은 상이다. 상나라의 마지막 왕인 주紂는 성품이 포악한 인물로 호화롭고 사치스러운 생활에 빠져 있었는데 주周나라에 의해 멸망했다.

주周나라 기원전 1046~기원전 771

상商나라의 속국이었던 주周 민족이 창昌(이후 주나라 문왕文王이 됨)에 이르러 강성해지고, 상나라 주왕이 민심을 잃으면서 세워진 나라이다. 하夏·상商과 더불어 삼대三代라 하며 요堯·순舜의 시대를 이어 받은 이상의 치세라 일컬어진다. 주周나라는 왕실의 일족과 공신을 요지에 두어 다스리도록 하는 봉건제도로 유명하다. 주나라 왕은 왕기王畿 이내 땅인 호경과 군사적 거점지역인 낙읍의 일부 지역을 직접 다스리고, 그 외 지역은 제후국으로 봉하여 땅과 토지를 부여했다. 주요 봉후국으로 위衛·노魯·제齊·송宋·진晉·연燕나라가 있었다. 주나라는 성왕에서 공왕共王까지 태평성대를 구가하다가 이후 점차 쇠락하였고, 제12대 유왕幽王에 이르자 주나라는 급속하게 쇠퇴하였다. 평왕平王은 호경에서 동쪽의 낙읍으로 천도하였지만(기원전 770), 제후들을 통솔하는 왕으로서의 지위를 더 이상 유지할 수 없었다. 이로부터 동주東周 시기로 접어든다.

춘추시대 기원전 770~기원전 476

동주東周시대를 춘추전국시대라 하기도 하는데, 동주의 전기를 춘추시대라 하고 동주의 후기를 전국시대라 한다. 춘추시대는 평왕이 도읍을 옮긴 기원전 770년부터 시작된다. 공자가 쓴 『춘추』에서 생긴 명칭이다. 춘추시대는 주나라 왕실의 세력이 약해져 천자의 위력이 없어지고 제후들이 강성해져 서로 패권을 다투게 되는 시기이다. 패자들은 당대 최고의 실력자였지만 주 왕실을 쓰러뜨려 천하를 잡으려고 하기보다는 '존왕尊王'으로 여기며 주나라 왕을 정신적인 지주로 인정했다. 이 시대에는 차례로 다섯 제후국이 패권을 차지하게 되는데 이를 춘추오패春秋五覇라 한다. 춘추오패는 제齊나라 환공桓公, 진晉나라 문공文公, 초楚나라 장왕莊王, 오吳나라 부차夫差, 월越나라 구천句踐을 가리킨다.

[춘추오패]

- 제齊: 춘추오패이자 전국칠웅 중 하나로, 주周 문왕文王이 나라를 건국할 때 재상 강태공姜太公에게 봉토로 내린 땅이다. 환공桓公시대에 관중管仲을 등용하여 패자覇者의 자리에 오르게 되었고, 경공 때는 안영을 등용해 제2의 전성기를 맞았다. 기원전 386년 전화田和가 제강공을 폐하면서 제후의 성씨 강姜씨가 전田씨로 바뀌게 되었다. 기원전 221년 진시황秦始皇에 의해 멸망했다.
- 진晉: 주나라 무왕의 둘째 아들 당숙 우가 세운 나라로, 문공文公 때 전성기를 맞이했다. 기원전 5세기에 대부 지백智伯이 실권을 장악했으나, 한·위·조 3가문의 협공으로 암살된다. 이후 이 3가문이 독립국의 기초를 닦았다.

- 초楚: 춘추오패, 전국칠웅의 하나이다. 주나라 초기의 작위는 자작子爵 이었으나, 기원전 704년 무왕武王때에 이르러 스스로 왕을 칭하였다. 전국시대 말인 기원전 223년 진秦에 의해 멸망했다.
- 오吳: 주나라 왕실의 일족이 양쯔 강 하류, 지금의 쑤저우에 세운 나라이다. 천자와 동성이라 자부하였으나, 다른 제후국들은 오랑캐 나라라고 부를 정도로 낮추어 여겼다. 춘추오패 중 하나인 합려왕을 배출했으며, 그의 아들인 부차夫差 왕 때 전성기를 맞이하였으나, 이웃 월나라에게 멸망했다.
- 월越: 무여無余가 주나라 왕실로부터 책봉받은 나라로, 구천句踐 왕 때에 전성기를 맞이했다.

[그 외의 나라]

- 위衛: 서주 무왕의 친동생인 위 강숙이 상의 수도였던 조가朝歌와 그 주위의 땅에 봉해짐으로써 세워졌다. 위 무공이 주 왕실의 사도가 됨으로써 위나라는 전성기를 맞았지만, 사망한 후 공자들 간의 계승문제로 공실이 혼란에 빠졌고 국력이 점점 약화되었다. 전국시대 초기에는 조와 제·초·위魏의 압박을 받았고, 기원전 241년에는 진秦이 위魏를 침공하면서 진나라의 속국이 되었다.
- 노魯: 주 무왕의 동생 주공 단周公旦을 시조로 한다. 춘추시대 전기에 환공桓公의 자손 중에서 맹손孟孫·숙손叔孫·계손季孫의 3가家, 즉 노나라의 삼환씨三桓氏가 성립하여 노나라 정치의 중심세력을 형성하였다. 그 중에서 계손씨는 역대 집정執政을 독점하다시피 하며 정치를 악화시켰다. 전국시대에는 제齊 · 진晉 · 초楚 등의 제후에게 압도되고 그 세력에 완전히 좌우되었으며, 겨우 주나라의 전통적 문화와 제도를 보존하고 전해주는 것으로 그쳐, 34대 경공頃公시대인 기원전 249년에 초나라 고열왕考烈王에 의해 멸망했다.
- 정鄭: 기원전 806년 주나라 여왕의 아들 환공桓公이 정鄭:陝西省에 봉건된 데서 비롯되었다. 기원전 7세기에 들어와 국내에서는 많은 공족公族들이 권력싸움만을 일삼고, 국외에서는 북방의 진晉, 남방의 초楚나라 세력이 확대되어 정나라의 국력은 떨치지 못하였다. 그러나 공족의 한 사람인 자산子産이 내정을 정비하고 외교를 펼쳐 대국들 사이에 눌렸던 정나라의 국제적 지위를 끌어올렸다. 하지만 자산이 죽은 뒤 국력은 점

차 쇠퇴하여 결국 기원전 375년 한韓나라에 멸망했다.

- 진陳: 주 무왕이 순舜임금의 후예를 책봉해서 생긴 작은 나라로, 북방의 제齊·진晉, 남방의 초楚·오吳 등 열강의 사이에 끼어서 고난의 역사를 거쳐 왔다. 오나라와 초나라의 쟁탈장이 되어 마침내 기원전 478년 초나라에 멸망했다.
- 채蔡: 주무왕의 이복동생 채숙蔡叔 희도姬度가 채蔡(현 하남성河南省 남부) 땅을 분봉받아 세운 동성同姓 제후국이다. 주 성왕成王 초기에 채숙이 주공周公 섭정에 불만을 품고 무경 무리와 반란을 일으켜 망하게 되었다가 채숙의 아들 채중蔡仲 희호姬胡가 부친의 잘못을 반성하고 유배지에서 효순하게 백성을 잘 다스림으로써 성왕이 상으로 채나라를 복국시켰다. 기원전 447년 경 초나라에 의해 멸망했다.
- 송宋: 주 성왕 때 상商 주왕紂王의 서형庶兄인 미자계微子啓가 상商의 유민遺民을 다스리기 위해 봉건된 데서 비롯되었는데 상商 문화의 전통을 계승하였다. 춘추시대에는 중원의 큰 세력으로 활약했으나 제齊·진晉·초楚의 세력이 강해지자 그 틈바구니에 끼여 전란을 거듭하였다. 기원전 286년 제·초·위에 의해 멸망했다.

전국시대 기원전 475~기원전 221

제후국들이 패권을 다투는 가운데 진晉이 세력이 약해져 한韓·위魏·조趙 세 나라로 분열되면서 각 제후국 간의 전쟁과 겸병으로 혼란이 그치지 않았으므로 전국시대라고 분류한다. 명칭은 전한 말기 유향劉向이 기원전 453년부터 기원전 246년 사이의 역사를 정리한 『전국책』이란 책의 이름에서 유래한 것이다. 전국시대에 대표적인 제후국으로 진秦·위魏·조趙·한韓·제齊·초楚·연燕 일곱 나라로, 전국칠웅戰國七雄이라 한다. 이 중 진나라의 강성으로, 나머지 6국이 소멸하게 되었다.

[전국칠웅]

- 진秦: 기원전 900년대에 서주의 왕으로부터 봉작을 받은 영비자가 진읍에 나라를 세웠다. 기원전 221년까지 제31대 왕 영정이 모든 나라를 멸망시키고 중국 역사상 최초의 황제皇帝에 오른 후 왕국시대에서 진 제국시대로 흐른다.
- 조趙: 진晉나라에서 분리되어 나온 나라로서 위나라, 한나라와 더불어 삼진三晉이라고 일컬어진다. 도읍인 한단邯鄲은 상공업의 대중심지였다. 조의 전성기는 무령왕武靈王:재

위(기원전 326~기원전 299)의 시대로서 기마전법을 채용하고 무력적 정복을 거듭하여 북변에 도읍을 설치하였다. 갑병 수십만과, 전차 천승, 말馬 만 필을 낼 수 있었으나, 기원전 228년 진나라의 침공을 받아 멸망했다.

- 위魏: 진晉나라에서 분리되어 나온 삼진 중 하나로, 토지가 사방 일천 리에 달했으며, 춘추전국시대의 국가 중 가장 인구가 많았던 나라이다. 초대 문후文侯:斯는 이회·위성자魏成子·적황翟璜 등을 재상으로 삼아, 중앙집권체제 확립과 부국강병에 힘을 기울이고 농업생산력의 증진을 위해 관개사업을 크게 벌였다. 또한 명장 오기吳起를 등용해서 전국 초기에는 최강국을 만들었다. 그러나 점차 진秦나라에 눌려 결국 기원전 225년 진나라 시황제에 의해 문후 이래 8왕, 178년 만에 멸망했다.
- 한韓: 진晉나라에서 분리된 삼진 중 하나로, 영토로 보자면 북쪽으로는 지금 중국의 하남성, 서쪽으로는 지금 중국의 호북성에 이르렀고 일천 리에 달했다고 한다. 갑병 수십만을 낼 수 있고 무기가 뛰어났다. 기원전 355년 소후昭侯는 신불해申不害를 재상으로 삼아 관료체제를 정비하고 부국강병책을 취하여 중원의 강국으로서 부상했지만 진秦·초楚의 압박을 받아 합종책合從策·연횡책連衡策을 거친 후 기원전 233년에는 한비자를 진으로 보내어 그 공격을 중지시키려 하였으나, 한비자는 이사李斯 등에게 살해되고 기원전 230년 마침내 진에게 멸망되어 그 땅은 영천군潁川郡으로 되었다.
- 제齊: 춘추오패이자 전국칠웅 중 하나로, 주周 문왕文王이 나라를 건국할 때 재상 강태공姜太公에게 봉토로 내린 땅이다. 환공桓公시대에 관중管仲을 등용하여 패자覇者의 자리에 오르게 되었고, 경공 때는 안영을 등용해 제2의 전성기를 맞았다. 기원전 386년 전화田和가 제강공을 폐하면서 제후의 성씨가 강姜씨가 전田씨로 바뀌게 되었다. 기원전 221년 진시황秦始皇에 의해 멸망했다.
- 연燕: 주를 세우는 데 큰 공을 세운 소공에게 무왕이 연燕을 분봉分封하였다. 연은 북방의 변경에 위치하고 있었고, 주周에 복속하지 않은 다양한 민족들에 둘러싸여 있었기 때문에 중원과의 교류가 활발하지 않았다. 기원전 3세기, 소왕昭王, 재위 기원전 311~기원전 279 때가 최성기最盛期였는데 기원전 222년에 진秦에 멸망했다.
- 초楚: 춘추오패이자 전국칠웅의 하나이다. 주나라 초기의 작위는 자작子爵 이었으나, 기원전 704년 무왕武王때에 이르러 스스로 왕을 칭하였다. 전국시대 말인 기원전 223년 진秦에 멸망했다.

진秦 기원전 221~기원전 206

전국시대를 마감하고 6국을 병합하여 통일을 이룩한 나라이다. 기원전 221년 중국 최초의 중앙집권적 봉건국가를 건립하였다. 진시황秦始皇은 당시 군주의 지위인 왕의 명칭을 전설상의 삼황오제三皇五帝에서 '황'과 '제'를 차용해 '황제皇帝'라 정하였고, 이로부터 이 명칭은 청대까지 이어지게 되었다. 진시황은 중국을 통일한 후 자신의 통치를 공고히 하기 위해 중앙집권적 관리체계인 군현제郡縣制를 시행하여, 전국을 36군郡으로 나누고 지방관을 파견했다. 또 각 군은 몇 개의 현縣을 관할하게 했고, 이들의 수장인 군수郡守나 현령縣令 등은 모두 황제가 임명하였다. 진나라는 가혹한 법과 과중한 부역 등으로 백성들의 불만이 고조되어 있었고, 각지에서 반란이 일어나 불과 3대 14년 만에 망하게 되었다.

한漢 기원전 206~220

진秦에 이어지는 중국의 통일왕조로, 유방이 초나라 항우와의 싸움에서 승리하여 중국을 재통일하고 장안長安, 지금의 시안을 수도로 삼은 한 제국을 건설했다. 한나라는 고조高祖 유방에서 14대 왕망王莽(기원전 45~서기 23)이 정권을 찬탈하기까지를 전한前漢, 또는 서한西漢이라 하고, 왕망이 효수梟首된 후 유수劉秀광무제光武帝(기원전 6~57)가 뤄양洛陽에 도읍을 정한 이후를 후한後漢, 또는 동한東漢이라 한다.

한나라의 통합과 팽창에 중요한 사안은 바로 지방할거세력의 제거에 있었다. '오초칠국吳楚七國의 난' 역시 제후들이 소유하고 있는 영지에 대한 삭감정책이 원인이 되었다. 외척인 왕망의 개혁정책은 지방 토착세력인 호족과 농민의 반란으로 이어졌고, 이에 광무제가 이를 평정하고 나서 한 제국을 재건하게 된다. 바로 후한後漢이다. 그러나 후한의 통치자 집단은 갈수록 부패해졌고 농민에 대한 착취가 더욱 심해져 '황건黃巾의 난'이 발발하게 된다. 후한은 외척과 환관으로 인해 매우 혼란스러웠으며, 마지막 황제인 헌제가 위나라 조비에게 제위를 선양하여 멸망했다.

위진남북조시대 220~589

220년 중국 후한後漢이 멸망하고 수隋나라가 589년에 다시 중국을 통일할 때까지 약 370년(221~589) 간의 시기, 진秦·한漢과 수隋·당唐의 두 통일기를 잇는 정치적 분열시기를 말한다. 조조의 위魏, 유비의 촉蜀, 손권의 오吳로 분열된 시기가 삼국시대(220~280), 위의 촉 병합 후 진晋이 중국을 통일하고 다시 내분 끝에 흉노에 멸망하여 5호(흉노·선비·갈·저·강)의 16국이 흥망(304~439)한 시기가 5호 16국 시대, 그 후 진의 일족이 난징에 동진東晉을 세워(317) 남조南朝를 이루고 5호 16국이 선비족이 세운 북위北魏에 의해 수습되어 북조北朝를 이룬 시기가 남북조시대(386~589)이다.

[삼국시대]

- 위魏 220~265: 220년에 조조曹操의 셋째 아들 조비曹丕, 문제文帝가 동한東漢 헌제獻帝를 밀어내고 황제가 되어 세운 왕조로, 266년진시 원년 사마염에게 선양하기까지 5대 황제 45년간에 걸친 왕조이다. 실제 건국은 조조曹操가 죽은 이후에 일어난다. 삼국 중 가장 강대했던 나라로, 천자를 끼고 제후를 호령하여 천하쟁패의 시대에서 주도권을 확보하였다. 조비는 환관宦官과 외척外戚에 의해 좌우되던 조정 정치의 폐단을 바로잡기 위해 구품중정법九品中正法을 시행하여 일반 사대부들이 관료로 채용될 수 있는 길을 열어주기도 했다.
- 촉蜀 221~263: 전한前漢 경제의 후손 현덕玄德 유비劉備가 촉蜀:四川省에다 창건하였다. 적벽대전에서 조조를 꺾고 익주를 공략해 스스로 익주 목사가 된 뒤 219년 스스로 한중왕漢中王이라 칭하였다. 다음해 조비曹丕가 한제漢帝의 양위를 받아 제위에 오르자, 221년 유비도 또한 제위에 올라 수도를 청두成都로 정하고, 고조高祖 이하의 종묘를 세워 한漢의 정통성을 명백히 하였다. 유비 사후 제갈량이 유선을 보좌하며 북벌을 단행했지만 병사하고 해마다 일어난 위魏와의 전쟁 때문에 환관 황호黃皓의 전횡까지 겹쳐, 국력이 쇠퇴하여 263년 위군의 대공격에 유선이 항복함으로써 멸망했다.
- 오吳 222~280: 중국 한나라 말기 군웅群雄의 한 사람인 손견孫堅을 시조로 하는 나라로, 손견의 맏아들 손책이 기틀을 마련하던 중 26세에 자객에게 암살이 되고 손책의 동생 손권孫權이 19세에 주군이 되었다. 조조의 아들 조비가 한나라 헌제獻帝로부터 제위帝位를 양도받아 위魏의 황제가 되자 손권도 오왕에 봉해졌고 222년 스스로 연호를 황무黃武라 부르고 229년 위와 촉한蜀漢의 싸움이 격화하자, 그 틈을 타고 무창武昌에서 제위에 올라 국호를 '오라' 하고 도읍을 말릉秣陵:현재의 南京으로 옮겨 그곳을 건업建業이라 불렀다. 진이 위를 망하게 하고 오를 공략해서 280년 진에 함락되고 오는 멸망했다.

- 진晉 265~420: 서진西晉:265~316과 동진東晉:317~419으로 구분된다. 서진의 창건에는 사마의司馬懿로부터 시작된다. 위魏나라의 권신이었던 사마의가 세력을 확보하고 그가 죽은 뒤에도 그의 아들 사師 및 소昭도 권신으로서 세력을 확보하고 반대세력을 제거해서 위나라 황실을 위압하였다. 280년에는 동오東吳를 멸망시키고 삼국三國을 통일했으나 37년 후인 316년에 한국漢國, 전조前趙에 의해 멸망했다. 그 후 일족 중의 사마예가司馬睿:동진의 元帝. (재위 318~322)가 양쯔강揚子江 이남의 땅을 영토로 하여 317년 건업建業:南京을 국도로 진왕조를 재건, 이를 동진이라 하였다. 동진은 419년 공제恭帝 때 군벌軍閥 유유劉裕:南朝의 宋武帝. (재위 420~422)에게 제위를 빼앗겨 멸망했다.
- 5호16국 304~439: 진晉나라의 멸망 뒤부터 남북조시대(304~439) 사이에 중국 북부를 중심으로 5호(흉노·갈·선비·저·강)가 세운 13국과 한족이 세운 3국의 총칭이다. 오호는 후한에서 삼국시대에 걸쳐 중국 내부로 이주한 뒤 농경에 종사하며, 중국 문화의 영향을 받았다. 북위가 세력을 얻어 화북을 통일하면서 5호 16국 시대는 끝났다.
- 남북조 386~589: 진晉나라와 수隋나라 중간시대에 해당하며 남조는 420년 동진에 이어 강남에 건국한 송宋·제齊·양梁·진陳 등 네 왕조가 교체하며 나라를 세운 것을 말하며, 북조는 오호십육국五胡十六國의 혼란을 수습한 북위北魏부터, 동위東魏, 서위西魏, 북제北齊, 북주北周 등의 5조를 말한다. 북위가 5호 16국을 통일한 시점에서 수나라 통일까지의 기간을 지칭한다.

수隋 581~618

북주의 수국공 양견楊堅이 황제인 정제를 몰아내고 수나라를 건립하여 황제가 된 후, 남조의 진나라를 토벌하여 중국을 통일하였다. 문제文帝(541~604)는 황제권 강화, 남북융합의 민심 안정과 부국을 위하여 3성 6부三城六部 제도를 채택하고, 중앙집권적 체제를 정비하였다. 그는 호족의 관직 독점 제도였던 구품관인법을 폐지하고 과거제도를 실시하여 문벌귀족제의 모순을 극복하고자 하였다. 그리하여 이를 기반으로 2대 황제인 양제煬帝(569~618) 시기에는 운하 사업과 대외원정을 추진할 수 있었다. 그러나 무리한 토목공사와, 대규모 병력을 동원한 고구려 원정의 실패 등으로 나라가 기울어 민심이 동요되어 각지에서 반란이 일어났다. 이로써 양제는 신하에 의해 살해되고, 통일된 수나라는 불과 38년 만에 멸망했다.

당唐 618~907

618년 이연李淵이 건국하여 907년 애제哀帝 때 후량後梁 주전충朱全忠에게 멸망하기까지 290년간 20대의 황제에 의하여 통치되었다. 당태종 때에는 밖으로 국위를 선양하고 안으로는 율령을 정비하여 '정관의 치'를 실현하였다. 중국의 통일제국統一帝國으로는 한漢나라에 이어 제2의 최성기最盛期를 이루었다. 당나라는 실크로드를 아우르는 거대한 세계 제국으로서 중국의 고유한 문화 위에 서역을 비롯한 각 지역의 문화를 융합하여 독특하고 찬란한 유산을 남겼다. 측천무후 등의 영향으로 정치는 한때 혼란하였으나, 현종이 3성 6부, 균전제·부병제·양세제兩稅制의 시행 등으로 '개원의 치'로 다시 흥하였다. 현종 후기부터 토지 겸병이 현저해져 율령 체제가 동요하고, 절도사의 권력이 강화되어 횡포가 심해지는 등 국력이 기울어졌다. 안사의 난을 거쳐 황소의 난으로 사회는 한층 붕괴되어, 907년 주전충에게 멸망했다.

오대십국 907~979

당唐나라가 멸망한 907년부터, 960년에 나라를 세운 송宋이 전 중국을 통일하게 되는 979년까지의 약 70년에 걸쳐 흥망성쇠를 거듭한 여러 나라와 그 시대를 말한다. 후량後梁, 후당後唐, 후진後晉, 후한後漢, 후주後周까지 5개 왕조와 서촉, 강남, 영남, 하동 등지를 나누어 차지한 10여 개 정권이 난립했는데, 이것들을 모두 아울러서 오대십국이라고 부른다.

송宋 960~1279

후주後周의 절도사 출신인 조광윤趙匡胤(927~976)이 진교역陳橋驛에서 근위병近衛兵의 추대를 받고 천자의 자리에 올라 960년 송나라를 건국하였다. 안정된 통일국가 건설과 강력한 중앙집권체제 구축을 위해 문신文臣 관료체제를 확립함으로써 문치주의文治主義시대를 열었다. 1127년 금金나라 군대에 의해 수도가 함락되고 휘종徽宗·흠종欽宗 두 황제가 포로로 잡혀 감으로써 조광윤이 세웠던 북송의 시대는 마감했다. 1127년 북송이 멸망하자, 강남으로 피신한 고종이 임안臨安, 지금의 항저우杭州으로 수도를 옮겨 남송南宋 정권으로 이어갔다. 1206년 몽골족이 일어나 서하西夏를 멸하고 남송과 동맹하여 금을 정벌하고자 제의했고, 이에 남송은 몽골족과 연합하여 1234년 금을 멸하였다. 그러나 남송은 몽골정예부대에 대한 인식이 부족하여 몽골군에 대한 수비를 하지 못하고 오히려 정복당하고 말았다.

요遼 916~1125

10~12세기에 거란契丹이 중국 북방의 네이멍구內蒙古 지역을 중심으로 세운 왕조로서, 916년 건국 당시의 명칭은 거란국契丹国이었지만, 938년 연운16주燕雲十六州를 획득한 뒤 나라 명칭을 요遼라 하였다. 거란의 여러 부족은 9세기 말 당의 정치적 혼란을 틈타 발흥하기 시작하여 916년에 질라부의 야율아보기가 통합하여 거란국을 세웠다. 거란은 12세기에 여진족이 세운 금나라에 멸망했다.

금金 1115~1234

여진족이 세운 나라로, 10세기 초 이후 거란족이 세운 요遼의 지배를 받고 있었으나, 12세기 초 완안부의 세력이 커지자, 그 추장인 아구다가 요를 배반하고 자립하여 제위帝位에 올라, 국호를 금金이라 하였다. 그가 곧 금나라 태조(재위 1115~1123)이다. 요나라를 멸망시키고 송나라마저 강남으로 몰아내고 중원을 장악했지만 몽고족의 공격을 받아 금은 건국 120년 만에 멸망했다.

원元 1271~1368

칭기즈칸成吉思汗, 1162~1227으로 잘 알려진 테무친鐵木眞이 몽고의 전 부족을 통합한 뒤, 금나라를 멸망시키고 꾸준한 정복사업을 하여 영토를 크게 확장하였다. 칭기즈칸의 손자이며 몽골 제국의 제5대 황제인 쿠빌라이는 1271년에 국호를 대원大元이라 하고, 중국 역대 왕조의 계열에 들었다. 수도를 대도大都, 지금의 베이징北京로 옮겼고, 중국 관료제를 차용하여 중국적 황제 지배체제로 변화시켰던 것이다. 원의 세조 쿠빌라이는 남송을 멸하고 중국 역사상 북방민족이 최초로 중국 전체를 지배하는 정복왕조를 세웠다. 원나라는 쿠빌라이 칸이 다스리는 동안에 동아시아 전역의 대제국이 되었다. 그러나 점점 원나라 내부의 국정이 해이해지기 시작하여 사회적 여러 모순들이 심화되어 갔고, 아울러 원 말에 이르자 민족차별을 심하게 받은 강남지방을 중심으로 농민반란이 일어났다. 반원反元, 반反지주를 목표로 한 이 반란에서 곽자흥郭子興 군단에 가담한 주원장이 여러 세력을 규합하여 원의 세력을 물리치게 된다. 이로써 원나라는 중국을 정복한 후 불과 90년 만에 멸망하게 되었다.

명明 1368~1644

원나라 말기 각지에서 반란이 일어나자, 백련교명교출신의 주원장朱元璋이 원나라를 멸망시키고 명나라를 세우게 되었다. 명대明代는 중국이 전통적인 유교문화를 회복하면서 사상과 정치가 발전하는 시대로서 중요한 성장·변혁기였다. 강력한 황제권을 바탕으로 중앙집권제를 실시하여 황제가 직접 각부를 다스리는 전제적 정치제도가 강화되었다. 과거제를 실시하여 널리 인재를 고르게 등용하였고 국자감을 통해 나라에 필요한 인재를 양성하였다. 하지만 영락제 이후 명은 퇴조의 기미를 보이기 시작했으며 정치적으로는 환관이 다시 득세하여 황제는 정사를 돌보지 못했고 사치와 향락에 빠졌다. 당쟁은 격화되고 관리는 점차 부패하고 토지를 잃은 유민이 속출하여 명나라의 명운이 기울기 시작하면서 전국 각지에서 민란이 일어나기 시작하였다. 결국 1643년 이자성의 난이 일어나 16대 277년 만에 명나라는 멸망했다.

청淸 1636~1911

중국 대륙의 마지막 왕조로, 1616년 누르하치가 만주족을 통합하여 후금국을 세우고 1636년 태종 때 국호를 대청으로 개칭하였다. 순치제順治帝 때 이르러 청의 팔기군八旗軍이 1644년 산해관을 넘어 이자성을 격파한 뒤 명나라의 수도였던 베이징을 점령함으로써 이민족인 만주족이 중국을 지배하게 되었다. 강희·옹정·건륭의 3대 130여 년 간의 전성기에는 영토를 크게 확장하고 여러 제도의 정비, 대규모의 편찬 사업을 추진하여 학술을 장려하는 등 정치·경제·사회, 문화면에서 눈부신 발전을 이룩하였다. 그러나 건륭 말기부터 정치가 부패하고 군사력의 근간인 팔기병의 실력이 저하되었다. 또한 사회 모순도 깊어져 백련교의 난 등이 발발하고, 아편 전쟁을 기화로 제국주의 열강의 침략을 받아 효과적인 대응을 하지 못한 채 혼란을 거듭하다 점차 혁명 운동이 고양되어 1911년 신해혁명이 일어나 이듬해 선통제宣統帝의 퇴위로 멸망했다.

본문 속 인물 소개

ㄱ

가규賈逵(175년 추정~228년 추정) 삼국시대 위魏나라 사람으로 청렴한 인품으로 조조의 인정을 받았고, 조조가 죽었을 때 장례 의식을 주관하기도 했다.

가정제嘉靖帝(1507~1567) 중국 명나라 제11대 황제. 정치적 부패와 몽골, 왜구의 침입으로 혼란한 상황 속에서 난정亂政을 초래했다.

가후賈詡(147~223) 많은 인물의 참모를 거쳐 조조의 책모가로 활약하였다.

간옹簡雍(미상~미상) 삼국시대 촉蜀나라 탁군 사람. 유비 막하의 문사로, 유비와 같은 고향 사람으로 온갖 고락을 같이 했다.

감녕甘寧(미상~미상) 중국 삼국시대 오나라의 장수. 원래 장강의 도적으로 악명을 떨쳤는데, 유표와 황조에게 의지하다 손권에게 귀순했다.

강유姜維(202~264) 삼국시대 촉나라 무장으로서 제갈량에 의해 중용되었다. 제갈량 서거 후에 그 유지를 받들어 북벌을 추진하여 두 차례 큰 승리를 거두었다. 사마소에 대항하여 반란을 일으켰으나 패하여 자진하였다.

강태공姜太公(미상~미상) 주周나라 초기의 정치가이자 공신. 무왕을 도와 은나라를 멸망시켜 천하를 평정하였으며 제齊나라 시조가 되었다. 병서 『육도六韜』의 저자로 알려져 있다.

강희제康熙帝(1654~1722) 중국 청나라의 제4대 황제. 중국 역대 황제 중 재위기간이 가장 길다. 삼번의 난을 평정한 뒤 국가는 안팎으로 안정되었다.

강희맹姜希孟(1424~1483) 조선 초기의 뛰어난 문장가이자 정치가. 3차례 공신에 책봉되었고, 왕의 총애와 신임 속에서 원자를 보양保養하였으며, 여러 관직을 거쳐 궁극에는 종1품인 좌찬성에 이르렀다.

건륭제乾隆帝(1711~1799) 중국 청나라 제6대 황제. 조부 강희제에 이어 정치·경제·문화적으로 '강희·건륭 시대'라는 청나라 최성기를 이룩하였으며, 이 시기에 중국 문화가 유럽 사회에도 널리 알려졌다.

건숙蹇叔(미상~미상) 춘추시대 제나라 출신의 현인으로, 백리해百里奚의 비범함을 첫눈에 간파하고 그를 오랫동안 거두어주었다. 백리해와 함께 진목공이 서융의 패주가 되도록 하는 데 결정적 역할을 했다.

걸왕桀王(미상~미상) 중국 고대 하왕조夏王朝 최후의 왕. 포악하고 사치한 임금으로 알려져 있다.

경공景公(미상~기원전 490) 춘추시대 제齊의 군주이다. 안영晏嬰을 재상으로 삼고, 안영의 추천으로 사마양저司馬穰苴를 발탁하였다. 환공 이후 제2전성기를 누렸다.

계연計然(미상~미상) 춘추시대 송宋나라 규구복상葵丘濮上 사람으로 모사이자 경제학자이다. 박학다식하고 특히 계산에 능하였으며, 저서로 『문자文子』, 『통현진경通玄真經』 등이 있다.

고회덕高懷德(미상~미상) 송나라의 개국공신.

공손연公孫淵(미상~238) 위나라 명제明帝 때 대사마에 임명되었다. 스스로 연왕이 되었다가 사마의의 요동정벌 때 위군에 붙잡혀 살해되었다.

공손홍公孫弘(기원전 200~기원전 121) 한무제漢武帝가 즉위하여 천하에 현명한 인재를 모집할 때에 공손홍의 나이는 60세였으나 응시하여 박사가 되었다. 그 후 10년 후에 다시 유학자를 모집할 때에 응시하여 일등으로 뽑혔다.

공손휘公孫揮(미상~미상) 정나라 자산에 의해 등용된 관리.

공영달孔穎達(574~648) 당나라 초기의 학자. 태종太宗에게 중용되어 신임을 받고, 국자박사를 거쳐 국자감의 좨주·동궁시강 등을 지냈다. 문장·천문·수학에 능통하였다.

공융孔融(153~208) 공자의 20대 손으로 문필에 능해 건안칠자 가운데 한 사람으로 일컬어진다. 조조의 면전에서 모욕적인 언사를 구사하다가 일족과 함께 처형되었다.

공의휴公儀休(미상~미상) 노나라 목공 때의 학자이자 명재상. 본래 박사였는데 뛰어난 재능과 학문으로 노나라 재상이 되었다. 법을 지키고 이치를 따르며 바꾸는 일이 없었다.

공자孔子(기원전 551~기원전 479) 유가儒家의 시조. 춘추전국시대 노나라 사람이며, 유교의 창시자로 알려져 있다. 최고의 덕을 인이라고 보았다.

곽가郭嘉(170~207) 조조가 가장 아끼던 참

모. 원소의 수하에 들어갔다가 순욱의 추천으로 조조의 휘하로 들어갔다. 조조의 수석모사로 정벌을 나설 때마다 뛰어난 계책으로 신임을 받았다.

곽광霍光(미상~기원전 68) 전한前漢의 정치가. 무제 사후 소제를 보필, 정사를 집행했다. 소제의 형인 연왕 단의 반란을 기회로 상관걸 등 정적을 타도, 실권을 장악하였다. 소제 사후 창읍왕의 제위를 박탈하고 선제를 즉위하게 하였다.

곽외郭隗(미상~미상) 전국시대 연燕나라 사람. 연나라 소왕昭王이 제齊나라에 복수하고자 인재를 구할 때 방법에 대해 '선종외시先從隗始'를 제시한 것으로 유명하다.

관부灌夫(미상~기원전 131) 한漢나라 장수. 무제 때 오吳를 쳐서 용맹을 떨쳤으나, 후에 실세한 두영과 매일 교유하다 술에 취해 승상 전분을 모욕해 탄핵을 받아 불경으로 연좌되어 일족이 주살당했다.

관숙管叔(미상~기원전 114 추정) 중국 주周 무왕武王의 동생으로, 기원전 1043년 무왕이 죽은 뒤 동생인 주공 단旦이 섭정이 되자 다른 형제들과 함께 반란을 일으켰다.

관우關羽(미상~220) 촉한의 오호장군 가운데 한 명으로, 용맹한 장수이나 냉정함이 부족하다는 평을 받는다.

관중管仲(미상~기원전 645) 춘추시대 제나라의 재상. 친구 포숙의 추천으로 환공에게 기용되어 환공을 도와 군사력의 강화, 상업·수공업의 육성을 통하여 부국강병을 꾀하였다. 환공을 춘추오패로 올려놓았다.

관창官昌(645~660) 신라 태종무열왕 때의 화랑花郞.

광해군光海君(1575~1641) 조선의 제15대 왕. 임진왜란 이후 부국강병의 기틀을 다졌지만 인조반정으로 폐위되었다. 외교에서는 실리외교를 선택하였다.

구양흡歐陽歙(미상~39) 중국 신나라, 후한의 정치가. 왕망 때 장사재와 하남도위 등을 지냈고, 광무제 때 여남태수와 대사공 등을 역임했다.

구천勾踐(미상~기원전 465) 춘추시대 말기의 월越나라의 왕. 오왕 합려와 싸워 그를 죽였고 부차에게 패했다. 그 후 부차를 꺾어 자진하게 하고 서주徐州에서 제후와 회맹하여 패자가 되었다.

권근權近(1352~1409) 고려 말·조선 초의 문신이자 학자. 친명정책을 주장하였고, 조선 개국 후, 사병 폐지를 주장하여 왕권확립에 큰 공을 세웠다.

귀곡자鬼谷子(기원전 400~기원전 320) 중국 전국시대 초楚나라의 사상가. 소진蘇秦과 장의張儀도 그의 제자였다고 한다.

극신劇辛(미상~기원전 242) 전국시대 조趙나라 사람. 연소왕이 현자를 초빙할 때 조나라에서 연나라로 와 국정을 맡고, 진나라와 초나라, 삼진三晋을 연합시켜 제나라를 공격했다.

급암汲黯(미상~기원전 112 추정) 중국 전한 무제 때의 신하로, 승상 장탕과 어사대부 공손홍 등을 법률 만능주의자요 천자에게 아첨하는 영교지도라 비난하고, 황로지도·무위의 정치를 주장하며 왕에게 간했으나 받아들여지지 않았다

기해祁奚(미상~미상) 춘추 시대 진나라 사람. 대부를 지냈다. 기祁 땅에 식읍을 가지고 있었고, 진도공晉悼公 때 중군위를 지냈다. 공평무사하게 인재를 골라 천거한 사람으로 유명하다.

김득신金得臣(1604~1684) 조선 중기의 문신. 독서광으로 유명하다. 저술이 병자호란 때 많이 유실되었지만, 문집인 『백곡집柏谷集』에 많은 글이 전해지고 있다.

김원술金元述(미상~미상) 신라 문무왕 때의 무신. 김유신金庾信의 둘째 아들로, 삼국통일 뒤 당나라 군대가 말갈군과 연합, 신라를 침공하자 출전해 싸우다가 후퇴했다. 그러나 왕명을 어기고 가문을 더럽혔다는 이유로 집을 나와 시골에서 숨어 살았다.

김유신金庾信(595~673) 신라의 삼국통일에 중심적인 역할을 담당한 장군·대신.

김종서金宗瑞(1383~1453) 조선 전기의 문신. 1433년 야인들의 침입을 격퇴하고 6진을 설치하여 두만강을 경계로 국경선을 확정하였다. 계유정난 때 수양대군 세력에 의해서 살해되었다.

김춘추金春秋(603~661) 태종무열왕. 신라 제29대왕. 당나라와 연합하여 백제를 멸망시켜 삼국통일의 기초를 마련하였다.

김하金何(미상~1462) 조선 전기의 문신이다. 중국어를 잘하여 역관으로 사신의 접대는 물론 주청사로서 명나라를 오가면서 외교에 큰 공을 세웠다.

ㄴ

노목공魯穆公(미상~기원전 376) 전국시대 노나라의 국군國君. 공의휴公儀休를 등용해 재상으로 삼았다. 노나라 백성들의 생활이 안정되었다.

노숙魯肅(172~217) 삼국시대 오나라의 정치가로, 유비와 동맹을 이끌어내서 적벽대전에서 승리하게 했다. 외교모략가로 군대를 다스리는 데 남다른 능력을 보이기도 했다.

노애공魯哀公(미상~기원전 467) 춘추시대 말기 노나라의 국군國君. 애공은 노나라의 곡부 태생의 대유학자 공자가 만년일 때의 임금이며, 삼환씨에게 무력을 행사했으나, 이에 반발해 반란을 일으킨 삼환씨의 군사력에 굴복당해, 월나라로 추방되어 기원전 467년에 그 땅에서 죽었다.

노자老子(미상~미상) 중국 고대의 사상가이며 도가道家의 시조. 『노자도덕경』이라고도 불리는 노자는 제자백가가 상당히 발전한 무렵부터 한漢대까지의 도가 사상의 소산이다.

노장공魯莊公(기원전 706~기원전 662) 중국 노나라의 제16대 임금. 제환공齊桓公의 요청에 따라 도망쳐 온 제나라 공자公子 규糾를 죽이고 관중管仲을 제나라로 송환했다.

능통凌統(189~237) 중국 삼국시대 오나라 장수. 적벽대전에서 공적을 세웠다.

ㄷ

담대자우澹臺子羽(미상~미상) 노魯나라 사람. 공자孔子보다 39살 연하다. 공자의 제자다. 공문칠십이현孔門七十二賢 중 한 사람이다.

동곽아東郭牙(미상~미상) 제환공 시기의 대신.

동선董宣(미상~미상) 광무제光武帝 때 거듭 승진하여 북해상과 강하태수를 지냈는데, 일 때문에 면직되었다. 나중에 불려 낙양령에 올랐다.

동소남董邵南(미상~미상) 당대唐代의 사람. 일찍이 진사가 되었으나 뜻을 이루지 못하자, 은둔하여 살면서 주경야독하며 어머니를 정성껏 모셨다.

동탁董卓(미상~192) 동한 말년의 군벌. 폭력적인 행위와 불손함으로 군웅할거의 시대를 열게 했다. 여포에 의해 살해되었다.

동화董和(미상~221) 후한 말기 정치가. 유비가 촉을 평정한 후 그를 장군중랑장으로 임명하고, 제갈량과 함께 유비를 보좌하도록 했다. 옳은 것은 아뢰고 옳지 않은 것은 폐지하도록 진언하여 제갈량의 존경을 받았다.

두여회杜如晦(585~630) 중국 당唐나라 창업기의 재상. 태종 즉위 후 병부상서·상서우복야 등의 요직을 맡았다. 당조 확립의 입안추진자로서 방현령과 더불어 '정관貞觀의 치治'를 구축한 명신이다.

두영竇嬰(미상~기원전 131) 한나라 문제 두황후의 조카로, 무제 초에 승상에 임명되었고, 유술儒術을 숭상해 두태후의 뜻을 거슬러 파직되어 집에 머물렀다. 나중에 승상 전분과 사이가 나빠져 그의 모함을 받아 살해당했다.

두예杜預(222~285) 중국 진대晉代의 학자·정치가. 진주자사·진남대장군 등을 역임하였다. 박학다식하고 공을 세운 것이 많아서 두무고'杜武庫'라고 일컬었다.

등당鄧當(미상~미상) 중국 후한 말의 무장. 손책을 섬겼으며, 여몽의 매부이기도 하다. 등당이 죽자 장소의 천거로 여몽이 등당을 대신하게 되었다.

등우鄧禹(2~58) 후한後漢 광무제 때의 명신.

ㄹ

루사덕婁師德(630~699) 당나라 무측천 때의 재상. 그는 성품이 온후하고 관인寬仁하여, 아무리 무례한 일을 당해도 그 자세에 흔들림이 없이 항상 똑같았다. '타면자건唾面自乾' 고사의 주인공이다.

ㅁ

마속馬謖(190~228) 마량 5형제 중 막내이며 제갈량의 신임을 받았다가 참살되어 읍참마속이라는 고사가 생겼다.

마초馬超(175~222) 관우·장비·조운·황충과 함께 촉한의 오호장군五虎將軍으로 불렸다.

맹달孟達(미상~228) 삼국시대 촉나라의 장수였다가 위나라에 투항하였지만 비참한 최후를 맞았다.

맹사성孟思誠(1360~1438) 고려 말 조선 초의 재상. 여러 벼슬을 거쳐 세종 때 이조판서로 예문관 대제학을 겸하였고 우의정에 올랐다.

맹상군孟嘗君(미상~기원전 279 추정) 중국 전국시대 말기의 정치인으로 이른바 '전국사공자戰國四公子' 가운데 하나이다. 제齊의 왕족으로서 진秦·제齊·위魏의 재상을 역임하였으며, 천하의 인재들을 모아 후하게 대접하기로 유명하다.

맹자孟子(기원전 372 추정~기원전 289 추정) 중국 전국시대의 유교 사상가. 전국시대에 배출된 제자백가諸子百家의 한 사람이다. 공자의 유교사상을 공자의 손자인 자사子思의 문하생에게서 배웠다. 도덕정치인 왕도王道를 주장하였으나 이는 현실과 동떨어진 이상적인 주장이라고 생각되어 제후에게 채택되지 않았다.

맹지반孟之反(미상~미상) 춘추시대 노魯나라 사람. 대부大夫를 지냈다. 진정한 용사勇士로 공자孔子의 칭송을 받았다.

모개毛玠(미상~216) 삼국 시기 위나라의 대신이며 정치가이다. 젊어서 현리縣吏로 있을 때부터 청렴 공평하기로 일컬어졌다.

모수毛遂(미상~미상) 전국시대 조趙나라 사람. 평원군平原君의 식객이었다.

모융牟融(미상~79) 후한 북해北海 안구安丘 사람. 젊어 박학하여 음운학音韻學에도 정통하며 거동이 방정하여 대신의 절조를 갖추었다.

무경武庚(미상~미상) 중국 상商의 마지막 임금인 주왕紂王의 아들로, 관숙·채숙과 함께 반란을 일으켰다가 주공에 의해 처형당했다.

무왕武王(미상~기원전 1043 추정) 주 문왕의 아들. 중국의 주周를 건국한 왕으로, 기원전 1046년 서쪽 제후들을 규합하여 상商을 멸망시키고 호경으로 도읍을 옮기고 봉건제도를 실시하였다.

무제武帝(기원전 156~기원전 87) 중국 한漢의 제7대 황제로서 즉위 후 먼저 전대의 권신들을 면직시키고 어질고 바르며, 효하고 겸손한 선비를 등용하여 관리의 자질을 향상시키고, 제후왕에 대한 통제를 강화하여 중앙집권체제를 완성하였다. 적극적인 대외정책을 펼쳐 영토를 크게 확장하여 한의 전성기를 이끌었다.

묵돌선우冒頓單于 **모돈선우**(기원전 234 추정~기원전 174) 흉노제국의 건설자. 동몽골의 동호, 북서몽골의 월지를 격파하고, 북방의 정령, 예니세이강 상류지역의 견곤 등을 정복하여 아시아 사상 최초의 유목국가를 세웠다.

묵자墨子(기원전 480 추정~기원전 390 추정) 전국시대의 사상가이자 제자백가의 하나인 묵가의 시조이자 병법가로 널리 알려져 있다. 묵자 및 그의 후학인 묵가墨家의 설을 모은 『묵자墨子』가 현존한다.

문덕황후文德皇后(601~636) 당태종의 황후이자 당 고종의 어머니. 그녀는 당태종을 보좌하여 현후로 이름이 나 있다.

문왕文王(미상~미상) 주나라의 기초를 닦은 명군. 덕치에 힘썼고, 상나라와 화평주의적 태도를 취했으며 제후들의 신뢰를 얻었다. 유가로부터 이상적인 군주라는 칭송을 받았다.

미축麋竺(미상~220) 부유한 집안의 출신으로 상당한 재력가였으며 인품이 높고 온화한 성격의 소유자로 알려져 있다. 유비의 후원자이며 여동생 미부인을 유비에게 출가시켰다.

ㅂ

박팽년朴彭年(1417~1456) 조선 초기 때의 문신으로 사육신의 한 사람. 집현전 학사로 여러 가지 편찬사업에 종사했고 단종 복위를 도모하다 김질의 밀고로 탄로되어 체포되어 고문으로 옥중에서 죽었다.

반고班固(32~92) 중국 후한 초기의 역사가. 『한서』 편집 중, 국사를 개작한다는 중상모략으로 투옥되기도 하였으나 20여 년에 걸려 완성하였다.

방연龐涓(미상~기원전 342) 중국 전국시대 위魏나라 사람. 제齊나라 사람 손빈孫臏과 함께 병법을 공부했다. 위혜왕의 장수가 되어 손빈을 위나라에 오도록 하여 빈형으로 처벌했다. 제나라 군사가 된 손빈과의 전투에서 패배하고 자진했다.

방통龐統(179~214) 오나라 주유 휘하에서 일하다가 유비의 신하가 되었다. 뛰어난 책략으로 유비가 익주 땅을 얻는 데 일등공신 역할을 했으나 요절했다.

방현령房玄齡(579~648) 중국 당나라 때의

재상. 당나라가 일어나자 태종의 측근으로 활약했다. 두여회와 더불어 정관지치貞觀之治에 공헌했고 태종의 고구려 공격 때 장안을 지켰다. 태종 즉위 후 상서 좌복야 등을 지냈으며 당의 율령律令의 작성에 힘썼다.

방희龐羲(미상~미상) 중국 후한 말~삼국시대 촉한의 정치가로 사주 하남사람. 행적 유언과 유장의 옛 친구로 가문 단위로 서로 친하게 지내는 사이였다.

백락伯樂(미상~미상) 춘추시대 때 사람. 이름은 양陽이라고도 하여 양자陽子로도 불린다. 진목공秦穆公의 신하로 있으면서 말을 감정하는 일을 맡았다. 천리마가 소금수레를 끌고 태행산太行山을 오르다가 그를 보고 크게 울자 백락이 수레에서 내려 눈물을 흘렸다고 한다. 이에 말이 땅을 내려다보며 한숨을 쉬다가 하늘을 우러러 울었는데, 그 소리가 하늘 끝까지 퍼졌다는 것이다.

백리해百里奚(미상~미상) 진나라의 현인賢人 정치가. 제나라의 관중에 비견될 만한 탁월한 책략과 경천위지의 재능을 지닌 목공이 양피羊皮 5장을 주고 그를 구해냈으므로 오고대부五羖大夫라고 불린다.

번지樊遲(기원전 515~미상) 춘추시대 노나라 사람. 제나라 사람이라고도 한다. 공자의 제자로, 공자보다 36살 연하로 비교적 공자의 측근으로 일을 했던 것으로 보인다.

범려范蠡(미상~미상) 중국 춘추시대 말기의 정치가. 월나라 왕 구천을 섬겼으며 오나라를 멸망시킨 공신이었다. 이후 오나라를 떠나 제나라로 가 재상에 올랐다.

범저范雎(미상~기원전 255) 범수라고도 하며 전국시대 말기 진秦나라의 정치가. 위魏나라 출신으로 진나라 제28대 소양왕 때 재상을 지냈다. 원교근공책이라는 외교 전략으로 진나라를 전국시대의 초강대국으로 만들었다.

범증范增(미상~기원전 204) 중국 초나라 항우項羽의 모사. 기묘한 계교에 능하여 항우로 하여금 제후의 패자가 되도록 도왔다. 유방이 장차 항우를 위협하는 위험한 인물이라는 사실을 알고 그를 죽이려고 했지만 결국 실패하였다.

범중엄范仲淹(989~1052) 사대부의 모범적 인물로 꼽히며 북송 때의 정치가·문학가·교육가. 인종의 친정이 시작되자 간관이 되었으나 곽 황후의 폐립문제를 놓고 찬성파인 재상과 대립해 지방으로 쫓겨났다.

법정法正(176~220) 삼국시대 촉한의 중신. 유장의 부하였다가 유비에게 귀순해 한중을 점령하는 데 여러 계책을 내어 유비의 신임을 받았다.

변계량卞季良(1369~1430) 고려 말·조선 초 문신. 고려 말 조선 초 정도전·권근으로 이어지는 관인문학가의 대표적 인물이다. 대제학 재임 시 외교문서를 거의 도맡아 지었고 『태조실록』 편찬, 『고려사』 개수에 참여했다.

복자천宓子賤(기원전 521~미상) 노魯나라 사람. 자는 자천子賤이고 공자의 제자이다. 공자가 『논어論語』에서 그를 '군자답도다'라고 칭찬을 했다.

부견苻堅 (338~385) 전진前秦의 제3대 왕. 태학을 정비, 학문을 장려하고 농경을 활발히 일으켰다. 특히 한인학자 왕맹의 보필로 국세를 크게 떨쳤고 전연과 전량을 멸했다. 왕맹의 충언을 듣지 않고 백만 군사를 동원하다가 8천의 군사에 불과한 진晋의 사현에게 패하여 몰락하였다.

북곽소北郭騷(미상~미상) 제나라 사람. 안자가 북곽소에게 식량을 주어 그 어머니를 봉양할 수 있도록 해주자, 그는 죽음으로 안자의 어짊을 밝혔다.

비관費觀(미상~미상) 삼국시대 촉나라 사람. 유장劉璋의 처남이자 그의 막하 장수였다. 이엄李嚴의 군대에 참여해 면죽에서 유비劉備에 항거하다가 항복했다.

비심裨諶(미상~미상) 춘추시대 정鄭나라 대부.

빈서무賓胥無(미상~미상) 제나라 사람. 제 환공을 도와 대부에 올랐다.

ㅅ

사광師曠(미상~미상) 춘추시대 진나라 사람. 진평공晋平公 때 악사樂師를 지냈다. 전하는 말로 태어날 때부터 장님이었는데, 음률을 잘 판별했고 소리로 길흉吉凶까지 점쳤다고 한다.

사마광司馬光(1019~1086) 중국 북송北宋 때의 학자. 『자치통감資治通鑑』의 편자. 신종이 왕안석을 발탁하여 신법을 단행하게 하자 이에 반대해 사퇴했다.

사마사司馬師(208~255) 사마의의 장자로 삼국시대 위魏나라의 대신. 성격이 침착하고 병서에 통달하여 아버지의 뒤를 이었는데 관구검의 반란을 토벌할 때 병사했다. 조카 사마염司馬炎이 진晋나라를 세운 뒤 경제景帝로 추존되었다.

사마소司馬昭(211~265) 삼국시대 위魏나라의 대신이자 사마의의 둘째 아들로 서진西晋 초대 황제 무제武帝 사마염司馬炎의 아버지이다.

사마양저司馬穰苴(미상~미상) 춘추시대 말기 제나라의 대부大夫이자 병법 사상가. 명재상 안영의 추천을 받아 장군이 되었다. 『사마법司馬法』이라는 고대 병법서의 저자로 알려져 있다.

사마염司馬炎(237~290) 중국 서진西晋의 무제. 사마소의 아들이다. 원제元帝로부터 선위를 받아 즉위하고 낙양에 도읍하였으며 280년에 오吳를 멸망시켜 천하를 통일했다.

사마의司馬懿(179~251) 삼국시대 위魏 나라의 정치가이자 군략가로, 서진西晋 건국의 기초를 세웠다. 제갈량이 이끄는 촉군의 공격을 물리치는 공을 세웠다. 사마염에 의해 선제宣帝로 추존되었다.

사마천司馬遷(기원전 145 추정~기원전 86 추정) 전한시대의 역사가이며 『사기史記』의 저자. 아버지 사마담이 죽으면서 자신이 시작한 『사기』의 완성을 부탁하였고, 그 유지를 받들어 완성하였다. 중국 최고의 역사가로 칭송된다.

사마휘司馬徽(미상~208) 인물을 잘 알아봐서 수경선생으로 불리는데, 유비에게 제갈량과 방통을 소개했다.

상관걸上官桀(미상~미상) 중국 전한前漢의 정치가. 무제의 유서에 따라 소제昭帝를 돌봄과 좌장군직을 맡았으며, 곽광과 함께 내조를 이끌었다. 이후 곽광과 대립하게 되고, 상홍양을 끌어들여 그를 제거하려 하였으나 실패하여 처형되었다.

상앙商鞅(미상~기원전 338) 진나라의 정치가. 위앙 또는 공손앙이라고 불렸다. 진 효공에게 채용되어 부국강병의 계책을 세워 여러 방면에 걸친 대 개혁을 단행해 후일 진제국 성립의 기반을 세웠다. 10년간 진나라의 재상을 지내며 엄격한 법치주의 정치를 폈다.

색니索尼(1601~1667) 청나라 초기의 대신이자 정치가로 청나라의 개국공신이다. 강희제 초기에 강희제와 효장태황태후를 많이 도왔으며 다른 고명대신인 오배를 견제하기도 하였다.

서문표西門豹(미상~미상) 중국 전국시대의 위魏나라 정치가. 12개의 수로를 파서 논으로 강물을 끌어들이는 관개사업을 하여, 농업생산 증대에 이바지하였다. 문후文侯 때 업鄴의 장관이 되어 선정을 베풀었다.

서서徐庶(미상~미상) 친구를 위해 살인하고 이름을 서서로 바꿨다. 조조가 어머니를 붙잡자 유비를 버리고 조조에게 투항했다. 유비에게 제갈량을 추천했다.

서유구徐有榘(1764~1845) 조선 후기의 문신. 조선 후기 실학자로 농업 분야에 깊은 관심을 가지고 농업기술과 방법 등을 현실 속에서 연구하여 농업 위주의 백과전서라고 할 수 있는 『임원경제지』를 저술하였다.

서태후西太后(1835~1908) 청나라 함풍제의 후궁이며 수렴청정으로 국권을 좌지우지했던 여걸이다.

서황徐晃(미상~227) 양봉의 부하였다가 조조에게 귀순한 이후 여러 전투에서 혁혁한 공을 세웠다.

석륵石勒(274~333) 중국 오호십육국의 하나인 후조後趙의 제1대 황제. 오랑캐로서 중국을 점령하여 중국이 남북조시대가 되게 한 사람이다. 일국의 통치자로서도 유능했고 학교도 세우고 학자도 중용했으며 관리 등용에도 능했다.

석수신石守信(928~984) 송나라 사람. 후주後周 때 전공을 세워 금군전전도우후에 올랐다가 시위도지휘사로 옮겼다. 조광윤과 결의형제를 맺은 사이다.

석숭石崇(249~300) 중국 서진西晉 시대의 문인이자 관리이며 부호富豪이다. 항해와 무역으로 큰 부자가 되어 매우 사치스러운 생활을 하여 중국과 한국 등지에서 후대에도 부자의 대명사로 여겨졌다.

선제宣帝(기원전 91~기원전 49) 중국 전한前漢의 제10대 황제. 지방행정제도를 정비하고 상평창 설치로 빈민구제를 도모했으며 대외적으로는 흉노를 격파했고 소위 서역 36국과 남 흉노도 복속시켰다. 지방 백성들의 사정을 밝게 알고 전한의 여러 황제 가운데 가장 어진 황제로 손꼽히고 있다.

설제薛悌(173~미상) 후한 말~조위의 정치가로 조조曹操가 종사從事로 발탁하였다. 한중 정벌 후 설제는 상서가 된 진교의 후임으로 위군태수가 되었는데, 항상 충절을 다하여 관용을 베풀고 간단명료한 통치를 하였다.

성삼문成三問(1418~1456) 조선 전기의 문신·학자. 세종 때 『예기대문언두』를 편찬하고 한글 창제를 위해 음운연구를 하여 정확을 기한 끝에 훈민정음을 반포케 했다. 집현전 학사 출신으로 목숨을 바쳐 신하의 의리를 지킨 사육신 중의 한 사람이다.

성왕成王(미상~미상) 중국 주나라 제2대 왕. 아버지 무왕이 죽었을 때 어렸으므로 무왕의 아우 주공 단이 섭정이 되었다. 동이로의 원정에서 귀환한 뒤 기초를 다지고 주공 단과 소공 석의 보좌를 받아 치세에 힘썼다.

성종成宗(1457~1494) 조선의 제9대 국왕. 조선 개국 이후 추진되어 온, 여러 제도의 정비를 일단 완결함으로써 왕조가 본격적으로 발전할 수 있는 토대를 마련했다.

세조世祖(1417~1468) 조선 제7대 왕. 세종의 둘째아들로 태어나 수양대군에 봉해졌다. 문종이 사망하자 어린 단종을 제거하고 무력으로 왕위를 찬탈하였다. 문화정치에 힘쓰는 한편 밖으로는 야인野人을 정벌하였다.

세종世宗(1397~1450) 조선왕조 제4대 왕. 인재를 고르게 등용하여 이상적 유교정치를 구현하였다. 훈민정음을 창제하고 측우기 등의 과학기구를 제작하여 백성들의 생활에 도움이 되는 문화 정책을 추진했다. 세계적으로도 그의 가장 큰 업적은 '한글창제'이다.

소극살합蘇克薩哈(1607 추정~1669) 청나라 초기의 대신이자 정치가. 알필륭이 오배에게 협조하여 소극살합을 모함하여 죽였다.

소순蘇洵(1009~1066) 북송北宋의 관리이자 문학가. 아들인 소식蘇軾·소철蘇轍과 더불어 문학으로 저명하여 '삼소三蘇'로 불렸고, '당송팔대가唐宋八大家'로 일컬어진다.

소식蘇軾(1037~1101) 중국 북송 때의 제1의 시인. 당시唐詩가 서정적인 데 대하여 그의 시는 철학적 요소가 짙었고 새로운 시경詩境을 개척하였다. 대표작인 『적벽부赤壁賦』는 불후의 명작으로 널리 애창되고 있다.

소제昭帝(기원전 94~기원전 74) 중국 전한의 제8대 황제. 기원전 81년 여러 군국의 현량을 등용하여 무제시대의 여러 정책의 개폐를 논하였다. 다음해 연왕 유단, 좌장군 상관걸, 어사대부 상홍양 등은 곽광을 물리치려는 모반을 일으켰으나 실패하고 모두 주살되었다.

소진蘇秦(미상~미상) 고대 중국 전국시대 중엽의 정치가. 강국 진나라에 대적하기 위해 나머지 6국이 연합하는 합종설을 주장하였다.

소하蕭何(미상~기원전 193) 중국 전한 때 고조 유방의 재상이다. 유방을 위하여 양식과 군병의 보급을 확보했으므로, 고조가 즉위할 때에 논공행상에서 으뜸가는 공신이라 했다. 재상 시절 진나라의 법률을 취사하여 『구장률九章律』을 편찬하였다.

소홀召忽(미상~기원전 685) 춘추시대 제齊나라 사람. 양공襄公 때 대부를 지냈다. 관중과 함께 공자규公子糾의 가신이 되어 그를 섬겼다. 제나라에 내란이 일어나자 공자규를 데리고 노魯나라로 달아났다.

손견孫堅(156~192) 손권孫權의 아버지. 중국 후한後漢 말기의 무장武將으로 황건의 난 토벌에 공을 세우고 동탁 토벌에도 가담하였다. 젊어서부터 무공을 세웠으며 반동탁 연합군 중에서도 가장 선전하였다. 고향 동오로 갈 때 유표와 충돌해 싸우다가 적의 계교에 빠져 37세에 죽었다.

손권孫權(182~252) 삼국시대 오나라의 초대 황제. 유비와의 동맹으로 적벽대전을 승리하면서 강남에서의 위상을 확고히 하였다. 그 뒤 형주의 귀속문제로 유비와 대립하였으며, 조조와 결탁하여 형주를 공략하고 관우를 죽였다. 229년에 황제로 칭하고, 농관을 설치하고 둔전을 실시하고 산월을 평정하여 군현을 설치했다.

손무孫武(미상~미상) 춘추시대 제齊나라 사람. 그의 저술로 알려진 『손자병법孫子兵法』은 최고의 군사 지침서로, 단순한 국지적인 전투의 작전서가 아니라 국가경영의 요지, 승패의 기미와 인사의 성패

등에 이르는 내용을 다루고 있다.

손빈孫臏(미상~미상) 중국 전국시대 중기 제나라에서 활동한 병법 사상가이자 군사전략가. 손무孫武의 5대손이고, 손무와 같이 손자孫子로 불린다. 손빈병법孫臏兵法은 손빈이 저작한 병법이다.

손책孫策(175~200) 손견孫堅의 아들이며, 오吳나라를 세운 손권孫權의 형. 어렸을 때 수춘에 살아 강남의 사족士族들과 폭넓게 교제했다. 손견 사후 군대를 이어받아 강남을 평정, 진무와 개발에 힘썼다. 조조와 원소가 관도에서 대치하고 있을 때 한나라 헌제를 맞으려 했으나 실행에 옮기기 전에 죽었다.

송홍宋弘(미상~미상) 후한 경조京兆 장안長安 사람. 전한 애제哀帝와 평제平帝 때 시중侍中을 지냈다. 신망新莽 때 공공이 되었다. 광무제光武帝가 즉위하자 불려 태중대부에 올랐다.

수문제隋文帝(541~604) 수나라의 초대 황제. 400여 년 동안 지속된 중국 대륙의 혼란기에 종지부를 찍은 명군이다. 재위 중에 영토를 넓히고 인구가 7백만 호戶에 달하여 중국 농경문명의 개화기를 맞이하게 했다.

수양제隋煬帝(569~618) 수나라 제2대 황제로 천고의 폭군으로 알려져 있다. 그는 재위기간 중에 조정대신들을 마구 살해하고, 사방으로 무력을 과시하는 데 열중했다. 만년에 사치스런 생활이 더욱 극으로 치달으면서 백성들의 원망은 높아갔고, 전국에서 군웅들이 봉기했다.

숙종肅宗(1661~1720) 조선 제19대 왕. 대동법을 전국에 실시하여 실효를 거두었으며 임진왜란과 병자호란 이후 계속된 토지사업을 추진해 완결을 보았다. 신료 간의 붕당정치하에 견제받고 손상되었던 왕권의 회복과 강화에 비상한 능력을 발휘하였다.

숙향叔向(미상~미상) 중국 춘추시대 진나라晉의 정치가. 평공平公 때 교육계敎育係로 벼슬했다. 제齊나라의 안영晏嬰, 오吳나라의 계찰季札, 정鄭나라의 자산과 함께 당대의 대표적인 현인으로 불렸다.

순舜(미상~미상) 중국 역사상 전설 속의 제왕이자 중국의 삼황오제 가운데 오제의 마지막 제왕. 요堯 임금과 더불어 태평성대를 이룬 성군聖君의 대표적인 임금으로 받들어지고 있다.

순욱荀彧(163~212) 동한 말기 조조의 수석 책사로 활약했다. 처음 원소의 휘하에 들어갔다가 원소가 인물이 아님을 깨닫고 조조의 휘하로 들어갔다.

순유荀攸(157~214) 순욱의 조카이며 조조의 모사. 사려 깊고 치밀한 조언을 하는 순유를 조조는 아들 조비에게 본보기로 삼을 인물이라고 말할 정도로 신임하였다. 214년 손권 정벌 진행 도중 58세로 사망하였다.

숭정제崇禎帝(1611~1644) 중국 명明의 16대이자 마지막 황제. 즉위 초기에는 전횡을 부리던 환관 위충현의 세력을 제거하고 정치를 개혁하였으나, 중기 이후에는 다시 환관들을 중용하여 당쟁이 격화되었다. 그 결과 후금後金의 침입과 농민반란 등을 촉발시켜 1644년 이자성이 이끄는 농민반란군이 베이징을 점령하자 자진하였다.

습붕隰朋(미상~미상) 제환공 때의 대부.

시황제始皇帝(기원전 259~기원전 210) 전국칠웅 진秦나라의 제31대 왕이자, 중국 최초의 황제. 대규모의 문화 탄압 사건인 분서갱유를 일으켜 수양제와 더불어 중국 역사상 최대의 폭군이라는 비판을 받았다. 하지만 도량형을 통일하고 전국시대 국가들의 장성을 이어 만리장성을 완성하였다. 분열된 중국을 통일하고 황제 제도와 군현제를 닦음으로써, 이후 2천년 중국 황조들의 기본 틀을 만들었다.

신릉군信陵君(미상~기원전 243) 전국시대 위魏 나라 공자公子. 전국시대 사군자 가운데 한 사람. 4군자 중 가장 어질고 능력 있는 인물로, 부귀를 자랑하거나 교만하지 않아 선비들이 사방 수천 리에서 그를 찾아왔다.

신불해申不害(미상~기원전 337 추정) 중국 전국시대의 한韓나라 학자이자 정치가이며 법가 사상가. 한나라의 소후를 섬겨 재상으로서 15년간 나라를 태평하게 다스렸다.

신숙주申叔舟(1417~1475) 조선 초기의 문신으로 영의정을 지냈으며 네 차례 공신의 반열에 올랐던 인물. 뛰어난 능력을 바탕으로 화려한 경력과 중요한 업적을 이룬 조선 전기의 대표적 명신이다.

신종神宗(1048~1085) 송宋의 제6대 황제. 요나라와 서하의 침입이 잦아 정치가 어지러울 때에 황제가 되었다. 신종의 정치는 급진적이어서 실패한 것도 많았으나 나라의 체제를 바로잡고 국가 권력의 확립에 기여하였다.

ㅇ

악의樂毅(미상~미상) 중국 전국시대에 활약한 연燕나라의 무장. 조·초·한·위·연의 군사를 이끌고 당시 강대국이던 제를 토벌했다. 연의 혜왕이 즉위하자 제나라 전단의 이간책으로 조나라로 달아났다.

악진樂進(미상~218) 중국 위나라 조조 진영의 장수. 담력과 지략을 갖추었다. 처음 조조曹操가 의병을 일으켰을 때 맨 먼저 참여했다. 적벽대전 이후 오를 침입했을 때 손권의 장수 송겸·가화 등을 베어 용맹을 떨치기도 했다.

안동安童 원나라 세조世祖가 파격적으로 기용한 대신.

안자晏子(미상~기원전 500) 춘추시대 제齊나라 사람. 이름은 영嬰이고, 자는 평중平仲이다. 평소 검소한 생활을 실천했다. 영공靈公·장공莊公·경공景公 세 군주를 섬기면서 재상을 지냈다. 저서로 『안자춘추晏子春秋』가 있다.

안정복安鼎福(1712~1791) 숙종 말기에 태어나서 정조 말기에 세상을 떠난 실학자. 주자학적인 경학經學설에 따라 만사를 판단하면서도 경학은 어디까지나 경세經世적이어야 한다는 지론이었다. 실학의 선구자인 이익의 제자로, 이익의 실증주의적이며 비판적인 역사관을 한층 발전시켜 『동사강목』을 편찬하였다.

안회顔回(기원전 521~기원전 490) 춘추시대 말기 노魯나라 사람. 자가 자연子淵이라 안연顔淵으로도 불린다. 공자가 가장 신임했던 제자로, 공자보다 서른 살 어렸지만 공자보다 먼저 죽었다.

알필륭遏必隆(미상~1673) 청나라 초기의 대신이자 정치가. 순치제가 후계자 강희제를 위해 임명한 보정대신 중 한 명이다. 알필륭은 오배에게 협조하여 소극살합을 모함하여 죽였다.

양부楊阜(미상~미상) 삼국시대 위나라 사람. 마초의 참군으로 있다가 조조曹操에게 귀순해서 기성을 지켰다. 성격이 강직하여 조예曹叡의 사치와 지나친 토목공사를 간했지만 듣지 않자 여러 차례 사직을 주청했다.

양호羊祜(221~278) 서진西晉의 관리이자 전략가이며 문학가. 박학다식하고 청렴하며 정직하였다. 서진을 개국하고 오吳나라를 멸하는 데 큰 공을 세웠다.

양준楊駿(미상~291) 남북조시대 진晉나라 사람. 진무제晉武帝의 장인으로, 무도양황후의 아버지이다. 무제가 죽고 혜제惠帝가 즉위하자 국정을 도맡아서 자기의 친당만을 등용하는 등 정권을 전횡했다.

양혜왕梁惠王(기원전 400~기원전 334) 전국칠웅의 한 나라인 위魏나라의 혜왕. 전국시대 제후들 가운데 최초로 왕王이라는 칭호를 사용했다. 자신을 낮추고 폐백을 후하게 하여 현자를 초빙하자 추연鄒衍과 순우곤淳于髡, 맹가孟軻, 孟子 등이 대량으로 몰려들었다.

엄숭嚴嵩(1480~1567) 명明나라 때 권신權臣이자 간신奸臣. 뇌물을 거둬들이고 아들의 불법행위를 방치하여 만년에는 임금의 신뢰를 잃고 삭직되었다.

여불위呂不韋(미상~기원전 235) 조趙나라 출신의 대상인으로 진秦나라의 승상. 최고의 상국에 올랐다. 태후의 간통사건에 연루되어 자진하였다. 전국 말기의 귀중한 사료인 『여씨춘추』를 편찬하였다.

여몽呂蒙(178~219) 삼국시대 오吳나라 명장으로 젊었을 때에는 자형인 등당에게 의탁했으나, 노숙의 뒤를 이어 대도독의 지위에 올랐다.

여포呂布(미상~199) 동한 말년의 무장이자 군벌. 하비성下邳城에서 조조의 군대에 포위되었다가 조조에게 사로잡혀 처형되었다.

역아易牙(미상~미상) 제환공齊桓公의 신하. 음식과 요리 잘하기로 유명하고 맛도 잘 알아서 치수淄水와 민수澠水의 물맛을 가려냈으며, 제환공을 기쁘게 하기 위해 자기 자식을 삶아서 바쳤다고 한다.

연산군燕山君(1476~1506) 조선 제10대 국왕. 12년에 걸친 길지 않은 치세 동안 두 번의 사화士禍를 일으키고, 극도의 폭정을 자행하다가 결국 조선 최초의 반정인 중종반정으로 폐위되었다.

연소왕燕昭王(미상~기원전 279) 전국시대 연나라의 임금. 곽외郭隗와 추연鄒衍, 낙의樂毅 등 어진 선비를 초빙하여 부왕父王 때 잃었던 땅을 제齊나라로부터 되찾았다.

염구冉求(기원전 522~기원전 489) 춘추시대 말 노魯나라 사람. 자는 자유子有 또는 염유冉有며 공자의 제자이다. 일찍이 계씨의 재신이 되어 계씨의 치부致富를 도와 공자에게 혹독한 비판을 받은 적이 있다.

염옹冉雍(기원전 522~미상) 춘추시대 말기 노魯나라 사람. 자는 중궁仲弓이며, 공자의 제자이다. 공문십철의 한 사람으로 안연顔淵·민자건閔子騫 등과 함께 덕행에 뛰어났다.

염파廉頗(미상~미상) 조趙나라의 백전노장이자 전국시대를 대표하는 용장. 인상여藺相如와 생사를 같이 하기로 하면서 문경지교刎頸之交를 맺은 일이 유명하다.

영척甯戚(미상~미상) 춘추시대春秋時代 위魏나라 사람. 제환공齊桓公이 불러 정승을 삼았다.

오긍吳兢(670~749) 정관정요의 편찬자. 정관은 당태종 이세민의 연호이고 정요란 정치의 요체를 뜻한다.

오기吳起(미상~기원전 381) 춘추시대 위衛나라 사람. 노나라에 가서 증자曾子에게 배웠는데, 용병에 능했다. 위나라에 출사하여 위문후 휘하에서 하서 땅의 태수를 역임하면서 서방 방어에 큰 공을 세웠으나 문후 사후 정적들의 참소로 초나라로 도주했다.

오배吳拜(1596~1665) 청淸나라 초기의 대신으로 청 왕조의 건국에 큰 공헌을 했다. 강희제 때에 보정대신과 태자대부를 지냈다. 권력과 병권을 장악하고 사당私黨을 결성하여 방자하게 굴다 강희제에게 죽임을 당했다.

오의吳懿(미상~237) 삼국시대 촉한 사람.

유장의 장인이자 장수였으나 촉에 귀순하였다. 역량 있는 장수로 여러 싸움에서 공을 세웠다.

오한吳漢(미상~44 추정) 남양南陽 완현宛縣 사람으로 자는 자안子顔이다. 동한東漢의 개국명장이자 군사가. 일찍이 신조완현新朝宛縣의 정장亭長을 하다가 뒤에 어양군漁陽郡에서 말 장수를 하였다.

옹정제雍正帝(1678~1735) 청淸나라 제5대 황제. 군기처대신을 두고 지방대관에게 주접奏摺이라는 친전장에 의해 정치의 실정을 보고하게 하였다. 토착민에게는 개토귀류開土歸流의 정책을 펴서 내지화를 꾀하는 등 청나라의 지배체제를 확립하였다.

완우阮瑀(165 추정~212 추정) 중국 위魏나라의 문인文人. 건안칠자建安七子의 한 사람이고, 음률에 정통했으며 거문고를 잘 탔다.

왕안석王安石(1021~1086) 중국 북송北宋 때의 문필가이자 정치인으로서 신법新法의 개혁 정책을 실시하였다. 재정과 군사 제도를 정비하면서 부국강병을 모색했지만 사마광 등의 반대로 사직했다.

왕심기王審琦(925~974) 북송北宋 시대의 무장이자 개국공신.

왕망王莽(기원전 45~23) 중국 전한前漢 말의 정치가이며 신新 왕조8~24의 건국자. 갖가지 권모술수를 써서 최초로 선양혁명에 의하여 전한의 황제권력을 찬탈하였다. 개혁정책을 펼쳤지만 한말漢末의 모순과 사회문제를 해결하지 못한 채 모두 실패했다.

왕맹王猛(325~375) 16국 시대 전진前秦 북해극北海劇 사람. 전진前秦 시기의 대신大臣으로 16국 시기에 전진의 정치가이자 군사가이다. 부견을 보좌하여 법으로 혼란을 다스렸다.

왕준王濬(206~286) 서진西晉 정동장군征東將軍, 용양장군龍驤將軍. 삼국시대 말기에 오吳 나라 수도를 함락하고, 오왕의 항복을 받아냈다. 죽어 백산 큰 무덤에 묻혔다.

요사렴姚思廉(557~637) 당唐나라 때 관리이자 사학자史學者. 『양서梁書』, 『진서陳書』를 편찬했고, 저서로 『문사박요文思博要』가 있다.

우禹(미상~미상) 중국 전설상의 하夏왕조 시조. 요堯의 치세에 대홍수가 발생하여 섭정인 순舜이 그에게 치수治水를 명하였다. 천하를 9주로 나누고 공부를 정하였으며 재위 후, 나라이름을 하로 고쳤다.

우금于禁(미상~221) 조조의 부하로 많은 전투에서 전과를 올렸다. 번성싸움에서 관우에게 패한 후 투항했다.

우성룡于成龍(1617~1684) 청나라 때의 관리. 벼슬을 하면서 백성들의 원옥寃獄을 풀어주고 법률을 엄격하게 시행해서 명성이 높았다. 강희제는 그를 청관제일淸官第一이라 했다.

우세기虞世基(미상~616) 수隋나라에서 내사시랑內史侍郎을 지냈다. 아우 우세남虞世南과 함께 문명文名을 날렸다.

원소袁紹(미상~202) 당대 명문거족으로 환관을 일소하고 동탁에 대한 토벌군을 일으켰다. 조조와 관도에서 결전을 벌이다가 대패했다.

원술袁術(미상~199) 원소의 동생. 난세에 황제를 칭하다가 오히려 지지를 잃고 패전을 거듭하다 죽었다.

원앙袁盎(미상~기원전 148) 전한 초楚나라 사람. 원래 직간을 잘해 이름이 조정에 알려졌다. 평소 조착鼂錯과 사이가 좋지 않았다. 한나라 경제가 즉위한 후에 오초칠국의 반란이 일어나자 조착을 주살할 것을 간청하여 제후들의 원망을 잠재웠다.

원효元曉(617~686) 신라의 승려로 일심一心과 화쟁和諍 사상을 중심으로 불교의 대중화에 힘썼으며 수많은 저술을 남겨 불교 사상의 발전에 크게 기여하였다.

위문후魏文侯(미상~기원전 396) 전국시대 위나라의 군주. 공자의 제자 자하子夏에게 유학을 배우고, 그 제자로서 법가의 시조가 된 이극李克을 등용하여 부국강병을 이루었다. 전자방田子方과 단간목段干木 등 학자를 존중하고 학술을 장려하여 개명 군주로 유명했다.

위연魏延(미상~234) 삼국시대 촉한의 장수였으며 유비가 한중왕이 되었을 때 한중 태수로 임명되었다. 제갈량이 죽은 후에 장사 양의와 화합하지 못하여 마대에 의해서 죽임을 당하고 삼족이 멸족되었다.

위징魏徵(580~643) 당나라 초기의 공신이자 학자로 간의대부 등의 요직을 역임하였고 재상을 지냈다. 굽힐 줄 모르는 직간直諫이 유명하다.

유관柳寬(1346~1433) 고려 말·조선 초의 문신. 조선의 개국원종공신이 되어 대사성·형조전서·대사헌 등을 지냈다. 춘추관지사로서 『태종실록』의 편찬에 참여하였으며 『고려사』를 개찬하였다.

유기劉基(1311~1375) 원말명초元末明初 시기의 군사가이자 정치가이며 문학가. 주원장의 모사가 되어 중국을 통일하는 데 중요한 역할을 하였으며, 명나라 건국 후 어사중승과 태사령 등의 관직을 맡아 역법曆法 제정과 군정체제 건립에 공헌하였다.

유방劉邦(기원전 247 추정~기원전 195) 중국 한漢나라의 제1대 황제. 진나라 말기에 군사를 일으켜 진왕으로부터 항복을 받았으며, 4년간에 걸친 항우와의 쟁패전에서 이기고 천하통일의 대업을 실현시켰다. 군현제도와 봉건제도를 조화시킨 군국제도를 실시하였다.

유비劉備(161~223) 삼국시대 촉한蜀漢의 제1대 황제. 관우·장비와 결의형제하였으며, 삼고초려로 제갈량을 맞아들였다. 손권과 연합하여 적벽에서 조조를 물리치고 형주와 익주를 탈취하여 221년에 촉한을 건립했다.

유봉劉封(미상~220) 유비의 양아들. 무예가 출중하고 강직한 성격이지만 맹달과 함께 관우의 요청을 거절해 유비가 책임을 물어 참수했다.

유선劉禪(207~271) 유비의 아들. 촉한의 제2대 마지막 황제로, 위나라에 항복하여 안락공으로 봉해졌다.

유수劉秀(기원전 6~57) 후한의 초대 황제, 광무제光武帝이다. 왕망의 군대를 격파하고 즉위해 한 왕조를 재건, 36년에 전국을 평정했다. 적폐를 일소하고 내치에 전심, 사풍士風을 쇄신했다. 학문을 장려하고 유교존중주의를 택했다.

유엽劉曄(미상~234) 삼국시대 위魏나라 사람. 조조曹操가 연주兗州를 장악했을 때 모사로 초빙하여 그때부터 자못 신임이 두터웠다.

유장劉璋(미상~219) 삼국시대 때 익주목으로 있다가 유비가 성도를 포위하자 성도를 유비에게 넘겼다.

유파劉巴(186~222) 유장의 장수로, 유장이 유비를 촉으로 끌어들이는 것을 극력 반대하였다. 후일 유비가 몸소 찾아가 예의로써 권하자 감복하여 유비를 섬겼다.

유표劉表(142~208) 동한 말년 군웅의 한 사람. 한실 종친으로 형주목을 지냈다.

유형원柳馨遠(1622~1673) 조선 중기 때의 학자. 호는 반계磻溪. 실학의 개창자開創者. 일찍이 당시 지배계급 내부의 갈등으로 인해 빚어진 과거제의 부패상을 인식하고 관료로서의 길을 포기한 후 농촌사회의 현실과 사회문제를 연구하는 데 몰두했다.

유희춘柳希春(1513~1577) 조선의 문신. 호는 미암. 조선조 명종 때 을사사화乙巳士禍와 정치적 사건들로 인해 20여 년간 유배생활을 하였고 뒤늦게 복귀하여 여러 관직을 두루 거친 정치가이자 학자이다. 경전에 해박하였고 경연관으로 경사經史를 강론하였다. 『미암일기』로 유명하다.

육덕명陸德明(550 추정~630 추정) 당나라 소주蘇州 오현吳縣 사람. 당唐나라 때의 관리이자 경학자經學者, 훈고학자이다.

육손陸遜(183~245) 삼국시대 오나라 사람으로 손책의 사위이다. 어린 나이에 뛰어난 지략으로 여몽과 함께 관우를 사로잡았다.

육항陸抗(226~274) 중국 삼국시대 오나라의 장수로, 육손陸遜의 둘째 아들이고, 손책孫策의 외손자이다. 쓰러져 가던 오나라 말기에 최후의 명장이라 칭송받았다.

윤휴尹鑴(1617~1680) 조선의 학자. 남인의 거두. 호는 백호白湖. 종래의 주자朱子의 해석방법을 비판하고 경전을 독자적으로 해석하여 당대 가장 혁신적인 학자이자 정치가로 유명하다.

이개李塏(1417~1456) 조선 전기의 문신. 목은牧隱 이색李穡의 증손. 사육신의 한 사람. 1441년 저작랑으로 『명황계감』의 편찬에 참여하고 훈민정음의 창제에도 참여했다.

이건성李建成(589~626) 당고조唐高祖의 맏아들. 고조를 따라 거병하여 많은 전공을 세웠다. 무덕武德 원년618 황태자가 되었다. 당나라 건립 초기에 이세민과 황위 승계를 놓고 쟁탈을 벌이다 이세민에게 피살되었다.

이극李克(미상~미상) 전국시대 초기 위魏나라 사람. 자하子夏의 제자이다. 위문후가 중산을 멸하고 태자 격을 중산군에 임명했을 때 적황이 천거해 중산상이 되었다. 위나라의 변법 개혁과 부국강병을 지휘했다. 저서로 중국 최초의 법전이라고 할 수 있는 『법경』 6편이 있다.

이덕무李德懋(1741~1793) 조선 후기의 실학자. 호는 형암炯庵·청장관靑莊館 등. 박학다식해 문장에 뛰어났으나 서얼 출신이어서 높은 벼슬에 오르지는 못했다. 정조가 규장각을 설치하여 검서관을 등용할 때 박제가·유득공·서이수 등과 함께 뽑혀 여러 서적의 편찬 교감에 참여했다.

이사李斯(기원전 284~기원전 208) 전국시대 말기 초楚나라 사람으로 순자荀子에게 배웠다. 법가류法家流의 정치가로 진秦나라로 가 승상 여불위呂不韋에게 발탁되어 25년간 승상을 지내면서 진시황이 중국을 통일하는 데 큰 공을 세웠다.

이선장李善長(1314~1390) 중국 명나라 초기 정치가이자 개국공신. 만년에 호유용胡惟庸이 북원北元과 왜국과 내통했다는 죄명을 씌워 본인은 물론이고 처자식과 조카까지 70여 명이 처형당했다.

이성계李成桂(1335~1408) 조선의 제1대 왕인 태조. 우군도통사로서 요동정벌을 위해 북진하다가 위화도에서 회군하여 우왕을 폐하였다. 이성계는 건국이념으로 사대교린·숭유억불·농본주의를 삼아 조선 왕조 500년의 기틀을 다졌다.

이세민李世民(599~649) 당나라의 제2대 황제인 태종. 중국 역사상 최고의 영주英主로 알려져 있으며 공정한 정치로 후세 제왕의 모범이 되었다.

이엄李嚴(미상~234) 삼국시대 촉한의 대신으로 유비가 임종 전에 제갈량과 더불어 유선 보좌를 당부했다. 제갈량의 북벌 때 군량부족을 속여 평민으로 폐출되었다. 제갈량이 죽어 복직될 기회가 없게 되자 통곡하다 병이 들어 죽었다.

이연李淵(566~635) 당조唐朝를 창건한 초대 황제 고조. 수나라 말기에 중국이 대란으로 어지러워지자 태원에서 군사를 일으켜 장안을 점령했다. 618년에 수나라 공제恭帝로부터 선양을 받아 황제가 되었다. 수도를 장안으로 정하고, 각지의 군웅 세력을 제거하고 전국을 통치하였다.

이윤伊尹(미상~미상) 은殷나라 초대 왕인 탕왕湯王, 태을大乙의 어진 정승. 탕왕의 세 번 부름을 받아 재상이 되어 하夏나라 걸왕桀王을 쳐서 탕왕으로 하여금 천하의 왕이 되게 했다.

이익李瀷(1681~1763) 호는 성호星湖. 조선 문화의 전성기인 18세기 전반 영조대에 활약한 재야 지식인이다. 당쟁에 휩쓸려 몰락한 남인의 가정에서 태어나 평생 벼슬을 멀리하고 오직 학문에만 힘썼다. 실용적인 학문과 양반도 생업에 종사할 것을 주장하였다. 또한 여론과 평판에 의해 인재를 등용하는 공거제를 주장했다. 저서로는 『성호사설星湖僿說』이 있다.

이적伊籍(미상~미상) 삼국시대 촉한蜀漢 사람. 언변에 뛰어나고 활달한 성격의 소유자이다. 유표가 죽고 유비가 형주를 차지하도록 진언하였고 마량 5형제를 추천하여 유비의 참모가 되게 하였다.

이전李典(174~209) 중국 위나라의 장수. 합비전투에서 장료·악진·이전 세 사람의 사이가 벌어지게 되나 이전이 중재하여 힘을 합쳐 손권을 무찌른다. 학문을 좋아한 장수였으며 겸손한 태도를 유지하였다.

이홍장李鴻章(1823~1901) 중국 청말의 정치가. 청말 주요 외교문제를 장악, 이이제이以夷制夷로 열강들을 서로 견제시키면서, 양보·타협정책을 취했다. 청의 부국강병을 위한 양무운동 등을 주도한 사람이다.

인상여藺相如(미상~미상) 전국시대 조趙나라 사람. 환관의 우두머리인 목현의 부하였으나 진왕秦王이 요구한 화씨의 구슬화씨지벽和氏之璧을 무사히 보전해 돌아와 상대부上大夫가 되었다.

ㅈ

자공子貢(기원전 520 추정~기원전 456 추정) 춘추시대 위衛나라 사람. 성은 단목端木이고, 이름은 사賜며, 자가 자공이다. 공문십철의 한 사람으로 재아宰我와 더불어 언어와 사령辭令에 뛰어났다고 한다. 이재가理財家로서도 알려져 있다.

자대숙子大叔(미상~미상) 정나라 재산, 자산의 뒤를 이어 재상이 되었다.

자로子路(기원전 543~기원전 480) 자로는 자字. 성명은 중유仲由. 본디 무뢰한이었는데 공자의 훈계로 입문하여 곧고 순진하여 헌신적으로 공자를 섬겼다. 성미는 거칠었으나 꾸밈없고 소박한 인품으로 용기가 있어 가르침을 받으면 실천에 옮기는 인물이었다.

자산子產(미상~기원전 522) 춘추시대 정鄭나라 정치가이자 사상가로 중국 최초의 성문법을 정하여 인습적인 귀족정치를 배격했고, 전부를 설정, 국가 재정을 강화했다.

자유子游(기원전 506~미상) 춘추시대 오吳나라 사람. 공자孔子의 제자로, 성은 언言이고, 이름은 언偃이며, 자유는 그의 자이다. 공자보다 45세 연하였고, 20여 세부터 관직생활을 했다.

자장子張(기원전 503~미상) 춘추시대 말기 진陳나라 사람. 이름은 전손사顓孫師고, 자가 자장이다. 공자孔子보다 48세 연하이다.

자피子皮(미상~기원전 529) 춘추시대 정鄭나라 사람. 당시 기황饑荒이 들자 나라 사람들에게 양식을 공급했다. 다음 해 자산子產이 현명하고 재주가 있는 것을 보고 집정을 자산에게 양보하고 그의 정치를 도우려고 했다.

장량張良(미상~기원전 186) 자는 자방子房. 한나라 고조 유방의 공신이다. 황석공으로부터 『태공병법서』를 물려받았다고 한다. 선견지명이 있는 책사로서 소하와 함께 책략에 뛰어나 한나라 창업에 힘썼다.

장료張遼(169~222) 중국 후한 말~삼국시대 위나라의 장군. 합비 전투에서 7천여 명으로 손권의 10만 대군을 물리치는 등 주로 동오 전선을 담당하며 맹위를 떨쳤다.

장비張飛(미상~221) 촉한 오호장군 가운데 한 명. 유비·관우와 함께 의형제를 맺었고 후한 말의 많은 전쟁에서 용맹을 떨쳤다.

장빈張賓(미상~322 추정) 오호십육국 시대 후조의 건국자 석륵의 모사이자 재상. 날 때부터 재능이 출중했고 시로 명성을 얻었다.

장석지張釋之(미상~미상) 한문제漢文帝 때의 정위廷尉, 형관刑官. 공평한 법 운용으로 유명하다.

장손순덕長孫順德(미상~미상) 당唐나라 초기의 무장. 외척으로 나름대로 유능한 장수이기는 하나 재물에 욕심이 많았다. 뇌물수수로 인한 독직사건이 발생하자 이세민이 오히려 비단을 내려 그의 잘못을 깨우치게 했다.

장영실蔣英實(미상~1442) 조선 전기 세종 때의 과학자. 모든 일에 과학적인 재능을 나타내어 한국 최초의 물시계인 보루각의 자격루를 만들었으며, 세계 최초의 우량계인 측우기와 수표를 발명하여 하천의 범람을 미리 알 수 있게 했다.

장의張儀(미상~기원전 309) 전국시대 위魏나라 사람. 소진蘇秦과 함께 귀곡자鬼谷子를 사사하면서 종횡술을 배웠다. 한때 화씨지벽을 훔친 도둑으로 몰려 초죽음이 되기도 했다. 연횡책을 주창하면서, 위·조·한나라 등 동서로 잇닿은 6국을 설득, 진나라를 중심으로 하는 동맹관계를 맺게 하였다.

장소張昭(156~236) 삼국시대 오나라의 정치가로 손책이 창업하자 장사와 무군중랑장에 올라 큰 신임을 받았다. 손책의 유언을 받들어 손권을 보좌했으며 군사軍師와 보오장군 등을 역임했다.

장송張松(미상~212) 동한 말기 촉군 성도 사람. 익주자사 유장을 섬겼는데, 유비가 촉에 들어오는 것을 돕다가 발각되어 참수되었다.

장수張繡(미상~207) 장제의 조카로 장제가 죽자 조조에게 대항하다가 가후의 권고로 항복하였다. 그러나 조조와 장제의 처, 추씨의 불륜에 격분하여 조조를 기습하였다. 훗날 조조가 귀순을 강권하자 가후와 함께 항복했다.

장완蔣琬(미상~246) 삼국시대 촉한의 대사마를 지낸 정치가이자 군사전략가. 유비를 따라 촉으로 왔고, 유선을 보좌하고 위나라를 막았다.

장자莊子(기원전 369~기원전 289 추정) 중국 고대의 사상가, 제자백가 중 도가道家의 대표자. 도道를 천지만물의 근본원리라고 보았다. 저서로 『장자莊子』가 있다.

장합張郃(미상~231) 관도대전 당시 원소의 부장이었는데, 조조에게 귀순하여 여러 차례 공훈을 세웠다. 마속을 격퇴시켰으나 제갈량의 매복에 걸려 사망했다.

재여宰予(기원전 522~기원전 458) 노魯나라 사람으로 자는 자아子我, 또는 재아宰我라고도 한다. 춘추春秋시대 말기에 공자의 제자로 언변에 능했다. 공문십철 중 한 사람이다.

저수沮授(미상~200 추정) 원소의 모사. 뛰어난 지모로 원소를 도왔으나, 편협한 원소의 미움을 받아 옥에 갇혔다. 원소를 멸한 조조가 항복하기를 권하였으나, 거절하고 몰래 말을 훔쳐 달아나다가 붙잡혀 죽었다.

적인걸狄仁傑(630~700) 중국의 측천무후가 세운 무주武周 시대의 재상으로 무후를 물러나게 하고 중종을 복위시켜 당나라를 중흥시켰으며 어진 선비를 등용하였다.

전분田蚡(미상~기원전 131) 한나라 사람으로, 외척의 신분으로 무제武帝의 총애를 받아 태위를 지냈고, 무안후에 봉해진 뒤 태위를 거쳐 승상이 되었다. 무제의 유학 장려 정책에 크게 기여했다

전영田嬰(미상~미상) 전국시대 제齊나라 사람. 제나라의 공족으로, 위왕威王의 소자다. 맹상군의 아버지다. 처음 장수가 되어 마릉 전투에 참여하여 공을 세웠다. 설공薛公이라 불렸고, 정곽군靖郭君이라 불려졌다.

전위典韋(미상~197) 건장한 체구에 괴력을 지닌 인물로 장막의 휘하에 있다가 조조의 부하가 되었다. 장수가 조조를 배반했을 때 조조를 보호하다가 죽었다.

전풍田豊(미상~200) 후한 말기 사람으로 원소의 모사. 지모가 뛰어나고 강직하였으나, 여러 차례 원소에게 바른말을 하여 미움을 산다. 조조를 공격하려는 원소에게 간언하다 하옥되었다.

정도전鄭道傳(1337~1398) 고려에서 조선으로 교체되는 격동의 시기에 역사의 중심에서 새 왕조를 설계한 인물이다. 하지만 이방원과 정치투쟁에서 살해되었다. 주요 저서로 『삼봉집』, 『경제문감』 등이 있다.

정보程普(미상~215) 후한 말기 오吳나라 사람. 군사전략가. 주유周瑜와 함께 적벽에서 조조曹操의 군대를 대파했다.

정비丁斐(미상~미상) 조조曹操를 섬겼는데 동향이라 신임을 받았다. 성격이 재물을 좋아해서 여러 차례 법을 어겼다. 전군교위가 되어 안팎을 모두 총괄했다.

정약용丁若鏞(1762~1836) 18세기 실학사상을 집대성한 한국 최대의 실학자이자 개혁가이다. 호는 다산茶山·사암俟菴·여유당與猶堂·채산茱山. 개혁과 개방을 통해 부국강병을 주장한 실학자로 평가받는다.

정욱程昱(미상~미상) 중국 후한 말에서 위나라 건국 이후까지 조조를 도운 모사이다.

정원丁原(미상~189) 후한 말기 정치가. 외모도 볼품이 없었으나 무용武勇이 뛰어나 말타기와 활쏘기에 능했다고 전해진다.

정인지鄭麟趾(1396~1478) 조선 전기 문신 겸 학자. 세종 때 집현전 직제학·부제학을 지내면서 성삼문·신숙주·최항 등과 훈민정음을 만드는 데 참여했다.

정조正祖(1752~1800) 조선 제22대왕. 과거제도 개선을 위해 대과大科는 규장각을 통해 국왕이 직접 관장하여 많은 과폐를 없앴다. 갖가지 개혁정책 및 탕평을 통해 대통합을 추진하였다.

제갈각諸葛恪(203~253) 삼국시대 오나라 사람. 제갈량의 형 제갈근의 장남으로 어려서부터 총명이 뛰어났다. 손권이 특히 총애하였다. 병권을 잡은 후 그의 권세가 너무 높아지자, 손준이 오주 손양을 꾀어 그와 그의 일족을 몰살했다.

제갈근諸葛瑾(174~241) 중국 오나라 손권의 장사를 지냈으며 제갈량의 형이다. 노숙의 천거로 손권을 섬겼는데, 평생 신의를 저버리지 않았다. 손권을 극진히 보좌하여 공로가 많다.

제갈량諸葛亮(181~234) 자는 공명, 호는 와룡. 27세에 유비로부터 삼고초려의 예로써 초빙되어 천하삼분지계를 진언해 촉하 정권수립에 결정적인 역할을 했다. 유비 사후 유선을 보좌하며 다섯 번의 북벌을 시도하다 오장원에서 병사했다.

제위왕齊威王(미상~기원전 320) 중국 전국시대 제나라의 제4대 군주. 9년 정치를 경대부卿大夫에게 맡기고 제후들은 서로 싸우는 등 나라가 제대로 다스려지지 않았다. 나중에 힘껏 정치를 바로하고 군대를 정비하면서 추기鄒忌를 재상, 전기田忌를 장군, 손빈孫臏을 군사軍師에 기용했다. 각국의 학자를 초빙해 정치를 논하게 하고, 인재를 선발해 기용하자 국력이 나날이 부강해져 갔다.

조고趙高(미상~기원전 207) 중국 진秦나라의 환관. 진시황이 5차 천하 순행 도중 병사하자, 호해와 짜고 가짜 유언장을 만들어 황위를 찬탈했다. 제2세 호해 황제를 마음대로 조종해 진나라를 멸망의 수렁 속으로 밀어 넣은 장본인이다.

조괄趙括(미상~기원전 260) 전국시대 조趙나라 사람. 아버지가 전한 병법兵法을 열심히 공부했지만 실전에 대한 경험은 없었다. 진秦나라 장수 백기白起와 싸움을 벌여 화살을 맞고 죽었으며, 그의 45만 대군은 백기에게 패해 생매장되었다.

조광윤趙匡胤(927~976) 송조宋朝를 창건하여 5대五代 십국의 분열된 중국을 거의 통일한 초대 황제 송 태조. 문치주의에 의한 중앙집권적 관료제를 확립하고 과거제도를 정비하였다.

조량趙良(미상~미상) 전국시대 진秦나라 사람. 상앙商鞅이 법치法治로 진나라를 다스리는 것에 반대하여 상앙의 정치적 몰락이 코앞에 다가왔음을 경고하며, 권력에 대한 욕망을 버리라고 충고했다.

조비曹丕(187~226) 삼국시대 위나라의 초대 황제, 시호는 문제文帝로 새로운 관리 선발제도인 9품관인법을 시행하고 내정 개혁에 힘썼으나 즉위한 지 7년 만에 죽어 의도한 성공을 이루지 못했다.

조식曹植(192~232) 조조의 아들로, 시인이며 문학가로 건안문학을 대표하는 인물이다.

조예曹叡(205~239) 위나라의 명제로 제2대 황제. 조비曹丕의 아들이다. 시문詩文에 능하여 조조, 조비와 더불어 '위씨삼조'로 일컬어졌으나, 문학적으로 조조나 조비에 미치지 못했다.

조운趙雲(미상~229) 삼국시대 촉나라의 무장으로, '상산의 조자룡'으로 유명하다. 관우·장비·황충·마초와 함께 오호대장군으로 불렸다. 유비의 아들 유선을 구한 공적이 있다.

조조曹操(155~220) 동한 말기 정치가이자 군사가. 동한의 마지막 승상으로, 적벽대전에서 대패한 이후 위·촉·오 삼국시대를 맞이했고, 죽을 때까지 황제를 칭하지 않고 위왕으로 남았다.

조착晁錯(기원전 200~기원전 154) 한나라 경제의 중요한 모사謀士였다. 어사대부御史大夫로 있을 때 제후의 영토를 줄여 세력을 약화시켜야 한다는 것을 건의했다가, 오吳·초楚 등 7개국이 반란을 일으켜 조조의 죄를 묻는다는 명색으로 들고 일어나서, 경제는 원앙袁盎의 말을 받아들여 조조를 거리에서 목 베었다.

조참曹參(미상~기원전 190) 중국 한漢나라 고조의 공신. 소하蕭何와 더불어 고조를 보좌하여 천하를 평정하고 평양후로 분봉되었으며, 소하의 사후 유지에 따라 재상이 되어 소하의 방책을 잘 실행하고 한나라의 기반을 튼튼히 하였다.

종요鍾繇(151~230) 삼국시기 유명한 서법가이자 정치가. 서예에 조예가 깊고, 해서의 창시자이다. 위문제 당시 삼공이 되었다.

주공 단周公 旦(미상~미상) 서주 왕조를 세운 문왕文王의 아들이자 무왕武王의 동생이다. 아들이 노나라의 제후로 봉해진 이래 노의 시조로서 받들어졌다. 무왕을 도와 상商나라를 물리치고 주나라를 세우는 데 절대적 공헌을 하였고, 무왕 사후에는 어린 조카 성왕成王을 보좌해 섭정하면서 각종 문물제도와 예악禮樂 질서를 정비해 주나라를 반석 위에 올려놓았다. 공자孔子가 존경했던 성현聖賢 중의 성현이다.

주아부周亞夫(미상~기원전 143) 한 경제景帝 때 오초吳楚가 반란을 일으키자 태위太尉로서 칠국의 난을 평정했다. 오왕吳王을 죽인 뒤 승상이 되었다.

주연朱然(182~249) 삼국시대 오나라 사람. 여몽이 죽으면서 그를 천거했다. 관우가 맥성陌城으로부터 포위를 뚫었을 때 군사를 이끌고 뒤를 따라가 불시에 습격하고 반장潘璋과 합세하여 관우를 사로잡았다.

주왕紂王(미상~기원전 1046) 중국 상商나라 마지막 왕. 하夏나라의 마지막 왕 걸桀과 함께 폭군의 전형으로 불리며 여색을 탐하여 나라를 망하게 하였다.

주원장朱元璋(1328~1398) 중국의 명明을 건국한 황제로, '홍무'라는 연호를 사용하였기 때문에 홍무제라고도 한다. 홍건적에서 두각을 나타내어 각지 군웅들을 굴복시키고 명나라를 세웠다. 동시에 북벌군을 일으켜 원나라를 몽골로 몰아내고 중국의 통일을 완성, 한족漢族 왕조를 회복시킴과 아울러 중앙집권적 독재체제의 확립을 꾀하였다.

주유周瑜(175~210) 손책과 친구 사이였고, 손권을 도와 동오정권의 기틀을 잡았다. 적벽대전 승리 2년 후 요절했다.

주태周泰(미상~미상) 중국 삼국시대 오나라의 장수. 일찍이 손책을 따라 많은 공을 세웠다. 열두 군데나 큰 상처를 입으면서도 몸을 던져 손권의 목숨을 구했다.

증국번曾國藩(1811~1872) 청淸나라 말기의 정치가·학자. 태평천국을 진압한 지도자이며, 근대화 운동인 양무운동의 추진자이다. 주자학자이며, 문장가로도 유명하다.

증자曾子(기원전 505~기원전 436) 춘추시대 말기 노魯나라 사람. 이름은 삼參이고, 자는 자여子輿이다. 공자孔子의 수제자로 효심이 두텁고 내성궁행內省躬行에 힘썼으며, 노나라에서 제자들의 교육에 주력했다.

진문공晉文公(기원전 697~기원전 628) 춘추시대 진나라의 22대 군주로 19년 동안 망명생활을 했다. 재임 중에 어진 인사를 임용하여 진나라를 발전시켰고, 춘추시대에 패주가 되었다.

진목공秦穆公(미상~기원전 621) 춘추시대 진나라의 제9대 군주. 춘추오패의 한 사람이다. 재위 기간 동안 어진 인재를 힘써 구해 백리해와 건숙 등을 등용해 올바른 정치에 전력을 기울여 국세가 날로 강해졌다.

진수陳壽(233~297) 중국 서진西晉의 역사가. 자는 승조承祖. 젊어서부터 학문을 좋아하였으며 삼국의 촉蜀에서 벼슬을 했고, 촉이 망하자 진晉의 사공司空 장화張華의 인정을 받아 관리에 임명되었다. 삼국시대의 역사를 다룬 『삼국지三國志』를 저술하였다.

진평陳平(미상~기원전 178) 중국 한대의 정치가. 처음에는 항우를 따랐으나 후에 유방을 섬겨 한나라 통일에 공을 세웠다. 좌승상이 되어, 여씨의 난 때에 주발과 함께 이를 평정한 후 문제를 옹립하였다.

진평공晉平公(미상~기원전 532) 춘추시대 진나라의 국군國君. 세금을 지나치게 많이 걷고 백성들의 형편을 돌보지 않았으며, 음락淫樂을 즐겼다.

ㅊ

채택蔡澤(미상~미상) 전국시대 연燕나라 사람. 변설이 좋았고 지략이 풍부해 제후諸侯들에게 다니면서 유세를 했다. 채택은 공을 세운 후에는 물러나는 것이 최상의 도라고 재상인 범수를 설득하여 물러나게 한 후 진나라의 재상이 되었다.

초장왕楚莊王(미상~기원전 591 추정) 춘추시대 초楚의 왕이며 춘추오패春秋五霸의 한 사람. 즉위 후 부패한 신하를 몰아내고 내정을 다져 부국강병을 이루었으며, 진晉나라와 필邲 땅의 싸움에서 대승을 거둠으로써 중원의 패권을 장악하였다.

촉룡觸龍(미상~미상) 전국시대 조趙나라 좌사. 효성왕이 임금이 되자 태후가 섭정하였는데, 진秦나라에서 조나라를 공격하여 나라가 위태롭게 되자 태후를 달래어 사랑하는 장안군長安君을 제齊나라에 인질로 보내고 제나라의 구원병을 얻어냈다.

최림崔林(미상~244) 중국 삼국시대 조위의 관료로, 고사성어 대기만성大器晩成의 유래를 낳은 인물이기도 하다.

최만리崔萬理(미상~1445) 조선시대의 문

신·학자. 1437년 집현전 직제학을 거쳐 이듬해 부제학에 승진하고 1439년 강원도관찰사가 되었다. 6조목의 이유를 들어 훈민정음을 반대하여 세종의 노여움을 사기도 했다.

최염崔琰(미상~216) 중국 위나라 조조의 모사. 위나라 조비의 태자 책봉에도 깊이 관여하였다. 조조가 위왕이 된 후, 자신이 천거한 양훈의 표문에 대해 한 비평이 조조의 오해를 사서 투옥되었으며 감옥에서 자진하였다.

최준崔浚(1884~1970) 대대로 만석꾼이었던 경주 최씨 가문의 12대손, 안희제를 도와 백산주식회사를 만들고 임시정부에 군자금을 조달했다. 후에 재산을 모두 투자해 영남대학을 세웠다.

최진립崔震立(1568~1636) 조선 중기의 무신. 임진왜란 때 의병을 일으켜 전공을 세우고 정유재란이 일어나자 서생포에 침입한 왜적을 무찌르고 도산 싸움에서 전공을 세웠다.

최한기崔漢綺(1803~1877) 조선 후기의 실학자. 진사시험에 급제했으나 관직에 나가지 않고 중국에서 발행한 책들을 수입, 과학을 연구하고 글쓰는 데 평생을 보냈다.

추기鄒忌(미상~미상) 전국시대 제나라 사람. 제위왕齊威王이 즉위한 뒤 거문고를 뜯으면서 유세해 재상에 등용되었다.

춘신군春申君(미상~기원전 238) 중국 전국시대 말기 초나라의 정치가로 고열왕考烈王 재위기에 재상으로 활약했다. 전국사군戰國四君 가운데 한 사람으로 불린다.

측천무후則天武后(624~705) 중국에서 여성으로 유일하게 황제가 되었던 인물로 당唐 고종高宗의 황후였지만 690년 국호를 주周로 고치고 스스로 황제가 되어 15년 동안 중국을 통치하였다.

ㅋ

쿠빌라이忽必烈(1215~1294) 몽골제국 제5대 칸이자 칭기즈칸의 손자이며, 원나라를 세운 인물로 왕명은 세조이다. 국호를 대원大元으로 고치고 대도大都, 현재의 베이징를 도읍으로 정하고, 통일된 다민족국가의 발전을 위해 공헌하였으며, 두 차례의 일본 원정에 고려에 협력을 종용하였다.

ㅌ

탕왕湯王(미상~미상) 중국 고대 상商나라를 창건한 왕. 걸왕을 명조에서 격파하여 패사시키고 박에 도읍하여 국호를 상商이라 정하여, 제도와 전례를 정비하고 13년간 재위하였다.

태사자太史慈(166~206) 손책에 의탁한 장수로, 적벽대전에서 병사했다.

태종太宗(1367~1422) 조선 왕조 3대왕. 아버지 이성계 휘하에서 구세력 제거에 큰 역할을 하였으나 세자책봉에 불만을 품고 정도전 등을 살해하는 왕자의 난을 일으켰다. 관제개혁을 통하여 왕권의 강화를 도모하였다.

ㅍ

팽양彭羕(184~220) 삼국 시기 촉의 관리로, 노비에서 관리로 발탁되었다. 마초와 술자리에서 유비를 비난하고 야심을 드러내다 37세로 처형되었다.

평원군平原君(미상~기원전 251) 전국시대 조나라 사람. 전국시대 4군자 가운데 한 사람. 인물이 어질고 빈객과 선비를 좋아해 문하에 모여든 식객이 대략 수천 명이나 되었다.

포숙鮑叔(미상~미상) 춘추시대 제나라 사람. 젊어서 관중과 친하게 사귀었는데, 관중의 집이 가난하고 어머니가 연로하여 항상 관중을 도와주면서 막역지교莫逆之交를 나누었다. 제환공에게 관중을 추천해 재상에 오르게 했다.

풍간자馮簡子(미상~미상) 정나라 자산에 의해 등용된 대신.

풍도馮道(882~954) 당말오대唐末五代 때 사람. 5왕조를 거치면서 재상을 지닌 정치가. 5왕조 열한 명의 천자를 섬기면서 30년 동안 고관을 지냈는데, 재상만도 20년을 지냈다. 그 사이 한 번도 남과 다투지 않았다.

풍훤馮諼(미상~미상) 전국시대 제나라의 모사謀士로 맹상군의 식객 출신이다. 맹상군이 정치적 위기에 봉착했을 때 대책을 마련해준 인물로 유명하다.

ㅎ

하후돈夏侯惇(미상~220) 조조의 맹장. 일찍부터 조조를 도와 많은 공을 세웠다. 과격하고 난폭한 자로도 알려져 있다. 일찍이 여포의 장수 조성이 쏜 화살이 눈에 맞았는데, 화살과 함께 뽑혀 나온 자기 눈알을 씹어 삼킨 일화로 유명하다.

하후연夏侯淵(미상~219) 삼국시대 위나라 패국 초현 사람으로, 조조의 최측근 장수. 황충黃忠과 싸우다 전사했다.

한비자韓非子(기원전 280 추정~기원전 233) 이름은 한비이고 전국 말기 한韓 출신이다. 원래는 한나라의 공자로 순자荀子에게 배운 중국 고대의 이름난 사상가이자 법가 학파를 대표하는 인물이다.

한신韓信(미상~기원전 196) 중국 한나라 초

의 무장. 초나라의 항량·항우를 섬겼으나 중용되지 않아 한왕 유방의 수하가 되어 대장군이 되었다. 한 제국의 권력이 확립되자 유방과 참모들의 견제를 받다가 유방으로부터 토사구팽을 당했다.

한유韓愈(768~824) 중국 당나라의 문인이자 사상가.

항량項梁(미상~기원전 208) 진나라 말 사람. 전국시대 말기 초나라의 장수인 항연項燕의 아들이고 항우項羽의 숙부이다.

항우項羽(기원전 232~기원전 202) 중국 진나라 말기에 유방과 진나라를 멸망시키고 중국을 차지하기 위해 다툰 무장이다. 진을 멸망시킨 뒤 서초 패왕이라 칭했으나 해하에서 한왕 유방에게 패배하자 자진했다.

허균許筠(1569~1618) 조선 중기 문신으로 조선 최초의 양명학자. 조선시대 사회모순을 비판한 소설 『홍길동전洪吉童傳』을 집필하였다.

허목許穆(1595~1682) 조선 후기의 문신. 호는 미수眉叟. 사상적으로 이황·정구의 학통을 이어받아 이익에게 연결시킴으로써 기호 남인의 선구이며 남인 실학파의 기반이 되었다.

허저許褚(170~226) 조조의 호위를 맡아 여러 차례 위험에서 조조를 구했다.

허정許靖(미상~222) 삼국시기 저명한 인물로, 익주목 유장의 부름을 받고 파군 광한태수가 되었다가 유비가 촉에 들어온 후 삼공의 반열에 올랐다.

허조許稠(1369~1439) 고려 말 조선 초의 문신. 조선 초 태조·정종·태종·세종의 네 임금을 섬기며 법전을 편수하고 예악제도를 정비하였다.

허유許攸(미상~204) 중국 후한 말기의 정치인. 어려서부터 조조曹操와는 친구였다. 처음에는 원소袁紹의 막료로 있었다. 나중에 조조에게 의탁했는데, 『삼국지』에 따르면 조조와 친구라는 이유로 조조에게 예의를 갖추지 않다가 조조에게 죽임을 당했다고 한다.

혁흔奕訢(1832~1898) 청나라 후기의 중요한 정치가이자 개혁가다. 그는 자강운동을 주장한 인물로 중국 근대사에 중대한 영향을 끼쳤다. 함풍제咸豊帝의 동생이다. 함풍咸豊 때 공친왕恭親王에 봉해졌다.

혜제惠帝(기원전 210~기원전 188) 중국 전한前漢의 제2대 황제. 한고조 유방의 차남으로 어머니 고황후 여씨呂氏의 그늘에 가려 불운한 황제로 지냈다. 정치에의 뜻을 잃고 술을 마시며 유희에 빠져 살았다.

호분胡奮(미상~288) 중국 삼국시대 위나라와 서진의 장수로 자신이 직접 제갈탄의 목을 베고 오나라 정벌 때 평남장군에 임명되어 참전했으며, 두예杜預에게 봄물이

불어나 겨울이 되기를 기다렸다가 공격하자고 건의했지만 두예가 이를 반박하면서 파죽지세의 시초가 되는 말을 하였다.

호언狐偃(미상~미상) 춘추시대 진나라 사람. 진나라의 공자 중이重耳, 진문공晉文公의 장인이다. 대부大夫가 되어 중이를 따라 19년 동안 함께 망명생활을 했다.

호유용胡惟庸(미상~1380) 중국 명나라 초기의 관리로 좌승상左丞相을 지내며 황제의 신임을 얻어 권세를 휘둘렀다. 이선장李善長과 결탁하여 반란을 일으키려다 발각되어 처형되었다.

호해胡亥(기원전 230~기원전 207) 진시황秦始皇의 둘째 아들로 2세 황제. 대규모 토목사업을 벌이고 환관 조고趙高의 전횡을 방임하여 민심을 잃었으며 진秦을 멸망의 길로 몰아넣었다.

화신和珅(미상~1799) 중국 청나라 중기의 정치가. 건륭제의 총애를 받아 숭문문 세무감독 등의 지위를 이용하여 뇌물을 모으는 등 횡포가 극에 달하였다. 청나라에서 재물을 가장 많이 축적한 관리로 가경황제嘉慶皇帝 때에 사사賜死 되었다.

환공桓公(미상~기원전 643) 중국 춘추시대 제나라의 군주로 이름은 소백이다. 관중을 재상으로 기용한 뒤 제후들과 회맹으로 신뢰를 얻었다. 만년에 관중의 유언을 무시하고 예전에 추방했던 신하를 재등용하여 그들에게 권력을 빼앗김으로써 그가 죽은 후 내란이 일어났다.

황개黃蓋(미상~미상) 손견에서 손책·손권 형제까지 대를 이어 섬기며 적벽대전에서 화공을 건의해 큰 공을 세웠다. 고육지책苦肉之策의 주인공이다.

황권黃權(미상~240) 익주 유장의 주부로 있다가 유비가 익주를 취하자 그의 수하로 들어갔다. 한중을 탈취했던 계획이 모두 그의 머리에서 나왔다. 유비가 육손의 반격으로 대패하고 퇴로도 막혀 사면초가에 몰리자 위나라에 항복했다.

황석공黃石公(미상~미상) 진나라 말기 은사隱士. 군사이론가. 『삼략三略』을 저술한 이로 알려져 있다.

황충黃忠(미상~220) 유비劉備의 맹장으로, 유비가 한중왕이 되자 오호대장의 한 사람으로 봉해졌다.

황희黃喜(1363~1452) 조선조 최장수 재상. 세종을 보좌해 세종성세를 이룩하는 데 기여했다.

효공孝公(기원전 381~기원전 338) 중국 전국시대 진나라 왕으로, 위나라에서 온 상앙을 등용하여 국정을 개혁하고 부국강병에 힘을 기울였고, 후에 진시황이 통일을 이루는 데 기초를 쌓았다.

[참고문헌]

- 중국고전: 『논어』, 『노자도덕경』, 『장자』, 『맹자』, 『설원』, 『춘추좌씨전』, 『관자』, 『안자춘추』, 『여씨춘추』, 『손자병법』, 『한비자』, 『묵자』, 『순자』, 『십팔사략』, 『삼국지』, 『채근담』, 『상군서』 등
- 『치도1』 렁청진, 김영진 역, 세계사, 2005
- 『치도2』 렁청진, 김영진 역, 세계사, 2005
- 『변경』 렁청진 편저, 김태성 역, 더난출판, 2003
- 『인물지』 박찬철·공원국, 위즈덤하우스, 2009
- 『사기열전1』 사마천 지음, 김원중 옮김, 민음사, 2007
- 『사기열전2』 사마천 지음, 김원중 옮김, 민음사, 2007
- 『한비자』 한비 지음, 김원중 옮김, 현암사, 2003
- 『한비자1』 한비 저, 이운구 역, 한길사, 2002
- 『한비자2』 한비 저, 이운구 역, 한길사, 2002
- 『사마천 인간의 길을 묻다』 김영수, 왕의서재, 2010
- 『5000년 중국을 이끌어온 50인의 모략가』 차이위치우 외, 김영수 역, 들녘, 2005
- 『삼국지 경영학』 최우석, 을유문화사, 2007
- 『정관정요』 오긍 지음·김원중 옮김, 글항아리, 2010
- 『손자병법으로 돌파하다1』 박재희, 문예당, 2003
- 『손자병법으로 돌파하다2』 박재희, 문예당, 2003
- 『반경』 조유 지음, 장순용 옮김, 동아일보사, 2003
- 『권력규칙1』 쩌우지멍 지음, 김재영 옮김, 한길사, 2006
- 『자기통제의 승부사 사마의』 자오위핑, 박찬철 역, 위즈덤하우스, 2013
- 『마음을 움직이는 승부사 제갈량』 자오위핑, 박찬철 역, 위즈덤하우스, 2011
- 『사람을 품는 능굴능신의 귀재 유비』 자오위핑, 박찬철 역, 위즈덤하우스, 2015
- 『판세를 읽는 승부사 조조』 자오위핑, 박찬철 역, 위즈덤하우스, 2014
- 『채근담, 돈이 아닌 사람을 번다』 신동준, 위즈덤하우스, 2013
- 『제갈공명의 인간 경영비법』 가노 나오사타 지음, 김활란 옮김, 21세기사, 2004
- 『인재』 쉬옌 저, 김택규 외 1명 역, 황매, 2006
- 『용인술 사람 쓰는 법』 김성회, 쌤앤파커스, 2014
- 『황제의 용인술』 스마콴, 장연 역, 김영사, 2008
- 『육도·삼략』 태공망 외, 유동환 역, 홍익출판사, 2008
- 『정선 목민심서』 정약용 지음, 다산연구회 편역, 창비, 2005
- 『전통과 사람관리』 신유근 지은, 서울대학교출판부, 2006
- 『조선왕조실록』 한국고전번역원
- 『책문』 김태완 지음, 소나무, 2004

- 『조선의 왕세자 교육』 김문식·김정호, 김영사, 2003
- 『한국의 독서문화사』 남태우·김중권, 태일사, 2012
- 『경연, 왕의 공부』 김태완, 역사비평사, 2011
- 『왕의 서재』 소준섭, 어젠다, 2012
- 『독서대왕 정조』 김정진, 자유로, 2013
- 『조선 지식인의 독서노트』 고전연구회사암, 포럼, 2007
- 『율곡전서』 이이, 권오돈 외 역, 한국고전번역원, 1968
- 『징비록』 류성룡, 이재호 옮김, 역사의아침, 2007
- 『서애집』 류성룡, 김유성, 이교훈 공역, 한국고전번역원, 1977
- 『백호전서』 윤휴, 임정기 역, 한국고전번역원, 1996
- 『고봉집』 기대승, 장순범 이성우 공역, 한국고전번역원, 2007
- 『무경십서』 신동준, 역사의 아침, 2012
- 『중국 상하오천년사』 풍·초, 이원길 역, 신원문화사, 2005
- 『한국 교육사 이해』 피정만, 하우, 2010
- 『중국 역대 인명사전』 임종욱, 이회문화사, 2010
- 『CEO 세종대왕 인간경영 리더십』 최기억, 이지북, 2004
- 『동주 열국지』 풍몽룡·채원방 저, 김영문 역, 글항아리, 2015
- 『한국사상사』 이진표, 학문사, 2002
- 『인문의 숲에서 경영을 만나다』 정진홍, 21세기북스, 2010
- 『한국민족문화대백과』 한국학중앙연구원
- 『규장각』 신병주, 살림, 2012
- 『열국지사전』 풍몽룡, 김구용, 솔출판사, 2001
- 『세종처럼』 박현모, 미다스북스, 2012

[인터넷]

- 두산백과 doopedia.co.kr
- 위키백과 ko.wikipedia.org
- 한국문화재재단 http://www.chf.or.kr

지은이 이 홍 민李弘珉

[약력]

- ㈜휴먼이퀘이션 대표컨설턴트(현)
- 한국능률협회(KMA) 인사조직컨설팅본부 수석컨설턴트
- 대우조선 인력운용팀/대웅제약 인사팀장
- 행정안전부 고위공무원단 역량평가위원
- 기상청 자체평가위원
- 행정안전부 행정고시 면접시험출제위원
- 외교통상부 주재관선발심사위원
- 국무조정실 정부업무평가 국정과제평가위원
- 서울특별시 여성가족재단 운영위원
- 제주특별자치도 승진심사위원
- 국방대학교 리더십 발전자문위원
- 한국산업인력공단 경영평가위원
- 한국환경공단 경영평가위원
- 여수광양항만공사 경영평가위원
- 건국대학교 대학원 경영학박사(인사조직전공)

[저서]

- 『인사 인문학』 리드리드출판(2016)
- 『조직역량 핵심인재』 리드리드출판(2015년)
- 『평가센터』 중앙경제(2015년)
- 『핵심인재 역량개발』 중앙경제(2013년)
- 『HR 인사이트』 중앙경제(2009년)
- 『역량평가』 리드리드출판(2009년)
- 『조직 및 시장가치임금 만들기』 중앙경제(2008년)
- 『평가보상시스템』 중앙경제(2007년)
- 『강한 조직 만들기』 중앙경제(2004년)
- 『핵심역량 핵심인재』 한국능률협회출판(2003년)

[연락처]

- ㈜휴먼이퀘이션 (02)701-8864
- homepage: www.hecg.co.kr
- mobile: 010-2732-1433
- e-mail: leehm7749@hanmail.net